『十二五』國家重點圖書出版規劃項目
二〇一一—二〇二〇年國家古籍整理出版規劃項目
國家古籍整理出版專項經費資助項目

中國古農書集粹

王思明——主編

鳳凰出版社

ISBN 978-7-5506-4061-0

9 787550 640610 >

圖書在版編目（CIP）數據

孚惠全書 / (清) 彭元瑞撰. -- 南京 : 鳳凰出版社,
2024.5
（中國古農書集粹 / 王思明主編）
ISBN 978-7-5506-4061-0

Ⅰ. ①孚… Ⅱ. ①彭… Ⅲ. ①社會救濟－史料－中國
－清前期 Ⅳ. ①D691.2

中國國家版本館CIP數據核字(2024)第042540號

書　　名　孚惠全書
著　　者　(清)彭元瑞 撰
主　　編　王思明
責任編輯　王　劍
裝幀設計　姜　嵩
責任監製　程明嬌
出版發行　鳳凰出版社(原江蘇古籍出版社)
　　　　　發行部電話025-83223462
出版社地址　江蘇省南京市中央路165號,郵編:210009
印　　刷　常州市金壇古籍印刷廠有限公司
　　　　　江蘇省金壇市晨風路186號,郵編:213200
開　　本　889毫米×1194毫米　1/16
印　　張　36
版　　次　2024年5月第1版
印　　次　2024年5月第1次印刷
標準書號　ISBN 978-7-5506-4061-0
定　　價　360.00圓

《中國古農書集粹》編委會

主　編

王思明

副主編

惠富平　熊帝兵

編　委

沈志忠　盧　勇　丁曉蕾　夏如兵　陳少華　何紅中

劉馨秋　李昕升　劉啓振　朱鎖玲　何彦超

序

中國是世界農業的重要起源地之一，農耕文化有着上萬年的歷史，在農業方面的發明創造舉世矚目。中國幾千年的傳統文明本質上就是農業文明。農業是國民經濟中不可替代的重要的物質生產部門，在傳統社會中一直是支柱産業。農業的自然再生産與經濟再生産曾奠定了中華文明的物質基礎。在漫長的歷史進程中，中華農業文明孕育出南方水田農業文化與北方旱作農業文化、漢民族與其他少數民族農業文化等不同的發展模式。無論是哪種模式，都是人與環境協調發展的路徑選擇。中國之所以能够在十九世紀以前的一兩千年中，長期保持着世界領先的地位，就在於中國農民能够根據不斷變化的人口狀況以及自然、經濟環境作出正確的判斷和明智的選擇。

中國農業文化遺産十分豐富，包括思想、技術、生産方式以及農業遺存等。在傳統農業生産過程中，形成了以尊重自然、順應自然，天、地、人『三才』協調發展的農學指導思想；形成了以種植業爲主，種植業和養殖業相互依存、相互促進的多樣化經營格局；凸顯了『寧可少好，不可多惡』的農業經營策略和精耕細作的技術特點；藴含了『地可使肥，又可使棘』『地力常新壯』的辯證土壤耕作理論；總結了輪作復種、間作套種和多熟種植的技術經驗；形成了北方旱地保墒栽培與南方合理管水用水相結合的農業生産模式。與世界其他國家或民族的傳統農業以及現代農學相比，中國傳統農業自身的特色明顯，既有成熟的農學理論，又有獨特的技術體系。

世代相傳的農業生產智慧與技術精華，經過一代又一代農學家的總結提高，涌現了數量龐大、種類繁多的農書。《中國農業古籍目録》收録存目農書十七大類，二千零八十四種。閔宗殿等學者在此基礎上又根據江蘇、浙江、安徽、江西、福建、四川、臺灣、上海等省市的地方志，整理出明清時期二百三十六種『新書目』。[一]隨着時間的推移和學者的進一步深入研究，還將會有不少沉睡在古籍中的農書被不斷地揭示出來。作爲中華農業文明的重要載體，這些古農書總結了不同歷史時期中國農業經營理念和傳統農業科技的精華，是人類寶貴的文化財富。

中國古代農書豐富多彩、源遠流長，反映了中國農業科學技術的起源、發展、演變與轉型的歷史進程與發展規律，折射出中華農業文明發展的曲折而漫長的發展歷程。這些農書中包含了豐富的農業實用技術、農業經濟智慧、農村社會發展思想等，覆蓋了農、林、牧、漁、副等諸多方面，廣泛涉及傳統社會中農業生産、農村社會、農民生活等主要領域，還記述了許許多多關於生物學、土壤學、氣候學、地理學、水利工程等自然科學原理。存世豐富的中國古農書，不僅指導了我國古代農業生産與農村社會的發展，也包含了許多當今經濟社會發展中所迫切需要解決的問題——生態保護、可持續發展、農村建設、鄉村振興等思想和理念。

作爲中國傳統農業智慧的結晶，中國古農書通過各種途徑傳播到世界各地，對世界農業文明産生了深遠影響，例如《齊民要術》在唐代已傳入日本。被譽爲『宋本中之冠』的北宋天聖年間崇文院本《齊民要術》被日本視爲『國寶』，珍藏在京都博物館。而以《齊民要術》爲对象的研究被稱爲日本『賈學』。江户時代的宫崎安貞曾依照《農政全書》的體系、格局，撰寫了適合日本國情的《農業全書》十

[一] 閔宗殿《明清農書待訪録》，《中國科技史料》二〇〇三年第四期。

卷，成爲日本近世時期最有代表性、最系統、水準最高的農書，被稱爲『人世間一日不可或缺之書』。據不完全統計，受《農政全書》或《農業全書》影響的日本農書達四十六部之多。[一]中國古農書直接或間接地推動了當時整個日本農業技術的發展，提升了農業生産力。

朝鮮在新羅時期就可能已經引進了《齊民要術》。[二]高麗宣宗八年（一〇九一）李資義出使中國，宋哲宗（一〇八六—一一〇〇）要求他在高麗覆刊的書籍目録裏有《氾勝之書》。高麗後期的一三四九年與一三七二年，曾兩次刊印《元朝正本農桑輯要》。朝鮮太宗年間（一三六七—一四二二），學者從《農桑輯要》中抄録養蠶部分，譯成《養蠶經驗撮要》，摘取《農桑輯要》中穀和麻的部分譯成吏讀，並以此爲底本刊印了《農書輯要》。朝鮮的《閒情録》以《陶朱公致富奇書》爲基礎出版，《農政會要》則主要引自《授時通考》。《農家集成》《農事直説》以及姜希孟的《四時纂要》主要根據王禎《農書》等多部中國古農書編成。據不完全統計，目前韓國各文教單位收藏中國農業古籍四十種，[三]包括《齊民要術》《農政全書》《授時通考》《御製耕織圖》《江南催耕課稻編》《廣群芳譜》《農桑輯要》等。

中國古農書還通過絲綢之路傳播至歐洲各國。《農政全書》至遲在十八世紀傳入歐洲，一七三五年法國杜赫德（Jean-Baptiste Du Halde）主編的《中華帝國及華屬韃靼全志》卷二摘譯了《農政全書》卷三十一至卷三十九的《蠶桑》部分。至遲在十九世紀末，《齊民要術》已傳到歐洲。達爾文的《物種起源》和《動物和植物在家養下的變異》援引《中國紀要》中的有關事例佐證其進化論，達爾文在談到人

〔一〕韓興勇《〈農政全書〉在近世日本的影響和傳播——中日農書的比較研究》，《農業考古》二〇〇三年第一期。

〔二〕［韓］崔德卿《韓國的農書與農業技術——以朝鮮時代的農書和農法爲中心》，《中國農史》二〇〇一年第四期。

〔三〕王華夫《韓國收藏中國農業古籍概況》，《農業考古》二〇一〇年第一期。

工選擇時説：『如果以爲這種原理是近代的發現，就未免與事實相差太遠。……在一部古代的中國百科全書中，已有關於選擇原理的明確記述。』[一]而《中國紀要》中有關家畜人工選擇的内容主要來自《齊民要術》。[二]中國古農書間接地爲生物進化論提供了科學依據。英國著名學者李約瑟（Joseph Needham）編著的《中國科學技術史》第六卷『生物學與農學』分册以《齊民要術》爲重要材料，説它『即使在世界範圍内也是卓越的、傑出的、系統完整的農業科學理論與實踐的巨著』。[三]

世界上許多國家都收藏有中國古農書，如大英博物館、巴黎國家圖書館、柏林圖書館、聖彼得堡（列寧格勒）圖書館、美國國會圖書館、哈佛大學燕京圖書館、日本内閣文庫、東洋文庫等，大多珍藏有《齊民要術》《茶經》《農桑輯要》《農書》《農政全書》《授時通考》《花鏡》《植物名實圖考》等早期刻本。不少中國著名古農書還被翻譯成外文出版，如《齊民要術》有日文譯本（缺第十章），《天工開物》與《茶經》有英、日譯本，《農政全書》《授時通考》《群芳譜》的個别章節已被譯成英、法、俄等文字，《元亨療馬集》有德、法文節譯本。法蘭西學院的斯坦尼斯拉斯·儒蓮（一七九九—一八七三）翻譯的法文版《蠶桑輯要》廣爲流行，並被譯成英、德、意、俄等多種文字。顯然，中國古農書已經是全世界人民的共同財富，也是世界了解中國的重要媒介之一。

近代以來，有不少學者在古農書的搜求與整理出版方面做了大量工作。晚清務農會於光緒二十三年（一八九七）鉛印《農學叢刻》，但是收書的規模不大，僅刊古農書二十三種。一九二〇年，金陵大學在

[一]［英］達爾文《物種起源》，謝蘊貞譯。科學出版社，一九七二年，第二十四—二十五頁。
[二]《中國紀要》即十八世紀在歐洲廣爲流行的全面介紹中國的法文著作《北京耶穌會士關於中國人歷史、科學、技術、風俗、習慣等紀要》。一七八〇年出版的第五卷介紹了《齊民要術》，一七八六年出版的第十一卷介紹了《齊民要術》中的養羊技術。
[三]轉引自繆啓愉《試論傳統農業與農業現代化》，《傳統文化與現代化》一九九三年第一期。

全國率先建立了農業歷史文獻的專門研究機構，在萬國鼎先生的引領下，開始了系統收集和整理中國古代農業歷史文獻的研究工作，着手編纂《先農集成》，從浩如煙海的農業古籍文獻資料中，搜集整理了三千七百多萬字的農史資料，後被分類輯成《中國農史資料》四百五十六册，是巨大的開創性工作。

民國期間，影印興起之初，《齊民要術》、王禎《農書》、《農政全書》等代表性古農學著作均有石印本或影印本。一九四九年以後，爲了保存農書珍籍，曾影印了一批國内孤本或海外回流的古農書珍本，如中華書局上海編輯所分别在《中國古代科技圖録叢編》和《中國古代版畫叢刊》的總名下，影印了《天工開物》（崇禎十年本）、《便民圖纂》（萬曆本）、《救荒本草》（嘉靖四年本）、《授衣廣訓》（嘉慶原刻本）等。上海圖書館影印了元刻大字本《農桑輯要》（孤本）。一九八二年至一九八三年，農業出版社以《中國農學珍本叢書》之名，先後影印了《全芳備祖》（日藏宋刻本），《金薯傳習録、種薯譜合刊》（前者刊本僅存福建圖書館，後者朝鮮徐有榘以漢文編寫，内存徐光啓《甘薯蔬》全文），以及《新刻注釋馬牛駝經大全集》（孤本）等。

古農書的輯佚、校勘、注釋等整理成果顯著。萬國鼎、石聲漢先生都曾對《四民月令》《氾勝之書》等進行了輯佚、整理與深入研究。到二十世紀末，具有代表性的古農書基本得到了整理，如夏緯瑛的《管子地員篇校釋》和《呂氏春秋上農等四篇校釋》，石聲漢的《齊民要術今釋》《農桑輯要校注》《農政全書校注》等，繆啓愉的《齊民要術校釋》和《四時纂要》，王毓瑚的《農桑衣食撮要》，馬宗申的《授時通考校注》等。特别是農業出版社自二十世紀五十年代一直持續到八十年代末的《中國農書叢刊》，先後出版古農書整理著作五十餘部，涉及範圍廣泛，既包括綜合性農書，也收録不少畜牧、蠶桑、水利等專業性農書。此外，中華書局、上海古籍出版社等也有相應的古農書整理著作出版。

一些有識之士還致力於古農書的編目工作。一九二四年，金陵大學毛邕、萬國鼎編著了最早的農書簡目《中國農書目録彙編》，存佚兼收，薈萃七十餘種古農書。但因受時代和技術手段的限制，規模較小。一九四九年以後，古農書的編目、典藏等得以系統進行。一九五七年，王毓瑚的《中國農學書録》出版（一九六四年增訂），含英咀華，精心考辨，共收農書五百多種。一九五九年，北京圖書館據全國二十五個圖書館的古農書書目彙編成《中國古農書聯合目録》，收録古農書及相關整理研究著作六百餘種。一九九〇年，中國農業歷史學會和中國農業博物館據各農史單位和各大圖書館所藏農書彙編成《農業古籍聯合目録》，收書較此前更加豐富。二〇〇三年，張芳、王思明的《中國農業古籍目録》收録了古農書存目二千零八十四種。經過幾代人的艱辛努力，中國古農書的規模已基本摸清。上述基礎性工作爲古農書的搜求、彙集、出版奠定了堅實的基礎。

目前，以各種形式出版的中國古農書的數量和種類已經不少，具有代表性的重要農書還被反復出版。但是，仍有不少農書尚存於各館藏單位，一些孤本、珍本急待搶救出版。部分大型叢書已經注意到古農書的彙集與影印，《續修四庫全書》『子部農家類』收録農書六十七部，《中國科學技術典籍通匯》『農學卷』影印農書四十三種。相對於存量巨大的古代農書而言，上述影印規模還十分有限。可喜的是，在鳳凰出版社和中華農業文明研究院的共同努力下，《中國古農書集粹》被列入《二〇一一—二〇二〇年國家古籍整理出版規劃》。本《集粹》是一個涉及目録、版本、館藏、出版的系統工程，工作於二〇一二年啓動，經過近八年的醞釀與準備，影印出版在即。《集粹》原計劃收録農書一百七十七部，後根據時代的變化以及各農書的自身價值情況，幾易其稿，最終決定收録代表性農書一百五十二部。

《中國古農書集粹》填補了目前中國農業文獻集成方面的空白。本《集粹》所收録的農書，歷史跨度時間長，從先秦早期的《夏小正》一直至清代末期的《撫郡農産考略》，既展現了中國古農書的萌芽、形成、發展、成熟、定型與轉型的完整過程，也反映了中華農業文明的發展進程。明清時期是中國傳統農業發展的巔峰，它繼承了中國傳統農業中許多好的東西並將其發展到極致，而這一階段的農書恰是本《集粹》收録的重點。本《集粹》還具有專業性强的特點。古農書屬大宗科技文獻，而非傳統意義的歷史文獻，本《集粹》更側重於與古代農業密切相關的技術史料的收録。本《集粹》所收農書覆蓋面廣，涵蓋了綜合性農書、時令占候、農田水利、農具、土壤耕作、大田作物、園藝作物、竹木茶、植物保護、畜牧獸醫、蠶桑、水産、食品加工、物産、農政農經、救荒賑災等諸多領域。收書規模也爲目前中國農業古籍集成之最。

《中國古農書集粹》彙集了中國古代農業科技精華，是研究中國古代農業科技的重要資料。同時，中國古農書也廣泛記載了豐富的鄉村社會狀況、多彩的民間習俗、真實的物質與文化生活，反映了中國古代農民的宗教信仰與道德觀念，體現了科技語境下的鄉村景觀。不僅是科學技術史研究不可或缺的第一手資料，還是研究傳統鄉村社會的重要依據，對歷史學、社會學、人類學、哲學、經濟學、政治學及其他社會科學都具有重要參考價值。古農書是傳統文化的重要載體，是繼承和發揚優秀農業文化遺産的主要文獻依憑，對我們認識和理解中國農業、農村、農民的發展歷程，乃至整個社會經濟與文化的歷史脉絡都具有十分重要的意義。本《集粹》不僅可以加深我們對中國農業文化、本質和規律的認識，還可以鑒古知今，把握國情，爲今天的經濟與社會發展政策的制定提供歷史智慧。

本《集粹》的出版，可以加强對中國古農書的利用與研究，加深對農業與農村現代化歷史進程的必然性和艱巨性的認識。祖先們千百年耕種這片土地所積累起來的知識和經驗，對於如今人們利用這片土地仍具有指導和借鑒作用，對今天我國農業與農村存在問題的解決也不無裨益。現代農學雖然提供了一些『普適』的原理，但這些原理要發揮作用，仍要與這個地區特殊的自然環境相適應。而且現代農學原理並不否定傳統知識和經驗的作用，也不能完全代替它們。中國這片土地孕育了有中國特色的傳統農業，積累了有自己特色的知識和經驗，有利於建立有中國特色的現代農業科技體系。人類文明是世界各個民族共同創造的，人類文明未來的發展當然要繼承各個民族已經創造的成果。中國傳統的農業知識必將對人類未來農業乃至社會的發展作出貢獻。

王思明

二〇一九年二月

目錄

孚惠全書　（清）彭元瑞 撰…………〇〇一

孚惠全書

（清）彭元瑞　撰

《孚惠全書》，（清）彭元瑞撰。彭元瑞（一七三一——一八〇三），字掌仍，一字輯五，號蕓楣，晚年號身雲居士，南昌縣人，出生書香門第（父彭廷訓、弟彭元琉、長子彭翼蒙三代四人皆爲翰林），自幼聰慧，乾隆二十二年（一七五七）中進士，改庶吉士，後散授館編修，任武英殿提調、四庫全書館副總裁等，官至禮部、吏部尚書。先後編成《秘殿珠林》《石渠寶籍》《西清古鑒》《天祿琳琅書目》等。《清史稿》有傳。

鑒於乾隆朝蠲免與賑濟取得突出成就，且救荒制度日臻完善，乾隆六十年（一七九五），時任協辦大學士、工部尚書的彭元瑞奉敕撰定此書，全面系統總結本朝在蠲紓賑貸方面的功績。全書共六十四卷，借鑒了馬端臨《文獻通考》立『蠲賑』門的編纂方法，將乾隆即位以來有關御製詩章、諭旨等分爲普蠲錢漕、減除舊額、巡幸蠲免、差役蠲緩、偏隅蠲緩、偏隅賑借、截撥裕食、平糶減價、京廠常賑、蠲除積逋等共十大類荒政舉措，『分類比事，繫月編年』，彙編成著作，實際上就是乾隆一朝災害蠲免與救災政策的總匯。所輯錄的内容多爲當時的救荒『實政』，涉及蠲免、賑濟、調粟、借貸、除害、撫恤等諸多方面，其中以蠲免與賑濟文書最爲豐富。

該書是乾隆年間官方重要救賑活動的實錄與總結，爲探尋當時的災荒、政府財政、吏治等情況提供了有益的資料，尤其是書中關於蠲免與賑濟措施的分類，對於清代荒政制度史研究，頗具啓發性。但是由於該書爲奉敕編纂，官話及歌功頌德之語較多。

該書有彭氏知聖道齋恭進呈副本（抄本），後羅振玉據此本校印，南京圖書館有藏。今據民國羅振玉石印本影印。

（熊帝兵　惠富平）

欽定孚惠全書

據彭氏知聖
道齋恭藏進
呈副本校印

孚惠全書總目

普蠲錢漕卷一之卷三
減除舊額卷四之卷六
巡幸蠲免卷七卷八
差役蠲緩卷九之卷十一
偏災蠲緩卷十二之卷二十六
偏災賑借卷二十七之卷四十六
截撥裕食卷四十七之卷五十三
平糶減價卷五十四卷五十五
京廠常賑卷五十六
蠲除積逋卷五十七之卷六十四

[illegible]

表恭惟我
皇上保赤誠求愛養德兆
御極六十年以來蠲緩賑貸之政周溥洞疊許發
帑金鉅萬萬有奇
摩澤深仁淪肌浹髓實總古帝王所未有臣謹排
輯
御製詩章
欽頒諭旨分類比事系月編年纂為
孚惠全書通部告成敬奉
表恭
進者伏以

孚惠全書 進表 一

政在養民六府孔修功迺敍
皇維建極九疇曰富壽為先
道參化育之誠輔相裁成而奉有福
德協清寧之撰天施地生而益无方紀漢典以歲
增源羲頊陶姚所未逮披度支之日積芉京
垓億秭而猶逾汜覆羃區紛綸冊府臣謹識
歡誠忭稽首頓首上言竊惟國徵九賦守急
公奉上之經井養萬民篤施禄及下之義貢
助徹非民非吏校以為常租庸調用二用三
取之有制定茲兩稅沿自列朝簪量通用仂
之恒規充踐土食毛之公誼謂什一之法僅
取於公田政三五以前罕聞於蠲制然而周

官荒政首臚散利薄征左氏道文備詳施舍
乙青高倜無擅而製帶湯勤有禱而鑄金泊
初漢發庚以振滿肇同時除租而減半水耕
火耨下巴蜀以致江陵冠偏軍輸免陝鼎而
連幽管挖車船之用溥勤豪富以儲餘就食
而仗外自擅量試式御前作粥持節開倉於
河內僅聞汲黯便宜降旗拓土於江南猶遣
高帥儉青守財鄙封樁之庫淮熟苦追父之
司吞施於從宅比部賜復但渡江將吏在官
推祠牒之可乞遇貸乃白紙之猶收或兩三
郡之偃區或數十年而創見金部時因而手
東境林祇務於類盈民隱弗聞小惠未徧從
未有渭八寅之雨露十行每下累千萬計而
贏喃百室之饔飧一食不忘統六十年之久
如

孚惠全書 進表 二

今日者也茲蓋伏遇
皇帝陛下
惠均嘉戢
治懋發戎
蹐九襄以由庚兩賜寒燠風八徵來備
建一元而周甲角徵商羽宮十紀薦年渟萬邦
咸樂於豐綏猶
乙夜長殷於解澤功補造化如以春風風人夏雨
雨人澤潤生民晉曰解衣衣我推食食我仰

作求之
世德所無逮於民依善錫歌
仁祖之
仁威賑監
憲皇之
憲宣重光而彌濯善
繼志以加隆容保有臨名言莫罄敬撮陳夫萬一
真度越於尋常總十載之
蠲曆首除夏稅符六旬之
睿告悉放秋租疊蕪毒於
慶辰沛鴻施於
壽宇僨封藏鏹四畜之縣帖毋追畮滯餘糧三度

之軍帆可敬綸府州而割界嚴防吏嚚官朦
教殺睦以善隣婉
諭業家佃户右蠲逋第一普蠲雖舊籍踵行於前代而
新綸頒裕於崇朝柳壓沙壅鼓瀨海瀨河之磽土
山頭湖尾停新畬新畝之升科視解網之仁
台海勿收魚課祛算舟之夫吳江莫進鰣鮮
删遺累於前民減交馬折縴畸零之小户殘
納牛新頒右減除舊第二雖耕斂之省有巡而
車駕所至曰幸
陪都
四蒞裕陵罔過澗之農南國
六臨浙暨稻桑蠶之利儉玉之山萬代聳下取千

布金之地壹懷路前合十津門夏諺
恩宇於雖赤雖凶豐灤塞
秋蒐賑視以免三免五右蠲免第三巡幸
書定餘
十全之績平成告四譬之
功粒粟寸絲不擾里閭之派輓匆興畚且從例外
之銷度征緬之駝師
賜必論楚黔燕豫帖侵荊之鯨浪官為修堤埝隄
圩屬茭健於龍岡出帑既千餘萬嘉華壹於
鹿港鎘年閱再而三右差役第四編當三時共飽
於倉箱或一隅偶虧於縮御巢鳩忽毀織零
盜夏之齎舟鷄初延已濕漢川之麩淮徐海

吐各黃渤動不稅以連千延偷紋襟帶甘涼
每同需於千里霜汀角淀賦錯準乎水痕河
北畿南籽分饒乎雨後右編隅第五編方疆吏勝
封而辰告
屋隱民棲待以庚呼二麟代謀權本色折色之執
便三倉許借判減息免息而有差例有分單
房民房之殊
恩加而諸户無論極貧次貧之等
持予常川勝黃閭帖於桃符新春遮展蓄白尚存
於柳餘舊歲循增右編隅借第六賑
謂食乃民天而漕供
帝庾卸運艘之有粟妻雪於臨德津通泛遂碣之

烏圍移甫於金復海蓋謝多儲於倉部毋飽
雀而餓農截遏糴於隣封徒秦肥而越瘠雁
戶既储於泡注攢丁益以月糧鳩萬各鶩於
懋遷關吏止其日榷（右截榷倉第七）裕黎民盈望懸
於升斗為蔀屋籌盈於錙銖出入皆肥禁縣
吏派單之弊公私兩便定殷商領糴之程樂
歲儈關外之粲梁燒鍋市札儧計涌市中之
蔵豆懋遷無譏廪不偏年豫以官糈甲米春
無百里監之羽衛鄉員（右平糶減價第八）庶哉人海
之浩穰飽爾衛尊之斟酌視皆同於黎赤救
饑柏冬儲不接於青黃寬期遇閏耿禾三百
堂善濟以蔵添賦粟一鍾嚴分城而日給望

孚惠全書　進表　五

閭閻而腹果菽則乘驄眷賚以力克歸甚
叱櫝（右京廠常賑第九）往土劾填倉之奉逢年間倚
閭之通咨爾西陲
矜瘠确荒寒之地
惠比南土乘
豫遊巡省之年省惟正之供旁逮於花銀漕項破
一成之格曲周於鑪戶倉夫皆也
御宇乘龍隨
恩詔都從於錫畀令而應
天垂象環
皇輿共迪於吉祥（右通蠲第十）除積凡茲六合之蒙麻都
東

一人之市德
淵神沖裕乾能美利而健行
景運綿長頤以養貞而觀物境擴於七十二代以
上屆耆荒逸溢而靡遺財盈於再三十年之
通捐貫朽粟紅而帑會當夫
披衣問夜
秉燭待章課雨量晴追稷后農神之烈洪膺黛耜
勸和成義作之
躬驛騎早馳甘雨詢寸分之入牘函飛達
釀膏無信宿之淹未到興勵
卜雲同於隴雪及時翻來稲霞烘於山桃維助農
勸穡之

孚惠全書　進表　六

心未覺勞通發政施仁之利無不博約十載必達
於蝡與淒決日周訣於
恩言三月雩龍拾級
步靈潭之禱
八旬策馬觀稼出
麗正之門卻
七秩之稱觥
古稀歲穀繹入徵之蒙賚
耄念錫康齡高夫斐佗栗驪與三皇齊
論年之永數綜於壤清正哉以十等特發帑之壽
孚育乎蝶國鶼邦滲漉乎鞮音象譯序回人
之屯種

詔循鋼烏魯木齊贍部衆以谷量飢不覺楚技啓
勒府原改上麗江散出戶之莊奴警屬平畨
瓦𡽹杜私收之貝毋臘白三寨一例粮其絲
皮巴裏而塘半流戴其馬價西脩藏地三十
九崇得食得衣南涉臺買九十六社自耕自
種從古荷戈天外限戰場而甌脱不耕於今
隸版戍中入戎索而釜坎同熟蓋以年豐人
壽百五十二年遊
樂利之天所由守位理財七千八百萬羨榴帽之賦
節宮中之用度
論著示崇儉爲歸絶藝外之徵求
鑑評斥夬盈之陋三登慶大有稀

殷於欠少輸多一飽樂以同人還
識以毋遺竊濫方興版築又來移粟之舟正峙儲
胥併乏打門之吏推豫大豐亨之會地上錢
流乃咸述恒久之時甑中飯溢時則司農宣
枝守土飛箋仰衛
旨於雞竿速播音於駟策牛犅雞塒之側衆口爭
儔齒皖髮鶴之倫屢
恩能述方且琴揮玉軫
歌作阜財墨灑金壺
詩成書事春初
試筆快聯加賑之章秋甫登場
句較收成之數

命重臣而治水長言仿同谷之歌
勗大吏以承流
德意切下河之歎式郵籤記里
什總分纑戍
恩榜開科
韻選合璧寄懷難飼丹青
纂李迪之圖鼓腹鴻啓平八千華史蒼之字本嵊照
之
實政宜方策之成編自紉氏廠貢名書鑒諮鏨簏
包之式越漢家因計上簿具祿田錢穀之科
唐元和十卷紬函宋金耀六曹架閣景德錄
傳於會計建中稽奏於須知皆注歲入之常

經未聞匯類之成數推馬端臨撰文獻之考
昉漢孝文減田租以來而立蠲賑之門下迄
宋元之際累朝蠲逋蓋三千年於茲著政稀
疎取二三策而已執若
今之
雲章排日
天語宣春
吟含蹙韻之音
諭筴
龍鸞之軸戕除分而纏晰
旨且數十從州次而部居
詩真三百曰風曰雅曰頌民事亟幽爺之三如絲

如綍如綸
王言大渙汗之五編卷叶羲經之卦臣聞配孔翼
之篇煥乎鉅觀裒然總具賁諸風雷之奕風
致
天地之文雖有孚者我之心即勿問者民之感訖
玩占而
見道比程傳朱義之說長根
睿鑒以
立言誠堯步舜趨之賢遠取諸孚惠名此全書聆
御論以闡經百姓足孰與不足備
福疇而衍範庶民同是謂大同臣學淺帶勸識迷
把算生飯稻羹魚之俗秧馬曾騎誦縣鉅轄

特之箴
豳籥就列運幸逢於
熙洽世共涯於和甘遠信鄉枌聽與歌於里社使
遊英蕩採塗頌於
天衢戴筆思効於編摩越周禮遺人委積授簡頻
生其歡喜笑蘇家杭守奏章恭領職於
起居日繙黃冊叨依
光於洪奉光覲
丹扆虔緝就於寶書肅繕呈於
瓊案伏願
萬禧益茂
純嘏彌常

以赤子之心為心乾乾惕若
後天下之樂而樂蠢蠢福來耕九年餘三年極
縱亥橫章皆禝翼奎輿之地澤下民生上又
合其風畢雨致獻羔饗酒之忱
惠我無疆視壹萊者樂只
萬年心久依生成之父母
孚于不戒頌勲華者康哉庶事身覩見
堯舜之
君民臣無任歡欣踊躍之至謹將所纂
孚惠全書六十四卷計三十二冊裝成八函隨
表恭
進以
聞

乾隆六十年九月　日

孚惠全書卷一

普蠲錢漕一

御製恭讀

皇祖聖祖仁皇帝聖訓見蠲賑之政歲不絕書用
培我國家萬年元氣世世子孫所當奉為法
守也 辛酉

當宁開千禩承
天御八埏恫瘝勤保赤宵旰虔祈年歲歲頻蠲賑
殷殷切惠鮮湛恩周蔀屋大政紀瑤編家法猶然
在孫曾試勉旃萬年培國本捧讀溯乾乾

乾隆十年六月初六日奉
上諭我朝

孚惠全書 卷一 一

列聖相承深仁厚澤無時不加意培養元元以期
家給人足百年以來薄海內外物阜民康共享昇
平之福朕臨御天下十年於茲撫育烝黎民依念
切躬行儉約薄賦輕徭孜孜保治之謨不敢稍
有暇逸常守節用愛人之訓凡以為民也今寰宇
敉寧既鮮靡費之端亦無兵役之耗所有解部錢
糧原為八旗官兵及京官俸餉之所需計其所給
較之宋時養兵之費猶不及十之一二至於各處
工程為利民之舉者亦祇取給於存公銀兩即朕
偶有巡幸當眷所須亦屬無幾是以左藏尚有餘
積數年來直省偶有水旱朕加恩賑濟多在常格
之外如前年江南被水撫綏安插計費帑金千餘
萬兩凡此皆因災傷補救而沛恩澤者朕思海宇
乂安民氣和樂持盈保泰莫先於足民況天下之
財止有此數不聚於上即散於下仰惟我
皇祖在位六十一年蠲租賜復之詔史不絕書又
曾特頒
恩旨將天下錢糧普免一次我
皇考旰食宵衣勤求民瘼無日不下減賦寬徵之
令如甘肅一省正賦全行豁免者十有餘年此中
外所共知者朕以繼志述事之心際重熙累洽之
候欲使海澨山陬一民一物無不均霑大澤為是
特降諭旨將乾隆丙寅年直省應徵錢糧通行蠲
免其如何辦理之處著大學士會同該部即速定
議具奏

孚惠全書 卷一 二

御製朕御極十年蒙
上天眷佑海宇乂安藏有餘積特下詔賜蠲丙寅
年直省正賦以昭勤恤民隱之意非沽惠也
因紀以詩 乙丑

維
天作君師繼序撫八埏國本云何培端惟育黎元
我朝戴
帝眷聲教訖海堧
三聖丕顯承垂祐我後昆小子實德涼幸得業業
安兵戈偃四方熙和今百年水旱雖時有恩膏曾
未屯縱免填溝壑豈乏飢寒在藏既贏積況無

修費繁古人亦有言宜藏富於民蒼赤被休息戶口日以蕃念波惟正供幾經催科煩閭澤以時除十行大詔頒詎惟賜半租更復徧九寰宿昔諭魯論博施聖所難匪徒行小惠斯獲萬民安但覺損益道其機寄循環上盈斯下絀既富教可言嗟我良有司勤求化民權所望閭閻風俗漸還淳

二十一日奉

上諭朕以愛養百姓為心早夜思維惟期薄海內外家給人足共享昇平之福敢特頒發諭旨將天下錢糧通行蠲免誠以寰宇又安國用簡約朕躬行節儉靡費又少庫藏所儲可以供數年之經費是以體古聖人損上益下之訓特沛恩膏俾海澨山陬無人不被其澤也赫泰身為臺諫乃奏稱國家經費有備無患今當無事之時不應蠲免一年錢糧若云恩諭已沛成命難收則請將緩徵帶徵之逋賦通行豁免等語朕之溥施恩澤亦豈全不計國家之用度而為是舉赫泰逞其私智小慧妄議朝廷重大政務勸朕收回成命不知其出於何心又稱成命難收則寬緩徵帶徵之項以宣明詔是將普免之恩眷靳而不施徒為煦煦之仁以示惠愛其多寡廣狹何啻霄壤況逋欠錢糧固有一時水旱無力輸將者亦有刁民抗玩有意拖延者若一體加恩則良頑更無區別矣凡為臣者苟存利民之心即所言失當朕亦必鑒察其隱而優容

之所為觀過知仁今朕撫育烝黎行慶施惠於常格之外天下臣民諒皆色喜而赫泰偏為是屯膏反汗之奏性與人殊悖謬已極不能體朕愛民之心而反生異議為國為民者固如是乎赫泰著交部嚴加議處所奏摺並發

二十四日奉

上諭各省蠲免正賦之年若有未完之舊欠仍按期帶徵則民間猶不免追呼之擾著一併停其徵收展至開徵之年令其照例輸納至於有田之家既邀蠲賦之恩其承種之佃戶亦應酌減租糧使之均霑惠澤著該督撫轉飭州縣官善為勸諭感發其天良歡欣從事則朕之恩施更為周普一切照雍正十三年十二月諭旨行

二十四日奉

上諭朕將降諭旨將丙寅年各省錢糧通行蠲免以嘉惠元元經大學士戶部議稱應照康熙五十一年之例將各省分為三年以次豁免朕已降旨允行嗣後該省應免之年或遇水旱等事若不格外加恩則被澤仍有同異未為普徧著將特恩應免之數登記檔冊於開徵之年補行豁除該部即將朕此旨通行曉諭知之

八月二十八日奉

上諭向來蠲免錢糧定例止係地丁而糧草不在其內朕前降旨將乾隆丙寅年直省應徵錢糧通

行蠲免惟是甘省地處邊陲所徵地丁少而糧草多其臨邊各屬丙寅年應徵番糧一萬二千六百餘石草五百餘束著格外加恩一體蠲免再河東河西額徵屯糧草束亦著蠲免三分之一該督撫善為辦理務使民番均霑實惠該部即遵諭行

九月二十日奉

上諭閩省丙寅地丁錢糧已全行蠲免惟是臺灣府屬一廳四縣地畝額糧向不編徵銀兩歷係徵收粟穀今內地各郡既通行蠲免而臺屬地畝因其編徵本色不得一體邀免非朕普徧加恩之意著將臺灣府屬一廳四縣丙寅年額徵供粟一十六萬餘石全行蠲免該部即遵諭行

十月初一日奉

上諭川省民番雜處賦糧不一有徵收米豆雜糧者有認納貝母青稞折徵米石者其各廳營土司又有番民認納夷賦銀兩及按例完納本折貢馬等項俱與應徵地丁無異朕思該省丙寅年地丁錢糧業已全數蠲免而各民番土司所輸因非條糧不能普霑恩澤著加恩將丙寅年分寧遠敘州二府所屬州縣衛所建昌鎮標各營應徵米豆龍安府茂州松潘鎮營所屬番寨折徵米石雷波黃螂苗民認納本色雜糧建昌鎮標會川會鹽南坪打箭鑪各廳營新撫各土司番民認納夷賦銀兩各土司完納本折貢馬等項一例蠲免以示朕優恤邊方之意該部即遵諭行

十二月初十日奉

上諭朕愛養黎元於三年內普免各省錢糧一週明年應免湖南正賦彼地隸有苗民其歸化已久一例輸納地丁銀兩者已在蠲免之內查有乾州鳳凰營永綏三廳苗民雜糧共三百八十三石六斗城步綏寧二縣苗米共五百三十七石七斗每年俱徵本色凑給兵米及孤貧口糧等用朕思此等苗民既無完納之地丁其所納米糧亦應一體蠲免使之均霑恩澤又城綏地方新闢長安營有入官叛産一千三百八十餘畝召佃收租以為公事之用此項官田亦應免租十之三著該部即速行文傳諭該巡撫知之

乾隆十一年正月初四日奉

上諭朕愛育黎元格外加恩將各省錢糧普免一次以為休養萬民之計經大臣等酌議國家每年一定之經費皆取資於正賦應將各省分作三年蠲免則經費有賴而先後之間萬民均霑實澤至於耗羨乃有司養廉及辦理公務之所必需應令照舊輸納朕已允行今思朕之逾格蠲免天下正賦者所以藏富於民且使閭閻之間終歲不聞催科之聲也今正賦既蠲而耗羨又令完納是官民仍有交關猶不免有追呼之擾若將蠲賦之年應徵耗羨一併緩至開徵之年按數完納使小民於

文官之便宜此些須不必兩次伺候於公庭亦體
恤民情之意者該部即遵諭行並將公用不敷之
處作何撥抵酌議辦理各省督撫當董率有司善
爲之勿因此又別生弊端也

三月十二日奉

上諭朕愛育黎元特降諭旨將直省錢糧輪年通
免使之均霑惠澤查浙江温台二府所屬玉環山
地方從前棄置海外雍正六年設立文武官弁招
徠開墾現在田地山塲每年額徵本色穀一萬六
千四百九十餘石又海寧縣有錢塘江海口南大
亹中小亹之間天漲沙地給佃承種每年應徵銀
五千五百二十餘兩以上二項與腹内地丁無異
因名爲租穀租銀是以不在所蠲之内彼邊海之
地土瘠民貧自當一視同仁俾免輸將以安作息
丁卯年係該省輪免之期著將此二項一體蠲免
該部即傳諭該督撫知之

十五日奉

上諭朕子惠元元將直省應徵錢糧輪年蠲免查
滇省有官莊地畝一項向係文武各官招佃開墾
收租取息又有各營生息田畝及義田等項著照
湖南城綏入官田畝之例俱免租十分之三使農
民均霑恩澤今歲係滇省免賦之年該部即遵諭
速行

閏三月二十一日奉

上諭朕加惠黎元將天下錢糧分年蠲免一次今
歲係直隸輪免之年宣化府屬各州縣所有應徵
屯糧例不在蠲免之内但念宣屬地處邊陲上年
被災較重今春澤又復稀少現在降旨加賑與常
時不同著將各該州縣本年額徵屯糧蠲免三分
之一以紓民力該部諭令該督那蘇圖速行辦理

六月十九日奉

上諭直隸通省今年應徵地丁錢糧已加恩全行
蠲免固安霸州二防守尉所轄應徵屯糧例不在
蠲免之内但朕念耕種井田之旗户按畝輸穀在
縣交納與民田徵賦納銀者相同著將固安霸州
二防守尉本年應徵屯糧穀石一體加恩蠲免該
部即行文該督知之

八月二十六日奉

上諭朕普免天下錢糧奉天省本年係輪蠲之歲
各省定例祇蠲地丁銀兩米豆不在應蠲之例但
奉天省地丁錢糧向來銀糧並徵其額徵米豆即
係正賦著將奉錦二府乾隆十一年應徵米豆一
體蠲免該部即傳諭該府尹知之

十月初五日奉

上諭朕加惠黎元將直省應徵錢糧輪年蠲免粤
西省桂梧南太柳慶鬱等府州屬有額徵官田租
穀銀米等項俱係入官田畝招佃承耕收租以充
公用又桂平等府州額徵學租銀米一項因非地

丁錢糧均不在蠲免之內茲特加恩將粵西省額
徵官租學租銀米穀石蠲免十分之三俾邊徼農
民均霑實澤該部即遵諭行

乾隆十二年正月初四日奉

上諭朕嘉惠黎元以次輪免天下正供山西通省
地丁應於戊申年全免但該省太原平陽潞安寧
武澤州蒲州六府遼沁平忻代保解絳八州及歸
化城各協理通判所屬有額徵本色米豆穀麥一
項以供滿漢官兵糧餉例不蠲免其實計田納賦
本色即與地丁無異今應納地丁者均已蠲免其
供輸本色者雖係支給兵餉未便概予蠲除但此
次特沛恩施亦應量加愷澤俾伊等得以均霑著

將太原等府州縣應徵本色酌免十分之三其大
同朔平二府地處邊瘠頻年歉收著全行蠲免該
部即遵諭行

三月初十日奉

上諭朕普免天下錢糧今歲係安徽省輪免之年
聞該省有馬田稻租一項係歸公官田不在蠲免
之例但念民佃終歲勤動不得一體邀恩未免向
隅著加恩將馬稻租息蠲免十分之三俾耕佃農
民均霑實惠該部遵諭行

四月二十日奉

上諭朕普免天下錢糧今歲係河南省輪免之年
聞該省之開封歸德彰德懷慶河南南陽等府所
屬有灘地官莊官地義田四項租課因非地丁正
賦均不在蠲免之內但念民佃耕種徵租不得一
體邀恩未免向隅著加恩蠲免十分之三俾農佃
均霑實惠

五月二十九日奉

上諭朕普免天下錢糧今歲係廣東省輪免之年
該省廣韶等府州屬向有應徵官租及屯田曠軍
餘羨等項銀錢米穀并有應徵學租銀兩因非地
丁錢糧例不蠲免朕念此等窮佃終歲勤動不得
一體邀恩未免向隅著將此項官租學租銀錢米
穀蠲免十分之一俾邊海窮民均霑惠澤該部即
遵諭行

乾隆三十一年正月初二日奉

上諭朕統御萬方孜孜求治惟以愛育黎元為念
自御極以來蠲賜所逮不下千億萬乾隆十年曾
恭依
皇祖普免直省錢糧恩例蠲除天下額徵正賦二
千八百萬有奇期斯民家給人足咸臻樂利惟歲
運漕米向以供給倉餉廩糈之用非水旱特蠲例
不普免夫八政以食為先閭閻蓋藏尤資饒裕恭
閱
皇祖實錄康熙三十年
特頒恩旨將各省起運漕糧通行蠲免一週大澤
均霑慶逾常格仰惟

皇祖沖齡踐阼臨御之三十年春秋未及四十朕
年二十有五始登大寶膺祺受祉迄今亦閱三十
年際
重熙累洽之時必世昌期均荷泰運其爲慶幸倍
深茲荷蒙
上天眷佑
列祖鴻庥函夏謐寧疆宇式闢北庭西域二萬餘
里咸隸版圖外有耕屯之獲內無饋餉之勞且連
歲年穀順成庶物豐殖京通倉儲儲有餘粟
天貺誕貽樂歲惠洽昇平朕自當仰體
天心以推恩黎庶是用敬承
嘉貺懋繼

前謨使薄海億兆並裕倉箱之慶所有湖廣江西
浙江江蘇安徽河南山東應輸漕米著照康熙年
間之例於乾隆三十一年爲始按年分省通行蠲
免一次其江寧京口杭州荆州等處駐防地方該
省漕糧既蠲所有估需兵食如何豫爲籌辦並各
該省蠲免次第應行酌辦各事宜著該部速行定
議具奏
御製正月二日降旨普免各省漕糧詩以紀事有序
丙戌
撫萬邦而養敘庶於深衷用八政以厚生圖其
先務緊民依之是念率
家法以攸行溯自初元以來給復已積贏千億亦
越丙寅之歲正供更蠲逮埃埏凡茲除半而賜
全總期家給而人足惟漕粟計關帑糈故蠲租
例格成規緬
祖訓之欽承曹
沛十行寬大荷
天心之篤佑式
貽萬載昇平拓疆逾北漠西瀛新屯獲而無勞遠
饋省歲慶秦登穀稔庶物殖而適協屢豐必世
後仁聿符
累洽重熙之運以通制用宜體耕三餘一之經仰
昊蒼之錫福孔多願黎赤而推
恩益切

前謨用繼新命聿申銜尾連艘七省則輪停輓
長腰免廩三年而户逾恩賚與其陳因之紅積
太倉何如歲取之飽增四鬴益孚惠及下益乃
允方別藏富於民君孰不足既數獻而渙號因
抒志以命篇非博覓藻於儒人冀示蒸詒於奕
世
制用曾聞卅載通免漕敬繼
祖鴻功軍糈官饟給帑匱
天施去聲地生義可允比屋怙惟無慮白太倉粟積
免成紅惠心勿問思義象
家法期詒奕葉同
十一月初三日奉

上諭前經降旨將各省漕糧分年普免一次期使
海宇黎元均霑闓澤但聞漕糧款内尚有例徵折
色及民户輸銀官為辦漕者雖徵收銀米不同其
為按田起漕之例則一也若仍令其照漕項一例
輸將不得與交納本色民户並邀曠典未免獨抱
向隅著再申諭辦漕各省州縣内有徵折色者一
體概予蠲免督撫等務董率所屬實力經理再行
明白曉諭毋任胥吏藉名滋弊副朕加惠閭閻普
施膏澤至意該部遵諭速行
乾隆三十二年四月二十九日奉
上諭前於乾隆十一年通行蠲免直省應徵錢糧
曾令各督撫轉飭州縣官勸諭有田之家酌減佃

孚惠全書 卷一 十三

户租糧使之均霑惠澤上年春初朕特沛恩施降
旨將各省起運漕糧分年蠲免一週俾瀕海農甿
共叨樂利在有田業户於輸蠲漕米之年已得倍
裕蓋藏而佃户等尚未得一體仰邀曠典著各省
督撫屆輸蠲年分通行曉示勸諭各業户等照每
畝應蠲漕米數内亦令佃户免交一半務期闓澤
均敷使納糧力穡之人倉箱並資盈阜該部遵諭
即行
三十日奉
上諭上年春特頒恩旨將各省漕糧按年普免一
週本年輪屆江蘇省應免蘇太等衛之年漕艘概
行停運旗丁等閏月銀米例應扣除第思此次幫
船全數減歇出自朕蠲免特恩非若年滿輪減及
截漕派減可比今閭閻既得普裕蓋藏旗丁等亦
應一體均霑渥澤著加恩將本年蘇太鎮等衛幫
船旗丁閏月錢糧照月糧例減半給予以示體恤
該部即遵諭行
六月十八日奉
上諭前經降旨將各直省應徵漕米普蠲一週本
年輪免江蘇一省昨據尚書嵇璜奏請按照府分
勻作兩年蠲免業經户部議駁旋據高晉明德會
奏請將各州縣額漕本年先蠲一半其餘一半俟
明年再蠲復經該部以高晉等身任其地自就該
省實在情形籌辦當經議覆准行在伊等通融調

孚惠全書 卷一 十四

劑原為地方米石均平及貨物流通起見但當此
闓澤宏敷自應籌酌萬全以期妥協高晉等所奏
各州縣概免一半之處雖通行出示曉諭而僻壤
窮鄉勢難家喻户曉江蘇糧額甲於他省條目繁
多既易滋淆混且恐不肖吏胥因緣為奸不無高
下其手影射侵漁之弊轉不如間府分免尤為妥
善著高晉明德等將該省漕糧通盤籌畫按額適
均統計本年應免若干府次年應免若干府使界
限犂然蠹役無由滋弊輸將者既易於遵循蠲免
者更普霑實惠而於裕食便民之道亦均有裨益
該督等迅速悉心定議一面奏聞一面通行各屬
實力辦理以副朕籌咨民隱之至意該部遵諭速

行

九月二十二日奉

上諭江西南昌新建進賢鄱陽餘干建昌都昌等
七縣本年秋田偶被偏災業經降旨該撫令其加
意賑卹分別蠲緩更念此數縣連年被水民力拮
据所有明歲輪免漕糧着加恩援行蠲免至
本年應完漕糧仍緩至己丑年開徵分作三年帶
完俾災黎益得寬舒以副朕軫卹至意該部遵諭
速行

孚惠全書卷一

孚惠全書卷二

普免錢漕二

乾隆三十五年正月初一日奉

上諭朕寅承丕緒撫有萬方申旦求衣無日不以
勤恤民依為念是以劭農省歲減賦逭徵不靳多
費帑金斷閭閻共臻康阜溯在乾隆十一年丙寅
朕御宇周旬肇敷闓澤曾恭依
皇祖普免天下錢糧恩例蠲除直省額徵正賦二
千八百萬兩有奇越在三十一年丙戌際當必世
興仁益惟比户饒裕是計復下詔將應徵漕米省
分照康熙年例概蠲一次俾各倉箱盈衍倍積耕
餘逾年以來寰宇乂寧民氣和樂惟
上天孚佑我邦家游錫康年頌符綏屢朕祗膺
昊蒼鴻眷其可不宏澤推仁以與我海內元元荅
茲
嘉貺我國家席全盛之模內外經費度支有盈無
絀府庫所貯月羨歲增因思天地止此生財之數
不在上即在下與其多聚左藏無寧使茅簷蔀屋
自為流通適者仰紹
列祖貽庥化成熙洽為民藏富啟除斯長且今年
為朕六十誕辰明歲恭逢
聖母八旬萬壽普天作祝慶洽頻年尤從來史冊
所未有宜更沛非常之恩以協
天心而彰國慶茲用秉春頒令誕布陽和著自乾

隆三十五年為始將各省應徵錢糧通行蠲免一
次其如何分年遞蠲之處著大學士會同該部即
速詳議具奏
御製降旨普免天下正供詩以誌事有序庚寅
國有大慶斂福以敷錫為先民可常懷孚惠而
德心宜廣溯在丙寅丙戌普曾蠲賦蠲租凡皆
體
皇祖之深仁總期錫兆人於殷阜茲屆朕躬六旬
周甲吉逮寰區繼值
慈闈八袠令辰祝仲連歲尊親而誠形頌禱嘉被
總總林林熙洽而運際昇平撫斯樂樂利利緊
綏萬既昭豐屢求寧成盈而取一原準恒經供

由推正然施生之道用下下而人克若庶富之
加乃多多而益善矧時府庫無虞其式䆒宜使
草野常留其有餘爰循
舊澤以推恩更沛新綸而宣愷自三十有五年以
始省遞參輪計二千八百萬而贏顓均全資恰
屆德全穰迭叶有秋知樂倍裕和況歲稔未盛
兼符方春適令隨長養布十行之寬詔斬繼今
申述
昊穰合萬國之權心俯待此洪延
懿壽式昭令典用述長言
丙寅正賦免寰瀛屈指歲支又再周惟是愛民念
無已不言節用澤還流方今帑藏充盈户部核計已至七千三百餘萬每念

天地生財祇有此數自當宏敷渥澤之流通而閭閻用原有常經無虞更有待節不必若為論之迂遠
題而及之
祖功敬繼率成倍朕寅承洪緒惟以法祖愛民為本皇祖普曾普免直
省正洪一周朕今幸得再循前例惟益勉切繼繩耳
慈壽恒綿祝吏愆設使三番能遂願朕即位之初即對天
中觀我皇祖幼齡踐阼得至六十一年為亘古所希有朕即位時已二十有五若至乾隆六十
年朕壽亦八十五矣斷不敢與皇祖並肩即當歸政引年惟時亦仍下普蠲之詔與丙寅及今
而三此則上天嘉貺宵亦天下臣民之福慶也與民歡喜戴
天庥
初五日奉
上諭朕嘉惠閭閻俾益藏富始和布令將直省應
徵正賦著免一周因思有田業户應納條銀者既

已廣被恩膏則食力佃農自應亦令其分霑渥澤
前此丙寅丙戌二年普蠲錢糧漕米曾諭令各業
户就所蠲之數量減佃租伊等亦深知感戴朕推
施丕振此次又值加恩普免著各該督撫遇輪蠲
之年遍行勸諭各業户等照應免糧銀十分之四
令佃户準直減租使得一體仰邀慶惠在有田之
家歲入所資固難强其分逮而正供既免食德宜
均諒無不共秉天良歡忻從事佃户等亦不得因
有此旨藉口抗租以副朕一視同仁至意
五月十三日奉
上諭朕愛育黎元廣敷闓澤降旨將各省應徵錢
糧再行普免一週湖南省在本年輪免之列該省

隸有苗民其歸化已久一體輸納地丁銀兩者已在蠲免之內尚有乾州鳳凰永綏三廳苗民雜糧二百八十三石二斗零城步綏寧二縣苗米五百七十八石五斗零每年俱徵收本色此等苗民向不完納地丁其應徵米糧即與地丁無異亦應照上屆普蠲之例一體蠲免俾得同霑惠澤該部即遵諭行

閏五月初二日奉

上諭豫省地丁錢糧本年屆輪免之期業經全行蠲免俾閭閻共享樂利第念正賦固已蠲除此外尚有隨漕并船料等項銀兩不在應蠲之例但零星徵收小民輸納既難且仍不免追呼之事著再

加恩將該省本年額徵漕項銀一十一萬八千餘兩又歸德府屬之商邱寧陵永城鹿邑虞城夏邑等六縣本年地丁項下改解山東船料銀一千六百八十七兩零俱緩至次年徵收所有應行需用給解之項即令該撫酌量借項動撥仍俟來年補徵歸還該部即遵諭行

八月十八日奉

上諭本年正月降旨將各直省應徵錢糧通行蠲免一次經部議甘肅省應於明年輪免第該省所徵地丁少而糧草多著照乾隆十年蠲免之例將甘省臨邊各屬辛卯年應徵番糧草束均格外加恩一體蠲免其河東河西額徵屯糧草束亦著蠲免三分之一俾得均霑愷澤該部即遵諭行

十二月初二日奉

上諭本年正月曾降旨將各直省應徵錢糧通行蠲免並蠲甘省臨邊各屬番糧草束其河東河西額徵屯糧草束亦予蠲免三分之一因思烏魯木齊新疆户民均有撥種地畝業經扣限升科所徵額糧著一體加恩照內地河東河西額徵屯糧草束蠲免三分之一俾新疆編氓普霑渥澤該部即遵諭行

乾隆三十六年正月初二日奉

上諭前此普免天下錢糧曾降旨將閩省臺灣府屬地畝額糧編徵本色一體予蠲今普免直省正

供辛卯年屆該省輪免之期著加恩仍將臺灣府屬一廳四縣辛卯年額徵供粟一十六萬餘石全數蠲免該部即遵諭行

初三日奉

上諭前此普免天下錢糧曾將廣東省廣韶等府州屬應徵官租及屯田猺軍餘羨等項銀錢米石及應徵學租銀兩蠲免十分之一今普免直省正供辛卯年屆該省輪免之期著加恩仍照上次將應徵官租等項蠲免十分之一俾邊海農民均霑愷澤該部遵諭速行

初三日奉

上諭昨歲降旨普免天下錢糧粵西省應於今年

輪免所有桂林南太柳慶鬱等府州屬額徵官田
租穀銀米等項鳳桂平等府州額徵學租銀米一
項著加恩仍照乾隆十一年之例蠲免十分之三
該部即遵諭行

初五日奉

上諭川省民番賦糧不一有徵收米豆雜糧者有
認納貝母青稞折徵米石者其各廳營土司又有
番民認納夷賦銀兩及按例完納本折貢馬各項
於丙寅年降旨同地丁錢糧一體蠲免兹復加恩
普免正賦該省今年值輪免之期仍著加恩照上
屆之例將辛卯年寧遠敘州二府屬州縣衛所建
昌鎮標各營應徵米豆龍安府茂州松潘鎮營所

屬番寨折徵米石雷波黄螂苗民認納本色雜糧
建昌鎮標會川會鹽南坪打箭鑪各廳營新撫各
土司番民認納夷賦銀兩各土司完納本折貢馬
等項統行蠲免以示朕優卹邊方格外施恩至意
該部遵諭速行

六月十五日奉

上諭各直省普蠲錢糧向當蠲免之年適遇災歉
即不復再議重蠲此固恩無屢邀之理第念甘肅
省地瘠民貧兼以連歲歉收與他省情形迥異而
各州縣得雨較遲處所因地氣早寒不能補種現
已降旨令該督查明照秋災之例賑卹撫綏務俾
得所但本年正屆該省輪免正供所有成災州縣

按分數議蠲之項已概其中朕念切民瘼兹特加
恩將該省本年錢糧普行蠲免外其因災議蠲各
州縣著展至明年補行按分酌免該督其董率各
屬悉心經理使窮簷均得倍霑實惠以副朕軫念
邊氓有加無已之至意該部遵諭速行

御製命免甘省被災州縣明歲錢糧詩以紀事有序

甲午

昨歲下詔蠲直省正供以三年遍周今年甘肅
值應免而皋蘭固原等十二州縣自春徂夏雨
澤愆候且地氣早寒歲止一收夏禾災即不能
復藝秋禾因命大吏察勘賑卹如例其成災者
當計分蠲之而既值輪免則災蠲亦概其中恩
不可以屢邀示有制也第念邊陲土瘠民貧又
屬積歉事與他省異乃破常格於普免外以明
年補行災免余惟切求民瘼施惠無所靳甘肅
則尤所廑恤者既蠲積欠穀四百萬石有奇而
撥帑備賑復以二百萬計兹所貸尚不可以數
算余方懼民之如傷冀吏之承德意以全吾赤
子也屬詎知惠之有加無已乎

普蠲寰宇供輪以三年竟甘省值今歲黔黎方幸
慶而何達旱災比户愁懸罄遇災例免賦恩固無
重游獨念極邊城地瘠民貧栖春雨既獲遲早收
已無剩氣寒補種艱千里赤地定牧民吾之責豈
可常數聽命以壬辰年補行議蠲政有司善推行

應拔流離遂於豐富從優安肯計此時淡言博施
難乾濟其猶病
乾隆三十七年正月初五日奉
上諭本年輪蠲奉天等省地丁銀兩其米豆一項
例不在應蠲之内但念奉天省地丁錢糧向來銀
糧並徵其額徵米豆即屬任土正供自當普予加
恩俾得共樂殷盈益兆倉箱之慶著將奉錦二府
乾隆三十七年應徵米豆一體蠲免以廣惠澤該
部即遵諭行
初五日奉
上諭朕加惠蒼黎降旨普蠲正賦山西一省應在
本年輪免該省所屬各府州有額徵本色米豆穀

參一項係供滿漢官兵糧餉之用例不蠲免但念
此項本色原屬計畝輸將與地丁錢糧事同一律
念應納地丁均經蠲免其額徵本色雖關兵糈支
給未便概予蠲除而同屬援產編氓亦應令其均
霑愷澤著加恩將太原平陽潞安寧武澤州蒲州
六府遼沁平忻代保解絳八州及歸化城各協理
通判所屬乾隆三十七年應徵本色俱酌免十分
之三其大同朔平二府地處邊瘠著全行蠲免俾
得廣被恩膏益裕盈寧之慶該部即遵諭行
初五日奉
上諭本年輪屆浙江省普免地丁錢糧該省溫台
二府所屬玉環廳每歲額徵租穀二萬一千八百
五十餘石又海寧縣天漲沙地應納租銀一千二
百二十餘兩向例不在蠲免之内第思此項租穀
租銀原並出於田畝徵輸與闔省地丁無異自當
一視同仁俾得並免輸將以安作息著加恩將此
二項應徵銀穀一體蠲免副朕愛養羣黎至意該
部即遵諭行
初六日奉
上諭戶部奏駁護山西巡撫朱珪咨請將清水河
廳米石改徵折色及和林格爾等處交租地畝太
僕寺廠地銀米未便一體並蠲一摺固係按例核
議第念該省今年輪應普免地丁錢糧內地民人
均得霑蠲除之惠其該省額徵本色米豆等項亦

已特降諭旨分别蠲免而口外應納地租獨令供
輸未免向隅可憫所有清水河廳米折銀兩上屆
普免時尚未改徵曾與太原等府州應徵本色一
體蠲免十分之三今雖改徵折色未便全蠲著加
恩仍照舊例蠲免十分之三其和林格爾等處新
墾起科之地較多應輸折色銀兩按田納賦究與
内地地丁無異自當一體全蠲至太僕寺牧廠地
畝本折分徵者其折色著照地丁之例予以全蠲
其本色著照上屆恩免之例亦蠲十分之三俾邊
外窮黎得以普霑愷澤共樂豐盈該部即遵諭行
餘依議
二月三十日奉

上諭前經降旨將各省正賦分年普行蠲免陝西省於上年已屆輪蠲該省尚有額徵本色糧草等項不在應免之列第念陝省地近邊陲民俗樸愿平日頗知踴躍奉公其所徵本色糧草亦出自田畝即與正賦無異乃以格於成例未得均霑渥澤未免向隅著加恩將乾隆三十六年西安等九府州額徵本色并存留穀粗糧及延安等三府州額徵本色糧草各項詳查明一體加恩蠲免此內如有已經完納者即准其抵作本年額徵之數無庸另徵俾閭閻生計愈得寬裕副朕惠愛邊氓至意該部遵諭速行

乾隆四十二年正月二十四日奉

上諭前因

聖母萬壽特宏錫類之仁普蠲各直省錢糧以昭

慶惠朕本欲俟恭祝

聖母九旬萬壽之年再溥恩施一次茲者

仙馭升遐此後更無可推廣

慈仁之處現在部庫帑項又積至七千餘萬著再

加恩自戊戌年始普蠲天下錢糧仍分三年輪免

俾寰宇億兆人民仍得共被

慈恩永申感慕而朕終天罔極之忱雖不能仰酬萬一庶幾藉以稍展其如何輪派年分著户部即速悉心核奏遵行

御製降旨普免天下錢糧用宣

聖母遺恵詩以誌事 有序 丁酉

曩者恭逢

聖母八旬萬壽曾推

錫類之恩普蠲直省正供以昭慶恵本欲俟

九旬大慶再霈殊施茲

仙馭升遐嗣後更無可推廣

慈仁之事因降旨自戊戌年爲始普蠲天下錢糧仍分三年輪免俾寰宇億兆均得重沐

慈恩永申感慕而予終天罔極之忱庶幾藉以稍展至情所發爰誌長言

大典頻希慶

九旬屆時蠲賦普施仁今無望矣予心疚昔已陳

之

母照頻言不文斯嫌豈避體

遺恵實霈應均最難堪是

彌留際此事依然

誨諭詳

二十五日奉

上諭昨經降旨自乾隆戊戌年爲始普蠲天下錢糧仍分三年輪免以推廣

慈仁茲據户部將分年蠲免省分詳議具奏已依議行矣因念前次加恩普免曾令各該督撫遇輪蠲之年通行勸諭各業户就所蠲之數準直減租俾食力佃農一體仰邀慶恵現在自應仍舊辦理

但此等事不宜明張告示致刁佃藉口抗租止須密行札知各該州縣勸諭業戶等量減佃租伊等如感戴朕恩推施及佃出於伊等天良或其中不能分逮者亦聽其便毋庸官為勉强蓋佃戶俱係鄉愚倘出示曉諭必以為奉旨減租刁風漸長現今浙省即有永嘉縣佃民抗租聚衆之案所謂民可使由不可使知大率如此著傳諭各督撫遇輪蠲之年務須督率屬員妥協辦理俾業戶佃農均霑實惠而無流弊將此諭令知之

五月十四日奉

上諭前經降旨自戊戌年為始普蠲天下錢糧仍分三年輪免福建應於庚子年全行蠲免但該省

有臺灣府屬官莊租息一項因與雜稅無異例應照舊徵收乾隆十年及三十五年普蠲各案內均經加恩准其蠲免十分之三現在又屆普蠲之年所有前項官莊租息銀兩仍著照上次之例蠲免十分之三俾海外羣黎均霑渥澤該部遵諭速行

七月二十三日奉

上諭前經降旨普免直省地丁錢糧甘肅省應於戊戌年輪免其額徵糧草一項本不在蠲免之例第念該省所徵地丁少而糧草多乾隆十年及三十五年普蠲各案內均經加恩將各項糧草分別蠲免現在又屆普蠲之年所有甘肅省臨邊各屬應徵畜銀草束仍著一體蠲免其河東河西額徵屯糧草束亦著照上次之例蠲免十分之三俾邊省羣黎咸霑渥澤該部即遵諭行

十月十三日奉

上諭前經降旨普免直省地丁錢糧其額徵本色糧草等項本不在應免之例上屆輪蠲陝西因該省地近邊陲曾降旨將此項糧草一體加恩蠲免今乾隆四十三年屆陝省輪蠲年分所有該省額徵民屯租糧草束等項著仍照上屆之例同地丁錢糧一併蠲免以昭優恤邊氓至意該部即遵諭行

乾隆四十三年四月十二日奉

上諭豫省自去秋至今雨澤稀少現在已交夏令

即甘霖早降霑霈止可趕種秋禾二麥已難望有收業經疊沛恩施令該撫等加意撫恤但被旱略久民食不免艱難其開封等五府應徵本年錢糧雖經降旨停緩但秋後仍須輸納民力究不免拮据莫若將該省乾隆四十五年輪免錢糧即於本年先行蠲免其迤南各府州現已徵收者即作為明年正供其被旱之五府屬貧黎既得免追呼即有收之各府屬亦可以其有餘供數區糴買以資接濟該撫務董率所屬實心經理毋使吏胥從中滋弊以副朕軫念民生之至意該部即遵諭行

五月初一日奉

上諭本年山東濟東武曹臨清濟寧等六府州及

奉免二府屬北境春間種麥較少前已降旨令該
撫加意撫卹并令將濟南等屬新舊錢糧恩予停
緩但秋後仍須輸納在麥收歉薄之區民力不免
拮据即其餘二麥有收各屬亦當留其有餘以供
本省糴買俾資接濟著再加恩將山東乾隆四十
五年輪免錢糧即於本年普行蠲免其各府州屬
現已徵收者即作爲明年正供該撫其董率屬員
實力經理毋任吏胥中飽俾閭閻均霑實惠以副
朕軫念民生之至意該部遵諭速行

十一月十二日奉

上諭本年輪蠲奉天等地丁銀兩又因臨幸盛京
降旨加恩將奉天所屬乾隆四十四年地丁正項
錢糧通行蠲免其米豆一項例不在應蠲之內但
念奉天省地丁向係銀糧並納其額徵米豆即屬
任土正供自當普予加恩著將乾隆四十三年四
十四年該省應徵米豆一體免徵俾得均霑渥澤
該部即遵諭行

十二月二十日奉

上諭明歲浙江省係輪應蠲免錢糧之年該省溫
台二府所屬玉環廳額徵租穀二萬二千六百一
十九石四斗七升有零又海寧州沙地應納租銀
二千五百六兩八錢五分有零本不在應免之例
第念此項銀穀按畝輸將實與地丁無異若照舊
徵收小民未免向隅著加恩將前項租穀租銀一

體蠲免俾瀕海黎民均霑實惠該部即遵諭行

乾隆四十四年三月初六日奉

上諭本年湖南省係輪應蠲免錢糧之年該省苗
民歸化已久其一體輸納地丁銀兩者已在蠲免
之內尚有辰州府屬乾州鳳凰永綏三廳額徵苗
民雜糧二百八十三石三斗零城步綏寧二縣額
徵苗米五百七十八石五斗零此等苗民向不完
納地丁其應徵本色米糧即與丁銀無異未便令
其向隅著加恩照上屆普蠲之例一體蠲免俾得
均霑惠澤該部即遵諭行

乾隆四十五年二月初八日奉

上諭福建臺灣府屬一廳四縣地畝額糧向例徵
收粟穀例不編徵銀兩前屆普免各省錢糧曾降
旨一體全蠲此次普免直省正供庚子年該省輪
免屆期著加恩仍將臺灣府屬一廳四縣本年額
徵供粟一十六萬餘石全行蠲免該部即遵諭行

四月初九日奉

上諭戶部奏覆山西巡撫雅德咨請將例不應蠲
之太原遼州等府廳州應徵本色及清水河豐寧
等廳和林格爾等處改徵折色地租銀兩仍全行
徵收一摺固係照例核議第念該省本年輪應普
免地丁錢糧而此項應徵本折銀兩獨令供輸未
免向隅可憫所有太原遼州等十六府州并歸化
城應徵本色及清水河等廳並太僕寺牧廠地畝

改徵折色銀兩仍著加恩照上屆蠲免十分之三其應徵本色之大同朔平二府地處邊瘠又和林格爾等處新墾地畝應輸折色並莊頭退出招種地租銀兩及豐寧二廳地畝折色租銀按田納賦與內地丁無異均著加恩一體全行蠲免俾得普霑愷澤益裕盈寧之慶該部即遵諭行餘依議

七月三十日奉

上諭前次普免天下錢糧曾將廣東省廣韶等府州屬應徵官租及屯田曠軍餘羨等項銀錢米石及應徵學租銀兩蠲免十分之一今普免直省正供本年值該省輪免之期著加恩仍照上次將應徵官租等項蠲免十分之一俾邊海農民均霑愷澤該部遵諭速行

孚惠全書卷二

孚惠全書卷三

普蠲錢漕三

乾隆四十三年十月初三日奉

上諭大學士管兩江總督高晉浙閩總督楊景素等合詞陳奏以江浙臣民望幸甚殷且河工海塘皆廑親臨指示懇請於庚子春再舉南巡盛典以抵輿情一摺朕於乙酉南巡回鑾時因耆儒舉懇情殷曾許以翠華再蒞然敬念

聖母皇太后春秋已高難以再奉

安輿長途遠涉遂諭江浙大吏不必更以南巡為請而江鄉士庶愛戴依戀之情未嘗不往來於懷距今已十有四年其顒望悃忱自益肫切且自前巡閱定五壩水誌以為展拓清口之準下河從此遂免水災嗣聞黃河倒漾所繫甚重因酌定挑濬陶莊引河面諭薩載籌辦河成而清黃交匯處移遠清口不復有倒灌之患但下游尚有停淤亦不可不除其流弊而一切善後事宜若非臨蒞閱視究不能悉其實在情形至浙省海塘近來潮勢漸趨北岸深為厪念亦不可不親為相度機宜今高晉等既有此奏著照所請於乾隆四十五年正月越吉啟鑾巡幸江浙便道親閱河工海塘所有各處行宮坐落俱就舊有規模略加葺治毋得踵事增華致滋煩費至該督等以庚子年適逢朕七旬萬壽欲就近舉行慶典則斷不可朕本意以庚

子年爲朕七旬慶辰越歲辛丑即恭逢
聖母九旬萬壽斯則數天同慶自當臚歡祝
嘏以抒萬姓悃忱今既不能遂朕初願尚復何心
爲己稱慶況朕蹕逢所經老幼歡迎扶攜恐後未
嘗不顧而樂之若經棚戲臺修陳鐙綵點綴紛華
飾爲衢歌巷舞深所不取且非所以深體朕意也
不特江浙臣民不當爲祝釐之舉即凡內外大小
臣工於朕七旬萬壽時亦均不得請行慶典以及
進貢獻詩若伊等謂欲藉以申其尊敬之誠是轉
增朕心之不悅尚得謂之忠愛乎但天下士民遇
朕七旬萬壽皆不免望恩偉澤此則情理之常朕
亦何肯因不舉行慶典並靳恩施乎著於己亥年

八月舉行恩科鄉試庚子年三月舉行恩科會試
以彰壽考作人之盛至各省漕糧於乾隆三十一
年普免一次茲蒙
昊蒼眷佑累洽重熙朕敬體
天心愛養億兆用是再沛恩膏著於庚子年爲始
復行普免天下漕糧一次俾藏富於民共享盈寧
之福所爲斂福錫民慶莫大焉其開科事宜著交
禮部查例辦理其各省漕糧應如何分年輪免之
處著交戶部詳悉妥議具奏將此通諭中外知之
御製降旨免各省漕糧詩以誌事有序 己亥
則壤成賦普蠲已至於三徹田爲糧全免亦周
其一蓋儲穀在下無殊儲穀在官而藏富於民
何必藏富於國念耕餘之制用曾因卅載而通
準孚惠於施生又越十稔以外明年屆朕七旬
開袤之歲爾時實我萬民偉澤之辰雖在予未
逆初衷不忍允行慶典而以彼各懷隱願豈宜
靳沛恩膏作
鴻既之疊賡非歟以之適群情之曲體俾盈且寧
爰詔從庚子爲權輿再輪蠲七省之輸輓撫太
倉之紅積久已陳陳相因籌節屆之熹封自爾
多多益善大號斯渙長律用成
正供一再已加蠲各省正賦曾於乾隆丙寅庚寅丁酉降旨輪免三次七省漕糧
則於丙戌歲爲始普免一周合之此次亦再推恩於民矣茲免漕糧兩次全粳
穀停徵七直省輓輸輪運五爲年命戶部議有漕七省輪停運漕

以五年兩週通太倉翳飯原無匱比戶飽溫庶有緣莫匪
天恩幸時泰周敷引養合當然
乾隆四十四年八月十七日奉
上諭據陳輝祖奏本年九月已屆新漕交納之期
豫省自春至秋豐穰倍於往昔即被災之地屢蒙
恩恤元氣日復俱可踴躍輸將惟是儀封商邱等
州縣漫淤未退若漕糧新舊並徵民力不無拮据
現奉恩旨於庚子年爲始普免天下漕糧一次豫
省例應明年全免懇恩即就今歲概賜蠲免並請
將儀封考城等五州縣乾隆四十三年緩徵漕糧
展至四十五六兩年分半帶徵等語前因豫省漫
工久稽堵合瀕水田禾不能耕穫情形未免拮据

深為厪念屢經降旨加恩賑恤並諭令該撫查明
應行加恩事宜據實速奏候朕酌量降旨以蘇民
困茲屆新漕開兑之期被淹地方不無稍形支絀
即豐收各屬自去夏至今辦供夫料亦屬急公可
嘉著加恩將該省乾隆四十五年應行輪免漕糧
即就今歲概賜蠲免俾閭閻益裕蓋藏其儀封考
城商邱寧陵睢州被淹五州縣四十三年緩徵漕
糧再著加恩展至四十五六兩年分半帶徵以紓
民力該部遵諭速行至該撫所請祥符陳留杞縣
三縣舊漕請照二十三年折徵之處並著該部速
議具奏摺並發

乾隆四十七年八月二十六日奉

上諭據毓奇奏濟寧以南河湖水勢甚大恐明春
重運經臨行走維艱浙江等處路遠較近幫船回
次尚可從容接兑惟湖廣江西幫船最後回空遲
滯即誤受兑之期請將輪免湖廣江西之五十五
十一年漕糧改移於四十八九兩年停運等語所
奏甚是今年回空糧船既遲於往年則明春重運
北上自應豫行籌酌量為變通著照毓奇所請將
江廣二省漕糧應於五十五十一年輪免者改於
四十八九兩年停運其浙江之嘉興府及安徽省
漕糧明年仍按次開幫改於五十年五十一年輪
免如此一轉移間重運既無虞行走遲滯而丁力
亦可稍紓漕運實有裨益所有酌改輪免之處著

該部詳悉妥議具奏毓奇摺並發

乾隆五十年七月十九日奉

上諭據書麟奏安慶等各府州屬自五月以後雨
澤愆期田禾未能播種齊全秋收勢已歉薄查安
省漕糧於明年即屆輪免之年可否改於本年蠲
免俾全省早霑闓澤等語所奏甚是本年安省各
屬被旱較廣業經疊次加恩緩徵賞給口糧並前
後截漕十五萬石以備賑恤但雨澤既稀農田秋
收不免歉薄民間口食自倍形拮据著照所請將
安省乾隆五十一年應行輪免漕糧准其改於本
年蠲免俾閭閻無事輸將得以安心耕作以副朕
軫念窮黎有加無已至意該部即遵諭速行

乾隆五十五年正月初一日奉

上諭朕賴
昊蒼眷佑既逾古稀欣開八袠幸得小康時懷大
惕自乾隆十年以迄四十二年特布恩綸普免天
下錢糧業經三次矣今歲屆朕八旬壽辰仰荷
天
祖貽庥率土稱慶以至瀛航重譯祝嘏來庭從古
史牒實所罕覯是宜廣宣湛闓敷錫兆民用叶榮
禧以答
嘉貺著將乾隆五十五年各直省應徵錢糧通行
蠲免其如何按年輪蠲之處著大學士會同戶部
即速核奏遵行

初八日奉
上諭依議此次普免錢糧按照各直省額徵銀數將所屬各府州次第搭配分作三次按年輪免通計三年一律蠲完較之按省分年輪免各省年分先後不同者自更覺恩施早被遠近齊霑至一省之中應免府州當先儘五十四年災緩之區首先蠲免於災黎更有裨益該督撫務須悉心籌畫妥為分別辦理並督飭所屬實力奉行務使編氓均霑渥澤毋令吏胥從中影射侵漁稍滋弊混以副行慶施惠敷錫兆民之至意仍令各督撫自行具奏

初八日奉

上諭今歲朕屆八旬壽辰敷錫兆民普天同慶特降恩旨將乾隆五十五年各直省應徵錢糧通行蠲免農民等皆可均霑惠澤因思紳衿富戶田產較多之家皆有佃戶領種地畝按歲交租今業主既概免徵輸而佃戶仍全交租息貧民未免向隅應令地方官出示曉諭各就業主情願令其准朕愛民之心自行酌量將佃戶應交地租量予減收亦不必定以限制官為勉强抑勒務使力作小民共享盈寧之樂以副朕孚惠閭閻廣宣湛闓至意

二月二十九日奉
上諭本年朕八旬萬壽業經特降諭旨將天下錢糧普行蠲免浙江省溫州府所屬玉環廳額徵租穀及杭州府所屬海寧州沙地租銀本不在應免之例第念此項銀穀按畝輸將實與地丁無異若照舊徵收小民未免向隅著加恩將玉環廳租穀二萬二千餘石海寧州沙地租銀二千八百餘兩一體蠲免俾瀕海黎民均霑實惠

三月十二日奉
上諭本年朕八旬壽辰業經降旨將各直省地丁錢糧普行蠲免甘肅省臨邊各屬應徵各糧草束及河東河西各屬應徵屯糧本不在蠲免之例第念該省所徵糧草較多若照舊徵收小民未免向隅著加恩將臨邊各屬番糧草束一體蠲免其河東河西屯糧草束亦著照上次之例蠲免十分之三俾邊省民番共霑渥澤該部即遵諭行

三月十四日奉
上諭本年朕八旬壽辰業經降旨將直省地丁錢糧普行蠲免臺灣府屬有應徵供粟乃官莊租息銀兩本不在蠲免之例第念該省各府州縣錢糧俱已全行蠲免臺灣瀕臨海外若不獲一體邀恩番黎等未免向隅著加恩將臺灣府屬一廳四縣應徵供粟按照內地之例分作三年輪免其官莊租息銀兩亦著蠲免十分之三以示加惠海疆至意該部即遵諭行

二十日奉
上諭本年朕八旬壽辰業經降旨將各直省地丁

錢糧普行蠲免烏魯木齊各州縣每年額徵地糧
本不在蠲免之例第念内地俱已全行蠲免該處
若不獲一體邀恩殊屬向隅著加恩將烏魯
木齊所屬各州縣户民額徵地糧七萬餘石豁免
三分之一以示加惠邊黎至意該部即遵諭行

四月二十九日奉

上諭山西省太原遼州等十六府州並歸化城應
徵本色及清水河等廳並太僕寺牧厰地畝應徵
折色銀兩著仍照上屆之例加恩蠲免十分之三
其應徵本色之大同朔平二府及和林格爾等處
新墾地畝應輸折色並莊頭退出招種地租銀兩
又豐寧二廳地畝折色租銀亦照上屆加恩一體
蠲免以示朕普惠羣黎有加無已至意該部即遵
諭行

五月二十二日奉

上諭本年逢朕八旬萬壽大慶業經將天下民户
應納錢糧概行寬免矣因念西藏所屬三十九部
落番子等亦有應納款項自當一體同沛恩澤著
加恩將本年應納馬折錢糧銀三百九十餘兩寬
免以示朕一視同仁加惠天下臣僕之至意

六月初九日奉

上諭湖南乾州鳳凰永綏三廳並城步綏寧二縣
每年額徵苗民雜糧八百六十一石九斗三升著
仍照上屆之例加恩一律蠲免隨同地丁分年輪
豁所有應需兵糧等項亦著照上屆蠲免苗糧之
年另行動款撥支以示朕普惠邊黎有加無已至
意

七月初六日奉

上諭本年朕八旬壽辰業經降旨普免天下錢糧
令各省按各府州縣分年輪蠲陝西省正項錢糧
既經輪免所有各廳州縣尚有應徵本色起存並
學租共糧二十萬五百一十五石草一萬五千六
百三十五束棉花四十九觔零著仍照上屆之例
加恩一律蠲免以示朕普惠邊黎敷錫延禧至意
該部即遵諭行

乾隆五十八年十一月二十日奉

上諭朕自臨御以來惠愛黎元加恩海寓凡普免
天下錢糧四次普免漕糧二次此外偶遇水旱偏
災隨時蠲免賑恤者又不一而足敬念
聖祖仁皇帝御極六十年普免錢糧一次漕糧一
次稽諸史册已為亘古所未有而朕繼承統緒於
重熙累洽之後惟日孜孜無刻不以民依為念蠲
免次數視康熙年間更有加增此皆由國家承平
日久生齒益繁人君代
天養民允宜渥沛恩膏俾閭閻共臻樂利方為子
惠元元之道我子孫繼膺大統亦當以朕之心為
心愛養斯民推恩行慶若能頻施曠典視朕有加
實我大清國億萬年無疆之庥若靳惜恩膏有所

弗逮即非所以善繼善述設彼時大臣中或以經
費有常諸葛宜裕為詞者以為國用起見易於動
聽而不知民為邦本正所以為國其言斷不可聽
也為治之道首在用人而人才究以正途為重前
因軍需河務支用浩繁曾暫開捐例原屬一時權
宜之計不久即行停止迄今已閱二十餘年而府
庫充盈並不因捐例停止稍形支絀銓選既無壅
滯人才亦得奮興可見捐納一事竟當不必舉行
此不特慎重名器並以嘉惠士林我子孫亦應奉
以為法倘復有奏請開捐者即為言利之臣吏當
斥而勿用惟貢監一途乃衆所願不佔正途不過
給予頂戴無碍銓政亦仿古人納粟之意事尚可

行是皆用人愛民之大經大法著將此旨敬謹存
記俾我世世子孫遵循弗替以期永臻郅治

乾隆五十九年八月十五日奉

上諭朕臨御天下五十九年仰蒙
昊蒼眷佑
列聖貽庥薄海昇平梯航向化重累熙洽惟日孜
孜無時不以敬
天勤民為念行慶施惠錫祜延禧普免漕糧二次
地丁錢糧四次而偶遇水旱偏災隨時蠲租賜復
賑貸兼施不下帑金數千萬兩所以休養生息子
愛黎元至周且渥茲紹膺統緒明歲正屆六十年
粤稽史冊前代帝王享國長久者未可多得即有
一二或係沖齡踐阼用能多歷年所朕則春秋二
十有五始即位誕膺大寶迄今八旬開四康濟逢
吉五代同堂景運增隆寰瀛寧謐享國之年幸周
甲子壽祚延洪實為古今罕覯之盛事此皆上蒙
昊貺駢蕃克膺備福朕於感荷之餘彌深兢業早
經欽天監推算六十年元旦日食上元月食古來
史傳所載有日食修德月食修刑之說固因
上天垂象理宜修省其實君人之道於德刑二事
平日本宜刻深兢勵亦何待日月薄蝕始懷寅戒
之心應天以實不以文與其託諸空言寧若見諸
行事之實修德莫大於愛民若覃敷恩澤加惠閭
閻俾海寓子民共臻樂利則所謂修德孰大於是

所有六十年各省應徵漕糧著再加恩普免一次
其應如何分年輪免之處仍著該部核議具奏至
以修刑而論則停免勾到即所以恤刑但赦非善
政利於宵小而不利於善良昔人即有此論明年
係六十年國慶後歲丙辰為嗣皇帝即位元年俱
應錫慶施仁矜恤刑獄若今年停勾則三年連綴
為民恃有寬政作奸犯科者無所儆畏轉非辟以
止辟之意是以本年仍照舊勾到明年元旦著照
五十一年之例不御殿不受朝賀是日午後向有
諸王暨皇子皇孫等內庭家宴之例五十一年元
旦日食復圓後曾經舉行明歲究係六十年週甲
年分所有內庭家宴亦著一併停止舉行朕於是

日亦不御禮服照每年例恭謁
奉先殿
堂子及
先師各等處行禮時御龍袍貂褂將屆日食時即
換常服以示寅恭而寓修省日月薄蝕躔度本屬
有定數千百年後皆可推算而得所謂千歲之日
至可坐而致但元旦上元適值日月虧蝕究為
昊穹示儆之象幸
天恩垂佑適在明歲為朕即位週甲告成之年自
應祇承無斁設在丙辰正月則為嗣皇帝即位之
元於吉祥盛事轉為未慊是即日月薄蝕一事而
上天之篤祐朕躬以貽我子孫萬年無疆之庥者

至優至厚朕惟有益感
天恩倍深乾惕又明年乙卯為朕臨御六十年本
欲於萬壽節前由熱河回京受賀今春因中外臣
工懇請舉行慶典適以上冬雪澤未獲優霑春間
又復缺雨業經降旨宣諭令將明年慶典停止舉
行若仍照庚戌年八月之例於萬壽前回京則王
公外藩以及大小臣工等必又再四懇請舉行慶
典則似朕今春所降諭旨轉為不誠是以明年仍
定於熱河駐蹕遇萬壽後再行回鑾俟至丙辰正
月歸政嗣皇帝以符正月上日受終文祖之義彼
時備儀授受盛典光昭嗣皇帝率領臣民以天下
養介福況綏慶洽數天尤為千古罕覯盛事實我

大清億萬載無疆之福也將此通諭知之
乾隆六十年三月初九日奉
上諭據周樽奏本年安徽省漕糧輪應蠲免所有
隨漕各項分別徵緩等語向來免漕之年仍有應
徵隨漕一切贈月兵糈南屯本色正耗米麥等項
安徽本年輪應免漕其隨漕各項自應分別緩徵
除該省辦運漕糧及向無正漕各府州縣隨漕應
完銀米照舊徵收外所有寧國旌德太平英山四
縣民折官辦之行月贈米應俟下年再行徵辦該
部知道摺並發

孚惠全書卷三

孚惠全書卷四

減除舊額一

雍正十三年九月初八日奉

上諭江南江西湖廣等省正供錢糧數內有蘆課一項凡蘆洲俱係沿江沙灘坍漲靡定是以定例五年一丈量令地方官勘踏新舊坍漲沙地據實報聞而不肖官吏往往借此納賄行私已坍之地不得豁除正賦新漲之區反可脫漏升科此種積弊甚為民害嗣後屆期丈量著該督撫於通省道員內選廉能風著者率同該州縣官履畝清查凡有盈縮俱按現在實數升除毋使漏課亦毋使賠糧其不肖官吏或尚有借端需索等弊即行指名參處不得姑容徇庇自干咎戾

十月十六日奉

上諭朕聞各省地方於關稅雜稅外更有落地稅之名凡耰鋤箕帚薪炭魚蝦蔬果之屬其直無幾必查明上稅方許交易且販自東市既已納課復於西市又復重徵至於鄉村僻遠之地有司耳目所不及或差胥役徵收或令牙行總繳其交官者甚微不過飽奸民猾吏之私橐而細民已重受其擾矣著通行內外各省凡市集落地稅其在府州縣城內人烟湊集貿易衆多且官員易於稽查者照舊徵收但不許額外苛索亦不許重複徵收若在鄉鎮村落則全行禁革不許貪官污吏假借名色巧取一文著該督撫將如何裁革禁約之處詳造細冊報部查核倘奉旨之後仍有不實心奉行暗藏弊竇者朕必將有司從重治罪該督撫並加嚴譴此旨可令各省刊刻謄布務令遠鄉僻壤之民共知之

十一月十八日奉

上諭聞晉省大同朔平二府辦納本色米豆一項向例按理徵收脚價距倉三四百里者每石徵至脚價銀三四錢不等輸納太重民力難支此不但與通省錢糧之火耗懸殊即以大朔二府所屬州縣相距倉廒遠近而計離倉愈遠脚價愈多亦不免偏枯嗣後除離倉最近之州縣向係糧戶自行

赴倉交收者仍聽民便令其自運不徵脚價外其餘州縣每石米豆止徵車脚銀兩一錢此外不敷之運價著於司庫存公耗羨銀兩內撥給添補令各該州縣官承領雇運不得絲毫剋減及私行派擾再聞米豆一石向例徵收加耗糧八升亦覺太重嗣後每石免耗糧四升止徵耗糧四升以二升為州縣等沿途虧折之耗二升為存倉鼠雀之耗諒無不敷均自本年始永遠為例戶部即行文該巡撫遵旨辦理

二十四日奉

上諭朕聞東省泰山有碧霞靈應宮凡民人進香者俱在泰安州衙門輸納香稅每名輸銀一錢四

分通年約計萬金若無力輸稅者即不許登山入廟此例起自前明迄今未革朕思小民進香禱神應聽其意不必收取稅銀嗣後將香稅一項永行蠲除如進香人民有願捨香錢者各隨願力不得計較多寡亦止許本山道人收存以資修葺祠廟山路等費不許官吏經手絲毫染指永著為例該撫即通行曉諭知之

二十八日奉

上諭朕聞山西大同偏關者營水泉三汛兵丁向有交納徭銀一項該汛兵丁並無承種田地一經充伍即按名額徵悉在餉銀內扣交每年約徵收徭銀六百八十兩有奇相沿已久至今未革朕思

三汛營兵既無管業地畝而派納徭銀扣除月餉未免減其養贍之資朕心軫念著從乾隆元年為始將此項蠲免該部行文晉省巡撫提鎮遵照朕旨永著為例

十二月十六日奉

上諭從前陝省地丁火耗經年羹堯岳鍾琪先後定為加二以一錢五分作為各官養廉及一切公費其五分則採買社倉穀石以裕積貯後因積穀已多無事採買則以此五分添助軍需盤費之用此向來情形也今大兵漸撤軍需簡少而仍存加二之耗甚殊非朕愛養秦民之至意著將此五分即行裁減倘未了軍需項下有應用之處即於公費項下支給該督撫務體朕意督率有司實力奉行俾秦民均霑恩澤

十七日奉

上諭河防隄岸牐壩等項一切工程凡有關運道民生者定例俱動正項錢糧應用乃各省俱有於田畝捐派者豈皆出自小民之願大都上司因節省錢糧起見授意屬員為粉飾之計相沿日久官吏藉端苛索民間所費必至數倍不特苦累民生亦於國計無補朕聞山東省挑挖運河每年有派幫民夫工食銀五萬三千四百餘兩江南松江海塘歲修有每畝捐錢五文京口挑挖運河每年於蘇松常鎮太等府州照額徵漕糧正耗米協解銀

三千八百餘兩蘇松常鎮太通六府州應修河渠牐壩令長洲等三十三州縣按畝派錢五文三二文不等以供大修並令每畝又酌量捐錢以為歲修四川歲修隄堰令每畝派銀一二釐不等直隸運河挑淺於天津等州縣每畝幫銀一釐以上各款總於田畝正賦之外派令捐輸合計捐數共十萬餘兩而官吏之借端苛派必有不止於此者正帑之所省有限官吏之中飽無窮著該部行文四省督撫即將該省捐輸各項於乾隆元年為始一槩革除仍嚴飭所屬官吏無得私行徵派以為民困其挑挖運河等項工程需用銀兩著該督撫核實奏明於公項内酌量動用報部核銷

二十六日奉

上諭朕聞淮安府阜寧縣所屬射陽湖地方於雍正五年經齊蘇勒題升淤地八千一百餘頃升租銀四千餘兩又康熙五十九年查丈射陽湖北岸淤灘案内有民人周士孔楊景帝升地四百餘頃應升銀一百七十兩俱係有糧無地小民賠累難堪是以向來積欠纍纍從未清完今各項舊欠雖已豁免然將來新賦無出勢必仍行徵比甚屬累民著令前項升地八千六百五十頃四十九畝零租銀四千二百六十一兩零俱行豁除以蘇民困該部即遵諭行

乾隆元年二月十六日奉

上諭朕聞江南淮安府屬之桃源縣徐州府屬之宿遷縣睢寧縣濱臨黄河沿河地畝涂涸靡常雍正五年因朱家口潰決之水復循故道其舊淹田地始得涸出而河臣爲地棍所欺遂以此地爲新淤之腴產睢寧縣報升地五千三十九頃宿遷縣報升地四千七十二頃桃源縣報升地三千八百四十二頃嗣蒙

皇考世宗憲皇帝勤求民隱特頒

諭旨以淤地勘報不實令河臣會同督臣委員查勘共豁地七千二百餘頃萬民感頌所有存留地五千七百餘頃俱照各縣成例折算實地三千五百餘頃科則亦經減輕其瀘安一衛裁汰改歸州縣徵收乃比年以來應納錢糧仍催徵不前蓋此淤出之地畝即舊有之糧田是以民力維艱輸將不繼也朕以愛養百姓爲心既洞悉其中情事自當加恩開除以紓民力著將宿遷睢寧桃源三縣現存新淤涸復改科地糧額徵銀六千五百四兩全行豁免其雍正十三年淤地未完錢糧亦免徵收至水沉地畝仍照例歸於每年冬勘該部即遵諭行

三月初一日奉

上諭朕聞浙江紹興府屬山陰會稽蕭山餘姚上虞五縣有沿江沿海隄岸工程向係附近里民按照田畝派費修築而地棍衙役於中包攬分肥用

少報多甚爲民累嗣經督臣李衛飭行府縣定議每畝捐錢二文至五文不等合計五縣共捐錢二千九百六十餘千計直銀三千餘兩民累較前減輕而胥吏等仍不免有借端苛索之事朕以愛養百姓爲心欲使閭閻毫無科擾著將按畝派錢之例即行停止其隄岸工程遇有應修段落著地方大員委員確估於存公項内動支銀兩興修報部核銷永著爲例

十三日奉

上諭聞江南長江一帶向有貢獻鰣魚之例至康熙年間停止因而地方改爲折價向網户徵收解充地方公用乃歷年既久或網户改業或移徙他

方展轉重連又加脊吏借端苛索遂至沿江捕魚之人代受追呼之累朕思當年

聖祖仁皇帝停止首解乃愛惜民力之至意何用此些須折價頻擾小民著該督撫查明豁免永著為例

二十一日奉

上諭廣東山海與區貧民多以捕魚為業各縣俱有額徵漁課為數無多相沿已久後因歸善縣不肖知縣私取陋規加於額徵十數倍遂經撫臣定議加增魚稅一千餘兩作為贏餘而海豐惠來潮陽三縣亦仿照加增海豐縣則增至四千餘兩惠來縣增至五百兩潮陽縣增至七百餘兩朕思粵

東山多田少小民生計艱辛故以捕魚為養贍之計今他縣魚課皆仍舊額而歸善等四縣獨徵收加重恐漁民輸納維艱非國家愛養黎元之意著將四縣加增之數悉予豁免仍照原額徵收其捕魚小船尤不應在輸稅之內再查粵東有埠租一項亦民間自收之微利前經地方官通查歸公為湊修圍基之費夫圍基既動公項銀兩修築則埠租一項亦著一體免徵以免閭閻之煩擾該督撫可轉飭有司實力奉行毋使姦胥地棍借端私取致窮民不得均霑實惠

二十九日奉

上諭朕查江南泗洲地方前經河臣齊蘇勒計報新淤地畝九千八百餘頃嗣蒙

皇考察知辦理之員勘報不實

諭令督臣尹繼善再加確勘隨聞恩豁免八千六百餘頃止存淤地一千二百七十四頃入額升科今朕聞得泗州地方濱河臨湖地勢極低凡虹縣桃源之水皆歸入泗州安河入洪澤湖而此等淤地即在安河兩岸每年水勢漲發淹涸靡常收成無定小民不免賠糧之苦深可憫惻著照淮安府阜寧等縣之例將泗州安河兩岸重糧水淹之淤地一千二百七十四頃九十七畝額徵錢糧一千二百二十二兩三錢麥一百一十石八斗自雍正十三年為始盡予豁免以示朕減賦恤民之至意

四月初四日奉

上諭朕前聞河南鄭州臨河之姚店等保地方於雍正元年楊橋河口衝決以後地畝變成鹻鹵賠納空糧甚為該地民人之累隨密令該撫富德確查據實具奏今據富德查奏鄭州東北境姚店等保一帶實在鹻重不可耕種地共三百九十頃八十七畝八分四釐實在沙深不可耕種地共六十六頃八十三畝九分七釐二項共地四百五十七項七十一畝八分一釐額徵地丁糧銀三千八百八十兩五錢三分四釐零所有雍正十二年以前積欠已叨恩豁免其十三年未完額銀各該戶背屬輸納維艱等語鄭州所屬之姚店等保既據富

德勤明晰自飛沙地共四百五十七項七十一畝八分一釐實屬不毛地既難耕糧自無出著該部將該地額徵糧銀三千八百八十兩五錢三分四釐零即與豁除以蘇民困其雍正十三年應徵糧銀亦著豁免該撫即行曉諭該地民人知悉仍嚴飭該地方官毋得私自徵派以副朕加惠黎民之至意

十三日奉

上諭山東泰安州香稅朕已降旨豁免近聞湖北太和山凡遠近進香者亦有香稅一項小民虔禮神明止應聽其自便不宜徵收香稅以滋擾累所有太和山香稅著照泰安州之例永行豁免該督撫即飭令地方官實力奉行毋使姦胥土棍巧取滋弊

五月十二日奉

上諭聞山東青州府益都縣有前明廢藩更名地一項在當日為藩封之產不納課糧召人承種輸租各佃止更姓名無庸過割謂之更名地較之民糧多二倍至四倍不等在當日居民投靠藩勢借佃護身積漸增加沿為陋例今則同為民田而納糧尚仍舊額名為欽租地糧多賦重小民輸納維艱朕心軫念著將欽租名色裁革照依該縣上等民田按畝承糧每大畝納銀二錢一分零每小畝納銀六分四釐零歸入民糧項下一體徵收俾循雍正之供永除偏重之累著該部行文山東巡撫即遵諭行

二十二日奉

上諭朕聞直隸宣化府屬之懷來縣僻處山邊向有保安衛號墾荒地七十一項徵糧八百六十餘石始於前明時防禦邊患募兵戍守即以近山地土令其耕種每軍士一名種地五十畝者准作半年糧六石種地一項者准作一年糧十二石彼時應募屯軍不過圖免本身雜差遂不計地之多寡荒熟今歷年既久其間有地荒而糧存者有地少而糧多者官民不免賠累之苦且該縣徵糧科則上地每畝徵糧五升六合中地三升六合獨此項則每畝徵糧至一斗二升民力尤難輸納著該督委員確查將山坡地不可耕糧無所出者共計若干

奏聞豁免其可以耕種之地則按照本縣科則分別定議俾邊塞黎民永霑實惠

二十七日奉

上諭朕聞甘省以糧載丁從前辦理未善致多偏枯屯民甚屬苦累現有民戶丁銀攤入屯戶者九千二百二十五兩屯戶輸納維艱朕心深為軫念再四思維此種丁銀乃國家惟正之供並非無著之項祗因從前岳鍾琪任意增減遂至苦樂不均今應酌籌變通之法以惠甘民著將此多攤九千餘兩暫為豁除俟下屆編審之時將平慶臨鞏四

府及新設直隸之秦階二州所屬各州縣新編人丁應完丁銀均匀攤入民地糧内漸次補額即分作二三次編審逐漸補足亦可務令徐徐增補以紓民力俟補足之後即行停止永不加賦者著督查郎阿劉於義悉心妥議辦理朕又聞康熙五十七年伏羌通渭秦安會寧等縣及岷州衛有地震傷亡缺額之七千六百八十丁該銀一千四百八十六兩有零人口既無丁銀自應蠲免乃岳鍾琪亦攤入田糧之内尤屬錯謬著該督等即查明豁除毋貽民累朕又思甘省從前多係衛所管轄其屯户額徵悉係糧料草束爲兵丁必需之物是以蠲免地丁時此項不在蠲免之内惟雍正十年

皇考格外加恩將民户屯户應徵各色糧草一概豁免此從來未有之曠典也朕意民屯均爲赤子所當一視同仁兵食或有不敷再當别爲籌畫嗣後遇有蠲免地丁之年著將屯户應納之糧草蠲免三分之一永著爲例

六月十七日奉

上諭朕聞廣東有屯糧羨餘一項原係衛所官弁徵收每正糧一石收穀三四石不等除正米撥支兵糧外餘穀悉係衛所官弁侵蝕入己嗣經督撫查出題報歸公留備賑糶之用但屯田糧額本重於民田今以一石之糧徵收至三四石屯民其何以堪又聞各省軍田額糧較之民地亦重從前軍田畝數原多嗣後漸次清釐田土亦屢經更易而糧石仍輸舊額自屬苦累大學士等可寄信各督撫詳加確查將如何定額徵收並革除額外加徵之處妥議請旨

二十四日奉

上諭四川松潘鎮各番輸誠効力恭順多年朕疊沛恩膏俾各休養得所已將口裏口外本年應納正賦通行豁免示朕撫恤遠番之意茲聞從前各番額賦之外鎮將各衙門有私自派收之項每年收谷六族包子寺元壩寒盻七族等寨青稞四百餘石以爲公務之用又該鎮衙門收西路莪眉七布二寨熱霧十二寨紅土坡臘白三寨小麥青稞

等項又收所屬各寨折草灣之青稞及紅花雄溪雲屯望山等處關堡折租銀兩又漳臘營收羊峝東勝王亞寒盻等寨疊溪營收渠肯黄包喇等寨大姓葫蘆庀袋等寨小麥青稞等項又遇刨挖貝母之年該鎮及鎮標中營平番營等衙門令平番所屬各寨交收貝母似此額外私徵甚爲番民苦累亟宜概予蠲除以蘇番困嗣後松潘鎮屬番寨除按年輸納正賦外一切鎮將衙門不得絲毫派歛倘有仍沿陋習暗中索取者經朕訪聞必嚴加治罪著該撫及提督遵朕諭旨嚴行禁革並通行曉諭各番寨地方知之

七月初九日奉

上諭貴州古州等處苗衆從古以來未歸王化我
皇考世宗憲皇帝如天之仁特允督臣所請不忍
棄置怙懷之外遂因伊等俯首傾心輸誠歸順之
初收入版圖使得需濡德澤共享昇平之福原作
利其土地人民為開拓疆圍之舉也即如從前所
定糧額本屬至輕至微不過畧表其向化輸祖之
意俟數年之後原欲并此加恩寬免此
皇考撫恤苗民之聖心向朕與王大臣曾經再三
宣諭者詎苗民生性反覆靡常於上年三四月間
騷擾内地并勾引熟苗攻掠城池燒燬村落百姓
被其荼毒光悉頑梗法所必誅是以遣發大兵分
路進討剿撫兼施其中肆逆抗拒者或就誅夷或

被擒獲而脅從附和之苗寨又各擒縛為首之犯
相率投赴軍前呈繳器械悔罪歸誠軍務漸次告
竣朕思此等逆苗孽由自作固王法所當重懲者
而在
皇考與朕視之則普天率土皆吾赤子此特赤子
中之不肖者耳今身罹刑辟家口分離朕心仍覺
不忍且現在就撫苗衆多屬脅從附和其中尚有
並未從逆始終守法之各寨均當加意撫恤俾得
生養安全因思苗人納糧一事正額雖少而徵之
於官收之於吏其間經手重疊恐煩雜之費或轉
多於正額亦未可知惟有將正賦悉行豁除使苗
民與胥吏終歲無交涉之處則彼此各安本分雖

欲生事滋擾其釁無由況蠲免新疆苗賦原屬
皇考聖意朕此時當敬謹遵奉見之施行者也用
是特頒諭旨著總督張廣泗出示通行曉諭將古
州等處新設錢糧盡行豁免永不徵收伊等既無
官吏需索之擾並無輸糧納稅之煩畊田鑿井俯
仰優游永為天朝良順之民以樂其妻孥長其子
孫苗衆亦具有人心豈有舍衽席而蹈湯火之理
至於建立營汛分布官兵乃國家定制原以詰姦
禁暴安戢善良各省内地且然況苗疆險要防範
尤不可不嚴且設兵之意所以禁約漢姦播弄搆
釁又以查察熟苗私入勾引朋比為姦非特以新
附之苗為不可信而以重兵彈壓之也其設兵事

宜仍著總督張廣泗遵照前旨悉心妥議辦理至
駐守弁兵均當謹守法度不得借端滋事如有絲
毫擾累該管官即行詳報題參從重治罪若或隱
匿不報經朕訪聞定將該管文武各官一併重處
苗民風俗與内地百姓迥別嗣後苗衆一切自相
爭訟之事俱照苗例完結不必繩以官法至有與
兵民及熟苗關涉之案件隸文官者仍聽文員辦
理隸武官者仍聽武弁辦理必秉公酌理毋得生
事擾累貴州總督張廣泗可一併曉諭知之

二十二日奉
上諭陝甘兩省錢糧耗羨向係加二徵收前已降
旨令該督撫等於乾隆元年為始減去五分示朕

矜恤民力之意現在雍正十二年以前錢糧俱已蠲免其雍正十三年分該省尚有未完民欠恐官吏仍循舊例小民一時未能分晰以致混冒收納亦未可定著將雍正十三年分未完錢糧應徵之耗羨一併減去五分該督撫即通行出示曉諭咸使聞知

八月初八日奉

上諭任土作貢按則科徵賦稅之重輕惟視地畝之肥瘠朕聞江南崑山新陽二縣有沿江濱湖地畝雖不類於版荒坍沒而蘆葦蒹葭不堪樹藝或地處低窪十歲九荒乃原編科則時分晰未清竟有以下產而供上賦者以致小民輸納維艱終歸

逋欠曾經前任撫臣委員察勘未曾上聞著巡撫顧琮確查詳核將如何釐正科則裁減浮糧以紓民困副朕愛養黎元之意其悉心妥議具奏

初八日奉

上諭朕愛養元元凡內地百姓與海外番民皆一視同仁輕徭薄賦使之各得其所聞福建臺灣丁銀一項每丁徵銀四錢七分再加火耗則至五錢有零矣查內地每丁徵銀一錢至二錢三錢不等而臺灣則加倍有餘民間未免竭蹶著將臺灣四縣丁銀悉照內地之例酌中減則每丁徵銀二錢以紓民力從乾隆元年爲始永著爲例該督撫可速行曉諭實力奉行若因地隔海洋官吏等有名索濫徵等弊著該督撫不時訪察嚴參治罪

初十日奉

上諭朕御極以來仰體

皇考愛養元元之至意勤求民隱加意撫綏惟恐賦役不均使閭閻有輸將之苦前訪聞得山東郯城蘭山等州縣自雍正八年大水淹浸之後水退沙存沖壓地畝不能樹藝五穀小民納賦甚屬艱難特降諭旨令巡撫岳濬將此等地方詳悉查勘奏聞請旨頃據岳濬奏稱雍正八年被水之後凡濱河傍山地畝如歷城等二十八州縣原報沖壓地共三千二百四十七頃零經臣檄飭勘墾內有曹州曹縣莒縣沂水四處墾過地九百九十餘頃

尚有二千二百五十頃屢飭確查今復遵旨勘明郯城縣實在沖壓地一百四十七頃零蘭山縣沖壓地三百五頃其餘州縣如濟南府屬之歷城章邱淄川長清長山等縣兗州府屬之滋陽寧陽泗水鄒縣汶上等縣青州府屬之益都樂安壽光臨朐安邱博山臨淄等縣萊州府屬之昌邑縣濰縣武定府屬之惠民縣沂州府屬之莒州沂水縣泰安府屬之泰安東平肥城新泰等州縣共計州縣二十八處所有沖壓地共一千三百六十二頃九十八畝零實係積年廢棄人力難施應共免地丁銀五千九十兩零米麥一百五十六石零等語著照岳濬所查實數造冊報部將地丁米麥悉行豁

免以除民累其雍正十三年應徵銀米除已經輸納外若有未曾完納者亦著確查豁除務使小民均霑實惠毋使胥吏土棍侵蝕中飽

十一日奉

上諭朕聞山東章邱縣有缺額糧銀三千九百一十餘兩因從前地方官捏報墾荒以致糧無抵補相沿已久事難追究其現在已攤入地畝者雖每畝為數不多而其實則在正供之外民力未免艱難其未攤入地畝者更屬虛懸無著有司亦難賠墊朕心軫念官民著將已攤入地畝者於乾隆元年查明開除免其徵收其未攤入地畝者從雍正十三年起悉行豁免俾閭閻永無加派之苦而有

司亦無賠補之累該撫可董率地方官實力奉行

二十四日奉

上諭朕聞浙省屯糧向來每石徵銀一兩因軍丁等輸納維艱於康熙年間特恩減免改徵銀五錢五釐計算每畝徵銀八分有零彼時惟嚴州一所遺漏開報未經查明減免每畝仍徵銀二錢一分五釐查杭州前右二衛屯田與嚴所地方相距咫尺每畝止徵銀一錢二分八釐零而嚴所地土比通省較薄賦額則比通省較重實屬偏枯所當酌量變通使一體均霑恩澤者為此特頒諭旨將嚴所屯糧循照杭州前右二衛科則徵收以紓軍力其應豁減銀兩若干著大學士嵇曾筠確查報部

永著為例

九月十二日奉

上諭朕御極以來仰體

皇考聖心時時以愛養百姓為念前訪聞得豫省濱河兩岸隄壓柳佔地畝及鄭州鹽碱地畝每年應徵額賦小民輸納維艱已降諭旨悉予寬免以紓民力繼又聞得尚有鹽碱飛沙河坍水佔地無可耕種仍賠納之處隨又降旨令該撫詳確查勘覈實奏聞今據巡撫富德奏稱遵旨派委府州有司查得祥符杞縣洧川中牟滎澤陽武封邱蘭陽儀封鄢陵汜水偃師鞏縣孟津宜陽嵩縣登封內黃新鄉延津濬縣滑縣孟縣原武濟源武陟淮寧

襄城長葛禹州臨潁縣南陽新野裕州葉縣信陽州汝州魯山郟縣寶豐伊陽商城等四十二州縣或因飛沙堆積不堪佈種或因水勢沖刷坍入中流或因淹浸日久變成鹽碱盡屬不毛或因外高內低水無去路積為陂澤共地二千三十餘頃計該糧共九千八百七十九兩零漕米共三百二石九斗八升零朕思任土作貢國有常經其欺隱地畝者自當治以應得之罪若田土荒棄無地有糧則當速沛恩膏以解閭閻之困豫省荒廢地畝既據該撫確查奏聞著照所查之數造冊報部將額賦永遠豁除以副朕惠鮮懷保之至意

二十九日奉

上諭粵西舊有軍屯田畝當日原係給與各屯兵丁領耕不與民田一例編徵四差等項是以糧額較重於民田他州縣偏重之數無多又無別項差徭民間尚不至於苦累惟武緣一縣所徵糧額較之下則民田每畝多出銀二錢二分未免過重小民輸納維艱著該撫將武緣縣軍田舊額酌減每畝定以一錢徵收永著為例以示朕優恤閭閻之意

十月二十四日奉

上諭湖北丁隨糧派一案前蒙

皇考疊沛恩膏多方調劑減免以除閭閻之累其江夏等十九州縣攤納之重丁原經廷議俟有升科丁銀可以漸次攤抵則輸納可得其半今朕聞得原墾之荒頃多不實則攤抵之期一時難必念此十九州縣獨受重丁之苦輸納維艱朕心深為軫恤令仰體

皇考子惠元元之

聖心將江夏等十九州縣未經攤減之丁銀八千三百零八兩自乾隆二年為始全行豁免著該部行文史貽直鍾保即遵諭行

二十八日奉

上諭朕聞永平府屬州縣凡徵收錢糧率皆以錢作銀每銀一兩連加耗銀一錢五分共折交制錢一千一百五十文現今該處錢價昂貴民間交納錢文比之完納銀兩為費較重朕思民間完納錢糧銀數在一錢以下者向例銀錢聽其並用原以便民若數在一錢以上又值錢價昂貴之時亦令交錢轉致多費是便民而適以累民殊未妥協著直隸總督飭行各屬民間完納錢糧在一錢以上者不必勒令交錢在一錢以下者仍照舊例銀錢聽其自便

十一月初七日奉

上諭四川各土司向有貢馬之例其所貢本色則添補各營倒斃之馬而折價之馬每匹納銀十二兩此舊例也查通省營馬近已改照驛馬例每匹給銀八兩而土司貢馬折價仍是十二兩之數蠻民未免多費朕心軫念著從乾隆二年為始土司貢納馬價每匹裁減四兩只收銀八兩永著為例該督撫將朕此旨通行曉諭咸使聞知

十二月初八日奉

上諭湖北鶴峯州長樂縣原係容美土司地方每年徵秋糧銀九十六兩自前年改土歸流經該督撫題明俟設立州縣後確查成熟田畝照內地科則輸糧今鶴峯州成熟田地共六百五十四頃應科條餉銀四百七十九兩長樂縣成熟田地一百八十三頃應科條餉銀一百六十七兩朕查雍正八年湖南永順等土司改土歸流之時蒙我

皇考念其地瘠民貧將土民承種成熟地畝應納錢糧即照原額秋糧二百八十兩之數分則升科

仍寬免一年在案今容美事同一例且閬泚地沙田犖确土瘠水寒物産涼薄若照内地科則徵糧土民不無拮据著將鶴峯長樂二州縣現報成熟田地亦照容美之例即以原徵秋糧銀九十六兩之數作為定額於乾隆丁巳年為始造冊徵收嗣後若有招徠勸墾荒地再行奏報酌量升科至於裁改土司以後未經查丈以前雍正十二十三等年及乾隆元年共應徵秋糧銀二百八十八兩悉著寬免不必補徵以示朕愛養土民之至意

孚惠全書卷四

孚惠全書卷五

減除舊額二

乾隆二年正月初四日奉

上諭各省屯糧科則輕重不一朕聞山西所屬太谷祁縣徐溝清源交城朔州馬邑左雲右玉偏關等十州縣之屯糧有較之民田過重者有同一屯地而徵糧之本折多寡不同者有同一科則而額糧之重輕相去懸殊者念此屯民皆吾赤子若地瘠糧重未免輸納維艱著該撫石麟轉飭各州縣有司秉公確查就原額糧則之重者酌量裁減具題請旨俾輕重各得其宜輸糧不至竭蹶以示朕愛養屯民之至意

初五日奉

上諭向來臺灣丁銀重於内地朕已加恩仿照内地之例酌中減則每丁徵銀二錢以紓民力今聞臺地番黎大小計九十六社有每年輸納之項名曰番餉按丁徵收有多至二兩一兩有餘及五六錢不等者朕思民番皆吾赤子原無歧視所輸番餉即百姓之丁銀也著照民丁之例每丁徵銀二錢其餘悉行裁減該督撫可轉飭地方官出示曉諭實力奉行務令番民均霑實惠又聞澎湖廳淡防廳均有額編人丁每丁徵銀四錢有零從前未曾裁減亦著照臺灣四縣之例

二月十五日奉

上諭朕因外省軍田糧額重輕不等年來留心訪察聞浙江温州衛現徵屯田三百一十二項每畝額徵銀一錢七分零台州衛現徵屯田二百二十項每畝額徵銀一錢四分零比本地民田較重丁民輸納未免艱難查杭州前右二衛科則均係一錢二分八釐温台二衛屯田著照此例畫一徵收永著為例俾沿海丁民受減賦之益該部即遵諭行

四月初六日奉

上諭聞得江浙兩省民間輸納白糧費用繁重甚屬艱難朕心深為軫念諭令該部詳查據奏兩省歲運白糧二十二萬餘石太常寺光禄寺各衙館

需用二千餘石王公官員俸米約需十五六萬石內務府禁城兵丁及太監食用等項需一萬石尚餘五萬石存倉等語朕思光禄寺等處所支原以供祭祀及衙館之用在所必需其王公官員俸米應用白米者可酌量減半以粳米抵給至賞給禁城兵丁及太監米石亦可將白糧裁減給以粳米如此則每年所需白糧不過十萬石仍照常徵收起運其餘十二萬石著漕運總督會同該督撫酌行改徵漕糧其經費銀米俱照漕例徵收以紓民力至減除白糧數內應作何添放粳米之處著戶部詳議具奏

二十五日奉

上諭朕查閩省澎湖地方係海中孤島並無田地可耕附島居民咸置小艇捕魚以餬其口昔年提臣施琅倚勢霸佔立為循行每年得規禮一千二百兩及許良彬到任後遂將此項奏請歸公以為提臣衙門公事之用每年交納率以為常行家任意苛求漁人多受剝削頗為沿海窮民之累著總督郝玉麟宣朕諭旨永行禁革其現在捕魚船隻飭令地方官照例編號稽查辦理此項陋規既經裁除若水師提督衙門有公用必不可少之處著郝玉麟將他項銀兩酌撥數百金補之

五月初二日奉

上諭朕聞福建丁銀一項雍正二年經原任巡撫

黃國材請照各省之例就田勻派每田糧一兩勻丁銀一錢至二錢不等通省頗以為便獨有龍巖州屬之寧洋縣福寧府屬之壽寧縣因地糧少而丁額重若照勻入地畝之例則有田之家即成加賦勢有難行只得仍循其舊查通省丁銀中則不過二錢而寧壽二邑每丁徵至四錢二三分不等民力未免艱難朕愛養黎元欲其均霑膏澤不忍令其竭蹶於輸將著將二縣丁銀照中則每丁徵收二錢其餘盡行寬免該督撫可督率有司實力奉行俾閭閻得受實惠毋使胥吏棍徒侵蝕中飽

六月初九日奉

上諭朕聞各省出借倉穀於秋後還項時有每石

加息穀一斗之例朕思借貸各有不同如地方本非歉歲祗因青黄不接民間循例借領出陳易新則應照例加息若値歉收之年其乏食貧民國家方賑恤撫綏之不遑所有借領倉糧之人非平時貸穀者可比至秋後還倉時祗應完納正穀不應令其加息將此永著為例各省一體遵行該督撫仍當嚴飭有司體恤民隱平斛收糧毋得多取顆粒如有浮加斛面額外多收及胥吏苛索等弊著該撫嚴參治罪

七月初十日奉

上諭朕因四川土司舊有貢馬之例其不貢本色而交折價者則每匹納銀十二兩查四川驛馬之

例每匹止給銀八兩獨土司折價較多蠻民未免繁費此降諭旨將四川土司貢馬折價照驛馬之數裁減四兩定為八兩以示優恤今查廣西土司每三年貢馬一次俱係折價交納其所折之價亦是十二兩之數所當一體加恩使土司均霑惠澤者著照四川折價之例每馬一匹減銀四兩定為八兩從乾隆三年為始永著為例令該督撫即將此旨通行曉諭該土司知之

閏九月初一日奉

上諭江南黄運兩河隄工之上向有民人蓋房居住者曾經河臣等議令拆毁遷移以防作踐從以小民安土重遷止令移去險要工所之房屋其餘仍舊存留此國家體卹窮民之恩澤也查各隄所有民房俱無頭徵租税惟高郵寶應江都甘泉山陽五州縣每年有應徵租銀三百八十餘兩其間拖欠不完者往往有之朕念此等鄙屋茅簷非有力之家可比若留此輸公之項雖為數無多而追呼不免且恐有胥役借端苛索之弊用是特頒諭旨將此項租銀永行停止並將歷年拖欠未清之數悉予豁除惟是上下隄工乃河渠之保障理宜加意慎重以固河防除現在已成房屋無礙隄工者免其遷移外將來不許再有增添如有違禁增蓋者即行驅逐治罪並將徇縱容隱之官弁分別議處

初一日奉

上諭川省耗羨銀兩向因公用不敷每兩完銀二錢五分朕御極以來加恩閭閻減去一錢止存一五之數無非欲使民力寬餘受國家休養之澤也今據碩色奏稱該省相沿陋例於火耗羨外每銀百兩提解銀六錢名為餘平以充各衙門雜事之用等語不勝駭異火耗之歸官原以杜貪官污吏之風若耗外仍聽其提解此非小民又添一交納之項乎一項如此别項可知一省如此他省可知朕思此等浮多之費雖為數無幾而取之商民層層剥削其數必不止此推免地方之擾累著巡撫碩色永行革除以杜官吏借端需索之弊倘公

用內有必不可少之項著於存公耗羨內支給報銷別有有如此者著各該督撫查明具奏該部即遵諭行

十四日奉

上諭外省有荒缺銀兩之處向例在於知府以下等官俸工內扣除抵補朕念佐雜微員力量單薄不應在扣除之內已於乾隆元年三月內降旨諭令在督撫司道大員及府縣正印官俸工內酌量均攤以抵所缺之數今思官有尊卑役無大小微員俸工既經免其攤扣其餘各衙門人役皆當差効力之人額支工食數兩藉以養贍其家若因荒缺扣除則伊等餬口無資情有可憫查此項共計銀一十二萬餘兩著於乾隆戊午年為始各省大小衙門人役工食俱准於地丁項下照額定之數全行支給免其扣荒使執役之人均霑恩澤

二十四日奉

上諭朕前因各省軍屯額銀過重密諭各省督撫確查今據尹繼善奏稱滇省軍丁一項從前未曾攤入地畝原議俟查有欺隱軍屯田地陸續抵補每丁自二錢八分至六錢二分不等共應納銀一萬五千三百八十兩內除自雍正四年至十一年抵去銀三千餘兩外尚有應徵丁銀一萬二千二百七十餘兩歷年惟按冊載老丁名字徵收或已無寸土而追比無休或已絕後嗣而波及同伍等

語滇省軍丁一項從前既未曾攤入地畝而現在完納丁銀之人又係無田之戶邊地屯民未免輸納維艱深可憫恤著將應徵軍丁銀一萬二千二百七十餘兩自乾隆三年為始概予豁免俾無業屯民永釋苦累該督撫等即通行曉諭務使均霑實惠以副朕加惠邊氓之至意

十月初三日奉

上諭聞浙江嚴州府屬桐廬縣有官抄秋租二項額徵餘銀較之民產科則多至三五倍不等前代相沿事隔久遠不知起於何時而此二項田土多屬磽薄又因賦重輸納維艱每至催徵逋逃相繼甚可憫念查此二項原徵銀七百九十九兩若依民產科則共應減銀五百八十一兩著該部即行文與大學士嵇曾筠從戊午年為始減去浮多之數照民產一例徵收俾小民均霑實惠

十二日奉

上諭福建丁銀從前照各省之例匀入地糧之內合省稱便惟有延平府南平一縣丁口眾多不能通匀數年以來紛更滋擾小民不無賠累之苦查該縣田糧共計銀一萬七千一百三十餘兩應照每田糧一兩匀徵銀二錢之例共匀入丁銀三千四百二十六兩零其浮多丁銀三千三百八十三兩六錢悉行豁免俾民力寬餘永無追呼之擾累該督撫即遵諭行

十三日奉

上諭今冬挑濬淮揚運河大工齊舉所有員役人夫不下數十萬日用薪米食物所需甚多恐將來物價漸致增長查淮關則例除本地所收米麥雜糧不收稅課其外來客商販賣者按石徵收舊例如此朕思目下興工之時若裁去一分稅銀自可平減一分物價於沿河居民及在工夫役均有裨益著管理淮關稅務內務府員外唐英將淮安大關並沿河口岸經過之客販食米豆麥雜糧以及煤炭葦柴等物悉免稽查不必納稅俟明年工竣之後照例徵收又聞河南固始縣素稱產米之鄉每年客販運至清江浦地方卸賣其價頗賤今運口築壩固始米船不能直達清江浦而相近清江有老壩口地方可以卸賣著將此地米稅亦照淮關之例暫行寬免該部可一併行文唐英知之

十二月十一日奉

上諭朕聞江南鹽城阜寧二縣有濱河田地三千五十一頃應納糧銀四千四百餘兩此地與水為隣淹涸靡定從前有司經理不善誤報水涸升科究竟荒多熟少小民納賦甚覺艱難以致累年積欠未清甚可軫念著該督撫即行確查將此三千五十一項應徵之錢糧四千四百餘兩悉行豁免其從前未完之舊欠一併救除俾閭閻永無賠累之苦昭朕愛養黎元之至意

十九日奉

上諭朕聞湖南長沙府之湘鄉瀏陽二縣較附近之長沙醴陵湘潭寧鄉等縣每田一畝所完錢糧俱重二三分不等小民輸納未免拮据查長沙為省城首邑與湘瀏毗連其糧額舊為適中似應將湘瀏二縣錢糧比照長沙則例削小民力量寬舒又聞湘陰縣糧銀較之湘瀏二縣尤重亦當酌量變通著該督撫將此三縣錢糧作何確查減免之處詳悉妥議請旨

二十五日奉

上諭朕聞雲南昆明縣有老丁田地一項原係督撫兩標牧放營馬之區坐落省會昆海之濱本屬草澤窪因沙壅土淤漸成可墾之地節年以來定為額收租米一千五百六十八石除完納稅糧條編並給發老丁口糧共需米九百二十三石外尚餘米六百四十四石從前題報歸公遵行在案但此額租數目乃照豐收之年科定者而地處海濱土壤磽瘠若遇水大歉收之時則小民完納甚艱可為軫念除老丁米石並糧條仍應照舊完納外其歸公米六百四十四石零著該督撫查明永行豁免俾租額減輕民力寬裕即從乾隆二年為始該部可遵諭速行

二十八日奉

上諭閩省丁銀匀入地畝已歷多年上年朕查出

通省缺額田地五萬四千餘畝已降旨將糧銀豁除以紓民力但所匀丁銀未曾裁免仍屬小民之累着將應納丁銀九百六十一兩悉行免徵永着為例又聞延建邵三府有運解省城之糧二萬四千石於糧米之外又徵運費每石一錢一二分至五六分不等交官之數若此其官吏需索之費正恐繁多小民輸將匪易着將此項永遠免徵所有運費三千兩即於存公銀兩支給以除閭閻之擾

乾隆三年正月十一日奉

上諭閩省丁銀匀入地畝完納數年以來朕留心體察如寧洋壽寧南平等處地少丁重小民難以輸將已降旨減輕以紓民力又如通省缺額田畝

既將糧銀豁除則丁銀亦應寬免俾降旨令該督撫查辦無非欲薄賦輕徭去閭閻之擾累也今聞各州縣丁銀俱已適中惟漳州府之平和縣汀州府之清流縣延平府之永安縣尚有田少丁多之苦每田糧一兩徵丁銀四五錢不等較之別邑多至加倍有餘所當酌量變通俾此三邑一體霑恩者着該督撫斟酌本地情形當如何裁減使民之處悉心定議具奏

二十二日奉

上諭湖北忠峒等土司改土歸流增設施南一府統轄恩施宣恩咸豐利川來鳳建始六縣除恩施係屬舊縣建始係川省改歸并恩施分歸咸利二縣之田地人丁向有定額無庸另議外其餘改土地方新入版圖者該督撫現在查勘分別升科但該土司向來輸納秋糧不計田地多寡每年統計止納銀七十三兩六錢四分今若照內地科則徵收必至加於前數朕心深念土民望其共受國恩原不計貢賦之多少乾隆元年曾降諭旨將容美司改設之鶴峯長樂二州縣成熟田地即照原額秋糧九十六兩之數作為徵收定額今忠峒土司與容美事同一例着將查明成熟田地即照原額秋糧七十三兩六錢四分之數按田分派作為定額無庸另擬科則俾土疆黎庶永霑薄賦之恩至乾隆二年未完秋糧一併豁免該部即遵諭行

二月二十三日奉

上諭乾隆二年六月朕曾降旨各省出借倉穀與民者舊有加息還倉之例此在春月青黃不接之時民間循例借領則應如是辦理若值歉收之年豈平時貸穀可比至秋收後祇應照數還倉不應令其加息此乃專就常平社倉而言也今聞外省奉行不一凡借社倉穀石者照此辦理而借常平倉穀者遇歉收之年仍循加息之成例似此則非朕降旨之本意矣嗣後無論常平社倉穀石若值歉收之歲貧民借領者秋後還倉一概免其加息俾窮簷均霑恩澤將此永着為例

四月十五日奉

上諭朕思惠養斯民之道以輕徭薄賦為先凡各省田糧偶有些微偏重之處悉已陸續查明豁免以紓民力今查得安徽所屬懷遠衛軍田十三項每畝徵銀八分八釐零又田二項每畝徵銀六分二釐零較之民田未免稍重著照蒙城縣民田之例每畝徵銀二分一釐零共免銀九十八兩八錢七分又武平衛軍田五千二百九十一項每畝加增銀七釐三毫零除現在請禁衛田之私典等事案內每畝應留贍運銀一釐七毫外每畝著減去加增銀五釐五毫零共免銀二千九百六十二兩六錢五分該部即遵諭行文該督撫從乾隆三年為始永著為例

孚惠全書 卷五 十一

六月初二日奉

上諭朕聞雲南麗江府原係土府於雍正二年間改設流官比時清查田地户口時有土官莊奴院奴等類共二千三百四十四名伊等並無田糧皆願自納丁銀以比於齊民每名編為一丁每年納銀六分六釐共徵丁銀一百五十四兩七錢零迨滇省民丁改為隨糧派納而此項夷丁不得與有糧之户一例攤派至今照舊徵收其中不無貧乏之家艱於輸納者著該督撫查明概與豁免俾邊地夷民永無催科之擾該部即遵諭行

八月二十四日奉

上諭朕聞從前直隸正定府城河水漲之時原有魚藕之利河岸淤灘东可種稻每年額編租銀六百兩後因滹沱河水漲流沙淤漫漸至缺額俱係府屬三十州縣公捐起解雍正五年間雖經營治稻田合計新舊田畝之數僅得六項九十餘畝而藕地亦不過二項一十餘畝每歲所收租銀祇有二百八十餘兩較之原額尚不敷三百一十餘兩其雍正十二年以前舊欠已經豁免今特加恩自雍正十三年以後不敷銀兩概行豁除嗣後每年止照二百八十餘兩之額徵收以紓官民派墊之累著該部行文直隸總督即遵諭行

乾隆四年六月初十日奉

上諭朕愛養黎元凡有應行減免之賦稅無不查

孚惠全書 卷五 十二

明豁除以紓民力今聞陝西醴泉縣舊額實徵糧二萬四十二石九斗零順治十三年清丈時因弓口窄小積有餘地加算糧二百五十六石三斗一升零後逐造入全書著為定額其實有糧無地小民輸納維艱著該督撫出示曉諭從乾隆四年為始將此項永遠寬免俾百姓均霑實惠

八月二十四日奉

上諭雲南黑白琅等鹽井舊有規禮銀二千八百餘兩歸入公件項下充為公事養廉之需在於每年撥給薪本銀內扣解在當日柴價平減竈户猶能供辦聞近年以來童山漸多薪價日貴兼之滷淡難煎所領薪本不敷購買柴薪之用竈户未免

銀雖所當酌量變通以示存卹若將句狼二井節禮銀二千六百五十六兩黑井竈課銀二百四十兩免其扣解俾竈戶薪本較前寬裕所有公件項下不敷銀兩統於銅息銀內撥補放給該部可即行文滇省督撫知之

十月十三日奉

上諭據署福建巡撫王士任奏稱建寧府屬之建陽縣有虛糧六百三十一兩六錢欠爲民累已於乾隆元年蒙恩豁免並將雍正十二年以前節欠銀兩於恩詔內蠲除里民不勝感戴惟是該縣尚有雍正十三年未完民欠銀兩現在徵比可否仰懇格外之恩並予豁免再虛糧項下有應匀丁口

銀一百四十九兩七錢應派本色米五十一石六斗五升皆屬有額無徵之數可否一體邀恩特此請旨等語建陽縣所有雍正十三年虛糧未完民欠銀六百三十一兩六錢着寬免其應匀丁口銀一百四十九兩七錢應派本色米五十一石六斗五升俱着永遠免徵該部可即行文閩省巡撫知之

乾隆五年七月十六日奉

上諭朕聞滇省鶴慶府城及所轄之觀音山於前明時分設驛站後因驛站裁革驛馬分給驛丁將觀音山編爲三十馬頭每馬人丁十七丁每丁歲徵銀五錢四分在城驛站編爲二十馬頭每馬人丁五十六丁每丁歲徵銀二錢五分共徵驛站丁銀五百五十九兩有零至今相沿每歲交納而窮丁無力輸將以致官役代爲賠補前經地方官將自首額外餘編并折徵秋銀六十二兩九錢抵免外其餘仍屬無着朕念此等歲無出產之民徒以先世賠累賠納丁銀情殊堪憫嗣後將此項應徵銀兩悉行豁免以示朕矜恤邊氓之至意

十六日奉

上諭從來野無曠土則民食益裕即使地屬畸零亦物產所資民間多闢尺寸之地即多收升斗之儲乃往往任其閒曠不肯致力者或因報墾則必升科或因承種易滋爭訟以致愚民退縮不前前

有臣工條奏及此者部臣以國家惟正之供無不賦之田土不得概免升科未議准行朕思則壤成賦國有常經但各省生齒日繁地不加廣窮民資生無策亦當籌畫變通之計向聞邊省山多田少之區其山頭地角閒土尚多或宜禾稼或宜雜植即使科糧納賦亦屬甚微而民夷隨所得之多寡皆足以資口食即內地各省似此未耕之土不成坵段亦頗有之皆聽其閒棄殊爲可惜用是特降諭旨凡邊省內地零星地土可以開墾者嗣後悉聽該地民夷墾種免其升科並嚴禁豪強首告爭奪俾民有鼓舞之心而野無荒蕪之壤其在何等以上仍令照例升科何等以下永免升科之處各

有督撫悉心定議具奏務令民霑實惠吏鮮阻撓
以副朕子惠元元之至意

八月初二日奉

上諭朕聞江省歲額錢糧地丁漕項蘆課雜稅之
外又有名為雜辦者不在地丁項下編徵仍入地
丁項下彙作分數奏銷其款目甚多沿自前明迨
今賦役全書止編應解之款未開出辦原委即有
開載出辦之處亦未編定如何徵收則例於是有
缺額累官者有徵收累民者有累在官而因以及
民者有累在民而因以及官者種種不一朕心軫
念特頒諭旨除有款可徵積久相安無累官民之
項仍照舊徵解但須查明則例立定章程明白曉

示以杜浮收隱混等弊其實在缺額有累官民者
著總督楊超曾巡撫徐士林詳確查明請旨豁免
以示朕嘉惠地方之至意

乾隆六年三月十六日奉

上諭朕聞福建福州府屬之閩縣鼓山里舊有學
田一千八百四十八畝每年徵學租銀五百三十
三兩二錢有零旬給廪生貧士為膏火之資後因
田久荒蕪租無所出至康熙三年招民墾復改為
民業報升糧色輸納正供已非昔日官置民佃之
學田矣乃廪生貧士仍欲復還學租以致墾戶頻
頻告免於康熙五十三年該縣知縣將丈出通縣
田地溢額等銀詳抵學租各業戶始獲相安雍正
五年通查溢額之時該縣知縣辦理錯誤將從前
已報溢額詳抵無著學租之項復報溢額詳請升
科又將康熙三年墾復之民田丈實只存洲田一
千六百二十畝加徵學租旬追符額以致民苦失
業佃苦賠累節年追比無完致滋擾累以朕所聞
如此著交與總督德沛巡撫王恕悉心查辦將從
前詳抵無著學租之項即行豁免以蘇民困該部
即遵諭行

孚惠全書卷五

減除舊額 三

乾隆七年二月二十七日奉

上諭朕聞福建崇安縣有荒缺田額一千二百五十一頃零雖載在賦役全書實係坍缺年久並無現在可墾之土雍正七年清查地畝分別限墾知縣陳同善不行查核惟將原額內約舉三分之一捏報可墾田四百一十九頃零照例限年墾復雍正十年知縣劉靖亦照三分之一捏報墾復田一百三十九頃零雍正十一年又捏報墾復田一百五十頃零共加徵銀二千二百三兩零米二百六十石零此項錢糧俱係灑派里戶代完實屬無田浮賦朕心軫念特頒諭旨按數豁除以免小民之累至從前捏報之歷任知縣及失察之上司理應交部議處姑念事在恩詔以前免其察議

四月初二日奉

上諭國家設關榷稅定其則例詳其考覈凡以崇本抑末載諸會典著為常經由來已久其米豆各項向因商人販賤鬻貴是以照則徵輸第思小民朝饔夕飧惟穀是賴非他貨物可比關口徵納米稅雖每石所收無幾商人藉口額課勢必高擡價直是取之商者仍出之民也朕御極以來直省關稅屢次加恩減免又恐榷吏額外浮收刊立科條多方訓飭每遇地方歉收天津臨清滸墅蕪湖等關口商販米船概給票放行免其上課皆以為民食計也但係特恩間一舉行未能普遍夫以養民之物而榷之稅轉以病民非朕己飢己溺之懷也今特降諭旨將直省各關口所有經過米豆應輸額稅悉行寬免永著為例俾米穀流通民食充裕懋遷有無者不得藉以居奇小民升斗之給不至有食貴之虞以昭朕惠恤黎元之至意至各關口徵收則例不一有徵商稅者有徵船料者有商稅船料並徵者今既蠲免米稅其船料一項若不分晰明確著為規條恐致混淆滋弊應如何辦理之處著交該部詳查妥議具奏

八月初六日奉

上諭朕愛養黎元特沛殊恩將關榷米豆等稅悉行蠲免以為充裕民食之計但船料一項議論不一現經九卿會議尚未覆奏朕思此事並無難辦之處向日徵收船料者應照例徵收向不徵船料者豈可因免米豆之稅而轉加徵船料著該部即速行文各關知之

二十八日奉

上諭閩省為濱海之區百姓多藉魚鹽之利以為生計朕聞該省鹽課內頗有苦累商民之處蓋有司於應徵銀兩外輒以雜費無出借端加派習以為常如每鹽百觔加增錢二十文至七八十文不等名之曰長價又各場眉魚客販買鹽請領道印

給票執照或每單徵錢三文或每石徵錢三文名之曰單錢又正額每鹽百觔收銀一錢五分各場員實收錢一百五十文該合銀一錢六分六釐每百觔申銀一分六釐亦令入官名之曰錢水以上各項皆取巧陋規不便於商民者著該督撫一一確查通行禁革如有必不可少之雜費即於項內存留若干減去若干不得仍前多索永著為例務期實力奉行俾商民得以寬裕辦課且使肩挑背負之民均霑餘利以餬其口該部即遵諭行

乾隆八年五月十七日奉

上諭山東臨清關徵銅補商補相沿已久報部則統名之為船料前撫臣岳濬改為計石工稅而將銅補商補歸入石頭徵解是名革而實存也今朕既降旨蠲免各省米糧之稅此項亦應一體邀恩概行豁免著該部即行山東巡撫知之

九月二十九日奉

上諭常平等倉穀石民間於春月青黃不接之時借領者例應秋後加息還倉朕曾降諭旨若值歉收之歲祇應完納正穀不應令其加息永著為例後經部議秋成八分以上者徵收息穀七分者秋後止徵本穀免其加息但專指本年春借秋還者而言其帶徵舊欠穀石不在此例今聞河南秋收多有歉薄之處若本息兼徵民力未免難支著將豫省帶徵乾隆七年以前民借未完穀四十六萬

四千餘石止徵本穀概准免息俾輸將不致拮据該部即遵諭行

十二月初三日奉

上諭朕聞浙省溫台二洋為漁船採捕之所從前玉環未經展復以前凡漁船在洋採捕者汛兵需索陋規無異私稅後因展復玉環該地方官惟恐經費無出遂將陋規改收塗稅以資經費之不足此一時權宜之計也而每年所委徵收員弁及丁役人等往往借端苛索上司查察難周不無苦累朕思瀕海編氓以海為田每歲出沒于風濤之中捕魚以餬其口生計淡薄應加矜卹況自玉環展復以來地方所有錢糧已敷公事之用無庸更收塗稅著將此項永遠革除免致不肖官弁丁役苛刻需索擾累貧民該部即行文該督撫知之

乾隆十年七月二十日奉

上諭朕聞福建浦城關稅從前題定額徵銀二千七百餘兩後於乾隆三年更定稅則委員監收一年以為定額缺少銀五百四兩零嗣後連年短徵蓋因該關夫腳難於雇覓以致商貨稀少經徵各員無力墊補遂成懸欠著將此項稅銀五百四兩零加恩豁除令其儘收儘解其乾隆三年以後節年缺額銀兩一併加恩免其賠解該部即遵諭行

乾隆十一年閏三月初五日奉

上諭廣東高雷廉等府屬多有山場荒地未曾墾

值者經該督撫委員查出可墾荒地七萬餘畝分别等則升科召民開墾但聞此等地畝大抵山岡磽瘠者居多開墾原非易易小民未霑收獲之益先慮升科之累是以未墾者多聽其荒蕪即已經承墾者亦生畏縮之意朕思各省生齒日繁地不加廣窮民資生無策前經降旨無論邊省内地零星地土聽民開墾今高雷廉三府查出可墾山場荒地實與平埔沃壤不同著將此項可墾荒地令該地民人墾種一概免其升科並令地方官給與印票永爲世業以杜紛爭强佔之弊俾小民咸知有利無累踴躍開闢庶壤地不致曠閒窮民食用有賴著該部傳諭該督撫知之

五月十四日奉

上諭直隸慶雲縣土瘠民貧連年荒歉朕心深爲軫念多方籌畫蠲賑頻施以蘇民困雖是該縣當積歉之後一時元氣難以驟復必須大沛恩膏俾小民永霑實惠著將慶雲縣每年額徵地丁銀兩蠲免十分之三著爲例該部即遵諭行

七月二十六日奉

上諭廣東瓊州府屬有應徵牛新等項税銀四千二百餘兩據該督撫查奏此項税銀内有無著銀一千七百餘兩實係畸零小户難以照舊派徵等語朕思牛新等項税銀雖載在全書例應徵納今既查明此内有無著銀兩若按額徵輸民力未免拮据著將廣東瓊州所屬應徵牛新等税内無著銀兩加恩永行豁免俾邊海窮民不致有追呼之擾該部即遵諭行

乾隆十二年正月初九日奉

上諭福建閩縣地丁項内有先賢二十三祠祭産田糧一項本朝初年優免後於雍正五年該地方官清查溢額錢糧之時誤將此項作爲溢額報解歸公現在追徵充餉朕思祠宇祭産供俎豆粢牲之用歷來優免以邮奉祠後裔原屬國家曠典著該督撫查明豁免永著爲例所有此項歷年未完積欠一併蠲除

四月初九日奉

上諭山東武定府屬之海豐縣地處海濱其東北鄉之黎散等五莊尤爲低窪易澇以致積欠較多朕心深爲軫念著將該縣乾隆十一年至二十年積欠三千五百餘兩加恩概予豁免至該處地既瘠薄若仍用舊額則恐輸納維艱未免重困民力勢必復多逋欠著該撫遴委妥員勘明窪下地畝其糧税並照下則徵收所有不敷糧額銀兩按數開除俾沿海窮民得以盡力耕耘以副朕加惠黎元至意

乾隆十六年二月二十四日奉

上諭朕聞常州府屬之武進陽湖二縣閒抵役田租銀一項原係前明時虛田額償後因本户逃亡

林建覩狹各將已產關祇實非前明原置之田亦非當日領借之戶小民除糧役祖力難並輸以致積年拖欠朕省方所至民隱勤求清問既周倍深軫念著將武進陽湖二縣開祇役田除應辦除漕仍民田一例完納外其新舊租銀概予豁免以除民累凡爾百姓尚其永承渠利各相勉於孝弟力田以仰副朕格外加恩之意焉

乾隆十八年八月二十七日奉

上諭據廣東巡撫蘇昌等奏稱瓊州爲海外郡區貧民生計維艱查有可墾荒地二百五十餘項請照高雷廉之例召民開墾免其升科等語著照該撫等所請查明實係土著貧民召令耕種免其升

科給與印照永爲世業仍督率所屬妥協辦理庶土無遺利俾該處貧民得資種植

乾隆三十一年七月初五日奉

上諭滇省山多田少水陸可耕之地俱經墾闢無餘惟山麓河濱尚有曠土向令邊民墾種以供口食而定例山頭地角在三畝以上者照旱田十年之例水濱河尾在二畝以上者照水田六年之例均以下則升科第念此等零星地土本與平原沃壤不同倘地方官經理不善一切丈量查勘胥吏等恐不免從中滋擾嗣後滇省山頭地角水濱河尾俱著聽民耕種概免升科以杜分別查勘之累且使農氓無所顧慮得以踴躍赴功力謀本計至舊有水利地方如應行開渠築壩之處小民無力興修及間曠地畝艱於開墾者並令確切查明酌借公項俾閭閻工作有資該督其董率所屬悉心經理盡地力而裕民食用副朕廑念邊農至意該部遵諭即行

乾隆三十六年三月十一日奉

上諭開臨清州及陵縣有經水沖漫沙壓鹽鹻地一千餘項屢年試種無成不能墾復農民完賦無資著加恩將該州縣所有沙壓鹽鹻地畝錢糧漕米概予豁除以示朕體卹民隱至意該部即遵諭行

乾隆三十八年三月二十一日奉

上諭文安大窪連絡四淀向來積水難消前此曾命協辦大學士公兆惠往勘設法疏治水即退涸三十二年經行閱視業已遍種春麥彌望青蔥省覽實深欣慰迨三十五年巡閱所經又多積水此次所見仍復汪洋一片若久遠難以涸出恐妨民業致完無田之糧朕心深爲軫念特命周元理查明水佔頃畝錢糧數目並交軍機大臣將作何寬辦之處會同該督核議茲據奏稱此項窪地每遇積水消時村民捕魚爲業水涸後藝種稻粱即成沃壤是以從前康熙年間甫經題豁錢糧旋即陞科續報墾請復蓋小民既資爲恒產不肯輕棄其業即水佔未涸尚可收魚蝦之利若將糧額概行豁

除則水涸人思報墾轉無定界易啟爭端等語所奏雖屬近理但念各業戶等所有地畝本藉耕藝資生若積水佔田糧從何出雖該處賦則本輕水小時尚可佃漁覓利究不若力田收穫之多倘令照常輸將民力仍不免拮据自應查明分別酌辦以恤民艱嗣後著將此窪地視積水之多寡以定賦糧之等差水大則全行豁除水小則量為減賦若水涸耕種有收仍按額徵輸如此則恒業不致有失民力並得常紓俾瀕窪黎庶永沐恩膏共臻安阜以示體民行慶至意其如何查核地畝納糧確數酌定章程仍著周元理派委明幹大員實力詳查妥議覆奏

十二月初四日奉

上諭今年七月間據陳輝祖奏請將該省民屯新墾丁銀隨年攤徵一摺批交該部議奏旋經戶部即照陳輝祖所奏覆准並請行查各督撫就本省情形酌籌妥議具奏朕彼時駐蹕熱河正值籌辦軍營事務未及詳加審核且以部議通准各省必其事屬應行遂爾依議嗣據直隸等省陸續議奏大概請仍舊制者居多則陳輝祖所奏及該部所議皆未為得當國家承平休養百有餘年閭閻生齒日繁歲有增益向來編審人丁按丁科則自康熙五十二年我

皇祖聖祖仁皇帝

特頒恩詔盛世之民永不加賦即以是年丁糧之數作為定額仰見

皇祖惠愛黎元

厚澤深仁法良意美實我萬世子孫臣庶所當遵守不易者蓋民為邦本庶富相因但令小民於正供之外留一分盈餘即多一分蓄積所謂藏富於民百姓足君孰與不足者此也朕臨御以來仰承

天祐

祖德除蘊累洽重熙無時不以愛養斯民為念是以兩次降旨普蠲天下錢糧並輪蠲各省漕米為數不啻數千百萬而因災蠲賑及隨時恩免者尚不在內所冀羣黎益慶盈寧共享昇平之福豈肯

於丁糧區區毫末之賦稍存計較乎現今海寓戶口繁滋雖以數計如各省糧賦有增無減即可為滋生蕃庶之徵況人數既多自地無遺利安得復有未闢之曠土廣為墾種升科若求可墾之地則惟新疆烏魯木齊等處地土沃衍尚可招徠屯墾至於內地閒墾一說則斷無其事各省督撫亦斷不得以此為言即或瀕河沿海之區間有東坍西漲其數甚微祇須地方官查明照例妥辦若以新墾民屯地畝復將丁銀隨年攤納是與小民較及錙銖尤非惠下卹民之道陳輝祖原奏固屬瑣碎見小而戶部議覆亦復未識大體所有各省辦理丁糧一事無論已未覆奏俱著悉仍舊毋庸另議

更張其湖北長蘆二處已經該部覆准者亦不必
行仍令照舊辦理並將此通諭中外知之
乾隆四十九年二月十七日奉
上諭朕翠華南幸周諮民隱澤軍數蘇州藩司
所屬地丁漕項公田餘租等款積欠銀糧業經概
予蠲除因思吳縣公田已與民田一律交納條銀
漕米並加徵義租嗣因該縣有積年無著田糧復
於公田徵收餘租米二千二百二十餘石抵補無
著虛糧七百餘石外尚餘米一千四百餘石留爲
該縣地方公用歷年均有拖欠民力未免拮据自
應特沛恩施俾閭閻永沾樂利所有該縣無著田
糧除照舊於此項餘租徵收抵補其餘備地方公

用應徵米一千四百餘石著加恩永免徵收以示
省斂惠民有加無已之至意該部即遵諭行
乾隆五十年七月十四日奉
上諭此事以該處兵米折色之有餘即抵補餘租
減額之不足並非加賦而於丁有益於民無累事
屬可行依議其中餘出銀五百六十餘兩不可解
貯道庫充公仍著按畝除去此以加增之折色抵
補減額之軍費閭閻益覺寬紓用示朕惠愛黎元
之至意
十月二十一日奉
上諭畢沅奏開封府屬之鄭州有因隄壓水沖不
能耕種地畝共一百五十頃有零核計無著糧銀

一千二百七十七兩零小民艱於輸納等語地畝
既因水沖隄佔錢糧無著若仍令輸將民力未免
拮据所有此項應地錢糧一千二百七十七兩零
著加恩概予豁除以示朕惠愛黎元體恤民隱之
至意該部知道摺併發
乾隆五十三年四月十九日奉
上諭阿桂等議覆尚安奏烏魯木齊所屬酌減新
增地糧一摺請將從前清丈餘地增額徵糧如何
定議緣由令永鐸會同尚安詳議覆奏到日再行
核議因屬核實辦理第念烏魯木齊所屬地方遠
在邊陲惟在廣爲招墾耕種地畝日闢日廣則交
納糧石自可日漸加增若將增餘地不准量爲酌

減一律按則徵糧小民不能得有贏餘或致裹足
不前僅於承種則新疆地畝轉致閒曠亦非所以
軫恤邊黎之意且永鐸係原辦之人今若令其再
行會議恐不免心存迴護所有尚安奏烏魯木齊
前次查丈户墾餘地應徵折糧著照所請准減一
半毋庸再行會議俾民户易於交納以示朕加惠
邊黎至意
八月十一日奉
上諭據畢沅奏豫省蘭陽儀封睢州寧陵商邱五
廳州縣並考城歸睢州等處臨河新灘有地無
收請將應納糧銀一萬九千餘兩於通省攤徵其
節年帶徵未完錢糧正雜銀六萬五千餘兩仍於

各攤戶名下分作六年徵還歸款等語此次新攤地畝因被河水淹浸積成淤泥難以耕種自係實在情形既經查明各該處有地無收不能交納糧銀何必徒事催科有名無實況攤地應納糧銀與他處無涉今議令通省攤徵不足以示公允我朝賦役均平正供雖則從前康熙雍正年間蠲賑頻聞從無加賦之事朕臨御以來三次普免天下錢糧間有水旱偏災尤必加意撫綏不使一夫失所且豫省額徵糧銀三百三十餘萬兩其攤地應徵糧銀僅一萬九千餘兩爲數無多更不值總總過計所有豫省臨河之蘭陽儀封睢州寧陵商邱五廳州縣並考城改歸睢州灘地應完糧銀俱著即

行蠲免其節年未完銀六萬五千餘兩亦概予豁免以示格外軫恤朕辦理庶政從不肯違道干譽而於閭閻生計之事必曲加體卹涓上益下以惠黎元小民等諒所共知共見今攤地糧銀既免其輸納將來灘地加高耕作可施之時各該地方官自應查明照例徵收無任私墾小民等具有天良經朕此次加恩亦必踴躍輸將自不致有心隱匿也將此通諭知之舉況摺併發

乾隆五十四年六月二十四日奉

上諭梁肯堂奏河南蘭陽縣及儀封改歸考城縣舊河身兩岸老灘沙壓較多小民不能耕種所有升科地畝請分別升免等語老灘地畝既經積年沙壓兼有侵擲浸佔小民不能耕作自係實在情形所有蘭陽縣應徵原額並升科銀一千五百九十餘兩考城縣應徵原額並升科銀八千二百九十餘兩俱著加恩豁免以示朕軫念窮黎至意該部知道摺並發

乾隆五十七年二月十七日奉

上諭戶部議駁穆和藺奏酌改徵收河工幫價章程並將節年積欠銀兩分別著落展限一摺所議甚是但其中尚有未甚詳備之處豫省河工幫價銀兩從前畢沅奏請於通省地糧內一律攤徵辦理即屬非是黃河遇有應辦工程在沿河各州縣均資保障莊田廬爲閭閻生計攸關該處居民

誼切蘊已如遇值工程緊要採買物料例價不敷不得不量爲幫貼於沿河州縣按數攤徵尚屬近理至通省州縣與沿河者隔遠全與河工無涉亦令一體均攤雖爲衆擎易舉起見但揆之事理實未允協所有此項攤徵積欠未完銀兩著穆和藺悉心籌酌當仍攤歸沿河州縣爲是已有旨令穆和藺來迎駕待其至時著令軍機大臣妥議具奏候朕降旨至河工採辦物料雖時價貴賤或有不齊然各省情形大概相彷即如江南山東均有河務俱須採辦物料並未聞有例價不敷加增攤派之事況河工偶遇險要距工或需用物料緊要價直較昂於例價之外稍有加增致須幫價尚爲情

理所有歲修搶修刪除每年常辦工程乃亦藉口
物價昂貴輒議增添竟至作為定額年復一年伊
於何底以小民之脂膏徒為不肖官吏影射侵漁
此豈尤非朕軫恤民隱之意該部將穆和藺所請
每年幫價三十萬兩作為正額之處議駁甚是至
此項歲修搶修每年率議幫價起於何時所有該
省初議幫價及歷任踵行各巡撫俱著該部查明
同此次奏請之巡撫一併嚴加議處再乾隆四十
三年以後已攤未完銀二十六萬七千餘兩該部
議准照穆和藺所奏著落經徵各州縣及該管巡
撫司道知府直隸州分別著賠一款此項攤派銀
兩起自乾隆四十三年彼時經手各員任意浮冒

分肥半多飽橐而去轉令後手之員代為賠補亦
不足以昭平允著將此項應賠銀兩交該部查明
乾隆四十三年以後歷任自巡撫至州縣各員按
照在任久暫月日著落分賠以示懲儆而昭公平
至該部議准該撫所請已攤未完銀兩自乾隆五
十八年為始分作八年帶徵又未攤及豫支銀兩
俟前項徵完之後再作四年帶徵一款此項銀數
甚多若照該撫所請按限徵收民力尚不免拮据
著將原定八年之限展為十年帶徵原定四年之
限展為六年帶徵庶期限寬裕小民益得從容完
繳用示體恤此皆朕權宜酌辦定十年六年之期
遠待朕六十年歸政之時當更有處該部即遵諭

行

乾隆五十九年八月二十五日奉

上諭福康安奏酌給五寨屯練餘丁錢糧於本省
茶息閒款動支並委員丈出兩金川閒空地畝增
給降番等因一摺雜州協所屬雜谷乾堡等五寨
屯練兵丁自金川蘭州石峯堡臺灣等處屢次調
派無不奮勉爭先前年調赴廓爾喀軍營往回萬
數千里登陟險阻尤為分外出力遣番素習勞苦
生計維艱自應量加恩賚著照福康安所請將五
寨餘丁一千五百名每名每年照正額餉銀六兩
之例減半賞給銀三兩即於川省茶息款項內動
支俾資衣食至金川降番等歷次調派亦屬勇往

出力除該處正項地畝已經開墾外其餘荒山曠
地亦著照所請准令該降番等於附近處所自行
量力分段耕種無庸交納錢糧以示朕惠愛番民
恩施格外至意該部知道摺併發

孚惠全書卷六

孚惠全書卷七

巡幸蠲免一

乾隆六年七月二十七日奉
上諭朕初次行圍所有經過州縣前經屢降諭旨
不令絲毫擾累但安營除道未免有資民力朕心
軫念著將該地方本年應徵額賦酌量蠲免統計
十分之三以昭朕體恤閭閻之至意
御製三秋時序萬寶告成命駕出口巡狩邊
祖制也經過州縣百姓扶老攜幼歡呼夾路閭閻
之間戶有蓋藏場多積穗深愜朕志爰下詔
蠲免田租以示嘉惠元元之意 辛酉
武備由來重時巡意更深嘗秋排法駕豫日足甘

霖旭耀旌旗影風傳鼓角音停鑾問農事歡曝見
民心戶有倉箱積人多樂豫吟與情猶似昔
祖德到於今解澤心無吝紹
庭志倍欽茲行當黽勉詎止為從禽
乾隆八年七月初八日奉
上諭朕奉
皇太后前往盛京恭謁
祖陵經過州縣不令絲毫擾累但安營除道有資
民力朕心軫念著直隸總督高斌奉天府尹霍備
查明各該地方本年錢糧應徵數目請旨蠲免以
昭朕體恤閭閻之至意
御製躬詣盛京雖命有騎從而經過州縣豈盡免

力役之勞因詔免今年田租以示如傷之意
癸亥
有耕省斂古所聞咨后禮不廢時巡剔茲上陵實
舊制有其舉之敢弗因盛京佳氣東來紫驊騑六
御今伊始山圍冀野徧桑麻峯標木葉經迤邐今
年北鄙若雨暘沿途攬轡禾黍香雖云比戶足衣
食怨咨民瘼詎豈忘千乘萬騎邁寓縣錢鎛將庤
民情忭豈無力役勞閭閻中心徘徨不能宴朝廷
德詔應時下蠲租逮彼千村社匪欲小補悅斯民
皇祖當年煦嫗者
九月二十四日奉
上諭盛京戶部莊頭每年交納糧石豫備

陵寢祭祀各項供應外其餘交收入倉以為撥給
各處匠役口糧之用今朕恭謁
祖陵親詣盛京軫念各莊頭終歲勤苦輸將無誤
著將乾隆八年分應交倉糧一萬餘石加恩寬免
其各處匠役口糧著於舊存倉糧內撥給再各莊
尚有乾隆七年分未完米豆草束俱著該部查明
一併豁免以示朕優恤旗莊之至意
十月初一日奉
上諭朕恭謁
祖陵巡幸盛京所有奉天府屬錢糧及各莊頭糧
石俱已豁免尚有盛京等處旗地未得霑恩著將
盛京興京遼陽牛莊蓋州熊岳復州金州岫巖鳳

鳳城閭原錦州寧遠廣寧義州等十五處旗地應
納本年米豆草束免徵一半其乾隆七年以前積
欠與七年分因災緩徵之項俱著該部查明一併
寬免再盛京尚維邦耿化祚名下壯丁應交本年
丁米及上年緩徵米石亦著一例免其輸納俾旗
民一體邀恩普霑惠澤該部即遵諭行

乾隆十年七月二十二日奉

上諭乾隆八年朕恭謁
祖陵經過之州縣蠲免錢糧十分之三今年直隸
地方間有雨澤未能霑足之處前已降旨緩徵此
次出口行圍所有經過地方不令絲毫擾累但安
營除道未免有資民力朕心軫念著將進京一帶

及宣府等處車駕經由之州縣本年應徵額賦蠲
免十分之四其如何分晰辦理之處著總督那蘇
圖速行酌量籌辦並將朕諭宣諭官民等知之

乾隆十一年九月二十三日奉

上諭朕巡幸五臺一切供應皆動支正項不令絲
毫擾累閭閻惟是安營除道未免有資民力且五
臺係初次駐蹕宜沛恩施俾小民得霑膏澤以迓
迓光之願著將該縣乾隆丁卯年應徵地丁錢糧
蠲免十分之三該撫即遵諭辦理

乾隆十二年九月初一日奉

上諭朕出口巡幸覩田禾豐稔與與翼翼較去年
秋成相仿實為欣慰但道旁禾稼尚有未經收穫
者恐隨從人等稍有踐踏著加恩將經過州縣本
年應徵額賦蠲免十分之三著該督那蘇圖詳悉
確查妥協辦理

乾隆十三年正月二十六日奉

上諭上年山東歉收朕念民食艱難多方賑恤倉
儲帑項不惜數十百萬以濟災黎而閭閻之元氣
猶且時縈宵旰今歲二月東巡遵循舊典兼以親
臨節屋下悉民艱雖清蹕除道所費皆給予公項
絲毫不以累民而地方官於朕巡幸之所自必力
為經營其於百姓撫恤亦必周備但恐力專於此

非輦路所經即不免有顧失之虞如鄒滕以北民
情尚不致拮据若鄒滕以南實屬收成歉薄倘不
思博濟宜能盡免困乏此等處所尤宜加意撫綏
蓋朕輿蹕所歷即缺於整齊亦無妨礙惟小民地
處一偏瞻就不及獨使向隅甚堪軫念著該撫董
率各屬留心查察務令遠近一體膏澤均霑以副
朕父母斯民之望該部即速行文知之

二月二十一日奉

上諭朕巡幸山左駕過畿南雖安營除道絲毫不
以累民而閭閻望幸宜溥恩施著將直隸山東經
過州縣本年錢糧蠲免十分之三山東值輸免錢
糧之年所蠲本年錢糧例於明歲免徵但念東省
災黎待澤較殷著於藩庫地丁銀內照蠲之數先
行動項賞給明年徵輸歸款其作何分別遠近一

一體直隸辦理該督撫各董率地方官員作速查
明錫賞務俾小民均霑實惠

御製雜詠四首示東省巡撫及諸臣戊辰

救荒無善政舊聞今見之堯舜豈非聖然猶病博
施哲哉總不惜承宣繫有司巧者矜才智拙者無
能為吏或圖息偃體察致漏遺復有尤甚者剝民
飽其私羅法徒自我於民終無裨為告方伯臣讀
予雜詠詩

雜詠非詠物切切念民艱反躬先自責調劑無能
焉嗟此齊魯民被歉已連年富者日以貧貧者更
鑿懸計口縱受食日月乃苟延任恤有常經為之
在得權設任貧室索富家難盡全一言以蔽之錫

豐端賴天

賴天祐此方延頸長仰企其如格無術扭怩慙靡
已京畿及豫吳春霖均霑被雨潤膏寸合偏遺在
尺咫芃芃隴中麥彌望盈千里十日雖可遲一犁
亟其俟絮雲繞作勢顛風繼以起踟躇堪百憂邇
近親見此

親見念民艱更切飢溺心流者雖比比居者仍林
林無怪穀踊貴糠秕登釜鬵轉徙難坐視遮留應
酌斟資送生業俾吏恙胥役侵凡爾守土吏孰無
牧民任叶體予如傷懷盡爾一念忱補救各勉殫
雨露天難諶

二十四日奉

上諭朕時邁東巡前詣
闕里至于
岱宗舊典聿修明禋肇薦東省本年錢糧現已普
免因思曲阜泰安歷城鑾輿駐蹕之所也是宜推
恩閭井廣沛優施著將三縣乾隆己巳年應徵地
丁錢糧全行蠲免俾小民均霑厚惠該部即遵諭
行

乾隆十四年七月初七日奉

上諭朕此次巡幸木蘭親睹田禾穎栗實為大有
之象但目下禾經收穫道旁禾稼雖嚴飭隨從人
等不許踐踏然猶恐稍有損傷著加恩照十二年
時巡之例將經過州縣地方本年應徵額賦蠲免

十分之三著署督陳大受詳悉確查妥協辦理

乾隆十五年二月初二日奉

上諭朕恭奉
皇太后西巡五臺途經畿輔念宿麥含滋正值發
生之候業已特頒諭旨諄飭一應扈從人員車馬
無得踐踏但時當舉趾所至地方除道安營不無
有需民力著照上年秋間木蘭之例直屬經過州
縣本年應徵額賦蠲免十分之三該督方觀承即
行詳悉確查妥協辦理務令民霑實惠以副朕軫
念耕氓至意

十二日奉

上諭朕巡幸五臺一切供應皆動支正項不令絲

亟擾累閭閻惟是經過地方安營除道未免有資
民力著照前次巡幸五臺之例將本年應徵地丁
錢糧蠲免十分之三該撫即遵諭辦理
十四日奉
上諭上年各省俱慶有秋山右亦登豐稔惟太原
臨晉蒲縣等縣間因被水被雹偏值偏災俱經照
例賑恤其他如猗氏等縣夏間雖有小歉後亦旋
告有秋俱稱勘不成災朕茲巡省晉界念切民依
惟此數處雖非驛路所經究在一省之內宜沛恩
膏用示懷保著該撫詳悉查明所有偏災及勘不
成災各縣應與緩徵帶徵酌擬分數奏聞請旨辦
理

御製降旨巡撫阿里袞恤被偏災及勘不成災者
隱括成詩 庚午
昨歲沐
天恩豐登遍寰宇山右亦稱稔庶鮮飢寒苦太原
臨晉蒲間被水雹處叶他如猗氏等麥歉秋收善
偏災例賑恤知實需恩否叶其勘不成災詎免有
窮戶省耕臨晉疆所過皆樂土數縣雖未經民艱
切心所申命方伯臣旬宣職惟汝予恩汝其沛勿
遺無告者叶行時豈豫遊望古勤助補
十九日奉
上諭上年直隸各屬豐收間有被水被雹偏災如
薊州天津津軍廳青縣靜海鹽山慶雲宣化懷安
九處俱已照例賑恤其永清正定邢臺永年邯鄲
成安肥鄉龍門八處均係一隅偏災因連歲有秋
糧價平減無需給賑亦經照例蠲緩今朕巡幸五
臺經過直隸地方已蠲免錢糧十分之三其偏災
州縣同在一省亦應共沐恩膏著該督詳悉查明
應如何加恩之處酌擬分數奏聞請旨辦理
御製命直隸總督方觀承恤去歲稍被偏災及勘
不成災州縣詩以示之 庚午
闔省多豐數縣災豐宜慶幸災宜哀善爲賑恤登
衽席庶免飢寒困草萊莫謂一隅置度外從知萬
姓望恩來匪鄙驛路何殊別布澤還思遍八垓
二十四日奉

上諭朕巡幸晉省念切民依特諭巡撫阿里袞將
該省上年偶被偏災之太原等縣及勘不成災之
猗氏等縣詳悉查明應有緩徵帶徵酌擬分數奏
聞請旨辦理今據該撫分別查奏請將已成偏災
之太原蒲縣所有蠲剩錢糧前經題明緩至乾隆
十五年間徵分作二年三年帶完者再展一年開
徵等語朕思該二縣既被偏災僅予展限尚非朕
特恩撫卹之意著將蠲剩錢糧再免十分之三餘
仍照原題分年帶完其勘不成災之陽曲榆次徐
溝祁縣清源文水長治永寧寧鄉永濟臨晉猗氏
榮河萬泉渾源應州廣靈右玉朔州馬邑五寨平
定樂平壽陽代州五臺定襄忻州靜樂岢嵐絳州

絳縣稷山解州等三十四州縣著照所請將乾隆十四年民借倉穀原經題明今秋完納者再展一年俟至乾隆二十年秋後免息還項此係朕格外之恩該撫督率所屬妥協辦理務使閭閻均霑實惠該部遵諭速行

三月初三日奉

上諭朕念直隸上年薊州等十七州縣偶被偏災應予加恩矜恤特諭總督方觀承將如何加恩之處詳查奏聞請旨今據該督奏請將薊州天津津軍廳青縣靜海鹽山慶雲宣化懷安九處被災地畝該年糧銀除照例蠲免外再蠲十分之一永清正定邢臺永年邯鄲成安肥鄉龍門八處被災五

六七分地畝蠲剩錢糧例應二年帶徵者再緩一年邢臺永年邯鄲成安肥鄉龍門六處被災八九十分地畝於例蠲之外再請蠲免十分之一等語朕思薊州等十七州縣既被偏災雖其間分數之輕重不齊歷年之豐歉不一但如該督所請於薊州等九處蠲剩錢糧僅蠲十分之一永清等八處分別被災五六七分者例緩之外再展一年八九十分者蠲剩之外再免十分之一尚非朕格外加恩令小民普霑渥澤之意著照山西偏災州縣加恩蠲免之例將該十七州縣蠲剩錢糧概免十分之三餘仍照原題分年帶完該督其率屬妥協辦理務使閭閻均霑實惠該部遵諭速行

八月二十一日奉

上諭朕恭謁

祖陵所過京東州縣田中收穫之象較往年似覺歉薄大抵因夏秋雨水過多是以不能盡獲豐稔今所見如此則前途亦大略相似朕時巡省方輿蹕所至民依念切雖成災之處已照例賑卹即不成災處所當薄收之年亦為矜念向來臨幸地方應徵錢糧俱行按分蠲除此次經過直隸州縣其實未被災仍屬豐收之處按照舊例蠲免十分之三若歉收之所著加恩蠲免十分之五該督速行查明分別奏聞照例辦理該部即遵諭行

九月十七日奉

上諭朕巡行嵩洛一切供頓皆動用正項絲毫不以累民惟念安輦除道未免有資民力直隸所經之地現已降旨照例蠲除所有河南經過地方著加恩蠲免錢糧十分之三該撫即遵諭辦理務使小民得霑實惠

二十四日奉

上諭朕巡洛祠嵩甫經豐樂鎮即已降旨蠲免經過州縣十分之三其他年歲順成是以照例蠲除數日所過州縣體察農功夏麥告豐晚禾覺歉秋年播種亦復待時甚為矜念其歉收之處著再加恩統前蠲免十分之五令該撫詳悉查明分別辦理該部即遵諭行

御製加免復嘉等縣今年秋收補歉者俱詩以示
地方吏庚午
我過直隸時蠲租別次第豐收善免三歉收更加
二前臨豐樂鎮憑輿覘稔歲用是生歡顏免三均
是惠適日遵河北觀民每駐轡沙田餘穉苗場圃
鮮碩穗問知秋雨稀穀價因以貴休助有古訓加
蠲亦近例亟頒十行詔更飭一方吏惠民不吝恩
施恩善推類

三十日奉
上諭此次巡幸河南省方問俗所至推恩尤念祥
符為省會之區登封嵩望秩之所鑾輿駐蹕宜沛
優施著將該二縣乾隆年本年應徵地丁錢糧全
行蠲免俾愷澤均霑以愜小民近光之願該部即
遵諭行

乾隆十六年正月十五日奉
上諭朕南巡江浙經過畿輔雖一應供頓俱令動
支公項而安營除道未免有需民力朕心深為軫
念著將直隸所過州縣本年應徵額賦蠲免十分
之三交該督方觀承確查妥辦務俾小民得霑實
惠

二十一日奉
上諭朕南巡江浙道出青齊該省去臘以來雪澤
霑足麥秋豐稔有望雖一切安營除道俱由官辦
而莅當春融土潤正當有事西疇朕省方問俗念
切閭閻著將經過山東州縣本年額賦蠲免十分
之三交與巡撫準泰詳悉查明照例辦理務俾得
霑實惠該部遵諭速行

七月初九日奉
上諭朕此次巡幸木蘭經過州縣地方目覩秋禾
茂盛彧彧芃芃雖經嚴飭隨從人等不許踐踏猶
恐不無蹂躪著加恩將經過州縣本年應徵地丁
錢糧蠲免十分之三其有夏月被雹偶成偏災者
蠲免十分之五該督方觀承查明照例妥協辦理
該部即遵諭行

乾隆十七年七月二十一日奉
上諭朕此次巡幸木蘭時屆西成禾稼接畛雖經
嚴飭隨從人等不許踐踏猶恐不無蹂躪著加恩
將經過地方本年應徵地丁錢糧蠲免十分之三
該督方觀承查明照例辦理該部即遵諭行

乾隆十八年二月十六日奉
上諭朕此次恭謁
泰陵巡視河堤並奉
皇太后閱視水圍所有經過地方著加恩蠲免本
年應徵地丁錢糧十分之三總督方觀承查明照
例辦理該部即遵諭行

八月十七日奉
上諭此次巡幸木蘭所有經過州縣著加恩蠲免
本年應徵地丁錢糧十分之三總督方觀承照例

查辦該部即遵諭行
乾隆十九年五月初七日奉
上諭此次由熱河前往盛京恭謁
祖陵所有經過直隸奉天州縣地方加恩蠲免本
年應徵地丁錢糧十分之三著方觀承鄂容安照例
查辦該部即遵諭行
九月初三日奉
上諭朕恭奉
皇太后東巡展謁
祖陵所有經過地方賜復蠲租一循彝典尤念今
年奉天所屬州縣秋雨過多閭被水潦雖高阜尚
屬有秋但朕巡歷所經念此貧民拮据益當加意

惠恤無令失所著該將軍府尹等查明被災地畝
於恩旨蠲免外應作何分別優恤之處即奏聞辦
理
十二日奉
上諭仰惟
列祖創業東土光啟萬年景運
山陵永峙
福祐靈長我
皇祖聖祖仁皇帝三詣陪京
躬親展謁禮成行慶典冊昭垂朕寅紹丕基時深
景慕緬自乾隆八年秋瞻仰
橋山迄今已逾十載追念之誠常如一日本年七
月恭奉
皇太后安輿由熱河起鑾取道吉林巡歷遼瀋車
駕所至兵民多安本業風俗淳樸輦路歡迎扶攜
恐後具著忠厚悃忱仰見
先澤留遺久而益懋朕心深用欽慰茲於九月初
五等日謁祭
三陵大禮告成宜敷愷澤其將奉天所屬府州縣
乾隆十九年地丁正項錢糧通行蠲復經過地方
前旨所免十分之三及被水地畝應蠲錢糧仍於
明年應徵額內補行豁除自山海關以外及寧古
塔等處官吏軍民人等除十惡死罪外其餘已結
未結一應死罪俱著減等發落軍流以下悉予寬

免凡我留都士庶尚其敬念根本重地益務敦龐
毋忘先民矩矱共享昇平之福永承樂利之休用
稱朕嘉惠優恤至意
十三日奉
上諭朕奉
皇太后鑾輿再詣盛京恭謁
祖陵禮成奉天所屬府州縣乾隆十九年地丁正
項錢糧已降旨通行蠲復所有各莊頭及旗地應
納糧石草束等項自應一體加恩以溥闓澤著將
盛京戶部各莊頭本年應交倉糧一萬餘石概行
蠲免盛京興京遼陽牛莊蓋州熊岳復州金州岫
巖鳳凰城開原錦州寧遠廣寧義州等十五處旗

地本年應納米豆草束免徵一半其各莊丁應完本年丁米亦著免其輸納俾旗民均霑嘉惠用昭
慶典
乾隆二十年八月初七日奉
上諭朕此次巡幸木蘭所有經過州縣地方著照例蠲免本年錢糧十分之三該部即遵諭行
乾隆二十一年二月十六日奉
上諭朕此次祭告
闕里恭謁
祖陵鑾輿所至一切供頓皆動正項絲毫不以累及閭閻惟念安營除道雖已計丁給直終未免有資民力所有直隸山東經過地方本年應徵錢糧著加恩蠲免十分之三其有上年秋收稍歉者雖勸不成災而農民生計究屬拮据著照前蠲免十分之五該督撫其嚴飭屬員詳悉查明分別辦理毋致不肖胥吏侵漁中飽務俾小民得霑實惠
御製命免直隸山東所過州縣今年田賦十分之三並成口號下兩
計里修除雖受直常供還免十之三長官縱自清操凜胥索應防吏役貪
八月十七日奉
上諭朕此次巡幸木蘭所有經過州縣地方著照例蠲免本年錢糧十分之三該部即遵諭行
乾隆二十二年正月十五日奉

上諭朕此次南巡所有經過直隸山東地方本年應徵地丁錢糧俱著加恩蠲免十分之三此內山東上年偶被偏災處所著蠲免十分之五該督撫等董率屬員查明妥協辦理務俾小民均霑實惠該部即遵諭行
二月初一日奉
上諭朕稽古省方載臨江浙將以勤求民隱廣沛恩膏是以起鑾之先即經降旨將該二省乾隆二十一年以前積欠即行蠲豁而時當春令東作方興水陸經行一切除道挽舟雖皆按丁給值然終未免有需民力入疆伊始軫念方殷所有江南浙江經過各州縣地方本年應徵地丁銀兩俱著加恩蠲免十分之三此內或有去秋被水歉收者蠲免十分之五該督撫等其飭屬查明實力奉行稱朕加惠黎元至意
三月十八日奉
上諭朕稽古省方乘時布澤翠華所至賜賚蠲租而省會駐蹕之地加恩宜渥其將江南之江寧蘇州浙江之杭州附郭諸縣本年應徵地丁銀兩悉予豁免用昭行慶施惠之盛典該部即遵諭行
七月十八日奉
上諭朕此次巡幸木蘭所有經過地方著蠲免錢糧十分之三該部即遵諭行
乾隆二十三年七月十六日奉

上諭朕此次巡幸木蘭所有沿途經過地方著蠲
免本年錢糧十分之三該部即遵諭行
乾隆二十四年七月初四日奉
上諭朕此次巡幸木蘭所有經過地方著加恩蠲
免錢糧十分之三該部即遵諭行
乾隆二十五年八月十八日奉
上諭朕此次巡幸木蘭所有沿途經過地方著蠲
免本年錢糧十分之三
御製降旨免經過州縣納賦庚辰
經過賦免十分三今歲還教依往例秋豐任土正
所當於民偶恩寧偶義掃除罷受雇錢歸築納完
更無餘事祇虞中飽澤鮮均申命有司察蠹吏

乾隆二十六年二月十二日奉
上諭朕恭奉
皇太后展謁
泰陵乘便巡幸五臺所有直屬經過州縣及山西
經過駐蹕地方本年應徵額賦均著加恩蠲免十
分之三該督撫即行查明妥協辦理務令農民均
霑實惠
御製降旨免經過州縣賦稅詩以誌事辛巳
歲歲秋獮狩北縣經來往賦率免十三此例宜循
倣西巡越十載況
鑾輅遊賞吾民侍澤久可不副所仰北直及西晉
一視無偏向叶除道雖給值於恩合推廣如前免
正供恩務周鄉黨被災者更艱是吾關恫瘝以
蘇例概加恤待詳訪十
七月十七日奉
上諭朕此次巡幸木蘭沿途經過地方本年地丁
錢糧著加恩蠲免十分之三再今歲自七月以來
直隸各屬雨勢連綿高田固資長茂低窪田地或
不免有被水減收之處已屢次降旨詳詢著再傳
諭該督等督率有司實力稽查隨宜撫恤務俾貧
民不致失所以副朕懷保黎元至意
乾隆二十七年正月十三日奉
上諭朕此次南巡所有經過直隸山東地方本年
應徵地丁錢糧俱著加恩蠲免十分之三此內該

二省上年偶被偏災處所著蠲免十分之五該督
撫等董率屬員查明妥協辦理務俾小民均霑實
惠該部遵諭速行
二月初四日奉
上諭朕恭奉
皇太后鑾輿巡省江浙前已降旨將該二省積欠
地丁全行豁免茲入疆伊始慶澤宜行所有江南
浙江水陸經過地方本年應徵額賦俱著加恩蠲
免十分之三此內或有去秋被水歉收者蠲免十
分之五該省督撫等其董率屬員實力奉行稱朕
子惠黎元至意該部遵諭速行
三月二十七日奉

上諭朕恭奉
皇太后安輿臨幸江浙翠華所至蠲眘疊加兩省
會駐蹕之地宜循茂典載沛渥恩其將江南之江
寧蘇州浙江之杭州附郭諸縣本年應徵地丁銀
兩悉予豁免用昭行慶施惠省方勤民之至意該
部遵諭速行

七月初八日奉
上諭朕巡幸木蘭向年恩免所過地方錢糧十分
之三此次沿途省覽見今夏雨水過多之處田禾
分數較薄所有經過地方本年地丁錢糧著加恩
蠲免十分之五以示優恤

乾隆二十八年五月二十八日奉

上諭上年因直屬偶被水潦是以巡幸木蘭時所
有經過地方向免錢糧十分之三者俱加恩蠲免
十分之五今歲麥田已穫秋稼雖可望有收第念
究係被災之後小民生計尚未免拮据此次巡幸
熱河沿途地方仍著加恩將本年地丁錢糧蠲免
十分之五該部即遵諭行

御製降旨免經過州縣賦十分之五詩以誌事（癸未）
歷歲來巡例免三昨年加二為遵淳正當元氣未
復際仍與優恩普被湛夏長已佳識滿望秋成待
至敢輕謀閭閻已自無徵調（近畿歉收州縣應行蠲緩各項已屢經降旨格外蠲緩今歲二月內復命將勘不成災之處本年應徵錢糧概緩至秋成後再行酌量帶徵是二麥收穫時催租之吏可以稍遲矣）二麥登場任負擔

乾隆二十九年七月十七日奉
上諭朕此次巡幸木蘭沿途經過地方所有本年
應徵地丁錢糧著加恩蠲免十分之三該部即遵
諭行

御製降旨免經過州縣賦十分之三詩以誌事（甲申）
北巡經赤縣例免三常取去歲及前年乃至十之
五誠以遺游饑民艱屢心苦雨熱幸去歲（去歲麥既收秋田亦頗稔）元氣復未觀今夏麥勝昨大田若暘雨時
所經歷翼翼芃䅭黍登場在指日富足皆三輔可
以按恒例免三增惠汝其胥賦幾何寧如遇豐歲
天恩信博濟人事終小補

孚惠全書卷七

孚惠全書卷八

巡幸蠲免二

乾隆三十年正月十七日奉

上諭朕此次巡幸江浙所有經過直隸山東地方本年應徵地丁錢糧俱着加恩蠲免十分之三該督撫等務董率屬員實心奉行俾小民均霑實惠副朕愛養黎元之至意

御製降旨免直隸山東經過州縣錢糧詩以誌事　乙酉

新春頒旨惠江南前此三次南巡屢蠲上下江逋賦昨詢之大吏以江南尚有因偏災緩徵各項積至一百餘萬兩念皆無力輸將所致就每歲未完額徵尤堪矜卹因於新正二日降旨概予豁免以慰望幸而均慶惠肇路經應澤適覃執役那無洒

與帰正供會免十之三即看夫道相親切簟不寘懷共苦甘吏屢欠逋詎全鮮擧上傳宣方伯而詢探

二月初七日奉

上諭朕恭奉

皇太后安輿四巡江浙啟鑾之前已特頒恩旨將該二省節年緩徵未完銀糧全行豁免茲當入疆伊始宜敷渥澤以昭盛典所有江南浙江水陸經過地方本年額賦俱着加恩蠲免十分之三該督撫等其率屬實力妥辦稱朕覲民行慶至意該部即遵諭行

初九日奉

上諭宿遷一帶地方濱河沮洳土瘠民貧從前巡幸所經每深矜念茲入疆咨省見閭閻氣象較前頗覺寬舒攬轡之餘深為欣慰昨已降旨免經過州縣額賦十分之三因念陸路經行一切灑道清塵較水程倍為勤勩雖按名給值絲毫不以累民而百姓踴躍赴公瞻依恩從其情尤堪嘉悦着加恩將現在經過之宿遷桃源清河暨回鑾時所過之銅山等四縣本年應徵地丁銀兩蠲免十分之五該督撫其率屬實心經理俾蓋藏益資饒裕元氣大復共樂恬熙以副朕加惠愛養之至意該部遵諭速行

御製降旨免宿遷等四縣本年正賦十分之五詩以誌事　乙酉

憶我三番曾過此滿目民艱痌瘝視蠲租加賑不少靳究亦無能瘳痛起全年之歲俾咨訪略覺其中意源委因之疏剔六塘河果然潦退堪耕耜人事盡而

天貺隨連歲秋收皆穫其茲來殊覺大改觀憑輿歷覽心生喜戶有蓋藏有雞豚衣鮮上褸裂瞻婦子不哭不賑奚所加究欲加恩念無已因思時巡免正供十分之三常例耳數縣瘠土應倍併益二至五斯可矣留有餘用蘇節麐減一半惟役縣甿佇看元氣復閭閻庶協以休以助理

閏二月初四日奉

上諭朕稽古省方四蒞江浙已降旨將經過地方

本年額賦蠲免十分之三兩省會駐蹕之地加恩
更宜優渥其將江南之江寧蘇州浙江之杭州附
郭諸縣本年應徵地丁銀兩概予豁免用宣慶惠
該部遵諭速行

初四日奉

上諭朕翠華南幸始蒞浙境念該省所免積欠較
江省獨少且於本春恩旨以前復有續完之項民
情可謂急公因命悉查積年未完各項無論於例
應蠲與否盡予豁除以紓民力至清蹕所經前已
降旨蠲本年額賦十分之三昨經歷江省復念淮
徐各屬地瘠民貧江淮以南人知愛戴凡水陸經
行州縣加免十分之五浙省雖郭頗無多而除道
清塵亦足覘閭閻歡感且兩省皆係赤子誠求懷
保厥視惟均著再加恩將浙江經過地方本年應
徵錢糧槩免十分之五俾犁黎普霑膏澤益慶阜
恬副朕入疆施惠至意該部即遵諭行

七月初九日奉

上諭朕此次巡幸木蘭所有經過地方著加恩蠲
免錢糧十分之三該部遵諭速行

乾隆三十一年七月初九日奉

上諭此次巡幸木蘭所有經過地方本年地丁錢
糧著加恩蠲免十分之三該部遵諭速行

乾隆三十二年正月二十五日奉

上諭朕逮幸天津周覽河隄莅臨指示機宜永求

畿輔民生利賴翠華臨涖宜沛恩施所有經過地
方及天津閤府所屬本年應徵錢糧加恩蠲免十
分之三以昭來春布澤之意該部即遵諭行

七月二十日奉

上諭朕此次巡幸木蘭所有經過地方本年地丁
錢糧著加恩蠲免十分之三該部遵諭速行

乾隆三十三年七月初八日奉

上諭此次巡幸木蘭所有經過地方本年地丁錢
糧著加恩蠲免十分之三該部遵諭速行

乾隆三十四年七月初八日奉

上諭此次巡幸木蘭所有經過地方本年地丁錢
糧著加恩蠲免十分之三該部遵諭速行

十二月二十一日奉

上諭朕明春涓吉恭奉
皇太后安輿展謁
兩陵以伸誠悃禮成巡幸天津承
歡祝
嘏近畿一帶宜沛恩施所有經過地方及天津閤
府所屬明年應徵地丁錢糧著加恩蠲免十分之
三以昭乘時布澤至意該部即遵諭行

乾隆三十六年二月初五日奉

上諭朕恭奉
皇太后安輿巡幸山東道經畿甸值此方春舉趾
之際首塗所及宜沛恩膏著將直隸所過州縣本

年應徵額賦蠲免十分之三該督楊廷璋率屬妥
辦俾小民均霑實惠
十五日奉
上諭朕循允山左臣民望幸之請祗奉
皇太后安輿登岱祝
釐臚歡洽慶並便道詣謁
闕里業經先期降旨令一切供頓務從儉約毋事
繁文而除道清塵閭閻歡欣供役具見愛戴悃忱
着將山東所過州縣本年應徵額賦蠲免十分之
三其上年秋收稍歉勘不成災地方着蠲免十分
之五該撫富明安其董率屬吏詳悉查明妥協辦
理務俾黎庶均霑惠澤該部即遵諭行

十五日奉
上諭朕循順輿情祗奉
皇太后安輿恭詣
泰岱祝
嘏延禧並登
闕里之堂躬行釋奠輦路所經惟恩優渥而泰安
曲阜為駐蹕之地允宜廣敷惠澤用溥隆施着將
該二縣乾隆辛卯年應徵地丁錢糧全行蠲復該
部即遵諭行
七月初十日奉
上諭每年巡幸木蘭所有經過州縣地方例免本
年錢糧十分之三今歲雨水較大着加恩蠲免十

分之五其有被水成災者仍着該督據實查明照
例撫恤務俾閭閻均霑實惠該部即遵諭行
乾隆三十七年五月二十五日奉
上諭朕此次巡幸木蘭所有經過州縣地方着加
恩蠲免本年錢糧十分之三
乾隆三十八年三月初三日奉
上諭朕此次祗謁
泰陵禮成取道畿南奉
皇太后安輿巡幸天津閱視河工所有經過地方
及天津闔府所屬俱着蠲免本年錢糧十分之三
五月初八日奉
上諭朕此次巡幸木蘭所有經過州縣地方着加

恩蠲免本年錢糧十分之三
乾隆三十九年五月十六日奉
上諭此次巡幸木蘭沿途經過地方所有本年地
丁錢糧着加恩蠲免十分之三
乾隆四十年五月二十六日奉
上諭此次巡幸木蘭所有經過沿途地方本年地
丁錢糧着蠲免十分之三
乾隆四十一年二月初九日奉
上諭朕因平定兩金川祗謁
兩陵禮成恭奉
皇太后巡幸山東告成
闕里所有沿途經過地方着加恩蠲免本年錢糧

十分之三
三月初六日奉
上諭朕因兩金川全境蕩平祇奉
皇太后安輿恭詣
泰岱祀嶽延
禧並登
闕里之堂告功釋奠鑾路所經加恩優渥而泰安
曲阜為駐蹕之地尤宜廣敷恩澤用溥隆施著將
該二縣乾隆丙申年應徵地丁錢糧全行蠲免該
部即遵諭行
五月十三日奉
上諭朕此次巡幸木蘭所有經過地方著加恩蠲

免本年地丁錢糧十分之三該部即遵諭行
乾隆四十三年正月十八日奉
上諭朕此次恭謁
泰陵
泰東陵及三月清明節恭詣祭謁所有沿途經過
地方著加恩蠲免本年地丁錢糧十分之三
七月二十日奉
上諭朕此次前往盛京恭謁
祖陵所有經過直隸奉天州縣地方著加恩蠲免
本年應徵地丁錢糧十分之三該部即遵諭行
八月二十二日奉
上諭朕自乾隆十九年再詣盛京迄今二十四年
矣遼瀋為我朝
鴻業肇基之地風俗敦龐人心淳厚緬維
祖澤留貽食舊德而服先疇者久而彌篤比戶恬
熙之象時縈於懷茲由山海關至陪京恭謁
祖陵時當秋穫豐登蹕路所經村村簇集而老幼
歡迎扶攜恐後尤見忠愛悃忱嘉慰之餘恩施宜
渥啟鑾時業經降旨免所過地方錢糧十分之三
著再加恩將奉天所屬州縣乾隆四十四年地丁
正項錢糧通行蠲免俾我留都士庶逮年不事輸
將益享盈寧之福該部即遵諭行
二十四日奉
上諭朕恭謁

祖陵禮成現降旨將奉天所屬府州縣乾隆四十
四年地丁正項錢糧通行蠲免所有各莊頭及旗
地應納糧石草束等項自應一體加恩以敷渥澤
著將盛京戶部各莊頭本年應交倉糧一萬餘石
免其交納所有各處匠役應需口糧著於舊存倉
糧內撥給其盛京興京遼陽牛莊蓋州熊岳復州
金州岫巖鳳凰城開原錦州寧遠廣寧義州等十
五處旗地本年應納米豆草束亦著免徵一半俾
旗莊均霑嘉惠該部即遵諭行
乾隆四十四年正月十八日奉
上諭朕此次恭謁
泰陵恭祭

泰東陵及四月釋服恭詣祭詣所有沿途經過地方著加恩蠲免本年地丁錢糧十分之三該部即遵諭行

五月十二日奉

上諭朕此次巡幸木蘭所有經過沿途各州縣著加恩蠲免本年地丁錢糧十分之三該部即遵諭行

乾隆四十五年正月十二日奉

上諭朕巡幸江浙省方觀民鑾輅所經宜施渥澤用溥春祺所有經過直隸山東地方本年應徵地丁錢糧俱著加恩蠲免十分之三該部即遵諭行

十六日奉

上諭朕巡幸江浙道經畿輔長蘆商衆踴躍抒忱用宜一體加恩俾霑慶澤著加恩將長蘆商人應徵乾隆四十四年分鹽課五十餘萬兩內十分之一分作五年帶徵俾商力益資饒裕該部即遵諭行

二月初五日奉

上諭朕因東南黎庶望幸情殷爰舉舊章五巡江浙茲當入境伊始慶澤宜敷所有江南浙江水陸經過地方本年應徵地丁錢糧俱著加恩蠲免十分之三該部即遵諭行

十五日奉

上諭朕巡幸江浙已降旨將經過地方本年額賦蠲免十分之三而省會駐蹕之地加恩更宜優渥著將江南之江寧蘇州浙江之杭州所有附郭諸縣本年應徵地丁錢糧概予蠲免俾近光黎庶無事輸將共享盈寧之福該部即遵諭行

四月二十四日奉

上諭朕此次巡幸江浙蹕路經過直隸山東地方其長蘆商人業經加恩緩徵課項所有山東商人益著加恩將乾隆四十五年應徵票引鹽課銀十八萬餘兩自本年奏銷後起限分作六年帶徵以示優恤該部即遵諭行

五月二十一日奉

上諭朕此次前往熱河所有經過地方著蠲免本年地丁錢糧十分之三

八月二十八日奉

上諭朕此次恭謁

西陵所有沿途經過地方著加恩蠲免本年地丁錢糧十分之三

乾隆四十六年二月二十二日奉

上諭此次巡幸五臺經過直隸山西各州縣所有本年應徵錢糧著加恩蠲免十分之三該部即遵諭行

閏五月初八日奉

上諭朕此次巡幸木蘭駐蹕熱河所有經過地方著加恩蠲免本年錢糧十分之三該部即遵諭行

乾隆四十七年三月初五日奉

上諭朕此次巡幸盤山所有經過地方著加恩蠲免本年地丁錢糧十分之三

五月十二日奉

上諭朕此次巡幸木蘭駐蹕熱河所有經過地方著加恩蠲免本年錢糧十分之三該部即遵諭行

乾隆四十八年二月初十日奉

上諭朕此次恭謁

泰陵所有經過地方著加恩蠲免本年地丁錢糧十分之三該部即遵諭行

五月二十四日奉

上諭朕此次啟鑾前往熱河所有經過地方著加恩蠲免本年地丁錢糧十分之三

八月十六日奉

上諭朕由熱河前往盛京恭謁

祖陵所有經過直隸奉天各州縣著蠲免本年地丁錢糧十分之五該部即遵諭行

九月初七日奉

上諭朕自乾隆四十三年臨幸盛京迄今五年我

朝根本之地風俗淳厚迥非他省可比緬惟

祖澤留貽至今勿替茲由熱河取道九關臺四莊

陪京恭謁

祖陵蹕路所經老扶幼挈就瞻恐後尤見愛戴悃忱嘉慰之餘恩施宜渥著加恩將奉天所屬府州縣乾隆四十九年地丁正項錢糧通行豁免俾留都士庶益享盈寧之福該部即遵諭行

十一日奉

上諭朕恭謁

祖陵禮成現降旨將奉天所屬府州縣乾隆四十九年地丁正項錢糧通行蠲免所有各莊頭及旗地應納糧石草束等項自應一體加恩以敷渥澤著將盛京戶部各莊頭本年應交倉糧一萬餘石免其交納所有各處匠役應需口糧著於舊存倉糧內撥給其盛京興京遼陽牛莊蓋州熊岳復州金州岫巖鳳凰城開原錦州寧遠廣寧義州等十五處旗地本年應納米豆草束亦著免徵一半俾旗莊均霑嘉惠該部即遵諭行

乾隆四十九年正月二十一日奉

上諭朕巡幸江浙省方觀民鑾輅所經宜施渥澤用溥春祺所有經過直隸山東地方本年應徵地丁錢糧俱著加恩蠲免十分之三該部即遵諭行

二月十六日奉

上諭朕因東南士庶顒望情殷且河工海塘以次告竣一切善後機宜均須親臨指示爰循舊典六巡江浙茲當入疆伊始慶澤宜覃所有江南浙江水陸經過地方本年應徵地丁錢糧俱著加恩蠲免十分之三該部即遵諭行

二十六日奉

上諭朕巡幸江浙已降旨將經過地方本年額賦蠲免十分之三而省會駐蹕之地恩膏更宜優渥著將江南之江寧蘇州浙江之杭州所有附郭諸縣本年應徵地丁錢糧概予豁免俾近光黎庶無事輸將益享盈寧之福該部即遵諭行

三月十二日奉

上諭朕翠華莅浙恺澤覃敷前已降旨將經過地方本年額賦蠲免十分之三並省城駐蹕之仁和錢塘二縣本年應徵地丁錢糧概予豁免今入疆伊始周諮民隱再沛恩綸所有杭州嘉興湖州三府屬本年應徵地丁錢糧共一百九萬餘兩著再加恩普免十分之三俾近光黎庶益享盈寧以副

朕省方問俗施惠閭閻有加無已之至意

御製降旨寬免浙江杭嘉湖三府正供十分之三

詩以誌事甲辰

入疆民隱切諏咨積欠概將蠲免之（昨入江南境即降旨將江寧江蘇安徽各藩司所屬未完積欠地丁漕項及民借籽種等項共銀米一百三十餘萬全行蠲免）

並未遝災謝

天佑（無災則無諸項）吏常完賦慶農時（雨暘時而歲其每年完賦更無欠項）

所當嘉也其風善寧可靳哉我惠施十以免三正

供還（浙省附郭之仁和錢塘二縣本年應徵地丁正項先經降旨概予豁免外因思杭州嘉興湖州三府蹕途所經復加恩將三府屬本年應徵地丁錢糧共一百九萬餘兩再行普免十分之三計三十餘萬俾近光黎庶益享盈寧之福）幸茲同樂世雍熙

閏三月初四日奉

上諭朕鑾輅時巡普施慶惠前長蘆山東商衆踴躍抒忱自應一體加恩俾霑渥澤所有長蘆應徵引課銀四十九萬餘兩山東應徵引課銀三十六萬餘兩俱著加恩分作八年帶徵俾商力益資寬裕該部即遵諭行

五月初八日奉

上諭朕此次巡幸木蘭駐蹕熱河所有經過地方著加恩蠲免本年地丁錢糧十分之三

乾隆五十年三月初三日奉

上諭朕此次巡幸盤山所有沿途經過地方本年應徵地丁錢糧著加恩蠲免十分之三

五月十八日奉

上諭朕此次巡幸木蘭駐蹕熱河所有經過地方著加恩蠲免本年地丁錢糧十分之三

乾隆五十一年二月十八日奉

上諭朕此次恭謁

西陵後巡幸五臺所有沿途經過地方著加恩蠲免本年地丁錢糧十分之三

五月二十九日奉

上諭朕此次巡幸木蘭駐蹕熱河所有經過地方著加恩蠲免本年地丁錢糧十分之三

乾隆五十二年二月二十六日奉

上諭朕此次恭謁

東陵迴鑾便道巡幸盤山所有沿途經過地方本

年應徵地丁錢糧著加恩蠲免十分之三

五月初八日奉

上諭朕此次巡幸木蘭駐蹕熱河所有經過地方

著加恩蠲免本年地丁錢糧十分之三

乾隆五十三年二月十九日奉

上諭長蘆鹽務商本素非饒裕節經加恩調劑以

紓商力今翠華臨莊各商等情殷瞻就踴躍歡忭

俱見悃忱宜特沛恩膏以普春澤所有乾隆四十

八九兩年未完五限四限緩徵正餘課銀六十七

萬八千五百餘兩著再加恩前限滿後再展限三

年帶徵俾商力益徵充裕以示朕行慶施惠有加

無已至意該部即遵諭行

十八日奉

上諭朕此次巡幸天津閱視河工所有經過地方

及天津闔府所屬本年應徵錢糧著免十分之三

五月十九日奉

上諭朕此次巡幸木蘭駐蹕熱河所有沿途經過

地方本年應徵錢糧著加恩蠲免十分之三

乾隆五十四年三月初十日奉

上諭朕此次巡幸盤山所有沿途經過地方本年

應徵地丁錢糧著加恩蠲免十分之三

閏五月初五日奉

上諭朕此次巡幸木蘭駐蹕熱河所有沿途經過

地方本年應徵地丁錢糧著加恩蠲免十分之三

乾隆五十五年二月初八日奉

上諭朕祗謁

兩陵巡幸山東道經畿甸當春行慶首途所及宜

沛恩膏著將直隸經過州縣本年應徵地丁錢糧

加恩蠲免十分之三

二十六日奉

上諭朕此次展謁

兩陵巡幸山東所有沿途經過地方著加恩蠲免

本年地丁錢糧十分之三

三月初九日奉

上諭朕此次巡幸山左於回鑾時駐蹕天津所有

東省長蘆兩處商人情殷瞻就踴躍欣忭具見悃

誠因念蘆東鹽務節經恩施調劑以紓商力今翠

華臨莊允宜再沛恩膏著將山東五十四五兩年

應完課銀三十六萬八千四百餘兩長蘆五十四

年應完課銀五十七萬二千九百餘兩自本年秋

銷後加恩分作八年帶徵俾商力益資饒裕以示

朕行慶施惠有加無已之至意該部即遵諭行

五月初十日奉

上諭朕此次駐蹕熱河所有經過地方著蠲免地

丁錢糧十分之三

乾隆五十六年三月初四日奉

上諭朕此次巡幸盤山所有沿途經過地方本年

應徵地丁錢糧著蠲免十分之三

五月二十一日奉
上諭朕此次巡幸木蘭駐蹕熱河所有經過地方著蠲免地丁錢糧十分之三
乾隆五十七年三月初八日奉
上諭朕此次恭謁
西陵後巡幸五臺所有沿途經過地方著加恩蠲免本年地丁錢糧十分之三
三月二十一日奉
上諭朕向來每遇巡幸所有經過地方俱加恩蠲免地丁錢糧十分之三五臺非清蹕常臨之地此次巡幸駐蹕尤宜逾格施恩用敷渥澤所有五臺一縣本年地丁錢糧著加恩蠲免十分之五其大

同朔平二府屬未完糧一萬八百四十八石零和林格爾廳未完米九百八十九石零亦著全行豁免以示朕惠愛黎元省方行慶至意該部即遵諭行
御製登中臺靈鷲峰瞻禮遂駐臺懷優眷晉省黎民詩以誌事壬子
中臺今復陟峯巔風日晴和法有緣欣我七年頻重蒞宜他通省惠加宣例之三者增為五每年巡幸所至例免經過沿途州縣錢糧十分之三茲因五臺非清蹕常臨之地所有該縣本年地丁錢糧命加恩蠲免十分之五又以半當道以全昨經直隸地方寬免大興安肅等八州縣民欠未交穀三萬四千五百餘石茲詢據馮光熊奏晉省大同朔平二府舊欠糧二萬餘石已經徵收一半所有未完一萬二千餘石因即降旨全予豁免以示省方施惠至意乘步與登罷策馬八旬有二合應然
五月初十日奉
上諭朕向來巡幸木蘭駐蹕熱河經過地方俱蠲免地丁錢糧十分之三本年近畿一帶現在雖經渥沛甘膏但從前得雨稍遲甫經補種大田小民恐未免拮据所有此次經過地方著加恩蠲免地丁錢糧十分之五以示朕格外體恤至意
乾隆五十八年三月初四日奉
上諭朕此次巡幸盤山所有沿途經過地方本年應徵地丁錢糧著蠲免十分之三
五月十六日奉
上諭朕此次巡幸木蘭駐蹕熱河所有經過地方

著蠲免本年地丁錢糧十分之三
乾隆五十九年三月初十日奉
上諭朕此次巡幸天津所有經過地方及天津關府所屬本年應徵錢糧著加恩蠲免十分之三
二十日奉
上諭朕此次巡幸天津業經降旨將沿途經過地方蠲免本年地丁錢糧十分之三節年積欠銀兩蠲免十分之四本日御舟經過琴高祠石口村該處村民扶老攜幼夾道歡迎尤為踴躍可嘉著再加恩將該村莊本年應徵錢糧普行蠲免以示朕行慶施恩有加無已至意
二十四日奉

上諭昨日御舟經過楊柳青夫河地方該處居民踴躍歡迎情殷愛戴殊屬可嘉所有該村莊本年應徵錢糧亦著加恩普行蠲免以示朕孚惠施恩有加無已至意

四月初一日奉

上諭長蘆山東鹽務商本素非饒裕節經加恩調劑以紓商力今翠華臨蒞天津蘆東各商慎情殷瞻就踴躍歡忭具見悃忱自宜特沛恩膏以敷愷澤所有長蘆山東未完六限三限緩徵及帶徵五限川餉並本年應完正餘引票課銀三百八十八萬餘兩著再加恩於各原限屆滿奏銷後起限統行按展三年分別帶徵俾商力益臻饒裕以示朕行慶施惠有加無已至意該部即遵諭行

五月二十五日奉

上諭朕此次巡幸木蘭駐蹕熱河所有經過沿途地方古北口以外雨澤早霑收成可期豐稔著將本年應徵地丁錢糧照例加恩蠲免十分之三其口內地方雨澤較少秋收歉薄著加恩將本年地丁錢糧蠲免十分之四以示體恤

乾隆六十年閏二月十三日奉

上諭此次恭謁

兩陵所有沿途經過地方著加恩蠲免地丁錢糧十分之三

五月初八日奉

上諭朕此次巡幸熱河所有經過地方著蠲免本年地丁錢糧十分之三

孚惠全書卷八

孚惠全書卷九

蠲賑一

雍正十三年十月十七日奉

上諭朕即位以來加惠黎元撫綏備至疊沛恩膏業將雍正十二年以前各省民欠錢糧悉行蠲免惟是西陲用兵數年陝甘二省人民輓運軍需糧餉効力獨多其踴躍趨事之誠甚屬可嘉朕思百姓等輸忠奉上情既倍於尋常則朕所以體恤嘉恩當出於格外其陝甘人民應作何加恩以示優獎之處著總理王大臣會同九卿定議具奏

十二月十七日奉

上諭川省口外番部輸誠急公良可嘉憫朕已降

旨令巴裏二塘所納一年貢賦悉行蠲免以昭撫恤至意其明正土司所屬等處並沈冷二邊以及口外新附各處番衆恭順効力與巴裏二塘無異所宜一體加恩普施惠澤著將明正沈冷各土司所屬一年雜糧折徵銀並貢馬銀及口外新附各處認納折徵銀該撫查明確數通行蠲免土目人等不得私收中飽務使番衆得霑實惠再巴裏二塘正賦之外尚有衣單口糧等項銀兩原以充支給喇嘛土官之用今正賦既蠲而此項仍徵恐番衆蠢愚不能分晰土目人等或乘此牽混私收著將衣單口糧銀兩亦一併蠲免其應支各項衣糧著咨部撥補以上應蠲各項諒本年已經完納可

於乾隆元年照數通蠲

乾隆元年二月初四日奉

上諭陝甘民人自軍興以來急公効力甚屬可嘉除屢年叨蒙

皇考疊沛恩膏外朕又降旨將本年應徵錢糧甘省全行豁免陝省止徵一半以昭格外之恩但查錢糧完納例有定期上年陝省收成未稱大稔今年春夏之際未免輸納艱難著將應徵一半額賦寬至夏秋收成後再行開徵以紓民力至該省應用兵馬錢糧著該撫據先籌畫另行撥給俟九月徵收之後各歸原款報部查核可即傳諭該部知之

初四日奉

上諭黔省州縣被逆苗擾害之處所有雍正十三年應徵銀兩米石一概蠲除其未經被擾地方地丁銀兩亦俱豁免並令將糧米停止徵比以紓民力朕思此等郡縣雖未被擾而運送軍需等事均屬勞苦深用軫念今將再頒諭旨將從前停徵之米石照下游之例一體豁免以示朕優恤邊氓之至意

三月十四日奉

上諭川省所屬內附巴裏二塘及沈冷二邊各番朕念其恭順効力曾降諭旨將本年所納供賦雜糧等項概予蠲免以示優獎其建昌松潘所屬涼

山會川鹽源阿樹木坪各土番等處俱傾心効順遇有徵調奮力奔公竟無違誤所宜一體加恩將本年未折除銀以及本色雜糧青馬等項照巴裏塘沈冷邊之例通行豁免再寧安安阜酉陽等處現在建造城垣皆資民力所有本年應納貢賦亦照松潘之例概賜豁免該督撫飭令該管官實心奉行勿致中飽滋弊俾得均霑實惠以昭朕懷柔遠夷之意

六月二十四日奉

上諭從前北路軍需內有運送科卜多截留察漢叟爾等處應追脚價銀二萬九千餘兩雖係商人承領而起運之時全數給發是以截留之後在於車駝戶名下著追已還過銀一萬四千餘兩尚有一萬四千餘兩未完朕思車駝戶較商人更為貧苦現今大兵既撤營運無多完項自屬艱難且多係並無家產之人朕心深為憫惻著將前項未完銀一萬四千一百四十四兩九錢俱行豁免又商人趙仕俣等於觀音保運送十八軍需案內除十二案李成功脚價應行扣追外其餘數案多係因公賠累情節亦有可原且該商從前繕辦軍需有節省銀二萬餘兩著該部查明即以節省之項抵補免其著追

十月二十八日奉

上諭西陲自用兵以來陝甘百姓轉運供餉急公効力甚屬可嘉已蒙

皇考疊沛恩膏厚加撫恤朕即位之初又將乾隆元年甘肅額徵錢糧全行豁免西安等屬豁免一半今朕復思大兵既撤正與民休息之時若再寬一年額賦則民力更可寬餘安居樂業著將乾隆二年甘肅錢糧全行豁免西安等屬錢糧豁免一半以示朕加惠秦民之至意

乾隆四年十月十七日奉

上諭據四川松潘總兵潘紹周奏稱本年八月出口化番覲見衆番感戴皇仁漸知禮法均安住牧惟是臣等每年出口應帶弁兵前往所需馱載烏拉馬牛一百五十之數例由口內番子送出口外番子送回每一馬牛每日給脚價茶葉一觔按日給發但衆番貧寒恐不敷往回盤費可否懇恩每日賞給脚價銀一錢俾窮番往回敷用等語著照該總兵所奏嗣後每年出口化番應用之馬牛按數每日賞脚價銀一錢以資路費該部可行文該巡撫知之

乾隆十一年六月初三日奉

上諭此番征勦瞻對四川各土司率領番衆承辦軍糧催僱烏拉莫不踴躍從事將及一載急公趨義甚屬可嘉該土司等本年應納貢賦已經普免今軍務告竣著再加恩將打箭鑪口內口外効力之各部番衆應納貢賦再行豁免二年以示優恤

勤勞之意該部即遵諭行

乾隆十三年七月二十八日奉

上諭金川逆酋不法現在調撥大兵剋期勦滅一切軍需供應絲毫不以累民惟是飛芻輓粟烏拉之外間亦酌用民力雖給與腳價口糧小民不無勞瘁朕心軫念著該督撫查明辦過夫米各州縣將本年錢糧先行緩徵俟凱旋事竣之日分別等次奏明請旨候朕加恩以示朕軫恤邊氓之意

十二月十九日奉

上諭川省軍興以來輓粟飛芻動支正項並不絲毫擾累閭閻但一切夫馬支應未免有資民力而該處小民踴躍應募奮勉急公殊可嘉尚前經降旨將本年地丁錢糧加恩緩徵在案現今大兵雲集雖剋期奏凱而兵馬經過處所不無供億之繁朕心軫念著將川省乾隆己巳年地丁錢糧再行緩徵以紓民力以示朕惠恤民勞之意

乾隆十四年正月十四日奉

上諭陝省為入川要路其武功以西棧道綿亙較川省尤長所有大兵經過地方一切供億雖絲毫不擾閭閻而夫馬支應未免有資民力前曾降旨將川省己巳年地丁錢糧再行緩徵在案其陝省入棧毗連川境之州縣應與川省一體加恩著該督撫查明各該州縣本年應徵地丁錢糧全行緩徵以紓民力該督撫其悉心查辦俾窮黎均霑實

惠以示朕軫體民勞之意

五月初九日奉

上諭前因川省軍興一切供億輸輓有資民力曾經降旨將該省乾隆十三年並本年分地丁錢糧概行緩徵復令該督策楞將辦過夫米各州縣於凱旋之日查明等次奏請候朕加恩今據策楞分別查奏其列在一等之茂州等一十四州縣地居衝要差務殷繁承辦夫米最多應加恩蠲免一年錢糧列在二等之溫江等四十三州縣雖辦米出夫稍次或有派往出口站夫或當北路孔道差務亦重應酌免一年錢糧十分之七列在三等四等之州縣或糧由舟運人力稍省或辦夫而不辦米辦米而不辦夫如樂山等二十二州縣應酌免一年錢糧十分之五隆昌等五十三州縣酌免一年錢糧十分之三至乾隆十三年錢糧既經緩徵所有急公完納之戶照伊等完納分數仍准展限緩徵以示獎勵其本年緩徵者目今軍務雖竣仍令該督相其緩急毋致催督擾民如此則全蜀辦公出力之良民咸得仰邀恩澤元氣漸舒該督等應督率所屬妥協辦理並出示曉諭俾閭閻均霑實惠以副朕優恤勞民之至意該部即遵諭速行

十一月二十六日奉

上諭川省十三十四兩年地丁錢糧除分別蠲免之項外所有未完尾欠均應於來年帶徵但念軍

興之後今年雖幸豐收民力恐未充裕若一時併
徵難免拮据著加恩將十二年尾欠於庚午年帶
徵十四年尾欠於辛未年帶徵以示朕體恤閭閻
之意該部即遵諭行

乾隆十六年六月十三日奉

上諭策楞奏稱此番赴藏官兵人等沿途所買口
糧草料僱用騎馱烏拉俱自番地應付所過地方
踴躍從事毫無遲誤等語番衆等急公効順甚屬
可嘉所有明正司理塘巴塘三處本年應納貢賦
著加恩優免一年乍了察木多類烏齊三處呼圖
克圖著各賞緞八疋以示奬勵該部知道

乾隆二十一年五月二十日奉

上諭甘省一應軍需多於甘涼肅等府州縣就近
採辦雖一絲一粟悉皆取給公帑即輓運轉輸之
事亦必計丁給直不以派累閭閻但此數郡小民
急公趨事較之他屬倍覺勤苦出力朕心深為軫
念著加恩將甘省之甘涼肅等府州縣民戶屯戶
及番民等本年應徵各項錢糧米豆草束一概蠲
免其有已經完納者按數扣出准作來年正供該
督撫其督率各地方官實力奉行務俾邊郡小民
均霑實惠如有不肖官吏以完作欠侵蝕中飽者
察出即行嚴參治罪該部遵諭速行

御製免甘省諸郡正供詩以紀事有序 丙子

上年平定伊犁西北兩路軍需採購輸輓率資
之甘涼肅諸郡邑邊氓誠悃服勤有足嘉者用
免本年應徵正供以恤勞勤

西北屬有事用兵非得已然非勇勤敵討逆執醜
耳特以道路遼東之乏任使（伊犁用兵在朕左右皆襄運籌者惟大學士傅恒一人而關外之寄前從所用往往過於選懦昧於機宜屢致僨事殊為憤懣朕於始事即為躊躇審顧不欲綱理者以此）遂致彼遊魂猶然延釜底屈指初
卜征遂今復伊犁叶一年餘數月士卒亦勞止士
卒用新附及八旗弟子爲餉皆採購輸輓計償與
叶豈如新安吏點兵括鄉里尤念購與輓究資民
力矣邊郡風朴淳服勤誠足美用免惟正供休息
自今始佇待獻逆俘歸馬中外喜

九月二十三日奉

上諭前因甘省地方承辦軍需降旨將甘涼肅三
府州屬民屯及番民等本年應徵各項錢糧米豆
草束一概蠲免其餘各府州縣雖地方有衝僻之
不同承辦有多寡之或異朕念該處小民趨事赴
公均屬勤苦著加恩將甘省十三府州廳屬各州
縣衛乾隆十一年至十五年民欠地丁錢糧草束
概予蠲免十六年至二十年民欠未完正借錢糧
著自丁丑年爲始分作五年帶徵其安西五衛近
接軍營皋蘭一縣地居省會出力尤多著將本年
應徵各項錢糧俱照甘涼肅三府州之例一體蠲
免其寧夏平涼鞏昌蘭州等府屬十七州縣本年
應徵各項錢糧亦著蠲免十分之三以紓民力再

甘肅通省尚有乾隆元年至九年蠲剩未完及十年至十五年民欠籽種口糧牛本等項銀糧非因災出借爲定例所不應免但該省承辦軍需民力深堪軫念着一併加恩蠲免該督撫等其董率屬員實心經理務使膏澤下逮以副朕格外恩施優卹邊氓之至意

乾隆二十二年正月初六日奉

上諭甘省地方承辦軍需去歲屢經降旨將該省本年應徵及歷年民欠各項錢糧分别蠲免但念西路現在用兵甘肅小民趨事赴公甚屬勤苦朕心甚爲軫念着再加恩將甘凉肅三府及安西五衛皋蘭一縣應徵本年地丁錢糧米豆草束概予蠲免其甘肅通省自乾隆十六年至二十年未完地丁銀糧一併加恩蠲免該督撫等其董率屬員實心經理俾小民均霑實惠毋致胥役中飽用副朕恩施格外優卹邊氓至意該部即遵諭行

御製降旨免甘肅本年額賦並積欠詩以誌事丁丑

西陲兵未罷戢亂非得已儲胥發官帑詎肯征閭里究之出諸民宜如無事美去年緩蠲賦今復新正矣地瘠貧民良施恩宜在此正供與全蠲寬心勤未弭積欠免歷年奚用慈留牴緒外先安内化日春風裏

六月初二日奉

上諭甘肅地方承辦軍需小民急公趨事甚屬勤勞屢經降旨將歷年積欠並承辦之甘凉肅三府安西五衛皋蘭一縣本年應徵地丁錢糧米豆草束概予蠲免但現在軍務未竣該省爲總彙之地小民出力尤多朕心時切軫念着將甘肅通省乾隆二十三年應徵地丁錢糧加恩概予蠲免該督撫等其董率屬員豫行出示曉諭實心查辦毋任不肖官吏從中舞弊用副朕優卹邊氓格外施恩至意該部即遵諭行

乾隆二十三年正月初二日奉

上諭甘肅一省承辦軍需雖絲毫不以派累閭閻而小民之趨事勤勞殊堪軫念前經降旨將該省乾隆二十三年地丁錢糧悉行加恩蠲除但本年正項雖已免徵而歷年舊欠尚有應須輸納者邊氓仍不免追呼之擾着再加恩將該省乾隆十六年至二十二年一應民欠未完銀糧草束通行豁免該督撫其董率屬員實心查辦倘有不肖官吏以完作欠侵蝕中飽及違例私徵致百姓不霑實惠即行嚴參究處用稱朕嘉惠體卹之至意該部遵諭速行

御製降旨免甘省積欠詩以紀事戊寅

西師猶未罷邊地亟宜懷數郡通牆積一時豁與皆絲綸頒岳牧膏澤普推排行待歌書定熙春萬物諧

五月初三日奉

上諭甘肅地方數年以來辦理軍需急頒帑項雖絲毫不以累民而小民急公趨事甚屬勤勞殊堪厪念前經降旨將本年應徵地丁錢糧概予蠲免又經降旨將二十二年以前舊欠之銀糧草束通行豁免但該省為軍需總匯民風淳厚出力尤多朕心時切軫念著將甘肅通省乾隆二十四年分應徵地丁銀糧再行加恩悉與蠲免該督撫等其董率屬員豫行出示徧為曉諭毋任不肖官吏從中舞弊以副朕格外加恩優恤邊氓至意該部即遵諭行

十月二十四日奉

上諭甘省調運陝省西安鳳翔邠州乾州四府州

屬採買米麥以備軍儲所有應給腳價除自涇州交界以內道路平坦而經過各屬秋成豐稔照例給發腳價外其自涇州接運赴蘭山路崎嶇沿途之平涼等屬今秋又俱有偏災若照例給以腳價往返食用未免拮据著加恩准照河東運送兵糧之例每京石每百里給腳價銀一錢六分回空給銀四分以資挽運該部即遵諭行

乾隆二十四年正月初二日奉

上諭甘省遠處邊陲地方寒瘠比歲收成歉薄生計未免拮据雖通年來辦理軍需毫無派累而一切受雇挽運無不踴躍急公俗尚樸淳深堪軫念業經疊次加恩將連年正供雜項並歷年積欠帶徵銀糧草束概與豁免惟昨春曾被偏災之地尚有官借牛具籽種口糧及積年應納交官之項為從前恩旨所未及者若照例徵收無力窮黎仍復艱於輸納著再加恩將甘省上年被有偏災及勘不成災各州縣所有未完籽種糧九萬六千餘石又折給銀一千餘兩未完口糧四萬四千七百餘石又折給銀五千八百餘兩又各屬被旱及水雹處所內勘不成災地畝原借籽種糧一萬一千三百餘石又折給銀二千五百餘兩口糧一百餘石又折給銀四千七百餘兩又甘涼肅未完牛價銀一萬一千五百餘兩乾隆二十三年各屬借給牛本糧一萬五千九百餘石銀八千餘兩皋蘭縣借

製水車未完銀兩及雍正七年起至乾隆二十二年止未完牙稅磨課等銀兩普行蠲免其乾隆元年至二十二年帶徵民欠未完各官養廉公費銀三萬九千二百餘兩糧一十二萬三千三百餘石並雍正十三年未完耗羨銀兩糧石均屬遠年積欠概予豁除俾免追呼以安耕作至口內之柳林湖毛目城等處口外之靖逆柳溝赤金瓜州小灣等處屯田並著一體加恩將本年應分糧石各照交官之數酌減一半交收俾得均霑渥澤

初二日奉

上諭甘省本年應徵地丁錢糧及歷年積欠銀兩草束等項業經上年屢次降旨加恩豁免猶念該

省邊地苦寒年來承辦軍需小民急公趨事踴躍爭先朕心深為嘉予著再加恩將甘肅省乾隆二十五年分通省應徵地丁錢糧悉予蠲免該督撫等即行出示遍為曉諭並嚴飭屬員實力奉行副朕格外優恤邊氓至意

初二日奉

上諭年來甘省承辦軍需所有額徵正項疊年寬免其帶徵各項正雜錢糧業已屢次加恩蠲緩今思陝西與甘省毗連小民踴躍趨事未嘗沐恩深堪軫念除上年被偏災各屬已加賑卹外其餘或有承辦軍需州縣應如何分別加恩著黃廷桂詳悉查明奏聞候降諭旨

御製降旨免陝甘兩省正供並賦之詩以紀事 己卯

西海有征師卒未得息事屆指軍興來屈今凡四歲準夷剛蕩平逆回尚稽繫圖成屬覿睹欲罷焉能置厚集我軍容益勵我士志乘春期一舉永靖遐荒識叶肅涼近接邊輓運最勞勤連年免正供豫諮庚長遠復思陝連甘豈無所波及叶體察將並寬降旨付連帥其餘雜欠項概免大施惠肯因討小醜而傷我元氣中命良有司推行俾均被

四月初一日奉

上諭安西瓜州屯民所種地畝本屬瘠薄年來屢運軍糧頗能急公勤事所有乾隆二十二年分應行交納借給牛具碾磨未完銀一萬七百三十餘兩省加恩悉予寬免其未完籽種口糧三十五百七十餘石并平分糧二千零八十餘石俱著從至今歲秋後分作三年帶徵以紓民力該部即遵諭行

五月初二日奉

上諭前因陝西與甘肅毗連之各廳州縣年來亦有承辦軍需差務小民踴躍急公深堪軫念特降旨該督令其查明奏聞今據吳達善將辦差各屬分晰查奏前來所有出力最多之潼關華陰華州渭南臨潼咸寧長安咸陽醴泉興平乾州永壽邠州長武府谷神木葭州懷遠榆林定邊靖邊等二十一廳州縣本年額徵地丁銀糧著加恩普免十

分之三其同官高陵涇陽三原富平盩厔鄠縣藍田耀州大荔蒲城澄城韓城白水郃陽朝邑鳳翔岐山寶雞扶風隴州汧陽麟遊郿縣三水淳化武功等二十七州縣本年額徵地丁銀糧加恩普免十分之二南鄭褒城寧羌沔縣城固洋縣西鄉略陽鳳縣商州商南雒南鎮安山陽鄜州洛川中部等十七州縣本年額徵地丁銀糧加恩普免十分之一以示一體優卹加惠黎元至意該部遵諭速行

六月二十四日奉

上諭陝省運送甘肅糧石現在時值農忙若照舊例平路每百里給腳價銀一錢未免不敷雇覓著

加恩將陝西運送涇州糧石照涇州以西之例每
石每百里給腳價銀一錢六分其陝甘運送錢文
並着加恩於向例每百里腳價銀二錢之外量給
回空銀六分以示體卹該部速遵諭行

十一月十七日奉
上諭甘省輓運軍糧及調運協濟糧石所需腳價
前據大學士黄廷桂奏明疊經降旨一體增給俟
秋成後仍照舊例支給但該省本年收成歉薄米
糧價直尚未平減所有一切運腳着再加恩仍照
從前增給之數一體支放俾輓運貧民用度充裕
以示體恤該部速遵諭行

乾隆二十五年正月初二日奉

上諭甘省自軍興以來連年疊次施恩豁免正雜
錢糧及一切展賑緩徵酌增運腳所有正賦已蠲
至二十五年俾邊民津需渥澤現在大兵凱旋軍
務全竣正宜與民休息且上年歲收未能豐稔朕
心尤深軫念著再加恩將甘肅省乾隆二十六年
應徵地丁錢糧通行豁免俾得共安耕鑿永承樂
利之休以示朕優恤邊黎有加無已至意

御製降旨免甘省辛巳年正供詩以紀事庚辰
邊省民風淳是予亟嘉春師旅所由經能無勞郡
縣連歲免正供給直酬輸轉遇災仍賑恤閭閻朝
惠逾即令縱武成休養寧當緩叶豫免循向例去歲
即豫免今歲正供矣初春頒渙汗惠心勿閒吉助陽嘗跂見

六月初三日奉
上諭甘省乾隆二十三四兩年耗羨業經降旨緩
徵其二十五六兩年應徵耗羨該撫吳達善奏請
帶徵朕念隨徵耗羨向遇蠲免正供例不應停緩
但甘省自辦理軍務以來小民急公趨事誠樸可
嘉業已疊次加恩凡屬緩帶及一切正雜錢糧無
不破格豁除以示撫綏今軍需告竣幸遇賜雨應
時秋收可望正宜益加惠養俾蒙樂利鴻麻着將
該省二十五六兩年應徵耗羨概行豁免用彰優
卹編氓格外加恩之至意該部遵諭速行

御製降旨寬免甘肅隨賦耗羨並紀以句庚辰
耗羨起何年本是隨賦納積餘因成多為有司津

貼濫觴致不善墨吏恣攫括
皇考患其弊無已行權法定令輸之官養廉均弗
闕暨撫遠役武等級以差發其有額外求是貪斯
有罰以其苛水資免賦例不容言念甘省黎災餘
幸存活既豫免正供何惜此微末諸臣養廉需毋
寧帑項撥俾予介遺民追呼一以脫
上天況垂佑麥登禾長勃此後賜雨時倉箱庶不
缺詎云元氣復溝壑追骷髗西成師尚退逞跂即
怡悅

乾隆二十六年正月初二日奉
上諭甘省連歲承辦軍需兵民俱為出力其民間
應徵錢糧已節年蠲免而昨歲雨賜時若穡事大

豐閭閻諒紓拮据惟是滿漢各營歷年買解馬匹
尚有蒙借銀兩屢次加恩豁免至八十餘萬今
猶有九十六萬四千五百餘兩之多本應於各該
營俸餉內扣還第念兵弁等日用攸資按限坐扣
必然窘蹙大功既蔵惠澤宜宣所有豫借銀兩
著再加恩悉予豁免用示朕體恤兵力至意

乾隆三十一年四月初八日奉

上諭雲南附近普洱之十三土司久已輸誠內向
編列版圖近日莽匪滋擾各土司邊境夷民鮮得
寧居現今發兵平勦已搗整欠孟艮賊巢使捕匪
黨各土司得復安故土但既受莽匪蹂躪元氣難
免虧損深可軫念即未經被擾土司一切派撥土
練修理橋梁急公踴躍其情亦屬可嘉著加恩將
普藤猛旺整董猛烏烏得車里六困倚邦易武猛
臘猛遮猛籠猛往十三土司地方所有乾隆三十
一年額徵條編正耗及米折銀三千餘兩正耗糧
六百餘石並猛籠一處乾隆三十年舊欠銀二百
餘兩概行豁免以示優恤邊夷之意該部遵諭速
行

乾隆三十二年五月十四日奉

上諭近因緬匪滋擾緣邊土司司事者調度失宜
現在豫籌進勦一切軍行儲偫雖絲毫不累民間
但大兵所過物價易致翔踴而糧運轉輸亦不無
稍資民力從前平定準夷回部時陝甘各省俱經

孚惠全書　卷九　七

節次遞徵蠲賦今滇省軍務方殷宜特沛殊恩以
示體恤所有該省本年應徵地丁錢糧其大兵經
過之地及永昌騰越普洱三府州著全行蠲免其
非經過地方亦著蠲免十分之五俾得一體霑恩
於邊陲生計更為饒裕該督撫等其飭屬實力奉
行毋任吏胥侵漁中飽副朕嘉惠邊氓至意該部
遵諭速行

十七日奉

上諭昨因滇省緣邊一帶官兵進勦緬匪已降旨
將該省本年地丁錢糧分別蠲免因念近邊各該
土司地方毗連外夷自莽匪滋事以來伊等均能
奉公効力宜一體加恩俾資生計所有該土司等
應徵本年糧銀著行蠲免以示優恤該部遵諭速
行

御製降旨分別蠲免雲南各府州今年正賦及土
司應徵糧銀詩以誌事丁亥

緬酋不靖事徂征無已滇南當進兵儲偫縱然發
官帑轉輸益復廑民情近臨三府蠲全被所屬他
州逭半并永昌普洱騰越三府州及軍行所經今年正賦概予全蠲其餘郡邑並免十分之五土賦雖輕敉概豁從來仁義貴兼行

七月十三日奉

上諭滇省現在辦理進勦緬匪調兵撥餉所有經
過各省地方一切供億悉俱動支官項絲毫不以
累民但直隸河南兩省道路寬平車馬往來支應

孚惠全書　卷九　六

較為便易其湖北湖南貴州等處毗連滇境本省
驛馬不敷應用未免稍資民力前曾降旨將雲南
一省地丁錢糧分別蠲免著再加恩將湖北湖南
貴州三省軍行所過地方應徵本年地丁錢糧全
行緩徵以紓民力該督撫其悉心察核妥辦俾閭
閻均霑實惠副朕軫念黎民至意該部遵諭速行

孚惠全書卷九

孚惠全書卷十

差役蠲緩二

乾隆三十三年正月二十日奉

上諭昨歲大兵進勦緬匪所有經過各省儲備供
億一切動支帑藏絲毫不累閭閻第以沿途夫馬
運送不無稍資民力疊經降旨將滇省地丁及各
土司應徵銀兩分別蠲免復將湖南湖北貴州三
省軍行所過地方錢糧全行緩徵以示體恤繼思
各省民人咸戴國恩深明急公大義踴躍効力自
當格外加恩用示獎勵因令各該督撫詳悉確查
將各屬軍行所需除正項開銷外實在所資民力
若干核明具奏候朕酌量施恩嗣據陸續奏到惟

阿思哈稱河南實數有八萬六千餘兩而良卿則
以貴州所有幫貼夫馬銀數多係鄉保措辦地方
官無從核算為詞意在搪扞了事甚屬非是已經
交部議處後覽方觀承所奏直屬所有幫銀亦數
止一萬五千餘兩恐亦事後約舉民車一項而言
尚非實數於朕優恤民隱屏除弊端之本意均未
能實心體會也在民人等既知殫心竭力以佐軍
行其悃忱深有足嘉則推恩亦倍當優渥然所在
有司必先於辦理之時悉心察核使芥塵一絲一
粟皆有細數可稽經理方為妥協否則祗令付之
不知吏役安得不因緣蠹蝕督撫置之不問州縣
又安保無恣意侵牟將吏治曷以澄清恩澤何由

下究那著將直隸河南湖北湖南貴州等五省一
例從優加賞於藩庫地糧銀內每省給銀十萬兩
交各省督撫酌量情形視其數目妥協分給
毋得草率從致小民不得均霑實惠至雲南一
省所有本年應徵地丁錢糧其大兵所過之地及
永昌府屬俱著全行蠲免其非經過地方亦著蠲
免十分之五該督撫等務期實力飭屬詳慎妥協
毋令猾有影射滋弊副朕廣沛殊恩軫念羣黎至
意該部遵諭速行

御製降旨昨年征緬官軍所過省分各賜十萬金
以示體恤滇省則仍如去歲例所過州縣及
永昌府屬全行蠲免正供詩以誌事戊子

緬匪昨弗靖有征不可恕三千發棗旅撰吉從京
去供億勤正帑毋累閭閻遽惟是途阻修有司恐
遲悞夫馬出鄉間豈免籍資助咨詢各督撫茲始
悉其故豫省經理善原知津貼數八萬六千餘民
蠲佐和雇餘或稱減斯餘或稱不擾朕以各省供應兵行正帑奏銷之外必有閭閻幫貼之事因降旨各省俾據實奏聞茲方世儁覆奏湖南所用民當實數八萬四千餘定長奏湖北省則五萬五千餘方觀承奏直隸省止一萬五十餘皆較河南減少而良卿奏貴州省俱由鄉保措辦地方官不擾其事無憑稽覈夫地方官不擾則姦役侵蝕必益累民當經批諭交議並通諭各省減斯苦官賠不擾利役橐均非誠實心
體予勤恤慮絜矩有良方各眷十萬足舉多尚過
之於興戎斯固仍令善承宣實惠被黎庶滇南例
去歲全免今年賦莫外先安內固幫正充裕俾民

不知兵如從班庫度賞待大功成注音溥露布

二月初九日奉

上諭進勦緬匪一事昨經降旨將用兵始末宣示
中外現在軍務尚未能即時告竣仍須簡派京兵
前往所有經過各省縣毫不累閭閻惟沿途夫馬
運送或不無稍資民力之處業經疊沛殊恩於上
年將湖南湖北貴州三省軍行所過地方錢糧全
行緩徵並今歲加賞直隸河南等五省藩庫地糧
銀各十萬兩以資辦理俾小民均霑實惠在百姓
等深明大義急公固出於悃誠而朕之軫念羣黎
推恩亦倍加優渥昨已有旨將雲南一省本年地
丁錢糧分別蠲免著再加恩將直隸河南湖北湖
南貴州五省所有軍行經過各處本年地丁錢糧
概予緩徵用普恩澤該督撫等務期實力飭屬遵
照妥辦副朕體恤民隱至意該部遵諭速行

十三日奉

上諭大兵進勦緬匪所有鄰近雲南之四川省前
經調撥兵丁牛馬以濟軍行現在尚有續行調撥
之事所有該省兵丁等項經過州縣一應接遞須
送除動支公項外不無稍資民力著加恩將川省
赴滇兵丁等項所過該省地方本年應徵地丁錢
糧緩至次年徵收以示嘉惠閭閻至意該部遵諭
速行

三月初三日奉

上諭滇省年來辦理軍需該處民人踴躍急公深知大義甚屬可嘉已疊次降旨加恩將地丁錢糧分別蠲免以示優恤今思該省現在辦理軍務較他省更屬殷繁雖一切動支帑項絲毫不以累民而解送兵馬辦理糧餉均不無稍資民力朕心尤爲軫念著再加恩賞銀三十萬兩該督撫等飭屬妥協辦理俾閭閻得霑實惠副朕嘉惠黎元至意

二十五日奉

上諭滇省進勦緬匪急公効力已疊經降旨蠲免正賦賞給帑銀以普恩施現在續調官兵經過一切解運糧石軍裝並需內地夫馬接遞護送所有應支腳價若仍照定例給發不足以示鼓舞著加

恩將運送糧石不論夫馬每日每石給銀三錢其擡送軍裝人夫准照黔省之例每日每夫給銀八分該督等其務飭所屬悉心經理俾小民均霑實惠用昭體卹該部即遵諭行

乾隆三十四年正月初二日奉

上諭雲南省兵行所過地方及永昌騰越普洱三府州地丁錢糧頻年降旨加恩蠲免其非經過地方亦節次寬免十分之五今念該處軍務尚未告竣若即照例徵輸閭閻未免拮据著再加恩將雲南一省兵行所過之地及永昌騰越普洱各府州本年應徵錢糧仍照前兩年之例全行蠲免其非經過地方並免十分之五至湖北湖南貴州三省兵行經過處所前已兩次緩徵今再行加恩將本年地丁錢糧蠲免十分之三俾免按年帶徵以紓民力該督撫等其董率所屬實心經理務令小民均霑實惠副朕軫念羣黎至意該部遵諭速行

御製新正降旨酌免雲南兵行所過州縣錢糧及湖廣貴州州縣錢糧詩以誌事己丑

緬酋未歸誠強丈難中止勦旅次第發（上年依派京營及各路兵陸續到滇備用惟原調索倫兵二十名以暫停進勦未經起程至十二月傳諭派員率領前進）師應（去聲）不得已直隸地廣饒車馬就熟軌湖南北與黔地仄川復漏兵行歷累月寧不煩閭里免賦十之三稍紓吾赤子滇南眾所萃同仁更殊視連年與溥蠲永昌騰越及普洱其非經過處十之五

均紀靖逆張安民寧彼肯忘此佇凱大軍迴休息示邊鄙

初七日奉

上諭征勦緬匪一事今歲必須大舉進兵現派吉林索倫兵前往所有經過地方一切車馬等項均動帑辦給絲毫不累閭閻第沿途運送供役不無稍資民力在百姓久沐恩養趨事服勞固屬分內之事而踴躍急公淳良足尚自當格外加恩以示嘉獎直隸河南湖北湖南貴州等五省各賞銀十萬兩雲南省賞銀三十萬兩均於藩庫內給發該督撫等實心實力率屬妥辦俾小民均霑實惠朕如此疊沛恩綸惟期即吾赤子各省倘有辦理不

善或致侵蝕冒銷等侵中飽等弊非但承辦之地
方官罪難輕逭即督撫亦自取重咎且封疆大臣
受朕委任遇有此等緊要事務若不稍動天良竭
力董察復何顏對人耶將此通諭知之

御製降旨加賜征緬官兵所過省分各十萬金滇
省三十萬金詩以誌事 己丑

供億原經正帑支仍敕加賜沛恩施 今歲聚兵征勦緬匪復旅吉林索倫兵四千赴軍營雖沿途備辦悉用官項庶免不累閭閻而運送服勞仍須資民力因照上年恩旨直隸河南湖北湖南貴州各省賞銀十萬兩雲南省賞銀三十萬兩並飭大吏實力董察俾小民均霑實惠毋任不肖官吏中飽 最虞吏習其嚴飭稽曰民驕
我豈辭 或有言百姓久沐恩養擾事乃其常分若每次加賞恐無知之民視為當然余非勤恤民瘼損上益下之澤不靳屢施良民踊躍急公宜予獎奇語使習而或驕不猶愈於稍有滋累乎

班師度期六省晏閭閻安始一心怡歲違理紀符
嘉兆速定膚功待返師

二月十一日奉
上諭上年曾經降旨將赴滇省官兵經過之直隸
各州縣現年錢糧加恩緩徵目下已屆應行完納
之期但念各該州縣去秋收成亦有稍歉之處若
新舊一時並徵閭閻未免拮据著再加恩將直隸
上年緩徵各州縣錢糧俟明年麥熟後再行徵
收以紓民力該部遵諭速行

十二月初三日奉
上諭通年辦理進勦緬匪一事調兵撥餉所經各
省及滇省屯駐兵馬承辦軍需各處雖一切供億

俱係動支官項絲毫不以累民但沿途運送夫馬
執役服勞未免稍資民力而百姓等急公赴義踊
躍可嘉即經宣諭給賞帑銀分別蠲緩以示優獎
今已降旨撤兵所有振旅官兵經過各省均須照
前辦理雖前此存貯賞銀足供寬裕給發而小民
勤懇趨事用宜更沛恩施著再加恩將雲南辦理
軍需地方及永昌騰越普洱三府州明年應徵地
丁錢糧蠲免十分之五其直隸河南湖北湖南貴
州等省經過各州縣明年應徵地丁錢糧蠲免十
分之三該督撫其董率屬員實心察核經理俾閭
閻普被恩膏副朕體恤良民嘉惠無已之至意該
部遵諭速行

御製降旨酌免雲南兵行所過州縣錢糧及直隸
河南湖廣貴州州縣錢糧詩以誌事 庚寅

雖然戢武罷征緬尚有班師振旅旋比里或當執
役解於民寧靳布恩騎秋徵秋納寬恆賦十五十
三例上年 通年征勦緬匪軍行經過地方供頓皆官為支給絲毫不累閭閻而執役服勞未免稍資民力曾予分別蠲緩以獎急公今已降旨撤兵復加恩將滇省承辦軍需州縣正賦蠲十之五其官兵振旅所經各省蠲十之三等差仍視往例而恩膏則更沛焉 藏富用培元
氣復昌哉官吏慎勤宣

乾隆三十七年正月初二日奉
上諭昨年四川省輪免正賦並有旨將該省民番
雜糧各項一體蠲免俾得普霑愷澤現在辦理小
金川一事調撥大兵剋期勦滅所有一切軍需供

應俱從𥳑按給備用綠邑不以累及閭閻惟是運送糧餉軍械間亦酌用民力雖並給與口糧腳價而小民不無勞瘁朕心深為軫念著該督等查明該省官兵經過之各州縣將本年錢糧再行先予緩徵俟凱還事竣之後分別等次奏明請旨候朕加恩以示軫恤邊氓之至意該部即遵諭行

御製降旨四川省供應兵過之各州縣緩徵今歲錢糧詩以誌事 壬辰

昨歲輸蠲蜀正供今年仍命緩徵農為因小醜忽梁逆靡已大兵往討小金川僧格桑以舊屬上司侵鄂克什明正之地督臣屢檄不悛是以分路進討克至抗我顏行今約咱班㭑碉寨已破達圍之圍亦解來北倚六倫渠困可完乃備賞入金川不即遵諭博獻勢必移師往征以蕆成事非得已也雖是軍需發國帑豈無力役藉民從滇師並有加恩例前年官兵赴滇一切俱發官帑所過州縣錢糧節次蠲緩並格外賜銀以給夫役例不准閭閻購者肯致閭閻歎孔邪

乾隆三十八年正月初二日奉

上諭四川自辦理軍務以來一切徵調官兵及輓輸饋運皆係動用公帑從未有絲毫累及閭閻而齎送遄行不無少資民力上年曾降旨分別蠲緩以示優獎而百姓等趨事奉公倍加踴躍一年之內又已積有勤勞茲當小金川全境蕩平自宜益沛隆施俾共洽新春膏澤著再加恩將四川省官兵經過之成都華陽新都漢州德陽綿州梓潼劍州昭化廣元郫縣灌縣汶川保縣雜谷廳茂州松潘鎮雙流新津邛州名山雅安榮經清溪打箭鑪蘆山天全州金堂簡州資州資陽內江隆昌瀘州納谿敘永廳永寧三臺中江蓬溪射洪渠縣達州南充大竹梁山奉節雲陽萬縣巫山等五十廳州縣乾隆三十八年分額徵錢糧俱緩至三十九年帶徵其分辦夫糧未經過兵之溫江新繁彭縣什邡崇寧崇慶州仁壽井研安縣綿竹閬中蒼溪南部巴州通江南江西充營山儀隴廣安州鄰水岳池馬邊廳宜賓慶符富順南溪長寧高縣筠連珙縣興文屏山雷波廳巴縣江津長壽永川榮昌綦江南川合州涪州銅梁大足璧山定遠酉陽州秀山黔江彭水忠州酆都墊江開縣大寧石砫廳達州東鄉太平新寧平武江油石泉彰明鹽亭遂寧樂至安岳眉州丹稜彭山青神樂山峨眉洪雅夫江犍為榮縣威遠蒲江大邑合江江安西昌冕寧鹽源會理州越嶲廳等九十廳州縣所有三十七年蠲剩應行帶徵之項俱展限至三十九年再行帶徵至官兵經過地方番民有認納夷賦銀米貢馬者俱著一體緩徵用昭格外體恤庶茅簷休息益得寬舒副朕曲體民勞有加無已之至意該部即遵諭行

御製命緩徵川省過兵各州縣錢糧詩以誌事 癸巳

小金事蕆討金川不發難容矢在弦彼有謀深寧可置金川逆酋索諾木與小金川僧格桑狼狽為奸贊食革布什咱鄂克什附近土司經官兵

以次克復而軍營所獲降人且沉有逆酋爲謀官兵回去再打木坪民亦直到維州協不難之供令小金川雖悉平定而主謀木雅日後潛非仍合是中朝曾如許兵力特以籓籬兵而番盜隱邊境何由稍循撫之理勢則備勤爲難中止之我當功倍未宜捐當官兵將破矣萬賦策時特授將軍副將軍參贊大臣等乘小金川既定明敕索諾木僭竊罪狀大軍伐謀不誠不休先破其膽且以作六師之氣堅隨征衆土司之心事定熟籌善後規制俾邊民共享一勞永逸之福雖云輓輸督去都無累亦念勤勞覺可憫一歲正供均緩納爲民計久受民先

初二日奉

上諭通來辦理小金川以來節次調派陝甘官兵較他省爲較稍多一切經過地方停宿供億均動支官帑絲毫不以累民第念陝省爲入川總匯之區凡調取陝甘官兵解運軍裝鉛藥餉糈等項皆所必經茲當小金川全境蕩平兵差所過之地民勞可念允宜量加恩澤用普春祺所有陝省接壤川省臨侵之寶雞南鄭城固西鄉沔縣略陽寧羌襃城洋縣鳳縣留壩廳十一廳州縣緩徵正賦錢糧十分之五其路當孔道差務繁多之咸寧長安咸陽興平臨潼渭南鳳翔扶風岐山潼關廳華州華陰武功十三廳州縣緩徵錢糧十分之四辦差稍次之鄠縣盩厔醴泉高陵藍田涇陽三原富平耀州同官膚施延川延長甘泉隴州汧陽麟遊郿縣榆林大荔澄城韓城朝邑郃陽蒲城白水興安州漢陰石泉邠州長武乾州商州鄜州洛川中部宜君綏德州米脂清澗四十州縣緩徵錢糧十分

之三至甘肅辦迤西陸民多貧瘠而辦送兵差並皆黽勉趨事所有差務較繁之隴西岷州寧遠漳縣西固州同階州成縣文縣八廳州縣緩徵正賦錢糧十分之五其次之皋蘭狄道渭源沙泥州判平番古浪武威永昌固原靜寧會寧通渭禮縣西和十四廳州縣緩徵十分之四其次之西寧碾伯大通巴燕戎格廳寧夏寧朔靈州中衛平羅張掖山丹東樂縣丞鎮番河州靖遠紅水縣丞涇州平涼鹽茶廳隆德華亭靈臺寧州安化環縣洮州廳秦州清水徽縣兩當伏羌三十一廳州縣緩徵十分之三但緩徵舊欠則急公輸將之戶轉不得一體同邀恩澤而次年新舊並徵民力亦仍不免拮据益著將陝甘過兵各州縣應徵之項統於乾隆三十八年分新賦內分別緩徵以昭公溥其的緩四五分者仍分作三年帶徵的緩三分者分作二年帶徵俾羣黎從容輸納永免追呼共享昇平之樂該部即遵諭行

初四日奉

上諭川省自征勦小金川以來貴州湖廣及雲南昭通等營亦俱調撥官兵所有師行供億及一切運送軍裝火藥等項俱動用官帑絲毫不以累民而沿途承應執勞皆能踴躍趨事民情殊爲可嘉茲當小金川全境蕩平允宜廣沛恩施俾霑闓澤用普春祺曾傳諭各該督撫令查明征兵經過之

地應如何酌量加恩之處分別具奏今據各該督
撫等陸續奏到並稱各該省秋成豐稔戶樂盈寧
小民胥自忘其勞茲蒙格外施仁遵即查明酌議
緩徵分數具奏等語所有官兵經過之貴州畢節
威寧等十七州縣湖廣之竹山竹谿等五十七州
縣廳雲南之恩安大關同知等八州縣廳應徵乾
隆三十八年分錢糧俱著照該督撫等所奏分別
按數緩徵用紓民力各該督撫等其董率所屬悉
心察核俾閭閻實被恩膏以副朕嘉惠體恤至意
該部即遵諭行圖思德等原摺並發

御製命緩徵陝西湖廣等省過兵各州縣錢糧詩
以誌事癸巳

孚惠全書 卷十 十一

一省偶興兵鄰省率波及因悟佳兵非其余狂酋
智番人狡悍性成從徇撫柔之名旋且狎而生玩北欲踏遷防而専任德化者既用自愁且滋貽
笑古訓稱兜詰戎兵良非虛語用兵不得已惟圖速寧輯姑原聽
蠻觸逆酋僧格桑以報私怨爲名圖吞鄰邦克什之地始因其同類相讐事所恒有惟令大吏往
赴彈壓旋生反覆即當入告以籌進討乃阿爾泰惟事調停猶豫遷延養癰今即小金悉經平定而
移師直勤金川兇渠不難並縛然始事已悔遷延矣終乃類姑息當大示懲
創雄師齊衆力陝甘多勁旅滇黔慣批拄湖南況
接蜀道山蓋攀陟簡精各用長督以鎮勇集小金
已全定金川猶竄賊掃穴雖可必未能期頃刻言
念過師處尤宜沛恩澤緩徵以次第陝西寧夏等六十四州縣
廳甘肅隴西等五十三州縣廳湖廣竹山等五十七州縣廳雲南恩安等八州縣廳貴州畢節等十
七州縣各詳核該地方人戶出力等差酌定閭閻加恩緩徵分數又帶徵年限務令被澤適均
恩偏給風鄙閭惠心祗覺抱慙德

閏三月二十八日奉
上諭昨因進勦金川曾於湖廣各營調撥官兵所
有經過各州縣地方本年應徵錢糧業經降旨按
數緩徵以示體恤此外尚有漕項銀欵例不並緩
小民仍有赴公輸納之勞著加恩將湖北竹山等
二十二州縣湖南長沙等二十六州縣本年隨漕
等銀准其同地丁一併緩徵俾民力益滋寬裕以
副朕加惠無已之至意該部即遵諭行

六月二十四日奉
上諭現在派調京兵二千及吉林黑龍江兵二千
赴川省軍營應用一切經過地方停頓供億俱動

孚惠全書 卷十 十二

用公帑官爲辦理絲毫不累閭閻而挽運負任之
勞不能不稍藉民力朕每念百姓等之誠心奉公
深可嘉尚屢示優恤 折正曾加恩將川省官兵經
過各廳州縣本年額徵錢糧俱緩至乾隆三十九
年帶徵其分辦大糧木經過兵地方蠲剩應帶之
項亦展至三十九年再行帶徵此次京兵過境宜
再沛渥恩著將川省乾隆三十九年額徵錢糧均
再緩至次年帶徵俾黎庶益臻寬裕至陝甘過兵
各州縣亦經降旨於本年新賦內分別緩徵著再
加恩將已緩五分者全予緩徵四分者加緩八分
三分者加緩六分仍按照分數多寡一體酌分年
限帶徵其直隸河南二省京兵經過地方並著加

恩將本年應徵錢糧酌緩十分之五令得一體均霑再通年辦理軍務以來小民趨事急公共知踴躍無誤足見人具天良倍宜愛惜第恐不肖有司及奸胥蠹役藉辦差為由妄以無名之項加派浸肥逞以官勢使萬姓奉上之忱轉受墨吏滋擾之累不可不實力查辦以安善良著各該督撫留心嚴行查察設有藉端累民之弊立即據實嚴參審明時無論官吏即於該處正法示衆毋得稍為姑息倘督撫等懼干失察處分意存徇庇迴護經朕另有訪聞或外經發覺查訊確實惟該督撫是問著將此即行通諭知之

八月二十二日奉

上諭據陳輝祖奏此次沿站居民聞官兵經過運送軍裝等項咸爭先來站受雇如宜昌巳東一路人煙稀少其旁近之恩施宣恩建始等縣民夫亦多自行趨集軍行偶有遺失行裝隨路提送交收等語此誠佳事該省上年過兵地方本年新正曾經加恩緩徵今沿站旁近各縣民夫俱能踴躍急公各効子來之誼自宜並沛恩膏用昭獎勸著該署督查明恩施宣恩建始三縣量予緩徵十分之幾奏聞請旨再直隸河南陝甘雲貴等省兵行經過各州縣節經降旨加恩分別緩徵其沿站旁近之州縣民夫如有協助辦差出力者並著該督撫一體查明具奏候朕酌量加恩以普一視同仁之意該部即遵諭行

九月初三日奉

上諭據畢沅奏本年辦理兵差需用馬騾車輛較多所有永壽洵陽白河平利紫陽三水淳化雒南商南鎮安山陽等十一縣不在緩徵各屬之內可否一體酌緩等語前因陳輝祖奏此次官兵經過之旁近各縣民夫俱能踴躍急公曾降旨將恩施等三縣量予緩徵並令直隸河南陝甘雲貴等省過兵旁近各州縣協助辦差出力者一併查明具奏候朕酌量加恩今畢沅所奏永壽等縣既俱辦差効勞即係令查奏中者著加恩將永壽等十一縣本年應徵地丁銀糧一體緩徵六分普昭一視

同仁至意該部即遵諭行

二十一日奉

上諭前因京兵等赴川經過直隸各州縣地方小民趨事赴公俱屬踴躍曾經降旨加恩緩徵錢糧十分之五以示體恤其吉林索倫等兵進口時經由八溝等七廳州縣不在前旨緩徵之列雖兵數止有四千先後共止八起比良鄉等站過兵較少但同屬兵行經過地方民力亦不無勞勩並宜加恩邊恤著加恩將八溝塔子溝建安遵化薊州三河通州等七廳州縣本年應徵錢糧緩徵十分之三俾得均霑渥澤該部即遵諭行

十月初六日奉

上諭前經降旨將赴川官兵經由省分加恩分別
緩徵其沿站旁近之州縣民夫如有協助辦差出
力者並著各該督撫一體查明具奏酌量加恩今
據勒爾謹奏肅州高臺撫彝三廳州縣前因官兵
止過一次未經列入緩徵今續派肅州鎮屬征兵
已該地方經過民間踊躍辦差又金縣安定地
處衝途遇有運解皮衣火藥等項亦能諸事奮勇
此五廳州縣居民實為出力等語著加恩將肅州
高臺撫彝金縣安定五廳州縣本年應徵錢糧緩
徵十分之四俾得均霑渥澤該部即遵諭行

十一月十四日奉

上諭前據陳輝祖奏此次辦理兵差旁近之恩施

建始等縣民夫俱各急公協助特降旨令該署督
查明酌量加恩並諭過兵各直省一體據實奏聞
茲據圖思德奏黔省節次派調征兵並運送軍裝
火藥硝斤等項如平遠州民協助大定府平越府
民協助平越縣最為出力其次貴陽府民協助貴
筑縣鎮遠府民協助鎮遠縣亦屬爭先出力等語
該府州縣民夫於軍行之際各知急公大義甚可
嘉尚著加恩將各該府州縣地丁錢糧及改徵米
石著該撫查照過兵地方緩徵之數分別量予緩
徵十分之幾奏聞請旨用昭獎勸該部即遵諭行

十二月二十三日奉

上諭前據陳輝祖奏此次辦理兵差旁近地方民
夫運送軍裝火藥等項俱各急公協助特降旨令
過兵各直省督撫一體據實查奏嗣據圖思德奏
黔省所屬之平遠州及平越貴陽鎮遠三府民人
均為出力因令該撫將各該府州縣地丁錢糧及
改徵米石量予緩徵十分之幾分別奏聞茲據奏
平越府民協助平越縣平越州民協助大定府差
務較多最為出力應請緩徵十分之二貴陽府民
協助貴筑縣鎮遠府民協助鎮遠縣差務較次請
緩徵十分之一等語著照所請分別加恩緩徵以
昭獎勸如本年錢糧米石業已全完即著於次年
應徵項內照數緩徵該撫其董率所屬悉心安辦
毋致吏胥滋弊以副朕體恤民勞至意該部即遵
諭行原單並發

孚惠全書卷十

孚惠全書卷十一

差役蠲緩三

乾隆三十九年正月初二日奉

上諭川省自近年用兵以來所有軍行經過地方一切停頓供億節經動撥帑金官為辦理絲毫不累民間惟念糧儲軍餉齎送遄行不能不稍資民力節年降旨加恩將應徵錢糧分別蠲緩昨歲夏秋派調京兵及吉林黑龍江等處各兵赴川應用又經降旨將經過地方之三十九年額徵錢糧均再緩至次年帶徵並切諭該督等留心董察毋許胥役官吏藉端侵派滋擾俾小民均霑實惠該處黎民屢沐恩膏益知踴躍奉公深可嘉尚茲當小金川境壤全行收復剋期乘勝迅勦金川一切糧運軍儲不無尚資挽負允宜特加優獎更沛春膏著該督等查明川省各屬辦差繁簡於乾隆四十年分應徵錢糧內酌量緩徵多寡分數具奏到日候朕降旨加恩至官兵經過地方番民有認納夷賦銀米貢馬者俱著一體緩徵用昭格外矜恤俾閭閻趨事益得寬舒該督等其實心妥協辦理以副朕嘉惠勞民有加無已至意該部即遵諭行

御製命緩徵川省過兵各州縣明年錢糧詩以誌事 甲午

緩徵去歲逮今年（川省自用兵以來雖待頓供億絲毫不以累民而輓送軍糈不能不稍資民力已節次降旨將癸巳甲午等年額賦分別蠲緩）佈澤新正無可蠲賦況豫敕寬乙未（茲以小金川全境收復剋期乘勝迅勦金川不無尚煩閭閻將運之力因諭該督查明辦差州縣繁簡將乙未年應徵錢糧酌量分數緩徵）兵戈速銷洗金川王師討逆不得已民莫思艱為（去聲）計全一體夷租並加惠（軍務經行之處番民有認納夷賦銀米貢馬者亦一體緩徵）戢咨方伯善勤宣

九月二十五日奉

上諭川省自征勦金川用兵以來一切供頓俱係動撥帑金至運送軍糧需用夫役亦俱給以安家口糧等項而跋涉負戴究不免稍資民力該處羣黎咸知踴躍奉公深可嘉尚是以疊次加恩將乾隆四十年以前該省應徵錢糧分別緩帶今大功指日告成官軍正當乘勝深入之際糧運軍儲加緊趲運所需夫役倍多朕心深為軫念所有川省節年已經緩徵錢糧此時雖暫緩催科將來仍須如數完納民力不無拮据允宜更沛渥恩用昭優恤著該督等即將川省辦差出夫各屬乾隆三十九年以前已緩錢糧內仍分別差務繁簡多寡或應全行蠲免或量予蠲免一半及酌減十分之幾速行妥議覆奏候朕降旨加恩俾閭閻勤於趨事生計益得寬舒其番民有認納夷賦銀米貢馬者均著一體查明辦理以副朕加惠勞民有加無已至意其四十年分緩徵錢糧統俟大功奏捷時候朕另降恩旨該部遵諭速行

十一月初七日奉

上諭前因川省大功告成在事官軍正當乘勝班師入程諸尤宜加緊趲運所需夫役倍多雖疊次加恩已將乾隆四十年以前應徵錢糧分別緩帶完係暫緩催科將來仍須如數完納民力不無拮据朕心深為軫念特諭該督等查明應行酌免分數妥速覆奏候朕加恩令據富勒渾文綬等將過兵地方及未經辦差之九十廳州縣節年出夫運糧俱踴躍急公分別酌免分數覆奏此等急公奉上之民甚屬可嘉著加恩將成都等二十三州縣已緩三十八年錢糧全行蠲免其三十九年錢糧酌免十分之五簡州等二十三廳州縣三十七年蠲剩緩徵錢糧全行蠲免其已緩三十八九兩年錢

糧各蠲免十分之五天全蘆山茂州松潘四廳州縣已緩三十八年錢糧酌免十分之五溫江等五十六廳州縣三十七年蠲剩緩徵錢糧全行蠲免其三十九年錢糧酌免十分之五大寧等三十四廳州縣三十七年錢糧蠲剩十分之三者全行蠲免蠲免十分之五十分之七者再免三分並將三十九年錢糧再免十分之三俾閭閻生計益得寬舒仍俟大功奏捷時另普渥恩以副朕加惠勞民有加無已至意該部遵諭速行

十二月十六日奉

上諭川省自辦理軍務以來各土司夷民急公踴躍甚屬可嘉業經疊沛渥恩分別蠲緩今大功指日告成該土司等益加奮勉出力尤宜再沛恩膏用昭優卹著加恩將明正董卜二土司乾隆三十八年緩徵夷賦及三十七八兩年緩徵貢馬全行蠲免並將三十九年緩徵夷賦貢馬各蠲免十分之五雜谷廳保縣茂州緩徵三十八年夷賦全行蠲免並將三十九年緩徵夷賦酌免十分之五龍安綿州寧遠所屬之雷波越巂二廳石泉西昌鹽源冕寧四縣及會理州緩徵三十七年夷賦酌免十分之三並將三十九年夷賦再免十分之三松潘漳臘平番南坪疊溪三十九年夷賦酌免十分之五龍安建昌會川鹽寧越巂靖遠永定等標營及九姓土司三十九年夷賦貢馬酌免十分

之三其綽斯甲布革布什咱及巴塘土司四十年分應納貢馬並著蠲免一次該督其董率所屬實力經理務俾邊夷均霑實惠副朕優撫番民至意該部遵諭速行

乾隆四十一年二月十三日奉

上諭年來征勦金川軍糧等項皆官為辦給而負任運供不免稍資民力川省百姓踴躍急公甚屬可嘉業已疊次加恩將乾隆四十年以前應徵錢糧將令該督等查明分數分別酌免茲金川全境蕩平逆酋兄弟及助惡頭人悉就擒獲紅旗報捷大功告蕆用是廣沛恩施以昭優恤著該督文綬將川省節年應徵緩帶錢糧查明承辦運務地方

就其出力輕重差務繁簡分別妥酌或全行蠲免
或量其分數蠲緩之處詳細核定計將軍阿桂兆
時尚未起程並著會同查辦迅速奏聞候朕特沛
渥恩用副嘉惠勞民至意

三月二十日奉
上諭通年征勦金川一切需用糧運等項節次發
帑不下七千餘萬官爲辦給不欲絲毫累及閭閻
而負任運送不無稍資民力業已屢次加恩將乾
隆四十年以前應徵錢糧分別蠲免茲兩金川全
境蕩平大勲克集念川省百姓踴躍急公甚屬可
嘉自宜廣沛渥恩以昭優卹特令該督文綬會同
將軍阿桂查明奏聞茲據分晰差務繁簡覆奏著

加恩將成都華陽新都漢州郫縣灌縣德陽綿州
梓潼劍州昭化廣元汶川保縣雜谷廳雙流新津
邛州名山雅安滎經清溪打箭鑪二十三廳州縣
乾隆四十年分緩徵錢糧全行蠲免金堂簡州資
州資陽内江隆昌瀘州納谿敘永廳永寧中江三
臺蓬溪射洪渠縣南充大竹十七廳州縣所有四
十年分全緩錢糧蠲免十分之七其茂州松潘廳
江北廳巴縣永川榮昌璧山樂山犍爲宜賓眉州
奉節雲陽萬縣巫山梁山蘆山天全州十八廳州
縣四十年分前經酌緩十分之七錢糧一併蠲免
溫江新繁彭縣什邡崇寧崇慶州蓬州長壽墊江
南溪富順長寧蒲江大邑安縣綿竹仁壽井研廣
安州岳池安岳榮縣遂寧二十三州縣所有四十
年分已經酌緩十分之七錢糧内蠲免十分之五
其西充營山儀隴隣水江津綦江南川合州涪州
銅梁大足定遠忠州酆都鹽亭樂至丹稜彭山青
神峩眉洪雅夾江威遠合江江安二十五州縣四
十年分前經酌緩十分之五錢糧全行蠲免閬中
蒼溪南部巴州通江南江馬邊廳慶符高縣筠連
珙縣興文屏山雷波廳酉陽州秀山黔江彭水開
縣大寧石砫廳達州東鄉太平新寧平武江油石
泉彰明西昌冕寧鹽源會理州越巂廳三十四廳
州縣四十年分前經酌緩十分之五錢糧内蠲免
十分之三其各營縣番民認納銀米前已降旨緩

徵著並將該年貢賦一體按照分數蠲免俾民番
均得普霑實惠用示慶洽式成嘉獎勞民至意該
部即遵諭行

乾隆四十八年五月初七日奉
上諭據李世傑奏豫省堵築青龍岡漫工及築隄
濬渠歷次酌增夫料價直銀九百四十五萬三千
九百餘兩請分作三十年攤徵以紓民力一摺豫
省自辦理大工以來歷次部撥及動用司庫銀千
餘萬兩無非爲百姓保護田廬輯寧家室所有採
辦料物雇募人夫俱於例價之外寬裕給直俾小
民踴躍趨事以期迅速藏工其例價外酌增銀兩
自應分年均攤帶徵還款在百姓等依項輸將亦

屬分內之事但此次為數甚多而上次漫工案內又尚有未完銀九十餘萬兩若按年帶徵民力未免拮据朕自御極以來勤恤民隱軫念澤普免天下地丁錢糧者三次普免各省漕糧者二次不惜萬萬帑金俾閭閻共臻康阜又何靳此千餘萬庫項而令小民每年於正賦之外多此徵輸耶況現在仰荷

上天孚佑大工告蕆自應廣澤推仁與斯民咸慶盈寧之福所有此次該撫等所請分年攤徵銀九百四十五萬三千九百二十餘兩以及上次攤徵未完銀九十四萬五千餘兩俱著加恩豁免以仰答

昊蒼嘉貺並示朕愛惠黎元為民藏富至意該撫其遍行曉諭茅簷蔀屋咸使聞知均霑實惠毋任不肖官吏從中滋弊該部即遵諭速行

御製降旨豁免豫工分年帶徵增價銀兩詩以誌事 癸卯

幾番河決總予愍增價徐還例合然豫省青龍岡漫工屢次堵築未成不得已改絃更張於蘭陽至商邱添築大隄開挑引渠長一百七十里計歷次的增夫料價直銀九百四十五萬餘兩戊戌儀封漫工案內尚有攤徵未完銀九十餘萬兩俱經巡撫李世傑奏請分作三十年攤徵因思該省漫工歷次部撥及動用司庫銀千餘萬兩無非為百姓保護田廬所有按料募夫與於例價外加恩增價其的增銀兩自應分年帶徵還款但念為數太多且三十年之久仍徵舊欠於心實有未忍況朕自御極以來不惜萬萬帑金普免天下地丁錢糧三次各省漕糧二次今仰荷上天孚佑大工告蕆自應廣澤推仁與斯民咸慶盈寧之福所有此次攤徵增價又戊戌攤徵未完銀共一千四十萬兩加恩全行豁免以仰答昊蒼嘉貺並示藏富於民至意仍飭該撫遍行曉諭俾茅簷蔀屋咸共聞知普霑實惠耶思卅年仍責債莫如千萬與全蠲庶幾元氣窮民復速令新恩辟壞室祇祝兹歸故道從今永固護農田

十九日奉

上諭豫省堵築青龍岡漫工及築堤濬渠的增夫料價直銀九百四十餘萬兩前據李世傑奏應行攤徵業經加恩普行豁免因思南岸開挑新河考城商邱以下係山東曹縣地方由東省承挑亦必有的增銀兩特降旨詢問明興令其據實具奏兹據該撫查明東省挑河例價外的增夫工銀一十六萬七百八十餘兩又補淤灘土增給雇直兩水停工的增飯食及搭棚廠水等項銀六萬兩有零俱應按啟攤徵等語豫省加價銀兩既已普行蠲免東省事同一例所有的增各項銀二十二萬餘兩零著加恩一體寬免俾民力益臻饒裕該撫其遍行曉諭閭閻咸使聞知普霑實惠毋任不肖官吏從中滋弊該部遵諭速行

御製降旨蠲免齊工帶徵增價銀兩詩以誌事 癸卯

南岸引河既另開東為委輸去自西來豫誠加直有其矣齊豈帶徵無是哉前經降旨將豫省堵築漫工的增夫料價直銀九百四十餘萬兩加恩普行豁免因思南岸開挑新河考城商邱以下係曹縣地方由東省承挑亦必有的增銀兩特降旨詢問明興令其據實具奏工短價廉斯則信予傷民隱亦應培據明興覆奏東省挑河例價外的增夫工銀一十六萬七百餘兩又補淤

湖土增給雇直飯食等項銀六萬兩零俱請按畝攤徵等語予以東省加價與豫省病原一體因降旨將所有動增各項銀二十二萬餘兩加恩寬免俾民力益臻饒裕仍令該撫通飭閭閻咸共聞知使得普霑實惠因敕一例寬其責因憶收收總切哀

乾隆四十九年四月初十日奉

上諭山東運河前因豫省漫水下注湖河一片漫
道臨墻俱被淹浸上年合龍河復後特降諭旨將
東省運河官民堤堰土石各工一律興修共用銀
五十三萬九千四百餘兩今因例價不敷加用津
貼銀五十三萬餘兩據該撫明興奏請分年捐廉
歸款毋庸按例攤徵等語向來黃運兩河間遇緊
要工程採辦料物雇募人夫官發例價本屬優厚
即或因物料昂貴限期稍緊一時難以取給於例

價之外復有津貼不過加至十分之二三至多亦
不過十分之五儘足敷用況運河隄岸工程尤非
若豫省之堵築壩工可比加價銀兩何以較正項
增至一倍恐其中不無藉端分潤之弊但朕軫念
羣黎如河南江南等省一切河務關係民生者不
惜數千百萬帑金興工修築以期永資捍衞又何
靳此數十萬津貼銀兩至官民堤堰耶所有此次
東省運河津貼銀五十三萬餘兩若按例攤徵民
力固不免拮据即地方官捐廉歸款亦恐不肖之
吏有所藉口致滋派累竟加恩准其一體作正開
銷以示朕惠愛黎元有加無已之至意即使工員
等果有侵蝕浮開等弊將來别經發覺時必當按
律懲治所謂與其有聚斂之臣寧有盜臣自不肯
因恐有弊端轉致恩澤不能下逮也將此通諭知
之

御製降旨將明興等奏請捐廉歸還運道工程例
外津貼銀兩並准作正開銷詩以誌事甲辰

戶口日以滋物價自騰昔國家承平百數十年戶口日滋順治初年民數一千六百餘萬乾隆初年已增至一萬六千餘萬近年乃至二萬七千餘萬是戶口增至二十倍物價日昂理勢自然詳見癸卯民數疑數詩是即保泰難何靳官帑費前
年河北決埝口塞宣河引榮籌備和雇與民償征役弗
民違壬寅年因豫省青龍岡漫口壓堵弗就議引河經韓鏉等請撥直隸山東夫役助工朕以隣省助夫非便屢經降旨訓諭併上並令統至次年秋汛完工隨命大學士阿桂前往督辦和雇本省民夫如期蕆事詳見壬寅年助夫詩然而奏銷時部原有成例增

價例應駁乃有捐廉議堵築漫工及築隄開渠部中原有一定成例前豫省漫工奏銷時據該撫李世傑奏請的增夫料價值銀兩分年攤徵朕以為數甚多民力不無拮据特降恩旨將應行攤徵銀九百四十五萬餘兩及上次攤徵未完銀九十四萬餘兩普行豁免茲河復之後修理東省運道各工據明興等奏有例價不敷加用津貼銀五十三萬餘兩請分年捐廉歸款以免按例攤徵等語吾豈肯為斯善許官銷賜河復修運道
較前本一事茲勘所築工堅整如鱗比田廬資可
衞議敘酬勤勸山東運河隄岸各工御舟經過時見其一律完整辦理妥速因降旨將蘭第錫何裕城明興及江南預籌宣洩漫水去路之薩載李奉翰等交部議敘並令該督撫等查明在事出力人員一體從優議敘以勵勤勞必有所增價亦准官銷豈東省運道工程例價不敷銀兩若按例攤徵恐民力不給即捐廉亦應辦公竭蹶因降旨加恩准其一體作正開銷以示恤臣工惠愛黎元之至意但弗勞萬民忍更苦羣
史一二資飯食雖有弗大弊河工官役領帑辦公藉需餘潤以資飯食

在所不免但非有役使大學姑貫勿問亦不為已甚之意也聚斂夏盜臣律語

吾循記

七月二十九日奉

上諭據福康安奏甘省平番縣屬之連城紅山並碾伯縣各土司地方於乾隆四十三年因災民借籽種口糧銀兩除歷年徵還外尚該未完銀共九千四百七十兩二錢零請旨豁免等語各該土民由土司管轄奉公調遣與邊氓無異此次逆回滋事該土兵等或派隨營勦賊或派防守城池無不奮勉出力著加恩將連城紅山並碾伯縣各土民前欠籽種口糧銀九千四百七十兩二錢零一併豁免該部知道

十一月二十一日奉

上諭本年豫省睢州下汛二堡漫口築壩挑河工程緊急前經何裕城奏請照青龍岡加價之例於司庫墊銀發給仍於里下分年攤徵還款現在豫工奏報合龍但念夫料加價為數自多分年攤扣民力究恐拮据方今部帑充盈朕為捍衛民生起見從不靳惜帑金俾閭閻共慶盈寧之福從前青龍岡加價銀兩既降旨寬免此次漫工所用加價銀兩事同一例亦著加恩一體免徵該撫出示曉諭咸使聞知以副朕惠愛黎元有加無已之至意該部即遵諭行

乾隆五十二年九月初二日奉

上諭據柴大紀奏官軍在諸羅縣城外勦殺賊匪二日一夜官兵不暇造飯俱係城內紳耆鋪民挑飯送食並挑送涼水兵丁得無饑渴又據常青李侍堯等奏牌臚付義民運糧接濟諸羅城中各等語該處民人當官軍勦殺賊匪之時能各知大義踴躍奉公深可嘉尚自應特沛恩膏以示獎勵著福康安常青李侍堯即行查明首先創義之義民頭目一面奏聞一面酌給官職第念各該處義民衆多若僅將頭目給官嘉獎恩施總未普徧前曾降旨蠲免臺灣本年應徵錢糧著再加恩將五十三年分臺灣府屬應徵錢糧概行豁免並著該將軍等即行普貼謄黃俾全郡民人共知感激加倍奮勉急公以副朕優獎義民有加無已之至意該部即遵諭行

十一月初九日奉

上諭臺灣諸羅縣自被賊匪攻擾以來柴大紀統兵堵剿該處義民隨同固守出力可嘉前經降旨將諸羅縣改為嘉義縣以昭獎勵本日又據柴大紀奏賊匪連日環攻縣城義民等無不踴躍急公捐助軍糈悉力守禦人心固結尚能保護無虞等語該處縣城被賊攻圍已閱半載而民人等共知大義幫同官兵奮力保守久而益堅實堪嘉尚除節經降旨將臺灣府屬本年及五十三年應徵錢糧豁免外著再加恩將新改嘉義縣五十四年應

徵錢糧再行豁免以示朕優獎忠義有加無已之
至意

乾隆五十三年正月初四日奉
上諭上年臺灣辦理軍務漳泉等府屬應付浙粵
滿漢官兵及四川湖南貴州各兵象之糧餉軍裝
鉛藥等項絡繹過境差務甚繁資用民力之處最
多茲屆春祺普錫之時大功即日告蕆自宜特沛
殊恩以示優卹所有泉州府之晉江南安惠安同
安漳州府之龍溪漳浦海澄詔安等八縣本年應
徵錢糧著加恩蠲免十分之三其浦城崇安建陽
建安甌寧南平古田閩縣侯官福清莆田仙遊等
十二縣應徵錢糧著免十分之二福鼎霞浦福安

寧德羅源連江光澤等七縣所有應徵錢糧著緩
至五十四年秋熟後徵收俾小民均霑渥澤以副
朕惠愛黎元有加無已之至意該部即遵諭行
御製命蠲緩福建各府州縣錢糧詩以誌事 戊申
妖寇倡狂煽海瀕師征經路自於閩雖居近遠地
殊格合視重輕恩被均 閩省自辦理臺灣軍務以來漳泉等府屬應付浙粵滿漢官兵及四川湖南貴州各省之兵象之糧餉軍裝等項絡繹過境雖輕重累殊均資民力茲大功將次告蕆自宜特沛殊恩所有泉州府屬之晉江等四縣漳州府屬之龍溪等四縣應徵錢糧蠲免十分之三其浦城崇安建陽建安甌寧南平古田閩縣侯官福清莆田仙遊等十二縣蠲免十分之二至福鼎霞浦福安寧德羅源連江光澤等七縣應徵錢糧緩至五十四年秋收後徵收俾小民均霑渥澤用普春祺 國是軍儲發國帑豈無里役累貧民緩
徵蠲賦命鹽史屢沛澤猶廑苦辛 上年因臺灣特諭內地運送軍糧漳泉各郡恐致青黃節次諭令川湖江浙等省運米百餘萬石至閩接濟又將台州等九幫阻凍漕船應兌糧米截留於海道運閩俾積貯充盈軍民口食益加寬裕並念大兵經過之地雖軍需俱發國帑而閩省轉運不能不藉民力甯深厪念沛恩不嫌過優耳

乾隆五十四年五月初三日奉
上諭上年大兵進勦安南粵西民夫運送糧餉踴
躍急公甚屬出力且前歲臺灣用兵時曾調粵兵
前往而黔兵赴臺灣時又係由粵西經過因念該
處地瘠民貧連歲秋收未能豐稔恐民力不無拮
据曾降旨令督撫等查明各官兵經過地方酌量
蠲緩茲據福康安等奏此次官兵及上年調赴臺
灣各兵經過地方查其應付多少請分別蠲緩等
語著照所請將應付較多之柳州潯州梧州南寧

太平五府屬五十四年應徵錢糧概予蠲免其應
付較少之各府州屬所有本年應徵錢糧亦著緩
徵半年俾紓民力該督撫務飭所屬妥協辦理以
副朕軫念邊氓至意該部即遵諭行

乾隆六十年四月十一日奉
上諭昨據伍拉納哈當阿等奏臺灣賊匪陳周全
等糾衆滋事已有旨令該提督等速往查拏茲又
據伍拉納等奏該處漳泉廣東各村莊俱起義民
賊匪多被擒獲餘黨紛紛竄散陳周全等於三月
十五日攻擾民莊有義民楊仲舍許暢舍施邁舍
金鏞觀等招集義民二千餘名假意投入賊夥與
賊飲酒出其不意殺死賊匪百餘人將賊首陳周

全等獲裝入木籠等語覽奏欣悅臺灣自林爽文滋事之後大加懲創乃為時未久陳周全等復敢聚衆戕官不法已極實屬罪不容誅該處義民幫同殺賊而義民首楊仲舍等能招集多人誘獲賊首實屬可嘉之至除楊仲舍等四人已有旨交伍拉納查明照從前義民黃奠邦郭廷筠等之例超擢官職優加賞賚俟事定後送部引見所有義民首及義民等查明廣東是何村莊福建是何村莊將本年應納錢糧均著該督詳查分晰住址概予寬免以示朕嘉惠善良恩施逾格至意

五月初六日奉

上諭據哈當阿奏擊獲附和賊匪首夥各犯審明一摺內稱陳光愛等聚衆滋擾時有匪犯李聰明糾人附和經該處義民李登元李必魁等並不袒護族人將該犯設法擊獲始得究出餘犯並據魁倫奏義民幫同官兵收復城池擊獲首逆甚為得力各等語此次臺灣賊匪陳周全等糾衆滋事經義民等招集多人誘獲賊首業經降旨將該義民等查明賞給官職並將本年應納錢糧概予寬免李登元等於誘獲李聰明等犯並不回護本族按名擊獲不致漏網實屬出力可嘉所有該義民等明年應納錢糧著加恩查明住址一體豁免至貢生李登元武生李必魁俱著賞給六品職銜以示朕獎勵良善恩施無已至意

九月十八日奉

上諭昨孫士毅奏鄂爾喀軍需各款內有民間幫貼一項隨交該部查向來有此奏銷與否茲據軍機大臣查奏上次平定金川案內即有里民自行幫貼一款係為資給加備加賞及回空口糧之用此項通融鄂爾喀口內口外安設漢番各站里民以募夫衝寒遠涉請照金川用夫之例情願自行幫貼等語國家百數十年以來除地丁正賦錢糧而外並無加賦役之徵即節次辦理軍務所有運過糧石軍火腳價等無一不動用正項帑金從未有一草一木派及閭閻之事必係從前辦理軍需局員濫行給與分肥需潤又慮無處開銷設有此等名目以便浮冒派累地步若云里民情願幫貼即當輸供恐後何以復有民欠尤不可信朕於蠲賑及河工海塘等事所費國帑億萬從無靳惜即前此征勦金川亦不下千餘萬豈肯因此些微軍務任令地方官累及窮黎之理所有此次辦理廓爾喀軍需項下民欠銀八十九萬餘兩即著該部行文孫士毅於承辦之督撫司道及局員名下攤賠如果不能朕加恩酌免未嘗不可毋庸再向里民徵收該督接奉此旨遍貼謄黃俾家喻戶曉如有不肖州縣胥役仍行私自徵收者一經查出加倍治罪嗣後並永行禁止以示朕體卹小民覈實軍需至意

孚惠全書卷十二

恤隅蠲緩一

雍正十三年九月二十四日奉

上諭黔苗肆逆百姓被其擾害前已奉
皇考諭旨將今年黔省錢糧通行蠲免其被賊殘害之州縣蠲免三年錢糧在案今朕思該省本年額徵米石雖無蠲免之例而被賊殘害之州縣由上已經拋荒漸次收業之民尚宜加恩賑恤所有該州縣本年應徵糧米着並予蠲免其未經被擾之州縣民人現在團練鄉勇保固地方並運送軍糧軍裝等項實屬勞苦所有本年應徵糧米着停止徵收以紓民力再朕聞黔省州縣有豐收之處

今應徵額糧既行緩徵則該州縣米糧充裕而被擾地方現需米石賑恤且各省協勦官兵現需供支口糧着該撫即行發帑豐收州縣按照時價採買備用仍飭該州縣官公平收買無任胥吏抑勒滋擾

二十八日奉

上諭甘省百姓連年輓運軍需已蒙
皇考恩旨將本年地丁錢糧全行蠲免朕聞平凉府所屬廳州縣並鞏昌府屬西固廳慶陽府屬環縣及寧夏府屬靈州之花馬池石溝等堡中衛之香山一帶今歲收成稍歉朕心軫念着將各該處本年額徵本色糧石緩至來年夏收後該督撫查年歲光景奏聞再行徵收至於冬底明春恐此數處諸處有乏食之百姓着該督撫悉行確查動用倉儲借給米糧務令餬口有資不致失所又聞固原環縣等處之民移就鄰村營生者着該地方官安插料理至來年青黃之時該督撫尤宜留心體察善為撫恤毋得疎忽

十一月十二日奉

上諭聞四川巴縣江津長壽綦江涪州瀘州璧山合江永川九姓司九處今年雨水較少收成稍薄雖據該督撫等奏稱勘不成災不在蠲租之例但歲收既歉民間納賦未免艱難朕心深為軫念查各省舊欠錢糧朕已降旨通行蠲免而川省民風

淳樸歷年輸將恐後並無逋欠之項得邀赦免之恩此巴縣等九處本年未完錢糧着即全行豁免以惠吾民該督撫等宜實心奉行嚴飭地方官詳查辦理勿使吏胥滋弊中飽俾閭閻得霑實惠户部即遵諭速行

十九日奉

上諭貴州百姓被逆苗擾害已蒙
皇考恩旨令將本年通省錢糧悉行蠲免並將被賊殘害之州縣蠲免三年錢糧在案查定例凡特恩蠲免之項其耗羨仍行徵收以為各官養廉其因水旱蠲免者其耗羨一併蠲免朕思黔民被難較之水旱尤甚况正項既蠲仍徵耗羨未必於民

全無擾累著將青州本年應徵耗羨及被擾州縣
三年內應徵耗羨悉行蠲免該督撫嚴飭地方有
司毋得違例徵收其各官養廉公費著瓦展成於
別項酌撥抵補

乾隆元年四月初二日奉
上諭江南阜寧鹽城等處州縣上年夏秋之間雨
水稀少田禾歉收曾降諭旨著該督撫委員查勘
被災情形已將阜鹽興海四州縣乏食窮民等加
意賑恤其額徵錢糧各按災傷分數照例扣蠲至
應徵漕糧等項復令緩至今冬帶徵朕思此等地
方被災之後既有本年應納之糧又有上年帶徵
之項未免新舊交催追呼兩迫輸納維艱著將阜

鹽興海四州縣雍正十三年未完緩徵漕糧一例
豁免以紓民力再聞阜寧鹽城二縣漕米昨年未
降諭旨之先已有按數完納者此等急公良民尤
當加以恩澤著逐一確查將已完之數准抵今年
應完之項俾得一體霑恩該督撫飭令該州縣實
力奉行毋使奸胥地棍中飽滋弊

初四日奉
上諭湖南沅州與黔省壤地相接上年黔苗不法
擾害地方居民逃避於沅州者甚衆且募夫運餉
等事沅民出力尤多朕已加恩將該州雍正十三
年地丁錢糧全行蠲免以示優恤再查蠲免錢糧
之例若因水旱災傷被免者將耗羨一併豁免上

年沅民受逆苗之累朕深爲軫念格外加恩
著將應徵耗羨一體豁除俾閭閻全無纖芥之擾
至於官員養廉不敷之數著該撫於公用項下撥
給

五月二十一日奉
上諭朕聞四川敘州府屬之南溪縣直隸瀘州並
瀘屬之納谿江安合江九姓司又敘永廳並所屬
之永寧縣地方於本年三月間偶遇風雹民間田
苗房舍多所損傷此等被災窮黎深宜軫恤著戶
部行文該撫即將該地方本年應徵錢糧概行蠲
免倘有已經完納者准抵明年應納之項至從前
未完尾欠並令緩徵俟來年再令輸納以示朕惠

養川民之意

六月二十八日奉
上諭上下兩江及江右鄉村五六月間連值陰雨
山水驟漲有水淹處所前據各該撫奏報朕已批
諭速行賑恤安插今據總督趙宏恩將各被水情
形具摺彙奏朕又批令督率屬員盡心撫恤務使
災黎得霑實惠朕思江南江西被水鄉村雖係連
陰驟漲止屬近山近水之區然被災之家俯仰無
資甚可憐憫所當加意撫綏毋令少有失所其水
勢旋即消退之地固可補種雜糧而低窪積水之
田不能補插秋苗者更宜確加查勘酌免本年額
賦至房舍量加修葺籽粒應否給助之處俱著悉

心料理以副愛養元元之意
七月初三日奉
上諭湖南沅州接壤黔省黔民被苗擾害就食於沅州者甚多且該州上年收成稍歉米價昂貴除旨將雍正十三年應徵錢糧及耗羨全行蠲免外今再沛恩膏將乾隆元年應徵額賦及耗羨銀兩全行豁免著戶部即速行文該督撫知之
初七日奉
上諭據貴州總督張廣泗奏稱鎮遠思州黃平施秉餘慶青溪玉屏等府州縣於本年四月後或被水災或遭冰雹雖山溪水漲涸不待時冰雹所過僅一二里而此一帶之田畝民房多遭損傷已委

員星赴各處查勘動撥銀兩即行散賑竭力撫綏等語黔省地方上年被逆苗之擾今鎮遠思州一帶又有被水淹沒處朕心深為軫念著該督張廣泗加意撫卹嚴飭各該地方官實力撫綏務使被災民人不致失所至黔省應徵錢糧上年已蒙
皇考聖恩將通省錢糧蠲免一年其被擾之處蠲免三年今該省又有被水處所而通省民人辦運軍需等項未免生計艱難著再加恩將乾隆元年分通省應徵錢糧米石耗羨概予蠲免該督張廣泗即通行曉諭咸使聞知再黔省自上年軍興以來先後已撥解帑金二百萬兩雖現今軍務漸竣而善後事宜及目前賑恤尚在需費即使已經敷用而該省藩庫亦應富餘儲蓄以備緩急之需該部再撥銀六十萬兩解送黔省毋得遲緩
八月十八日奉
上諭本年四月間河南永城縣潘家道口地方黃河水發陡岸潰決民間田禾廬舍被水淹浸朕心軫念切諭巡撫布政使加意賑恤務令貧民得所並會同江南總督總河悉心妥議俾疏通下流以永除永城之水患其永邑被水應免之錢糧著巡撫布政使確查具奏今據徐士林摺奏永城縣被淹田畝共一千一百一十三頃六十六畝春麥秋禾俱未耕種朕思一歲之中春麥既未收成秋禾又未補種小民生計艱難國賦何從輸納目今正

值開徵之時著將應徵之地丁漕糧悉行豁免該撫等即出示通行曉諭並督率有司實力奉行毋使奸胥土棍借端舞弊
九月十五日奉
上諭雍正十三年涼州所屬廳州縣並鞏昌府屬西固廳慶陽府屬環縣及寧夏府屬靈州之花馬池石溝等堡中衛之香山一帶收成稍歉比時朕即降旨令該督撫加意軫恤並將各該處額徵本色糧石緩至次年夏收後看年歲光景奏聞再行徵收今據該督撫奏報各處收成有六七分者亦有八九分者朕思此等地方上年收成歉薄今雖收穫民力未必寬餘若新舊並徵小民不無窘迫

著將緩徵本色糧石自本年爲始分作五年帶徵還項以示朕加恩本民之至意

十月初八日奉

上諭朕聞今年伏秋之際浙省雨水連綿仁和安吉德清武康四州縣内低窪田畝積水未經涸出不能栽種秋禾以致西成失望所有應徵地丁錢糧已經該督照例題請蠲免其漕白南米向來雖無蠲免之例朕念彼地收成歉薄民力輸納維艱著將仁和等四州縣實在被水各户本年應徵漕白南米亦照地丁之例格外加恩豁除以示朕愛養黎元之至意

十七日奉

上諭據劉於義奏稱寧夏府屬之新渠寶豐二縣從前招徠户口多係無業窮民其雍正十一年額賦實由本丈遲緩與十二年同時並徵以致遞行拖欠今十二年以前民欠錢糧已荷聖恩全行豁免而十二年未完糧石尚復盈千累萬若責令於今歲照例並徵勢不能如數交納可否仰懇聖恩將雍正十三年民欠糧數分作五年帶徵等語寧夏府屬之新寶二縣雍正十三年分民欠錢糧原係本年應徵之項但從前之拖欠既屬有因若令一時並徵民力未免艱苦著於乾隆元年爲始將兩縣民欠糧數分作五年帶徵該部知道

二十四日奉

上諭朕聞山東各府今歲秋收俱稱豐稔惟武定府屬之樂陵縣及濟南府屬之德平縣有低窪被淹之鄉村若就通縣地畝而論均不及十分之一實未成災但被水之後補種秋禾收成未免減少所有本年應納錢糧或有難於措辦者著該撫轉飭有司將此二縣窪地歉收之户應納錢糧若干確實查明緩至明年麥秋徵收以紓民力至於來春青黃不接之時若有實在乏食窮民並令有司動支社倉穀石按户借給以資接濟毋令失所

十一月初七日奉

上諭據雲貴總督尹繼善奏稱雲南曲靖澂江臨安楚雄姚安廣西昭通等府所屬州縣内有栽插稍遲之地禾稻正在揚花忽遇冷雨多不結實止

有五六分收成其中呈貢昆陽安寧恩安魯甸數處收成則在四分以上除呈貢確勘實在成災者即行具題將應免地丁等項照例請免查秋米一項舊例不在邀免之内已令所屬暫緩徵收謹此奏聞等語滇省遠在天南舟車不通民每艱於謀食今聞本年栽種稍遲州縣内有收成歉薄之處朕心深爲軫念其成災地方自應將應免地丁等項照例豁免至於秋米一項雖無邀免之例第恐閭閻力薄輸納維艱著將收成六分以下之州縣所有本年應收秋米全行緩徵從乾隆二年爲始分作三年帶徵以紓民力凡此歉收之處窮民必

上之食其應賑恤者即行動項賑恤務使咸得其所其應平糶者即將存倉米穀減價平糶或將附近倉儲設法撥運以資接濟至無力之民則借給籽種以助來歲春耕若傷內所開州縣之外尚有似此歉收之處亦照此一體辦理毋得忽視著該部速行傳諭該督撫知之

十二日奉

上諭據陝西署督劉於義奏稱寧夏府屬之寧夏新渠寶豐等縣今夏雨水甚多黃河泛漲以致衝決隄岸淹浸民田臣已動支社倉公用銀糧加意賑恤念此被災民人今冬明春口糧或有缺乏准布政使詳議寧夏縣之何忠堡新渠縣之通吉通

義通廸清水等堡被災偏重酌借六個月口糧寧夏縣之王鋐堡及寶豐縣之紅崗永潤等堡被災較輕酌借三個月口糧俟來年收成之後催徵還項等語朕子惠元元一夫不獲實如己溺己飢而於甘肅民人歷年奉公尤深矜念茲覽劉於義奏報寧夏被水等堡秋成歉薄民食艱難所當加意撫綏者著將各該處額徵糧石確查豁免其所有六個月三個月口糧俱准抵作賑給之項免其來歲交還該督撫可出示通行曉諭並飭有司實力奉行務令小民均霑實惠

乾隆二年四月十八日奉

上諭今年春夏以來京師及畿輔雨澤稍少而山東地方亦有缺雨之郡縣朕已屢降諭旨多方籌畫以為先事之備今思節近小滿甘霖未降麥秋什已失望民心未免惶懼除已經降旨緩徵外著將直隸通省今年應徵地丁錢糧蠲免七十萬兩山東通省今年應徵地丁錢糧蠲免一百萬兩俾民力寬舒民氣愉暢如將來仰蒙

天佑霖雨普施秋成不致歉薄則閭閻霑朕格外之恩亦加惠元元之誼所謂百姓足君孰與不足者也嗣後如得雨稍遲有妨農事則應行賑恤等事仍應加意辦理毋使一夫失所該督撫當仰體

朕宵肝焦勞惠養庶黎之心督率有司敬謹奉行務使小民均霑實惠並出示通行曉諭知之

十九日奉

上諭上年滇省州縣有收成歉薄之處前已降旨將成災地方應徵地丁等項照例豁免應收秋米從乾隆二年為始分作三年帶徵今雖據雲南督撫奏報今春雨暘時若可望豐收但朕思滇省百姓既有帶徵之秋米又有應納之正供非歲歉收之後輸納未免艱難朕心深為軫念著將乾隆元年分雲南省所有分作三年帶徵之秋糧全行豁免該督撫等即通行曉諭仍嚴飭州縣實力奉行務使閭閻均霑實惠

七月十三日奉

上諭前因黔苗不法擾害地方居民困苦朕心深

為不忍已疊降諭旨多方賑恤務令窮民復業各遂其生曾據允展成議奏被害復業之民一切籽種牛具既已無存請每戶借給銀五兩以為置備之費此項銀兩應作五年繳還等語復經部議交與督臣張廣泗等會同妥議具奏續據張廣泗等議稱借給銀兩應分別水田山田按畝借給二錢一錢不等其交還之期應分作十分每年秋收時完納二分則民力寬紓等語朕思黔民所借籽種牛具銀兩雖在朕加恩之外例應照數繳還但念小民被侵流離今甫經復業正宜加意撫綏使之休息於隴畝共受格外之恩所有借給籽種牛具銀兩若有已經交官者難以退還其未經交官者

悉行賞給以為耕作資本不必催徵道項該督張廣泗可宣朕此旨通行曉諭咸使聞知並董率有司實力奉行務使黔民均霑實惠

三十日奉

上諭蠲免錢糧所以紓民力而惠黎元或偏災偶見尤宜亟加寬恤故周禮荒政以薄徵為先乃不肖州縣一聞蠲免恩旨往往於部文未到之前差役四出晝夜催比追呼之擾更甚平時迨詔旨到日百姓已完納過半朝廷有賜復之恩而閭閻不得實被其澤甚至官吏分肥侵漁中飽情弊種種深可痛心我

皇考世宗憲皇帝洞悉其弊雍正十一年八月內蠲免甘肅地丁銀兩奉

旨將已完在官之項准抵明年正課此誠萬世之良規所當遵奉者嗣後凡有蠲免俱以奉旨之日為始其奉旨之後部文未到之前有已輸在官者准其作次年正賦永著為令如官吏朦混侵匿即照侵盜錢糧律治罪

九月初六日奉

上諭江南淮揚一帶於今冬大挑運河自運口以至瓜洲計程三百餘里分隸淮安府之山陽揚州府之寶應高郵甘泉江都五州縣管轄將來築壩開工之後舟楫難通民間輸納漕糧須用車騾陸運未免竭蹶又淮安府之鹽城阜寧二縣與山陽

接壤向於淮城內外交倉兌運則納漕與山陽等五州縣無異朕心為深切軫念查雍正八年及十一年江南所屬漕糧有改徵折色每石納銀一兩之例著將今歲山陽等七州縣應納漕糧照此例改徵折色以紓小民運送之力再查此七州縣有上年緩徵漕糧二萬餘石原議於今年完納今河道如此亦應一體加恩著寬至明年再行酌量或徵本色或徵折色看收成光景定議交官著該部遵諭速行江南督撫等知之

二十八日奉

上諭聞福建閩縣侯官長樂福清連江羅源等六縣於八月十五夜颶風為患廬舍舟船多有傷損

已諭令該督撫率同有司安插賑恤務使兵民得所令思此六縣民人從前曾經被水今又被風各為攜葺家室之計未免拮据其本年未完額徵錢糧輸將竭蹶者該督撫轉飭該縣暫緩催徵看地方收成情形應於何時徵收再令民間完納該部可遵諭速行

閏九月初九日奉

上諭朕因豫省臨河州縣於夏秋之交雨多水溢有淹沒田禾之處諭令該撫悉心查勘撫綏安插今據尹會一摺奏今秋被水各邑係一隅偏災其未淹地畝仍有七八分收成惟西華濬縣臨潁郾城四縣被水稍寬已確查貧苦民人按戶賑濟三個月並將本年地丁錢糧照例奏請豁免其永城汲縣淇縣新鄉延津淮寧項城扶溝等八縣被淹地畝零星間錯本屬無多勘明俱不成災但地畝收成未免稍減請將本年錢糧暫行緩徵至來年徵收等語尹會一此奏已交該部速議具奏朕思西華等縣被水既寬除應免之錢糧照例蠲免外其餘應納之數尚在催科之內民力未免艱難著將本年額賦緩至明年麥熟後再行徵收以紓民力至永城等八縣雖勘俱不成災但彼地既有被水之鄉村其中必有乏食之貧民著該撫委員確查將不能餬口者於冬末春初賑濟兩個月務令均霑實惠毋使一夫失所此朕格外之恩至尹會

一所奏該部仍照例速行議覆

十八日奉

上諭浙江今歲收成頗稱豐稔惟溫台二府屬有濱海被水之縣邑穀價未免昂貴已據大學士嵇曾筠等悉心籌畫動撥省城義倉米穀運往二郡分貯以備將來平糶之用朕思溫台所屬既有被水之處除高阜田禾豐收者自應照常徵收錢糧外其窪地薄收之田畝雖不至於成災而貧民力量不足若令依限完糧未免輸將竭蹶著大學士嵇曾筠轉飭有司將薄收之處詳確查明分別緩徵以恤民隱該部即遵諭行

乾隆三年二月十二日奉

上諭上年直隸等省有收成歉薄之州縣冬春以來雨雪又覺短少惟山東奏報得雨似可足用其餘則尚未霑足朕心甚為憂慮當此青黃不接之時東作方興之候正宜急為籌畫以恤民艱已諭令各該督撫因地制宜或減價平糶或借貸倉糧凡有利益民生者即速定議舉行毋庸忽視今思仲春之月即定例開徵錢糧之時若有司遵例催科在有力之家尚可勉強輸將而貧乏之家實為艱窘深可憫念著直隸等省督撫將去歲歉收之州縣一一確查所有現在應完錢糧暫停徵收俟麥秋時酌看收成情形再行奏聞歸併秋季錢糧項下帶徵完納如此則地方無追呼之擾民力可

以寬紓農功不致有擾該部可遵諭速行

五月十五日奉

上諭各省地方偶有水旱朕查蠲免錢糧舊例被旱十分者免錢糧十分之三八分七分者免十分之二六分者免十分之一雍正年間我

皇考特降諭旨凡被災十分者免錢糧十分之七九分者免十分之六八分者免十分之四七分者免十分之二六分者免十分之一實愛養黎元軫恤民隱之至意也朕思田禾被災五分則收成僅得其半輸將國賦未免艱難所當推廣

皇仁使被災較輕之地亦得均霑恩澤者嗣後著將被災五分之處亦准報災地方官查勘明確

蠲免錢糧十分之一永著為例

七月初三日奉

上諭聞得下江地方五月內天時亢旱六月內雖經得雨尚未普徧霑足望澤甚殷如此情形那蘇圖等何以不行奏報著該部即速傳諭那蘇圖等速委賢員察看民間情形應如何緩徵賑恤之處速行妥議一面辦理一面奏聞

十七日奉

上諭江南地方今年五月雨澤短少六月雖經得雨未能霑足朕心甚為憂慮已屢降諭旨令該督撫豫為籌畫悉心經理今思冬月即徵收錢糧之期田畝既若歉收則官糧難以輸納著該督撫出示暫停徵收將是否成災分數逐一確查其成災者自應照例題請豁免即不成災者收成既薄需米孔殷亦應照雍正十二年之例每米一石折銀一兩徵收計算此時米價在小民辦納已省一半之費而地方多留米穀於民食又大有裨益該部可即速行文諭江南督撫知之

八月初七日奉

上諭朕聞陝西所屬郡縣今年六七月間有缺雨之處地方有司現在祈禱未審何時得霈甘霖朕心深為廑念該督撫可豫為籌畫悉心經理其應行緩徵之州縣一面出示緩徵一面奏聞向來陝省米糧不足往往取資於豫省著兩省督撫就近

商酌將如何轉運接濟以為先事之備即行妥議具奏該部可即行文陝豫二省督撫知之

初四日奉

上諭江南下江地方五六月間雨澤短少及至得雨已在立秋之後且淮安所屬蝗蝻為害田禾亦不免被傷朕心憂慮已屢降諭旨令該督撫悉心區畫豫籌民食並將額徵漕糧暫停徵收查明是否成災或應蠲免或改折色分別辦理今思江南戶口繁庶需米甚多此番被旱歉收之處似廣閭閻必致艱難著該督撫查明成災地畝將應徵漕糧照條銀之例按其分數悉予蠲免其被災分數之外仍有應徵漕米著緩至次年麥熟後改徵折

足如此則各屬多留米穀而民力無事輸將於地方自有裨益至於查賑之方在於無遺無濫所有極貧之戶口應於冬初先行賑濟其次則俟寒冬又次則待明春青黃不接之候總在該督撫以實心實政督率有司視百姓之飢寒如己身之疾苦多方計議殫力圖維俾之食之衆盡得安全不至流移失所此則封疆大吏之責無容旁貸者倘經理不善將來責有攸歸聞上江亦有缺雨歉收之處可酌量照此辦理該部遵諭速行

初八日奉

上諭各省緩徵錢糧例於下年帶徵以完國課朕思年穀荒歉有分數多寡不同若本年被災尚輕次年幸值豐收則完納帶徵之項尚不至於竭力若本年被災較重則民間元氣已虧次年即遇豐收小民既完本年應輸錢糧又欲完從前帶徵之項力量豈能有餘必至竭蹶從事朕念切養民閭閻生計日籌於懷今思慮及此其如何酌量變通著為定例惠濟斯民之處九卿定議具奏

九月初六日奉

上諭今年江南地方雨澤愆期田禾被旱朕已多方籌畫諭旨屢頒該督撫自仰體朕心竭力經理今朕聞得下江地方凡屬高阜之處受傷實多而平上低窪之區收成尚好朕思此等有收之田畝在本經得雨以前小民併力車戽工本倍於往日

勞費加於平時亦當酌量加恩以示撫恤用是再頒諭旨除被災州縣衛本年漕糧查明分數蠲免停徵外其成熟地畝亦著分別折徵蘇州府屬三處折徵十分之三江常鎮淮揚通海七府州屬四十三處折徵十分之五如此則辛苦有收之民亦邀國家格外恩澤而該省又可多存米糧以濟閭閻之匱乏於歉年大有裨益該部可遵諭速行

十二日奉

上諭今年山西全省地方二麥豐收秋禾亦稔惟永濟保德二縣及河曲一縣麥秋稍覺歉薄今西成之後民力漸舒但查此三州縣有上年停徵之錢糧應於今冬完納者朕念一季之中新舊兼輸閭閻必致竭蹶著將停徵之項緩至明年春夏二季帶徵完納以示朕格外加恩之至意

孚惠全書卷十二

孚惠全書卷十三

偏隅蠲緩二

乾隆四年正月二十日奉

上諭上年十一月寧夏地動民人被災甚重朕聞奏即遣大臣星馳前往會同督撫將軍等加意賑卹並籌畫撫綏安輯之計日來伊等陸續奏到正在多方經理以濟災黎朕思民人等困苦播遷之後縱能勉力耕耘豈能復輸租稅著將寧夏寧朔平羅新渠寶豐五縣本年應徵地丁及糧米草束雜稅等項悉行豁免如有舊欠亦著蠲除倘附近州縣有被災之處應加恩免賦者著欽差及督撫等查明奏聞請旨

三月二十日奉

上諭直隸地方上年收成歉薄朕多方籌畫蠲賑頻施務使黎庶得以安全不致一夫失所今幸雨澤霑濡春秋可望朕心稍為慰藉惟是畿輔一帶連年薄收百姓元氣一時難復其上年勘不成災之地方與未被水之州縣雖年歲尚有收成而與成災之處壤地相連轉移接濟物產豈能充裕此等地方均有緩徵未完之項今當輸納錢糧之期若將新舊同時並徵民力未免竭蹶為此特頒諭旨著將從前部議成災五分六分二年帶徵之處及勘不成災地方緩徵之項俱分作三年帶徵其未被水州縣緩徵未完之項分作二年帶徵庶閭閻得減輸將之數力量自覺寬舒該部可即行文該督孫嘉淦遵朕諭旨確查分晰辦理

二十二日奉

上諭朕念切民生時廑宵旰或各省督撫陛見或遇司道各員請訓務以編氓疾苦備悉諮詢惟期海隅蒼生培固元氣庶幾家給人足之風比年以來畿輔地方屢遇歉收而江南舊年被旱尤甚此皆朕之不德以致

上蒼示警遂使我民有乏食之虞朕甚憫焉今年幸賴

上蒼恩佑各省春雨頻周足資耕種重念三省之民幸有以安其心尚未能復其舊其被災處所既已蠲賑頻施屢頒諭旨茲當開徵之期在被災者

固屬艱難而未被災之地同在一省雖有輕重之分而乏食受困則一用是特頒諭旨將直隸總督所屬今年地丁錢糧蠲免九十萬兩蘇州巡撫所屬今年地丁錢糧蠲免一百萬兩安徽巡撫所屬今年地丁錢糧蠲免六十萬兩該督撫將朕旨家喻戶曉俾閭閻均受實惠庶幾和氣致祥以仰答

上天之恩而培民生之本倘有貪官污吏借端苛索或私行徵收者該督撫不時查參該部即遵諭行

四月初四日奉

上諭據浙閩總督郝玉麟浙江巡撫盧焯奏稱浙

省溫州府屬之永嘉樂清瑞安平陽四縣暨溫州衛台州府屬之臨海黃巖二縣暨台州衛於乾隆二年曾被水災已荷恩施多方賑卹閭閻均霑實惠惟是勘不成災之處有緩徵之錢糧扣至三年歲底尚未完納者永嘉則有銀八百九十八兩米一千石瑞安則有銀一千三百三十七兩米四百八十石平陽則有銀九百九十九兩米九百二十六石黃巖則有銀五百七十七兩米二百七十九石以上共銀三千八百一十一兩共米二千六百八十五石茲當開徵之期例應帶徵完項查各該縣三年分未完錢糧尚多又有四年分應徵新糧若將二年分未完之銀米一并催令全完小民未免艱難可否寬至四五兩年分年帶徵謹此請旨等語著照該督撫郝玉麟盧焯所請將此四縣二年未完之銀米寬至四五兩年分年帶徵以紓民力該部即遵諭行

五月二十日奉

上諭前朕特降諭旨蠲免直隸本年錢糧九十萬兩江蘇一百萬兩安徽六十萬兩隨據孫嘉淦具摺請將直隸耗羨一并蠲除朕降旨允行復經陳世倌援照直隸之例請免江南耗羨朕敕交廷議旋據議稱此次蠲免乃係特恩非被災可比例不准免耗羨且江南耗羨節年不敷今若再行蠲免則地方應用公費益致缺乏應毋庸議朕降旨依議今據那蘇圖等奏稱此次蠲免仍因上年地方被災而施恩澤應請一體蠲除耗羨以廣

皇仁等語從前陳世倌具奏時朕以伊等在京師南北隔越所奏不過遙度之辭廷議既引定例覆奏遂降依議之旨今那蘇圖身在地方目覩地方情形亦復如是陳請諒非市美邀名之舉且朕愛養黎元輸將多減一分閭閻即多受一分之益著將江蘇安徽二省所蠲正賦之耗羨一體免徵以示格外加恩之意又據直隸布政使范璨奏稱直隸公用不敷查河南耗羨現餘銀四十餘萬兩若動撥十萬兩以協濟直隸則裒多益寡於公事有裨等語此奏現交部議朕思江南蠲免耗羨之後若官員等養廉不足則河南多餘之銀亦可通融撥補總之天下百姓之物力仍還之天下百姓一時權宜行之不必過存吝惜之見其應撥補若干之處著該部定議具奏

七月初六日奉

上諭據鄂彌達元展成奏稱甘省五月以來連得大雨閒有山水衝壓及雨中帶雹之處如秦州屬之秦安縣涼州府屬之平番縣有被水淹浸之村莊又西寧渭源河州三州縣有被雹災之村莊又階州寧遠秦州隴西伏羌會寧皋蘭等處亦被雹傷約二三分不等又武威古浪永昌等處有水衝淤壓之田畝現在分別撫卹俟驗勘是否成災再

行賑銀等語朕念該省災傷之餘即使年穀順成尚恐地方未有起色今復有此被水被雹之事朕心實切惶悚着該督撫董率有司加意料理毋使一夫失所雖據該督撫奏稱此數州縣中被災者不過村莊幾處即一村之內亦輕重不等但一州縣中既有被災之所則通州縣內料必不能十分豐收米糧未必寬裕必須格外加恩閭閻始能樂業着將凡被水雹之州縣不論成災不成災所有乾隆四年應徵地丁錢糧悉行寬免以示優恤甘民之至意

初十日奉

上諭上年江南地方被旱歉收朕於蠲免地丁銀

兩外並將例不蠲免之糧米亦按被災分數蠲除其仍有應徵之漕項又令緩至今年麥熟後設徵折色無非為休養斯民計也今二麥已收所有災緩折漕之項正屆催徵之候朕思淮安揚州徐州海州四屬上年被災獨重本年三四月間雨水又稀麥收未見豐稔目前青黃不接之時若糴麥以完漕項民力未免拮据着將淮揚徐海四屬緩徵折漕米五萬四千餘石再緩數月俟本年秋成之後照數徵收以紓民力該部即行文江南督撫知之

八月十七日奉

上諭河南被水歉收朕已降旨多方賑卹因念該省河工埽料秫稭一項皆採買於沿河州縣今歲既罹水災價值必至昂貴查舊例每草十觔為一束官價九釐備此價不敷採辦勢將派累里民着每束增銀五釐共成一分四釐之數河官照價購買不許絲毫扣剋累及閭閻此因歲歉加恩後不為例

九月初二日奉

上諭江南淮安揚州海州等屬上年被災獨重今年又復被水歉收朕已諭令該督撫加意撫恤所有應徵錢糧該督撫自分別蠲緩具奏請旨但聞海州贛榆二州縣本地素不產米漕糧俱採辦於隣郡今年二州縣被水稍廣民力未免艱難其成

災地畝應徵漕糧聽該督撫查勘照例題請蠲緩外至被水而勘不成災之處民力亦覺艱難着將本年應納之漕糧並上年緩徵之漕糧俱准其折色每米一石折銀一兩按數交官起解免其購運以紓民力該部可即行文江蘇督撫知之

十九日奉

上諭江南地方連年水旱今歲情形雖較勝於去年而下江之淮安徐州海州等屬上江之鳳陽潁州泗州等屬仍因雨水過多均有積潦為災之處朕心深為軫念除地丁錢糧聽該督撫確查分數請旨蠲免外雖漕糧一項向來例不並蠲然地方適值歉收此時輸納官糧民力甚為竭蹶着將被

水成災之州縣本年應納漕糧及從前緩徵折漕之米均緩至明年帶徵其被水州縣內不成災之區圖應徵本年地丁錢糧緩至明年秋熟後完納該部可即行文江南督撫知之

二十六日奉

上諭甘省之秦安等十五州縣俱有被水被雹之處朕已格外加恩將該州縣本年應徵地丁錢糧降旨寬免但該省州縣從前多係衛所其額徵之項本色多而折色少亦有全徵本色者朕從前因甘省州縣屯地皆徵本色而無折色每遇蠲免之年不得一體霑恩曾降旨准免三分之一此次秦安等十五州縣應徵糧草亦著照屯戶之例蠲免

三分之一以示朕優恤邊民之至意該督撫即遵諭行

二十六日奉

上諭據鄂彌達元展成奏稱西寧府屬之碾伯縣寧夏府屬之靈州中衛縣俱有被水被雹之處又碾伯平番西寧三縣乾隆三年分額徵並節年一切借項前經奏明緩至本年催徵今查各該縣夏收除被災處所其餘俱有七八分收成但上年已經被雹被蟲收成僅在五分以上平番現在採買供支駐莊滿兵糧草西碾二邑亦因倉儲缺少正須採買積貯今積年應完各項為數較多若一時并徵民力不無竭蹶請將三縣今年所借籽種口糧於秋收後照數徵收其舊欠分年帶徵等語朕因秦安等十五州縣俱有水雹偏災業經降旨特加優恤將本年應徵銀兩草束分別蠲免今碾伯靈州中衛亦有被災之處而碾伯上年已屬歉收靈州中衛又當寧夏災傷之後著將此三州縣應徵銀糧草束與秦安等州縣一體加恩分別寬免其碾伯平番西寧三縣所有三年分額徵并節年借項著於庚申年起分作三年帶徵以紓民力

十月初七日奉

上諭朕因上年江蘇被旱歉收將乾隆二年江常鎮淮揚徐海七府州屬被水題明緩徵停徵銀米等項降旨蠲免今年淮揚徐海等屬又復被水歉

收已諭令督撫加意撫恤將所有應徵錢糧分別蠲緩具奏近聞海州安東蕭碭四州縣連年被水在淮徐等府內又屬被災獨重之區朕心深為軫念著將此四州縣所有雍正十三年乾隆元年未完地漕等項悉行蠲免以昭軫恤災黎逾格加恩至意

十二日奉

上諭前因江南海州贛榆二州縣素不產米其應納漕糧俱採辦於鄰郡今年二州縣被水消乏民力未免艱難除成災地畝聽該督撫照例辦理外至被水而勘不成災之處著將本年應納之漕糧并上年緩徵之漕糧俱准折色免其購運以紓民

力已降諭旨矣今聞錢徽一邑地瘠民貧又值連年被災歉收即本年熟田所産之米亦不足以供本地小民之食所當酌量變通辦理者著將錢邑未被水之熟田應徵漕糧照本地交納粟米例一并改徵折色俾多留米穀於瘠邑庶民食不致匱乏該部可即行文江南督撫知之

十七日奉

上諭凡河工需用草束俱係採辦於本省州縣今年豫省遭被水災草束之價較昔加昂朕已降旨每草十觔向來官價九釐者著加銀五釐共成一分四釐之數今思山東與豫省河道毗連壤地相接今年夏月雨水亦多秫稭等物之價非平時可比

亦著照豫省之例每草十觔一束增銀五釐俾採買從容官民不致賠累此因年歲加恩後不為例

十一月二十九日奉

上諭寧夏供支滿兵糧草向係每年採買散給共計白米一千五百餘石粟米七千餘石草一十三萬餘束其所定部價白米粟米每石價銀一兩草一束價銀八分今聞該地方自上年被災之後新寶二縣田地被水淹浸不能耕種已少產米糧數十萬石目下糧草之價日覺昂貴所定官價不敷採辦勢必賠累小民著將乾隆五年應支滿兵糧草白米每石加銀一兩粟米每石加銀五錢每草一束加銀一分如此則價值增添官民易於辦理

但係格外之恩後不為例該部可即行文該督撫知之

二十九日奉

上諭上年寧夏地震之後朕日夕憂思多方籌畫一年以來陸續經理地方漸有起色朕心稍慰嗣後加意休養方能培復元氣著將寧夏寧朔平羅三縣額徵銀糧草束再寬免一年以滋生息以裕蓋藏著該部即遵諭行

乾隆五年三月十八日奉

上諭浙江湖州府屬之歸安烏程二縣於乾隆三年曾被雹災朕已加恩分別蠲免帶徵改折以示優卹惟有漕糧并改徵正耗灰石行月食米共七

千九百三石五升零漕項截等銀四千一百八十九兩六錢零定例不在蠲免之内朕思乾隆三年歸安烏程二縣被災頗重收成歉薄四年雖稱豐稔而民間元氣一時未復今以一歲所入既完本年額賦又完緩徵帶徵各項民力未免艱難著將此二縣乾隆三年分被雹田畝之漕項銀米分作五六七三年帶徵俾閭閻力量寬紓從容完納該部可即傳諭該督撫知之

四月十四日奉

上諭乾隆二年秋間福建所屬閩縣侯官等二十一廳縣偶被偏災除加恩賑恤外曾借給百姓穀二萬六千二百餘石年來陸續交官尚未完穀九

千餘石該地方現在補追朕思以三年前未清之項責令於一年完納小民未免艱難著將此項借穀分年帶徵於本年秋收後還倉一半其餘一半俟辛酉年秋收後催補通完該部可即行文該督撫知之

十九日奉

上諭上年豫省所屬地方雨水過多泛溢為患其被水成災之祥符等州縣及被水未成災之淇縣等州縣原有乾隆元二三四等年民欠未完常平社倉等穀三十一萬七千餘石又加乾隆四年種麥時借給農民籽種銀一萬二千三百餘兩又借給易麥播種常平社穀二萬七千四百餘石均應

於本年麥熟時徵收還項朕思該省上年秋收歉薄當此麥熟之際既應納上年緩徵帶徵之賦適及秋成又應輸本年應納之糧若再令其交還屢年積欠並新舊兩年借穀民力未免艱難用是特頒諭旨除未被水之州縣照舊徵收外凡上年被水地方今歲麥熟後祇令完納本年正賦及緩徵帶徵之數並所借籽種銀穀其餘積年舊欠借穀無論常平義倉社倉統令分作三年帶徵俾從容完納民力寬紓不致竭蹶該部即遵諭旨行

九月初九日奉

上諭上年山東省被水歉收之州縣朕屢降諭旨令地方官加意撫綏幸今歲雨暘應時收成豐稔惟是宿歉之後元氣未復其被水較重之東平東阿嘉祥汶上壽張濟寧金鄉菏澤單縣曹縣濮州范縣館陶等十三州縣有帶徵之漕項等米三萬三千三百餘石改徵之黑豆二萬二千四百餘石俱應於今年徵收還項者朕嘉惠小民著將此二項米豆分作庚申辛酉兩年隨同各現年應完之項帶徵全完則民力寬紓不致竭蹶該部即遵諭行

十七日奉

上諭乾隆四年山東所屬鄒平等三十九州縣秋禾被水所有應完漕米經撫臣奏准動撥臨德二倉原存漕穀按一米二穀碾米隨漕運通其應徵

漕米緩至乾隆五年秋後改徵穀石還倉今屆徵收還項之期每米一石即應交正耗之穀二石三斗是小民從前受緩徵之益而今則不免有多輸之累重運之難所當加以體恤者著照欠漕之例仍按原數徵收米石暫存臨德二倉於來歲青黃不接之時出糶存價俟秋成再行買穀還項於小民實有裨益該部即遵諭行

二十一日奉

上諭江南徐州府海州所屬州縣地濱河海頻遭水旱數年以來屢加賑恤復將正項地丁漕糧分別緩徵蠲免以拯災黎今屆秋成之後所有乾隆三年四年分緩徵折徵之米例應同五年分漕糧

一并輸納但聞今年黃運兩河秋汛長發又值七月多雨以致沿河各處低窪地畝多有被淹者雖係偏災輕重不等惟是災後之餘民氣未復若將新舊三年漕米一時並徵民力未免拮据且一邑之內偏隅偶有被災則通邑之米糧亦必騰貴惟使民間多留數萬石米穀以本地之蓋藏充本地之民食於閭閻庶有裨益用是特降諭旨將徐州府屬之銅山沛縣蕭縣碭山豐縣邳州并海州及所屬之贛榆縣帶徵乾隆三年四年分漕糧共五萬一千三百八十石零今年仍緩輸將俟辛酉年起分作五年帶徵以紓民力著傳諭該督撫嚴飭所屬實力奉行並不時查察如有私徵等弊即行

嚴參毋得疏忽

二十七日奉

上諭江南徐州府海州所屬州縣地濱河海年來頻遭水旱幸今歲收成豐稔而所屬州縣內又間有蟲災傷粟米一種現屆徵收漕米之期所有應納粟米之戶若仍徵收本色則購買未免艱難著將應徵粟米之數照部定價值准交折色俾小民易於輸將無責備買米之苦著該部即行文江南督撫遵旨辦理

十月初一日奉

上諭天津地勢低窪年來屢被水災今歲雖有七八分收成而民力尚未充裕所有乾隆三年四年緩徵之錢糧若照前議徵收仍不免拮据用是特頒諭旨著將天津所屬州縣帶徵之項自本年為始分作五年徵收以紓民力

初六日奉

上諭前因江南徐州府屬之銅沛等州縣及海州贛榆縣本年七月內偶被水災閭閻拮据所有乾隆三年四年分帶徵漕糧特頒諭旨令年仍緩輸將俟辛酉年起分作五年帶徵以紓民力近又聞海州所屬之沭陽縣今歲雖有七分收成而三四兩年緩徵之漕糧與現年應徵之項俱令交納以一歲之所入完三年之額賦其勢亦屬難支用是再降諭旨除乾隆三年分折徵正耗米六千四百

石有零仍隨本年漕米一并徵解其四年分正耗米一萬一千三百石有零著於辛酉壬戌兩年分徵帶運庶小民得以從容完納不致苦累可傳諭該督撫即轉飭遵行

十七日奉

上諭從前寧夏地動為災民人困苦百計籌畫加意撫綏始不至於失所惟是瘡痍甫起戶鮮蓋藏本年平羅地方又有被水被旱之處若照分數成例蠲免錢糧民力仍不免於拮据著格外加恩將辛酉年銀糧草束概予全免至未被災之村莊及夏朔二縣從前被災較重雖兩年以來均屬有收而工役繁興人夫雲集米糧物價猶難平減亦應

酌量加恩與民休息著將貝緔二縣及平羅未被災村莊本年兩年額徵銀糧草束寬免一半戶部可即行文該督撫遵旨辦理

十一月十五日奉

上諭甘肅提鎮各營歲需糧料例係本折兼支於額徵糧內估撥如遇歉收緩徵之年本色不敷則將應估本色之糧料亦行酌估折色朕聞乾隆三年分原估涼州鎮標本色糧料共三萬九千九百餘石係乾隆二年預為估撥嗣因乾隆三年涼屬收成歉薄例應緩徵原估前項額糧除將現有之糧供支外尚不敷本色糧一萬二百餘石照例改估折色每石按部價估銀一兩緣兵糧例係季首關支於未經改定之時已值應支秋季兵糧之候兵食嗷嗷遂借採買積貯糧三千六百餘石暫資五營兵丁之急需至估撥乾隆四五兩年分兵糧又因涼屬連經歉歲民欠難徵每年本色糧俱僅敷一月有餘而今年涼屬又遇偏災現在預估本年本色亦止敷兩月之糧是窮兵餬口尚且不足難以再行扣還借項是以三年分所借積貯糧石至今尚未還倉其改估之折色銀兩現存司庫查積貯糧石向無供支兵食之例而涼屬連歲歉收糧價昂貴若令將扣存折改之項買糧還倉則市價較之部價相懸過半朕深念邊塞兵丁度日艱難准將此項糧石作正報銷免其扣還本色存

庫銀兩留作折色之用以示朕嘉惠邊兵之至意

乾隆六年二月初一日奉

上諭昨因永定河放水經理未善以致固安良鄉涿州新城雄縣霸州各境內村莊地畝多有被淹之處難以耕種且居民遷移不無困乏朕與孫嘉淦不能辭其責也用是寢寐難安深為軫念著大學士鄂爾泰尚書訥親會同總督孫嘉淦詳悉查明被水處所應免錢糧若干速行奏請豁免先將此旨曉諭百姓知之

十四日奉

上諭打箭鑪迤西瞻對瓦述各部落番夷例應每年納貢馬狐皮折價銀八十九兩五錢今朕聞得彼地年來積雪嚴寒牛羊受凍多有傷損番夷困苦納貢艱難著將乾隆五年六年應納折價銀兩豁免以示矜恤著該部即行文四川巡撫出示曉諭番夷知之

十月十七日奉

上諭今年上江鳳陽等十六州縣夏秋被水有傷禾稼且彼地土瘠民貧連年被潦朕心深為軫念著將勘實成災地畝應徵漕米漕項照分年帶徵之例緩至來歲分兩年帶徵其勘未成災之地畝亦被久雨淹浸顆粒秕細難以交倉准照收銀之例每石折銀一兩完納至宿州靈璧虹縣三州縣被災更重且屢年歉收民情艱窘尤當格外施恩

毋使輸將竭蹶著將成災地畝應完漕米漕項各
照成災分數與地丁一體豁免其勘不成災之地
畝所有應完漕米漕項亦准緩至來年帶徵並將
此三州縣及宿州衛勘不成災之地丁亦准緩至
來年麥收後開徵俾閭閻無追呼之擾官吏無催
科之勞得以專心於撫恤該部可即傳諭該督撫
遵行

十一月二十一日奉

上諭今年江南下江地方秋間雨水連綿其收穫
之穀石顆粒米色自不免稍減除已降旨截留本
省漕糧外所有應交官之米不必照往年較論從
前原有紅白兼收之例該地方官酌量可收即日

收兌至於抵通之後或慮此等米石不能久貯即
先發為漕餉之用可速傳諭該督撫及漕運倉場
總督知之

孚惠全書卷十三

孚惠全書卷十四

編隅蠲緩三

乾隆七年正月二十四日奉

上諭甘肅地處邊徼土瘠民窮朕所加意撫恤頃
聞涼州府屬之武威平番永昌古浪四縣頻歲歉
收上年又被旱災民情甚苦積欠頗多查自雍正
十三年至乾隆四年武威縣未完額糧八萬一百
餘石草六十四萬二千餘束平番縣未完額糧一
萬三千八百餘石草一十九萬二千餘束永昌縣
未完額糧一萬五千二百餘石草二十萬四千餘
束古浪縣未完額糧四千三百餘石草九萬三百
餘束又西寧府屬之西寧縣自雍正十三年至乾

隆三年未完額糧二萬八千九百餘石草二十九
萬八千餘束碾伯縣未完額糧一萬一千一百餘
石草一十三萬七千餘束以上六縣皆西陲寒苦
之地雖上年尚屬有收然積欠之餘元氣未復若
將新舊額糧草束於一歲之內合并徵收民力實
為艱窘著將舊欠之項分作三年帶徵俾閭閻易
於輸將昭朕加惠邊氓之至意

二月二十四日奉

上諭上年浙江杭湖二府屬之仁錢等九州縣田
禾被水民力拮据其成災田畝所有應徵漕糧朕
已降旨按分蠲免其蠲剩並勘收田畝應完米石
部議令於今年照數徵收起運計此時正民間息

行完納之期矣朕思田畝既屢歉收所穫自然不
足自上秋以至今春爲時已久即有餘粒業已日
食無存若令按期完納勢必買米交倉輸將竭蹶
查漕糧早已開兑北上此米尚可緩期著將歉收
田畝應徵漕糧并改漕米石緩至今冬徵收起運
俾閭閻從容輸納以紓民力該部即行文該督撫
知之

四月十八日奉

上諭朕念甘省地瘠民貧前特降旨將民欠借糧
自雍正六年至十三年者一槩蠲免其乾隆元年
以後借欠之項從壬戌年爲始分作六年帶徵至
最苦寒之武威平番永昌古浪西寧碾伯等六縣

則將帶徵之項一并豁免今思民欠借糧內從前
有因倉糧缺少以銀一兩作糧一石借爲籽種口
糧之需者計自雍正十年至乾隆六年如武威平
番永昌古浪西寧碾伯等六縣欠銀八萬八百七
十三兩有奇又蘭州平慶寧夏五府屬之金縣河
州靖遠隴西會寧通渭鹽茶廳平涼崇信靜寧固
原涇州華亭合水平羅花馬池等處欠銀四萬六
千五百四十二兩有奇此項借銀原係以銀作糧
即與借糧無異其自雍正十三年以前者既已加
恩蠲免其在乾隆元年以後者又分作六年帶徵
至武威等六縣又復全予蠲豁此等抵借之銀事
同一例著照乾隆元年以後借欠糧石之例從乾
隆七年爲始分作六年帶徵俾民力愈得寬舒更
國家休養之澤著該部即傳諭該督撫知之

五月初一日奉

上諭今年春夏以來畿輔地方除宣化大名二府
及古北口外熱河一帶雨澤霑足二麥可望豐收
至順天保定永平正定河間天津順德廣平等府
屬暨易州冀州趙州深州定州等州屬雨水均未
霑足普遍麥收分數勢必減少此時農事正忙又
值青黄不接之際若仍照例催科恐有妨於力作
著將各府州屬新舊應完錢糧一槩暫停徵比俟
秋成之後再行徵收該部可即行文直隸總督通
行曉諭知之

十一日奉

上諭江安二省之鳳潁淮徐各屬連年被荒閭閻
積困朕心軫念頻加賑恤又特遣大臣前往察看
於常例之外大沛恩膏不使一夫失所至於應徵
錢糧有已經蠲免者亦有例應帶徵者朕思災祲
之後即偶遇有年一時難以驟致豐裕若令完納
現年應輸之正供又加以遞年帶徵之積欠小民
未免拮据著將江省之清河桃源安東銅山沛縣
宿遷蕭縣邳州睢寧徐州海州沭陽安省之宿
州靈璧虹縣臨淮懷遠泗州五河十九州縣衛被
災各戶所有乾隆五年以前未完帶徵銀兩通行
停緩俟各處年歲豐登民間元氣漸復之後該督

再行酌量定限分年帶徵具奏請旨俾民力寬舒
漸登康阜以慰朕勤恤災黎之至意至各州縣内
有未經被災各户仍照常例辦理該部即行文該
督撫知之

御製江南淮徐等處連年被災既蠲租賜復旋命
大臣前往加賑今聞今秋有收喜而有作壬戌
曾聞古人語民以食為天宵衣望歲心日久倍軫
乾惟顧萬宇内比户免饑寒念彼淮徐地水旱數
歲連呼饑彼老幼執哺粥與饘號寒彼婦子執衣
布與綿海當大吏奏或聞輿論傳玉食不能嚥仰
額注涕漣匡救盡人事蠲復還復屢旋命大臣往
勘賑德意宣拯彼溝壑危登此衽席安帑藏非所

惜吏留轉漕船近接守土臣封章傳喜言云是冬
有秋餅餌可佐餐仍遣兩暘若秧苗綠芃田稍慰
午夜憂額手意歡然
皇天溥仁覆今秋定有年

七月二十一日奉
上諭江安二省之淮徐鳳潁各屬連年被水歉收
朕心厪念屢頒諭旨蠲賑頻施不使小民失所昨
又降旨將江省之清河桃源安東銅山沛縣宿遷
蕭縣邳州睢寧徐州衛海州沭陽安省之宿州靈
璧虹縣臨淮懷遠泗州五河十九州縣衛被災各
户所有乾隆五年以前未完帶徵銀兩統行停緩
俟各處年歲屢豐之後該督撫再行酌量定限分
年帶徵具奏請旨朕思上下兩江十九州縣衛被
災既重所有乾隆五年以前未完帶徵銀兩既已
降旨停緩其未完帶徵漕項銀米事屬一例亦著
一體停緩俾小民無追呼之擾再查乾隆六年山
陽阜寧清河桃源安東銅山沛縣邳州睢寧蕭縣
宿遷豐縣碭山海州沭陽並淮安大河徐州三衛
應完乾隆六年漕項銀米經巡撫陳大受奏請緩
至今冬帶納朕已俞允今聞淮屬山陽等處夏秋
被水又復歉收即將來秋禾豐熟亦尚未定若將
新舊漕項一歲並輸民間未免拮据著將山陽等
十八州縣衛各災户未完乾隆六年漕項銀米本
年仍緩輸將俟乾隆癸亥年起分作五年帶徵以

紓民力著該部遵諭速行

八月初四日奉
上諭江南上下兩江今年水漲逾常該督撫陸續
奏報者不下數十州縣朕每一覽奏宵旰靡寧已
屢降諭旨令該督撫加意撫綏毋使失所又特命
直隸總督高斌刑部侍郎周學健前往會同該督
撫等拯救目前之災荒永除將來之水患但念此
等被災之地夏已無收秋更失望小民困苦其何
以堪況此數十州縣有今年被災特甚者有今年
稍輕而連年被災者現又水漲未消亟待賑卹其
流離顛連之狀時在朕心目中所有本年應納錢
糧朕欲加恩豁免著該督撫查明被災各屬州縣

先行蠲緩次第將確數分別具奏請旨該部即遵
諭速行
御製淮揚一帶連歲被水黎民阽危用遣高斌前
往賑恤兼求疏濬之方頻行詩以賜之壬戌
胥宸衷三無垂衣御四隆殷殷何所念所念淮蒼
黎祈年屢宵旰惟願晴雨時安得海宇閭比戶足
食衣百姓敦親睦農桑樂雍熙圖蓋蔭仁恩遍斗
無任聾若獲歲屢豐教化或可期乃者淮揚郡澤
國古若斯年來多水災黎民困阻饑司牧勅大吏
補救賴有司瘡痍尚未起賑卹宜早施竭租並截
漕疏流兼護隄凡百區畫方賓藉衆力為吾恩汝
其布吾民汝之咒何以淪異漲化為秔稻畦何以
援蒼黔免彼溝壑危予憂爾其釋爾勞予應知勉
爾經綸策慰予饑溺思

十六日奉
上諭上年山東歷城等一十七州縣衛秋禾被災
朕特降諭旨將應徵新舊錢糧兼漕米黑豆一槩
緩至今歲及癸亥兩年帶徵於麥熟後起限嗣因
今歲二麥不登復緩至秋成後完納現在秋收豐
稔自應按款輸將但各州縣中有疊被災傷之歷
城等十三縣今歲雖獲有秋而民力未蘇舊欠新
徵令其一時並納未免拮据着將歷城章邱齊東
濟陽長清陵縣鄒平臨邑平原肥城平陰茌平博
平等縣並歷城章邱濟陽長清肥城等五縣收併

之衛地除現年錢糧及帶徵六年之未完照常徵
收外其應徵四五兩年舊欠及帶徵六年之地丁
并災案出借之口糧籽種暨緩至乾隆癸亥年麥
收後起徵仍照例分年完納以紓民力又聞齊河
禹城清平高唐等四州縣并齊河縣收并之衛地
今夏雖勘不成災究屬歉收且去歲被災亦重著
與歷城等縣一例辦理使小民餬口有資輸將不
致竭蹶該撫即遵諭行

二十八日奉
上諭據湖廣督撫奏報湖北之荊州安陸漢陽襄
陽德安湖南之長沙衡州岳州常德澧州等府州
所屬之州縣及沔陽武昌襄陽三衛有夏月被水
之處淹沒田廬禾稼民人困苦現在動支常平倉
穀按民賑濟又據江西巡撫陳宏謀奏報贛州吉
安南安三府所屬州縣有被水較重之處現在災
民俱已照例賑濟安頓不使流移朕覽湖廣江西
督撫所奏深為軫念比即嚴切批諭該督撫加意
撫綏盡心籌畫務登災民於袵席今思江廣二省
雖係偏災而被水之民未嘗有偏全之別著該督
撫於被水地方將應徵錢糧先行出示緩徵然後
查勘照例題請豁免該部即傳諭知之

乾隆八年二月十七日奉
上諭據總理青海夷情副都統宗室莽鵠賚代奏
王樹族百戶楚玥魯吉之子達色策令稟稱所

屬番人朱拉等二十五戶被郭羅克賊番搶奪馬牛牲畜餬口無資所有應納馬貢求暫免二三年俟元氣稍復照例輸納等語番民窮苦深可憫惻所有每年應納馬貢著寛免五年

二十六日奉

上諭上下兩江上年被水地方已經漸次涸出此時東作方興正有資於牛力查雜税款内有牛税一項雖為數無多然以農民被災之餘即減省錐費分毫亦未嘗無益著該督撫即飭被災地方官將牛税暫免一年凡民間買賣牛隻者俱聽其自相論價交易不許牙行從中需索有司亦不得視為細事一任書吏侵蝕中飽該部即速行文傳諭知之

三月二十日奉

上諭上年淮徐一帶水災米價騰貴朕念漕標河標兵丁食用艱難准借一季餉銀於今年分作四季扣還今朕聞得彼地被災之餘糧價不能平減兵丁額支糧餉折色為多若再按季扣除則食用愈覺難支可為憫惻著將上年借支之項目下暫緩俟本年秋成之後米糧價平再行扣除還項該部即遵諭行

四月初六日奉

上諭江南淮徐揚潁泗等處上年水災甚重米價高昂朕念各處營汛兵丁食用艱難准在司庫内借支一季餉銀於今年分作四季扣還今朕聞得各處被災之餘春間糧價漸增無減目下又值青黃不接之際兵丁無不窘乏若再扣還借項則食用更苦不支朕心深為軫念著將前借一季餉銀緩至本年秋成後於散給冬餉時扣起分作四季扣除還項以紓兵力該部即遵諭行

二十三日奉

上諭朕從前降旨將江省清河等十二州縣衛所有乾隆五年以前未完帶徵銀兩統行停緩俟各處年歲屢豐民間元氣漸復之後該督撫再行酌量定限分年帶徵所以紓民力恤困乏也茲又念山陽阜寧鹽城甘泉興化泰州高郵寶應淮安大河揚州等十一州縣衛上年被災亦重豐縣碭山贛榆三縣災雖稍輕而均係連年被水之地民力甚屬拮据所有十四州縣衛乾隆五年以前未完地丁漕項銀米著照清河等十二州縣衛一體停緩並將清河等十二州縣衛及山陽等十四州縣衛乾隆六年帶徵地丁漕項銀兩同五年以前未完之項一體停緩俟年歲屢豐之後該督撫再行酌量奏聞分年帶徵又淮安分司所屬板浦徐瀆中正莞瀆臨洪興莊等六鹽場所有乾隆二三四等年未完帶徵折價銀一萬六千三百六十餘兩該督撫等因係鹽場名目未曾歸入停緩之内朕思海濱竈戶輸納折價錢糧與民人無異屢遭水

患之餘元氣未復今屆麥熟啓徵若令新舊錢糧一時并納未免艱難著與民户一例得緩以示朕浚卹民竈之至意

二十五日奉

上諭河南開歸陳汝所屬之鄭州等十三州縣舊有乾隆五六七三年民借未完之常漕義社等穀共一十一萬八千石有零例應今年一并催徵完項但此十三州縣上年收成歉薄若於本年麥熟之後既催應納之新糧又完累年之舊欠則民力艱難可爲軫念著將乾隆五六七三年動借各項倉穀於乾隆甲子年起分作三年帶徵以紓民力該部即傳諭河南巡撫知之

二十六日奉

上諭前因淮徐一帶上年被災目下米價不能平減特降諭旨將漕標河標兵丁應扣所借一季餉銀此時暫緩俟本年秋成之後米糧價平再行扣除今查河標之外尚有河營二營上年亦經借餉此時正當照例扣還之際今伊等修防河工頗屬勞苦且同居被災之地食用亦必艱難其上年所借一季餉銀亦著緩扣與標兵一例俟秋成穀賤再扣還項

三十日奉

上諭上下江去年被災之州縣今麥秋在即縱使豐收閭閻亦僅可餬口若即令輸賦民力未免艱難本年應徵錢糧著緩至十月後開徵該部即行文該督撫遵行

御製陳世倌高斌周學健等兩江查賑回得悉近日情形稍慰愁懷因而賦此癸亥

淮水歲爲災歲歲念未已每接方伯章中夜披衣起去年復大饑饉安可疼吾民當匪魚久處波濤裏溝壑多餓殍玉食豈能甘博賑穀目前永遠謀所以軺車簡信臣災壤命周視公帑詎惜吝高下籌量備諮諏洽輿論復此庶寧只復命對勤政如見吾赤子墊居式小康東郊亦興耜淮黄流各安畎澮經伊始嗟予德識薄致饉癸誰委空懷鐵溺思仰對

天咸炤

閏四月十三日奉

上諭朕聞山東今年春夏雨澤愆期二麥有歉收之處查歷城章邱齊東濟陽長清陵縣鄒平臨邑平原肥城平陰茌平博平等縣並歷城章邱濟陽長清肥城等五縣收并之衛地有未完四五六等年舊欠錢糧並六年災案出借之口糧籽種因六年秋禾被災七年夏麥不登經朕降旨緩至乾隆八年麥收後起徵今屆開徵之期而麥收又復歉薄朕心軫念著寬至本年秋收後起徵仍照例分別緩帶以紓民力該部即遵諭行

二十五日奉

上諭甘省地方山土磽瘠風氣苦寒民力艱難甚於他省一遇歉收所有應徵錢糧往往不能按期完納如蘭州府屬之皋蘭狄道金縣靖遠平涼府屬之平涼涇縣靈臺固原鹽茶廳鎮原靜寧華亭慶陽府屬之安化寧夏府屬之中衛花馬池甘州府屬之張掖等處既有本年上額銀糧及本年借給籽種口糧又有從前借欠籽種口糧分作六年帶徵之項統應完納加以積年舊欠地丁銀糧為數繁多一時交集小民力難兼營深可矜念朕思本年額賦係惟正之供例應輸納本年所借籽種口糧春借秋償亦應如數交還至於從前借欠之籽種口糧已分作六年帶徵無庸再緩惟有舊欠

地丁銀兩自乾隆元年起至二三四五六七年等年積算其數較之一歲正額幾為加倍若責令一時輸將民力實為竭蹶著將皋蘭等十六廳州縣節年舊欠地丁銀糧分作四年帶徵以示朕優恤邊民之至意該部即遵諭行

五月初二日奉

上諭江南淮徐等處從前疊被水災淮安分司所屬板浦徐瀆中正莞瀆臨洪興莊等六鹽場所有乾隆二三四等年未完解徵折價銀兩朕已降旨令與民欠一例停緩俟屢豐之後再行分年帶徵今聞泰州分司所屬鹽場亦皆生落阜寧鹽城興化泰州等處所有廟灣富安安豐東臺河垛丁溪草堰劉莊伍祐新興等十一場上年被災亦重蕩戶力量艱難其未完乾隆二三五六等年帶徵折價銀計一萬六千六百七十二兩零應與淮安分司所屬板浦等場一例停緩以示優恤其淮安分司所屬板浦等六鹽場尚有乾隆六年被災帶徵未完銀四千一百一十餘兩彼地民戶未完六年分地丁漕糧朕既降旨停緩此項未完折價錢糧亦准照民戶一例停緩該部即遵諭行

初五日奉

上諭上年河南省被水歉收之州縣除已經該撫報出者將本年應徵之錢糧緩徵外其未經報出之處該地方官酌量撫恤者民力亦屬艱難此時方屆麥秋正當加意培養著該撫查明將應徵錢糧分別停緩俟秋收後再行徵收該部即速行文前去

十七日奉

上諭下江淮揚徐海四府州屬上年被災甚重其地漕錢糧朕已降旨停緩所有應完雜稅向無因災停緩之例自應照常催徵惟是各處既被水災貿易稀少行商完納税銀未免拮据且今年又有應徵之項若令新舊並徵民力更覺艱難朕思積歉之餘元氣未復全在商販流通地方庶有起色著將山陽阜寧安東清河桃源鹽城高郵泰州江都甘泉興化寶應銅山豐縣沛縣蕭縣碭山邳州

宿遷睢寧海州沭陽贛榆等二十三州縣應徵乾
隆七年未完爭行各項雜稅槩予寬免以示朕體
恤商民之至意該部即遵諭行
六月初八日奉
上諭山東春夏以來雨澤愆期二麥有歉收之處
近雖漸次得雨尚有未曾霑足之州縣若照例徵
收錢糧民間未免拮据朕心軫念著該撫將麥收
歉薄之州縣逐一查明所有六七兩月應徵錢糧
緩至八月後徵收以紓民力該部即速行文傳諭
該撫知之
七月初七日奉
上諭朕前降旨將河南上年未經報災之州縣所
有應徵錢糧分別停緩俟秋收後再收聞雅爾圖
上將鄭州等十三州縣中勘不成災之村莊展至
秋收後開徵而新野汝陽西平遂平項城扶溝等
六縣同屬勘不成災未經一例題請朕思該地方
既被水淹秋收自減其應納錢糧亦著加恩停緩
又太康一縣雖未被水去秋亦屬歉收其上年民
欠錢糧並緩至本年十月後徵收以紓民力該部
即遵諭速行
十七日奉
上諭淮北上年被災各屬一應錢糧朕已降旨分
別蠲緩惟海州沭陽贛榆三州縣連年疊被災祲
今春又因亢旱二麥歉收雖五月以後得雨可望

孚惠全書 卷十四 十三

收成但積歉之餘小民元氣究難驟復地漕兩項
一時並納未免拮据除地丁銀兩仍於十月後開
徵其本年漕糧二萬二千六百石有零並七年分
蠲剩緩漕俱著於次年分限帶徵緩一分之輸將
即可紓一分之民力該部即遵諭行
十七日奉
上諭淮揚徐海四府州屬疊被水旱朕心軫念於
賑恤之外復借給籽種牛草銀兩此等借給之項
例應秋收後催還但此四府州屬六七兩年水災
尤重借給更多有已借冬種旋因無收又借春種
者有春種無收復借秋種者數年之積欠一時恐
難全完著該督撫轉飭地方官酌量情形其力能
清償者自應照例交納若貧屬艱窘無力不能完
繳者著於來歲麥收後再行分限催完以示朕矜
恤積歉災黎之至意
八月十一日奉
上諭河南永城鹿邑夏邑三縣乾隆四年被水成
災其地丁錢糧經朕降旨分別緩徵帶徵以紓民
力迨六七兩年該處又遭水患不特前項未完而
該年錢糧又復停緩今年秋收屆期俱應照數催
徵朕念三邑連年被災閭閻未免艱窘現今即屬
有秋而以數年逋賦並徵於一年之內恐有妨小
民仰事俯育之計著再加恩將永城鹿邑夏邑三
縣乾隆四六七三年未完帶徵緩徵銀一十四萬

孚惠全書 卷十四 五

餘兩就各縣原欠數目自乾隆甲子年爲始再均作三年徵收俾輸將不致拮据以示朕優恤之意

十七日奉

上諭山東今歲夏間雨澤愆期莘東陵縣德平德州平原惠民樂陵陽信滄州利津商河恩縣夏津武城十四州縣俱有被災之處所有本年應納漕糧黑豆例應十月開徵朕念該州縣被災處所雖輕重不同收成均屬歉薄按期輸納實屬艱難著將東省被災州縣本年應納漕糧黑豆將原有帶徵之處視被災之輕重分别年分緩帶輸納以紓民力著該部即行文喀爾吉善令其查明具題辦理

九月二十四日奉

上諭河南今夏雨水不齊具查勘成災者已據該撫題報照例賑卹開封府屬之陳留滎陽汜水彰德府屬之湯陰衛輝府屬之淇縣延津並陝州等七州縣雖不成災然高阜之處收成究屬歉薄朕念此等鄉農薄有收穫僅足供三冬饔飧之計若將應徵錢糧一體催收未免拮据著將此七州縣勘不成災之地畝錢糧緩至明年麥熟後徵收以紓民力該部即遵諭行

十月初一日奉

上諭安徽省鳳潁泗三府州屬壽宿等二十四州縣衛連年被災歉收民生艱苦朕加恩撫卹蠲賑兼施務期登之衽席所有未完帶徵之舊欠原降諭旨今俟民間元氣漸復之後另行定限帶徵今思此等地方當積困之餘既有本年應納之錢糧又有昔年帶徵之舊項勢難竭蹶輸將深可軫念著將鳳潁泗三府屬壽宿等二十四州縣衛乾隆七年舊欠地漕銀兩隨同新糧於本年十月徵收其六年以前現應帶徵地丁及折漕銀兩緩至甲子年麥熟後起限徵收應改徵穀石之舊欠漕米於秋收起限徵收仍照定例分年帶納所有宿州靈璧虹縣臨淮懷遠泗州五河等七州縣五年以前未完帶徵銀兩及漕項銀米仍俟年歲屢豐後定限帶徵其本年水旱地方照例另請停緩如此則民力得以稍紓庶副朕撫綏惠養之意該部即遵諭行

初八日奉

上諭今年上江所屬地方有旱澇偏災之處如桐城宣城南陵銅陵繁昌無爲廬江建平等八州縣所有勘實成災之地朕心軫念其應完漕糧漕項著緩至來歲徵收以免歲內催科至壽州鳳臺鳳陽懷遠臨淮泗州盱眙等七州縣雖成災止有五分而地土瘠薄連年荒歉之後民力均覺艱難著將此七州縣及坐落七州縣之衛回應完漕糧漕項槩行緩至來年徵收以紓民力朕原降旨截留江南漕糧十萬石於本省以備倉儲今將所緩即

算在截留之内不過補倉略遲而閭閻得以從容輸納自可免於竭蹶該部可速傳諭該督撫知之

孚惠全書卷十四

孚惠全書卷十五

偏災蠲緩四

乾隆九年正月十一日奉

上諭安西道屬沙州衛有原招戶民六百五十九戶因所置牛隻節年倒斃不能買補恐誤耕作雍正十三年經撫臣奏明每戶借給銀十五兩購買牛騾以資力田之用共借給銀九千八百八十餘兩分作五年帶徵遞項自乾隆元年起至今止徵完銀七千二百九十餘兩尚有未完銀二千五百九十兩零朕念沙州地處邊外天寒土瘠招徠之民力量單薄既有本年應完之正賦若兼顧舊欠未免拮据可憫著將此未完牛騾價銀從乾隆九年起分作三年帶徵俾邊民從容完納該部即遵諭行

二十八日奉

上諭上年上下兩江秋收大概豐稔閒有偏災地方朕已加恩蠲緩賑恤其壽州鳳臺鳳陽懷遠臨淮桐城泗州盱眙八州縣勘不成災地畝所有新舊錢糧原應照例催徵但念該處連年積歉之後雖未成災收成不無歉薄目下正當青黃不接之時若仍事追呼閭閻未免拮据著將壽州等八州縣並坐落八州縣之衛田應納新舊錢糧俱緩至本年麥熟後徵收以示朕體卹烝黎之至意該部即遵諭行

二月二十四日奉

上諭山東濟東等十九州縣衛被旱歉收朕已降旨將應徵錢糧照例分别辦理但被災州縣尚有勘不成災之地啟例不在緩徵之例朕念此等地方既屬薄收自冬徂春民食未免拮据今當青黃不接之際餬口維艱若令其輸納國課實為竭蹶著將濟南府屬之齊東陵縣德州德平平原臨邑德州衛武定府屬之惠民海豐樂陵商河濱州霑化陽信利津東昌府屬之武城恩縣夏津沂州府屬之日照縣南鄉并安東衛等十九州縣衛應徵乾隆八年地丁及帶徵錢糧寬至本年秋成後再行徵輸以紓民力該部即遵諭速行

三月二十六日奉

上諭甘肅地方向來民間積欠繁多朕曾降旨將張掖皋蘭狄道鎮遠安化平凉涇州靈臺中衛九州縣民欠自乾隆八年為始分作四年帶徵又將武威西寧二州帶徵雍正十三年至乾隆三四年之項一并蠲免此外應徵舊欠錢糧理宜按款輸納但念該省土瘠民貧地處邊陲非内地可比以一年而清積年之欠未免艱難著將張掖肅州高臺皋蘭河州狄道靖遠安化平凉涇州靈臺靈州中衛十三州縣及武威西寧二縣累年未完積欠錢糧草束等項再行寬免自乾隆九年為始分作六年帶徵以紓民力該部即遵諭行

四月二十三日奉

上諭今年畿內數府雨澤愆期二麥收成歉薄若照向例麥熟開徵民力拮据可憫朕心軫念著傳諭高斌令其酌量地方情形其應行緩征之處所有額徵錢糧暫停催納俟將來可以完糧之時該督撫再行奏聞開徵該部即遵諭行

六月初八日奉

上諭安徽之鳳潁泗三府州屬連災之後朕屢經降旨將舊欠銀糧分别緩徵俟豐收後起限收納此時二麥登場正宜催輸積欠之候查壽州等州縣衛從前被災積重實為積困之區若令新舊銀米同時並徵小民未免拮据著將壽州鳳陽阜陽亳州蒙城太和盱眙天長八州縣並收入各州縣之鳳陽鳳中長淮泗州宿州五衛應徵乾隆五年以前未完舊欠銀兩緩俟六七八等年應徵民欠全完之後啟限徵收以紓民力該部即遵諭行

七月初一日奉

上諭從前直隸河間天津等屬被災之地一應新舊錢糧經總督高斌奏請停其徵比緩至本年秋成後催徵完納朕已降旨俞允今幸甘霖叠沛秋成可望所有應完錢糧例應於秋收後徵收但朕思二府被災既重又當歉收之後元氣一時難復當格外加恩以滋培養著高斌確查災重之十六州縣將本地應徵新舊錢糧緩至明年看彼地收

成災最重閒再行閒徵其被災稍輕之州縣各處情形亦不一或有應行緩徵者並著高斌詳查奏聞請旨務俾民力得以寬紓不致輸將竭蹶又據高斌奏稱天津府屬之慶雲縣地僻民貧商販罕至米糧缺乏民食艱難請於河南大名等處買到雜糧内撥給二千石確查窮民酌量散給以資接濟等語著照高斌所請即行散給並即照天城等州縣出借口糧之例免其秋收還倉該部即遵諭速行

十二日奉

上諭山東濟南府屬之歷城章邱鄒平齊河齊東濟陽禹城臨邑長清陵縣德州德平平原德州衛

武定府屬之惠民陽信海豐樂陵商河濱州利津霑化青城蒲臺泰安府屬之平陰肥城東昌府屬之博平臨清高唐恩縣館陶沂州府屬之沂水蒙陰蘭山青州府屬之博興高苑樂安等三十七州縣衛勘不成災之地畝應徵錢糧例應輸納但朕念各州縣麥收原屬歉薄若因此時勘不成災將新舊錢糧一時並徵小民未免拮据著將乾隆九年應徵地丁寬至本年十月後啟徵其歷年舊欠緩至來年麥熟後徵收以紓民力

二十三日奉

上諭甘肅地方土瘠民貧非内地可比朕所軫念其有舊欠錢糧一時難以并徵者已加恩寬緩矣項聞甘州府山丹縣積年民欠亦屬纍纍乾隆元年至八年共欠屯糧一萬二千六百餘石又自三年至八年共欠籽種糧六千五百餘石又自元年至八年共欠草六十萬一百餘束此時若按例一並催徵民力未免艱窘著從本年爲始分作六年帶徵俾小民從容完納該部即傳諭該督撫遵行

八月十六日奉

上諭江南海州沭陽贛榆三州縣連歲被災今年雖收成較好然元氣未必全復所有帶徵之漕糧條七八兩年未完之項今若分限兩年與本年新糧並徵是仍於一年之内並徵兩年之米小民未免拮据著將此三州縣七八兩年未完田地漕

於本年起分限四年徵收以紓民力該部即遵諭行

九月初四日奉

上諭山東省上年被災較重之陵縣等八州縣應徵帶徵米豆朕已降旨緩至甲子乙丑兩年各半分徵其被災較輕之齊東等七縣所有米豆各緩至甲子秋後完納朕思十月即屆徵漕之期自應按限催輸但齊東等州縣本年又有夏災雖秋田幸獲有收而民鮮蓋藏尚需培養以復元氣著將原報災重之陵縣德州德平平原惠民樂陵商河濱州八州縣應徵乾隆八年分緩帶米豆再予寬限一年俟乙丑丙寅兩年各半分徵原報災輕之

齊東臨邑陽信利津恩縣夏津武城七縣應徵八年分緩帶米豆今其於本年各隨新漕完納一半所剩一半至乙丑年帶徵至齊東臨邑陵縣平原四處應完六年分帶徵米豆亦令其本年及乙丑年各半徵輸俾民力寬舒不致竭蹶該部即遵諭行

初八日奉

上諭山東濟武東青等府屬内有連被災傷之州縣朕前加恩撫卹賑借兼施以濟匱乏今秋成已屆幸獲有收但念連災之後民鮮蓋藏未必即有餘資清完舊欠之公項自應分别辦理以紓民力着將上年秋禾被旱今歲夏麥又復失收之齊東陵縣德平德州臨邑平原德州衛惠民陽信海豐樂陵商河濱州利津霑化恩縣並現被偏災之博興樂安等十八州縣衛所有八九兩年借給各案内口糧籽種等項銀穀均緩至乙丑年麥後秋後兩次徵完其上年夏麥被旱秋禾俱獲有收今歲夏麥復被旱災之歷城章邱鄒平齊河濟陽長清青城蒲臺肥城平陰博平高苑等十二縣所有八九兩年借給各案内籽種口糧等項銀穀均緩至乙丑年麥熟後催還其上年並未被災今歲止二麥被旱被雹並未深重兼有勘不成災之處如禹城蘭山沂水蒙陰館陶高唐臨清等七州縣所借銀糧米穀等俱於本年秋後催徵還項該部即遵

諭速行

初九日奉

上諭江南淮揚徐海四府州屬於乾隆六七兩年疊被水災朕心軫恤蠲賑頻施又借給籽種以資耕作復念積歉之後窮民一時無力輸將令俟今年麥收後再行分限徵收還項今屆催徵之期朕思各年借項數目有多寡年分有遠近自應酌定限期分别辦理以紓民力查乾隆六年淮揚徐海四屬災户共借大麥一萬一千三十餘石穀三千六百一十石零為數無多歷年已久自應於麥收後開徵本年秋收照數全完乾隆七年淮揚徐海四屬災户共借籽種牛草銀二十五萬三千七百六十兩零麥穀二萬一千四百一十二石零為數已多如分限太迫則一歲之中難以一并完納着於本年麥收後開徵分作三年至丙寅年秋收全完再乾隆八年江鎮淮揚徐海等屬被災歉收所有安東阜寧鹽城海州高郵興化寶應等州縣共借銀三萬三千六百餘兩穀五千五百餘石均應於今年催徵還項者但此等窮民即係連年積欠之户力量艱難着准其分限兩年自本年起至乙丑年秋後全完以示朕優恤貧民之至意該部即遵諭速行

二十七日奉

上諭今年浙江被水之州縣頗多且有受災甚重

之處朕心深爲軫念已屢頒諭旨令該撫加意撫恤毋使閭閻一夫失所頃據署浙閩總督印務周學健奏稱各郡被災地方除撫臣現在題報之三十一州縣二衛二所八塲外尚有先後具報被災之嘉興府屬海鹽平湖桐鄉三縣寧波府屬鄞縣慈溪鎮海象山定海五縣金華府屬金華東陽義烏浦江四縣嚴州府屬遂安一縣共一十三縣先據呈報同時被災續有勘報被災無多請銷案者亦有未據勘報果否成災者臣思此等各縣同時被災如果被災無多或秋成尚有可望其蠲免賑濟自應無庸濫及但被災雖屬稍輕而民力難免拮据可否仰懇天恩將本年被水未成災之州縣

其被災村莊本年地丁錢糧寬至次年麥熟後開徵有田畝被水減收者飭令地方官酌借常社各倉穀石以爲補種春花工本俟明年秋成後免息還倉其現經題報被災之三十一州縣内如有續經勘明不成災者亦照此辦理等語今年浙省州縣水災情形非尋常被水可比小民顛連深可憫惻朕屢經訪聞具悉自非加意賑恤不足以蘇民困著照周學健所請行常安奏報災傷顯有粉飾而辦理賑務亦覺草率不能仰體朕意著嚴飭行諭旨到日可竭力殫心多方賑濟務登斯民於衽席督臣馬爾泰到任亦應不時查察經理以慰朕念該部遵諭速行

十月二十五日奉

上諭江南鳳陽潁州泗州三府州所屬數年以來頻遭水旱朕加恩撫卹蠲賑疊頒惟恐閭閻一夫失所今雖漸有起色而元氣尚難驟復查此三府州所屬舊有民欠借項除已經完納外尚有未完乾隆六年分米麥豆穀等項共二萬二千七百一十七石零銀九千六百三十五兩零又未完七年分米麥秫粟等項共一萬八千九十九石零銀一十萬二千八百七十兩零俱應按限催完之項但新舊同時並納小民未免艱難朕心軫念著將六年分出借各項均至乙丑年麥熟後徵完七年分出借各項緩至丙寅丁卯兩年麥熟後分完如此

遞歲分徵則民力得以舒徐不至輸將竭蹶該部即遵諭行

十一月初二日奉

上諭山東青州府屬之博興樂安二縣今年有秋禾被旱之鄉村朕已照該撫所請將災地新舊錢糧分別蠲緩今聞二縣未被災之處即本年夏麥被旱之區秋禾雖未成災而收成僅有六分未免歉薄若將錢糧照例起徵民力難以輸納朕心軫念著將博興樂安二縣内夏麥被旱秋收歉薄之處所有本年錢糧緩至來年麥熟後徵收以紓民力該部即遵諭行

乾隆十年二月二十二日奉

上諭直隸河間天津等屬前歲荒歉朕格外加恩多方賑恤曾降諭旨將被災最重之十六州縣並故城新城二縣乾隆九年以前新舊錢糧俱緩至本年秋收後令該督看彼地收成光景奏聞再行開徵今思災重各州縣舊欠錢糧雖俱停緩而本年應納錢糧已屆開徵之期該處當積歉之後元氣未復若照例催輸民力未免拮据朕心軫念著將河間府屬之河間獻縣阜城任邱交河景州吳橋東光天津府屬之青縣靜海滄州南皮鹽山慶雲深州屬之武强冀州屬之武邑等十六州縣并故城新城二縣所有本年應徵錢糧俱緩至秋收後照例開徵以紓民力目今東作方興俾得盡力南畝以示朕加惠元元之意該部即遵諭速行

四月初三日奉

上諭山東武定府屬地土素稱鹻薄兼以連年被災之後元氣未復去秋雖獲有收而冬春雨雪稀少種麥無多今聞甘霖雖沛小民東作方興當此青黃不接之時必無餘力以辦國課朕心廑念著將惠民陽信海豐樂陵濱州商河利津霑化蒲臺青城等十州縣乾隆九年未完錢糧十年應徵新賦概緩至本年秋成後按數徵收俾閭閻得免追呼之擾其乾隆八九兩年出借口糧籽種應於本年夏秋兩熟分別徵完者亦著緩至秋收後開徵以紓民力該部即遵諭行

五月十二日奉

上諭從前山東連歲歉收所有借給民間籽種口糧銀穀等項俱應於今年麥秋後催徵還項但朕聞濟南所屬州縣如歷城章邱鄒平齊東濟陽長清齊河臨邑禹城陵縣德州德平平原德州衛長山新城等處上秋種麥本屬無多今春得雨稍遲收成不無少歉若將新舊錢糧並令一時完納民力未免艱難著將此十六州縣衛歷年舊欠錢糧以及未完口糧籽種銀穀槩行緩徵至本年秋收後催徵還項俾民間不至拮据該部即遵諭速行

六月初九日奉

上諭據準泰奏稱各省蠲免錢糧之例凡遇特恩蠲免者其耗羨仍舊輸納若因水旱蠲免者不得徵收耗羨查安徽所屬鳳潁泗等處從前連值災傷乾隆七年又復被災荷蒙天恩於成災分數例免錢糧外復將蠲餘應行帶徵地漕銀八萬九千二百餘兩地漕米一萬一千八百餘石俱奉特恩寬免此原係因災而加之曠典所有應徵耗羨銀九千一百七十四兩零似應一例免徵但從前未經奏明難以遵辦等語鳳潁泗等處蠲免帶徵地漕銀米一案雖係特恩實因彼地災傷而沛澤於格外者所有應徵耗羨亦著寬免該部即速行文該省督撫遵諭行

七月十七日奉

上諭今年直隸地方雨澤不匀朕心深爲軫念降旨令高斌確查籌畫具奏據高斌奏稱宛平等六十四州縣衛廳於六月內有未經得雨者有得雨未能透足者當八月開徵之期所有應徵新舊錢糧應遵旨暫緩徵收將來是否成災尚難豫計俟秋收後酌看收成情形再行奏聞分別辦理至慶雲一縣目下旱象已成現委道府親赴查勘僉稱漕米以爲賑借之用等語慶雲一縣既已成災著加意撫綏毋致失所其餘州縣俱著緩徵又思此等州縣將來收成如何目下雖難豫定著那蘇圖悉心體察若有成災之處可豫爲籌算速行辦理毋得稍有稽遲其上年奉旨緩徵之景州等十二州縣亦一體查辦

九月十一日奉

上諭安徽省鳳潁泗等屬乾隆六七兩年被災農民借給籽種口糧朕曾降旨分年緩徵今雖屆催納之期第念該處當積歉之餘今歲夏秋又復被水若令按期輸納小民未免拮据著將鳳潁泗所屬六七兩年分民借未完米麥銀兩緩至丙寅戊辰兩年麥後分完俾民力得以舒徐輸將不致竭蹶以示朕軫恤閭閻之意該部即遵諭速行

十月初四日奉

上諭那蘇圖所奏直隸被災各州縣衛廳應將新錢糧緩徵者俱著照所請行至贊皇等十州縣被災村莊亦准停緩其不被災村莊例應開徵朕思被地既有歉收之處其鄰近村莊諒亦難免拮据著加恩將不被災村莊應徵舊糧亦著緩徵以紓民力

十一月十九日奉

上諭山東濟南武定東昌青州四府屬內自乾隆四年至十年有被災之處所有緩徵帶徵銀兩例應按限徵收今歲該省收成雖頗豐裕但積歉之餘元氣未復若新舊並徵民間未免拮据著將濟武東青四府屬內積歉之州縣衛所除四五兩年未完無幾仍照例徵收外其乾隆六七八九十等年被災案內緩帶錢糧自乾隆丙寅年起分作五年帶徵每年徵完一年之欠其歷年出借口糧籽種亦著一例分年分案徵還以紓民力該部即遵諭行

乾隆十一年二月初二日奉

上諭河南永城鹿邑夏邑三縣乾隆四六七三年未完帶徵緩徵銀一十四萬餘兩朕前降旨自乾隆甲子年爲始均作三年徵收今該三縣上年秋禾復被水災應徵錢糧現在分別蠲緩帶徵所有前項舊欠銀兩若仍復按限催徵民力未免拮据著將永城鹿邑夏邑三縣乾隆十年分應徵舊欠銀四萬五百九十餘兩准其緩至十一年麥後補徵另扣年限造報以紓民力該部遵諭速行

閏三月初四日奉

上諭長蘆所屬各州縣場所有乾隆七八九年緩徵帶徵銀兩今屆開徵之期雖應依限催輸以完正課但念該處連歲荒旱之後上年雖獲秋成竈戶究未充裕若令其全完數年舊欠未免拮据著將長蘆所屬各州縣場應完乾隆七八九年帶徵緩徵銀一萬一千一百餘兩自丙寅年起分作三年帶徵以紓竈力該部遵諭速行

五月二十三日奉

上諭直隷通省今年地丁錢糧已全行蠲免其慶雲鹽山二縣本年應徵竈課銀例不在蠲免之內朕念該二縣當積歉之後屢次加恩今雖得透雨

但收成尚難懸定若此項竈課銀兩照例按期催納民力未免拮据著將慶雲鹽山二縣本年應徵竈課暫緩徵納俟秋收豐稔該督奏明開徵該部即遵諭行

二十四日奉

上諭據安徽巡撫魏定國奏稱鳳潁泗三府屬上年夏秋被災去冬今春有借口糧籽種等項應於本年麥熟及秋收後歸還但查此三府屬尚有乾隆六七兩年借給未還各項前奉恩旨於丙寅戊辰年分完是本年已有應徵借項之項若再加以去冬今春所借一并徵還積困窮民實難完納仰懇聖恩緩至己巳庚午兩年分徵還項等語著准其所請將鳳潁泗三屬去冬今春借項均緩至己巳庚午兩年分完以紓民力該部即傳諭該督撫知之

二十四日奉

上諭江南上江之鳳潁泗三屬上年被災各州縣衛已加恩蠲賑頻施今春又降旨分別加賑今當麥收之後所有舊欠錢糧例應催徵完納從前降旨宿州等州縣舊欠錢糧俟年歲屢豐後帶徵鳳陽等州縣衛舊欠錢糧俟六七八等年民欠全完之後起限徵收但念宿州鳳陽臨淮懷遠虹縣靈璧鳳臺阜陽潁上亳州蒙城太和泗州盱眙五河霍邱等十六州縣並鳳陽鳳中長淮宿州等四衛

皆六七等年連被災祲之區上年又值歉收若帶徵積年舊欠民力未免拮据所有宿州等二十州縣衛今年麥收後著止帶徵十年一年未完之項其六年起至九年舊欠均緩至戊辰年起分年帶納其霍邱縣五年以前舊欠亦著俟六七八等年舊欠徵完之後再行啟徵該部即遵諭行

八月初五日奉

上諭山東省今夏被水各州縣據巡撫喀爾吉善先後題報查勘分別辦理除勘實成災各屬已加恩賑濟外其勘不成災州縣雖被淹稍輕既不能成完屬歉薄朕心軫念著喀爾吉善查明各州縣實在無力貧民按戶酌借麥本俾及時播種秋麥

所有借給麥本銀兩於來歲麥熟後徵收出借口糧於來歲秋收後免息徵還此等被淹地畝本年應徵錢糧著皆緩至來歲麥熟後啟徵以紓民力該部即遵諭行

九月十三日奉

上諭山東省東平等州縣今歲秋禾偶被偏災已屢降諭旨發倉賑恤其地丁錢糧俱已加恩蠲緩至漕糧一項例不在蠲免之內惟是被災之地責令完漕民力未免拮据朕心軫念著將被災偏重之金鄉魚臺二縣無論已未成災地畝本年應徵漕糧均緩至乾隆丁卯戊辰二年帶徵其被災稍輕之東平汶上濟寧武城四州縣應完災地漕糧著緩俟丁卯戊辰二年每年帶徵一半陽穀聊城莘縣滕縣單縣被災次輕應完災地漕糧緩至丁卯年帶徵所有一切漕項錢糧俱著隨漕緩徵俾災邑貧民得以從容輸納該部遵諭速行

二十八日奉

上諭浙江巡撫常安奏稱松江府屬下沙頭場又二三場并青村場蕩地所種晚禾忽生青蟲穗稻多被蝕傷收成頓減等語今歲江蘇錢糧朕已全數蠲除而場課例不在蠲免之內此項被蟲場地如令其照例輸課竈戶未免拮据著將松江下沙等場本年場課按照被蟲地畝緩至次年開徵完納以紓竈力該部即遵諭行

二十八日奉

上諭山東武定府屬海豐縣上年秋禾被旱經該撫奏准於例賑之外借給本年四月分一月口糧并酌借籽種又樂陵縣今夏二麥被旱成災照例借給籽種口糧海豐霑化陽信三縣麥收歉薄復加恩一體借貸接濟此項出借籽糧均應於秋收後照數徵還但念此四縣今歲秋禾雖屬有收究係積歉之後且均有新舊錢糧漕項應行輸納若再將前項借欠同時並徵民力未免拮据著將海豐等四縣本年麥後因災出借籽種口糧銀穀并海豐縣所借四月分口糧籽種銀兩一并緩至來歲麥秋後徵收還項以紓民力再德州德州衛陵縣德平武城清平長清高唐八州縣衛亦曾出借籽糧此內或有似此難以并催全完者著新任巡撫塞楞額察看情形酌量分別徵緩造冊報部該部即傳諭該撫知之

十月初四日奉

上諭直隸之贊皇鉅鹿獻縣故城四縣今春得雨稍遲該督那蘇圖酌借口糧籽穗米穀以資接濟例應於秋收後照數還倉今朕經過正定念此等無力貧民秋成雖屬豐稔恐食用尚難充裕若所借米穀照例徵還未免拮据著將贊皇等四縣所借米穀一并加恩寬免該督即遵諭行

二十四日奉

上諭河南永城虎邑夏邑三縣節年叠被水災今秋又復被水所有乾隆十年十一年民欠錢糧俱應緩至戊辰年開徵但朕思積歉之區縱使丁卯戊辰二年連獲豐收民間元氣亦難盡復乾隆戊辰年各邑既有本年應納之正賦又有乾隆十年水災案内應完帶徵錢糧若再將十年十一年分未完帶徵舊欠一并催徵民力恐不能支著將永城虎邑夏邑三縣乾隆十年分未完帶徵銀二萬八千八百餘兩緩至戊辰年徵收其乾隆十一年未完帶徵銀四萬二千四百餘兩緩至己巳年開徵俾民力得以展舒該部即遵諭行

二十四日奉

上諭山西大同朔平二府上年偶被旱災所有新舊應徵銀米豆麥等項俱令緩至今年秋收後徵輸在案現今大朔二府秋成各有七八分屆該開徵之期自應將新舊各欠一并催完惟是歉收之後民力尚未寬舒且為數繁多輸將未免竭蹷著將上年成災之大同懷仁渾源應州山陰廣靈陽高靈邱天鎮朔州馬邑并未成災而收成亦歉之右玉左雲平魯等十四州縣所有上年蠲剩緩徵帶徵及九年舊欠銀米等項俱暫行停徵統於乾隆丁卯己巳庚午三年内分限帶徵完納以紓民力該部即遵諭行

十二月初九日奉

上諭直隸慶雲鹽山二縣竈課節年災緩並帶徵等銀前經降旨自丙寅年分作三年帶徵但思二縣積歉之餘元氣未能全復若將分限帶徵舊欠一并開徵以一年而完積年之欠未免拮据所有該二縣本年應起限帶徵竈課銀兩緩至丁卯年照原案起徵俾緩舊徵新以紓竈力

十七日奉

上諭直隸鹽山慶雲二邑節年民借倉糧米穀借銀等項分作三年帶徵但朕念該二邑係積歉之區今歲秋成雖有六七分不等元氣尚未全復小民輸將未免拮据著將鹽山慶雲本年應帶徵民欠等項緩至丁卯年秋成完納以紓民力該部即

遵諭行

孚惠全書卷十五

編蠲緩五

乾隆十二年二月初九日奉

上諭豫省地丁錢糧今歲係輪免之年其耗羨舊欠等項俱予停緩俟次年補徵惟該省有額徵隨漕銀兩支給運軍行月錢糧例不蠲免但此項銀兩通省按畝徵收皆畸零小數小民難以輸將且豫省去歲亦有被災之處朕所軫念著照耗羨等銀之例將該省隨漕銀一十一萬八千餘兩緩至戊辰年補徵再歸德府屬有徵解江南船料銀兩亦係按畝徵收事同一例亦著緩至來年徵納其本項應用銀兩該撫酌量借撥該部即遵諭行

七月初一日奉

上諭據山東巡撫阿里袞奏稱濟南府屬之歷城章邱泰安府屬之萊蕪沂州府屬之蘭山郯城東昌府屬之臨清州衛並濟寧州低窪沿河村舍有被水之處其東昌府屬之聊城堂邑莘縣夏津臨清館陶東昌衛青州府屬之益都兗州府屬之陽穀滕縣等處被雹現已委員會同地方官確勘果否成災取具分數冊結詳報倒塌廬舍給資修葺淹斃人口資助掩埋捐傷秋禾酌給籽種及時補種等語東昌被水被雹州縣並前報被水之魚臺長清共二十州縣衛即使不致成災窮黎殊可憫惻著該撫加意撫恤務令得所其災戶應徵新舊錢糧俱著緩徵俟查明後照例辦理以紓民困

十五日奉

上諭前據山東巡撫阿里袞奏稱歷城等二十縣衛被水被雹朕已諭令緩徵今據續報濟南府屬之德州陵縣德州衛泰安府屬之泰安肥城東平州東阿平陰武定府屬之青城利津霑化兗州府屬之滋陽曲阜寧陽鄒縣金鄉濟寧衛嘉祥汶上壽張並東平守禦所曹州府屬之荷澤鉅野鄆城單縣城武沂州府屬之費縣東昌府屬之博平清平高唐恩縣青州府屬之博興高苑樂安等三十四州縣衛所六月下旬大雨時行山水漲發沿山傍水窪下鄉村一時宣洩不及晚穀未免損傷等

語雖屬偏災而被水窮黎深可憫惻著該撫加意撫恤所有應徵新舊錢糧概緩徵收以紓民力查明後應行辦理之處照例作速辦理務令得所

二十一日奉

上諭今歲浙江被水各縣朕已降旨分別撫卹其淳安壽昌遂安等處受災較重該省本年錢糧俱已蠲免而漕項尚應徵收若照例令其完納民情未免拮据著加恩將被水傷重地方應徵本年漕項俱行緩徵以紓民力至此等災民交冬之際如有衣食更覺艱難之處并令該撫查明辦理量加賑卹以資接濟

九月初六日奉

上諭本年七月十四日蘇松等處猝被風潮而崇明一邑被災為尤重朕前據安寧奏報深為憫惻即降旨諭令加意撫卹並截留漕米以備接濟又令大學士高斌留南查辦月餘以來憂心未嘗稍釋今續據安寧查報崇明一邑坍塌房屋漂沒人民甚多似此非常之災朕覽奏彷徨軫惻寢食為之不寧唯有速籌補救庶災黎得獲安全現據安寧奏報已撥運倉穀二十萬餘石並弛海口之禁俾商販流通米價不致甚貴則米糧一項似可無虞唯是房屋坍塌災民無棲身之所況轉瞬即屆嚴冬應速行給資修葺並於常例之外量為加增俾得從容措辦至於來春播種關係甚重亟應借

給籽種及時耕作亦令該督撫董率有司豫行經理又思崇邑被災既重縱使賑卹多方恐元氣不能驟復所有該縣應徵明年地丁錢糧特沛殊恩全行豁免至本年未完地丁以及折徵漕項并歷年帶徵緩徵銀兩概予停緩其綠旗兵丁朕已加恩一體查卹但念伊等廬舍人口同被災傷雖經安輯未免拮据著再加恩各賞給一月錢糧以資用度至寶山鎮洋各處被災次於崇明輕重不等其應如何賑恤加恩之處著大學士高斌會同該督撫悉心酌議無拘常例妥協辦理務使凋瘵復蘇災黎登衽席以副朕夙夜焦勞怵惕靡寧之意該部即遵諭速行

御製江南潮災歎 有序 丁卯

乾隆丁卯七月望蘇松瀕海潮之患崇明南匯為最重連延數州縣漂室廬溺老幼不可勝計督撫奏報賑救之策亦既殫力竭心而下詔蠲貺截漕更復多方籌畫然逮顧羣黎惻惻不能去諸懷夫六幕不調洪波示警伊誰之咎默焉效杜甫同谷作歌之體為江南潮災歎用示督撫諸臣兼以自訟云爾

江南古來稱澤國十歲九澇患不息集議為謀疏濬方補救惟應盡人力潮災數十歲一遇不先不後於茲值嗚呼一歌兮歌始辭遙遙南望興嗟咨

有奏有奏自南來七月望日潮為災天網浡潏洪濤湧氣壓百川為倒迴縱有禹也應束手胥為魚矣惟增哀嗚呼二歌兮歌再陳披奏到今常感辛

蘇松郡邑濱大海吁民之那堪遇凋瘵一夕風濤多沒淪南匯崇明首稱最去歲淮揚河患重朔乃災傷一時會嗚呼三歌兮歌放言波臣何處為招魂

彼時聞道多東風赤龍奮怒長蛟洪黿鼉蠖蜩偕勢雄磨牙礪爪思腹充萬間茅屋如捲蓬須臾化作馮夷宮嗚呼四歌兮歌四疊傷哉吾民命輕葉

民命輕如葉可傷昏夜走避無向方巨浪連山風更鼓淙淙汩汩雨屑涼屋廬漂蕩全家沒其稍幸者乃有孤兒嫠婦哭其傍嗚呼五歌兮歌未闋不

必恨見沸沈淵

死者已矣生還惘驚魂續定沉酸引徑貪狗餐飱為飢母牽子售非由恩此時破屋已無依特恨冬來更寒窘嗚呼六歌兮歌將已不為空言徒罪己誰云救災無善策盡一分心一分益截漕蠲稅粗示緊調劑詳籌敕臣職倉儲庫帑莫吝惜墨吏豪胥戒侵索嗚呼七歌兮歌捐終吾言有盡心何窮

二十五日奉

上諭江南鳳穎泗三屬頻年被災所有借給籽種口糧銀米曾經降旨將乾隆六七兩年借項於丙寅戊辰二年分還乾隆十年借項於己巳庚午二年分還但上年該處復被偏災今歲又值蠲免停緩之年若於戊辰年全行催輸民力未免拮据著加恩將從前分年帶徵之項分作戊辰己巳庚午三年按限徵還八九兩年借項亦於此三年內帶納其十一年出借之項著緩至辛未年催徵該督撫等務須轉飭屬員妥協辦理以副朕體恤災黎之意該部遵諭速行

十月十九日奉

上諭安徽宿虹等處秋禾被水成災業經加恩賑恤其漕項銀米例應照常徵納但思該地方積歉之餘民間元氣未復輸將未免拮据所有宿州靈璧虹縣并宿州一衛應徵漕項銀米俱著暫緩徵收俟來秋補徵搭運其未完節年漕項亦著停緩

照例分年帶徵以紓民力該部即遵諭行

二十二日奉

上諭甘肅之皋蘭金縣靖遠安定會寧五縣本年均被旱災且連歲歉收舊欠不少若一并徵輸民力未免拮据著將歷年未完額徵銀糧自乾隆戊辰年起分作五年帶徵其狄道隴西安化真寧寧州靜寧禮縣七州縣收成亦各有歉薄其歷年欠項一時完納維艱著將此七州縣歷年未完額徵銀糧自乾隆戊辰年起分作四年帶徵以紓民力

十二月二十二日奉

上諭山東省明歲係輪免錢糧之年所有乾隆十二年未完地丁銀兩應於奏銷前按欠催徵朕思本年齊河等各州縣被災地畝應完錢糧已照例蠲緩其勘不成災及不被災之處與災地毗連者收獲未能豐裕歲內完納錢糧已屬竭蹶若明歲奏銷以前再令完納未免拮据著將應徵未完錢糧於奉到諭旨之日加恩停緩展至己巳年照例帶徵以紓民力

乾隆十三年二月十七日奉

上諭上年甘肅蘭州等府屬有被旱成災之處已加恩賑恤俾災黎不致失所惟是本年地丁銀兩例於二月開徵朕念入春以來現在加賑去秋尚遠其應納額銀即於此時徵輸小民未免拮据著將蘭州等府屬之皋蘭金縣狄道靖遠安定會

華隴西通渭西固廳鹽茶廳平番中衛靈州十三處被災地方所有本年應納錢糧緩至秋成後再行徵收以紓民力該部遵諭速行

三月初八日奉

上諭上年直屬天津靜海文安大城霸州永清武清河間任邱南皮青縣滄州慶雲寧河津軍等十五州縣廳被水成災業已加展賑期多方撫卹目下閭閻已屆恐貧民尚不免拮据所有各該州縣廳應輸本年錢糧除未被水村莊仍令照例輸納其被災及現在加賑之處俱著加恩緩至麥熟後開徵以紓民力該部即遵諭行

二十一日奉

上諭直隸天津河間二府屬有疊被偏災之處已屢次加恩蠲賑俾小民不致失所但年來因災停緩之地糧并民借等項未完甚多有數倍於額賦者若一時並徵民力未免拮据著將天津河間二府屬所有乾隆十年以前停緩帶徵地糧銀兩及乾隆十二年以前民借各項令該督查明再展年限分晰帶徵至慶雲一縣土瘠民貧屢被災歉朕已恩加格外減去額賦借給牛種期以漸蘇民困其歷年積欠更多應較他處再加寬展俾催科不擾元氣盡復以裕閭閻生計著該督一并確查分別年限奏明辦理該部即遵諭行

四月初五日奉

上諭據山東巡撫阿里袞奏稱東省被水州縣成災地畝應徵漕糧業經題請分別緩帶其未被災地畝糧石例應催徵完納惟兗州府屬之滋陽滕縣嶧縣三處因不成災地畝俱與災地毗連收成歉薄一時完納不前應請緩至本年秋後徵輸等語滋陽等三縣被水歉收民食艱難朕巡行時所親見而深悉者著加恩將此三縣無論成災不成災地畝乾隆十二年應徵未完漕糧全行寬免以蘇民困該部即遵諭速行

二十三日奉

上諭江南崇明一邑上年猝被潮災已降旨將乾隆十三年地丁錢糧全行豁免其隨徵耗羨及應徵之蘆課皇莊籽粒銀兩不在蠲免之例但念該處大祲之後實非尋常拮据可比著加恩一并豁免俾民力得以稍紓該部即遵諭行

五月二十二日奉

上諭河南歸德府屬之永城鹿邑夏邑三縣九年之中六被水災雖屢經蠲賑而錢糧積欠甚多難以按期完納是以十二年十月內曾經降旨將永城鹿邑夏邑三縣乾隆十年分未完帶徵銀兩緩至戊辰年徵收其乾隆十一年未完帶徵銀兩緩至己巳年開徵今屆戊辰之年理應徵乾隆十年帶徵銀兩但該三縣尚有乾隆十年水災案內未完帶徵緩徵及司庫歸補銀兩乾隆十一年水災

案內未完帶徵司庫借項及乾隆十二年耗羨等銀兩為數甚多且有本年應徵正賦若俱於今年奏後新舊並徵恐民間元氣未復力有難支朕心深為軫念著將永壽夏三縣民欠乾隆十年十一年水災案內未完帶緩錢糧及借領司庫耗羨等銀共一十七萬四千有零俟己巳年徵完乾隆四六七三年舊欠之後於庚午年起分作三年帶徵其歸德府所屬之商邱柘城二縣亦經連被水災現有民欠乾隆十年十一年地丁借領等銀兩俱應開徵誠恐小民以一年之所入而完數年之逋賦不免拮据著將該二縣所有借領司庫銀兩及本年正賦先行徵收其未完乾隆十年十一年地丁

銀兩俟來歲己巳年起亦分作三年帶徵庶俾民力寬紓該部即遵諭行

六月初十日奉

上諭陝西西安同州鳳翔乾州等府州所屬低田尚屬有收高阜之地因雨澤未遍收成歉薄定例應俟秋穫時確勘分數辦理但朕念秦民一年生計全仗夏收而收等被災處所又係上年歉收之地今歲遇閏秋收為期尚遠民食艱難深可軫念著將耀州臨潼渭南涇陽三原咸陽興平高陵富平醴泉大荔朝邑郃陽澄城韓城蒲城白水鳳翔扶風乾州永壽武功等二十二州縣夏收五分以下之村莊內乏食窮民咸予撫卹一月口糧折給

銀兩俾得接濟被災里分本年應徵地丁麥石緩俟秋熟後徵收其耀州等十六州縣被災里分內十二年分緩徵地丁糧石尾欠及興平鳳翔扶風乾州武功等州縣被災里分內十二年分未完地丁糧石尾欠一并緩至己巳年帶徵完納庶災黎既資接濟復免拮据以待秋成該部即傳諭該督撫速行妥辦用慰朕勤恤民隱之念

二十五日奉

上諭山東今歲係普免錢糧之年耗羨亦已緩徵閭閻可以無擾惟是該省有漕倉項下錢糧共銀十七萬五千餘兩例無蠲免亦不緩徵但念此項錢糧必須核派細數按戶摘徵則是當此與民休

息之年仍未免追呼之擾況該省當積歉之餘尤宜加意培養著將前項漕倉等錢糧十七萬五千餘兩除已徵外其餘概緩至己巳年開徵輸納至本年應需解支各款著於司庫別項銀內酌量借動俟來年徵解歸款該部即遵諭行

閏七月二十九日奉

上諭據黃廷桂奏稱哈密蔡湖回屯地畝本年因渠水缺乏夏田被旱補種秋禾又復缺雨并稱回民自種田畝亦均被旱傷難收成與否尚難豫定將來終屬歉薄等語哈密回屯地畝既被旱傷其原借籽種糧石著緩至來歲秋後徵收至回民自種地畝向無因災議撫之例但哈密遠在邊徼此

種回民夏秋田禾盡被旱傷未免口糧拮据著於
哈密倉貯糧內賞借口糧麥二千五百石交自
予玉素富擇回民中之乏食者分散借給以資秋
冬餬口此項借給口糧同本年原借出陳易新糧
石統俟己巳年秋後分作二年帶徵

八月二十五日奉

上諭河南開歸陳汝許五府州屬之通許等二十
八州縣有自乾隆七年以後至十二年民欠未完
常平社穀共二十三萬一千餘石例應於本年秋
成後本息並徵但念此二十八州縣連年被災民
多艱窘今歲雖幸獲有收而元氣尚須培養若將
此項穀石本息一時並徵民力未免拮据著將本

穀於秋後按數徵收其息穀加恩緩至次年帶徵
以紓民力該部即遵諭行

十月初一日奉

上諭朕前因山東今歲係普免錢糧之年耗羨亦
已緩徵欲使閭閻無擾特將例不緩徵之漕倉項
下錢糧十七萬五千餘兩緩至己巳年開徵輸納
乃漕倉項內尚有臨德二倉項下本色米麥及衛
地屯糧等款共銀七萬八千四百餘兩從前該撫
查造冊籍之時遺漏未及又本年帶徵十一十二
兩年漕項銀三萬七千餘兩年分雖殊款項則一
亦未入於緩徵之內朕思東省積歉之後亟應與
民休息漕倉既已緩徵前項遺漏銀兩豈可因其
未經查造仍復徵輸以滋優累著將遺漏未報二
項漕倉項下銀十一萬五千餘兩概行緩至己巳
年一律開徵俾無互異該部即遵諭行

初八日奉

上諭據那蘇圖奏直屬北方今歲收成豐稔惟是
幅員遼闊如宣化府屬之西寧蔚州蔚縣三州縣
內間有雨暘不能應時及偶被微雹之處俱勘明
被災不及五分其所借錢糧例應緩至來年麥熟
後徵收等語宣屬係積歉之區且地方寒冷播種
秋麥者甚少若僅緩至來歲麥熟後徵收輸將未
免拮据著將西寧蔚州蔚縣三州縣被災不及五
分之各村莊應徵新舊錢糧借穀俱加恩緩至來

年秋成後徵收俾民力寬紓示朕體卹邊民之意
該部即遵諭行

十八日奉

上諭江蘇從前被災地方所貸籽種牛草等項銀
米節經該督撫題明分年緩帶今秋既獲豐登自
應按限催徵但朕念該處連歲歉收帶徵之項遞
年積累爲數孔多若應徵銀米并集一時小民既
須措辦本年正供及積欠地漕銀兩又應交還帶
徵之項恐力有拮据著加恩將淮安府屬之山陽
阜寧清河桃源安東大河淮安二衛徐州府屬之
銅山沛縣邳州睢寧揚州府屬之寶應海州並所
屬之沭陽贛榆自乾隆五年起至乾隆十三年未

完籽種牛草米麥等項共三十九萬餘石統於己巳年麥熟後起限分作四年帶徵其太倉州屬之崇明縣上年潮災頗重本年二麥復被害傷情形亦與他邑不同所有乾隆十二年並本年借給籽種口糧亦寬予二年之限於來歲麥熟後起徵如此則民力既得寬紓災區元氣漸復該部即遵諭速行

十一月初八日奉

上諭山東今歲應徵之因災出借各穀七十六萬餘石春借穀四十六萬餘石又本年帶徵之穀十數萬石及麥本籽種漕倉項下應徵積欠錢糧為數甚多一時銀穀並徵即屬大豐以一年而完積

年之欠民力未免拮据著加恩於今歲歲底截數所有未完穀石內將春借一項於明年麥熟後徵收一半秋成徵收一半留其餘力以輸該年正供其歷年因災出借之常監等穀概寬至庚午年起分作五年帶徵俾民力舒徐完納以示優恤窮黎之意該部即遵諭速行

二十五日奉

上諭安徽從前被災地方所借籽種牛草等項銀米節經該督撫題明分年緩帶今秋既獲豐登自應按限催徵但朕念該處連歲歉收帶徵之項遞年積累為數孔多若應徵銀米并集一時小民既須措辦本年正供又應交還帶徵欠項恐力有拮据著加恩將鳳陽府屬之宿州鳳陽臨淮懷遠虹縣鳳臺靈壁潁州府屬之阜陽潁上霍邱亳州蒙城太和泗州並所屬之盱眙及宿州泗州鳳中長淮四衛未完乾隆十年以前所借之籽種口糧銀米等項共十九萬八千餘寬至乾隆己巳年麥熟後起限仍照原限分作三年帶徵又鳳陽府屬之宿州鳳陽臨淮懷遠虹縣鳳臺靈壁潁州府屬之霍邱亳州蒙城太和泗州屬之盱眙泗州長淮二衛未完乾隆十一年所借之籽種口糧銀米共三萬七千餘照原降諭旨遞緩一年徵完再鳳陽府屬之宿州懷遠虹縣靈壁定遠滁州屬之來安并宿州衛未完乾隆十二年所借之籽種口糧及定

遠一縣未完乾隆四年借項共一萬八千餘寬至己巳年麥熟後起限分作二年帶徵如此則民力既得寬舒災區元氣漸復該部即遵諭速行

乾隆十四年正月初三日奉

上諭東省連歲歉收朕心深為廑念多方賑恤加意培養上年雖獲有秋而元氣尚難遽復著加恩將該省自乾隆六年至十二年舊欠銀一百九十二萬一千六百餘兩統於庚午年起分作五年帶徵庶輸將稍易小民得以寬舒該部即遵諭行知該撫飭屬通行曉諭實力奉行無致胥役作弊滋擾以副朕軫念窮黎之意

二月初六日奉

上諭山東積歉之後上年甫慶有秋民力未能充裕朕已降旨將該省應徵民欠内因災出借並參本籽種漕倉各項錢糧分别緩帶所有自乾隆六年至十三年未完之籽糧牛費麥本等銀除應歸各年歉徵運外尚有十三年應徵銀八萬二千五百餘兩並自乾隆五年至十三年未完商社各穀除挨年帶完各歸年款徵運外尚有十三年應徵穀十一萬四千五百餘石俱着加恩自今歲秋收起分作三年帶徵以紓民力該撫務飭所屬有司通行曉諭俾閭閻均霑實惠以副朕休養阜成至意該部即遵諭速行

二十日奉

上諭據黄廷桂奏稱上江所屬之合肥壽州鳳臺鳳陽貴池懷遠靈璧虹縣滁州全椒和州泗州五河臨淮盱眙鳳陽衛長淮衛十七州縣衛俱各被水其臨河窪下之處秋成未免失望等語今歲各路豐稔該處雖屬偏災但被水貧民不無拮据所有應完新舊錢糧着加恩緩至明年麥熟後開徵以紓民力該部即遵諭速行

十月初十日奉

上諭今歲各省大概豐收惟安徽省之壽州鳳陽臨淮泗州鳳臺懷遠五河靈璧八州縣並出落之鳳陽鳳中長淮泗州等四衛原係積歉之區而本年六七月間大雨疊降被災稍重未免向隅再宿州虹縣靈璧三州縣及宿州衛被災雖輕民力不無拮据應加恩將漕米漕項分别蠲緩以紓民力着將壽州等八州縣及出落之鳳陽等四衛按成災分數照例蠲免其蠲剩銀米着於次年帶徵搭運再宿州等三州縣及宿州衛亦一并緩徵俟至次年完納以昭朕軫恤民依之意該部即遵諭速行

十一月初一日奉

上諭據甘肅巡撫鄂昌奏稱甘州府屬之張掖縣暨東樂堡縣丞分駐地方涼州府屬之鎮番平番二縣寧夏府屬之寧夏寧朔中衛三縣直隸肅州並所屬之高臺縣秋收俱僅五分以上實屬歉薄

等語收成五分以上例不蠲免錢糧但該省土瘠民貧偶值歉收民力不無拮据宜量加體恤着將張掖東樂鎮番平番寧夏寧朔中衛肅州高臺等州縣堡屬本年未完正賦及帶徵各年正借錢糧暫予緩徵俟明歲麥熟後照例催納該部即遵諭速行

孚惠全書卷十六

孚惠全書卷十七

偏隅蠲緩六

乾隆十五年正月初九日奉

上諭據甘肅巡撫鄂昌奏稱肅州并山丹縣地方收成歉薄從前州縣有匿災未報查勘不實之弊已飛飭委署寧夏道楊灝候補知州許登第逐一查明借給口糧等語甘省邊遠邊陲地瘠民貧非他省可比鄂昌於奏報賑務情形甚屬遲緩著飭行其肅州被災地方已降旨緩徵外山丹縣被災之處所有本年未完正賦及帶徵各年未完正借錢糧概予緩徵以紓民困并作何資助之處該撫即速查明分別借賑一面奏聞一面辦理副朕軫

念邊氓至意該部即遵諭速行

六月十六日奉

上諭據直隸總督方觀承奏稱新城縣屬之東雙鋪殖高橋等十九村雄縣屬之四柳莊等十一村俱因清河水漲淹及民田目今水已涸出正可補種蕎麥應查明無力貧戶酌借籽種以資力作其永清之王居等村霸州之堂二鋪等村武清之王慶坨等村皆附近永定河因各壩減水過多引河不能容納致有淹浸其貧民無力補種者懇准與一例查明酌借籽種照例於來年免息還倉等語今歲河水盛漲居民田畝被淹朕心深為軫念此時即經補種亦係雜糧僅資餬口所有借給籽種著加恩賞給不必還倉該督方觀承速行查辦務令被水災黎均霑實惠無致失所

九月十七日奉

上諭據陝甘總督尹繼善等摺奏陝西通省秋禾秀實現在漸次登場所有附近西安一帶高原旱地前雨未徧後雨過時收成不無歉薄但細察民情目前餬口有資無須濫行報災惟是應徵錢糧若仍照常催徵民力不無拮据等語著照所請將陝西西安府屬之咸寧長安臨潼醴泉涇陽咸陽三原高陵興平富平耀州並乾州商州山陽商南等十五州縣被旱村莊歉收地畝本年應完新舊地丁等糧及本色折色並各項尾欠加恩緩至明

年麥熟後徵收以紓民力至來春青黄不接時仍令該督等悉心體察有再應加恩酌借接濟之處即著據實奏聞妥協籌辦毋使小民或致失所

十一月十三日奉

上諭山東蘭山郯城二邑今秋被災稍重其勘明成災處所已照例分別蠲緩加恩賑恤至勘不成災之處雖云有收究屬歉薄著加恩將該二邑毗連災區之歉收地畝所有應徵新舊錢糧米穀等項俱令緩至次年麥後徵收以紓民力該部即遵諭行

十八日奉

上諭今歲大同朔平所屬州縣內有歉收之處雖

係六分以上與緩徵之例不符但該處俱係邊郡
若新舊並徵輸將未免拮据著加恩將大同府屬
之大同懷仁靈邱廣靈渾源應州山陰天鎮陽高
及朔平府屬之馬邑等州縣應徵舊欠錢糧米豆
暫緩至明年麥熟後徵收一半其餘一半至秋後
徵完以紓民力該部即遵諭行

十二月初七日奉

上諭據湖北巡撫唐綏祖摺奏安陸府屬沔陽天
門二州縣乾隆十二年分借給窮民穀九千餘石
原應於次年催徵全完因該州縣十三四年接連
被災未經徵輸其天門一縣又有上年續借穀二
千餘石今歲甫得有收若一時並徵未免拮据等
語著將沔陽天門二州縣所有原借續借穀石再
加恩准其分限二年於本年及來歲秋成後陸續
按數還倉以紓民力該部即遵諭行

乾隆十六年二月二十四日奉

上諭江蘇之淮徐等屬上年秋禾被水已經加恩
蠲賑所有餘剩應徵漕米麥豆等項緩至今冬帶
徵但念該地上年被水稍重即使今歲秋成豐稔
而災歉之餘民氣正宜培養若令新舊並輸小民
生計難免拮据著將淮安府屬之清河桃源安東
大河衛徐州府屬之邳州宿遷睢寧直隸海州并
所屬之沭陽等處八州縣一衛本年應行帶完乾
隆十五年災蠲餘剩漕項米麥豆石俱分作三年

帶徵以紓民力該部即遵諭行

五月十四日奉

上諭據直隸總督方觀承奏稱霸州等處上年勘
不成災及歉收各村莊所有借給籽種口糧例應
按期催追還倉但現在各處麥收雖屬可期而米
穀無出民力不無拮据等語著照所請將霸州涿
州寶坻薊州豐潤清苑雄縣祁州容城河間完縣
肅寧任邱天津青縣靜海定州曲陽宣化懷安萬
全蔚縣等二十二州縣內從前借給各村莊米穀
無論加息免息俱緩至本年秋成後照數完交以
紓民力該部遵諭速行

閏五月初四日奉

上諭上年浙省溫台各屬內有偶被偏災之處業
經照例蠲賑其蠲剩漕項銀米已令緩至本年麥
熟後徵收今該處春間雨水稍多麥收歉薄現在
減糶加賑以資接濟所有此項蠲剩銀米若仍照
舊催徵小民未免艱於輸納著加恩緩至本年秋
收及壬申年麥熟後分作兩年帶徵以紓民力該
部遵諭速行

十六日奉

上諭據署長蘆鹽政高恒摺奏東省永阜等場今
年海潮漫溢灘鹽被淹況值奏銷届期正雜課項
均應催徵全完實難措辦等語著將山東乾隆十
六年春夏二季正課緩至壬申起分限二年帶徵

以紓商力該部遵諭速行

二十七日奉

上諭前據福建總督喀爾吉善巡撫潘思榘奏報汀州府屬之寧化清流二縣溪河異漲漂及鄉城已經降旨令該督撫等將應行撫卹事宜即速查辦今思二縣被災情形頗重所有應徵新舊錢糧暫停徵收其被災各户分别極貧次貧酌量撫卹該督撫督率屬員實力查辦俾災黎均霑實惠毋致一夫失所該部遵諭速行

二十九日奉

上諭山東蘭山郯城一帶上年被災頗重今歲朕經臨時留心體察地方情形即不及他處後經該撫奏報麥收分數亦稍遜於鄰郡雖從前屢加賑卹而民力初蘇之際即將緩徵之項照例催輸小民未免竭蹶著加恩將上年蘭山郯城二縣被災案内緩至今年徵收之新舊錢糧米穀及糶剩各款概緩於明歲麥熟後起徵以紓民力該部即遵諭行

七月十五日奉

上諭浙東各府雨澤未遍禾稼歉收該撫永貴彙疏題報者五十餘州縣衛前已降旨令該撫一切撫綏無令失所但該省今年被災較重若但照夏月被災之例賑給抒本恐不足以資接濟著加恩將各屬勘實成災之地概照秋災定例分别極貧次貧就其成災分數均予按月加賑口糧所有應徵各項銀米亦照定例分别蠲緩以紓民力該撫董率屬員悉心查勘一面辦理一面奏聞務使窮民得霑實惠

八月初五日奉

上諭今歲豫省河内等州縣河漲被淹雖據該撫照例撫卹但念該州縣屬猝遭異漲被災稍重窮民生計尚多拮据著將被水之河内武陟陽武封邱祥符延津滑縣所有漕項銀米加恩緩至明年秋成徵收其中牟儀封鄭州滎澤温縣陳留陽武封邱蘭陽虞城河内武陟原武等十三州縣灘地糧銀亦著緩至明年麥熟後徵收以紓民力該撫董率屬員實力妥辦務令窮黎均受實惠該部遵諭速行

十一日奉

上諭今歲山東被水州縣前據奏報即降旨加意賑卹撫綏所有本年應徵漕項定例不准停緩但念該省被災情形與豫省相同且從前積歉之餘元氣未復朕心深為軫念特行格外加恩著該撫鄂容安詳查被災最重州縣若閭閻有拮据情形其如何緩徵之處速行奏聞請旨該部即遵諭行

十月二十日奉

上諭今歲豫東二省被水地方稍為廣闊曾經降旨將豫東之河内等州縣應徵漕項加恩緩徵其

東省被災州縣應徵漕項並令該撫酌量查辦今
據該撫鄂容安請將災重之東平等州縣漕糧漕
項一併分别緩徵漕糧關係天庾正供自不便與
漕項銀米槩行停緩但念被災窮民辦漕米免苦
採買該處收成歉薄若留此米石俾其流通於民
間市價自可不致昂貴於閭閻口食甚屬有益著
再加恩將東省之東平等二十州縣及豫省之河
內等七州縣本年應徵漕糧一併緩至來年秋成
徵收以紓民力至東省之濮州等七州縣被災既
屬較重雖經照例給賑而明春青黄不接之時亦
宜豫籌接濟著該撫鄂容安查明極次貧户屆期
酌量分别加賑以示朕軫恤災黎之意該部遵諭
速行

二十三日奉
上諭朕前降旨將甘省乾隆元年至十年舊欠錢
糧概與豁免復令將乾隆十一年至十四年未完
銀糧分作五年帶徵俾得從容輸納以恤邊氓惟
是甘省各屬舊欠錢糧之外尚有額徵草束一項
不在蠲緩之例歷年既久積欠已多若令其按年
一併完納未免拮据著將甘省乾隆元年至十四
年未完草一千五百萬餘束分作十年帶徵以紓
民力該部即遵諭行
十一月初十日奉
上諭四川雅州府從前撥運小關子地方米石有
積存軍米准給天全州蘆山縣二處里民豫借定
限兩年內還繳米價以歸帑項今歲蘆山縣收成
稍薄若於正賦之外照天全州之例一體並徵閭
閻未免拮据著將蘆山縣未完餘欠米價加恩緩
至明年徵收以紓民力該部即遵諭行
十二月二十五日奉
上諭東省今歲偶被偏災所有應行賑卹事宜已
加恩分别辦理此內之濮州東平東阿壽張菏澤
范縣濟寧鉅野金鄉平陰等十州縣收成較爲歉
薄小民辦賦維艱著將本年應徵額賦銀三萬餘
兩帶徵節年舊欠銀二萬三千餘兩一體緩至明
年麥熟後完納以紓民力該部即遵諭行

乾隆十七年二月初一日奉
上諭十五年盛京所屬遼陽等七城借給旗人倉
糧若同應交地糧全行一時交納不無少有拮据
著施恩將十年借給旗人米石於今年起展三年
陸續還交該部即遵諭行
六月二十七日奉
上諭河南陽武封邱祥符延津滑縣等五縣上年
河水漫溢秋禾成災業經節次加恩賑卹所有未
完乾隆十六年分錢糧均應於本年徵收除祥符
一縣前次特恩全行蠲免外所有陽封延滑四縣
上年錢糧著加恩緩至本年秋後開徵其陽封延
三縣被災較重所有應徵本年錢糧亦著加恩緩

至次年麥後開徵以紓民力該部遵諭速行

十月十五日奉

上諭山西蒲解等屬秋禾被旱業經照例賑卹其災地內原未補種秋禾麥地及附近災地得雨稍遲之處應納糧賦定例不在蠲緩之列仍應按限輸將貧民未免拮据著加恩將永濟等十一州縣蠲緩餘剩留種麥地錢糧及平陸河津稷山絳州等四州縣本年下剩未完民賦一併緩至來歲麥熟後徵收以紓民力其平陸等四州縣應行徵半還倉之春借常平義社各糧亦著加恩全行緩至來歲秋收後徵收俾民食得以寬裕該部遵諭速行

十一月初六日奉

上諭上年豫省陽武河工漫溢陽武封邱祥符延津四縣均被偏災所有應借麥種銀數應於本年秋後徵還但念災地甫經翻種收成尚歉且本年仍有應徵帶徵之項一時併徵未免民力拮据著將陽武封邱祥符延津四縣災民所借籽種銀數俱緩至明年麥後開徵以紓民力該部即遵諭行

二十三日奉

上諭江蘇淮徐海三屬屢被偏災今歲雖獲豐收而積歉之餘民氣未復所有本年地丁漕米已多全數通完其歷年被災停緩漕米若概令完納未免拮据著加恩將乾隆十五年以前緩欠漕米分作癸酉甲戌二年帶徵以紓民力該部遵諭速行

二十六日奉

上諭陝省今年被旱偏災屢經降旨令該督撫等加意撫恤其勘不成災及與災境毗連州縣應徵銀糧雖定例不准蠲緩而該處收成究屬歉薄小民既謀食用復納輸將未免拮据著加恩將韓城麟遊南鄭西鄉城固褒城沔縣洵陽平利三水中部洛川宜君華危興安隴州邠州汧陽鳳縣略陽石泉長武鎮安雒南等二十四州縣本年未完地丁銀四萬八千餘兩本色糧米一萬三千餘石緩至來年麥熟後帶徵完納其節年民欠常平社倉糧石及南鄭一縣未完乾隆十六年屯豆五百餘石一併緩至麥熟徵還以紓民力該部遵諭速行

十二月十七日奉

上諭直隸開州東明長垣三州縣上年曾被水災今歲收成亦未豐稔所有節年民借籽種口糧並麥種銀兩例應於開徵之期照數徵還但念災地民氣未能驟復一時新舊併徵不無拮据著加恩將開州東明長垣三州縣上年被水村莊應完乾隆十六十七兩年所借籽種口糧穀石並十六年借給麥種銀兩俱緩至來年麥秋後照例徵收以紓民力該部遵諭速行

乾隆十八年二月初八日奉

上諭河南陽武封邱延津武陟等州縣近年被水

偏災屢經降旨加恩賑卹並將乾隆十六十七兩年應徵錢糧分別緩帶今屆開徵之年自應照例完納但念該地積歉之餘元氣未能驟復若一時新舊並徵閭閻未免拮据著加恩將陽武封邱延津武陟四縣十七年分緩徵錢糧分年帶徵其歷年所有借欠常平倉穀均分作兩年徵收以紓民力該部即遵諭行

三月初一日奉

上諭豫省今歲雨澤應時麥秋可望豐稔但念該省積歉之餘民氣尚未全復所有舊欠倉穀籽種等項若一時並徵閭閻生計未免拮据前已降旨將陽武等縣借欠倉穀分年帶徵著再加恩將祥

符陳留蘭陽鄭州滎澤河陰商邱永城鹿邑夏邑汲縣新鄉獲嘉淇縣滑縣濬縣上蔡太康等十八州縣借欠籽種銀兩俱一體分作兩年徵還以紓民力該部遵諭速行

十六日奉

上諭山西歸化城口外善岱等處各協理通判所管招民墾種荒熟地畝歷年應徵租糧草折自乾隆二年至乾隆八年積欠未完銀兩甚多若一時新舊並徵民力未免拮据且該處情形與內地不同應加恩分別帶徵著將善岱舊欠自乾隆十八年起分限二年完都爾舊欠分限四年和林格爾舊欠分限五年托克托城舊欠分限八年清水河

舊欠分限十年該承追督催各官照依分定年限如數帶徵俾漸次清完以紓民力該部即遵諭行

十七日奉

上諭據山東巡撫楊應琚奏武定登州曹州等府今年雨雪調匀麥收可望但各該府屬之利津等縣俱經被水之後若將節年拖欠未完之項照常徵比民力未免艱難等語著將武定府屬之利津霑化蒲臺海豐四縣登州府屬之蓬萊榮成福山棲霞四縣及曹州府屬之濮州范縣二州縣應徵節欠穀石統於本年秋後起限徵收分作兩年完納以紓民力該部即遵諭行

十月初九日奉

上諭河南陽武封邱延津及武陟等縣疊經被水民力拮据所有陽武封邱延津三縣本年帶徵倉穀及應還籽種銀兩並武陟縣民欠未完籽種銀穀俱著緩至明年麥熟後徵收以紓民力該撫仍加意撫綏或冬春之交尚須接濟並照例給予籽種口糧務實力查辦無致失所該部即遵諭行

十一月初八日奉

上諭今年山東掖縣濰縣昌邑等屬猝被風潮間有淹傷處所其應徵欠項若一體徵收民情未免拮据著將掖濰昌三邑被水各村莊應追舊欠錢糧借穀俱緩至明年麥熟後徵收以紓民力至昌邑一縣被傷較重雖例不邀賑卹但現今時屆寒

冬窮黎待哺情堪憫惻著該地方官查明貧乏之食貧民加恩賞賑一月口糧以示軫恤該部遵諭速行

乾隆十九年正月十五日奉

上諭山東兗州府屬之滕縣嶧縣魚臺縣濟寧州沂州府屬之蘭山縣郯城縣東昌府屬之聊城縣東昌衛臨清衛等處窪地積水未盡消涸春麥難以佈種所有貧乏之戶著該撫查明於青黃不接之時酌借口糧以資接濟其節年帶徵及乾隆十七十八等年應徵地丁等項銀兩若照常催徵未免拮据著一併緩至明春開徵以紓民力該部即遵諭行

乾隆二十年九月初五日奉

上諭盧見曾奏本年七月淮屬被水房舍坍倒秋禾淹浸多情形窮丁猝被潮災深堪矜念著即速查明乏食窮丁先行撫恤一月口糧所有修葺除理之費速行查明動給毋致稍有失所其本年竈戶應徵錢糧並著分別蠲緩極貧戶口再行加賑該督撫鹽政率屬實力辦理務俾均霑實惠至通屬之石港等十場及泰屬之富安等南五場雖被水較重而值此風潮竈戶未免拮据其無力窮丁並著一體賞給一月口糧新舊欠項概緩至來年徵收以紓丁力該部遵諭速行

二十日奉

上諭今年江蘇所屬州縣夏間雨水過多窪地田禾被淹秋後又間有蟲災已屢經降旨令該督撫加意撫綏賑恤並截留漕糧撥運米麥以資接濟但該處現有災傷民力未免拮据現在漕糧將次開徵除遵旨截留外著將災地應徵處所加恩改收折色以紓民力該督撫查明分別被災輕重一面奏聞一面辦理以示軫卹災黎之至意該部遵諭速行

十一月二十六日奉

上諭今年山東州縣間有被災處所業經加恩賑卹其成災地畝民欠錢糧已降旨緩徵惟是毗連災地之村莊雖勘不成災而收成究屬歉薄若照

常催徵民力未免拮据著將濟寧蘭山郯城利津等四州縣毗連災地處所民欠新舊錢糧倉穀及牛具籽種銀兩俱加恩暫行停緩俟明歲麥熟後再行徵收以紓民力該部即遵諭行

十二月十四日奉

上諭本年陝西延安榆林二府屬間有歉收州縣已准該撫等所請照例分別緩徵其榆林府屬之葭州神木府谷三州縣地處沿邊夏秋雨澤愆期收成亦多歉薄若錢糧倉穀照舊催徵未免拮据著加恩將該三州縣本年未完銀糧草束及借欠常社倉糧一體緩至明年秋後徵還以紓民力該部即遵諭行

孚惠全書卷十八

偏隅蠲緩七

乾隆二十一年二月初四日奉

上諭陝省延安府屬之靖邊定邊二縣榆林府屬之榆林懷遠葭州神木府谷五州縣上年收成歉薄業經該撫等分別借給口糧銀穀以資接濟第念邊地沙瘠之區當此歉歲所借銀穀若照例於今年秋成後徵還小民生計未免拮据著加恩將此七州縣有業農民所借常社穀石及糶價銀兩均緩至丁丑年徵還以紓民力其無業窮民所借口糧即概行賞給以示朕懷保至意該部即遵諭行

初八日奉

上諭上年浙省杭湖各屬間有被災之處業經加恩蠲緩其與災地接壤各州縣雖勘不成災收成究屬歉薄現既完納漕糧而地丁錢糧復須按限催徵民力未免拮据著加恩將杭州府屬之錢塘海寧餘杭富陽臨安嘉興府屬之嘉興秀水嘉善海鹽平湖桐鄉石門湖州府屬之孝豐等十三縣並已報被災之仁和等十三州縣內例不緩徵各戶所有應徵乾隆二十年分未完地丁錢糧一併緩至今歲蠶收麥熟後完納以紓民力該部遵諭速行

四月十六日奉

上諭上年浙省偶被偏災收成歉薄所有應徵地丁錢糧業已加恩蠲緩其例不緩徵各戶亦經降旨緩至蠶收麥熟後完納但念該省被災亦重現在米價未平小民生計專賴蠶麥以資接濟若新舊並輸則窮黎口食仍恐未免拮据著再加恩將該省緩徵各屬乾隆二十年分地丁錢糧一併緩至本年秋成後開徵俾得從容完納以紓民力該部即遵諭行

五月初八日奉

上諭據喀爾吉善奏杭嘉湖紹等府四月以來雨多晴少窪下之處不無積水麥穗受傷蠶事亦甚減歉等語前因該省去秋收成歉薄已降旨將乾

隆二十年應徵地丁錢糧緩至本年秋成後開徵惟是浙省小民生計專賴蠶麥以資接濟今據目下情形所有本年地丁錢糧若照例按期收納民力未免拮据著再加恩將該省各屬本年春夏應徵地丁錢糧一併緩至秋成後開徵以紓民力上年浙省所屬被災之處與江南接壤者竟與江南無異周人驥身為巡撫不能熟籌賑卹且有粉飾諱匿之意朕前之重加處分者原非獨為鄂樂舜一事正以其罔卹民瘼有忝封疆重任耳其江南上年被災州縣如有應行分別緩至秋收開徵者著尹繼善莊有恭詳細查明據實具奏候朕酌量降旨

御製命緩徵浙江本年正供詩以紀事有序丙子
總督喀爾吉善奏浙西各屬過夏麥豐俱減因
命緩本年應徵賦稅以紓民力並詔江蘇大吏
察上年災重之地一體緩徵以示軫卹
越角連吳根被災大都似吳吏陳備悉越北或諱
飾叶所以蠲賑惠遂因異倍從徐察知其然補救
原同視茲閭閻奏歉並切飢溺己蠲租及截漕次
第施行矣緩徵逮本年例外蘇瘡痏絜矩有常經
念此寧忘彼中命詔吳中民瘼虛心揣其有災重
區於越恩一體致和已愧之極災可更妄覬望凡
秋登元氣復閭里
七月初一日奉

上諭上年江省成災之地業經發帑賑卹並將應
徵錢糧分別蠲緩次重較輕及勘不成災之各州
縣所有新舊應徵銀米亦俱加恩於麥收後催納
又念該處災侵之餘元氣未復特降旨該督撫等
查明再行展緩今據尹繼善等分別查明奏覆朕
思現在麥收雖屬豐稔民力猶未免拮据著再加
恩將阜寧等二十七州縣衛所有本年麥收應徵
之新舊地丁漕折各項以及借欠籽種口糧等一
概緩至九月秋收後開徵以紓民力該部遵諭速
行
九月十一日奉
上諭據浙省督撫等奏報本年秋成豐稔其杭嘉
湖紹四府屬上年被災緩徵各戶所有借給新舊
籽本例應徵收歸補但朕思該省災歉之後甫獲
有秋若與應完各項錢糧一時兼徵小民未免拮
据著將借給籽本一項加恩緩至二十二年麥熟
後免息徵還以紓民力該部即遵諭行
二十八日奉
上諭晉省寧武州等處因上年收成歉薄先從借
出常平倉穀三十三萬二千餘石今歲秋成豐稔
例應徵收還項但念該處承上年歉收之後若與
各項錢糧一時並徵民力不無拮据著將寧武州
並嵐縣等十四州縣所有借出常平倉穀分作兩
年徵還以紓民力該部即遵諭行

十月初十日奉
上諭上年江浙地方偶被偏災曾經降旨令將災
地漕糧緩至今冬帶徵目下正值啟徵之候該二
省秋收雖屬豐稔但民間元氣初復新舊並徵民
力不無拮据朕心深為厪念著加恩將上年被災
各州縣應行帶徵漕糧緩至明年麥熟後開徵其
被災最重者分作二年完納該督撫等查明董率
收漕各員實心辦理以副朕軫恤閭閻之至意該
部即遵諭行
十二月初十日奉
上諭今秋山東兗州等屬被水偏災業已加恩撫
卹其勘不成災州縣地丁錢糧仍應照例完納但

念該處毗連災地收成究屬歉薄小民輸將未免
拮据着加恩將金鄉魚臺滕縣嶧縣濟寧衛單縣
曹縣鉅野平度州昌邑濰縣等十一州縣衛本年
未完地丁錢糧一併緩至來年麥熟後徵收以紓
民力該部即遵諭行

乾隆二十二年六月初二日奉

上諭河南夏邑商邱虞城永城等四縣被災前經
降旨將歷年舊欠錢糧銀穀概予豁免其本年應
徵錢糧業據該撫題請緩徵但念該地方積年歉
收災民實可軫恻應再予加恩此時已届麥收應
降旨將本年地丁蠲免其已徵在官者不得均霑
轉恐不肖胥吏從中弊混着將乾隆二十三年應

徵地丁錢糧加恩蠲免此朕優恤窮黎之意其富
家大族田連阡陌者如亦一例邀恩是國家曠典
徒為若輩附益之資殊非惠鮮本懷着該撫查明
田逾十頃以上者不必蠲除倘有田本一家而分
給各户希冀濫邀蠲豁即行按例究治該撫其董
率屬員實力奉行毋濫毋遺副朕勤求民瘼至意
該部即遵諭行

七月初五日奉

上諭前因豫省之歸德等屬被水屢經加賑截漕
並令將被災最重之州縣本年應徵漕項折徵一
半其不成災被水尚輕者所徵本色米豆即截留
本省平糶惟是今歲該省被災較重朕心時深軫
念着加恩將各屬成災地畝本年應徵漕項概予
豁免其未成災者亦俱緩至明年麥熟後開徵以
紓民力再該省河工埽料皆於沿河州縣採買舊
例每草十觔為一束官價九釐乾隆四年因歲歉
昂貴每束增銀五釐今豫省當積歉之餘採辦恐
有不敷着仍照乾隆四年之例增銀五釐俾官民
不至墊累該部即遵諭行

十九日奉

上諭今年豫省衛輝及直隸之大名等處驟因水
漲鹽觔淹沒已降旨該鹽政飭商照數補運接濟
民食但念秋運現已届期與補運同時並辦重費
工本目下正值催徵引課之時若令依期交納商

力未免拮据着加恩將鹽觔被水各商交該鹽政
查明本年應徵課銀確數分限三年帶徵俾得從
容完繳朕此番加恩原為軫念災黎該商等既蒙
優卹毋得藉口被災加價牟利該鹽政其隨時稽
察用副朕卹商惠民至意此旨並令該撫知之

八月三十日奉

上諭豫省今歲被災較重前經降旨將被災各州
縣應徵漕項地丁銀米分別蠲緩其地本高阜未
經被水者原應照數輸納不在應緩之例但念此
等地畝雖無積水淹浸而與災地毗連收成自屬
歉薄民力未免拮据着加恩將該省被水州縣内
分出之未被災地畝本年應徵漕項及地丁銀兩

一體緩至次年麥熟後徵收俾小民得以從容完納以示優卹至意該部即遵諭行

九月二十五日奉

上諭今年山東濟寧各屬被水成災所有應徵地丁銀兩業已加恩分別蠲緩而漕糧一項定例仍須照常輸納災黎口食未免拮据朕心深為軫念著加恩將被災較重之濟寧魚臺金鄉館陶武城本年應徵漕糧緩至戊寅年起分作三年帶徵被災次重之滕縣嶧縣鄒縣曹縣單縣濮州范縣臨清恩縣夏津菏澤城武冠縣邱縣汶上本年應徵漕糧緩至戊寅年起分作二年帶徵其濟寧魚臺金鄉滕縣嶧縣本年帶徵乾隆二十一年漕糧一併緩至戊寅年啟徵以紓民力該部遵諭速行

二十五日奉

上諭前因東省濟寧等五州縣積水未消曾經降旨將積年民欠銀兩及常平穀石概予豁免其屯軍地畝被災情形與民地相同自宜一體撫卹所有臨清衛坐落濟寧魚臺二州縣境内之屯戶人等未完乾隆二十一年地丁正耗等銀一千四百餘兩及積年借欠倉穀四千九百餘石麥本銀三百餘兩俱著加恩一併蠲免俾災地軍民均霑渥澤該部遵諭速行

二十五日奉

上諭山東濟寧魚臺金鄉滕縣嶧縣等五州縣連

歲被災其積年民欠地丁錢糧常平倉穀俱已加恩豁免而隨正徵收之耗羨銀兩係備地方公用向例不在恩蠲之内在被災窮黎生計維艱既恐不能照數完納且正項既已蠲除復徵此畸零之耗羨不肖胥吏藉端滋事閭閻仍不免追呼之擾著加恩將濟寧等五州縣積年未完耗銀一萬一百餘兩一概豁免以示體卹災民之至意該部即遵諭行

十月初五日奉

上諭河東鹽池積年歉收本年雨水過多所收鹽觔不敷配運現在籌酌買運以資接濟民食但各商資本既經虧壓而買運價腳成本較重所有乾隆二十二年應封額餘課項著加恩分作三年帶徵以紓商力

十一月十五日奉

上諭江南淮安徐州海州連年被災今年夏秋又復被水其成災地畝業經照例分別蠲緩外所有災餘熟田應徵銀米悉屬正供分宜輸納但念該處災困已久熟田亦屬無幾且毗連災地糧價自昂民力同屬拮据所有三屬十七州縣内熟田應徵之項著加恩令該督撫詳悉查明緩至明年秋成後啟徵以紓民力即行出示曉諭毋任吏胥該部遵諭速行

二十八日奉

上諭山西交城等四十州縣秋成稍覺歉薄所有民欠未完常平倉穀雖應徵收還倉但念各該處商販稀少本地所産僅供民食若令依限徵輸閭閻未免拮据著加恩將交城等四十州縣未完二十年分民借八萬九千餘石緩至明年麥熟後交納其本年民借常平倉穀九萬九千餘石緩至明歲秋成後交納以紓民力該部即遵諭行

乾隆二十三年正月初三日奉

上諭去歲河南衛輝等屬所有官借牛具籽種銀兩例應於今年麥收後徵還但該處災民餬口無資現在尚降旨加賑若照例徵收民力殊為拮据著加恩緩作三年帶徵以紓民力

初四日奉

上諭上年山東被水處所業經屢降恩旨蠲緩賑卹其鄒滕金魚濟寧菏澤單縣城武曹范觀郯館陶恩武臨清等州縣內毗連災地收成歉薄之處所有乾隆二十二年應徵錢糧及二十二十一年帶徵未完銀兩若照常輸納小民未免拮据著加恩一體緩至麥收後開徵以紓民力該部即遵諭行

初六日奉

上諭陝西米脂吳堡清澗綏德鄜州洛川延川武功等八州縣民欠新舊常平倉糧共八萬二千餘石若照常例徵半緩半此時正屆徵收之期但該處去歲收成歉薄雖勘不成災而閭閻究屬拮据所有米脂等八州縣應徵一半之常平倉糧四萬一千餘石著加恩緩至本年秋成後徵收以紓民力其現在已徵在倉者仍照例入於奏銷不得令官吏中飽

二月十四日奉

上諭山西交城等四十州縣上年秋收稍歉已降旨將民欠常平倉穀分別緩徵其借出社倉義倉穀石雖係民捐例亦官為催納該處商販稀少本地産穀僅供民食若依限責令還倉小民未免拮据著將該四十州縣社義二倉借出乾隆二十一年分穀石緩至今歲麥熟後徵收二十二年分穀

石緩至今歲秋成後徵收以紓民力再此四十州縣外尚有陽曲太原汾陽渾源應州沁州代州崞縣等八州縣去秋亦屬歉收所有二十一年二十二年借出社義二倉穀石亦著照此一體分別緩徵用示體卹至意

五月十九日奉

上諭豫省上年被災各屬漕項業經加恩蠲免其勘不成災地畝所有應徵漕項米麥豆石亦俱緩至今年麥熟後徵收現在二麥雖已登場而米豆秋成尚須數月若以本色輸納民力未免拮据且該省連歲積歉多留糧石於民間於閭閻口食亦屬有益著再加恩將乾隆二十二年緩徵漕項米

参互石均予折徵以示體卹
九月十五日奉
上諭濟寧魚臺二州縣已涸地畝雖現獲豐收而
未涸之地及涸出未及佈種者據該撫奏報尚有
二千六百餘頃著加恩將本年應徵錢糧概行緩
至明年麥熟後開徵以紓民力該部即遵諭行
十月初二日奉
上諭山西今歲收成至七八分以上不等但夏秋
間有雨澤缺少之處雖不成災而秋收歉薄朕心
甚爲軫念如太原汾州平定及大同朔平寧武忻
代保所屬之清源榆次等四十二州縣所有舊欠
常平社義三倉穀石例應徵還若按限輸納民力

未免拮据著將各州縣屬借欠穀石如乾隆二十
一二十二兩年内均有舊欠者先徵二十一年未
完之項其餘緩至明年麥熟後起徵如上一年者
即於本年先徵舊欠其新借穀石概緩至明年秋
成後起徵以紓民力該撫查明分別妥協辦理該
部即遵諭行
初四日奉
上諭山東上年被水地方積歉之餘雖遇豐收元
氣未能驟復朕心深爲軫念所有濟寧魚臺二州
縣上年被淹田畝已涸已種者應徵二十二年緩
徵各項著再予展限二年徵還其帶徵各項分作
三年二年徵還者俱著展限二年至金鄉蘭山郯
城曹縣單縣館陶武城臨清等八州縣雖被災較
輕亦酌量加恩其節年緩徵各項俱著展限一年
至分限三年二年帶徵各項亦著展限一年啟徵
以示優恤再今春所有借給川米一項亦概著分
限二年俾得從容輸納以紓民力該撫其董率屬
員悉心實力查辦以副朕加惠民生至意該部即
遵諭行
二十四日奉
上諭淮徐海三府州屬頻被水潦雖據該督等奏
報今歲大田均有八九分收成但念該處災歉既
久甫經豐稔積困未蘇若將歷年欠項同本年銀
米一時新舊並徵民力未免拮据著加恩將淮徐

海三府州除二十三年新賦照例全徵外其二十
二年舊糧准先帶徵一半所餘一半同十一年至
二十一年積欠銀米及二十二年借給口糧籽種
均再分作兩年帶徵俾民間輸納寬裕再各屬本
年水退稍遲未種地畝所有應緩錢糧亦著緩至
明年開徵以示優恤育黎至意該部即遵諭行
御製降旨分別緩徵徐泗等處積欠詩以紀事戊
大課疏排始道災椎屋田尚有汙萊登秋合是今
年賦積欠難教衆力擡政仕催科爾休矣心勞撫
字我同哉義經損益頻觀象留一分餘元氣培
三十日奉
上諭今歲豫省各屬秋成俱獲豐稔所有歷年借

給帶緩及本年應徵各項自應按期起徵但念該省於積歉之後元氣初復現在新涸地畝尚加恩借給籽種以資力作若將應徵各項一時輸納民力未免拮据著將上年被有偏災之祥符等六十一州縣所借牛具籽種銀兩緩作三年帶徵者及今年春借常平社倉穀石并遞年借穀應分作二年三年帶徵者均加恩再予展限一年於明歲秋成後按年起徵以紓民力該部即遵諭行

十一月十九日奉

上諭福建福州等府屬之長樂等八縣入秋以來雨澤未能普遍間有歉收之處雖勘不成災濱海貧民生計未免拮据著加恩將福州府屬之長樂

福清泉州府屬之晉江南安惠安同安漳州府屬之漳浦詔安等八縣歉收田畝應徵錢糧五萬二千餘兩米四千餘石緩至明年麥熟後徵收其上年歉收緩徵應於今年麥熟後徵收者除已完納外其未經徵收者查明於明年起分作兩年一併帶徵以紓民力至此內如有實在無力農民著該地方官於社倉內借給麥本以資力作俟來年秋收後免息還倉以示加惠濱海貧黎至意該部即遵諭行

二十日奉

上諭陝省延榆綏三府州屬今歲偶被偏災其成災地畝業經照例蠲緩及歷年借欠牛具倉穀並降旨分別豁免帶徵其未經成災收成六分以上之各州縣錢糧倉穀例應照舊徵輸但災地毗連收成歉薄民力未免拮据著加恩將未經成災之神木府谷保安榆林葭州清澗等處應徵上年舊欠錢糧緩至明年麥熟後徵收其本年應徵錢糧於明秋後起徵至延安府屬之安塞延長延川安定甘泉等縣新陳借欠倉糧著一併緩至明年麥熟秋成之後分別新舊次第徵收以紓民力該部即遵諭行

乾隆二十四年閏六月二十四日奉

上諭晉省太原等屬六月間均沐甘霖大霈農民及時趕種晚禾秋成可望惟是各州縣內有初夏

麥收既歉而得雨之後補種多費工力農民未免拮据朕心深為軫念著加恩將太原榆次太谷祁縣徐溝清源交城文水汾陽平遙介休孝義高平陽城陵川沁水平定壽陽孟縣東平代州繁峙忻州定襄五臺等二十五州縣本年應徵銀米倉穀緩至秋後催徵以紓民力該部遵諭速行

十月初一日奉

上諭陝省西安各府屬之咸陽等十州縣今夏得雨稍遲收成歉薄雖於例並不成災而民力不無拮据所有懷遠清澗米脂吳堡四縣本年應徵未完地丁錢糧草束及帶徵舊欠並常社倉糧籽種等項俱著加恩緩至明年秋成後徵收其咸陽醴

泉同官韓城商州雒南六州縣新舊民欠錢糧倉穀緩至明年麥熟後徵收以紓民力至沿邊之膚施靖邊保安安塞延長甘泉綏德七州縣所有上年緩徵新舊錢糧倉穀例應本年徵收但該處連年收成未能豐稔應加意撫綏以資休養著再加恩將該州縣除本年照例徵收外其帶徵之錢糧倉穀再緩一年於明歲麥熟秋成後分別帶徵示朕優加體恤之意該部遵諭速行

十八日奉

上諭直屬景州一帶地方秋初間有得雨過多之處瀦水窪地淤積未消地方官以附近田畝通計分數並不成災所有新舊錢糧未便破格奏請緩

徵但念該處收成既已稍歉生計未免拮据著該督方觀承董率原勘各員於各州縣各村莊内詳細確查將應徵之糧加恩並予停緩又如束鹿甯底等瀦河地畝雖勘不成災併著查明一體停緩以示優卹

二十七日奉

上諭浙省杭嘉湖温等屬秋禾偶被偏災業經降旨令照江蘇之例將本年漕糧不拘一律紅白兼收以紓民力但念該省杭屬之仁和錢塘湖屬之烏程歸安長興德清武康等處有應徵乾隆二十年及二十三年緩漕正耗米七萬一千餘石例應照數徵收本色若於完納本年漕糧外併輸舊漕

地方米石不能寬裕民食未免拮据著該撫查明此項應徵舊漕加恩准其改徵折色用示軫恤民艱至意該部遵諭速行

十二月十七日奉

上諭本年江蘇通泰淮三分司所屬鹽場俱被風潮竈戶生計未免拮据所有泰屬之丁溪小海草堰劉莊伍祐新興廟灣等七場應納折價著照被災十分之例蠲免十分之七其蠲剩錢糧分作三年帶徵至泰屬南五場通屬十場淮屬三場被災較輕之處亦著將應徵之項分作二年帶徵以示體卹該部遵諭速行

孚惠全書卷十八

孚惠全書卷十九

漏澤蠲緩八

乾隆二十五年正月初三日奉

上諭甘省上年夏田秋禾俱被偏災其較重之臯蘭等十廳州縣及災重之靜寧等八州縣已降旨分别加恩展賑其災輕之渭源等十七廳縣亦經照例蠲緩賑卹並於春初借糶兼行以資接濟惟念勘不成災處所夏田被旱改種秋禾小民已費工本未免拮据著再加恩將所有春借籽種牛價緩至麥熟後徵還仍於青黄不接之時酌借籽種口糧俾得盡力耕作至該省被災等處尚有無業貧民艱於覓食者並著飭令地方官或設廠煮賑或開工傭作俾資餬口以示體恤該部遵諭速行

四月二十五日奉

上諭晉省各屬内上年間有秋收歉薄州縣一應民借倉穀例應於今歲麥熟徵還但該省迤北各屬麥收俱在六月以後青黄不接爲日甚長正需糶借接濟若令新舊徵輸民力未免拮据著加恩將陽曲代州崞縣應州懷仁陽高寧武七州縣除成災村莊民欠新舊倉糧照例緩徵外其未成災村莊並勘不成災之渾源廣靈天鎮左雲右玉平魯祁縣徐溝文水等九州縣及秋收歉薄之偏關神池忻州定襄繁峙五臺平定樂平太原太谷交城等十一州縣所有新舊民借倉糧俱緩至本年秋成後徵收還倉以紓民力該部遵諭速行

六月十二日奉

上諭上年江浙二省所有蠲緩漕糧其應行減歇船隻運丁例支一半月糧但念貧丁餬口未免拮据著加恩於應支一半月糧之外再行賞給一分以示體卹該部即遵諭行

八月初六日奉

上諭晉省連年歉收屢經降旨加恩緩徵今歲該省各屬晴雨均調夏秋二禾俱獲豐稔節年民借三倉穀石與本年青黄不接時出借穀石均應於秋收後催徵還倉即分年帶徵民欠地丁錢糧與現年新賦均應於秋後啟徵但念此等歉收處所本年幸遇豐收正宜及時休養俾安樂利若令新

舊銀米一時並徵民力未免拮据著再加恩將二十五年領借常義社三倉穀石分作三年帶徵至分年帶徵舊欠各項地丁銀米亦著加恩本年暫緩徵收俟至明年秋後再行酌量徵還以紓民力

御製降旨緩徵晉省民間新舊欠項詩以誌事有序

庚辰

山右收成連年歉薄賑貸頻施時復屢念今歲幸獲豐稔復慮民間新舊欠項倘令一時並徵不免拮据因命將積欠地丁銀米及本年借出常義社三倉穀石分限完納俾閭閻稍裕蓋藏元氣漸復既領明旨付之所司軫恤民艱永言

歲計

晉省今遞年吾民稍蘇迄但念屢未豐災更重去歲借貸兼緩徵正供已不翅幸稔而並徵與遇歉何異是用恫瘝心恩施以次第五賦固應納其餘可除議常平及社倉且借十之二閭閻稍留餘庶以復元氣方伯董有司善體予殷意

十七日奉

上諭河東夏閒雨水稍多池鹽出産減薄本年新商配運已屬拮据所有舊時額引更難如期配銷著再加恩將二十四年額引展至來年六月清繳至二十二三兩年帶徵課項業經屢次加恩寬作三年分限徵銷例不應再為寬緩但念鹽池産薄購運維艱商力未免竭蹶著將二十二年帶徵之項於來年十二月奏銷二十三年兩限帶徵之項於二十七八兩年十二月奏銷其二十三年帶銷之引仍隨二十五六兩年額引一併清銷以紓商力該部即遵諭行

乾隆二十六年五月初二日奉

上諭安省之宿州鳳陽等各州縣衛節年未完各項銀糧應於二十五年完納以去秋閒被偏災暫行緩至本年麥熟後徵收今該省二麥收成現在豐稔理應按數輸將但念新舊一時並徵民力仍未免拮据著再加恩將宿州鳳陽等處未完地丁正雜銀兩並漕倉銀米以及民借籽種口糧俱於

麥收時先徵一半其餘一半緩至秋成後再行徵收俾小民得以從容輸納以示體恤該部遵諭速行

八月十五日奉

上諭河南黄衛等河因秋初雨水過稠隄工多有漫溢之處瀕河各屬被災較重已命大臣會同巡撫等星速查勘加意撫綏更念本年該省起運漕糧當此田禾間段被淹即不被災地方徵辦亦未免拮据而將來一切賑借平糶需米正多著加恩將該省本年應運漕糧悉行停運所有成災州縣分數輕重不同其有應蠲緩之項著該撫等一面查明分晰具奏請旨現在均著暫行一體緩徵副朕軫念災黎至意該部遵諭速行

九月十七日奉

上諭今歲山東濟河各屬因雨水過多秋禾間有被淹之處所有應徵新舊錢糧已查明分別蠲緩而漕糧漕項例不在緩徵之内但念該處被水歉收若令照常完納恐民力未免拮据著加恩將被災較重之曹縣城武二縣應徵本年漕糧及隨漕銀米緩至壬午年再分作三年帶徵次重之金鄉濟寧魚臺菏澤單縣濮州定陶鉅野范縣陽穀壽張德州館陶夏津武城邱縣臨清恩縣汶上嘉祥等二十州縣除有收之地仍令照常徵輸外所有被災地畝應徵漕糧漕項俱緩至壬午年再分作

二年帶徵以紓民力該部遵諭速行
十月初四日奉
上諭今秋河南祥符等州縣停被水災已命致差大學士等會同該撫查明撫恤其應徵錢糧照例分別蠲緩但各屬被災雖有輕重不同而收成既已歉薄民力自不免拮据著加恩將曾經報過被水之祥符等五十四州縣無論成災與不成災所有本年出借及遞年民欠未完常平漕社各項穀石均緩至明年秋收後免息徵還以紓民力該部遵諭速行
十三日奉
上諭今秋山東濱河州縣因隄岸漫溢田禾不無

被淹之處所有勘明成災地畝應徵額賦已照例分別蠲緩其勘不成災者定例不在蠲緩之內但念該處被水歉收民力究屬拮据著加恩將德州陵縣平陰寧陽堂邑博平茌平清平莘縣高唐高苑等十一州縣勘不成災地畝及齊河等四十三州縣衛所及被災五分以下地畝應徵本年未完地丁銀兩及各年未完銀穀籽種等項一體加恩緩至明年麥收後起徵以示體恤該部遵諭速行
十一月十三日奉
上諭戶部議覆豫省漕糧漕項分別蠲緩一摺自屬照例定議第念該省今秋被水較重閭閻生計未免拮据自難概拘成例所有祥符等四十三州縣漕糧漕項蠲緩分數著加恩准照侍郎裘曰脩等所請行餘依議
十二月初二日奉
上諭據吳達善等奏滇省江川等縣附近地方於十月初十等日均有地震之處而江川新興二屬較重現委道府各員照例分勘賑恤等語江川新興二州縣本年四月內地震已降旨於常例外從優撫恤今一年之內兩次被災頗重深堪軫念著加恩將該二屬應行賑恤之項加倍散給其乾隆二十六年分所有二州縣應納條公銀兩及撥運兵米等項並緊予蠲免至毗連之寧州河西等屬被災雖輕亦著從優撫卹該督等董率屬員實力

妥辦務俾災黎均霑實惠該部遵諭速行
乾隆二十七年正月初四日奉
上諭安徽上年被災各屬視河南雖屬較輕但念被淹窪地陸續涸出處所現在雖即翻犁播種將來麥收尚難預定民力未免拮据著加恩將此等災地漕糧漕項照豫省之例概行停緩分作三年帶徵以示軫念災黎至意
六月二十九日奉
上諭各省漕糧向例於交納正供外每石有應交倉餘米上年江蘇浙江各州縣中有因秋雨過多米粒潮潤者旗丁先運在途日久不無折耗若令照例交納回空未免拮据著加恩將松江九幫浙

江二十一幫應交納餘米緩其交納令於癸未年新運一併帶交俾回空旗丁等食用充裕以示體恤該部即遵諭行

八月二十二日奉

上諭今年直隸夏雨成澇滿水窪地田禾不無淹損所有節年錢糧帶徵緩徵各屬內今年復被水災之文安大城武清寶坻薊州天津及霸州保定永清東安安州新安青縣靜海滄州等晉津軍廳十七州縣廳民力自屬拮据其應徵銀八萬二千四百兩零穀豆高粱五千四百石零均予豁免以示優卹至與災重州縣毗連本處復被水災之寧河固安鹽山慶雲衡水五縣所有應徵銀二萬一千五百餘兩黑豆高粱一百八十餘石亦著一體蠲免該督其嚴飭所屬實力奉行務使窮民均霑實惠毋致吏胥中飽副朕嘉惠黎元至意該部遵諭速行

十月二十五日奉

上諭本年浙省秋初曾被風潮收成不無歉薄之處現今收漕在即各州縣交納米石必須乾圓潔淨閭閻誠恐艱於完納著加恩將杭嘉湖三府屬所有應徵漕糧准其秈稉並納紅白兼收小民易於輸將以示體恤該部遵諭速行

乾隆二十八年正月初三日奉

上諭甘省河西河東各屬去歲間被偏災業經該督撫等照例撫恤但念該省地土磽瘠在被災地方固屬收成歉薄即其餘各屬夏秋二季豐歉不一所有歷年借欠各項若概令一併徵還民力未免拮据著加恩將甘省河西河東各屬歷年借欠口糧籽種牛本等項均予緩至本年秋收後完納俾小民餬口有資得以盡力東作稱朕惠卹編氓至意該部遵諭速行

二月十九日奉

上諭上年直屬各州縣被水較重所有成災六分以上地畝應徵錢糧業經分別照例蠲緩其五分以下勘不成災俱例不緩徵但念農民當積歉之後輸將未免拮据著格外加恩將直屬曾經報災雖勘明不及分數之地所有未完應徵錢糧俱予一概緩至秋成後再行酌量分別啟徵帶徵以紓民力該部遵諭速行

御製降旨再加賑直隸並逮五分災民其不成災者亦與緩徵更命借給籽種毋誤春耕癸未

六分災者賑五分格於例新正命加賑五分極貧逮然其次貧者尚未被予惠三月況期滿四月何為繼用兼再沛恩普加一月暨五分極次貧均霑俾無異廉知課科法五分緩徵稅四分不成災仍有輸將事歉輔連歲歉民有日窮勢豈宜亟催呼重為吾民累勘不成災者概與緩徵既更慮東作候籽種猶艱貽胥予毋誤耕庶可有收企凡此示

大端推行在䇿吏相與善補苴敬待西成賜

六月二十三日奉

上諭上年直屬偶被偏災屢經降旨將被災州縣
及輿災地毗連各屬分別蠲緩並令將緩徵帶徵
之項概緩至本年秋成後徵收轉瞬即屆開徵例
應按期輸納因念今歲入夏以來雨澤應時二麥
均已收穫現在禾黍暢茂大田亦可望有秋但小
民當積歉之餘元氣尚未能驟復若令新舊併徵
閭閻仍不免拮据著再加恩將應徵二十七年并
節年緩徵帶徵未完銀糧緩至來年麥熟後按數
徵收以紓民力該督其速飭所屬通行曉諭俾

蓋該部即遵諭行

御製降旨直屬上年被災州縣應緩徵者今歲概
不徵收至來歲麥熟後酌徵詩以誌意
蠲緩有常例蓋視災重輕重蠲不復輸輕緩應帶
徵連歲滄已甚殷憂未寧即災稍輕區毗連同
苦情麥收雖頗豐穀價猶未平禾稼北復佳轉眼
逮西成誠恐催科吏正緩將并徵嗟哉瘡痍餘吾
民豈堪承正則不可缺舊緩可再聽概俟以來年
麥收其量行稠疊非市恩民艱心實縈

八月初十日奉

上諭今年直隸各屬雨暘時若秋收頗為豐稔惟
近京各州縣中上年被水之區間有蝗蝻生發雖

經致差大臣及地方官督率撲捕於禾稼不致過
損而較諸他已收成終恐稍減分數所有應徵額
賦若照例徵收民力究未免拮据著加恩將通州
三河固安霸州文安大城清苑安肅天津静海滄
州青縣交河等十三州縣本年應徵錢糧俱緩至
來年麥熟後徵收俾農民蓋藏充裕以資生計該
部遵諭速行

十八日奉

上諭今歲直隸各屬秋收頗為豐稔前以近京各
州縣積歉之後元氣未能驟復業經降旨將本年
應徵錢糧緩至來年麥熟後徵收復念本年借欠
之籽種各項則均應及時還官而歷年借欠籽種

各項又須還納新舊並徵於閭閻生計仍未免拮
据著再加恩將霸州等七十七州縣自乾隆二十
年至二十七年應徵歷年借欠未完常社等倉并
米麥合穀七十五萬餘石於本年十月起分作三
年帶徵以紓民力該部遵諭速行

九月十二日奉

上諭據蘇昌等奏廣西象州猺山地方七月初旬
連日大雨山水驟發大樟等村莊廬舍間有被淹
撫臣馮鈐已前往查勘撫綏並稱所傷田禾無幾
勘不成災毋庸再予賑卹等語今歲粵西早稻豐
收晚禾亦俱長發象州一隅被水雖據該督撫查
明所傷田禾無幾實不成災但倉猝被水之後小

民口食未免拮据除已照例撫綏外如有貧乏不能自存之户仍著查明加恩賑卹務俾得所并將本年應徵糧賦酌量情形分别緩徵副朕軫念邊氓至意該部遵諭速行

二十二日奉

上諭據吳達善奏雲南江川通海寧州河西建水等五州縣去歲十一月内均有地震之處現已照例分勘撫恤等語江川等州縣此次地震壓損房屋較多民力未免拮据著將應行賑恤之項加倍散給所有五州縣應納條公銀兩及江川河西二縣撥運兵米等項並加恩概予蠲免該撫等務董率屬員實力奉行務俾災黎均霑實惠毋令胥吏侵蝕中飽副朕軫恤邊氓至意該部遵諭速行

四月初三日奉

上諭前以山東濟寧等七州縣衛湖河地畝上年間有被淹之處業經降旨展賑其出借籽種等項例應於本年麥熟後徵還現在該省春雨霑足二麥可望豐收但念民氣初復正資麥熟接濟著加恩將濟寧等州縣衛所有借給籽種俱緩至本年秋後再行徵收以紓民力該部即遵諭行

乾隆二十九年正月初五日奉

上諭去年直屬通州等十三州縣内間有蝗蝻生發當經降旨將上年應徵錢糧俱緩至本年麥熟後徵收第念該州縣等雖勘不成災而秋收究爲歉薄惟望麥秋以資接濟邇今新舊並輸民食仍恐未能充裕著再加恩將通州三河固安霸州文安大城清苑安肅天津靜海滄州青縣交河等十三州縣所有二十八年分應徵錢糧俱緩至本年秋成後徵收以紓民力該部遵諭速行

御製降旨緩徵直隸去歲勘不成災州縣應徵賦稅詩以誌事甲申

畿輔昨洊饑賑貸屢熟著賑則既與民貸應逢稔酬皇天慈萬民去歲幸有秋即屋債無力緩許登來年而何秋出蝗亟命勤捕捷雖稱不爲災蹂躪寧免不新正當佈恩此正所宜明一十三州縣皆曾螟螣投舊貸及新供概令遲呼求庶幾事春耕閭閻餘力留一以愧慕凋一以懷井收

乾隆三十一年正月初四日奉

上諭前因山東省濟南武定等屬偶被偏災業經加恩分别撫綏其被災稍重之齊河等十五州縣復於例賑之外展賑一月至勘不成災處所錢糧雖例不得停徵但念毗連災地收成不免歉薄小民生計亦未能裕如著加恩將濟南府屬之陵縣東昌府屬之莘縣青州府屬之博興縣所有應徵錢糧俱緩至麥熟後徵收以紓民力該部遵諭速行

十月二十四日奉

上諭今年山東歷城等州縣偶被偏災業經降旨
令該撫詳悉查勘加意賑䘏毋致窮黎稍有失所
但念該處毗連災地及勘不成災之地畝村莊秋
收究屬歉薄若將舊欠錢糧照常徵輸閭閻未免拮
据朕心深為軫念著將歷城等五十九州縣衛及
勘不成災之泰安青城單縣三縣凡毗連災地收
成稍歉之處所有本年應徵帶徵錢糧及民借銀
穀等項並著加恩一體緩至明歲麥熟後徵收以
紓民力該部遵諭速行

乾隆三十二年九月二十七日奉

上諭山東海豐霑化樂陵商河陽信清平高唐恩
縣夏津章邱鄒平德平等處因本年雨水過多秋

收稍薄業經借給麥本口糧俾資備種第念該處
積年歉收帶徵銀穀為數較多若新舊並徵輸將
未免拮据著加恩將海豐等十二州縣所有本年
應帶徵三十三十一兩年舊欠地丁錢糧及各年
民借未完倉穀麥本等銀俱緩至明年麥收後開
徵以紓民力該部遵諭速行

乾隆三十三年七月二十日奉

上諭高晉奏上下兩江地方本年五六月間雖間
得雨澤未能一律普遍近水低田尚可車引高阜
之區難於戽灌時已立秋不能趕種雜糧等語所
奏為時太遲已於摺內批飭矣朕於農田晴雨常
厪旰宵每諭各督撫隨時入告冀得周知滇海民
生休戚早施補助今兩江夏雨愆期地方政務孰
有要於此者該督等所司何事豈竟漠不動念不
及早據實上聞乎至該處水鄉窪地可引灌秧
者收成自不致歉薄其高田山阜趕種既逾節候
恐不免有偏災朕心深為軫念著該督撫迅速查
明通省各屬有被旱成災應行賑䘏之處即行董
率屬員實力妥協查辦毋使閭閻稍有失所以副
朕惠愛黎元至意仍一面將辦理實在情形速為
覆奏其應緩徵者即行緩徵以紓民望該部即遵
諭行

九月初七日奉

上諭山東省樂陵商河德平三縣上年因雨水過

多秋成歉薄降旨將應徵積年舊欠緩至本年麥
收後開徵今春該處得雨較遲夏麥秋禾收成仍
不無稍減若新舊一時並徵小民未免拮据著再
加恩將樂陵商河德平三縣應徵完節年舊欠銀
穀等項緩至明年麥熟後帶徵以紓民力該部遵
諭速行

初九日奉

上諭河南省各屬本年夏間得雨較遲光州等七
屬被有旱災業經該撫題報分別確勘照例撫䘏
其餘開封府屬之蘭陽儀封杞縣歸德府屬之考
城彰德府屬之安陽湯陰衛輝府屬之延津滑縣
懷慶府屬之修武武陟原武共十一縣秋成僅止

六分現在徵收漕糧之期所有春借常社等倉穀石若一時並輸小民未免難於完納著加恩將漢陽等十一縣民借常社等倉穀石俱緩至次年秋後徵收以紓民力該部遵諭速行

十二月十九日奉

上諭據彰寶奏審擬江陰縣保正沈添益等欲圖熟田緩徵聚衆鬨堂一摺已批三法司核擬速奏矣摺內有詢據該犯供約四鎮保正同衆挾制縣官其丁墅桃花利城三鎮均已隨同赴縣獨前周一鎮並無人聽從入城等語鄉民散處村落良莠本屬不齊犯法者必懲安分者當奬刑賞一秉大公各隨其人所自取此案不法奸民已按律定擬

其並未隨行附和之前周鎮保正民人等奉法不敢為非甚屬可嘉著彰寶即行確查將保正酌量加賞該鎮民人所有本年應完漕米加恩將予緩徵仍將此出示曉諭使知滋事匪徒不能幸逃憲典此外能知大義皆吾善良赤子原不惜格外施恩優加體恤庶衆人共知激勸並將此通諭知之

孚惠全書卷十九

孚惠全書卷二十

徧隅蠲緩九

乾隆三十四年正月初四日奉

上諭湖北省安陸雲夢等州縣上年得雨稍遲收成不無歉薄已分別加恩蠲緩照例賑卹即勘不成災之州縣衛所田地亦經將應徵錢糧緩至秋收後啟徵今念該省尚有京山隨州二處雖俱勘不成災而高阜之區秋收顆粒不及往年小民口食未免仍多拮据著再加恩將京山隨州應徵乾隆三十三年屯餉錢糧一體緩至麥熟後徵收並酌借籽種口糧以紓民力該撫等其即率屬妥協經理俾窮黎均霑實惠副朕軫念閭閻至意該部

遵諭速行

八月二十日奉

上諭江南海州所屬鹽場地方本年春夏雨水稍多稻秫未免歉收所有該屬上年借給口糧一萬餘石若照例催徵窮力不無拮据著加恩緩至明年麥熟後徵收以示體卹該部即遵諭行

十月十八日奉

上諭據方世儁奏湖南澧州武陵等七州縣本年夏間雨水稍多下田漫溢業經借給籽種補種晚禾其中澧州武陵等五州縣收成俱稱中稔惟華容安鄉二縣種植稍遲秋收歉薄若將本年下半錢糧照舊催徵民力不無拮据等語該二縣既已

歉收小民生計自多竭蹶着將華容安鄉二縣被水補種歉收地畝應徵本年下半錢糧緩至來年秋成後一併起徵以紓民力該部遵諭速行

二十七日奉

上諭據吳紹詩奏南昌新建進賢鄱陽餘干都昌建昌等七縣連年被水所有帶徵漕糧及本年應徵之項一時力難並納等語南昌等七縣數年來節次被有偏災農民自多竭蹶着加恩將被災處所帶徵三十二年未完漕糧及三十四年應徵之糧統緩至明年秋收後分作三年帶徵完納以紓民力該部遵諭速行至災地應緩漕糧事關閭閻生計地方官承辦要務較切於此吳紹詩何不早為籌畫及時入告今屆十月之杪州縣徵糧已將一月所奏殊屬太遲是吳紹詩平日全不以民事為事茲因離任在即知更無可諉始以一奏塞責殊屬非是吳紹詩着交部議處

乾隆三十五年三月三十日奉

上諭據富尼漢奏河南省彰德衛輝懷慶三府屬入春以後雨澤稀少二麥未能概望有收等語彰德等三府所屬地方連年秋收未能豐稔本年二麥收成又恐歉薄當此青黃不接之時小民生計不無拮据着加恩將安陽湯陰臨漳林縣內黃汲縣新鄉輝縣獲嘉淇縣延津滑縣濬縣河內濟源修武武陟孟縣原武等十九縣所有乾隆三十四年錢糧未完民欠并安陽湯陰汲縣新鄉獲嘉淇縣等六縣所有乾隆三十四年帶徵三十三年緩徵未完民欠均緩至本年秋後徵收以紓民力該部即遵諭行

六月十六日奉

上諭據文綬奏興安州江水漫溢灌入舊城沖損官署民屋隄岸并有淹斃人口等語看來興安州此次被水情形較重該撫既經親往查勘即著就該處情形酌量照例撫卹務率屬實力妥辦毋致稍有失所至摺內所稱間有淹浸地畝現今補種齊全毋庸借給籽種但思貧民甫經被水之後即補種晚田秋成亦不無稍歉輸將未免拮据所有本年應徵地糧着加恩准予緩徵俟明年秋成後照例徵收以紓民力該部遵諭速行

九月十五日奉

上諭據豫省河內武陟二縣本年夏間因沁河漫溢被淹地畝較多雖現在收成通計尚有七分而低窪之區不免歉薄窮民究屬拮据着加恩將該二縣被水都莊所有舊欠乾隆三十三四兩年地丁銀糧及借欠倉穀並今春所借籽種口糧均緩至明年秋後徵收以紓民力至武陟縣貧乏戶口未種秋麥之地着每畝賞借籽種銀六分並於十一月內賞恤一月口糧俾資接濟其河內縣代民搶築尋鄉隄工銀兩亦照舊例勻攤各里分作十年

徵運歸款該撫務須率屬實心經理俾窮黎均霑
實惠該部遵諭速行
十月初一日奉
上諭今歲江蘇省收成豐稔據該督高晉等查奏各屬具報十分收成者至四十八州縣之多惟江浦丹陽山陽阜寧海州等五州縣間有一隅被水收成稍歉之區以通省而計尚不及十之二三念該省雖獲豐登而此五州縣秋成稍減各該處均有緩帶舊欠若將新舊錢糧與豐收之戶一體輸納民力未免拮据着加恩將江浦等五州縣被水稍歉處所除本年錢糧照例完納外所有緩帶舊欠銀米統行緩至來年麥熟後開徵以紓民力該

部遵諭速行
初五日奉
上諭今歲東省齊河等十七州縣衛間有被水郎莊業經諭令該撫查明撫卹其勘不成災之章邱等十三州縣及齊河等十七州縣衛毗連災地之處雖因未被淹甚輕民力究未免拮据所有章邱等十三州縣勘不成災地畝及齊河等十七州縣衛毗連災地之處應徵本年錢糧及帶徵各年錢糧與民借銀穀着再加恩俱緩至明歲麥熟後徵收以紓民力該部遵諭速行
乾隆三十六年三月二十四日奉
上諭豫省河北彰德懷慶衛輝三府上歲雖屬有秋而前次連年收成歉薄去夏二麥又復減收民間元氣未能驟復現屆開徵之期若將節年緩徵地丁及借欠銀糧令其新舊同時輸納民力未免拮据着加恩將安陽湯陰汲縣滑縣濬縣輝縣新鄉延津獲嘉河內武陟修武濟源等十三縣未完乾隆三十三四兩年緩徵地丁銀十二萬三千四百九十五兩零並獲嘉武陟河內濟源修武原武等六縣未完三十五年借給籽種銀三萬二千一百六十五兩零及未完口糧銀二萬六千一百六十一兩零未完穀一萬二千四百四十二石零均以本年為始分作三年帶徵俾小民完課寬舒追呼無擾該撫等董率所屬實力辦理副朕惠愛閭

閻至意該部遵諭速行
十月初六日奉
上諭今年東省歷城等五十州縣衛所場秋禾間被水淹業經諭令該撫照例分別撫賑蠲緩其勘不成災及毗連災地之處雖被淹較輕而收成不無歉薄民力究未免拮据深為厪念着再加恩將長清等十四州縣衛勘不成災地畝及歷城等五十州縣衛所場毗連災地之處應徵本年錢糧及帶徵各年錢糧與民借穀石俱緩至明歲麥熟後徵收以紓民力該部遵諭速行
乾隆三十七年二月十四日奉
上諭直隸省上年瀕河州縣間被偏災當即降旨

發帑出粟多方賑卹今歲新正復將宛平等二十
四州縣加恩展賑一月俾災黎口食有資接濟今
者省視近郊目覩郊墟寧謐雖不致於失所第念
被災較重八分以上之各州縣其中毗連地畝勘
不成災者格於成例不得同霑恆澤朕思災數州
縣即在八分以上其不成災村莊雖屬有收而左
右前後閭里緩急相通事所必有若照例徵輸情
形未免拮据現在開徵屆期著再加恩將宛平良
鄉涿州東安永清固安霸州文安大城通州寶坻
香河武清新城雄縣天津靜海寧晉保定三河薊
州寧河豐潤玉田等二十四州縣內勘不成災各
戶應納錢糧予以緩至本年秋成後徵收以紓民

力該部即遵諭行

御製降旨緩徵去歲被水州縣中之不成災郡莊

詩以誌事庚子

夏諺度休助所重春省耕體貼小民艱尚有待施
行譬之一郡內高下本不平下者被水潦高者原
收成有司細勘災一定遵章程潦則議蠲賑收則
當輸徵不能為權宜均俾官租停然予為之思總
在一郡并左右及前後皆災那得亨閭里責任卹
緩急相通情眾冒一必冒灌科安可仍降旨廿四
郡（宛平涿州等二十四州縣瀕河郡莊被災八分以上業已屢加撫卹蠲免並展賑期其中毗連
地畝勘不成災者例不能一體邀恩因思災地既在八分以上其不成災村莊雖屬有收而左右前
後閭里緩急相通事所必有若照例徵輸未免拮据因降旨緩至本年秋成後徵收以紓民力故）
詩秋後徵所以紓民力惟以竭吾誠

八月初五日奉

上諭上年直隸秋雨過多宛平等二十四州縣被
災較重節經降旨分別蠲賑並將蠲剩錢糧分年
帶徵即此二十四州縣內之毗連災地應徵錢糧
亦格外加恩緩至秋後徵收今歲畿輔自春夏以
來雨暘時若麥收既獲豐登秋稼並臻大有實為
數年來所僅見茲將屆開徵節年緩帶銀米閭閻
自皆踴躍輸將但念昨歲災地貧民元氣初復宜
益加培養以冀盈寧所有乾隆三十三四等年帶
徵錢糧數尚有限自可按例輸納至三十六年緩
徵銀糧為數稍多若令新舊同時並徵恐民力尚

未免拮据朕心深為軫念著再加恩將宛平良鄉
涿州東安永清固安霸州文安大城通州寶坻香
河武清新城雄縣天津靜海寧晉保定三河薊州
寧河豐潤玉田等二十四州縣被災蠲剩及毗連
災地應行緩徵三十六年分銀兩穀豆概緩
至麥熟後再行啟徵俾小民生計益臻寬裕以副
朕愛養優恤之至意該部即遵諭行

御製命再緩徵直隸去歲被災州縣詩以誌事壬辰

麥稔秋成更卜佳（今歲畿輔自春夏以來雨暘時若麥既豐收秋成復可冀人有賓為數年來所僅見）
緩徵正賦例輸皆獨蠲稍覺復元氣那
肯頻仍屢惻懷往歲本輕聽並納（去年秋雨過多宛平等二十四
州縣被災較重節次加恩蠲賑並將毗連災地應徵之賦亦緩至秋後輸將念此各州縣元氣初復）

若新舊同時並納，未免拮据。其帶徵之戊子、乙丑、庚寅三年尾數有限，無妨按則兼收。至三十六年緩徵銀糧爲數稍多，特降旨緩至本年麥熟後再徵，俾民力益臻寬裕。昨年特重予推排賦連處所職延及期茲閭閻裕象譜

乾隆三十八年正月初五日奉

上諭：上年各直省秋成善慶豐收，即奉天各屬亦臻大有，恰和之布，毋屬更沛恩膏。惟念盛京各城旗人節欠餘地租銀，自乾隆三十一年至三十七年計六萬餘兩，原係該旗人等節年拖欠，值此年豐力裕，自應踴躍輸將，第積欠一時並徵，恐不免稍形拮据。著加恩分作六年帶徵，俾完公更得從容，而生計益滋饒裕，以副朕體恤嘉惠至意。該部即遵諭行。

孚惠全書　卷二十　八

四月二十八日奉

上諭：前據高晉等奏黄河北岸安東縣十堡汛地方，因湖水盛漲，會黄下注，致隄工坐蟄，漫水當經搶築斷流。因念開放王營減壩，漫下之水，瀕河田畝被淹，春收恐不免稍減，隨諭令高晉等確查漫水鄉莊有無成災之處，即照例妥辦奏覆。茲據高晉等奏到，自漫口斷流之後，天氣久晴，漫水漸次涸出，高田仍各有收，鄉民不致失所，惟被水低田春收未免失望，廬舍移徙不無稍形拮据等語。著加恩將清河、桃源、安東三縣及大河、淮安二衛被淹之户，撫恤一月口糧，以資接濟。仍與被水較輕之山陽、阜寧、海州三州縣，查明無力農民，酌借口糧籽種，俾資補種。所有被水各州縣應徵新舊錢糧，並著緩至秋成後分别催徵，以紓民力。該督等其董率所屬實力辦理，務令均霑實惠，以副朕軫念災黎之至意。該部即遵諭行。

六月初八日奉

上諭：據裴宗錫奏鳳陽府屬之鳳陽、壽州、鳳臺、懷遠、靈璧、虹縣等六州縣，泗州及所屬之盱眙、五河二縣，並鳳陽、長淮、泗州三衛，因本年春夏雨澤較多，湖河盛漲，以致沿河地畝被淹，而鳳陽、泗州、盱眙、五河四州縣，長淮、泗州二衛較重，現在分别查辦等語。此等瀕臨湖河之州縣衛被水情形雖各不同，並據稱上年豐稔之後，家有蓋藏，民力不致十分拮据，但二麥既已失收，若消涸稍遲者不及補種秋禾，民食未免稍歉。著該撫查照被災輕重，酌借口糧籽種，以資接濟。所有新舊錢糧並著照例緩徵。該撫其董飭所屬實力經理，務令均霑實惠。該部即遵諭行。

孚惠全書　卷二十　九

九月十一日奉

上諭：據何煟奏南陽府屬之淅川、内鄉二縣，本年七月因上游山水陡發，漫溢兩岸，早晚秋禾被沖淹損，收成歉薄，並間有沖塌民房之處，核計通縣被災俱在十分之一等語。本年豫省據報夏秋一律豐稔，惟淅川、内鄉境内偶被山水所浸，雖一隅偏災，農民不無向隅。該撫據實奏聞，所辦甚是，著

加恩將淅川內鄉二縣被水稍重貧戶照例賑恤
仍查明應徵錢糧分別蠲緩其應酌借籽種口糧
者並著妥速辦理俾得及時種麥以冀春收該撫
其董率印委各員確核妥辦務使小民均霑實惠
又據奏汝寧府屬之正陽確山二縣地畝七月下
旬稻禾被風黃萎不免歉收等語該二縣旱田均
屬豐收稻田猝被風損民力亦不無拮据並著加
恩將正陽確山二縣被風災戶本年錢糧七
千八百餘兩倉穀四千三百餘石均緩至明年麥
熟後徵收以紓民力該部遵諭行

御製河南巡撫何煟奏報正陽等四縣被災降旨
加意撫恤並誌以詩癸巳

秋成早報十分論風水為災再乞恩先是何煟奏報均計豫省秋成分數均在九分以上且有至十分者茲據奏正陽確山二縣七月下旬猝被大風稻田傷損而淅川內鄉二縣亦於七月間山水陡發淅河一村莊田廬被淹計各成災地畝雖不過一隅中之一隅而閭閻究未免拮据不能因已報豐收將被災情形壅於上聞謹就被水被風之輕重請分別蠲賑緩徵以副德意云云何煟此奏可謂能體朕心深知此體恤照所請降旨加恩期不致一夫失所
體我愛民有如是者伊知政更何言累輕稍重各
籌酌優賑緩徵均撫存申命有司勤察索救患
澤遍窮村

十月十三日奉
上諭沔陽州衛有被水坑田補植較遲收成稍歉
者若與熟田一體徵收小民未免拮据著加恩將
該州縣衛補種較遲地畝今歲應完下半年錢糧
緩至次年麥熟後徵收以紓民力該部即遵諭行

乾隆三十九年正月初四日奉
上諭上年據勒爾謹奏皋蘭等十州縣等處地方
所屬邨莊夏秋二禾間被霜雹已成偏災當即令
該督將應行賑恤蠲緩各事宜照例妥辦將念甘
省地瘠民貧皋蘭等處既屬歉收恐新春青黃不
接時民力未免拮据復諭勒爾謹將被災各處應
否加賑之處迅速確查具奏茲據該督覆稱甘省
夏秋二禾通屬收成八分有餘均為豐稔其間被
霜雹等處僅屬一隅業已蠲賑兼施小民不致失
所惟河東之皋蘭金縣河西之肅州平番等四處
偏災情形稍重等語著加恩將皋蘭金縣肅州平

番等屬被災貧民於正賑之外各展賑一個月再
河州狄道渭源安定西寧大通紅水縣丞等七處
上年亦被有霜雹雖據稱因頃畝零星例無賑恤
第念瘠薄之區民間鮮有蓋藏亦宜加以體恤並
著該督查明咨部量予緩徵以普一視同仁之至
意該部即遵諭行

五月初八日奉
上諭自四月下旬以來尚未得有透雨朕心深為
廑念著總督周元理即速確查所屬州縣有因雨
澤稀少以致麥收分數歉薄者即奏明將應徵新
舊錢糧緩至秋成後再行開徵以紓民力該部即
遵諭行

八月二十八日奉

上諭據高晉等奏八月十六七等日黄河水勢陡長又連日雨大風狂所有南岸老壩口迤下隄工於十九日子時漫溢過水約七十餘丈大溜全注缺口由山子湖下達馬家蕩射陽湖歸海附近之板牐淮安一帶俱被水淹居民房屋人口間有坍損等語今年黄水屢經陡長均經搶護有方此次因上游驟漲兼之連日風雨以致隄工漫溢淮安一帶間有被淹之處朕心深為軫念幸高晉現在該處防汛着即會同吳嗣爵迅速調集工料上緊堵築以資捍衛其被水之邨莊戶口並着該督撫即速確查加意撫卹分別蠲賑毋致瀕水窮黎稍

有失所其疎防之文武工員俱着照例查參交部議處高晉吳嗣爵着從寬免其察議

九月二十日奉

上諭前據高晉等奏八月十九日因黄水驟長外河老壩口迤下隄工漫口七十餘丈板牐淮安一帶俱被水淹居民房屋人口間有坍損當即諭令高晉吳嗣爵薩載迅速鳩工堵築復屢次傳諭該督撫將各屬被災邨莊戶口迅速確查應行分別撫卹蠲賑事宜妥為經理第念該處猝遇水災被淹情形較重朕心深為軫念着加恩將被水之山陽清河二縣及漫水下注之鹽城阜寧二縣所有乾隆四十年應徵錢糧全行蠲免以示體卹兾其元氣早復共享安恬其應行撫卹賑濟各事宜仍着遵照前諭詳悉奏聞請旨該督撫其董率所屬迅速妥協經理務俾窮黎均霑實惠以副朕優恤無已之至意該部遵諭速行

十月初三日奉

上諭前以淮安老壩口黄水驟漲漫溢隄工該處被淹情形較重因降旨將山陽清河鹽城阜寧等縣乾隆四十年應徵錢糧全行蠲免並諭該督撫將應行撫卹各事宜詳晰奏聞請旨今據吳嗣爵等奏漫口現已合龍災民可早兾得所惟念被浸

之後雖經疊加蠲賑民力尚不無拮据朕心深為廑念着再加恩將山陽清河鹽城阜寧四縣並淮安大河二衛所有本年漕糧漕項銀米一體按分蠲免其應徵乙未年漕糧漕項並着同節年舊欠錢糧漕米概行緩至明年秋成後徵納該督撫其董率所屬實心經理務使窮黎益霑渥澤以副朕有加無已之至意該部遵諭速行

初三日奉

上諭逆賊王倫攻擾臨清其新城居民隨同地方文武盡力守禦得以保護無恙甚屬可嘉且嬰城固守半月餘作息經營不無荒廢生計未免拮据前已傳諭該撫查明入告酌量加恩今逆匪現已勦除自應即敷惠澤所有臨清新城居民本年應徵錢糧已納若干未納若干從前有無借欠未完

之項並著楊景素查明奏聞再降諭旨至舊城居民有甘心從賊抗拒官兵者自應同賊駢誅其爲賊供役之人即未拒敵亦當分遣新疆烟瘴以示懲儆其與賊混處日久見官兵一到即行投歸者准照脅從罔治已屬寬典自未便復令邀恩惟據楊景素奏現在居民紛紛挈眷還鄉此等自係舊城百姓聞賊至即攜家逃避者皆係守分善良事平後復還故土而舊居閭閻或爲賊匪焚燒或因攻賊殘燬生業蕭條室廬蕩析殊堪憫惻自應一體加恩量爲蠲復又壽張堂邑陽穀三縣經賊擾害除現仍安居之户無庸查卹外其賊匪入城或人被賊戕或屋被賊燬及家計爲賊搶掠者亦爲

可憫其應如何分別撫䘏之處並著楊景素妥速查明具奏候朕另降恩旨以示矜恤該部即遵諭行

十二日奉

上諭逆賊王倫等糾衆攻擾臨清等處經舒赫德等統率八旗勁旅彌月即爲勦平其新城居民能隨同地方文武盡力守禦殲賊保護無恙實屬守義可嘉至舊城居民賊至逃避事平挈眷還鄉者皆係守分良民室廬蕩析生業未免蕭條又壽張堂邑陽穀三縣或人被賊戕或屋被賊燬及家計爲賊搶掠者均堪憫惻降旨令該撫查明具奏候朕降旨加恩今據該撫楊景素據實分別查明覆

奏著加恩將臨清新城內本年應徵地丁漕項錢糧除已完外所有未完銀三千六百四十三兩零全行豁免以獎善良其舊城內實係良民未從賊者所有本年未完錢糧七千一百五十九兩零並著加恩豁免十分之五至臨清城外被賊擾害鄉莊並壽張陽穀堂邑三縣城鄉經賊被害之處所有本年應完正賦並帶徵之項及臨清舊城蠲剩錢糧概行緩至明歲秋收後起徵以蘇民困至臨清壽張陽穀堂邑城鄉等處民間貯蓄多被賊匪搶掠小民無力辦糧並著將該四州縣守城及城鄉被害之户所有本年應徵漕糧俱緩至明年秋收後起分作兩年帶徵俾歲內民食得以寬裕該

督其董率妥爲經理以副朕矜恤安良至意該部遵諭速行

乾隆四十年正月初三日奉

上諭甘肅僻近西陲民貧土瘠一遇水旱偏災即降旨蠲賑給無虛歲比年各屬收成尚稱豐稔所有該省自乾隆二十三年至三十五年民借籽種口糧牛本等項積欠甚多前念邊地民食維艱特將積欠糧四百餘萬石全行豁免其折色銀一百三十二萬餘兩分作六年帶徵以紓民力乃自三十五六七八等年僅完銀二十八萬六千餘兩仍未完銀一百四萬餘兩地方官以定有年限之項照例按數催徵第念該省每年均有應徵地丁籽

糧等項若同時新舊並徵民力恐不無艱窘自應再加區別展限帶徵以昭體卹所有河州等二十五處歷年雖間有災傷不過一隅收成尚稔其未完銀十三萬六千八百餘兩仍依原限帶徵外其寧遠等十二處雖有偏災尚不至荒歉其未完銀十八萬四千六百餘兩於原限之外再展限二年至皋蘭等十二處歷年被災稍重民力更覺拮据其未完銀七十一萬九千餘兩於原限之外再展限四年俾得從容完納該督務將應徵應緩之處出示曉諭令小民共知朕格外加恩之至意該部即遵諭行

三月初四日奉

上諭上年順天河間天津等屬偶被偏災其勘明成災之霸州文安大城寧河天津青縣靜海滄州南皮鹽山慶雲獻縣交河東光武强武邑十六州縣及毗連災地之景州河間肅寧阜城四州縣所有乾隆三十九年分應徵錢糧已照例緩至今年麥熟後開徵今歲春雪優霑二麥可望豐稔但昨秋歉收之地雖有麥熟接濟未必能俯仰裕如即毗連災地之區亦當使之稍有寬裕以備貧家緩急著加恩將二十州縣無論成災及毗連災地應徵上年錢糧概緩至本年秋成後徵收俾得從容完納閭閻生計益紓以副朕惠愛畿民至意該部即遵諭行

御製降旨緩徵直隸上年被災及毗連災地州縣錢糧並截留漕米十萬石酌補倉儲詩以誌事（乙未）

地方大吏迎（[illegible]去）鑾蹕召見丁寧政務諏京北幸因逢歲稔燕南歉已沐恩調（去歲天津河間等屬偶被偏災除照例賑恤外復於新正加恩將成災之天津等十六州縣加賑兩月其毗連災地之景州等四州縣覆勘成災者亦一體加賑俾皆餬口有資）北鄙仍與徵從緩天庾還教截以留（周元理以迎鑾至行在召見詢及地方情形奏稱今年麥收可望豐稔但去歲災歉之區閭閻接濟即毗連災地之處亦宜使之稍有寬餘以資貧家緩急因降旨將上年成災及毗連災地之二十州縣應徵錢糧概緩至今年秋成後輸將以紓民力又奏天津河間各屬倉糧因賑動用者例應買補恐價買過多致昂市值特諭截留東漕米十萬石於北倉聽該督領運補額）爾我責惟在民莫謾誇豐豫忘勤求

孚惠全書卷二十

孚惠全書卷二十一

偏隅蠲緩十

乾隆四十一年正月初三日奉

上諭上年甘肅省皋蘭等三十七州縣夏秋二禾均被有偏災業經降旨於照例賑卹外來春布澤再沛恩膏特予加賑用資接濟惟念皋蘭等處尚有應徵從前因災未完民借籽種口糧折色等項曾經疊次加恩於原限六年之外再展二年四年者其四十年分應徵之數例應按限催徵第念各該處上年夏秋又經被災民力不無拮据著勒爾謹將該年皋蘭等三十七州縣被災之處應徵未完籽種各數迅即詳查奏明再予展限一年俾荒瘠黎得緩追呼共安樂利該部即遵諭行

三十日奉

上諭據李質穎奏安慶等府州屬上年間被旱災所有乾隆四十年分漕糧已蒙緩至四十一年帶徵其壽州宿州盱眙懷遠四州縣自三十八年後連被偏災若統於四十一年新舊併徵民力未免拮据等語著加恩將壽州等四州縣所有乾隆三十八九兩年積欠漕糧一萬四千九百餘石緩至四十二三兩年分年帶徵俾民力益紓以副優恤窮黎之至意

三月初十日奉

上諭朕因平定兩金川集勳奏凱舉告成閭里之典巡幸山東適江蘇巡撫薩載以封圻接壤前來迎鑾於行在召見詢及江蘇省上年被災情形據奏被災各屬業蒙恩蠲賑頻施並皆得所惟山陽等四屬乾隆三十九年因災蠲剩應分年帶徵漕糧及句容等各屬乾隆三十九四十等年緩徵漕糧均應同四十一年新漕一併帶徵等語因思連年被災之地今歲即遇豐收元氣尚未能驟復若漕糧新舊並徵民力不無拮据著加恩將山陽清河鹽城阜寧四縣乾隆四十年分災緩漕糧二萬七千九百餘石統俟三十九年分蠲剩漕糧按限徵完後再行接續帶徵並將句容江浦高郵泰州東臺興化寶應甘泉儀徵武進陽湖江陰宜

興荊溪丹徒丹陽金壇溧陽等十八州縣乾隆三十九年分緩漕十萬八千七百餘石於四十一年帶徵其四十年分緩漕四十一萬一千餘石於四十二年帶徵俾閭閻益得寬紓以示朕軫念窮氓之至意該部即遵諭行

御製命展限江南被災州縣漕糧詩以誌事丙申

接壤撫臣驛路迎先詢災後予民情頻施恩賑差得所積欠漕糧慮取贏江蘇巡撫薩載至山東迎鑾詢以上年被災情形據奏蒙恩蠲賑頻施災黎俱已得所惟災緩漕糧應與新漕一併帶徵民力未免拮据因降旨將山陽等四縣上年災緩漕糧二萬七千九百餘石俟前歲蠲剩漕糧徵完後再行帶徵並將句容等十八州縣所有前歲緩漕十萬八千七百餘石於本年帶徵其昨歲緩漕四十一萬一千餘石緩至明年帶徵以紓民力因與分年視新舊善哉各郡緩輸征豈殷

近歷恩偶向推是一心屢萬眠

乾隆四十二年十月十一日奉

上諭湖北省江陵監利二縣本年因秋水泛漲其最低垸田間有被淹處所雖該撫等查明疏消補種俱秋成有望不致成災第念該處垸田俟水退後補種莊糧收成究未免歉薄所有江陵監利二縣被水補種歉收各垸田本年下半錢糧著加恩緩至次年麥熟後徵收以示體恤貧民之至意該部即遵諭行

乾隆四十三年正月初三日奉

上諭昨歲山東省七八月間雨澤稀少以致歷城章邱濟陽鄒平齊東臨邑堂邑館陶莘縣冠縣青

城商河蒲臺陽穀壽張朝城觀城臨清邱縣等十九州縣秋收歉少嗣於九月底得有雨澤二麥半已補種又降旨停買十九州縣應補半糶倉穀以平市價並准於冬間豫為出借倉穀俾資接濟第念各該處秋收既歉民氣未紓所有上年地丁尾欠今春若照例催徵閭閻力量究恐不能寬裕著加恩將此十九州縣應徵錢糧緩至麥熟後再行徵收俾歉區貧民得緩追呼共安樂利該部即遵諭行

初三日奉

上諭上年河南省秋雨未能一律普霑而汲縣淇縣臨漳三處秋收尤為歉薄節經降旨令該撫等將各該縣未完錢糧倉穀緩至來春麥後徵收並令汲縣臨漳二縣無力購種之戶撥借籽種銀兩以紓民力第念偏災窮戶力量究未能寬裕該處地丁錢糧若至麥後新舊並徵貧農不無拮据著加恩將上年汲淇臨漳三縣緩徵地丁銀四萬四千餘兩蠲免十分之四俾節正供之有餘以資民食之不足該部即遵諭行

御製新正加恩去歲山東河南甘肅三省偏災州縣詩以紀事戊戌

寰區幅員廣焉能普報豐歉少而豐多即屬幸感衷昨年祇三省偏災若偶蒙雖曰十之一亦憐百姓窮齋則十九處豫推三縣逢秋收均已薄雪復

未需冬出借及蠲緩輕重視所應叶山東歷城等十九州縣秋收歉少秋雨復遲已令豫借倉穀俾資接濟茲復諭將各該處上年尾欠緩至麥熟後開徵以紓民力河南汲淇臨漳三縣去歲秋間缺雨收成歉薄業予借種緩徵今復降旨將上年應緩正賦蠲免十分之四俾閭閻不致拮据甘肅更瘠貧賑恤歲率同是宜乎加展俾民餬口充甘肅積歉之區每資賑恤昨歲皋蘭等三十二廳州縣又復被災已照例蠲賑茲命展賑一月俾資接濟諱災我戒切祈豐我望顯補偏救弊耳安得緩屢重

二月初一日奉

上諭豫省開封彰德衛輝懷慶河南五府屬上年秋冬雨雪缺少種麥既遲收成不無稍減現已疊渥春膏農民自可及時播種但當青黃不接之時若將本年應徵錢糧照例開徵民力不無拮据著

加恩將開封等五府屬州縣本年新徵錢糧緩至
麥後徵收於農民生計更為有益著交榮柱妥協
辦理俾窮黎均霑實惠該部遵諭速行

三月初四日奉

上諭直隸廣平大名二府屬與河南接壤上年秋
間雨澤短少所種秋麥無多冬雪春膏亦未深透
不能趕種春麥農民祇可盡力夫田但春夏之間
尚不能即資接濟所有該二府屬上年應徵緩徵
錢糧均著加恩概行緩至本年秋收後徵收俾民
力不致拮据該部遵諭速行

四月二十二日奉

上諭山東省歷城章邱等十九州縣因上年雨澤

稀少秋收歉薄已降旨將該州縣應徵錢糧緩至
麥熟後徵收第念歉收各處口食稍艱若於麥收
後即令輸將未免尚形竭蹶又范縣夏津二縣現
在尚未得有透雨著加恩將歷城等十九州縣及
范縣夏津二縣所有應徵新舊錢糧俱緩至本年
秋後起徵以紓民力該撫務董率所屬悉心經理
以副朕軫念窮民之至意該部即遵諭行

五月初五日奉

上諭直隸順德廣平大名三府屬與河南接壤因
上年雨澤稀少所種秋麥無多本年春膏亦未深
透雖直隸本年輸納錢糧閭閻可免追呼但該府
屬上年尚有應徵緩徵錢糧前已降旨緩至秋收
後徵收第念歉收各處口食稍艱若於秋收後即
令輸將未免尚形竭蹶著加恩將三府屬所有帶
徵錢糧概行緩至來歲麥熟後徵收以紓民力該
部即遵諭行

八月初五日奉

上諭豫省儀封考城一帶黃河漫口奪溜被災較
重朕心深為軫惻已命大學士高晉選帶諳習河
工將備兵弁星馳赴工速籌堵築復降旨截留漕
糧二十萬石並留豫省新漕十萬石又先後撥運
兩淮鹽課銀一百萬兩並命尚書袁守侗前往查
辦董飭有司實心賑恤俾災民不致失所現在要
工需用料物甚急雖令未被災之各州縣辦運但

念該省昨秋今夏俱係歉收幸六月得雨後補種
秋禾而七月內陰雨連綿收成又不免稍減若照
定例給價購辦尚恐不敷著再加恩將所辦料物
無論道路遠近於正價之外每百觔加價銀五分
小民自必踴躍趨事可期迅速蒇工該撫務須督
率所屬實力妥辦期民間均霑實惠毋致吏胥侵
肥中飽副朕軫念窮黎之意該部即遵諭行

二十四日奉

上諭豫省儀封考城一帶黃河漫口被災較重朕
心深為軫惻業經降旨截留漕糧二十萬石併留
豫省新漕十萬石又先後撥運兩淮鹽課銀一百
萬兩並命尚書袁守侗前往查辦並飭有司實心

賑恤俾災民不致失所第念被災州縣尚有應徵未完等項若今冬仍令輸將貧民未免拮据着再加恩將儀封考城商邱寧陵睢州祥符陳留杞縣本年共應徵粟米三萬一百八十七石零豆五千九百一十三石零又祥符等六州縣應徵麥一千六百五十六石零一併緩至次年秋後徵還以紓民力該部即遵諭行

十一月初一日奉

上諭豫省開封彰德衛輝懷慶河南歸德陳州七府並許汝二州本年雨澤稀少春麥未得及時播種業經加恩將被旱貧民酌借口糧籽種俾得耕作有資並上年出借倉穀緩至來年麥收後徵還

以紓民力第念該省久旱之後復被水災窮黎實為可憫雖此七府二州縣秋收亦有在八分以上者但二麥既已歉收元氣未能驟復若將秋後應還之籽種口糧與出借倉穀同時並徵民力未免拮据着再加恩將開封等七府屬並許汝二州秋收尚有八分之洧川鄢陵中牟陽武封邱蘭陽鄭州滎澤滎陽汜水密縣新鄭夏邑虞城新鄉輝縣淇縣延津滑縣濬縣修武武陟孟縣溫縣偃師鞏縣宜陽登封永寧澠池嵩縣三十一州縣所有出借倉穀二十二萬六千三百二十一石零減半徵還餘俟來年秋後徵收還項其秋收僅有七分之通許尉氏禹州安陽湯陰林縣武安涉縣內黃獲嘉河內濟源原武洛陽孟津新安扶溝汝州十八州縣所有出借倉穀二十萬五千一百六十五石零同秋收僅有六分之許州屬襄城長葛二縣及毗連災地一隅被水之淮寧太康二縣出借倉穀二十萬五千九百五十一石零均緩俟來年秋後徵還至上年先已被災而秋收僅有七分之汲縣臨漳二縣本年出借籽種口糧銀四萬六千餘兩併出借倉穀一萬一千七百三石零均俟來年麥熟後分別徵還再汝陽上蔡正陽新蔡信陽羅山商水西華臨潁魯山郟縣寶豐伊陽光州光山固始息縣商城十八州縣出借倉穀二十萬四千五百八十石零先徵十分之六餘俟明年秋後徵還

俾民力更紓以示軫念窮黎至意該部即遵諭行

十一日奉

上諭本年湖北漢陽等各府屬先被旱災又因漢江盛漲被淹災分較重節經降旨諭令該督撫等加意撫恤第念災後貧民蓋藏鮮少其補種之秋收雜糧收成亦屬有限若銀米兼徵民力不無拮据着加恩將成災有漕之江夏武昌嘉魚漢陽黃陂孝感黃岡潛江天門荊門安陸雲夢應城應山江陵公安石首監利松滋咸寧蒲圻大冶等二十二州縣本年應完漕糧正耗米石水腳及隨漕銀兩均緩作兩年帶徵至有漕之崇陽通城興國沔陽蘄水羅田蘄州廣濟黃梅隨州等十州縣雖未

成災但恐與災地環近在本處既歉收食青而鄰
境成災應賑之民皆仰資購食又通山當陽二縣
雖係折徵銀兩但需從江夏等州縣應納漕糧以
資接濟並著加恩將該十二州縣應納漕糧正耗
米石及折漕銀兩水腳隨漕等銀同成災無漕而
有應徵隨漕淺船銀之黄安等縣暨屯田分坐災
地應徵軍三安家閒丁等項分解湖北湖南之武
昌荊州等各衛所銀兩一體暫寬催納亦緩至下
年一併帶徵該督撫等務宜董率各屬實力妥辦
毋使吏胥從中滋弊以副朕軫念災黎至意該部
即遵諭行

乾隆四十四年二月十三日奉

上諭豫省自上年麥收歉薄節經降旨將開封等
府州錢糧倉穀分別緩徵並將乾隆四十五年豫
省應行蠲免之錢糧即改於四十三年蠲免嗣因
儀封考城一帶黄河漫口被災較重朕軫念災黎
截漕發帑賑恤撫綏昨春又加恩展賑自可不致
失所第念目今已屆開徵之期而儀封漫口屢沖
不免復有被淹之處其麥收不無歉薄即未經被
災地方亦有出夫辦料之事小民踴躍急公均屬
可嘉著再加恩將該省應徵乾隆四十四年分地
丁錢糧無論已未被災地方概行緩至本年秋收
後開徵以紓民力該撫督率所屬妥協辦理務使
窮簷均霑渥澤副朕加惠無已至意該部遵諭速
行

御製降旨緩徵豫省地丁錢糧詩以誌事記

二月開徵例則然豫民災厲被堪憐決河尚待成
工日別郡那無辦料田各縣備料概從緩儀封漫口屢沖瀕河復有被淹之處其麥收不無歉薄即未被災地方亦出夫辦料小民踴躍急公本年錢糧現屆開徵之期因降旨概行緩至秋成從徵以紓民力窮簷渥澤俾均宣通
聞春雨頻優霑近據新調豫撫榮柱奏開封歸德彰德衛輝懷慶各屬於正月三十至二月初一得雨二三四寸不等麥苗亦滋暢茂早秋亦得乘時播種爲祝雙登謂麥秋秋也民天意倍虔

二十三日奉

上諭直隸大名廣平順德三府屬因上年夏麥歉
收節經降旨加恩緩徵並賞借貧民五六兩月口
糧以資接濟第借過口糧應於本年麥熟前照數
徵還催現在地丁錢糧亦屆開徵之期若新舊並
徵閭閻未免拮据著再加恩將直省上年夏間出
借口糧社義倉穀十三萬二千五百餘石常平糶
價銀十一萬二千八百餘兩俱緩至本年秋成後
徵收以紓民力該部遵諭速行

九月二十九日奉

上諭戶部議覆陝甘總督畢沅奏請將皋蘭等三
十七廳州縣被災地畝應免銀糧於四十四年補
蠲之處毋庸議一摺甘肅地丁額徵銀糧已於乾
隆四十三年普行蠲免恩無屢邀固屬照例議駁
第念甘省地瘠民貧與他省情形迥異著再加恩

照三十六年之例將皐蘭等三十七廳州縣夏禾被災應免徵銀一萬三千一百七十餘兩暨糧七十四石四斗零於四十四年補行蠲免以示朕軫念邊氓有加無已之至意

十一月初九日奉

上諭上年湖北偶被偏災業經降旨加恩賑恤並將成災有漕之江夏等各州縣漕糧正耗米石隨漕水腳銀兩緩至己亥庚子兩年帶徵本年該省豐收各屬有糧花戶自應踴躍輸將第念潛江江陵監利沔陽荆門五州縣俱係上年災重之區若將緩帶銀米一併徵收民力未免拮据着再加恩將潛江江陵監利沔陽荆門五州縣上年災歉合

復成災田地應分作庚子年帶徵銀米展至辛丑年徵收俾民力寬舒共受盈寧之樂該部即遵諭行

乾隆四十五年正月初二日奉

上諭上年因豫省堵築漫工曾降旨將應徵地丁錢糧緩至秋後開徵第念該省自儀考數州縣被水成災外其餘各屬雖獲有收而元氣初復戶少蓋藏若將地丁及舊欠並徵民力不無拮据着再加恩將該省四十四年分應徵地丁錢糧除被災各屬蠲免外其餘俱自四十五年為始分作三年帶徵歸款用昭體恤窮黎至意該部即遵諭行

乾隆四十六年六月二十八日奉

上諭據何桂等奏遵旨查明甘肅應行撫恤事宜請將蘭州河州地方照乾隆三十年寧遠伏羌通渭三縣地震之例辦理等語此次甘肅蘭州河州等處猝被逆回焚掠亟宜加意撫綏以蘇民困所有該處應徵本年錢糧着加恩概行蠲免以示優恤即遵諭速行其餘所奏卹賞各事宜並著行在戶部速議具奏

御製命尚書和珅往甘肅同總督勒爾謹會籌勦醜善後事宜並詢賊氛燹後何以加恩處奏來頒旨詩以言志耳

眷回爭教肆狂信竟劫河州逼省闉雖事鋪敉將執醜郡縣蹂躪已殃民瞻咨善後孰居要撫恤為

先合沛仁曰隱曰艱應入告十行次第待頒綸

御製命加恩甘省被番回兵燹窮民詩以誌事用四月降旨查卹施恩詩韻耳

何來雜種逞才猖竟犯州城躪市閭早以詳查命大吏〔先是命尚書和珅往甘肅即令將該地方遭燹何以加恩之處奏請頒旨有曰隱曰艱應入告十行次第待頒綸之句〕茲因奮政惠窮民本年糧賦全蠲綸〔去月廿八日據何桂等奏甘省應行撫恤事宜請將蘭州河州地方照乾隆三十年寧遠等縣地震之例辦理即降諭旨將蘭州河州本年應徵錢糧加恩概行蠲免其傷斃人口每名房屋每間請各給銀二兩又每人先給食糧三斗再普行加賑一月又每戶賞給置辦器具銀一兩牛馬每頭借給借償銀四兩俾被賊焚掠貧民各安生業俱交行在戶部核覆依議速行仍令該地方官實力撫綏以示優恤〕燹處災傷善施〔發去〕仁小醜潢池累黎庶自無德化愧絲綸

七月二十四日奉

上諭本年六月江蘇崇明縣猝遇風潮被災較重業經降旨令該督撫查明分別賑恤並截留漕糧十萬石以資接濟該處既經被災貧民輸將未免拮据朕心深為軫念所有崇明闔縣應徵本年地丁錢糧著再加恩蠲免以昭體恤該部遵諭速行

八月初四日奉

上諭甘肅捏災冒賑一案經阿桂等查明歷年積弊俱已水落石出不可不徹底查辦但恐各督撫誤會朕意匿災不報則大不可因屢次宣諭嚴切申諭並令李侍堯派委明幹公正大員詳查該省各屬被災輕重奏明辦理茲據李侍堯奏到查明

被災各屬情形分別撫恤如此辦理方是所有甘肅猝被黃水漲溢之隴西寧夏寧朔平羅等四縣貧民口食未免拮据著該督即董率所屬先行加意撫恤其房屋尚有沖倒淹浸之處並著即行查明照例辦理至李侍堯查奏各屬秋禾被雹及被黃疸等處內金縣靖遠安定會寧伏羌碾伯大通等七縣雖據勘明俱在四五分以內例不成災但念該屬今歲承辦軍需一切輓運糧草民情甚為踴躍並著加恩將該七縣本年額徵銀糧蠲免一半其餘緩徵以昭優恤至明年按例辦理所有李侍堯奏到遵旨查明各摺併發並將此通諭中外知之

九月十七日奉

上諭郝碩奏查明晚田實在情形一摺據稱該省早稻豐登其專稻晚田之戶已借本補種無需賑濟惟南昌新建等縣雖夏間雨水稍欠霑足迨後續得透雨滋培補種雜糧指日成熟實屬勘不成災等語南昌新建等縣雖據該撫確實查勘並未成災但高阜遠水之處未經透雨田畝究未免受傷殊堪軫念所有勘不成災之南昌新建安義建昌星子德化德安彭澤湖口瑞昌等十縣各田畝應徵錢糧及軍屯餘租均著加恩緩至明年早稻後徵收俾農民生計倍得從容副朕軫恤貧黎至意該部即遵諭行

十一月十四日奉

上諭本年山東章邱長山濟陽臨邑德平樂陵昌邑濰縣嘉祥德州十縣衛有曾經被水旋即消退之處又鄒縣壽張鉅野鄆城濮州范縣東昌七州縣衛秋禾已收續被黃水淹浸麥地雖勘不成災但被水貧民生計未免拮据著加恩將本年應徵糧銀緩至明歲麥收後輸納並著該撫查明應行補種麥田照例酌借籽糧歸入來春借案造報以示體恤該部即遵諭行

乾隆四十七年十月十七日奉

上諭據畢沅奏延安榆林綏德州三府州屬之膚施等一十九州縣秋禾受旱被霜收成歉薄等語

該處地近邊陽秋收歉薄徵輸未免竭蹶著加恩將膚施等十九州縣應徵銀糧草束並新舊借欠常平社倉糧石俱緩至四十八年秋後徵收以紓民力該部即遵諭行摺併發

十一月初五日奉

上諭明興來京陛見面詢以該省辦災事宜據稱濟寧曹州等府所屬各州縣中其被水淹浸之鄉所有村莊查明分數即遵照恩旨不拘月分給予常川賑恤至未經被水各鄉所有莊戶收成原屬豐稔是以仍照例徵收地丁銀糧等語各省辦理災賑事務雖例應確查實在被水鄉莊給予賑恤毋致冒濫但一州一邑之中其未經被水鄉莊究與災地相離不遠該處鄉鄰救任恤之誼者有無相通自所必有是未被災之鄰村亦應加意休養使得分其有餘以濟不足若將山東被水各州縣中成災在五分以上者其成熟之各鄉莊概予緩至明歲秋季徵收以紓民力其與東省毗連之江南徐州等屬並著薩載等查明遵照一體辦理嗣後各直省遇有災賑事務將成災五分以上州縣之成熟鄉莊俱著照此例一體緩徵俾得通融周濟以示朕軫念災黎有加無已之至意著為令

孚惠全書卷二十一

孚惠全書卷二十二

論蠲緩十一

乾隆四十八年九月二十五日奉

上諭山東省濟寧金鄉魚臺三州縣前因被水較重特加恩展賑至六月底止以資餬口第念該處地畝甫經涸出十之三四本年秋成未免失望若坐待春收為時尚早著再加恩展賑五個月俾來年春麥足資接濟窮民更無虞乏食又兗曹濟三屬亦係連年被水之區著該撫明興查上年被災地畝內緩徵帶徵錢糧及四十八年新糧一併加恩緩至明年麥秋後再行開徵其新舊漕米倉穀亦著緩至明年秋後帶徵以示軫恤災黎有加無已至意該部遵諭速行

十一月初三日奉

上諭據畢沅奏延安府屬之定邊膚施延川安塞保安安定等六縣本年秋禾被霜較早收成實止五分與清澗靖邊二縣情形相同請將應徵各項銀糧緩至來年徵收等語定邊等六縣秋收歉薄民食不無拮据所有本年額徵各項新舊銀糧草束及各年借欠常社倉糧俱緩至來年秋後徵收以紓民力仍於冬春酌量借糶倉糧用資接濟以副朕軫念邊黎有加無已之至意

乾隆四十九年四月十九日奉

上諭前因河南衛輝府一帶缺少雨澤恐於麥田

有碍曹降旨詢問何裕城令其查明具奏茲據覆奏該省惟衛輝府屬之汲縣新鄉輝縣獲嘉淇縣延津滑縣濬縣封邱懷慶府屬之修武原武陽武彰德府屬之內黃及開封府屬之祥符陳留滎澤共十六縣被旱較重現在查明散給籽種口糧並請將汲縣等十六縣民欠未完銀兩緩至秋熟一併徵完報解等語汲縣等十六縣既據該撫查明被旱較重自應亟為撫恤著該撫督率屬員實力妥辦其民欠未完銀兩並著加恩緩至秋熟後徵收以紓民力該部即遵諭行摺併發

七月初七日奉

上諭前據富勒渾等奏建寧府因雨後溪河猝漲淹及官民房屋並損傷人口業經諭令該督等飭屬詳晰查明酌量撫恤矣該處猝被水災雖經該督等分別撫恤酌借籽種口糧貧黎均已得所但究係被水之後民力不無拮据著加恩將建寧所屬之建安甌寧二縣並下游被水之延平府屬南平縣本年應徵錢糧緩至乾隆五十年秋成後帶徵以示朕體恤災黎有加無已之至意

九月初六日奉

上諭據何裕城奏請將現被水旱之衛輝府屬汲縣新鄉獲嘉三縣懷慶府屬之修武縣開封府屬之陳留縣並歸德府屬之商邱寧陵睢州三州縣本年應徵粟米豆麥緩至五十五十一兩年分年帶徵等語本年豫省衛輝懷慶開封等處春夏被旱成災屢經降旨撫恤歸德等屬亦因漫口被淹並諭令該撫加意撫綏若按例徵輸民力未免拮据著照所請汲縣新鄉獲嘉修武陳留商邱寧陵睢州等八州縣本年應徵粟米一萬一千二百八十五石零豆一萬五千八百五石零又新鄉汲縣獲嘉修武陳留商邱睢州等七州縣應徵麥一千五百二十石零又汲縣新鄉獲嘉修武四縣截存薊糧米六千二百八十五石零俱緩至五十五十一兩年分年帶徵以紓民力又睢州等州縣緩徵麥豆請照例於不被災州縣應徵粟米內照數改徵又獲嘉等縣緩徵薊糧內有搭運天津北倉及密雲兵米於不被災各縣截存薊米內派撥搭運暨睢州未被災西南二鄉照舊徵收之處俱著照所請行該部知道摺併發

十月十六日奉

上諭據伊星阿奏江西南昌新建等六縣因上游水發濱湖田畝被淹雖涸退後業經補種雜糧而節候稍遲收成未免歉薄等語本年夏間據該撫等奏萍鄉等三縣被淹當令其加意撫恤併將無力貧民酌量借給籽種無使一人失所今南昌等六縣傍水田畝亦緣水退稍遲收成歉薄若照舊輸將民力難免拮据所有南昌應徵糧銀二千一百三十四兩零新建應徵糧銀三千三百七十七

兩零進賢應徵糧銀一千一百三兩零鄱陽應徵糧銀一千二百四十三兩零餘干應徵糧銀二千七百三十八兩零建昌應徵糧銀三千一百八十七兩零俱著緩至五十五十一兩年分年帶徵俾農民生計益紓以副朕軫念閭閻有加無已之至意該部即遵諭行

乾隆五十年三月二十二日奉

上諭據畢沅奏彰德一府與衛輝毗連開封河南二屬自去冬至今未霑雨雪麥苗微細夏禾不能長發等語開封等屬冬春未得雨雪此時即得甘膏播種大田西成尚早若令將新舊錢糧照常輸納小民未免拮据所有開封府屬之祥符陳留杞縣通許尉氏洧川中牟蘭陽滎澤汜水禹州密縣滎陽鄢陵儀封鄭州新鄭河南府屬新安澠池偃師等三縣彰德府屬之安陽湯陰內黃等三縣共二十三州縣乾隆五十年並四十九年未完錢糧及一切帶徵錢糧倉穀等項俱著緩至本年秋後徵收以紓民力其中有受旱較重及連年河水浸溢被淹積歉之區並著再行加賑一月口糧俟得雨後仍按畝借給籽種俾資耕作其無地極貧下戶即加賑兩月口糧使一體均霑渥澤該撫務須董率所屬實力妥辦以副朕軫念窮黎有加無已之至意該部即遵諭行

御製河南巡撫畢沅奏開封等處闕雨情形並命

緩徵加賑詩以誌事乙巳

衛輝連歲旱賑恤方殷毗連河之南雨雪亦鮮邇是用頻咨詢撫臣旋詳奏二十三州縣麥苗萎艱秀即使獲甘霖大田遠秋收畢沅奏豫省河北彰德府及與衛輝毗連之開封河南二屬皆自去冬至今未霑雨雪麥苗微細夏禾不能長發委員前赴太白山取水設壇祈禱於三月十七日自午至亥得雨二寸餘地氣稍覺滋潤等語該處亢旱日久此時即得甘霖播種大田秋成尚早據奏益增惻念是用增惻然帶徵緩新舊並令加月賑一二以次援據奏即降旨將開封府屬之祥符陳留杞縣通許尉氏洧川中牟蘭陽滎澤汜水禹州密縣滎陽鄢陵儀封鄭州新鄭河南府屬之新安澠池偃師彰德府屬之安陽湯陰內黃等二十三州縣本年併上年未完一切帶徵錢糧均緩至本年秋後徵收以紓民力其受旱較重及連年被水積歉之區並再加賑一月口糧俟得雨後仍按畝借給籽種俾資耕作其無地之極貧即照延津等處之例加賑兩月口糧仍飭該撫董率所屬實力妥辦俾災黎得霑實惠嗟哉豫省民南望心焉疚調劑之良方予咎非汝咎申命賢有司救患其善副

二十六日奉

上諭直隸廣平順德大名三府屬與豫省河北毗連上年冬間缺少雪澤今春亦未得有透雨河間府屬之景州交河等州縣秋冬以來雨澤稍踈麥收恐不免歉薄此時即得甘膏播種大田西成尚早若令將新舊錢糧照常輸納小民未免拮据所有廣平順德大名三府屬各州縣並河間府屬之景州交河阜城獻縣河間肅寧寧津故城等州縣著加恩將乾隆五十年應完錢糧並四十九年未完錢糧及一切帶徵錢糧倉穀等項俱緩至本年

秋後徵收以紓民力其景州等州縣並著即行減
價出糶以平市價該督務須董率所屬實力妥辦
使一體均霑渥澤以副朕軫念民依有加無已之
至意該部即遵諭行

御製命緩徵直隸南三府及河間府屬之州縣錢
糧詩以詩事乙巳

廑懷豫省旱災成絜矩迤南接界并更念河間缺
雨澤普令平聲各屬緩春徵直隸廣平順德大名三府屬與豫省河北接壤又河間府屬之景州交河等處去冬來雨澤亦少若將新舊錢糧照常輸納民力不無拮据因降旨將廣平順德大名三府屬各州縣並河間府屬之景州交河阜城獻縣河間肅寧寧津故城等州縣本年應完及上年未完帶徵各項錢糧俱緩至秋後徵收以紓民力並令該督即行減價平糶率屬實力妥辦俾小民均得普霑渥澤推祈吉澍田耕起並出倉糧市
價平咨爾有司勤體卹莫教溝壑轉吾氓

四月初一日奉

上諭據薩載等奏淮徐海三屬今春雨澤短少現
在二麥歉收等語淮徐海三屬均為積歉之區上
年冬間久晴土燥種麥無多今春雨澤又復愆期
以致麥苗未能長發民力難免拮据所有淮徐海
三屬應完新舊錢糧著加恩緩至本年秋成後徵
收以紓民力其貧民播種無資者並著按畝借給
籽種銀兩俾資接濟該督撫其董率所屬確查妥
辦以副朕軫念民依之至意該部即遵諭行

初八日奉

上諭豫省衛輝一帶連年旱災甚重屢經降旨加
恩展賑並將緩徵帶徵民欠各項普行蠲免本年
錢糧緩至秋後徵收矣該處雖兩次得有雪雨仍
未沾被甘膏農民更形拮据朕心深為軫念即使
夏至以前得有透雨及時播種大田秋禾成熟而
當積歉之餘閭閻元氣未能驟復仍恐艱於完納
所有衛輝府屬之汲縣輝縣新鄉淇縣獲嘉延津
濬縣滑縣封邱考城及附近災區之武陟陽武修
武原武各縣本年應徵地丁錢糧竟著加恩概行
蠲免俾吾民得安心耕作以待西成至開封歸德
河南陝州許州等屬雨澤亦屬愆期麥秋失望從
前降旨緩徵之祥符等二十三州縣內其受旱較
重之祥符陳留蘭陽儀封滎澤內黃六縣所有歷

年帶徵緩徵民欠各項著照衛輝所屬之例加恩
全行豁免其次重之杞縣通許尉氏洧川中牟湯
陰六縣著蠲免十分之五鄢陵滎陽禹州安陽四
州縣著蠲免十分之三至受旱少輕之陝州靈寶
許州臨潁襄城郾城長葛河內濟源孟縣溫縣臨
漳林縣洛陽鞏縣孟津嵩縣永城鹿邑柘城虞城
夏邑太康扶溝西華等二十五州縣所有乾隆五
十年並四十九年未完錢糧及帶徵歷年錢糧倉
穀等項俱著加恩緩至本年秋後徵收以紓民力
其各該州縣內極貧下戶餬口無資者並著給與
一月口糧以示優恤該撫其督率所屬妥協辦理
務俾均霑實惠副朕軫念災黎不使一夫失所至

意該部即遵諭行

御製降旨全蠲衛輝等屬本年地丁錢糧並鄰近之開封各屬分別蠲緩加賑詩以誌事乙巳

衛輝連歲旱日夜我心惻賑糓求其寧已不遺餘力蠲舊免新徵庶其略蘇息奈何未悔禍春復鬧雨澤吁嗟我赤子那免溝壑瘠縱幸夏至前渥霈霑盈尺偕種上聲種去聲墝田仍望秋有獲元氣豈遽復那恩追呼遍豫免今年賦少濟閭閻厄衛輝一帶連年旱災甚重雖屢經降旨加賑蠲免積欠並將本年錢糧緩至秋後徵收但念積歉之餘元氣難復即使夏至前得有透雨秋成尚遠民力仍艱因即降旨將衛輝府屬之汲縣輝縣新鄉淇縣獲嘉延津濬縣滑縣封邱考城及附近災區之武陟陽武修武原武等十四縣本年應徵地丁錢糧全行蠲免俾吾民安心耕作以待西成其餘鄰近屬殃及池魚劇或緩

或加賑極次以為格鄰近災區之開封歸德河南陝州許州等各屬雨澤亦屬愆期春秋已失望其災較重之祥符陳留蘭陽儀封滎澤內黃六縣歷年帶徵緩徵各項亦即加恩全行蠲免其次重之杞縣通許尉氏洧川中牟湯陰六縣蠲免十分之五鄢陵禹州安陽四州縣蠲免十分之三其受旱少輕之陝州靈寶許州臨潁襄城郾城長葛河內濟源溫縣臨漳林州縣洛陽鞏縣孟津嵩縣永城鹿邑柘城虞城夏邑太康扶溝西華等二十五州縣所有本年並四十九年未完錢糧及歷年帶徵等項俱緩至本年秋後徵收以紓民力其各該州縣極貧並加賑一月口糧仍諭該撫率屬實力妥辦務俾均霑實惠申命大小吏飢溺視己迫俾民受實惠贖我君臣責

十三日奉

上諭據書麟奏亳州等十一州縣本年雨水缺少二麥不能一律栽插本日又據該撫由驛奏報安慶省城於初四日大沛甘霖十分深透書麟前摺係初二日拜發因差人齎遞是以與初四日奏摺同時奏到省城既得甘霖想亳州鳳陽等處自必一律普霑但現在節候已屆小滿即得有透雨亦只能趕種大田而二麥收成已屬歉薄況各該處均係上年積歉之區尤應加意撫綏所有亳州鳳陽定遠懷遠靈璧泗州天長五河盱眙宿州蒙城十一州縣民欠應徵新舊錢糧俱著加恩緩至本年秋後徵收俾民力益臻寬裕該部即遵諭行

十六日奉

上諭東省兗州曹州濟寧三府州屬自去冬雨雪短少春夏以來雖業得雨澤未能接續普遍濟南東昌泰安所屬各州縣亦因雨澤稀少麥收均不

免歉薄此時即得有透雨搶種大田秋成尚早若新舊並徵民力未免拮据所有兗州曹州濟寧三府州屬之帶徵應徵錢糧倉穀濟南府屬之德州平原禹城陵縣臨邑新城齊河長清東昌府屬之茌平清平冠縣館陶高唐州恩縣泰安府屬之泰安新泰東平東阿臨清州屬之夏津武城邱縣等各州縣本年應徵錢糧及未完帶徵錢糧倉穀等項俱著加恩緩至秋成後再行徵收以紓民力該撫其督率所屬妥協辦理務俾均霑實惠副朕軫念民依至意該部即遵諭速行

御製命緩徵山東缺雨各府屬州縣錢糧詩以誌事乙巳

麥以侵青黃麥歉民必飢山左春夏間缺雨屢邀
恩麥歉則已定秋禾待種遲嗟哉艱食民閒徵正
值期六府屬州縣新舊雖不齊一例與緩徵東省春夏間缺雨麥收歉薄此時即善得透雨秋成尚早新舊併徵民力未充拮据因降旨將兗州曹州濟寧三府州屬之帶徵應徵錢糧倉穀濟南府屬之德州平原禹城陵縣臨邑新城齊河長清東昌府屬之茌平清平冠縣館陶高唐州恩縣泰安府屬之泰安新泰東平東阿臨清州屬之夏津武城邱縣等州縣本年應徵錢糧及未完帶徵錢糧倉穀等項俱令加恩緩至秋成後再行徵收以紓民力
閭閻救燃眉安心勤晚田亟翻甘霖施

二十六日奉
上諭據全德奏海州分司所屬板浦中正臨興三
場因去冬今春雨澤愆期晴乾日久產鹽有限請
將乙巳綱應徵錢糧緩徵等語本年海州等屬
雨澤稀少麥苗未能長發前已降旨將該處民戶
錢糧概予緩徵至各場竈戶人等亦因晴久土燥
產鹽未旺丁力未免拮据所有該竈戶等應輸乙
巳綱錢糧亦著加恩緩至本年秋場產旺後再行
徵收以紓丁力該部即遵諭行

五月初四日奉
上諭豫省被旱地方較廣而衛輝各屬情形尤重
業經節次加恩現在京畿一帶已渥被甘膏而該
省得雨仍未遠足二麥無收大田未種民情更形
拮据朕心深為軫念所有開封府屬之祥符蘭陽
陳留儀封滎澤彰德府屬之內黃六縣本積歉之
區今歲受旱較重其本年應徵地丁錢糧著即加

恩蠲免十分之五其情形次重之杞縣通許尉氏
洧川中牟鄢陵滎陽禹州湯陰安陽十州縣所有
本年地丁錢糧著即加恩蠲免十分之三至緩徵
舊欠各州縣內開封府屬之鄭州新鄭汜水密縣
河南府屬之新安澠池偃師洛陽鞏縣孟津嵩縣
歸德府屬之永城鹿邑柘城虞城夏邑陳州府屬
之太康扶溝西華陝州並所屬之靈寶許州並所
屬之臨穎襄城郾城長葛又河北懷慶府屬之河
內濟源孟縣溫縣彰德府屬之臨漳林縣三十二
屬雖受旱稍輕現在青黃不接小民生計亦屬艱
難所有歷年緩徵帶徵各項舊欠著加恩概予蠲
免十分之三其與災地毗連之商邱寧陵睢州宜
陽登封永寧淮寧商水汝州伊陽寶豐郟縣武安
涉縣等十四州縣所有麥後應徵舊欠及本年錢
糧俱著加恩緩至秋成後徵收以紓民力該撫其
督率所屬妥協辦理務俾均霑實惠副朕軫念災
黎不使一夫失所至意該部遵諭速行

御製降旨分別蠲免河南開封等府州屬正賦及
帶徵積欠錢糧詩以誌事乙巳

河南五百里馳郵將謂甘雨被豫州披閱乃覆奏
諭旨弗增慰念仍增愁馳摺以月之廿九此雲霈
被未蒙庥畢沅奏摺於四月廿九日拜發其日京師大雨而未據畢沅奏及是豫省尚未被澤並深睠念昨為衛輝雖蠲賦不無鄰郡向隅是用
命方伯查詳悉茲乃一一陳厥由前因河南被旱地方較廣隨飭

擇各屬實經節次加恩外其鄰近之開封等各府州屬雖經得雨仍未透足民情不無拮据因降旨巡撫畢沅令其將各屬水及麥收大田情形據實詳悉覆奏並據遂一詳查奏到因即降旨分別蠲緩以紓民力十分之三或其五二府正賦先課收今歲受旱被重開封府屬之祥符陳留儀封榮澤彭德府屬之內黃六縣本年應徵地丁錢糧即降旨加恩蠲免十分之五其次重開封府屬之杞縣通許尉氏洧川中牟鄢陵榮陽禹州彰德府屬之湯陰安陽十州縣即加恩蠲免正賦十分之三及餘緩徵之舊欠視災輕重次第酌開封府屬之鄭州新鄭汜水滎縣河南府屬之新安澠池偃師洛陽鞏縣孟津嵩縣歸德府屬之永城鹿邑柘城虞城夏邑陳州府屬之太康扶溝西華陝州偕所屬之靈寶許州偕所屬之臨潁襄城郾城長葛又河北懷慶府屬之河內濟源孟縣溫縣彰德府屬之臨漳林縣等屬六府二州所屬三十二州縣雖受旱稍輕但現在青黃不接小民生計維艱所有積年緩徵帶徵各項舊欠並加恩概予蠲免十分之三其與災地毗連之商邱寧陵睢州宜陽登封永寧淮寧商水武安涉縣並汝州及所屬之伊陽寶豐郟縣等十四州縣所有參後應徵舊欠及本年錢糧俱著加恩緩至秋成後徵收並令該撫率屬妥協辦理俾窮民均霑實惠俾我窮黎少蘇息所優霖被補種秋從來救災無善政盡予心力勤咨諏

六月二十八日奉

上諭據全德奏泰州分司所屬伍祐新興廟灣三場坐落淮安府屬之阜寧鹽城二縣地方因天氣久晴糧價昂貴竈戶買食維艱現撥鹽義倉穀石平糶等語本年淮北各屬雨澤稀少業經加恩將錢糧緩徵並賞借貧民口糧以資接濟至該竈戶等因產鹽有限口食拮据自應一體加恩賑恤所有伍祐新興廟灣三場乙巳綱應輸折價錢糧著緩至秋鹽產旺時再行徵收並酌借一月口糧俾

無力窮丁得資口食該部即遵諭行

八月二十七日奉

上諭據明興奏本年東省春夏以來雨澤短少兗州曹州東昌三屬得雨尤遲兗州府屬之嶧縣曹州府屬之濮州范縣朝城觀城定陶荷澤東昌府屬之聊城莘縣共九州縣收成歉薄止有四分至二分不等其有衛地坐落各該州縣者亦被旱成災小民口食維艱又濟南府屬之德州泰安府屬之新泰萊蕪平陰東阿東平兗州府屬之泗水滕縣陽穀壽張曹州府屬之鄆城鉅野沂州府屬之蘭山郯城蒙陰費縣沂水東昌府屬之恩縣茌平堂邑青州府屬之益都昌樂壽光萊州府屬之濰縣昌邑共二十五州縣並坐落衛地亦因未得透雨現在收成雖有五分上下勘不成災而得半收成民間僅堪餬口等語東省雨澤愆期秋成歉薄民情拮据軫念殊深所有收成最薄之嶧縣濮州范縣朝城定陶觀城荷澤聊城莘縣九州縣及坐落各該州縣衛地俱著加恩一體賑恤並將應徵錢糧查照被災分數照例分別蠲緩該撫務須率屬詳妥為之俾災黎均受實惠其收成五分上下之德州新泰萊蕪平陰東阿東平泗水滕縣陽穀壽張鄆城鉅野蘭山郯城蒙陰費縣沂水恩縣茌平堂邑益都昌樂壽光濰縣昌邑二十五州縣及坐落衛地皆止有得半收成若將應徵錢糧照舊

徵收民力自未免竭蹶並著加恩將本年應徵及緩徵帶徵錢糧籽種銀兩俱緩至明年麥熟後徵收其本年應徵漕糧及借出倉穀俱緩至明年秋收後開徵俾窮民口食有資該撫其責力妥辦以副朕厪念民依不使一夫失所之至意該部即遵諭行

九月十八日奉

上諭明興奏濟南府屬之長清濟寧州屬之金鄉魚臺嘉祥四縣於八月下旬天時乍寒被霜較早晚禾尚未結實一經霜打收成頓減民情未免失望等語長清金鄉等縣本年春收本屬歉薄今又被霜較早晚禾收成頓減殊堪軫念著加恩將長

清金鄉魚臺嘉祥四縣及坐落衛地照德州等二十五州縣之例將本年應徵及緩帶徵錢糧籽種銀兩緩至明年麥熟後徵收其本年應徵及緩帶徵漕糧出借倉穀亦緩至明年秋收後開徵俾窮黎各安衽席不致一夫失所以副朕軫念災區有加無已至意該部即遵諭行

二十五日奉

上諭據吳垣奏本年湖北江夏武昌等州縣民田軍屯夏秋被旱成災內應行輸漕州縣共計有三十餘處自開徵月餘完納無幾體察情形民力甚為拮据懇請照四十三年緩徵成案分別辦理等語著照所請將成災較重有漕之江夏武昌咸寧嘉魚蒲圻漢陽沔陽黃陂孝感荊門廣濟黃梅應城隨州江陵公安監利十七州縣本年應完漕糧正耗米石銀款等項緩作三年帶徵成災較輕有漕之興國大冶崇陽潛江天門黃岡蘄水蘄州羅田安陸雲夢應山石首松滋十四州縣本年應完漕糧正耗米石銀款等項緩作兩年帶徵至被災稍輕之通城及毗連災區之通山當陽又成災之黃安等州縣所有本年應徵漕糧并折漕隨漕銀款俱著一體緩作兩年徵解其該處屯田分坐災地應徵等項亦著一併寬至下年一年帶徵俾軍民均得從容輸納口食益資充裕以副朕軫念災黎無使一夫失所之至意該部遵諭速行摺並發

十月初七日奉

上諭據福康安奏甘肅皋蘭金縣伏羌安定會寧平涼靜寧隆德鹽茶秦安平番莊浪等十二廳州縣縣丞地方間被雹水偏災請將銀糧草束蠲免等語甘省地瘠民貧上年逆回滋擾業經降旨將通省額賦概免徵輸以紓民力其皋蘭等十二廳州縣復間有雹水偏災之處著再加恩將皋蘭金縣伏羌安定會寧平涼靜寧隆德鹽茶秦安平番莊浪等十二廳州縣縣丞地方所有應徵正耗銀二千七百一十兩六錢七分糧一千一百八十二石七斗七升草二千三百四十二束概行蠲免以示朕軫念邊黎之至意該部即遵諭行

初十日奉

上諭福崧奏仁和等十七州縣並杭嚴嘉湖二衛田畝歉收請將應徵漕米錢糧等項分別緩徵等語本年浙西一帶雨澤愆期田禾間有被旱之處收成不無歉薄民力未免拮据所有仁和錢塘海寧餘杭臨安嘉興秀水海鹽於潛石門桐鄉烏程歸安長興德清武康安吉等十七州縣並杭嚴嘉湖二衛歉收田畝應徵地漕錢糧着加恩緩至五十一年麥熟後徵收其漕米及新舊漕截等銀亦着緩至次年秋成後徵收帶運以紓民力該部即遵諭行

十一月二十六日奉

上諭據浦霖奏湖南省各縣衛有勘不成災田畝收成僅及六分民間蓋藏鮮少稍形拮据等語前因該省巴陵等縣衛得雨較遲秋禾不無歉薄業經降旨分別蠲賑此外各縣衛被旱田畝雖勘不成災但今照舊徵輸民力究形拮据着該撫查明將現年民屯地丁錢糧均緩至次年秋成後徵收所有隨正徵收之漕項等雜款銀糧並緩至正餉開徵時一體補徵俾歉收農民生計益資寬裕以副朕軫念災區有加無已之至意該部即遵諭行

孚惠全書卷二十二

孚惠全書卷二十三

徧隅蠲緩十二

乾隆五十一年正月初三日奉

上諭上年浙西杭嘉湖三府屬之仁和等十七州縣並杭嚴嘉湖二衛得雨較遲收成歉薄業經降旨將應徵地丁漕項銀米緩至次年分別帶徵以紓民力第念今春東作方興農民播種耕犁未免尚形拮据着再加恩將杭嘉湖三府屬之仁和錢塘海寧餘杭臨安於潛嘉興秀水海鹽石門桐鄉烏程歸安長興德清武康安吉等十七州縣並杭嚴嘉湖二衛再行緩徵至秋後按例徵收並查明實在貧民酌借口糧籽種以資接濟該撫務董飭所屬實力奉行使茅簷蔀屋均霑實惠以副朕軫念黎元普錫春祺之至意該部即遵諭行

御製命緩徵浙江去歲被旱州縣詩以誌事丙午

浙雖一省分東西去歲迤東頗報稔上年浙東之金衢嚴寧紹溫台處八府秋收均獲豐稔迤西數府近歉嚴城門殃及達早蓄浙西之杭嘉湖三府地近歲因得雨較遲收成較歉歉災雖弗重民食胥緩徵借種寧可寢杭嘉湖三府屬之仁和錢塘等十七州縣及杭嚴嘉湖二衛昨歲已降旨將應徵地丁漕項緩至次年分別帶徵以紓民力茲命再行緩至秋收後徵收並查明實在貧民酌借口糧籽種俾得接濟亦欲實惠被飢民申命有司其懃恁

初四日奉

上諭上年江蘇淮安徐州海州所屬雨澤愆期夏

秋二熟均屬失收江寧揚州鎮江所屬府州縣秋
成亦多歉薄業經降旨分別給賑並截漕平糶以
資接濟俾災黎不致失所第念今春正賑已畢青
黄不接之時民食恐不無拮据着再加恩將被災
較重之徐屬蕭縣碭山二縣十分災極次貧民展
賑兩個月其淮安徐州海州江寧揚州五屬之八
九分災極次貧民展賑一個月其餘各府州縣七
分災以下及勘不成災地方所有貧乏之食農民
酌借籽種口糧俾艱食者得資餬口乏種者無誤
翻犂該督撫務董飭所屬實心經理以副朕軫念
窮黎普錫春祺之至意該部即遵諭行

御製降旨加賑江南去歲被災州縣詩以誌事丙午

淮徐接壤豫被澤更踰時去歲淮徐海所屬至夏末秋初始得雨較山東
河南更遲雖種莊至而大田已趕種不及矣晚稼全無穫優恩可復遲
賑期增一再因淮徐各所屬夏秋二熟失收業經分別賑給並前
截漕平糶但今春正賑畢後民食尚艱再加恩將被災較重之蕭縣碭山二縣展賑兩月其淮海徐
揚江寧等五屬展賑一月至各府七分災以下及勘不成災地方酌借口糧籽種俾民食有資不致
失所災況切嗟咨冬雪雖聞渥春霖仍靳施

初六日奉

上諭上年山西省忻代定襄等六州縣被水成災
業經降旨照例給賑並酌量借給口糧籽種以濟
民食第恐春耕肇始青黄不接之時民力不無拮
据着再加恩將代州五臺崞縣繁峙忻州定襄等
六州縣乾隆五十年未完錢糧並春借倉穀緩至
本年秋季徵收又文水縣之西莊等三十三村莊
汾陽縣之滹城等三十一村莊雖據該撫查明勘
不成災但業經被水恐難照舊輸將所有乾隆五
十年未完錢糧均着緩至麥熟後徵收以紓民力
該撫督率所屬實心經理以副朕軫念窮黎有加
無已之至意該部即遵諭行

十四日奉

上諭明興奏濟南泰安東昌等屬得雨未能深透
現屆青黄不接之時糧價稍昂民力未免拮据等
語東省上年秋收歉薄節經降旨賑恤緩徵今濟
南等府州屬春雨又復短缺糧價較昂若令照例
輸將民力不無艱窘所有歷城章邱鄒平長山齊

東淄川肥城博平臨清等九州縣及坐落衛地本
年應徵新舊錢糧並着加恩緩至秋成後徵收以
紓民力該部即遵諭速行

御製命緩徵山東缺雨九州縣新舊錢糧詩以誌
事丙午

東省去年歉春雨復未均霑者麥望收大田亦閒
去聲畇其未優霑者束手傷農人賑貸雖屢加民艱
廑時詢嗟哉九州縣閒徵正及辰遂允撫臣奏速
與頒恩綸新舊胥緩徵據明興奏東省濟南東昌臨清屬內雨澤有未能霑
足處所大田不能一律播種望澤頗殷現在虔心祈禱等語即降旨將該省上年夏秋缺雨被災濟泰
兗曹東臨等六府州屬已經降旨緩徵州縣外所有歷城章邱鄒平長山齊東淄川肥城博平臨清
等九州縣及坐落衛地本年應徵新舊錢糧均緩至秋成後徵收俾免追呼以紓民力追呼

免擾頻仍為猷祈甘膏善後蘇吾民

五月二十二日奉

上諭據明興奏東省濟南東昌臨清所屬及毗連地方春夏以來雨水短少麥收不無歉薄等語該省上年缺雨被旱成災今歲雖連獲甘膏其短雨州縣麥收仍有歉薄民力不免竭蹶朕心深為廑念著加恩將被旱稍重之歷城德州齊河禹城平原陵縣長清聊城莘縣堂邑東平東阿平陰陽穀壽張觀城范縣朝城臨清州等十九州縣及坐落衛地查明借給兩月口糧被旱稍輕之章邱鄒平長山新城淄川齊東冠縣恩縣館陶博平茌平清平樂安博興壽光萊蕪肥城蒲臺霑化沾上邱縣

孚惠全書 卷二十三 四

灉州等二十二州縣及坐落衛地查明借給一月口糧以資接濟至各該地方應徵新舊錢糧除歷城等十五州縣業經緩徵外其餘德州齊河等二十六州縣及坐落衛地現在應徵新舊錢糧並著加恩緩至秋成後徵收俾貧民既資口食並免催徵該撫務董率所屬實力經理以副朕軫念小民之至意該部遵諭速行

借錢糧詩以誌事柄

御製降旨山東被旱各州縣借給口糧並緩徵新

山東被旱九州縣緩徵秋糧旱降旨前據明興奏濟南東昌臨清曆内歷城等九州縣得雨未能霑足已降旨將本年應徵新舊錢糧展至秋成後徵收以紓民力詳見諸事詩因循毗連復望澤其數蓋不止九已茲據明興奏濟南東昌臨清所屬及毗連地方春夏來雨水短少麥收不無歉薄其被旱稍重者歷城德州齊河禹城平原陵縣長清聊城莘縣堂邑東平東阿平陰陽穀壽張觀城范縣朝城臨清等十九州縣被旱稍輕者章邱鄒平長山新城淄川齊東冠縣恩縣館陶博平茌平清平樂安博興壽光萊蕪肥城蒲臺霑化沾上邱縣灉州等二十二州縣雖間被雨麥歉定東省雖於四月望前得雨又於端陽日近省州縣得雨三四寸然二麥已屬歉收民力不無拮据禾黍種待秋遠矣況均去歲被災後大異前年稔可持去歲東省雖被災然稍前年秋收可以支持至今春被旱則是游殊譏譏益鮮蓋藏矣民艱大吏詳悉陳嗟哉恫瘝懷切已借糧有等緩徵均歷城等十九州縣及坐落衛地被旱稍重者降旨借給兩月口糧章邱等二十二州縣及衛地被旱稍輕者借給一月口糧其應徵新舊錢糧除歷城等州縣業經緩徵外其餘德州齊河等二十六州縣及衛地俱緩至秋成後徵收俾貧民既資口食並免催徵令該撫等率屬實心經理毋致一人失所丁寧體恤勤經理滿期今歲民少蘇難料依然仍

孚惠全書 卷二十三 五

有此調慕無能益自慚忍弗盡心殺赤子

六月十四日奉

上諭據毓奇等奏江浙兩省幫船上運餘米請暫緩帶交一摺前因邳宿運河淺阻起剝耽延將乾隆四十九五十兩年江浙省幫船應交餘米准其遞年分限帶交令該督等以兩省上年旱歉之後米價昂貴採買維艱且本年沿途河道仍多淺阻幫船起剝丁力未免拮据奏請遞緩帶交四十九年未完一半餘米緩至五十二年其五十年緩交之餘米遞緩至五十三四兩年搭運交倉完納至江南漕船所有帶交四十九年未完一半餘米著照浙省之例一併遞緩以紓丁力該部即遵諭行將

並發

九月十五日奉

上諭據明興奏東省舊欠錢糧米穀籽種等項遞年積壓鼓項繁多若同時並徵恐小民力有未逮請將上年被旱各州縣歷年未完錢糧及民借籽種銀兩並上年緩徵漕糧等項分年帶徵等語山東省歷年歉收今歲幸獲豐稔民間舊欠自應清緩催徵以紓民力所有上年秋禾被旱成災之嶧縣聊城莘縣濮州范縣觀城朝城定陶荷澤等九州縣並坐落衛地除五十年錢糧照例按成災分數分年帶徵外其未完四十六七八九等年舊欠銀九萬七千一百五十五兩零又上年被旱勘不

成災之德州長清新泰萊蕪平陰東阿東平泗水滕縣陽穀壽張鄆城鉅野恩縣茌平堂邑益都昌樂壽光昌邑濰縣蘭山郯城蒙陰費縣沂水金鄉魚臺嘉祥等二十九州縣並坐落衛地未完四十六七八九五十等年舊欠銀八十八萬一千九百三十兩零又嶧縣等三十八州縣積年未完民欠常社及米麥易穀共五十六萬二百一十七石零民借未完籽種銀一十九萬六千八百三十二兩零並各該州縣五十年分尚有緩徵漕糧米十萬一千七百五石零及漕倉銀兩俱著加恩准其分作兩年帶徵以紓民力而裕蓋藏該部即遵諭行

二十一日奉

上諭據畢沅奏豫省開封衛輝歸德等屬連年積歉現屆開徵之期查歷年緩借各項甚多請展至五十二三兩秋後帶徵等語豫省開封等屬連歲歉收今秋又間有蝻孽萌生晚穀不無稍減若此時新舊並徵民力未免拮据所有秋收稍歉之祥符陳留杞縣尉氏洧川中牟蘭陽鄭州新鄭延津封邱陽武原武長葛等十四州縣並歷年積歉之汲縣新鄉獲嘉修武內黃通許鄢陵儀封滎澤商邱睢州柘城鹿邑湯陰許州襄城十六廳州縣除本年應徵地丁錢糧及應徵漕米照例徵收外其歷年緩徵節剩帶徵未完地丁正耗及有漕地方緩徵帶徵舊漕並未完節年出借籽種口糧春借

倉穀等項俱著加恩准其展至五十二三兩年秋收帶徵俾得次第輸將民力益臻寬裕該部即遵諭行

十月初六日奉

上諭上年山東被旱成災節次降旨將舊欠銀兩穀石並五十年分緩徵漕糧准再予分限二年帶徵以紓民力茲據明興奏稱截留東漕又計有二十餘萬石若將糶借二項全行徵收買補而賑濟動用者復行動項採買恐同時並徵小民力有不逮請將出借米石分作二年帶徵其賑濟動用米石請俟明歲秋收再行買補等語東省本年雨澤應時秋成豐稔所有舊欠漕糧自應買補歸款弟

念該處積歉之後民力未臻充裕著照該撫所請
將出借米一十一萬一千餘石加恩分作二年帶
徵至賑濟動用米八萬二千餘石著緩至明歲秋
收再行買補起運俾民間蓋藏益資饒裕以示朕
體恤閭閻有加無已之至意該部遵諭速行

十一月初五日奉

上諭據伊齡阿奏上年仁和等十七州縣緩徵漕
糧請酌分二年徵收帶運一摺上年浙西杭嘉湖
三府屬之仁和等十七州縣暨杭嚴嘉湖二衛秋
禾被旱歉收節經降旨將應徵漕糧緩至本年秋
收後徵收第念該省本年收成雖屬豐稔而民間
元氣未復若同時新舊並徵民力不無拮据所有

緩徵漕糧並改徵漕米二十四萬五百餘石著照
所請本年徵收一半其餘一半著加恩俟次年徵
足帶運以紓民力該部即遵諭行

乾隆五十二年正月初五日奉

上諭據書麟奏安徽安慶廬州鳳陽穎州等府屬
之十六州縣應徵舊欠及歷年災緩錢糧等項為
數較多若同時並徵民力不無拮据等語安慶等
府各屬俱係災歉之後去年春夏雨水稍多又災
後疫氣交作民間元氣未能遽復若令新舊並徵
小民輸將未免拮据所有安慶府屬之懷寧桐城
潛山太湖宿松望江廬州府屬之舒城鳳陽府屬
之宿州穎州府屬之阜陽穎上亳州蒙城太和霍
邱和州併所屬之含山等十六州縣去年應徵舊
欠及歷年災緩錢糧借欠本折籽種口糧等項俱
著緩至今年秋成後補徵以紓民力該部即遵諭
行

御製命緩徵安徽廬州鳳陽穎州等府十六州縣
舊欠詩以誌事丁未

各省昨秋被災鮮加恩旨少沐
恩稠昨歲直隸山東河南山西陝甘湖廣江西江蘇安徽各省據督撫等奏報秋收均在八九分以上內惟江蘇之清河安東等縣安徽之鳳廬等州縣被水成災不過一隅中之一隅於通省全局無妨是以今歲新正加賑恩旨僅止江蘇安徽二省此實上天恩貺俾民氣較前蘇息也
新正合再綠綸沛安徽重歷十六州昨已降旨加賑安徽懷遠等編災十五州縣茲復念安慶廬州鳳陽穎州等府屬前年災歉之後通遭疾疫民間元氣未復若

將所欠歷年災緩之項新舊同時並徵未免拮据因再加恩所有安慶等府屬之懷寧等十六州縣應徵本歲正項其應徵舊欠及歷年災緩錢糧借欠本折口糧籽種等項俱緩至今歲秋成後視民力如何再行徵以示惠恤
補未蒇事完租賦正歷年奈欠舊新
留都救緩至西成後元氣吾民庶暫休

初十日奉

上諭琅玕奏浙省漕白幫船節年借領各款有未
完銀一十六萬八百餘兩本年應扣八萬二千兩
零請旨分別寬限完繳以紓丁力又另片奏稱浙
漕本年應行搭解四十七八九等年緩交餘米及
大風賠補米共二萬二千九百七十餘石請於本
年先搭解一半餘俟下運解交各等語浙省丁力
疲乏各幫扣項既多辦運恐致拮据著加恩將極

疲扣款較多之台前台後溫前溫後處前處後金衢所杭頭杭二嚴所嘉白湖白十二幫借款銀十二萬九千一百五十六兩零於五十一年為始分作八限扣繳次疲扣款較少之寧前寧後杭三杭四湖所海所嘉所紹前紹後九幫借款銀三萬一千六百八十三兩零於五十一年為始分作六限扣繳其各幫應行搭解餘米二萬二千九百七十餘石亦著加恩於本年先行搭運一半餘俟下運全數解交以示體卹該部即遵諭速行揩備發

二月十四日奉

上諭此次臺灣逆匪林爽文等糾衆謀逆劫縣戕官到處搶掠節據常青等奏稱義民鄉勇人等隨同官兵奮勇殺賊守禦郡城甚屬可嘉業經降旨令該督等查明出力義民優加獎賞量給職銜惟念逆匪滋事之初經過地方百姓田廬牲畜被其蹂躪劫掠及避賊遷徙流離者殊為可憫亦宜一體加恩普施惠澤所有臺灣府全屬五十二年應徵地丁錢糧悉行蠲免以副朕優加矜恤之至意並著該督撫接奉此旨即日謄黃遍諭各處該部遵諭速行

御製命免臺灣府本歲正供詩以誌事丁未

無端孽種聚萑苻劫掠村莊害及官福建臺灣逆匪林爽文等創立天地會名目煽誘匪徒謀為不軌劫掠村莊及知府孫景燧知縣俞峻等往捕轉被戕害當此光天化日之下聚衆倡亂不法已極不可不大加懲創以靖海隅不得已而用兵

勤莫非勤以俾民安因思亂從閭閻困合今當前賦稅寬據總督常青提臣黃仕簡任承恩等先後來抵進次用礮擊殺逆匪甚衆並用義民鄉勇數千隨同勦殺甚屬可嘉除從事官役自當從優分外賞賚因念臺灣良善百姓當此逆匪肆擾之際驚懼逃避不免受其荼毒深堪憫惻因馳降諭旨令將臺灣一府四屬今歲錢糧概予蠲免以示矜念良民至意德化未孚寧靳澤一為南望一心寒

三月二十四日奉

上諭據長麟奏濟南兗州各府屬上年雨雪短少麥田未能普種現屆青黃不接之時應完地糧米穀及籽種銀兩數目繁多小民輸將稍形竭蹶等語東省濟南等府屬頻歲歉收上年雖秋成豐稔復因雨雪短少麥田未能普種今春雨澤亦尚未一律優霑際此青黃不接之時若新舊並徵民力不無拮据所有濟南府屬之歷城章邱長清齊河禹城平原齊東鄒平長山新城兗州府屬之嶧縣滕縣鄒縣陽穀壽張泗水東昌府屬之聊城高唐莘縣恩縣茌平清平堂邑博平冠縣館陶青州府屬之益都昌樂高苑博興樂安壽光臨淄臨朐泰安府屬之東平東阿平陰萊蕪武定府屬之濱州利津霑化曹州府屬之荷澤曹縣單縣濮州城武定陶鉅野鄆城范縣觀城朝城并臨清州共五十三州縣及坐落衛所除本年新糧照例徵收外其五十一年分應徵地糧米穀籽種及前次未經分年帶徵之項俱著加恩緩至本年秋後分作兩年帶徵內有五十年秋禾成災及勘不成災之州縣

衛所應行帶徵節年地糧米穀仍照前此定限二年之項著分作三年帶徵定限三年之項分作四年帶徵統於本年秋後開徵為始俾得從容輸納民力益資寬裕副朕惠愛閭閻有加無已之至意該部即遵諭行

御製命緩徵山東歷年積欠錢糧詩以誌事丁未

山左頻年歉昨逢薄穫秋而仍冬雪短難望宿麰收祗可正供納那能積欠酬緩徵分次第據長麟奏山東濟南等府屬頻歲歉收上年秋成雖稔復因冬雪未能一律均霑今春各屬雨澤亦欠深透際此青黃不接之時若新舊錢糧並徵民力不免拮据等語因即降旨將濟南府屬之歷城等十縣兗州府屬之嶧縣等六縣東昌府屬之聊城等十縣青州府屬之益都等八縣泰安府屬之東平等四縣武定府屬之濱州及利津等二縣曹州府屬之菏澤等十一縣並臨清州共五十三州縣及衛所地畝除本年新糧照例徵收外其上年緩徵糧米並前次未經分年帶徵之項俱著加恩緩至本年秋收後分作二年帶徵其應帶徵節年欠項定限三年者展作四年俾作從容輸納以紓民力飭部即行疾苦正盈眸

四月十八日奉

上諭據劉峩奏天津府屬之慶雲鹽山二縣得雨濡遲夫田雖已播種尚未出土民力未免拮据等語慶雲鹽山二縣得雨較少秋禾未能出土際此青黃不接之時若照例開徵小民迫於輸將未免吏形竭蹶著加恩將該二縣應徵本年並新舊錢糧倉穀一體緩至本年秋成後徵收以紓民力該部即遵諭行

御製降旨緩徵直隸春間缺雨三十一州縣歷年新舊錢糧詩以誌事丁未

昨年臘盡優霑雪今歲春三卻望霖幸是京東澤猶渥上年直隸各屬臘雪優霑今春以來雨澤未能普遍所幸自薊州迤東遵化永平並寶坻寧河天津一帶得雨深透二麥秀實大田亦已青葱可望有收倚斯畿右嘆將深茲據劉峩奏自保定迤南等處地方得雨多寡不等其僅止一二寸者望澤甚殷所有上年被災之安州等十七州縣內除清苑蠡縣安州高陽趙州隆平寧晉曲周雞澤任邱等十州縣現在大田已種春麥苗秀且已於平糶案內每石減銀一錢足資接濟其安肅望都肅寧宣化萬全懷安西寧等七州縣並本年缺雨之良鄉涿州順義景州阜城交河獻縣故城寧津等九州縣又冀州暨所屬之棗強並四十九五十等年被旱本多又復缺雨廣平府屬之永年廣平磁州清河大名府屬之大名元城開州東明長垣清豐南樂等十三州縣又天津府屬之慶雲鹽山二縣共計三十一州縣本年均因雨澤稀少麥收不無稍減等語畿右一帶因旱麥收大望深堪廑念因即降旨將本年並節年應完新舊錢糧倉穀一併緩至本年秋收後再行徵收以紓民力並於京城設壇祈禱顒冀甘霖即霈俾得及時種庶幾蘇我農民耳趕登場麥已全失望卜廩禾猶切縈心州縣緩徵逮新舊愁農七字愧成吟

二十二日奉

上諭長麟奏濟南府屬之濟陽陵縣臨邑淄川德州德平武定府屬之商河惠民樂陵青城蒲臺海豐陽信青州府屬之博山泰安府屬之泰安肥城新泰等十七州縣從前或與災地毗連或因被旱歉收俱有歷年未完之項現在雨澤未霑麥秋無望請將該州縣等舊欠錢糧緩至秋後徵收等語濟南等屬上年既被旱歉收本年又雨澤愆期若將新舊錢糧一併徵收民情未免竭蹶所有濟陽陵縣臨邑淄川德州德平商河惠民樂陵青城蒲

臺海豐陽信博山泰安肥城新泰等十七州縣及
生落衛北除本年應徵錢糧照例徵收外節年積
欠未完正耗錢糧及緩徵帶徵籽種口糧米穀等
項著加恩自本年秋後為始分作二年帶徵以紓
民力該部即遵諭行

五月初四日奉
上諭據穆騰額奏東省近來雨澤愆期海水不能
上湖產鹽缺少請將本年及上年應完課銀並節
年帶徵課項一體分限緩徵等語前歲東省雨澤
愆期本年春夏雨水又復稀少以致各灘場產鹽
日少行銷停滯若同時並徵商力不無拮据所有
應徵本年課銀及五十一年正接引課銀帶徵五

十年初限正接引課銀共四十二萬八百餘兩著
加恩准其緩至五十三年秋後起徵分限四年帶
完以紓商力該部即遵諭行摺併發

八月十二日奉
上諭據毓奇奏江蘇省領兑華亭婁縣奉賢等三
縣浙江省領兑海寧臨安新城於潛昌化嘉興海
鹽嘉善平湖秀水石門桐鄉歸安烏程等十四州
縣漕米各幫米色霉變不堪交納將行月耗米抵
補再加交倉贈耗行糧外不能復有餘米請將此
次應交三升八合餘米俟下運分作兩年買補帶
交等語各幫領運漕米例有餘米以資該丁等回
空飯米之需此次抵交外若再令買補餘米分年
帶交恐近年丁力疲乏轉行支絀所有江蘇省華
亭等三縣浙江省海寧等十四州縣各船應交三
升八合餘米竟著加恩寬免以副軫卹丁力至
意

十月初八日奉
上諭據書麟奏安省亳州等十八州縣連歲被災
又壽州等四州縣亦係積歉之區若將緩徵帶徵
錢糧同時並徵民力未免拮据等語安省亳州等
處疊被災祲本年睢州復有漫口之事該處地居
下游又被淹浸自應分別蠲緩以紓民力所有成
災之亳州蒙城懷遠鳳陽靈璧宿州泗州五河盱
眙天長等十州縣及勘不成災之定遠鳳臺廬江

無為和州含山滁州全椒等八州縣其節年帶徵
緩徵正雜錢糧及漕項漕米著分別年限遞行展
緩壽州合肥巢縣來安四州縣應徵五十年帶徵
緩徵各項銀米著倣同本年新糧收其五十一年
帶徵緩徵銀米著緩至五十三年秋後開徵俾小
民次第輸將以副朕軫念災黎至意

十二日奉
上諭據畢沅奏豫省商邱寧陵睢州被水地方應
徵漕糧等項分別緩徵帶徵等語該省自本年睢
州十三堡漫口商邱寧陵睢州三州縣地處頂衝
被災較重民力未免拮据所有該三屬被水地畝
應徵米麥豆三項緩至五十三年徵收四十九五

十兩年帶徵漕糧並著遞緩一年其該三屬本經被水村莊秋禾雖屬有收但與災地毗連亦應酌量體卹除本年應徵銀兩照例徵收外其節年帶徵漕糧亦著緩至五十三年輸納以示朕軫念災黎至意至商邱等三屬應徵麥豆亦准其於不被災州縣應徵粟米內改徵以紓民力該部即遵諭行

十二月十五日奉

上諭據李侍堯等奏臺灣府屬各廳縣本年應徵兵穀及耗羨莊租雜稅等項請分作四年帶徵等語臺灣自勦捕逆匪以來節經降旨將乾隆五十二三兩年錢糧並嘉義縣五十四年錢糧全行蠲

免矣今此項應徵兵穀及耗羨租稅固應照例徵收以備借支但念該處經賊匪滋擾後被難歸莊之民未遑耕種生理維艱若仍分年帶徵民力不無拮据所有臺灣各屬本年應徵兵穀十九萬九百餘石及耗羨莊租雜稅銀六萬九千餘兩粟一千八百餘石俱著加恩全行寬免以副朕惠愛被難遺黎有加無已至意該部即遵諭行

御製降旨豁免臺灣應徵兵穀詩以誌事丁未

臺灣經賊雙正供免兩歲春間屢念臺灣良民因逆匪之擾未免有誤耕作九月復據柴大紀奏諸羅義民踴躍急公情形先從命將臺灣全郡本年及明年應徵錢糧概免徵諭旨諸羅百姓激於忠義同心固守降旨將縣名改為嘉義並將五十四年闔縣錢糧亦行蠲免用是獎勵兵穀蠲軍糈弗免乃恒例督撫屢民艱令朝奏章至下穀竟乞免帶徵四年計嗟嗟無辜民涉嘉苦受備茲幸功近成庶得耕耘逆莊據李侍堯等奏請將臺灣各廳本年應徵兵穀及耗羨租稅銀米分作四年帶徵等語目下福康安等帶領大兵已抵諸羅沿路勦殺賊衆清嚴旋往斗六門一帶搜捕逆首大功不日告成然地方被賊蹂躪之後艱苦備至來春方事南畝安有蓋藏因加恩將該郡四屬應徵兵穀十九萬九百餘石及耗羨租稅銀六萬九千餘兩粟一千八百餘石全行寬免俾民漸忍令獲蘇息以副惠愛被難編氓有加無已至意帶徵穀其穀何由致概命豁免之明歲資蘇息忖冀漸元氣復南望鏡濤意

孚惠全書卷二十三

孚惠全書卷二十四

偏隅蠲緩十三

乾隆五十三年三月初八日奉

上諭山西大同府屬豐鎮等九廳州縣上年被旱成災朔平府屬之左雲右玉二縣因被霜較早收成歉薄業經加恩賑恤蠲緩並於新正復降恩旨展賑酌借口糧以資接濟現據明興奏加賑銀米及借給口糧已陸續散放完竣但念該處土瘠民貧自上年被災歉收之後民情不無拮据現距麥收尚早小民輸將仍未免竭蹶著再加恩將大同府屬之豐鎮等九廳州縣及朔平府屬之左雲右玉二縣所有乾隆五十三年應徵新糧俱緩至本年秋收後開徵以示朕軫念邊地災黎有加無已至意該部即遵諭行

四月初八日奉

上諭直隸順德廣平大名三府屬近年屢因偏災收成歉薄所有應徵地丁等項銀兩節經降旨緩徵以紓民力今春雨澤又缺少二麥恐致歉收現在正屆開徵之期若將該府屬錢糧新舊並徵民力不無拮据著再加恩將順德廣平大名三府屬歷年因災緩徵帶徵地丁及借出各項未完銀兩緩至秋成後分年帶徵俾閭閻生計寬裕以副朕軫念民依有加無已至意該部即遵諭行

初八日奉

上諭據長麟奏本年東省歷城等五十四州縣雨澤愆期麥收失望請將新舊錢糧緩至本年秋後徵收以紓民力等語該省歷城等州縣雨澤稀少農田播種二麥雖望有收今歲佈植較廣徒糜工本民力不無拮据著照所請濟南府屬之歷城新城淄川長山長清禹城德州平原臨邑德平齊河章邱鄒平齊東陵縣濟陽泰安府屬之東平東阿肥城平陰武定府屬之惠民青城利津濱州蒲臺陽信海豐霑化樂陵商河東昌府屬之堂邑茌平館陶冠縣恩縣聊城博平清平莘縣高唐曹州府屬之范縣觀城朝城兗州府屬之陽穀壽張青州府屬之樂安博興臨淄臨朐高苑臨清州暨所屬

之夏津武城邱縣五十四州縣及坐落衛所新舊錢糧著加恩一併緩至本年秋成後徵收其舊欠內原係分年帶徵者仍案所分年限辦理以副朕厪念民依至意該部即遵諭行

御製降旨緩徵山東缺雨五十四州縣舊欠帶徵

蓋本年應徵錢糧詩以誌事 戊申

山東去歲幸豐稔冬雪亦欣霑以普因此種麥頗稱廣滿望夏收慶蓄庾而何自入春以來侵尋靳澤乃望雨迨南屢霑幸無妨迨北被旱延數府前據長麟奏山東省入春後自泰安迨南屢霑甘澤迨北濟南泰安等數府或僅得雨一二寸或尚未得雨此時幸霑甘霖大田或可趕種而麥收已無可冀大田未種或可待所措絕望麥秋覩殷勤窮黎旣播種王賢謂麥種蓋種夫之

斯益苦方伯奏來請緩徵速命降旨不留處據奏歷城等五十四州縣雨澤愆期未收夫望請將新舊錢糧緩至本年秋後徵收以紓民力等語該省去歲豐收冬雪亦普是以今歲播種麥田較廣茲以雨澤稀少農民並麥種亦不可得上年徒靡情形自屬拮据因即降旨將濟南泰安武定東昌曹州兗州青州各府屬臨清州暨所屬雨澤稀少之五十四州縣及坐落衛所新舊錢糧一併緩至本年秋成後徵收以副厪念民依至意南望齊

民何弗幸一豐那抵一饑補長言誌事不成章翹

祈膏澍蘇災所

初十日奉

上諭昨因直隸順德廣平大名三府屬近年以來收成歉薄現在又復缺雨業經降旨將節年因災緩徵帶徵地丁各項未完銀兩緩至秋成後分年帶徵以紓民力矣第念該三府屬屢遇偏災現屆

開徵之期雨澤尚未能霑足麥收難期豐稔雖舊欠業予緩徵而輸納新糧民力仍不無拮据著再加恩將本年應徵地丁錢糧一併緩至秋成後徵收至河南省彰德懷慶衛輝三府本年春雨亦未能霑遠現雖據畢沅奏河南彰德等三府屬於三月二十八九日又得雨一次而推懷慶府屬所得雨澤較之衛輝彰德二屬霑被稍優但亦不過二三四寸尚不如京城前月得雨之霑足恐仍不足以資播種所有三府屬應徵新舊錢糧俱著緩至秋收後分別徵收俾閭閻生計益臻寬裕以副朕軫念民依有加無已之至意該部即遵諭行

御製降旨緩徵直隸南三府並豫省河北三府本年錢糧詩以誌事有序戊申

直隸順德廣平大名三府及河南彰德懷慶衛輝三府壤地毗連年屢遇偏災雖幸去歲皆有收今春又皆缺雨昨已降旨將直隸節年帶徵地丁各項予以緩徵但現在麥收失望舊者雖緩而新糧正在開徵民力仍屬拮据因即降旨將直隸之南三府本年錢糧豫省之河北三府本年應徵新舊錢糧概行緩至秋成後分別徵收庶閭閻生計稍臻寬裕爾

直隸南三府昨旨緩舊欠茲思今歲供正在開徵勤定例各省地丁錢糧四月初正屆開徵之期緩舊而急新民勢那解暫索與緩其新庶稍紓民墊河之北三府接壤連垓均其旱或甚之夙夜屢廑念推行並緩徵無須

天悔禍優霖錫普況大田冀可耕靜以待秋歛調變竟無術攄詞慙愧萬新舊驗虞蠲

二十一日奉

上諭據劉峩奏順天等府屬四十九州縣本年春夏以來雨澤短缺麥收歉薄大田亦多未佈種小民生計不無竭蹶等語本年順天等府屬春膏稍缺入夏後雨澤又未能一律普霑二麥難望有收大田亦多未種若將新舊錢糧同時並徵民力未免拮据所有順天府屬之大城文安保定武清寶坻薊州保定府屬之清苑唐縣博野望都完縣祁

州束鹿河間府屬之河間任邱獻縣交河阜城景州東光吳橋寧津肅寧故城天津府屬之靜海青縣南皮滄州鹽山慶雲正定府屬之正定井陘新樂行唐晉州無極藁城冀州併所屬之南宮新河棗強趙州並所屬之隆平寧晉深州併所屬之武強饒陽定州併所屬之曲陽等四十九州縣並宣化府屬之延慶赤城龍門三州縣應徵節年新舊錢糧倉穀旗租及萬全等州縣上年因災借給之口糧俱著加恩一體緩至秋成後再行徵收如並無節欠糧租者准其將本年新糧一體緩徵俾民間生計益資寬裕以副朕軫念民依有加無已至意該部即遵諭行摺併發

御製降旨緩徵順天等府新舊錢糧詩以誌事戊申

緩徵南郡降綸更，以推行問督臣昨以直隸順德廣平大名三府春間缺雨先後降旨將節年帶徵地丁各項並本年應徵錢糧概令緩至秋成後徵收更思此外有麥收歉薄之區未便令其向隅因即馳諭劉峩詳查具奏。六府四州悉艱澤，新徵舊欠普施仁茲據劉峩奏順天等府州屬四十九州縣以春夏缺雨麥收歉薄又田禾多未佈種等語農民當此歉收之際若將新舊錢糧同時並徵民力未免拮据因降旨將順天府屬之大城文安保定武清寶坻薊州保定府屬之清苑唐縣博野望都完縣祁州束鹿河間府屬之河間任邱獻縣交河阜城景州東光吳橋寧津肅寧故城天津府屬之靜海青縣南皮滄州鹽山慶雲正定府屬之正定井陘新樂行唐晉州無極藁城冀州並所屬之南宮新河棗強趙州併所屬之隆平寧晉深州併所屬之武強饒陽定州併所屬之曲陽等四十九州縣並宣化府屬之延慶赤城龍門三州縣應徵節年新舊錢糧倉穀旗租及萬全等州縣上年因災借給之口糧加恩一體緩至秋成後徵收如並無節欠糧租者准其將本年新糧一體緩徵俾閭閻生計益資寬裕以副軫念民依至意。大都不吝加恩事，猶恐或遺背注人謂向隅者。急欲甘霖需盈尺，秋田庶尚誤耕畇。

七月初四日奉

上諭據長麟奏查勘膠州壽光二處被水情形摺內稱膠州被水農民蓋藏漂失迨至禾稼登場尚需時日雖已給與一月口糧恐不足以資接濟請於存倉穀內再行借給一月口糧壽光無力農民亦照膠州辦理章程再行加借一月口糧等語膠州因河水漲發淹浸田廬雖據該撫查明現在地畝全行涸出每畝借給籽種並已補種莊麥可望秋收但該處民人猝被偏災蓋藏漂失前次所給口糧既不足以資接濟自應再行酌給但於秋成後仍需徵收歸款恐被災貧民無力清還未免拮据所有此次膠州加借一月口糧竟著加恩賞給其壽光一處亦經該撫委令藩司查明即照膠州章程辦理並再行加借一月口糧所借口糧亦即加恩賞給以示朕軫恤災黎有加無已至意該部即遵諭行

九月十四日奉

上諭據梁肯堂奏衛輝懷慶二府屬本年雨澤稍愆收成未免歉薄等語豫省本年衛輝懷慶二府地方因雨澤短少收成歉薄現屆開徵之期若令新舊錢糧同時並徵民力未免拮据著將衛輝府屬之淇縣滑縣延津濬縣封邱考城六縣並懷慶

府屬之原武修武陽武三縣帶徵舊欠漕糧遞展一年所有緩徵舊欠錢糧並民欠倉穀籽種等項均緩至五十四年秋成後徵收至衛輝府屬之汲縣新鄉輝縣獲嘉四縣著將本年地丁並緩徵帶徵舊欠錢糧倉穀等項均緩至五十四年秋成後徵收其本年漕糧著自五十四年起分作兩年帶徵舊欠錢糧亦著加恩遞展一年徵解以示朕軫恤民艱有加無已至意該部即遵諭行

二十日奉

上諭閔鶚元奏覆江蘇各屬收成分數摺內稱徐州府屬蕭縣碭山豐縣沛縣淮安府屬安東桃源海州江寧府屬江寧上元句容江浦六合等十三

州縣被水田地退涸較遲請將新舊錢糧漕米緩至明年秋成後徵收其山陽鹽城阜寧等三縣舊欠錢糧亦請緩至明年秋成後徵收等語江蘇淮北一帶瀕臨河湖及江寧府屬沿江地方因本年雨水較多間被淹浸小民完納官糧未免拮据所有蕭縣碭山豐縣沛縣安東清河桃源海州江寧上元句容江浦六合等州縣新舊錢糧漕米俱著緩至明年秋成後徵收其山陽鹽城阜寧等縣舊欠錢糧亦著緩至明年秋成後徵收以紓民力該部即遵諭行

二十七日奉

上諭何裕城奏南昌等八縣被水地畝秋成失望本年應徵漕糧不能依期完納等語南昌等縣被水成災業經降旨撫賑兼施農民自可不至失所但本年尚有應徵漕糧若令依期完納民力仍未免拮据所有南昌新建進賢鄱陽餘干德興建昌都昌八縣被災各戶本年應徵漕糧著加恩緩至來年秋熟後一併徵收以示朕軫念災區有加無已至意該部即遵諭行

三十日奉

上諭海寧奏山西大同朔平二府屬上年被旱成災收成歉薄今歲雖獲有收若將新舊錢糧兼出借穀石一併催徵民力恐有未逮等語大同朔平二府上年被旱成災收成歉薄屢加賑卹蠲緩兼

施並酌借口糧籽種以資耕作本年秋禾成熟本應一律徵收但念該處甫當災歉之後其新舊錢糧及所借穀石爲數較多若同時輸將民力恐不免拮据所有大同朔平二府屬豐鎮左雲右玉等十一廳州縣新舊應徵並出借籽種共銀十九萬三千四百七十餘兩穀豆二十一萬二千二百餘石俱著加恩分作兩年徵收以紓民力又各廳州縣尚有應行買補平糶穀六萬六千七百四十餘石亦著分作兩年買補俾民間易于完納益臻盈資寬裕該部遵諭即行

十月初一日奉

上諭劉峩奏宣化府屬蔚州北門子等九十九村

西寧縣石窩莊四十村懷安縣西陽河等十五村
於八月初旬雨中帶雹田禾間有折損未能一律
成熟等語蔚州西寧懷安三州縣所屬村莊田禾
被雹受傷雖係一隅中之一隅不至成災但念該
處上年甫經受旱今秋又復被雹收成歉薄若將
新舊錢糧一例催徵民力恐未免拮据所有該三
州縣被雹之一百五十四村莊應徵新舊錢糧倉
穀俱著緩至次年麥熟後徵收以紓民力仍著該
督酌量情形借給口糧籽種俾資接濟該部遵諭
速行

二十日奉

上諭據勒保奏甘肅各屬秋禾分數通計收成八

分有餘內惟平涼等八州縣間有被雹被旱之處
又平羅一縣瀕河地畝間被水漲淹浸委員查勘
俱不成災惟收成未免歉薄等語平涼等州縣本
年夏秋以來間被雹旱浸水雖不致成災但田禾
未免受傷收成稍為歉薄民力不無拮据著加恩
將平涼華亭武威平番古浪皋蘭金縣狄道平羅
九州縣本年應徵正借銀糧及舊欠銀糧草束俱
緩至來歲徵收俾從容完納以紓民力仍著該署
督於今冬明春察看情形如有缺籽乏食者酌量
借給接濟以示朕惠愛邊黎格外體恤至意該部
遵諭速行

二十日奉

上諭本年湖北荊州等屬被災較重現據畢沅等
查明災分輕重情形分晰具奏所有荊州漢陽宜
昌武昌安陸各府所屬州縣成災五九分十分者
著將乾隆五十三年應徵錢糧加恩蠲免其成災
六七分者著交該部查照該督等原奏於應行緩
徵定限分年帶徵之外再酌為遞緩寬限一季帶
徵以示格外體卹餘著該部妥議具奏畢沅等揩
詳發

二十七日奉

上諭琅玕奏本年浙江被水各縣惟遂安一縣地
畝涸出稍遲收成未免歉薄等語前因浙省淳安
等縣夏間偶被山水業經加恩撫卹借給籽種及

修理房屋等費小民自可不至失所今淳安西安
開化三縣俱已補種雜糧一律有收惟遂安一縣
被水稍重收成歉薄若將應徵漕糧銀米一體徵
收民力仍不免拮据所有遂安縣本年應徵地丁
漕項錢糧銀米著加恩緩至次年麥熟後徵收俾
紓民力以示朕軫念災區有加無已至意該部即
遵諭行

二十九日奉

上諭畢沅等奏湖北被水各屬內江陵等縣民屯
田地被水成災嗣因襄河漲發潛江一縣亦被淹
浸各該州縣應完漕項銀米分應依限輸納但察
其情形未免拮据等語湖北被災各屬其本年及

舊欠錢糧業經分别緩停徵茲屆應完漕項之期若即令依限輸納民力究未免拮据所有成災較重之江陵公安石首監利漢陽沔陽黄岡廣濟黄梅潛江十州縣本年應徵漕糧正耗米石水脚隨漕銀兩亦緩作一年帶徵統加恩俟下年帶徵五十年災緩銀米全完之後再行遞年帶徵其各衛所屯田分坐災地應徵各項運費銀兩亦著一併緩至下年帶徵俾得從容輸納益資寬裕以示朕加惠災黎有加無已至意該部即遵諭行撤併發

十一月初一日奉

上諭據浦霖奏湖南華容岳州衛武陵龍陽澧州等屬因六月下旬荆水下注又值湖水倒淹田畝水退稍遲收成祇五分有餘等語該省武陵龍陽及澧州三州縣被水雖較華容安鄉為輕但收成祇五分有餘若照例徵收民力恐不能寬裕華容安鄉二縣前已降旨緩徵著加恩將武陵龍陽澧州三州縣下半年錢糧照例一併緩徵其華容岳州衛武陵龍陽四屬帶徵五十年被旱緩徵錢糧及借給籽種口糧未完銀穀又武陵縣五十一二年被水緩徵未完錢糧俱緩至次年秋成再行徵收以紓民力該部即遵諭行

乾隆五十四年四月十二日奉

上諭劉峩奏保定府屬清苑等三縣及河間府屬均有節年未完緩帶徵糧銀等語保定府屬州縣上年秋收雖尚豐稔今春雨澤亦屬不缺而應完緩徵之項為數較多一時新舊並徵民力究未免拮据著加恩將保定府屬之清苑安肅蠡縣三縣河間府屬河間等十一州縣五十一二兩年未完緩徵地糧旗租俱緩至五十四年秋後開徵俾民力益資寬裕以副朕惠愛黎元有加無已至意該部即遵諭行

御製直隸總督劉峩奏請緩徵保定河間各府屬糧銀即如所請並誌以詩己酉

去歲西成幸告收，無如借項有餘留（劉峩奏保定府屬之清苑安肅蠡縣三縣及河間府屬之河間等十一州縣均有節年未完緩帶糧銀雖該州縣上年秋收尚豐而應完緩徵之項為數較多且五十三年糧租係本年應行奏銷之項及五十年以前節年緩帶糧租至本年新糧亦應依限完解若一時並徵民力未免拮据）。開徵祇可本年納，並繳原難歷載求。四府帶完恩沐昨（前據劉峩奏直隸順德廣平大名三府節年緩徵糧銀並宣化府屬因災出借口糧及緩徵糧銀奏請分年帶完已允所請行矣），兩年為乞緩流秋（茲復將保定府屬之清苑等三縣河間府屬之河間等十一州縣五十一二兩年未完緩徵地糧旗租並緩至本年秋後起徵俾閭閻益資寬裕等語因即諭部速飭展限惠民之事從不肯遲留上）。惠民曾是常宿諾，諭部宣行速置郵。

二十四日奉

上諭據梁肯堂奏衛輝懷慶歸德等府屬上年被災之後新舊錢糧及民欠等項積累過多加以應完銀穀等項較每年額徵之數多至數倍等語衛

輝懷慶二府屬之汲縣等十三縣上年雖已加恩
緩徵但新舊錢糧及民欠倉穀籽種等項過多兩
歸德府屬之商邱等州縣上年秋禾雖屬有收但
因屢年水旱頻仍小民元氣未能驟復若一時並
徵民力不無拮据所有衛輝府屬上年被旱稍重
之汲縣新鄉獲嘉輝縣四縣本年地丁錢糧緩至
五十五年麥熟後開徵其被旱較輕之淇縣延津
濬縣滑縣封邱考城六縣並懷慶府屬之原武修
武陽武三縣着緩至本年秋成後開徵其歸德府
屬之商邱寧陵睢州三州縣本年應徵新糧着自
五十五年起分作兩年帶徵以紓民力該部即遵
諭行

御製河南巡撫梁肯堂奏三月下旬雨澤並乞緩
徵昨歲被災州縣帶徵錢糧詩以誌事己酉
季春廿日被甘雨此後未聞渥澤音昨據豫疆報
嘉澍豫東二省於二月二十日同時得獲甘膏嗣從未據再奏雨澤頗殷盼望昨據長麟奏山東省城及各府州屬於四月十二三日連得澍雨自三四五寸至深透不等其情形與此間相彷彿豫省仍未奏至日內止深繫念已因豫省繫遥心茲因下澣稱優
霑茲據梁肯堂奏歸德南陽汝寧陳州等四府並汝陝二州所屬之涉縣桐柏正陽新蔡沈邱伊陽盧氏靈寶光州所屬之固始息縣商城十一州縣各報於三月二十日俱經得雨又據開封等九府許汝等四州所屬東報於三月二十七八日復得雨自一二三四五六寸至深透不等合計通省均已普霑二麥早田連被渥澤治見豐茂糧價亦俱平減等語知是夏初未霑
霖梁肯堂此次所報雨澤仍是三月下旬情形其奏摺係四月十八日拜發則此間與山東四月十二三之雨豫省未得霑被也為請緩徵遥再緩又據奏衛輝懷慶歸德等府屬上年被災之汲新舊錢糧及民欠等項積累過多以應完銀穀等項較每年額徵之數多至數倍等語衛輝懷慶二府屬之汲縣等十三縣上年雖已加恩緩徵但新舊錢糧及民欠倉穀籽種等項過多而歸德府屬之商邱等州縣上年秋禾雖尚屬有收但屢年災歉元氣未能驟復若一時並徵民力不無拮据因即降旨將衛輝府屬上年被旱稍重之汲縣新鄉獲嘉輝縣四縣本年地丁錢糧緩至五十五年麥熟後開徵其被旱較輕之淇縣延津濬縣滑縣封邱考城六縣並懷慶府屬之原武修武陽武三縣今緩至秋後開徵其歸德府屬之商邱寧陵睢州三州縣本年應徵新糧令自五十五年起分作兩年帶徵以紓民力於民寧靳施去聲恩深

閏五月初六日奉
上諭奉天所屬廣寧等七城因上年被水成災節
經降旨借給口糧錫賑兼施並再展賑一月以資
接濟茲據宜興等奏本年春夏之間奉天境內雨
水復多低窪田地又多被水等語廣寧等縣現在
尚有帶徵銀米若照例催徵旗民未免拮据所有
該處分年帶徵銀三百七十三兩三錢九分四釐
帶徵米三百九十一石六斗五升八勺俱着加恩
豁免以示朕軫念陪都有加無已至意該部即遵
諭行

初九日奉
上諭據富綱等奏滇省通海寧州河陽江川河西
等五州縣均於五月十四日連次地震城垣官署
俱有坍壞並多倒塌民居傷斃人口之處該督自
省起程前往查辦等語此次通海等五州縣同時
地震情形較重小民倉猝被災殊堪軫憫富綱現
在親往查勘先行撫恤所有震倒房屋傷斃人口

分別散給銀穀務須督率各屬確覈妥辦毋令一夫失所並著照乾隆二十八年江川等處地震之例加倍賑給並將通海等五州縣應納五十四年條公等項一體加恩蠲免以示朕惠恤災黎有加無已之至意該部即遵諭行

六月十六日奉

上諭伍拉納等奏漳泉二府屬現在雨水調勻晚稻可望有收但究因早稻得雨較遲收成未免歉薄等語前因漳泉二府屬春間得雨稍遲曾令該督等察勘情形酌量借糶以資接濟令該二府早稻收成未能豐稔本年尚有應徵帶緩錢糧若新舊一併催納恐民力仍不無拮据所有漳泉二府

屬應徵五十二年緩徵錢糧著加恩展至明歲秋熟後帶徵俾閭閻蓋藏益資饒裕以副朕軫念民依有加無已至意該部即遵諭行

御製降旨再緩福建漳泉兩府緩徵之錢糧詩以誌事乙丙

漳泉春報旱所幸夏霑青雖可大田望那經疊賦遺不妨一再緩前以閩省漳泉二府今春得雨較遲秋收未能豐稔降旨令該督撫察勘情形據伍拉納等奏該二府屬五十三年錢糧蒙恩蠲免十分之三應完七分并帶徵五十二年緩徵之項共應完銀二十一萬八千七百六十四兩餘今僅徵完一分有餘實未完銀一十八萬三千四百八十八兩餘若一併催納閭閻不無拮据請將五十二年緩徵錢糧展至明歲秋熟後徵納等語予於小民生計從不稍存吝惜即降旨允行庶免比督催號敲以山莊樂而忘海澨勞

十月初四日奉

上諭前因梁肯堂奏安陽臨漳二邑偶被水災業經降旨撫卹一月口糧以資接濟並令該撫將應行撫卹蠲緩事宜詳細查明妥協辦理茲據梁肯堂奏安陽臨漳偶被偏災秋雖尚有收但當積歉之後若將本年漕糧一例徵收小民未免拮据等語著加恩將臨漳安陽二縣本年應徵米麥豆三項緩至乾隆五十五年麥熟後徵收以紓民力所有被災之慕村錢莊等處應行緩徵麥豆並著照所請准其於未被水各戶應徵粟米內照例改徵以示軫念災黎至意該部遵諭速行摺併發

初七日奉

上諭全德奏廟灣場等處村莊間被黃水淹浸現在雖經涸出但場竈池竈止須修理竈丁等未免拮据等語廟灣等場地勢低窪致被洩黃之水下注淹浸雖經陸續涸出而竈丁等修理場竈池竈未能及時煎曬鹽觔若將應完新舊錢糧一時併徵竈丁等未免稍形拮据所有廟灣場成災五分之十二莊本年應徵折價錢糧著加恩照例分別蠲緩其未完舊欠錢糧及借給口糧並著一併遞緩徵收至勘不成災之七莊及海州三場本年應徵錢糧並歷年因災帶徵錢糧及舊欠借給口糧亦著展至來年麥熟後分作二年帶徵以示朕軫念竈丁至意該部即遵諭行

初九日奉

上諭畢沅等奏稱武陵縣迭遭水旱本年雖屬豐稔究係積歉之區民力未紓華容安鄉二縣上年湖水倒漾亦有緩徵錢糧及借給種籽工本銀兩若同時並徵未免稍形拮据等語武陵縣係積歉地方閭閻不無拮据所有積年未完民欠銀五萬八千五百餘兩未完穀二萬八千六百石俱著加恩分為乾隆五十四五六等三年按年帶徵華容安鄉二縣上年曾經被水所有積欠之項未便一律徵收亦著加恩將華容縣上年借給籽本銀三千六百餘兩安鄉縣借給籽本銀九千四百餘兩一併緩至五十五年秋後徵收以示朕軫念災區

有加無已之至意

十一月初四日奉

上諭陳用敷奏安徽省江北各屬連年俱被偏災舊欠銀米業經分別遞緩循徵本年宿州靈壁等處因黃水漫注又被偏災除被水各州縣外其餘各處尚屬有收惟所欠各款錢糧及隨漕銀米等項連年積壓為數較多同時並徵民力不無拮据等語安省鳳潁等屬本有積欠銀米本年宿州靈壁等州縣又被黃水偏災雖該處亦有秋收成熟地方但積欠既多若同時新舊並徵閭閻生計不無竭蹶所有本年秋收成熟之懷寧無為廬江巢縣定遠壽州鳳臺等七州縣積欠地丁隨漕及借給籽種口糧等項應徵銀米著加恩自五十四年起分限四年帶徵其被災歉收之宿州靈壁泗州盱眙五河鳳陽懷遠霍邱亳州蒙城太和等十一州縣及鳳陽長淮泗州三衛積欠各銀米竟予寬免以副朕軫念民依有加無已之至意該部即遵

諭行摺併發

御製安徽巡撫陳用敷奏請緩徵諸州縣錢糧即

降旨允行並命全免其被災者詩以誌事己酉

連年安皖偏災被間去聲得豐仍失下償殃及池魚原一宥安徽省江北各屬連年屢被偏災本年黃水漫注以致宿州靈壁等一帶又有被水之處倍其澤雁極無還有收者展追期緩全數處均蠲恤霈據陳用敷奏宿州靈壁等州縣本年雖尚屬有收惟所欠各款錢糧及隨漕銀米等

項連年積壓為數較多同時並徵民力不無拮据因降旨將本年秋收成熟之懷寧無為廬江巢縣定遠壽州鳳臺等七州縣積欠地丁隨漕及借給籽種口糧等項應徵銀米著加恩自五十四年起分限四年帶徵其被災歉收之宿州靈壁泗州盱眙五河鳳陽懷遠霍邱亳州蒙城太和等十一州縣及鳳陽長淮泗州三衛積欠各銀米竟予寬免調燮之能惟救弊撫箋祗益愈傍徨

十二月十一日奉

上諭尚安奏烏魯木齊所屬新遷綏來縣戶民除現在應納地糧及新借房馬價銀照例分年完納外實不能再將阜康縣等處舊欠錢糧一併交納等語該處戶民甫經遷移耕種若將新舊銀糧並徵民力未免拮据所有該戶民舊欠房馬價銀九百六十兩零糧一千二百九十二石零著加恩俟

新借銀糧徵完後於五十六年起再分作三年帶
徵完納以示朕體卹逾恆有加無已至意

孚惠全書卷二十四

孚惠全書卷二十五

偏災蠲緩十四

乾隆五十五年九月二十二日奉

上諭畢沅奏湖北江夏武昌等州縣衛所有應徵
節年緩帶錢糧八十二萬六千二百餘兩請於本
年徵收十分之四其餘六分於乾隆五十六七八
三年輪免正賦之期按數完足等語楚省本年雨
暘時若閭閻幸獲豐收但於一歲之內新舊並徵
民力不無拮据著照該督所請湖北江夏武昌咸
寧嘉魚蒲圻興國大冶漢陽漢川黄陂孝感沔陽
黄岡蘄州蘄水黄梅廣濟潛江天門荆門雲夢江
陵公安石首監利松滋等二十六州縣並武昌武
左沔陽蘄州黄州荆州荆左荆右等八衛所有應
徵節年緩帶錢糧八十二萬六千一百五十兩零
著於本年先徵十分之四其餘均於五十六七八
輪免錢糧之年照數輸納俾小民生計倍覺寬舒
以示朕加惠黎元至意該部知道將此併發

十月十二日奉

上諭勒保奏甘肅蘭州府屬之皋蘭金縣靖遠三
縣高阜地方先因六月內雨水較少禾苗長發稍
遲嗣於八月初間天氣驟冷正當升漿結實之時
猝被嚴霜以致黄萎各該屬素稱瘠土現在收成
無望民力未免拮据請將本年應徵正雜銀糧草
束緩至來歲徵收等語著照所請甘肅皋蘭金縣

靖遠三縣所有應徵本年正雜銀糧草束概行緩至明年輸納俾民力得臻充裕以示體卹邊氓至意該部知道揩併發

二十五日奉

上諭勒保奏甘肅省蘭州府屬之皋蘭金縣靖遠三縣高阜地方先因六月內雨水較少禾苗長發稍遲嗣於八月間天氣驟冷正當升漿結實之時猝被嚴霜以致黃萎現在收成無望被災户民力難接濟之食堪虞請照例給予賑濟等語皋蘭金縣靖遠等三縣猝被嚴霜前據該督奏明業經降旨將本年應徵正雜銀糧草束緩至來歲徵收今既查勘成災小民口食維艱自應給予賑濟以示體卹着該督即派妥員實心經理俾災黎均霑實惠以副朕愛養邊氓至意該部知道揩併發

十一月二十日奉

上諭本年東省地方因夏秋雨水較多田禾被淹業將被災各州縣優加賑恤並將應徵漕米倉穀一律緩徵其勘不成災地方雖被水稍輕究與災地毗連秋收未免歉薄着加恩將鉅野濮州朝城海豐陽信利津惠民霑化蒲臺青城博興高苑平陰壽張金鄉等十五州縣應徵漕糧於成災地畝一體分作兩年帶徵俾閭閻得免追呼民力益臻寬裕該撫務須督率所屬實力體察毋任吏胥等私徵中飽以副朕加惠貧黎至意

乾隆五十六年三月十一日奉

上諭朱珪奏安徽和州安慶衛積欠南北蘆課等項銀兩因該州縣連年間被淹浸民間元氣未復若將緩帶錢糧同時並徵民力未免拮据等語和州安慶衛於二十二三等年被水淹浸所有新舊應徵銀米業經加恩遞緩第念該處連年疊被水淹民間元氣未能驟復加之應徵五十五年新糧若仍新舊一時並徵恐民力實有不逮着再加恩將和州未完災緩帶徵南屯米折銀一萬五千餘兩安慶衛未完災緩蘆課銀四千二百餘兩俱以五十五年起分限三年帶徵俾小民按限輸將無虞竭蹶以示朕惠愛閭閻有加無已之至意該部知道揩並發

六月二十七日奉

上諭據梁肯堂奏順德府屬之任縣大陸澤因上年雨水過多諸河並漲田禾被淹收成歉薄所有應徵地畝請減半徵收等語大陸澤各壑地畝上年被水歉收既據該督勘明屬實自應照文安大窪之例酌減糧租所有乾隆五十五年該處應徵租銀三千六百七十餘兩着加恩減半徵收以紓民力該督務須飭屬妥辦俾小民得霑實惠該部即遵諭行

七月十九日奉

上諭據惠齡奏東省平原等二十七州縣本年應

行帶徵漕糧及買補截留散賑漕米為數較多請
將前奏二年内帶徵買補之糧分作四年完納等
語該省上年雨水稍多秋禾間有被淹本年雖雨
水調匀民間蓋藏恐尚未能充裕其帶徵買補各
項自應酌減年限用示體恤所有平原等各州縣
於二年内應行帶徵之米麥豆十萬八千餘石又
買補截留散賑漕米十萬九千餘石著加恩分作
四年帶徵買補搭運以紓民力該部即遵諭行摺
并發

八月十八日奉

上諭據穆和藺奏河南彰德衛輝懷慶三府所屬
各縣内有本年得雨稍遲收成僅止五六分不等

所有應徵未完舊欠錢糧及新舊倉穀請緩至次
年麥收後徵收並分別酌借籽種口糧其應徵米
豆二項並請停徵一半等語彰德衛輝懷慶三府
本年夏間得雨較遲前經降旨令該撫查明據實
具奏茲據勘明湯陰等十三縣收成僅止五六分
不等是各縣秋收歉薄自應分別加恩以紓民力
所有湯陰臨漳林縣汲縣淇縣輝縣濬縣滑縣獲
嘉新鄉陽武修武原武十三縣應徵未完舊欠錢
糧及新舊倉穀俱著緩至次年麥收後完納其成
災五分之湯陰等五縣仍著借給籽種並於冬間
或來歲青黄不接之時察看民情酌借一月口糧
其勘不成災之林縣等八縣亦著借給籽種至應
徵漕糧内米豆二項竟著加恩全予緩徵俟次年
秋收後完納俾閭閻益裕蓋藏以示溥惠窮黎恩
加無已至意摺併發

九月十四日奉

上諭梁肯堂奏順德廣平等府屬十一州縣本年
因七月下旬雨澤未能深透收成稍有歉薄等語
本年順德府屬之邢臺等八縣雨澤愆期秋禾未
能暢發收成較歉所有應徵本年錢糧業經降旨
緩至來歲麥收後開徵茲據梁肯堂奏順德府屬
之廣宗及廣平府屬之磁州等各州縣秋禾實收
止五六分雖勘不成災民力未免拮据著加恩將
廣宗磁州永年邯鄲成安肥鄉曲周廣平雞澤威

縣清河等十一州縣應徵本年未完錢糧概行緩
至明年麥熟徵收俾閭閻益臻寬裕以示朕施恩
窮黎有加無已至意該部知道

二十四日奉

上諭朱珪奏安徽鳳陽潁州泗州等府屬州縣低
窪之區本年夏間雨水稍多間有淹浸雖經涸復
補種收成未免歉薄等語鳳潁等府屬多州縣本
年窪地過水收成既經歉薄除應完本年漕糧耗
羨等項外其應行帶徵舊欠錢糧為數尚多若令
同時輸納民力不無拮据所有鳳陽宿州靈璧壽
州霍邱盱眙等六州縣低窪村莊地畝應完五十
四五兩年地丁屯折漕糧漕項等款舊欠銀米並

天長縣自四十八年起至五十五年止歷年舊欠銀米俱著加恩緩至來年秋後徵收又壽州自五十年起至五十三年止定遠鳳臺二縣鳳陽長淮二衛自四十八年起至五十三年止分限應徵歷欠銀米所有低窪村莊地畝均照原限展緩至五十七年開徵其餘應完分限帶徵銀米以次遞緩又五十四五兩年舊欠銀米亦著緩至來年秋後徵收以紓民力該撫務須督飭所屬實心經理俾小民益資寬裕以副朕軫念窮黎有加無已至意該部即遵諭行

二十八日奉

上諭據長麟奏江南蘇州常州江寧等府屬本年

因春夏之間雨水較多低窪地畝間被淹浸收成未免歉薄等語江南蘇州府屬本年雨水較多田禾間有被淹前據長麟奏到即令妥為查辦茲據該撫勘明蘇州常州江寧等府屬極窪地畝消涸較遲僅能補種雜糧等項不過薄有所收雖據奏並未成災民力究不無竭蹶所有蘇州府屬之長洲元和昭文常熟崑山新陽常州府屬之無錫陽湖江陰江寧府屬之江浦六合等十一縣本年應完漕屯等米六萬六千餘石著加恩緩至來年秋收後分作二年帶徵其應納地丁等銀亦著緩至來年麥收後一體完納又太倉州屬之寶山縣並海州暨所屬之沭陽縣等三州縣所有本年墊漕銀兩及應徵麥石地漕等項一併緩至來春麥收後分作兩年徵收以示體恤該撫務須督飭所屬實力妥辦俾無力貧民均霑實惠毋使一夫失所以副朕軫念民依恩加無已至意

乾隆五十七年四月十八日奉

上諭穆和藺奏河北彰德衛輝懷慶三府屬地方現在未得透雨麥苗漸形黃萎正當新舊開徵之際民情不無拮据請將安陽等二十一縣應徵新舊錢糧倉穀懇恩緩徵等語前因該省河北三府自三月以來未得透雨時届立夏恐麥收歉薄應早為設法接濟業經先期降旨諭令梁肯堂劉秉恬截留漕米三十萬石運交豫省以備河北三府

接濟之需茲據該撫奏到河北被旱情形朕心深為軫念著再加恩將彰德府屬之安陽湯陰臨漳林縣武安涉縣內黃衛輝府屬之汲縣新鄉輝縣獲嘉淇縣延津滑縣濬縣封邱考城懷慶府屬之修武武陟陽武原武等二十一縣應徵新舊錢糧倉穀等項一併緩至本年秋後徵收以蘇民力該撫務須實力查察毋任吏胥滋弊以副朕軫恤民隱至意該部知道摺併發

御製降旨緩徵河北三府缺雨諸縣新舊錢糧詩

以誌事 壬子

卅萬已經截漕米用資接糶不穀咨問知春澤三府缺（西巡迴蹕途次聞據省河北彰德衛輝懷慶三府春雨未優恐麥收歉薄應早為籌辦接

濟困分渠肯堂會同劉秉恬就近天津截留漕米三十萬石運交該省以濟民食尤是已降旨詢問
穆和藺該三府雨澤久愆地土乾燥現在需雨已得甘霖並諭令設法虔誠祈禱或琮存泉次以而
地氣務須所查據實具奏毋得稍存諱飾致令百姓失所
是合時恩甘霖施旋據
穆和藺奏稱三月上旬中旬以來開封歸德河南南陽汝寧陳州等府許州汝州陝州光州等屬得
雨自二三寸至深透不等惟河北三府現在尚未得有透雨麥苗漸形黃萎上當祈禱開徵之際民
情不無拮据請將該三府所屬本年應徵新舊錢糧倉穀懇恩緩徵等語朕閱該三府被旱情形深
為矜念因即降旨將彰德府屬之安陽湯陰臨漳林縣武安涉縣內黃衛輝府屬之汲縣新鄉輝縣
獲嘉淇縣延津滑縣濬縣封邱考城懷慶府屬之修武武陟陽武原武等縣應徵新舊錢糧倉穀一
併緩至本年秋收後以蘇民力蓋該撫俟拮据尚未接奉截漕恩旨故祇請緩徵也
那忍追
呼急目下惟圖黜赤蘇心期畿南隣近應同況宣
命詳陳速截咨畿南之順德廣平大名三府與河北三府境壤毗連亦同被旱雖前
已截漕三十萬石分運該處接濟恐尚須緩徵等恩例亦已馳諭梁肯堂查明速奏以為先事綢繆

之計朕於民食倍關時深宵旰從不肯少靳恩膏也
十九日奉
上諭梁肯堂奏順德廣平大名三府屬並順德毗
連之趙州及所屬各州縣本年入春以後雨澤缺
少二麥難冀有收民力不無拮据請將邢臺等一
十九州縣元城等一十三州縣本年節年應徵新
舊錢糧倉穀分別緩徵等語前因該省順德廣平
大名三府屬自三月以來並未得有雨澤麥收不
無歉薄業經先期降旨諭令梁肯堂劉秉恬於南
糧漕船內截留漕米三十萬石以備該三府接濟
之需茲據該督奏到被旱情形朕心深為軫念著
再加恩將順德府屬之邢臺沙河南和平鄉廣宗
鉅鹿唐山內邱任縣廣平府屬之永年邯鄲成安
肥鄉曲周廣平雞澤威縣清河磁州等一十九州
縣本年應徵倉穀同節年未完錢糧倉穀及大名
府屬之元城大名南樂清豐開州東明長垣趙州
並所屬之柏鄉隆平高邑臨城寧晉等一十三州
縣本年節年應徵新舊倉穀錢糧等項一併緩至
本年秋後徵收以蘇民力該督務須實力查察毋
任吏胥滋弊以副朕軫恤民隱至意該部即遵諭
行揭併發
御製降旨緩徵直隸南三府缺雨諸州縣新舊錢
糧詩以誌事即用昨蠲免河南詩韻壬子
昨經降旨問方伯今接奏知豫萊資昨以畿南順德廣平大名

三府缺雨既截漕三十萬石運往接濟復馳詢梁肯堂查勘應否緩徵此旨尚未到彼次日即據奏
到該三府所屬並毗連之趙州雨澤久愆二麥難望有收請將邢臺等十九州縣元城等十三州縣
本年應徵新舊錢糧倉穀分別緩徵等語於澤由來不宿諾救災豈肯
靳勤施覽奏該處被旱情形深為廑念即日降旨加恩將順德府屬之邢臺沙河南和平鄉
廣宗鉅鹿唐山內邱任縣廣平府屬之永年邯鄲成安肥鄉曲周廣平雞澤威縣清河磁州等十九
州縣本年應徵倉穀同節年未完錢糧倉穀又大名府屬之元城大名南樂清豐開州東明長垣趙
州所屬之柏鄉隆平高邑臨城寧晉等十三州縣本年節年應徵新舊倉穀錢糧等項一併緩至本
年秋後徵收並諭該部速行以紓民力憐民共此艱謀食督吏仍當妥
赴期別府雖然此勝彼京師又順天保定等府所屬雖較之畿南三府此勝
於彼然節次得雨總未霑足通未盼望之殷日甚一日矣望霑一例正齋咨
閏四月十二日奉
上諭前因直隸順德廣平大名三府屬雨澤愆期

業經截留漕米三十萬石並將新舊錢糧概予緩徵其保定以北各州縣亦未得透雨應否緩徵平糶之處降旨詢問梁肯堂茲據覆奏該處各州縣久未得雨或得雨未透麥收未能豐稔等語近畿一帶上年秋成雖在八分以上且現經該督飭屬將倉儲穀石分別借糶民食自不致缺乏但麥收既屬歉薄若照例將新舊錢糧倉穀同時並徵民力究未免拮据所有保定府屬之清苑滿城安肅定興新城容城安州束鹿雄縣順天府屬之宛平大興霸州東安大城保定文安涿州良鄉固安永清香河昌平順義懷柔密雲平谷通州三河武清寶坻薊州寧河河間府屬之獻縣景州故城吴橋

交河易州併所屬之涞水廣昌等四十州縣應徵本年節年倉穀錢糧均著加恩緩至本年秋成後再行啟徵俾民力益紓以副朕軫念閭閻有加無已至意該部遵諭即行

御製降旨緩徵順天諸府應徵新舊錢糧詩以誌事仍用昨寬免南府詩韻 壬子

緩輸昨已紓南府踰廿優膏尚靳資日引月長近小滿新徵舊欠合寬施 前因畿南三府雨澤愆期截漕三十萬石運往該處以資接濟旋據梁肯堂奏順德三府及趙州各屬請借給籽種口糧並緩徵新舊錢糧倉穀已即降旨允行茲又據奏順天諸府久未得雨或得雨未透各州縣麥收僅四五六七分不等當此青黃不接之時雖已飭將倉儲穀石量加出借或減價平糶以裕民食惟麥收既屬歉薄人田尚未播種若將新舊錢糧倉穀照舊催徵民力未免拮据請將保定府屬之清苑滿城安肅定興新城容城安州束鹿雄縣順天府屬之宛平大興霸州東安大城保定文安涿州良鄉固安永清香河昌平順義懷柔密雲平谷通州三河武清寶坻薊州寧河河間府屬之獻縣景州故城吴橋交河易州並所屬之涞水廣昌等四十州縣應徵本年節年倉穀錢糧均緩至本年秋成後再行啟徵等語亦即飭部照所請行俾民力益臻寬紓 惟慚燮理無其術肯諉時行有不期勞望濃雲方佈乍顛風吹去祇嗟咨

五月初八日奉

上諭吉慶奏山東德州一帶自四月二十五六等日得有透雨以後迄今未獲續沛甘霖地土乾燥晚禾雜糧播種無多小民口食不無拮据等語前因東省德州一帶望澤甚殷業經降旨令該督查明無力貧民借給籽種口糧以資接濟今該處至今既未獲被甘膏麥收失望若應徵新舊錢糧同

時輸納民力益形竭蹶所有德州平原恩縣武城夏津邱縣臨清高唐館陶並德州衛十州縣衛本年應徵新舊錢糧倉穀著加恩一併緩至秋後察看收成再行啟徵以紓民力其實在無力貧戶並著賞給一月口糧用資接濟該撫務督飭所屬實心經理俾小民均霑實惠以副朕軫念民艱之至意該撫即遵諭行

御製降旨山東德州等處缺雨州縣緩徵今歲錢糧並賞給一月口糧詩以誌事 壬子

渥雨真殷萬事宜向隅或有切嗟咨 前因吉慶奏報東省麥收分數因念德州雨澤未獲優霑麥收定屬歉薄而該撫未曾分晰具奏恐其向隅隨即傳旨馳詢並令查明無力貧民借給籽種口糧俾資耕作 已霑復暵茲重賑慰近忘

逆我不為茲據覆奏德州一帶自四月二十五六等日得雨以後迄今未獲續沛復覺旱暵晚禾雜糧播種無多小民口食不無拮据等語蓋此間閏月廿九以後之雨連朝普沛東北各處俱已深透而德州獨未霑被也覺春深為軫念手賦比方官經徵錢糧皆令小民親手自封投櫃則寄手賦之諸州應著緩口糧一月俾先施該州春收大望若應徵新舊錢糧同時輸納民力益形竭蹶所有德州平原恩縣武城夏津邱縣臨清高唐館陶並德州衛等十州縣衛本年應徵新舊錢糧倉穀皆加恩一併緩至秋後啟徵用紓民力其現在無力貧戶先賞給一月口糧以資接濟疆臣申命勤宣勗賚惠閭閻莫愁遺

六月初五日奉

上諭前因山東德州一帶地方自四月以後雨澤缺少未能播種業經降旨將德州平原等十州縣衛加恩緩徵並賞給口糧以資接濟嗣因該省總

未得有透雨節經降旨詢問該撫並令留心察看尚有缺雨地方即行據實奏聞茲據吉慶奏歷城等二十州縣至今仍未得雨晚禾未能趕種民食不無拮据等語著加恩將濟南府屬之歷城齊河禹城陵縣臨邑德平濟陽東昌府屬之聊城茌平博平清平冠縣莘縣泰安府屬之東阿兗州府屬之陽穀壽張曹州府屬之濮州范縣觀城等州縣並坐落衛所本年應徵新舊錢糧倉穀緩至秋後察看收成再行啟徵並著將各州縣衛所乏食貧民賞給一月口糧以資撫卹又德州德州衛平原恩縣館陶高唐臨清武城邱縣夏津等十州縣衛將來一得雨澤亦須接濟以資耕作著照乾隆五

十二年五十五年成例量為變通借給籽種於來年麥熟後徵收以紓民力該撫務須飭屬實心妥辦以期窮黎均霑實惠用副朕軫念民依至意該部即遵諭行

御製降旨緩徵山東缺雨州縣詩以誌事壬子

德州一帶缺春膏降旨曾經宣戶曹前因山東德州一帶自四月以後雨澤未霑小民不能及時播種即經降旨將德州平原等十州縣衛加恩緩徵並賞給窮民口糧以資接濟倍爰仍詢疆吏奏緩徵蘇顧圖恩叨嗣以該處總未得透雨節次降旨詢問並令察看或有雨之處即行據實奏聞茲據吉慶奏歷城等二十州縣至今亦未得霑足晚禾未能趕種農民不無拮据等語因復令將濟南府屬之歷城齊河禹城陵縣臨邑德平濟陽東昌府屬之聊城茌平博平清平冠縣莘縣泰安府屬之東阿兗州府屬之陽穀壽張曹州府屬之濮州范縣觀城朝城州縣及坐落衛所本年應徵新舊錢糧倉穀緩至秋後察

看收成如何再行啟徵並該州縣衛所之食貧民賞借一月口糧以示撫卹其德州德州衛平原恩縣館陶高唐臨清武城邱縣夏津等十州縣衛將來一得雨澤亦須接濟其耕作並令臨時借給籽種俟來年麥收後徵收俾民力益得寬舒緩紓州縣二十遍急拯黎衆口嗷然祝昊蒼甘霔惠秋成庶可救民勞

七月二十日奉

上諭秦承恩奏西安同州兩府屬之咸寧華州等十六廳州縣高原地方雨水未能霑足所種秋禾難望一律有收應酌量借糶並將未完錢糧暫緩徵收等語所奏殊屬遲緩上年京城雪澤較稀朕於今春即齋心祈禱而直隸順德廣平大名以及豫省河北各府屬二三月間亦屬雨澤短少朕巡

幸五臺途次屢經降旨詢問並豫爲廑及截漕爲
綢繆之計入夏以後盼澤尤殷幾於無日不加垂
詢陝省距山西甚近奏承恩筆未之聞迨迴蹕後
朕即親詣黑龍潭覺生寺拈香虔禱並設壇虔祈
分遣皇子等恭詣行禮每日夙興仍於宮中升香
天神
地祇前黙禱偶見雲氣往來必望空叩祝所有截
漕緩徵平糶煮賑等事無不次第加恩朕之廑念
雨暘及矜恤窮黎宵旰焦勞無時或釋此尤天下
臣民之所共聞共見者奏承恩歷任有年豈於朕
痌瘝在抱之意尚未能深喻仰體耶今咸寧等州
縣既因五月中旬晴霽日久以致秋禾未能長能

何以不早奏聞茲據該撫奏盛夏地土易於乾燥
農田頗殷望澤旋又據奏前赴太白山焚告省城
等處已於六月十五日得有透雨等語並未將秋
禾未能長發之處據實具奏看此情形奏承恩竟
有諱飾之意直至此時因秋收歉薄民食未免拮
据始奏請借糶緩徵豈以本年直隸河南山東等
省被旱州縣稍多該撫恐早經奏聞致朕焦煩强
作解事遲遲不奏欲以此寬慰朕懷此則大不知
朕心矣朕臨御五十餘年念切民瘼總不肯任封
疆大吏有諱災等事奏承恩又何必稍存掩飾況
地方既有旱災該撫即應親履查勘速行籌辦何
得委令道府勘辦以致輾轉遲延著傳旨嚴行申

飭所有該撫奏請暫予緩徵之西安府屬咸寧長
安咸陽興平醴泉涇陽三原富平高陵臨潼渭南
同州府屬華州華陰潼關蒲城韓城共十六廳州
縣未完錢糧竟著加恩緩至明年麥熟後再行徵
收並酌量出借平糶仍著該撫親往詳勘各州縣
究竟是否成災如有應行接濟之處即據實奏聞
候朕降旨加恩勿再隱飾干咎該部遵諭速行將
並發

二十八日奉
上諭吉慶奏德州等二十四州縣衛得雨較少補
種之晚禾未能一律飽滿收成雖有五六分民力
不無拮据又武定府屬海豐樂陵霑化三處因夏

秋雨澤未能調勻秋收止五分有餘等語德州等
州縣前因得雨稍遲秋收不無歉薄已降旨令該
撫查明乏食貧民賞借一月口糧仍俟秋後察看
收成分數再行啟徵茲據奏查明各該處收成止
有五六分所有德州德州衛平原恩縣武城夏津
邱縣臨清高唐館陶歷城齊河禹城陵縣臨邑德
平聊城茌平博平清平莘縣濮州范縣觀城二十
四州縣衛本年新舊錢糧倉穀俱著加恩緩至來
年麥熟後徵收其海豐樂陵霑化三縣本年應徵
新舊錢糧倉穀亦著緩至來年麥熟後徵收並賞
借一月口糧俾資接濟又據奏德州平原恩縣邱
縣夏津武城濮州臨清高唐九處連歲未獲豐收

本年收成又復較減各該州縣有五十五六兩年因災緩徵漕糧應於本年並徵民力稍覺竭蹶等語所有德州等七州縣新舊漕糧均着緩徵一半臨清高唐二州舊欠漕糧亦予緩徵統於來歲冬間一併徵收以紓民力該撫務須董飭所屬實心妥辦俾災黎均霑實惠以副朕廑念民依有加無已至意該部即遵諭行

八月初六日奉

上諭據託倫奏雨水農田情形一摺内稱南昌新建進賢都昌鄱陽餘干德化湖口等縣濱河傍湖因江水漲發低窪田畝間有被淹現在積水未退恐雜糧不及趕種應查明分別辦理等語南昌新

建等縣傍水低窪被淹後積水不能速退以致雜糧不及趕種着託倫詳悉查明分別酌借籽種口糧統俟明年秋收後免息還倉所有應徵糧銀並着緩至來歲麥熟後徵收俾傍湖窮民得資接濟該撫務須確切查勘實心經理以副朕軫念民依至意

九月十三日奉

上諭據朱珪奏本年安慶府屬之桐城等縣鳳陽府屬之壽州等州縣高阜地方夏秋俱獲豐收惟濱江沿淮低窪之區因夏間雨水稍多間有漫溢沙壓之處收成未免歉薄等語安徽省壽州鳳陽等州縣衛原係積歉之區本年窪地又經過水其桐城潛山二縣並安慶衛沿江地畝因五月間雨多江漲水沖沙壓雖據該撫勘不成災收成究屬歉薄若將新舊錢糧同時並徵民力未免拮据除桐城潛山二縣並安慶衛本年丁地新糧現值輪應蠲免外所有桐城縣並安慶衛自四十八年起至五十六年止潛山縣自五十年起至五十六年止各低窪村莊節年未完舊欠地丁蘆課各項及隨征耗羨等款俱着加恩緩至來年秋成後徵收其鳳陽靈璧宿州三州縣低窪村莊應完五十四五六等三年丁地屯折各項及隨徵耗羨等款又壽州自五十年起至五十三年止定遠鳳臺二縣并鳳陽長淮二衛自四十八年起至五十三年止

低窪村莊分限應徵歷欠銀米及五十四五六等三年舊欠錢糧並着加恩分別展緩至五十八年秋成後啟徵以紓民力該撫務須督飭所屬實心經理毋任吏胥從中滋弊以副朕軫念民依至意該部知道摺並發

御製安徽巡撫朱珪奏秋收八分有餘並乞緩徵積欠即如所請詩以識慰壬子

八分餘可稱中稔合莘省原得若斯朱珪奏安徽省本年秋成約收分數內九分有餘者歙縣等五州縣九分者望江等十一縣八分有餘者祁門等十一州縣八分者太湖等七州縣七分有餘者潛山等八州縣七分者懷寧等十四州縣六分有餘者壽州等三州縣統計通省收成約八分有餘等語該省安鳳等屬雖間有一隅窪田積水之處而舉莘尚有八分餘亦屬中稔可堪欣慰却有地卑近水浸乞當徵緩歷年逋

又據奏本年安慶府屬之桐城等縣鳳陽府屬之壽州等州縣濱江沿淮低窪之地因夏間雨水稍多閒有漫溢沙壓之處雖俱勘不成災而收成不免歉薄所有圩成熟並安慶衛之低窪村莊歷年未完地丁蘆課各項及蘆汊蔴花等款應請緩至來年秋成後徵收鳳陽壹壁宿州三州縣低窪村莊應完歷年丁地七折等款又壽州定遠鳳臺二縣並鳳陽長淮二衛之低窪村莊分限應徵歷年所欠銀米及舊欠錢糧應請分別展緩至來年秋成後啟徵以紓民力等語俱即著照所請行並令該撫飭屬實心經理無任吏胥滋弊以副朕念民依至意

從來於患不留宿

使付所司行以時久識安民無巧術慰豐詳覈我

筆為

十六日奉

上諭吉慶奏濟南等府屬州縣夏雨稍愆秋收未免歉薄現屆開徵之期應徵漕糧田多大戶尚易交納田少畸零小戶完納稍形竭蹶等語本年東省臨清德州等州縣衛前因得雨稍遲補種晚禾未能一律豐收業經降旨將應徵新舊錢糧及五十五六兩年因災緩徵漕糧俱著緩至來年次第徵收以紓民力茲復據奏各該處本年應徵漕糧無論大戶小戶一併照數完納民力稍形拮据自應暫緩徵收用示體恤所有原報歉收之歷城齊河禹城陵縣臨邑德平濟陽聊城茌平博平清平莘縣館陶冠縣范縣觀城朝城東阿陽穀壽張樂陵等二十一處及與歉地毗連之長清齊東惠民商河蒲臺濱州陽信霑化等八處除田多大戶應完漕糧照舊徵收外其畸零小戶本年應完漕米著再加恩緩至來歲秋成後徵收搭運以恤民艱

該撫務須董飭所屬實心妥辦俾災黎均霑實惠以副朕廑念民依有加無已至意該部即遵諭行

揭並發

孚惠全書卷二十五

孚惠全書卷二十六

偏隅蠲緩十五

乾隆五十八年四月二十六日奉

上諭：據穆和藺奏，查明河北各屬未完錢糧，委係實欠在民，並無官吏浸挪情弊，請分別緩徵帶徵等語。豫省河北各屬地土磽瘠，上年被旱成災，收成歉薄，今歲雨經得雨，民力未能驟紓。若新舊並徵，小民輸將究恐不無竭蹶。河北之安陽等二十五縣，除新舊未完地丁錢糧仍按限催收外，所有歷年借欠籽種、口糧及借欠常社等穀，均著緩至五十九年麥熟之後開徵。其二十五縣內之湯陰、臨漳、林縣、汲縣、新鄉、輝縣、獲嘉、淇縣、滑縣、濬縣、修武、陽武、原武等十三縣，本年徵收新漕之時，著

僅令帶完五十六年緩徵漕糧，其五十七年一半漕糧，統歸五十九年一併帶徵全完，以紓民力。該部即遵諭行。

七月十八日奉

上諭：吉慶奏上年被旱之德州等處及毗連歉地之堂邑等州縣，應徵舊欠錢糧、倉穀及借給口糧、帶徵漕米等項，請分別緩徵等語。本年東省雨澤調勻，秋成豐稔，小民必自踴躍輸將。第念上年歉收之後，民鮮蓋藏，若將各年新舊錢糧漕米同時並徵，未免稍形拮据。所有上年被旱之德州、德州衛、平原、恩縣、武城、夏津、邱縣、臨清、高唐、館陶、歷城、齊河、禹城、陵縣、臨邑、德平、聊城、茌平、博平、清平、莘縣、濮州、范縣、觀城、海豐、樂陵、霑化等二十七處，並與歉地毗連之堂邑、冠縣、菏澤、朝城、惠民、陽信、商河、濱州、利津、章邱、齊東、濟陽、長清、東阿、陽穀、壽張等十六州縣，及坐落衛場，除五十六七兩年應徵之項照舊徵收外，其五十五年以前應徵舊欠錢糧、倉穀、籽種、口糧、參本、河銀等項，著加恩分作五年帶徵。再平度、樂安、壽光、昌邑、濰縣五處，本年春間低窪地畝間有被淹，其舊欠銀穀、民佃竈課及本年借給口糧銀米，亦著緩至五十九年麥收後啟徵。至額徵帶徵及應行買補漕米為數稍多，若一時並徵，採買米價恐致增昂。於

閭閻口食不無妨礙。除本年額徵漕米並五十五、六兩年帶徵漕糧照舊徵收外，其帶徵五十七年漕糧六萬七千九百餘石，亦著加恩緩至五十九、六十兩年輸納；其買補截漕米石，並著以本年起分作三年採買搭運，俾民力益資寬裕，以副朕軫念民艱有加無已至意。

御製山東巡撫吉慶奏報秋收約有九分，並請分年緩徵舊欠，即照所請，詩以誌事 癸丑

九分自比八分勝去去歲欣今歲登通省歲長與補短吉慶奏東省早穀高粱漸已黃熟，穀粟飽從將次州俱登場，據各屬詳報，約收分數內九分有餘者泰安、青州、萊州、登州四府屬，九分者兗州、沂州二府並濟寧一直隸州屬，八分有餘者濟南、東昌、武定、曹州四府並臨清一直隸州屬，合計通省歲長補短並有九分等語。計豐

非上遍中稱八分為中豐則九分非上豐實過八分矣雖輸催上賦適
其合緩卻舊徵亦曰應又據奏該省上年收成較薄蒙恩多方賑貸不只支
所現雖收成豐稔究鮮蓋藏若將各年新舊錢糧漕米同時並徵未免稍形拮据且慮米價增昂所
有上年被旱之德州等二十七處及毗連之堂邑等十六處並士落衛場除五十六七兩年應徵之
項照舊徵收外其五十五年以前應徵舊欠錢糧倉穀籽種口糧參本河銀等項請分作五十八九
兩年帶徵又平度樂安壽光昌邑濰縣五處今春低田被淹其舊欠銀穀民佃窩課及本年借給口
糧銀米均請緩至五十九年秋後啟徵至本年錢徵漕米及五十五六兩年帶徵漕糧仍照舊徵收
外其帶徵五十七兩年漕糧六萬七千九百餘石請緩至五十九六十兩年徵收並請將買補五十五
年截漕米石五萬五千四百餘石自本年起分作三年採買除運等語該省今秋既獲稔收小民自
必踴躍輸將但念歉收之後新舊並徵民食不無妨碍已卸恩照所請敕部遵行俾民力益臻寬裕
自顧
天恩敢言報祇深業業及兢兢

御製直隸總督梁肯堂報得透雨詩以誌慰 癸丑

三寸春膏已堪慰保陽深透詩甫蔵京城於二月初五夜得雨
三寸已為慰懷令據梁肯堂奏保定同時得雨連宵達旦入土深透其各屬是否普霑俟報齊另奏
等語北地春蒙澤實為罕觀報齊各屬俟繼奏霑六遍西信早
通又據永清奏易州亦於是日得雨六寸想西南自必均霑南府笑黎庶有穀
東疆緩賦惠無窮昨吉慶奏上年旱歉之德州等原二十七州縣衛參收先徵舊
欠其五十八年地丁錢糧請緩至九月啟徵已即批允因念京南順德廣平大名及河間景州天津
去歲情形相同雖蠲賑並施又經新正展賑尚恐民力拮据或有應照山東辦理之處諭梁肯堂詳
察據實覆奏候加恩旨諭敉絜矩毋靳澤閭一知十平聲讀作諶陸
游老學庵筆記唐人多如此用載戈可同笑黎待澤之殷若必俟督撫一一具奏始予加
恩何以紓其朝夕非實心愛民者所宜出也予茲因山東而動念畿南亟為詢諭益絜矩之道說者
謂為上下四旁均齊方正此即臨民出治之閒一知十或庶幾乎

八月十四日奉
上諭長麟奏本年浙省杭州紹興等各府早禾收
成總計實有九分現在晚禾亦長發青葱秋收可
望豐稔惟湖州府屬之烏程歸安等五縣因五月
間雨水較多湖河鎖泛禾苗不免受傷等語湖州
府屬之烏程歸安等五縣沿湖沿河田畝本屬低
窪今歲夏雨較多致有泛溢禾苗受傷雖現已補
種雜糧農民僅敷餬口若將應完漕糧一併令其
輸納小民未免拮据所有烏程歸安長興德清武
康等五縣補種雜糧田畝應徵漕米及新舊錢糧
俱著加恩緩徵統於來年秋成後分作二年帶徵
全完以紓民力該撫務須實力妥辦俾閭閻均霑
實惠毋任胥吏舞混以副朕惠愛黎元優加軫恤
至意該部即遵諭行

御製浙江巡撫長麟奏報早禾收成九分詩以誌
慰 癸丑

早晚二禾例各報早收欣兆晚之成九分實足近
上稔據長麟奏浙江省寧波衢州處州台州金華嚴州溫州紹興杭州等府屬本年所種早禾
甚廣五月內雨水雖多各該府地勢高阜並無妨礙六月以後雨澤調勻得宜長發愈覺暢茂所有各府
收成九分有餘者寧波衢州處州三府屬九分者台州金華嚴州溫州四府八分有餘者紹興杭州
二府屬總計早禾收成實有九分至杭州府屬之仁和錢塘海寧三州縣嘉興湖州二府地勢較
低向來多種晚禾現亦長發青葱將來亦可望其豐收五縣仍教並緩征又據
稱湖州府屬之烏程歸安長興德清武康等五縣沿湖沿河之低田因五月間雨水較多湖河泛溢
禾苗不免受傷雖現已補種雜糧農民僅敷餬口若將應完漕糧一併輸納小民未免拮据等語已

即降旨將應徵漕米及新舊錢糧加恩緩徵於來年秋成後分作二年帶徵以紓民力蓋此歉收
之地雖不及通省十分之一而朕心無不軫念惟一有諱飾則民隱無由上達矣肯以此
豐忘彼歉最嫌爲諱另陳誠愛民惟是籌農要夙
夜孜孜此屏營

九月二十七日奉

上諭奇豐額奏江蘇省自夏秋以來雨水充盈高
阜田畝實屬有收惟低窪處所間有地勢太卑積
水不能補種之處收成未免稍歉等語江蘇地方
連歲豐收糧價平減惟本年夏秋之間雨水稍多
低窪處所間有被淹雖皆不過一隅但收成究不
無歉薄民力未免拮据所有海州沭陽清河安東
桃源宿遷山陽阜寧鹽城高淳高郵寶應東臺興

化碭山蕭縣長洲元和常熟昭文崑山新陽婁縣
青浦陽湖無錫江陰太倉鎮洋等二十九州縣並
坐落各屬之淮安大河徐州蘇州太倉鎮洋等六
衛地方被水田畝本年應徵帶徵漕米錢糧著加
恩緩至來秋分作二年帶徵俾民力益資寬裕以
示朕軫恤加惠至意該部即遵諭行

九月三十日奉

上諭據陳淮奏查明被水各縣内南昌等七縣尚
有應徵正副漕米其高阜地畝現在照舊交納惟
低窪被水各户秋成失望輸納維艱等語江西南
昌等處被淹村莊雖止各縣中之一隅但該處糧
户既已失收且多係連年被水之區若復令其買

米完糧民力未免仍形竭蹶所有南昌新建豐城
進賢鄱陽餘干建昌七縣應徵本年漕米著加恩
緩至來歲秋成帶徵交倉俾民力益資寬裕以副
朕軫恤加惠至意該部即遵諭行

十月初十日奉

上諭吉慶奏杭州府屬之仁和縣地方於八月初
旬陰雨連綿山水陡發田畝晚禾間段受傷等語
本年杭州府屬田禾多已收穫惟仁和縣地方因
秋雨稍多田畝間被山水沖損田禾未免受傷若
將應徵漕糧一體令其輸納民力不無拮据所有
仁和縣被水田畝應徵漕米一千九百四十餘石
及新舊錢糧著加恩照烏程等縣緩徵之例於來

年秋成後分作二年帶徵全完以紓民力該撫務
須督率所屬妥辦俾小民均霑實惠以副朕軫念
民依至意

十二日奉

上諭據明亮等奏黑龍江所屬各處耕種米穀均
屬豐收齊齊哈爾打牲烏拉二處從前支借米穀
穀石請自明年起徵限作五年完繳等語本年黑
龍江所屬各處耕種米穀雖俱豐收但齊齊哈爾
打牲烏拉二處從前支借米穀穀石若自本年立
限令其繳還伊等明年籽種口糧等項未免竭蹶
著加恩將應行繳還十三萬三千四百餘石豁免
一半其餘一半著自明年秋季起徵限作三年完

數以示體恤之意
乾隆五十九年四月十八日奉
上諭前因直隸去冬今春雨雪稀少節經降旨令該督查明如有應行接濟之處妥爲辦理茲據梁肯堂覆奏保定等府各屬雖得雨數次究未霑足除滄臨河淀等處地畝麥收尚屬可望其高阜處所難望有收等語著加恩將保定府屬之清苑滿城安肅定興新城唐縣博野望都容城完縣蠡縣雄縣祁州束鹿安州高陽新安順天府屬之涿州房山固安永清東安文安大城保定霸州通州武清薊州香河寧河寶坻昌平順義河間府屬之河間獻縣阜城肅寧任邱交河寧津景州吳橋故城

東光正定府屬之正定獲鹿井陘阜平樂城行唐靈壽平山元氏贊皇晉州無極藁城新樂順德府屬之邢臺沙河南和平鄉廣宗唐山鉅鹿内邱任縣廣平府屬之永年曲周肥鄉雞澤廣平邯鄲成安威縣清河磁州大名府屬之元城大名南樂清豐東明開州長垣易州並所屬之淶水廣昌定州並所屬之曲陽深澤深州並所屬之武强饒陽安平趙州並所屬之柏鄉隆平高邑臨城寧晉冀州並所屬之南宮新河棗强武邑衡水等一百七州縣應徵本年卯年倉穀錢糧均著緩至本年秋成後再行徵收俾民力寬紓以副朕軫念閭閻有加無已至意該部即遵諭行

二十六日奉
上諭據福寧奏濟南武定等府各屬雨澤稀少麥苗未能長發積歉漸增民力稍形拮据等語東省上年收成雖屬豐稔但本年入春以來雨澤稀少高阜處所麥收失望若不及時接濟復將新舊錢糧同時並徵民力不無拮据所有濟南府屬之歷城章邱長山鄒平新城長清齊河齊東濟陽禹城臨邑陵縣德州德平平原淄川武定府屬之惠民青城陽信海豐樂陵商河霑化蒲臺濱州利津東昌府屬之聊城堂邑博平茌平清平莘縣冠縣館陶恩縣高唐臨清州並所屬之夏津武城邱縣兗州府屬之壽張陽穀曹州府屬之范縣觀城朝城

青州府屬之博興樂安高苑臨淄泰安府屬之東阿平陰等五十一州縣並坐落衛所應徵新舊各項銀糧俱著加恩緩至本年秋收後再行啟徵並著動支倉穀減價平糶以資接濟該撫務督飭所屬實力妥辦俾小民均霑實惠毋任吏胥從中弊混以副朕軫念民依無時或釋至意該部即遵諭行

御製命緩徵直隸山東各州縣新舊各項銀糧詩以誌事 甲寅

燕南及齊北春雨均稱艱與其救臨時奚如豫籌先況當春赶徵小民賦納難非命直督臣應思接濟端奏謂當緩徵即速綸綸頒一百七州縣新舊

徵胥寬直隸去冬今春雨雪稀少，節經降旨令該督查明，如有應行接濟之處，豫為籌辦。茲據梁肯堂奏：保定等府各屬雖得雨數次，究未深足，除滿城、河淀等處麥收尚屬可望，其高阜處所難望有收等語。即著部傳諭將保定府屬之清苑等十七州縣，順天府屬之涿州等十七州縣，河間府屬之河間等十一州縣，正定府屬之正定等十四州縣，順德府屬之邢臺等九縣，廣平府屬之永年等十州縣，大名府屬之元城等七州縣，易州並所屬之淶水、廣昌，定州並所屬之曲陽、深澤，深州並所屬之武強、饒陽、安平，趙州並所屬之柏鄉等縣，冀州並所屬之南宮等五縣，共一百七州縣應徵本年及節年新舊倉穀糧加恩緩至本年秋成後再行徵收，俾民力寬紓，以副朕軫念閭閻至意。因德壽北郡馳詢，何木言五十一州縣緩徵恩乞，單其側視畿南今歲山東與直隸南府接壤之處，雨澤稀少，情形相同。茲直隸已降旨緩徵，山東北府事同一例，亦應及時接濟。所有濟南府屬之歷城等十六州縣，武定府屬之惠民等十州縣，東昌府屬之聊城等十州縣，臨清州並所屬之夏津、武城、邱縣，兗州府屬之壽張、陽穀，曹州府屬之范縣、觀城、朝城，青州府屬之博興等四縣，泰安府屬之東阿、平陰，共五十一州縣並臨清衛所應徵新舊各項銀糧，俱加恩緩至本年秋收後啟徵，減價平糶，仍著動支倉穀以資接濟。並諭實力妥辦，務俾小民均沾實惠。庶免閭閻艱甘膏及時霈，或弗誤夫田日內心殷盼澤，益加焦急。如直隸、山東闕雨之處，屢經降旨垂詢，將來二麥收成即不免歉薄，惟冀速霈甘霖，大田可望稔收，是即昊天鴻貺，翹仰靡寧，竟至莫可言喻矣。賑轉心弗寧，虔徠籲昊天。

二十九日奉

上諭：據穆和藺奏，彰德、衛輝、懷慶三府所屬之安陽等二十二縣高阜地方麥苗難望有收，約算收成不過三四五分等語。河北本係積歉之區，本年雨澤未能優溥，麥收既已歉薄，大田播種尚稽，若將新舊錢糧同時並徵，恐民力不無拮据，著加恩將彰德府屬之安陽、湯陰、臨漳、林縣、武安、涉縣、內黃，衛輝府屬之汲縣、新鄉、輝縣、獲嘉、淇縣、延津、滑縣、濬縣、封邱、考城，懷慶府屬之河內、修武、武陟、原武、陽武等二十二縣應徵新舊錢糧緩至本年秋熟後徵收。其應於本年麥熟開徵之節年借欠籽種口糧等項銀穀，均著緩至六十年麥熟後開徵。該撫務須督飭所屬實力奉行，俾閭閻生計益資寬裕，以副朕勤求民瘼至意。該部即遵諭行。

御製河南巡撫穆和藺奏報通省麥收分數並乞緩徵河北被旱諸縣新舊銀糧詩以誌事甲寅

河北三府接畿南，畿南缺雨想亦同。將及月餘未經奏馳驛命問㢠農功。今春豫省河北三府月餘以來未據報有優澤，乃該撫並未將如何籌辦之處早行奏聞，是以日前已即馳旨詢問，令其據實覆奏。茲陳三府果望澤，乞緩徵以紓民窮。二十二縣麥收歉。穆和藺奏：經接奉前旨，先於本月二十二日具奏彰德、衛輝、懷慶三府所屬之安陽、湯陰、臨漳、林縣、武安、涉縣、內黃、汲縣、新鄉、輝縣、獲嘉、淇縣、延津、滑縣、濬縣、封邱、考城、河內、修武、武陟、原武、陽武等二十二縣高阜地方麥苗收成不過三四五分，乞恩將二十二縣各項銀穀緩徵以紓民力等語。此新舊有別緩徵通。該省河北本係積歉之區，本年雨澤缺少，麥收既歉，大田播種尚未全。若將新舊錢糧同時並徵，民力不無拮据，因即降旨加恩，令將此二十二縣新舊錢糧緩至本年秋收。其應於本年麥熟開徵之節年借欠籽種口糧等項銀穀，均至六十年麥收後啟徵，並諭該撫飭屬實力奉行，俾小民生計益資寬裕。大河南幸蒙天賚獲中稔，閭閻有上豐。辛諭者大河以南去冬雪澤優霑，交春後頻沐濃膏，二麥一律暢茂。茲據景報約收分數九分有餘者洛陽等五縣，九分者偃城等八州縣，八分有餘者鹿邑等十八州縣，八分者通許等二十四廳州縣，七分有餘者祥符等十六州縣，七分者陳留等十二州縣六分有餘者濟源一縣六分者孟縣溫縣二縣以上八十六廳州縣合計共有八分並河北三府屬之安陽等二十二縣率算收成七分有餘等語查河以南人率中稔然九分以上者尚有十餘州縣可謂上豐覽奏因僖折一為慰更一懸惟河北歉收終不能少釋繾念耳

繾念慰且置繾念憂衷

五月初二日奉

上諭秦承恩奏同州府屬之蒲城大荔朝邑西安府屬之臨潼渭南等五縣因四月初間陰雨稍多二麥間生蟥蟲收成不無減薄等語蒲城等五縣二麥正在升漿之際因雨後積陰間被蟲傷以致收成歉薄殊為可惜雖該處蟲傷旋經消淨而民力究不無拮据除該撫業經酌借籽種俾得趕種秋禾外所有蒲城大荔朝邑臨潼渭南等五縣應

徵本年新舊錢糧著加恩緩至秋穫後徵收以紓民力該部即遵諭行

御製陝西巡撫秦承恩奏通省麥收八分有餘詩以誌事 甲寅

八分餘可謂中豐六十四廳州縣同據秦承恩奏陝省入春後雨水本屬優霑繼以三月下旬四月初旬連得透雨二麥皆益加飽滿茲將屆收穫之際所有各屬約收分數其中十分者孝義等六廳縣九分有餘者鳳翔等五縣九分者藍田等十一廳州縣八分有餘者咸寧等十五廳州縣八分者咸陽等九州縣七分有餘者興平等十廳州縣七分者高陵等四縣六分有餘者耀州等四州縣統計西安等屬六十四廳州縣率算二麥約收八分有餘等語何幸遠方蒙澤厚獨憐近省受災窮被蟲五處憫隅向又據秦奏同州府屬之蒲城大荔朝邑西安府屬之臨潼渭南等五縣因四月初旬陰雨稍多二麥間生蟥蟲收成不無歉薄等語該省各屬通計俱獲中豐蒙澤不為不厚而此近省五縣麥田獨被蟲傷殊覺向隅可憫頒詔十行興惠宗該撫雖已酌借籽種俾得趕種秋禾仍即降旨將此五縣應徵本年新舊錢糧加恩緩至秋穫後徵收以紓民力芒種將臨青未霑節次據雲南貴州福建江蘇河南及陝西等省奏到麥收俱在八九分以上乃畿南齊北至今總未霑渥本月初八日芒種節前如得透雨尚可趕種大田然為日已近每為焦灼不覺益切憂懷耳憂心數上聲日益忡忡

七月十九日奉

上諭直隸地方因雨水過多河流漲發多有沖損田廬之處已節降諭旨令該督等實力詳查妥為撫卹並撥給部帑四十萬兩以資接濟之用其修費賞卹俱著按例加兩倍賞給以示軫卹第念被水各州縣地畝淹浸積水一時未能消涸不及趕種晚田民力究未免拮据著該督再行詳悉查明

被水州縣所有本年應徵秋糧及春間被旱緩徵銀糧俱著加恩豁免以紓民力並著一面具奏一面出示曉諭俾小民俱各安居樂業不至遷徙失所以副廑念災黎恩施無已至意

二十一日奉

上諭福寧奏山東省館陶冠縣邱縣地方漳衛二河水漲以致村莊多有被淹現在親赴查勘加意撫卹給發銀糧俾資口食並與運河道羅煐相度形勢將各處積水設法疏消等語館陶等三縣猝被水災淹浸田廬情殊可憫現經福寧馳往查勘分別撫卹該處民人均資安堵羅煐於運河情形最為熟悉今經福寧與該道商酌相度水勢分路

疏消辦理俱為得當福寧羅瑛俱著交部從優議
敘其隨同辦理出力之員著該撫查明一併咨部
議敘以示鼓勵所有館陶冠縣本年應徵秋糧並
著該撫查明概行加恩豁免以紓民力仍督飭所
屬詳悉確查毋致遺漏以副朕軫念民依至意

御製登四面雲山亭子 甲寅

立秋欣已符農諺 北方農家以立秋日雨而即晴 立秋月陽雨時若是日子丑之
間得雨一陣遲明即止竟日晴朗適協吉占 此後多晴兩逢雨 十二立秋後連
今惟十六及十九得雨兩次餘日俱屬晴霽 雨或夜或晝卒弗綿八朝爽
霽淨驅暑今日登山恰逢旬 自立秋至今一旬之內晴有八朝雨日內
徒然峭涼當係晴定之象登山憑覽少覽心怡 句際民艱日調處 前據梁肯堂奏
直隸固關等處被水撫邮情形及穆和藺奏辦河
北衛輝府屬賑務福寧奏山東臨清等處地方俱

有被淹之處已節次降旨令其妥為籌辦並旬日
以來續據福寧奏館陶冠縣邱縣及徵瑞奏天津
河間景州亦有被水處所續即馳諭福寧徵瑞加
意撫卹所有應賞修費俱著接例加兩倍給予務
俾小民不致一夫失所至據富奏稱藩庫帑項充
盈足數賑給直隸奏請撥帑四十萬兩亦即照數
撥發更念被水各州縣積潦一時不能消涸不及
趕種蕎田民力究未免拮据著該督撫等再行
詳細查明所有被水地方本年應徵秋糧及春間
被旱緩徵銀糧俱即加恩豁免用紓民力又以山
東運河道羅瑛本係該處河工微員出身熟悉運
河水道溝渠繼以按察使任內因公降調今職現
在疏消積水經理得宜加恩賞給按察使銜以示
獎勵本日又據慶成奏堵築永定河漫口十七八
等日復大雨連朝 督同該道喬人傑竭力防禦新
工保護無虞仰賴 河神默佑幸得平穩既分
別降旨優敘並賞給喬人傑按察使銜俾益加奮
勉以期速蔵隄工凡此軫念民艱盡心調處予宵
不能少置今擱 人孏子衆用人得當益深寅
感至此少間天氣已經晴定山田禾稼可實足慰中
懷然不敢以此自遂忘等郇民依也 慰豈謂山田滿目佳還懷滌所
馳心苦同庚亭子坐依然繩繩民瘼仰欽

祖用是祈年益業兢歸政近幾嶽廷佇

九月初八日奉

上諭據穆和藺覆奏積欠一摺內稱武陟等縣未
經被雨地畝應徵新舊漕及舊欠米豆等項請分
別帶緩等語武陟等縣本年被水地畝應徵秋糧
業經降旨加恩豁免所有武陟等十四縣境內未
經被水地畝及毗連災地之溫縣原武陽武濬源
孟縣林縣涉縣武安滑縣考城封邱等十一縣應
徵本年新舊漕米麥豆三項俱著緩至來歲麥熟
後再行啟徵以紓民力該部即遵諭行摺並發

十三日奉

上諭據奇豐額奏查勘徐州府屬碭山等縣因曲

家莊黃水漫溢低田被淹又淮安揚州海州各屬
極低地畝因雨水稍多豆束不無損傷收成稍薄
等語本年碭山等縣地方因曲家莊黃水盛漲由
豐沛二縣順隄下注宣洩不及上漾旁溢以致附
近窪地積水數寸其淮安揚州海州所屬各州縣
因雨水稍多極低地畝零星間斷亦有積水以致
豆禾間被損傷收成不無歉薄殊為可憫現在積
水雖已消涸小民一律安堵但被水歉收之後民
力究形拮据所有徐州府屬之碭山豐縣沛縣宿
遷睢寧淮安府屬之山陽阜寧清河桃源安東鹽
城揚州府屬之高郵寶應興化海州暨所屬之沭
陽等十六州縣並坐落各縣境內之淮安大河揚

州徐州四衛除高阜成熟地畝仍照舊輸納外其被水低田著該撫查明將本年應徵應帶銀米一體加恩緩至來年秋收後分作二年帶徵俾閭閻益臻寬裕以副朕加惠黎元至意

御製江蘇巡撫奇豐額護理安徽巡撫周樽各報秋收分數詩以誌事甲寅

蘇徽俱屬江南省南北秋收畧不同令歲安徽江蘇兩省水充足秋禾俱屬稔收惟江蘇報稱八分安徽報稱八分有餘畧有不同八南則若時多報稔北因被潦久稱豐蘇疆合計八分獲據奇豐額奏江蘇省大江以南早稻將次刈穫晚禾結穗飽綻大江以北早稻現在登場晚禾雜糧均已結實內北成十分者吳縣等十一廳州縣九分以上至九分者江浦等十四廳州縣八分以上至八分者上元等二十四州縣七分以上至七分者山陽等二十一州縣統計江寧藩司所屬收成七分有餘蘇州藩司所屬收成八分有餘以通省總計秋禾收成實有八分等語徽省有餘一體充據周樽奏安徽省秋禾約收分數內九分有餘者寧國等四縣九分者太湖等十六州縣八分有餘者懷寧等十五州縣八分者桐城等十一州縣七分者潛山霍邱二縣六分有餘者壽州等八州縣六分者宿州等三州縣統計通省秋收約八分有餘等語其各應行寬緩者惟江蘇徐州府屬之碭山等縣因曲家莊黃水盛漲宣洩不及致有積水又淮安揚州海州所屬有因雨水過多低田間或被淹已據奇豐額查奏降旨將本年應徵應帶銀米加恩緩至來年秋收後分作二年帶徵至安徽省前奏鳳陽泗州二府州屬沿河傍湖低窪地畝間有雨淹之處並飭令周樽查勘毋得諱飾俟查到後自應一體帶教加恩總期並臻寬裕不致向隅方堪慰念耳隅向念民窮

二十七日奉

上諭前因山東臨清館陶等州縣漳衛二河水漲以致村莊多有被淹業經屢降諭旨加兩倍賞卹並將被水之處應徵錢糧概行豁免其餘未經被水村莊秋禾雖屬有收所有應徵銀糧本應按期徵收第念各該處雖未被水而本年春間雨澤短少麥收歉薄現又毗連災地民力究未能充裕著再加恩將臨清武城館陶夏津冠縣邱縣德州恩縣並臨清德州三衛毗連災區未經被水地方應徵新舊各項銀穀漕米俱緩至乾隆六十年照例徵收用紓民力以示朕軫念窮黎恩加無已至意

十月初六日奉

上諭周樽奏遵旨查明鳳陽泗州二屬因夏秋連得大雨峰山臨減洩上游河流下注又安慶池州府屬八月連雨上游江水下注低窪地畝俱未免

被淹減收等語鳳陽泗州本係積歉之區安慶池州上年亦屬被水歉收本年復因雨水稍多江河漲發低窪地畝收成歉薄若將新舊錢糧照舊徵收民力未免拮据著加恩將懷寧桐城潛山宿松望江貴池銅陵東流壽州宿州鳳陽懷遠定遠靈璧鳳臺泗州盱眙天長五河等十九州縣並安慶鳳陽長淮泗州等四衛被水村莊應徵本年丁地南屯米麥豆折蘆課津貼屯折並歷年舊欠錢糧及因災借帶各項均緩至來年秋成後遞展啟徵其應徵新舊漕糧漕項銀米亦緩至來年秋成後與新漕一併搭運俾民力益臻寬裕以示朕廑念窮黎恩加無已至意該部知道

十三日奉

上諭據蘇淩阿等奏松江府太倉州所屬華亭等縣因八月中積雨連綿低窪處所稻苗生有黑蝨收成稍薄等語華亭等縣本係沿海地方秋間雨水過多低窪田畝稻棉間多受傷收成不無歉薄民力未免拮据所有松江府屬之華亭奉賢婁縣金山上海南匯青浦太倉州並所屬之鎮洋崇明嘉定寶山等州縣並太倉鎮洋二衛坐落各州縣屯地除高阜成熟地畝仍行照常輸納外其低窪受傷之田本年應徵應帶地丁漕糧著該督等查明一併加恩緩至來年秋後帶徵俾民力益臻寬裕以副朕加惠閭閻至意

十三日奉

上諭據惠齡奏查明京山等州縣被水情形一摺內稱京山潛江天門江陵監利五縣成災較重之處皆有七分其餘成災六分五分不等荊門沔陽漢川三州縣均各成災五分其餘俱勘不成災等語京山等州縣猝被水災漫溢田廬情殊可憫現據該撫查明散賑俾資口食但此等被災小民生計維艱若令照舊輸納恐民力亦形拮据所有京山等縣本年未完錢糧著該撫查明按照成災分數照例分別蠲免緩徵其各縣內應行帶徵歷年錢糧俱着一體加恩分別緩帶其各州縣內坐落軍户屯田並各軍户應徵本年運費亦着一併查明分別蠲緩至勘不成災各屬地畝均與災地毗連所有本年應徵錢糧均着緩至次年麥熟後徵收以紓民力該撫惟當督率詳查妥為經理核實題報俾閭閻均資實惠以副朕軫念民依有加無已至意

二十八日奉

上諭吉慶奏江蘇松江府屬太倉州屬窪地八月間雨水稍多收成歉薄等語松太等屬因積雨歉收前據奇豐額等奏到已降旨將應徵地丁漕糧概予緩徵今該府州所屬窪地亦因雨水稍多收成歉薄若將應徵鹽課一律徵收恐竈力不無拮据所有松江府屬之青村袁浦橫浦浦東下砂及

下砂二三等六場並太倉州屬之崇明場各窪地暨該府州所屬之華亭婁縣奉賢金山上海南匯青浦崇明等八縣低窪歉收田畝本年應徵鹽課錢糧亦着一併加恩緩至來年秋收後帶徵以紓竈力該部知道

十一月初九日奉

上諭前因山東臨清館陶等州縣漳衛二河水漲村莊多有被淹業經降恩旨加兩倍賞卹並將被水之處應徵秋糧概行豁免茲據畢沅奏查定例漕糧不在秋糧豁免數內向不蠲緩等語因屬照例辦理但念本年臨清等屬夏麥被旱秋禾又復被淹若將漕糧按例徵收究恐民力不無拮据

着再加恩將臨清等處被災地方應納漕糧一體豁免俾民力益加寬裕該撫務督率所屬實心經理使小民均霑實惠以副朕軫念災區恩加無已至意該部即遵諭行

二十四日奉

上諭伍拉納奏泉州府屬之晉江南安二縣四鄉低窪之區被水田禾淹出較遲雖係勘不成災收成實爲歉薄又南靖縣護城隄岸被水沖開工段綿長必須趕緊補築本係民修請先行賞借司庫銀兩分作三年徵完歸款各等語福建漳州府屬之龍溪等縣前經浦霖查奏被水較重情形當即降旨將該處被災地方加恩兩倍賞䘏並令查本

年應納秋糧加恩蠲免以示軫䘏今既據伍拉納查明晉江南安二縣雖係勘不成災收成實爲歉薄若照例徵收民力不無拮据著加恩將該二縣本年錢糧緩至來歲早收後徵輸以紓民力至南靖縣應修隄岸雖屬例應民修但工段綿亘需費較多該處當被災之後甫經撫卹若將修隄銀兩分年帶徵完款究恐民力不能寬紓著將該處估需修隄銀九千餘兩加恩即全行賞給作正開銷俾閭閻益資饒裕該督等務督飭所屬實心經理毋任胥吏稍滋弊端以副朕軫念災區恩加無已至意該部即遵諭行

十二月十九日奉

上諭長麟等奏高要等縣被水浸淹業經照例撫卹賞借口糧明春毋須量爲接濟等語高要等縣被水地方節經降旨加兩倍賞給修費並將新舊錢糧緩至來年秋後帶徵第念該處甫經被水之後若於來年一律徵輸民力不無拮据所有高要高明四會三水等縣領過賞借一月口糧共銀六千一百二十六兩六錢著加恩遞緩一年於秋收後帶徵以紓民力該部即遵諭行

乾隆六十年閏二月初十日奉

上諭前因貴州銅仁府屬之松桃正大等處猝被逆苗滋擾於農功不無妨碍業經降旨將本年錢糧緩徵並令該撫查明覆奏到日再行加恩豁免

茲據該督撫將銅仁府屬每年額徵錢糧數目查明具奏所有銅仁府及松桃正大等處本年應徵秋糧及改折米共六千七百餘石地丁正耗等銀九百八十餘兩銅仁縣本年應徵秋糧改折米共二千六百餘石地丁正耗等銀三百餘兩俱著加恩全行豁免至附近銅仁府之鎮遠思南思州黎平平遠都勻古州等府廳屬士民共紓義憤保集鄉勇堵禦賊苗及官兵經過之貴陽安順等府悉皆幫運軍裝急公趨事亦應量予恩施仍著該撫等將鎮遠府廳屬本年應徵錢糧查明分別蠲緩以示朕撫綏良善加惠閭閻至意

十三日奉

上諭上年直隸秋間雨水較多河流漲發順天保
定正定天津河間各府屬地畝間被淹浸節經降
旨加兩倍賞䘏豁免秋糧並於本年春間分別展
賑復將該省節年未完民欠正耗地糧及折色口
糧等項普行豁免俾户慶盈寧並資饒裕現屆開
徵之期在小民等身無積欠自必輸將恐後但念
上年被水各府屬此時若一律按例徵收究恐民
力不無拮据著該督查明直隸上年被水各州縣
所有本年春間應徵銀兩俱緩至秋收後徵收庶
民力益覺寬舒以示朕惠錫閭閻有加無已至意
三月初八日奉
上諭現因湖南永綏廳苗匪滋擾地方業經降旨

令該督撫等查明辰州府屬之永綏乾州鳳凰及
瀘溪各廳縣將應徵春季錢糧概行緩徵俟事定
後查有被賊蹂躪春收歉薄者再行降旨豁免第
念辰州府屬之沅陵辰溪永順府屬之永順保靖
龍山沅州府屬之麻陽芷江等縣俱多險要卡隘
該處各募鄉勇晝夜把守自應一體緩征以紓民
力所有沅陵等七縣本年春季錢糧亦概行緩徵
仍俟事竣再行查明春收分數分別奏明辦理以
示朕撫綏良善加惠閭閻至意
御製降旨緩徵貴州湖南猝被苗匪搶掠地方本
年春季錢糧詩以誌事乙卯
黔北矟苗結楚南昨冬謀盡秘窺參貴州逆苗石柳鄧勾結湖
南逆苗石三保等於正月內散處滋事予意其必
非一時即能迫脅多人搶掠甚衆奏審訊擒獲保
信之苗匪果稱上冬已卯謀劃糾衆益其秘謀說
計已非一日皆由地方官未能先事覺察所致
一時突起官疏備一逆苗等滋擾地方雖事起倉猝
時兵力未能厚集以致蔓延
若地方文武各官果能平日留心防備亦不至小
民受其荼毒然黔省苗民有石老三堅守己寨與
苗匪對敵可見苗人中守法急公者亦不少而
逆苗自作不靖致干誅戮福康安等指日擒其渠
六詳首惡無難擒獲惟當此農務方興之時小民
猝被搶掠甚為可憫若地方官按例經徵朕心何
忍因命將黔楚兩省被苗匪滋擾地方應徵春季
錢糧概行緩徵俟事定後如查有被賊蹂躪有妨
東作者再行降旨豁免七德未臻我抱慙渠兇定
用示撫綏良善至意
當整旅掃閭閻先事沛恩覃所欣名將勤除逆福康
安久歷戎行曉暢軍務平定兩金川時已著有功
績嗣經督師渡海勦定臺灣生擒林爽文等前年
復命為大將軍往征廓爾喀深入險阻七戰七捷
賊人悔罪歸降功成奏凱其威名所籍聞者喪膽
將來一抵黔省先聲所指苗匪畏足當次第捷
其殲戮不日迅掃賊氛惟盼捷音頻至耳

音待報驟
初九日奉
上諭此次黔楚邊境一帶逆苗滋擾附近居民致
誤東作前經降旨將湖南辰州府屬之各廳縣貴
州銅仁府屬各處應徵春季錢糧概行緩徵俟事
定後查明分別辦理茲四川秀山一帶亦被苗匪
蔓延侵擾該處平民未能及時耕作所有秀山一
帶應徵春季錢糧並著加恩一體緩徵統俟事定
後該督查明春收分數奏明辦理用示撫綏良善
加惠黎元至意
四月二十八日奉
上諭前因貴州銅仁府屬松桃等處地方猝被逆

苗滋優渥經降旨將該處應徵銀糧全行豁免並
令該撫等將附近銅仁府屬官兵經過地方查明
分別加恩茲據福康安馮光熊查明覆奏所有鎮
遠思南思州三府清江一通判鎮遠施秉天柱安
化印江婺州玉屏清溪八縣本年應徵地丁錢糧
俱著蠲免十分之五其貴州安順平越都勻黎平
五府古州郎岱下江等廳黄平鎮寧永寧三州平
越清平貴筑貴定龍里普定清鎮安平八縣本年
應徵地丁錢糧著加恩蠲免十分之三其大定石
阡二府普安威寧黔西獨山麻哈五州安南普安
畢節貴安都勻荔波湄潭餘慶龍泉開泰永從錦
屏十二縣本年地丁應徵錢糧俱著緩十分之五
以紓民力該督撫務當督率妥辦徧行曉諭俾小
民均霑實惠以副朕念切恩施至意

六月二十七日奉
上諭承德府所屬灤平縣自六月以後雨澤稀少
秋成歉薄若將應徵錢糧照例徵收民力不
無拮据所有承德府及灤平縣缺雨地方本年應
徵錢糧著加恩查明緩至來歲麥熟後徵收以紓
民力

二十八日奉
上諭昨因熱河雨澤短少將承德府所屬灤平縣
本年應徵錢糧降旨緩徵連日以來仍未得沛甘
霖現在已過立秋收成恐致歉薄若祇緩至來歲
麥熟後徵收小民仍不免以輸將為念著即施恩
寬免以示朕軫念民艱有加無已至意

御製直隸總督梁肯堂奏缺雨情形詩以誌過乙卯
去年此際雨愁過去年熱河此時雨已霑足乃復頻值霖雨雖農諺有六月建陰雨本免以過多為慮今歲翻愁旱奈何塞北似茲暵絕少向來此間雨澤頻多是以每年此際多有晴之作以今歲之望雨急切實所罕見畿南亦覺
澤無多前據梁肯堂奏六月初中兩旬各府州屬均已得雨雖所奏未透足者無多隨又馳諭詢問茲據覆奏直隸五六月以來尚不缺雨惟是月之雨不能一律即同屬一府一州中或此已遠足而毗連之處仍艱望澤就通省情形而論正定府屬冀州深州易州所屬雨澤尤稀現在虔謹設壇祈禱聞得俾雨偕為時不久不成分寸至大田情形雨足之處因已結實灌漿飽滿即雨少地方或係上年積水之區地多腴潤或濱臨河淀灌溉有資並不補蓄黃萎六月以內得有透雨仍可同收望有較斯勝以春膏被頻大概京畿以南春間雨水霑為近年所少有是以
較之此間尚至於望澤過甚不設更延將秋稔嗟即此間田禾日前今插穗閱視尚覺滋潤日內得有渥澤仍可就但亦不能再緩矣似救過蠲租雖小補年工以予在位六十年蠲免漕糧普免補之及將新疆人犯的量者得加恩不啻再三迨以望雨焦急或恩此外恩施尚有未適後命再將發遣官犯擇其獲咎稍輕者亦予省釋並令京城及熱河清理刑獄熱河道府者俯賑施日內又將承德府及灤平縣被旱地方秋糧概予免徵雖云小補亦惟有書予加惠之心或庶幾佑潤此農民速
上蒼恩鑒惟六幕交調賜甘霖耳
和

八月初五日奉
上諭秦承恩奏陝西咸寧等三十三廳州縣因六
月間雨水未能霑足近又晴霽稍久高阜地畝收
成未免歉薄等語陝西本年麥收豐稔孝義等五
十五廳州縣雨水又復霑足可卜豐收但咸寧等

州縣以夏秋稍豐許兩收成未免歉薄若將應徵錢糧照舊徵收冗恐民力不無拮据着將咸寧長安耀州咸陽興平臨潼高陵藍田涇陽三原渭南富平醴泉同官鳳翔岐山扶風郿縣大荔潼關華州華陰韓城蒲城白水邠州長武乾州永壽武功鄜州洛川中部等三十三廳州縣本年未完錢糧及民借常社倉糧加恩緩至明年麥收後徵收其應行買補糧石亦概行停止仍着該督撫體察情形如有應行平糶出借即妥為經理以副朕廑念閭閻豫籌民食至意

二十五日奉

上諭秦承恩奏甘肅平涼等九州縣因得雨未能霑足高原地畝秋禾間有受旱又皋蘭等縣各鄉村或因雨雹被傷或因山水被沖收成均不免歉薄等語平涼等州縣因夏間雨澤稀少以致秋成稍減雖據奏勘不成災但民力究未免拮据皋蘭等州縣各鄉村秋禾間有損傷雖一隅中之一隅收成亦未免減薄所有平涼府屬之平涼華亭涼州府屬之武威鎮番永昌涇州暨所屬之崇信鎮原靈臺等九州縣並蘭州府屬之皋蘭西鄉狄道州西鄉河州南鄉平涼府屬之靜寧州楊家嘴等村本年應徵各項銀兩草束著加恩緩至來年麥熟後徵收以紓民力該署督務督率所屬實力奉行以副朕加恩閭閻不使一夫失所至意

二十五日奉

上諭蔣兆奎奏山西蒲州府所屬永濟等六縣因夏間得雨稀少秋收不過六分等語永濟等縣因雨水未能霑足以致收成稍歉若按例徵收恐民力不免拮据所有蒲州府屬之永濟臨晉萬泉榮河虞鄉猗氏六縣本年應納錢糧及春借倉穀均著加恩緩至明年麥熟後徵收以紓民力該撫務須督飭所屬實力奉行以副朕念民依至意

二十七日奉

上諭本年春間因湖南鳳凰永綏乾州三廳及附近瀘溪沅陵等縣被逆苗滋擾業經降旨將春季錢糧一併緩徵並將無業貧民按月賑卹口糧俾無失所現據畢沅等奏通省收成九分有餘即附近三廳各縣地畝亦多復業有收第念人功將蕆正逢秋季開徵之候恐各廳縣所屬地方民力究不免竭蹶除永綏廳錢糧業加恩寬免三年外所有鳳凰乾州瀘溪沅陵辰溪永順保靖龍山麻陽芷江等十廳縣本年秋季應徵錢糧著加恩緩至丙辰年早秋後同前次緩徵之春季錢糧一併開徵以示軫念閭閻有加無已至意

孚惠全書卷二十六

孚惠全書卷二十七

徧隅賑借一

雍正十三年九月初八日奉

上諭甘省百姓連年輓運軍需荷蒙
皇考聖恩將該省應徵錢糧連年蠲免其本年錢
糧亦欽奉
皇考諭旨全行蠲免今朕聞該省之蘭州西固廳
及平涼府固原州環縣諸處收成歉薄百姓艱苦
朕心深為軫念著傳諭該督撫等於蠲免額糧之
外加意撫綏作何賑恤之法務使乏食窮民均霑
實惠

十二月十三日奉

上諭朕前聞淮分司所屬廟灣新興臨興白駒劉
莊伍祐等六場今歲秋收歉薄恐竈戶煎丁有貧
苦乏食者已曾於高斌奏事摺內諭令加意賑恤
毋令失所今思冬春寒冷之際及明歲青黃不接
之時貧竈餬口維艱不可不豫為籌畫著該鹽政
高斌會同總督趙宏恩將乏食竈戶煎丁遵照民
賑之例一體加恩務令均霑實惠不許胥役地棍
等侵蝕中飽

乾隆元年六月初五日奉

上諭朕聞本年四月間江南徐州府蕭縣地方因
上游祝家水口潰決黃水漫溢以致蕭邑民田被
淹南北約長四十餘里東西二十餘里二麥未收
秋禾亦被淹浸窮民失業朕心深為軫念著該督
撫委員確查速行賑濟毋令災民失所其積水作
何宣洩之處會同河道總督速議辦理毋得稽遲

十月初七日奉

上諭今歲江南夏秋之間大雨連綿淮揚一帶各
州縣低窪田畝有被水淹浸者朕恐窮民失所已
諭令督撫等加意賑恤俾獲安居今思此等百姓
苦於冬春之交再令備工以資力作更為有濟查
宿遷桃源清河安東以及高郵寶應等州縣均有
應行挑濬之河道其安東舊鹽河約估需銀二萬
二千餘兩宿桃清高寶等工約估需銀十二萬餘
兩著於今冬明春次第興工即令僱募民夫及時
挑濬則於緊要河道既得深通而寓賑於工窮黎

更得藉以養贍於地方民生大有裨益

乾隆二年正月二十一日奉

上諭上年滇省有收成歉薄之州縣米價昂貴民
食維艱朕已屢次批諭該督尹繼善等悉心籌畫
賑濟貧民並撥運倉米平糶倉穀多方調劑俾歉
收地方均不致乏食該督等自能仰體朕心經
理妥協登斯民於衽席今思青黃不接之時籌畫
更為緊要滇南離京甚遠若有應行辦理之處必
待具奏奉旨之後方始舉行未免稽延時日著該
部即速行文與尹繼善等令其就近酌量將實有
裨益貧民者一面奏聞一面即行辦理毋使一夫

失所

七月初二日奉

上諭近因雨水過多閘渾河水從盧溝橋及長新店良鄉一帶民房有被水淹浸坍塌之處著派侍衛塞楞戶部郎中赫赫前往盧溝橋長新店一帶再派侍衛五十七戶部員外阜來前往良鄉一帶會同地方官詳細查勘各帶庫銀二千兩查有被水窮民房屋傾圮者即行賞給安頓毋使失所

初二日奉

上諭近日雨水連綿京城旗民中有家計貧乏房屋傾圮不能修葺者著步軍統領鄂善查明具奏

十二日奉

上諭前因畿輔地方被水特命策楞等前往賑恤居民其各營汛防被水兵丁據策楞等議稱兵丁領受餉銀其房屋亦係官給不應在賑恤之內朕思兵力均屬一體此番被水室廬坍塌妻子無依情殊可憫應每名量行賞銀二三兩為目前養贍以待官蓋營房即傳諭六路賑恤之官員等酌量輕重作速妥協辦理

八月初十日奉

上諭朕聞江南碭山縣段家莊大壩以外一帶河灘因黃河水勢漫溢約長四十餘里寬五六里十里不等居民廬舍被淹田禾受傷不能收穫祇因該縣秋成豐稔不過一隅被災又係隄外河灘是以地方官未經申報朕愛養黎元惟恐一夫不獲其所今此被水民人棲身無所餬口無資深可軫念著該督撫即飭地方有司迅速查明撫綏賑恤務使登之袵席毋得以漫灘被水乃事勢之常稍有忽視

九月初三日奉

上諭據大學士管川陝總督事務查郎阿奏稱陝西西安等府今年夏秋雨澤稀少米糧價值漸次昂貴幸於七月二十七八等日得雨雖足民心慰悅不意八月初一日以後晝夜淫雨河水泛溢咸寧長安臨潼等縣被水村莊田廬淹沒人口亦傷數名現在飛飭西安布政使查明賑恤等語西安

等屬從前雨澤愆期朕恐民食維艱已諭令該撫等預為籌畫今咸寧等處又因雨多苦潦廬舍被淹朕心深為軫念著巡撫崔紀遴委賢員逐一查勘撫綏安插俾有屋可以棲身有糧可以餬口無使一夫失所其收成歉薄之地方本年應納錢糧或應緩徵或應蠲免亦著確查定議具奏

初十日奉

上諭今歲直隸山東有被水之州縣民食艱難朕已屢降諭旨多方籌畫務使閭閻不致失所其勘明之州縣該督撫等自當督率有司蠲賑兼施悉心經理而勘不成災之地方舊無蠲賑之例但彼地二麥既旱秋成又薄雖係貧民無乏食之虞亦

當酌量加恩以資力作或應
借給籽種銀兩著直隸總督山東巡撫轉飭該地
方官體訪詳確實力奉行毋得視為具文

十二日奉

上諭朕前聞山右地方有秋禾被旱之處米價騰
貴民食維艱已諭令該撫加意賑恤今據奏稱現
在委員查勘辦理散賑等語但被災州縣恐不止
此賑災關係民生必須周詳迅速方有裨益絲毫
不可輕忽著侍郎孫國璽速行前往會同巡撫石
麟督率所屬官員實心經理務使貧民均霑實惠
毋使一夫失所如有州縣官匿災不報賑濟不周
者即行嚴參倘不實心辦理經朕訪聞或科道官
參奏必將孫國璽石麟從重治罪其平糶緩徵蠲
免各事宜該撫照例速議奏聞請旨該部知道

十四日奉

上諭據福建總督郝玉麟奏稱福州地方於八月
十五夜颶風忽作甚為狂烈省城兵屋民房多被
吹倒亦有壓傷人口者沿河沿海之商民船隻亦
多撞損飄没現在飭查分別賑卹等語今年六月
閩省雨水過多州縣有被水之處已諭令該督
撫加意撫綏資其困乏繼聞水勢消落甚速貧民
已獲寧居其他未淹地方禾稼茂盛朕懷稍慰今
聞福州一帶又有颶風之災廬舍舟船多有損傷
朕心深為軫念著該督撫轉飭有司速行確查妥

協賑濟務使被災兵民各得棲止不致一夫失所

二十三日奉

上諭前聞陝西西安等處夏秋雨少糧價昂貴七
月間雖得雨霑足又以河水漲溢民間田廬有淹
浸之患朕心軫念已屢降諭旨著該撫遴委賢員
查勘撫綏悉心籌畫毋使一夫失所今聞西安地
方草木短少秋冬之際芻麥尚可支持明年正二
三月則草價更昂將軍標下兵丁額領之銀不敷
喂馬之用未免拮据著將春季三個月駐防兵丁
所有草價加增一倍賞給一次四月青草發生仍
照舊例支領至督撫標下拴馬草價應否酌添之
處著該督撫妥議具奏

閏九月二十五日奉

上諭今年陝西西安一帶地方收成歉薄糧豆價
貴而草價更屬高昂將軍標下兵丁額領之銀不
敷喂馬之用已降諭旨將明春三個月草價應否
酌添之處妥議具奏今思陝省駐城八旗三標官
兵馬匹所有米豆二項俱領折支之價自行採買
今年價值昂貴兵丁購買未免艱難除從前已經
支給者無庸加增外若將現有應折米支米豆照
原定每石一兩之價加添銀五錢俾兵丁等力量
寬餘不致有添價採辦之苦此朕格外加恩從不
為例

十月初十日奉

上諭昨據孫國璽石麟等奏稱晉省被災五州縣請銀米兼賑隨經部駁令其動撥部縣穀石分別散給如不得已而銀米兼賑令該撫等酌定價值報部已降旨允行朕思積貯之設所以裕民食也當荒歉之歲地方米穀必致缺乏發粟散賑既可令無食貧民藉以餬口而奸商之囤積者亦不得借以居奇此救荒之常理也且米石出入衆目共覩上司亦易於稽查若以銀分給殊非周濟民食之本義而貪官猾吏浮冒侵蝕吏弊端百出矣但恐晉省倉糧平日原未必充裕而今年被災之處或尚不止五州縣倘或倉儲無幾輓運需時則災民之迫不及待者不得即需升斗又非朕矜恤窮

民之至意用是再頒諭旨著孫國璽石麟等詳查地方實在情形如果該邑米少易運即照議撥若糧少運難着暫行銀米兼賑酌定價值報部一面辦理一面奏聞總在多方稽察務使官吏無所容奸窮黎均霑實惠

二十日奉

上諭前據孫國璽石麟奏稱晉省被災州縣懇請銀米兼賑朕以賑濟之道在於發粟若以銀分給恐官吏易生弊端難以查察應詳酌地方情形如果鄰邑米多易運仍令撥給穀石以濟民食若糧少難運暫行銀米兼賑之法已於本月初十日降旨孫國璽石麟矣今據孫國璽石麟會奏晉省數州縣今年被旱乃一隅偏災方今收穫已畢所在村莊市集皆有粟米雜糧販負貧民或稱雜糧之價較減而食之易飽情願半折領銀俾得兼買攙和更可節省至於散賑之法現委道員督率辦理不敢有侵蝕冒銷之弊查晉省倉儲雖敷撥用然乘此雜糧湊集之時散銀糴買而留有用之儲於明年青黃不接之時為借糶之用於小民實有裨益等語孫國璽石麟身在晉省目覩地方情形既稱銀米兼賑於窮民有益即照所奏行但拯災郵困乃國家第一要務倘司其事者經理不善查察不周或致不肖官吏侵蝕中飽使恩澤不能下逮則欽差大臣該省督撫難辭其咎朕必嚴加處分

乾隆三年四月二十二日奉

上諭各省所有學田銀糧原為給散各學廩生貧生之用但為數無多或地方偶遇歉年貧生不能自給往往不免饑餒深可憫念朕思伊等身列膠庠自不便令有司與貧民一例散賑嗣後凡遇地方賑貸之時著該督撫學政飭令教官將貧生等名籍開送地方官核實詳報視人數多寡即於存公項內量撥銀米移交本學教官均勻散給資其饘粥如教官開報不實給散不均及為吏胥中飽者交該督撫學政稽察即以不職參治至各省學租務須通融散給極貧次貧生員俾霑實惠此朕體恤生員之意若生員等不知感激自愛因此而

干與地方特有生監簿符以致肆行種種不法之
事該督撫等仍應照例查察毋使陷於罪戾

五月十九日奉

上諭朕聞陝西今歲二麥收成豐稔惟西安府屬
之咸寧長安臨潼藍田渭南富平鄠縣同官同州
府屬之郃陽蒲城華州白水鳳翔府屬之鳳翔隴
州涇陽直隸商州並所屬之雒南直隸邠州暨直
隸鄜州屬之宜君等共十九州縣於三四月間各
有被雹成災之處向來被雹人戶俱係有借無賑
朕思陝省上年秋成歉薄又遇偏災小民生計未
免艱難深可憫念著該督撫委員確實查明照上
年賑卹延綏德之例將被災十分者賑四個月
九分者賑三個月八分者賑兩個月俾民食寬裕
得盡力田畝以冀有秋以昭朕加惠秦民之至意

七月初二日奉

上諭據總河朱藻等奏稱六月二十八日午後下
七工地方陡長山水九尺楊家莊水勢泛漲隄頂
過水尺餘迴溜漫堋水溝六丈水歸新挑引河二
十九日辰時已經水落等語目今雖天氣漸次開
晴一切堵築疏導尤當慎之又慎至漫工處所民
間廬舍田禾料不無傷損著該督等立速查勘明
確一面奏聞一面料理務須加意賑恤毋使一夫
失所以仰副朕勤卹愛養之至意該部即遵諭速
行

初六日奉

上諭據四川巡撫碩色奏稱四川地方今歲春夏
以來雨水及時收成可望惟是低窪之地有因雨
猛水泛致傷人口房舍沖損城署田地者已將偏
災較重之處一面題報一面查勘賑濟其他不成
災之處未便逐一具題現在查明撫恤等語朕愛
養兵民欲使無一夫之失所其成災之州縣固應
題報加意撫綏而不成災之州縣不在題報之內
者其中豈無被災較重之村莊望恩孔亟若因該
縣人勢較輕而使有一夫不被其澤則非朕一視
同仁之意矣巡撫碩色可委員確查將未曾題報
之處中有被災較重者照題報之處一體加恩賑
恤毋得歧視

十一日奉

上諭各省督撫身任地方皆有父母斯民之責於
所屬州縣水旱災傷自應速爲訪察加意撫綏朕
前屢經降旨訓示諄諄督撫等自能仰體朕心不致
玩視民瘼稽延時日朕念水旱之災同宜賑救而
水爲尤甚旱災之成以漸猶可先事豫籌水則有
驟至陡發之時田禾淹沒廬舍漂流小民資生之
策蕩然遽盡待命旦夕尤當速爲賑救庶克安全
不致流移失所現在成例分別極貧次貧其應即
行辦賑者原係不待部覆但恐各省辦理不一或
仍有拘泥遲延致災民不能及時霑惠者用是再

降諭旨飭後各該督撫可嚴飭地方官凡遇徐被之水災迅速文申報該督撫即刻委員踏勘設法賑濟安頓一面辦理一面奏聞務使早需實惠俾各寧居以副朕惆念災黎之至意倘或怠玩濡遲致傷民命或有司奉行不力胥役侵蝕中飽以及借名捏飾浮冒開銷等弊該督撫照例嚴參倘辦理未協積弊未除朕惟於該督撫是問將此永著為例

八月二十八日奉

上諭據安徽巡撫孫國璽奏稱安省地方今歲夏秋亢旱得雨後期補種秋糧不能暢遂除望江等十八州縣衛已報災傷外續據報到鳳陽壽州舒城無為青陽當塗繁昌貴池南陵霍邱虹縣涇縣銅陵桐城太平臨淮巢縣廬江霍山含山合肥懷遠東流太湖英山等二十五州縣鳳陽鳳中泗州廬州建陽等五衛計共四十八處或皆被旱輕重不等等語孫國璽現在監臨入闈向例凡有題奏事件俱行停止今安省各處被旱災黎急需賑救豈容稍緩時日該部可即行文該撫令其速委幹員分路確勘並飛飭各州縣衛分別賑恤及開倉平糶採運米穀接濟之處務須亟為妥協辦理俾災民早需實惠不致流離失所其被災稍重之地有應蠲及應行停徵者著遵前諭與下江一體辦理以副朕軫念民瘼之至意

十月初一日奉

上諭朕聞陝省各屬今年俱屬有秋惟延安府屬之安定保定二縣榆林府屬之榆林綏德清澗米脂四州縣於七八月間曾被水雹有損禾稼雖被雹地方舊例有借無賑朕念邊地寒苦近年撤兵之後更宜加意休養著格外加恩將此六州縣照上年咸寧等處之例分別被災輕重發粟賑恤從不為例該督撫可督率有司實力奉行毋使奸胥土棍侵蝕中飽

十二月初九日奉

上諭據寧夏將軍阿魯等奏稱寧夏地方於十一月二十四日戌時地動滿城官兵房屋盡皆坍塌等語朕心深為軫念所有城內官兵人等作何加恩賑恤之處著該將軍作速查明一面奏聞一面辦理其各處被災兵民人等著該地方官即行查明一體賑恤邊地寒冬務令安妥毋致一夫失所

十三日奉

上諭前據寧夏將軍阿魯奏報寧夏地方於十一月二十四日戌時地動朕心軫念已降旨令將軍督撫等加意撫綏安插無使兵民失所今據阿魯續奏是日地動甚重官署民房傾圮兵民被傷身斃者甚多文武官弁亦有傷損者朕心甚為悽切惟有凜遵

天變深自修省著兵部侍郎班第馳驛前去即於

明日起程動撥蘭州藩庫銀二十萬兩會同將軍阿魯並地方文武大員查明被災人等逐戶賑濟急為安頓無使流離困苦其被災身故之官弁著照巡洋被風身故之例加恩賜賞恤典其動用銀兩該部另行撥補再寧夏附近之州縣被災者著班第會同地方文武大員一體查賑無得遺漏

乾隆四年正月初五日奉

上諭上年江南地方收成歉薄民食維艱朕宵旰焦勞多方籌畫惟恐一夫不獲其所其賑濟之例據部臣與該督撫定議極貧之戶口賑四個月次貧者賑三個月又次者賑兩個月俱以本年二月為止朕思三四月間正青黃不接之際在官倉雖

有平糶之米而無力之窮民仍苦糴買無資難以餬口良可軫念下江地方著將極貧之民加賑一個月上江去歲歉收較下江為尤甚著將被災五分以上之州縣加賑極貧次貧者一個月被災四分以下之州縣加賑極貧者一個月該部可即行文該督撫豫先籌辦米穀並飭有司實力奉行俾閭閻均霑實惠

十八日奉

上諭上年直隸地方收成歉薄民食艱難朕多方籌畫諸政畢舉務期萬落鄉屋無失所之黎民幸荷

天恩屢降瑞雪將來春秋似有可望惟是青黃不接之時若將賑米停止貧民仍難餬口應行加恩於從前定議之外若該督即行確查將災重之地方各戶加賑一個月其災輕之地方將老弱貧民資生無策者加賑一個月並嚴飭有司實心奉行俾閭閻不致饑餒務盡力於南畝以副朕宵旰焦勞之至意

二月初九日奉

上諭寧夏地方被災已降旨多方賑恤此時正值春耕之際百姓當盡力於南畝以冀有秋但恐被災之後伊等牛種力量不足著該管大臣等轉飭有司作何商量資助之處速行辦理

三月十一日奉

上諭江南地方上年被旱收成歉薄米價高昂朕已切諭該督撫多方籌畫以濟民食猶不致於失所惟是各營兵丁等雖有額支月餉之項而值此歉收之歲諸物騰貴未免食用艱難朕心深為軫念著於夏月在司庫內借給一月餉銀以恤其困乏俟本年九月秋收之後每按月餉陸續扣除分作十個月清還庫項可即傳諭江南督撫提鎮等上下兩江俱遵旨一體辦理

三十日奉

上諭前朕聞得天津河間文安一帶積水未消民間難以佈種屢諭總督孫嘉淦設法疏浴並將小民如何資生之處確行訪察奏聞今據孫嘉淦奏

稱天津等處邨莊除已經涸出現種秋禾暢茂者不開外查天津地方目下雖未涸出將來可涸不悞晚禾者四十七處其深窪積水難望消涸者四十二處河間地方目下雖未涸出將來可涸不悞晚禾者五處其深窪積水難望消涸者三十七處文安地方目下雖未涸出將來可涸不悞晚禾者二十一處其深窪積水難望消涸者五十三處又靜海縣之青口義渡等十七邨大城縣之王凡固獻等十六村雄縣之孟家蘚官等八邨積水尚未全消凡此六縣積水之區其可望涸出者止可種植蕎禾晚稻其不能涸出者將來雖有魚葦菱蒲之利亦必待至五六月間方可有望目前資生無

策等語朕覽孫嘉淦所奏甚爲明晰地方積潦未消其爲害更甚於被旱若不施恩於常格之外則停賑之後小民仍不免於饑餒朕深憫焉著將此六縣內現雖未涸將來可涸之一百一十四邨莊再行加賑一個月其深窪積水難望消涸之一百三十二邨莊應再行加賑兩個月孫嘉淦可督率有司遵朕諭旨確速辦理毋得稽遲該部迅速行文前去

六月二十四日奉

上諭據河南巡撫尹會一奏稱豫省於五月內連得透雨旋於六月十二十三等日開封省城大雨如注晝夜不息十六日復雨水勢加增官民房屋多有傾圮田畝低窪之處俱被水淹所屬陳留中牟二縣受水亦重當即派委官員查勘平民棲身無所者設法安頓其艱於餬口者散給倉糧賑濟一個月其餘各屬現在飭查再奏等語今年豫省麥收未見豐稔五月間雨澤霑濡方幸秋成可望不料六月雨水太多開封及所屬縣邑又有水溢之災居民困苦朕心深爲軫念著巡撫尹會一督率屬員詳確查明多方賑恤毋使一夫失所若有應免錢糧及應行緩徵之處查明請旨或有續報被潦之州縣亦一體辦理

七月十七日奉

上諭據河南巡撫尹會一奏稱豫省自六月以後

天雨過驟又因上游之水漫及下游以致被淹處所共計四十餘州縣其間田禾房屋多遭水患現在分別查賑辦理等語朕思豫省今歲麥收未稱豐稔今又罹此水災閭閻困苦深軫朕懷該撫等可督率屬員迅速查勘多方撫綏其田畝被淹無餬口之資者即加意賑濟毋使乏食其室廬傾圮無棲身之所者即設法安插毋使失所至於錢糧應免應緩之處即分別查明具題請旨朕又思豫省今歲既被災傷將來施賑之際恐米穀不能敷用楚省素稱產米之鄉聞今年雨水尚覺調勻秋收在望可以接濟鄰省著河南巡撫會同湖廣督撫就近商酌如何撙運楚米以濟中州之用即速

妥議一面辦理一面奏聞
十一月二十八日奉
上諭今年江南淮徐海等屬夏秋被水偏災因值
連歲歉收民力艱窘已諭令該督撫於秋冬之間
加意賑恤以濟窮困俟冬底再降諭旨今屆散賑
之期將滿而被災有輕重之不同應分別加賑之
期以待來年耕種貧民始不至於失所其被災重
者如安東邳州銅山沛縣豐縣碭山蕭縣海州沭
陽等九州縣著將極貧之民加賑四個月次貧之
民加賑兩個月又次貧民加賑一個月其被災稍
輕者如宿遷睢寧桃源清河贛榆阜寧六縣著將
極貧之民加賑兩個月次貧之民加賑一個月該
部可即傳諭江南督撫董率有司實力奉行務令
均霑實惠倘有侵漁破冒及胥吏土棍中飽等弊
即行參奏從重治罪

孚惠全書卷二十七

孚惠全書卷二十八

偏災賑借二

乾隆五年正月初五日奉
上諭上年兩江地方均有被災歉收之州縣其江
蘇所屬如安東邳州宿遷睢寧等處除秋冬散賑
安插外又分別輕重加賑四個月兩個月一個月
不等可以接濟至今年三月矣其安徽所屬宿州
靈璧虹縣泗州阜陽潁上亳州蒙城等八州縣被
災較重已經護撫印布政使晏斯盛題請將極貧
次貧二等饑民於正賑之外加賑三月一個月朕
思此次八州縣被災既重其又次貧民亦須照下
江之例加賑一個月庶不致於失所朕又聞廬江
鳳陽懷遠臨淮盱眙五河太和七縣及鳳陽泗州
長淮三衛雖被災稍輕但值連歲歉收之後民食
未免艱窘今當青黃不接之時應將極貧次貧之
民加賑三月一個月以資其力作又聞宣城銅陵
巢縣鳳臺含山五縣亳州一衛雖勘不成災而收
成亦薄懷寧桐城二縣均有被旱缺米之鄉莊俱
在朕心軫念之中其如何發穀平糶及確查貧民
分別賑恤之處著該督撫辦理毋得稽遲該部可
即行文前去
四月十八日奉
上諭淮安濱海地方上年遭值水災朕屢頒諭旨
蠲賑兼施加意撫恤今訪聞得淮安分司所屬之

板浦中正臨興等場泰州分司所屬之廟灣場及附近之安東海州贛榆沭陽等州縣去年被災量重直至秋間積潦尚未消退以致春麥不能播種小民謀生無策當此青黃不接之際並無二麥登場饔飧不給雖現在將鹽義倉米石撥給平糶而小民無力糴買仍不免於饑饉朕心深為軫念應將各處被災之民再照上年散賑之例給賑一次其在州縣地方着該署督郝玉麟巡撫張渠委員查辦其在鹽場地方着鹽政三保委員查辦動用運庫減半餘平銀兩事竣報部核銷至被災州縣中有去年覓食外方之貧民今移送回籍者亦應一體加賑務饑民戶口重加查點俾無遺漏該督撫鹽政等可仰體朕心迅速辦理務使窮民均霑實惠

七月十五日奉

上諭今歲夏秋以來雨暘時若各省奏報有秋者甚多朕心深慰浙省收成亦稱豐稔惟是蘭谿諸暨二縣於六月間山水陡發田禾被淹之貧民該督撫已動存司公用銀兩按戶賑恤諒不致於失所其餘沿溪傍澗之各屬鄉莊如有被水收成歉薄者亦着一體撫綏至於水冲沙壓之田畝若有應加恩澤者俱着該督撫委員確查分別辦理

乾隆六年正月二十八日奉

上諭自上冬及新正以來直隸山東河南山西陝西五省陸續奏報均得瑞雪重降疊見允稱優渥

朕深感

上天垂佑之恩為百姓額手志慶知茅簷蔀屋歡忭同情也春日載陽土膏滋潤力勤播種不可後時着五省督撫轉飭有司宣朕諭旨遍為勸導俾小民努力東作以冀豐登其有貧乏之家籽種不足者量為借助以副朕仰承

天眷愛恤民隱之至意

御製春日載陽土膏滋潤努力東作正宜其時既

命各省督撫勸宣朕意其有籽種不足者量

借予之又成此詩以示重農務本之意辭曰

去年冬雪少屢懷殊未置入春稍釋憂需足叨

天賜更無遠近同優渥遍大地東作此其時可不盡人事因命岳牧臣共勗勤宣意督耕兼其備借種施以惠惟此重農心匪慕雎虞治

六月二十二日奉

上諭江南淮安府之山陽清河桃源安東海州及沭陽等處連年遭值水災聞今歲又復被潦朕心深為軫念着該督加意賑恤鳳陽府之宿州虹縣等處聞亦被水歉收亦着留心賑恤無使貧民失所

十月初九日奉

上諭朕聞得廣東崖州及感恩陵水二縣今夏雨水短少迨後雖經得雨而為日已遲播種不能遍

及撫臣王安國會飭州縣官發穀借糶以資接濟而彼地連年歉收其中極貧之民無力借糶者仍若不能餬口深可軫念著該督撫即飭有司加意賑恤務令窮黎不致失所又聞瓊州雷州二府屬於本年八月十四五日風雨大作吹揭屋瓦其田禾室廬有無損傷之處亦著酌量辦理

十二月十一日奉

上諭江南淮徐等屬地方今年被災歉收朕已諭令該督撫加意賑恤無使窮民失所今聞江浦六合海州沭陽清河桃源安東銅山沛縣宿遷此十州縣民情甚為艱窘而其中江浦六合海州沭陽為尤甚此處饑民明歲開春之時非賑無以餬口

著將此四州縣極貧飢民從來年正月起至二月止加賑兩個月次貧者加賑一個月其清河桃源安東銅山沛縣宿遷六縣將極貧饑民加賑兩個月該督撫可督率有司實力奉行務令小民均霑實惠該部即遵諭行

乾隆七年正月二十四日奉

上諭上江鳳潁等屬於上年夏秋連被水災朕已降旨加意賑恤蠲緩各項錢糧並於定例賑濟月分之外將災重地方加展兩月一月不等頃聞滁和二屬及無為州係偶爾偏災得賑之後已足支持惟鳳潁泗三屬連年被潦民困為甚今春秋之期尚在五月其加賑至三月止者仍有四月一個月之食加賑至二月止者仍有三四兩個月之食賑至正月止者有二三四三個月之食雖該州縣例有平糶倉糧而貧民無錢糴買深可軫念著將鳳潁泗三屬已賑貧民再借與口糧一個月其正月止賑之處去歲秋尚遠應查明最貧之民借與口糧兩個月至五分災不賑者定例於春月酌借口糧應同六分災不賑之次貧一體照例酌借以接濟之統於秋成交穀還倉若近處穀石不敷由遠處撥運恐緩不濟急即照上年之例用銀折給俾小民買食大麥秫秫等雜糧以餬其口該部即行文江南督撫知之

五月二十二日奉

上諭春夏以來京師雨澤愆期仰望殷切昨十七日夜荷蒙

上天降賜甘霖秋成可冀朕心為萬姓稱慶今年畿輔遠近地方得雨多寡不等有先後霑足者有未曾普遍者是以二麥收成分數豐歉不齊日據高斌奏報朕時刻留心體察如磁州永年曲周邯鄲成安肥鄉廣平雞澤等八州縣麥收甚為歉薄計此時去夏田收穫尚遠貧乏之民餬口為艱恐致失所應加恩於常格之外著於六月內將窮民給賑一個月以資接濟並令各該州縣動銀購買高糧穀豆蕎麥等項籽種因地隨時借給補種以待有秋再將現存倉穀減價平糶倘有不敷即於

隣近倉貯盈餘州縣撥運濟用仍俟赴豫採買麥
糧到日多撥平糶著該部即速行文該督高斌轉
飭有司實力奉行

七月十二日奉

上諭江南淮徐等處連年遭值災傷朕時深廑念
所以籌畫而安全之者亦既殫竭心力矣今據巡
撫陳大受前後奏報旱寧安東山陽桃源海州沭
陽清河邳州銅山蕭縣沛縣睢寧興化等州縣於
本年五六月間大雨連綿凡低窪之處未刈之麥
俱被水傷已種秋禾亦多淹浸現在委員確勘酌
量撫恤並借給籽粒令其補種以冀無誤秋收等
語朕覽奏深為惻然因思淮徐等處荒歉為憂已

經累歲
上天慈愛下民萬無疊降災殃於一方之理從來
和氣致祥乖氣致異或本地大小官吏政治不修
懲尤暗積或民人心術險偽風俗澆漓均足以上
干
天和於雨暘潦旱之間顯示儆戒倘仍不知恐懼
修省視為氣數之適然或轉懷怨尤之心口出憤
懣之語則是冥頑不靈怙過不悛無怪乎
天譴屢加災祲頻告此天人感應之道捷於影響
斷無或爽者也用是特頒此旨諄諭地方有司思
過省愆以各盡父母斯民之責豈可因己身獲戾
而使困厄及於吾民於心忍乎並通行勸諭紳衿
百姓等各自省惕痛改前非其有力之家毋得幸
災居奇務敦任恤之道且從此儆勉同歸於善以
比上承
天意仰報
天恩朕知災沴潛消必獲屢豐之慶矣至於撫綏
惠濟之方著總督德沛巡撫陳大受悉心商酌妥
協辦理隨時奏聞毋使一夫失所

八月初二日奉

上諭今歲六七月間江南淮徐揚州一帶淮黃交
漲水勢漫溢甚於往時朕已屢降諭旨令該督撫
等加意撫綏現又命高斌周學健前往會同辦理
茲據陳大受奏稱揚州目下河水日逐增長民間

自中人之家以及極貧下戶皆流離四散雖有平
糶之官糧撫恤之公項亦不能奔走領糴似此情
形實非尋常被災可比朕心深為軫惻該督撫等
不得拘於常例務須多方設法竭力拯救使災黎
稍可資生以俟水退倍加撫綏俾得安其故業毋
致失所該部即遵諭速行

十一日奉

上諭江南上下兩江有疊被水災之州縣朕心深
為軫念已命大臣前往會同該督撫加意賑恤以
蘇民困茲據安徽巡撫張楷奏報連年水潦歉收
今年被災最重者則有鳳陽臨淮宿州靈壁虹縣
懷遠壽州鳳臺蒙城泗州五河盱眙天長十三州

縣次重者則有定遠霍邱太和潁上亳州阜陽六
州縣朕思此等地方民人於積困之餘又罹災患
非加恩於常格之外不足以拯阽危其最重者著
於定例應賑月分之外加展三個月其次者著於
定例應賑月分之外加展兩個月至於災止六分
次貧不賑者亦俱賞賑一個月其被災屯衛軍丁
著照坐落州縣一體加展月分又無業貧民之食
生監各隨所居鄉邨准其照例領賑其應於何時
開賑該撫即酌量情形舉行務派賢能有司官員
殫竭天良實力撫恤其下江被災等處仰著欽差
大臣會同該督撫照此旨酌量辦理務使災民均
霑實惠該部即遵諭速行

十三日奉
上諭向來外省地方災荒有司官員辦理不善每
將應賑人數有意裁減以致人多賑少國家雖沛
恩膏而小民仍有不免饑餒者今年江南被水甚
重且當連年災荒之後更非尋常可比凡屬應賑
災民務將大小口數據實造册不得仍踵前弊致
有遺漏可速傳諭欽差大臣及該督撫加意查察
轉飭有司實力奉行

十五日奉
上諭今年上下兩江水災甚重朕宵旰憂勞百端
籌畫以拯吾民之困厄但思此等窮民在本地引
領待賑者固多而挈家四出覓食於隣省隣郡者
亦復不少著江南及河南山東江西湖廣等省督
撫各嚴飭地方有司凡遇江南災民所到之地即
隨地安頓留養或借寺廟或蓋蓬廠使有棲止之
所動用該處常平倉穀計口授糧據實報銷並訓
諭約束不許借端生事至於災民聚集衆多之處
則更委道府大員專行督察至冬月水消及春初
耕種之時有願歸本鄉者即資送回籍知照本籍
照例安插並給以麥種俾得及時趕種其不願回
籍者亦不必強急遵前諭行

九月二十四日奉
上諭今歲江南淮徐揚鳳潁泗等處水災甚重米
價高昂此等營汛兵丁雖有月給糧餉恐食用尚
有不敷著於司庫內各借給餉銀一季俟明年再
作四季扣還該部即遵諭行

十二月初十日奉
上諭江南山陽阜寧安東清河桃源淮安大河等
七縣衛疊被水祲黎民困苦今年賑濟夏災時每
米一斗照例折銀一錢嗣因地方米價昂貴一錢
之價不能買米一斗朕加恩增至一錢二分今部
中將秋災案內米價准其折給一錢二分而夏災
案內仍照一錢之數此遵定例辦理者但山陽等
七縣衛被水較他處更重自應格外施恩著將夏
災所賑米價准與秋災一例報銷每米一斗准折
銀一錢二分該部可即傳諭江南督撫知之

乾隆八年正月初二日奉

上諭上年江南淮徐鳳潁等府遭值水災朕宵旰焦勞無一時釋於懷旣特遣大臣會同督撫百計經理不惜千萬帑金期登斯民於袵席頃據陸續奏報被水之地漸次涸出冬間可以種麥石林決口亦已堵築水勢減落朕心稍慰但念兩江受水之地甚廣其現在已經涸出者民間努力耕種自不待言其沮洳將涸者聞春佈種春麥大麥及雜糧之屬亦可冀望有收惟是最窪之地積水較深有非人力所能計日宣洩者倘春月不能趕種春麥雜糧而停賑之期已屆窮民何以為生朕思慮及此深為憫惻用是特頒諭旨著欽差大臣及該督撫將實在不能涸出耕種之地上一一確查所有饑口若干按其情形酌定月分接續賑恤毋使失所此朕格外之恩該大臣等應共仰體妥協辦理以副朕保惠黎元之至意

四月三十日奉

上諭上下江驛站馬匹現行之例草豆每日給銀六分在豐稔之年自足敷用今歲穀價昂州縣不無賠累昨歲被災州縣其驛馬每日准銷八分俟秋成豐稔停止其有收地方不得援以為例

六月初八日奉

上諭前因河南開封所屬雨澤愆期朕已降旨令該撫虔誠祈禱清理刑名續據雅爾圖奏稱近日雖得微雨未能深透此不過雅爾圖塞責之語朕聞得彼地竟未得雨大田多未栽種此際正須籌畫平糶借種等事如已成災更宜撫恤著護撫趙成即速查辦俟阿里袞到豫詳細辦理奏聞該部遵諭速行

二十一日奉

上諭據貴州總督張廣泗奏稱黔省自交夏以來米價昂貴已通飭各屬查察地方情形將倉穀減價平糶至於無錢赴糴之人正自不乏其中年力未衰者尚可傭工度日惟有鰥寡孤獨以及夫男遠出祗存妻子在家者除前經收入普濟堂足資存養外尚有不願收入普濟堂者嗷嗷待哺急宜撫恤臣與司道酌議通飭各屬逐一確查按照普濟堂之例大口日給米八合小口減半以兩月為期可以接至秋成現在一面查報一面散給州縣若州縣力不能捐臣等公同捐給務期煢獨不致失所等語此等窮困之民國家自應加恩惠養其養贍之費動用存公銀兩為是若散給州縣令地方官捐貲豈朕保赤之意張廣泗不識大體可申飭之

八月十七日奉

上諭山東今年偶被偏災現在開倉賑濟但積貯未能在在充裕如有倉穀不敷之州縣勢必銀穀兼賑向例折銀五錢作穀一石按口散給朕思東

者被災之地穀價必昂五錢之價恐有不敷著加
恩每穀一石於舊例外再增一錢折給俾領賑貧
民購買不致艱難共霑實惠該部即遵諭行

十二月初六日奉

上諭山東今歲濟東武三府屬被旱災雖現在加
恩撫賑但念來歲春秋未接之候被災獨重之區
遽行停賑小民難以謀生著於今冬例賑之外將
陵縣德平平原德州衛惠民樂陵海豐霑州商河
霑化武城等十二州縣衛成災六七八九分之極
貧者加賑兩個月七八九分之次貧者加賑一個
月其糧即於撥穀截漕內通融散給其或本色借
糶需用即照恩加一錢之例均匀折給此十二州
縣衛成災五分之戶不得與賑者仍照例酌借口
糧該部即遵諭速行

乾隆九年正月初二日奉

上諭上年直隸天津河間等處收成歉薄貧民乏
食朕宵旰焦勞多方區畫惟恐一夫失所總督高
斌又遵旨酌議明歲加賑並奏請動支司庫閒款
銀兩於停賑後為接濟民食之用朕既已俞允惟
是上秋被旱之後冬月雨雪又少麥苗待澤甚殷
東作方興之時麥秋收成未卜窮民尤堪軫念著
高斌詳察本地情形若於從前定議之外有應加
賑月分者據實陳奏朕當格外加恩

初九日奉

上諭上年直隸天津河間等處收成歉薄冬月雨
雪又少今當東作方興之時麥秋未卜深厪朕念
是以前經降旨令高斌詳察本地情形若於從前
定議賑恤之外有應加賑月分者據實陳奏當格
外加恩今據高斌覆奏天津府屬之天津縣河間
府屬之肅寧故城寧津順天府屬之大城保定府
屬之東鹿深州本州並所屬之饒陽安平冀州屬
之衡水又續報保定府屬之新城共十一州縣原
屬偏災業按分數給賑民情大勢寧謐但與災重
之十六州縣地界毗連青黃不接之際生計仍屬
艱難應請照恩旨按前賑戶口再加賑一月以資
接濟於地方實大有裨益等語著即照高斌所奏
將此十一州縣按冊再加賑一月該部即遵諭速
行

二月初九日奉

上諭上年江南淮徐所屬歉收之州縣朕已諭令
該督撫悉心體察撫綏安輯不使窮黎失所但聞
海州贛榆二州縣地瘠民貧又當積歉之後其艱
窘之狀較之他處為甚計賑濟之期正二月便當
停止此時去麥熟尚遠民食艱難朕心軫念著於
原議之外將極貧者加賑四十日次貧者加賑三
十日以恤窮困又聞鹽城銅山沭陽三縣其情形
較海贛為輕而較他處則稍重停賑之後亦應量
為籌濟著該督撫商酌速辦

十一日奉

上諭上年天津河間深州等屬十六州縣被災較重朕已格外加恩賑濟撫綏毋令貧民失所但今已屆仲春雨澤未降二麥收成不能期必倘青黃不接之際除已經停賑恐貧民仍不免乏食朕心軫念殷切此十六州縣著於從前議定之外再加賑月分以濟民食總督高斌可分別妥議具奏早為辦理其或米穀不敷著一併豫籌以備一時之用該部遵諭速行

十九日奉

上諭朕因直隸天津河間深州等屬上年被災較重今春雨澤未降麥收未能期必恐停賑之後貧民不免乏食著高斌分別妥議於從前定議之外再加賑月分以接濟窮民並豫籌米穀以備臨時之用今據高斌奏稱查現在次貧之民前議賑至二月止極貧之民賑至三月止今遵旨加賑應將次貧再加三月一個月極貧再加四月一個月但次貧情形不一各邨莊被災輕重亦不同除次貧內現在乏食仍須接濟者照常加賑一月外其有加賑一月尚不能支持無異極貧者若止照次貧加賑一月仍恐不能自存應同極貧一例加賑至四月為止此應賑之民若全給本色更於民食有益約計需米三十萬石仰懇敕下倉場侍郎於通倉內照數給發即令被災州縣自雇船隻赴通請

領其水腳照例報銷等語著即照高斌所議速行其一切查辦事宜著該原辦之道府親赴各州縣督率辦理務令貧民均霑實惠

三月十六日奉

上諭直隸地方至今尚未得雨朕心甚為憂慮上年天津河間等處被災最重是以加意籌辦今思旱象漸形不待雨即為然其他處亦應早為計及若今日得有雨澤猶可望其有收倘致成災則撫邺之方或應借給或應平糶俱當先事豫圖其各處倉穀足用與否亦須酌其盈虛妥協辦理種種籌備之法該督高斌尚未奏聞以慰朕懷在高斌之意不過以災尚未形惟務鎮靜但恐州縣各官推事因循不知先期區畫且有以諱災從高斌者矣可寄信與高斌令將一切應行經理事宜豫為籌酌雖不必過為聲張使百姓妄生希冀亦斷不可視為緩圖務必悉心計議為未雨綢繆之策毋致臨事周章

二十七日奉

上諭山東德州海豐樂陵陽信德州衛五州縣衛上年遭值旱災聞今春又復少雨麥秋失望窮民艱於謀食著該撫酌量各處情形加賑四月一個月毋令窮民失所該部即速傳諭該撫知之

四月十三日奉

上諭直隸河間天津深州等屬十六州縣上年被

災較重今春雨澤愆期朕恐二麥收成不能期必小民東作方興已降旨於停賑之後再加賑四月一個月以資其力作目今雨澤稍遲麥收已經失望而秋田收穫尚早此際若不格外加恩恐貧民仍不免於乏食著再加賑五月一個月該部即傳諭總督高斌先期籌畫速行辦理

二十四日奉

上諭前因山東德州海豐等五州縣衛上年被旱今春又復少雨已降旨加賑四月一個月以濟貧民今據喀爾吉善奏稱德平陵縣平原商河霑州霑化惠民利津八州縣雨澤未佈二麥黃萎小民艱於謀食請照德州等五處之例加賑一個月等語今四月將盡而該撫始奏請殊屬遲緩著飭行

所請依議速行所需米石即於現截漕內補給如有不敷即照每穀一石折銀六錢之例動項折補該部即行文山東巡撫喀爾吉善令其速為辦理

八月二十三日奉

上諭江西巡撫塞楞額奏稱江省所屬玉山德興樂平宜黃四縣於七月初六日等日山水陡發居民被淹已飭布政使遴委官員分頭查勘隨帶銀兩撫卹賑濟至有應行題奏之處俟臣出闈之日逐一分別辦理等語江省玉山等四縣山水陡發居民被淹朕心深為軫念雖據塞楞額奏稱已經委員查勘賑卹其一切應奏之處亦應即行題奏辦理不必待至出闈之後可即傳諭塞楞額知之

九月十三日奉

上諭今年浙江所屬被水之州縣頗多常安具摺奏報時朕恐其不無掩飾屢次硃批切切訓諭今閱嚴瑞所屬地方有被水較重之處而淳安縣為尤甚近城之水竟長至二三丈不循田廬禾稼受淹即民人亦多傷損且貧民之食竟有捨棄舖戶食物並强賒商米等事常安俱未據實奏聞止稱間有一二愚民强行借貸其被水之民已委員給賑一月口糧看來常安之奏報災傷顯有粉飾其辦理賑務亦覺草率可即傳諭申飭之令其加意撫綏毋使小民失所

二十九日奉

上諭浙江今年被水之州縣甚廣其中有受災甚重之處業經那蘇圖周學健先後具奏從前常安有諱災粉飾之意朕心深為軫念已屢次降旨申飭諭令盡心撫卹毋使小民失所今思該省被災既重民人損傷田廬墳墓多有漂没當此急迫之時若仍照例辦理則民困仍恐未蘇非朕救濟災黎之本意所當格外施恩多方籌畫務使早登袵席可即傳諭該督撫等令其毋拘成例即速賑濟一面辦理一面奏聞至該省既被災歉收恐將來有需米接濟之處著將明年解京漕糧内截留十萬石以為備用該部遵諭行

孚惠全書卷二十九

偏隅賑借三

乾隆十年正月初三日奉

上諭上年冬月

天降瑞雪南北各省被澤之處甚多麥田普霑滋潤京師於臘月二十六日六出繽紛積地四五寸許朕感激

天貺益增敬畏之忱今思河間天津等府前歲荒歉上年晚田幸獲有收閭閻得以安輯而慶雲鹽山等縣尚有偏災總督高斌已遵旨料理蠲賑兼施多方補救以蘇窮困但此等地方於積歉之後小民度日勉强支持茲當東作方興恐有不能盡力於南畝者朕心軫念著高斌轉飭有司確加訪察於寒苦之民再施恩澤以扶持之或有覓食於外鄉者則當招致回籍酌量支助以復故業無荒田土再上年浙江嚴衢等處被水頗重朕嚴飭常安加意撫綏毋得忽視後據常安奏報已經安置妥協小民不至失所朕心稍慰但一年之計在於春今當耕種之時著常安督率屬員確查本地情形若於上年奏准條款之外再有應行加恩之處一面奏聞一面辦理該部即遵諭速行

初八日奉

上諭據安徽署撫準泰奏稱上年徽寧等屬秋被水災急需賑濟其中歙縣休寧婺源三縣産米素

少經臣等奏請於撥協本色之外將不敷之米照依乾隆七年米貴折賑之例每石給銀一兩二錢部議未准但查徽屬之歙休婺三縣所需賑糧頗覺浩繁而該地山環嶺障不通舟楫挽運維艱目今撥給之米已經散給尚多不敷而災歉之後糧價漸昂仰懇俯照原題每米一石折銀一兩二錢俾山僻災黎得以隨時買食等語徽州所屬三縣上年山水暴發淹沒田廬雖係偏災然猝不及防民困可憫且彼地僻處萬山之中平日米少價貴非他處可比其散賑不敷之米著照準泰所請准以一兩二錢給發以示優恤他處不得援以為例

二月初七日奉

上諭上年浙江嚴衢所屬地方被水歉收朕已諭總督馬爾泰巡撫常安等加意賑恤務使窮民不至乏食隨據馬爾泰常安奏稱已將被災民人一一確查分別極貧次貧核實散賑米糧並加添折賑米價窮民不致失所朕心稍慰但朕聞得淳安建德常山開化四縣田廬俱被沖淹非別處被災可比又紹興府屬之諸暨山陰縣之天樂鄉及蕭山縣湖南一帶地方田內現今存水不能栽種春花民情仍屬拮据以上諸處著於三月內再加賑一個月以接濟之該部可即速行文該督撫遵諭辦理

九月初三日奉

上諭據巡撫容爾吉善奏濟寧魚臺滕縣嶧縣鄒城臨清衛海豐七州縣衛偶被偏災現在查明賑恤所需賑糧如倉穀不敷就近撥濟再有不足銀穀兼賑每穀一石照例折銀五錢等語朕思被災之地穀價必昂災民所領折價恐或不敷買食著於舊例每石五錢之外再增一錢折給俾得從容購買以示朕加惠災黎之意該部即遵諭速行

初三日奉

上諭據尹繼善奏黄河南岸阜寧縣陳家浦隄工因七月内水勢陡長大溜直射隄根坐墊二十餘丈漫淹官莊民地廟灣場竈所有被災兵民竈丁現在撫恤又銅山蕭縣等處沿河窪地俱有被水

之處再上江之鳳穎等屬亦因雨水稍多淮河泛漲宿州鳳陽等州縣秋田被淹輕重不等其乏食貧民先行撫恤一月俟勘明成災分數分別辦理等語上下兩江被災各屬乏食貧民深可廑念該督撫其善體朕心加意撫恤以拯災黎務俾安輯此時正當開徵之期著即將被災各州縣所有應徵各項錢糧暫緩徵輸俟查明按例辦理淮徐經七年被災之後雖極力賑恤恐元氣未復一應賑恤諸務著該督撫即速確查隨地隨時善為辦理無致一夫失所轉瞬寒冬窮民内有室宇坍塌無所棲止者尤堪軫恤官給蓋屋銀兩未免不敷該督撫督率屬員加意妥協料理務令各有寧居以副朕深求民瘼之至意朕思上江之鳳穎泗下江之淮徐海各屬瀕臨河湖屢遭水患自乾隆七年異漲之後朕特遣大臣會同督河諸臣通盤籌畫不惜帑金次第修舉為奠安民生之計意謂數年之内可保無虞乃尹繼善等並未有所設施致令今歲復遭水患甚非倚任之意若此番辦理災賑事宜更不悉心妥協則咎有攸歸矣該部即遵諭飭行

十六日奉

上諭今年宣化府所屬夏秋缺雨其成災州縣已據總督那蘇圖題明賑濟四個月至明年二月停止今朕回鑾經過見該處被災頗重邊地多寒計

來歲麥秋尚在五六月内恐停賑之後小民未免乏食其如何加賑之處著該督留心豫為籌畫臨時酌量情形奏明辦理

十一月初八日奉

上諭今年上下兩江有被災之州縣朕心深為軫念屢頒諭旨令該督撫加意賑恤無使乏食其室廬坍塌無所棲止者官給蓋房銀兩未免不敷亦令加意料理頃尹繼善奏稱舊例官給修房之費上江瓦房每間四錢草房三錢次貧者各減一錢下江瓦房每間七錢五分草房四錢五分等語朕思時屆三冬小民被水之後不獲寧居寒苦可憫著於瓦房草房定例之外每間加增銀二錢俾窮

民力量有餘及時繕完屋宇以昭朕格外加恩之
意民竈亦一例加增該部即遵諭行
二十六日奉
上諭宣屬今歲被旱歉收北方朕降旨加賑一月
閭閻尚不致失所第念天津府屬慶雲縣附近海
濱頻年被旱恐明歲停賑之後青黄不接貧民餬
口無資著加恩於明年三月内再行普賑一月以
示朕重恤災黎之意該部即遵諭行
十二月十三日奉
上諭今年上下兩江有被災之州縣朕已諭令該
督撫其室廬坍塌無所棲止者俱賞給修房之費
於常例外加增銀兩俾得及時繕完屋宇以安其

身今聞淮安所屬之阜寧縣連被水患因係滙水
所過之地淤高數尺柴草淹沒於泥沙之中採買
艱難倍於他邑官賞之銀恐不敷用著於草房一
間賞銀六錢五分之外再加增三錢以資窮民繕
葺該部即遵諭行
乾隆十一年正月二十四日奉
上諭去年上下江被災州縣經朕降旨加恩賑恤
並截留漕米以資接濟閭閻諒不至於失所惟是
各屬賑期俱至正月而止今春適閏計去麥熟尚
遠恐災重州縣百姓難免拮据著加恩將被災較
重之宿州靈璧虹縣亳州蒙城阜寧安東清河桃
源銅山邳州睢寧海州等州縣極貧加賑兩個月
次貧加賑一個月被災次重之泗州盱眙鳳臺懷
遠太和宿遷蕭縣沛縣沭陽等州縣無論極次貧
民俱加賑一個月其各衛隨坐落州縣一體加給
俾窮黎不致乏食該部即遵諭速行
二月初二日奉
上諭山西大同等州縣去年偶被秋災該撫查明
分别題請賑恤朕已降旨先行今思大朔等屬地
瘠民貧近邊陲較之他處更為寒苦其被災各
屬賑期俱至三月為止今歲適逢閏月恐停賑之
後正當青黄不接之時貧民餬口無資朕心軫念
著將大同懷仁廣靈應州渾源山陰靈邱陽高天
鎮朔州馬邑定襄十二州縣極次貧民俱於閏三

月再各加賑一月俾小民不致失所該部即遵諭
速行
閏三月初三日奉
上諭上年宣化所屬地方被旱歉收朕已疊沛恩
施俾災黎不至失所查從前定議賑濟之期至今
年二月停止經朕復加恩不分極貧次貧於二月
之外再普行加賑一個月以資接濟今思宣府被
災之後春間雨澤又少且彼地不種二麥此時去
大田收穫之期尚遠青黄不接窮民難以餬口朕
心深為廑念著於三月加賑一月之外再加賑閏
三月一個月著即傳諭該督那蘇圖遵旨速行辦
理

初四日奉
上諭上年淮徐等屬被災州縣經朕屢降諭旨加
恩賑恤今春因麥熟尚遠亦已再行分別加賑俾
閭閻不致失所但思阜寧縣邨近海濱地勢窪下
被災較重非他處可比聞上年被淹之後至今淖
深數尺尚難耕種麥收已復無望著將被災民戶
竈戶無論極貧次貧於停賑之後再行普賑一個
月俾窮黎接濟有資不致乏食該部遵諭速行

初五日奉
上諭直隸州縣中惟慶雲最為寒苦近年以來連
遇荒歉朕心深為厪念昨據那蘇圖奏稱三月停
賑之後查明成災邨莊酌借口糧以資接濟朕又

經降旨發帑買牛穿井種樹俾瘠土得有起色今
思本年適值閏三月當此青黃不接之際小民謀
食更屬艱難著於停賑之後再加賑一個月可即
諭那蘇圖辦理

二十日奉
上諭順天所屬之延慶衛上年被災雖屬少輕然
彼地只賴秋收一次百姓此際未免艱難著照延
慶州一體加恩賑濟一個月該部遵諭速行

五月初一日奉
上諭畿輔地方自閏三月四月以來屢次獲有甘
霖四野霑足惟是鹽山慶雲寧津三縣雖亦各得
雨澤究未深透鹽山慶雲原是上年災重之地彼
地貧民尤經借給籽種口糧料此時想民告匱著
按照大口小口再借口糧一個月以資接濟其寧
津一邑上年雖非災歉而目今雨澤稍遲著按畝
借給籽種粟米四升以資耕作再此三邑民間米
糧未免短少市糴艱難著於糴三之外分撥倉糧
每石大為減價城鄉設廠糶賣俾閭閻不致乏食
該部遵諭速行

二十三日奉
上諭據尹繼善奏稱江南上江之靈璧下江之銅
山沛縣睢寧沭陽蕭縣於四月初八十三等日間
有被雹之處打傷二麥秋禾已委員確勘照例出
借口糧並借給籽種令其及時補種以望有秋等

語朕思靈璧等六縣皆係上年成災之處今復被
雹實堪憫惻若所借口糧秋收後仍令完納民力
未免艱難著將現今出借一月口糧作為撫恤免
其償還該部即傳諭該督撫知之

六月十六日奉
上諭朕聞廣西桂林等府屬於四月二十七八等
日雨水過多江水驟漲沿江一帶之桂林靈川等
縣低窪地畝多有被淹之處兵房民屋間有倒塌
者朕心軫念著署巡撫鄂昌遴委妥員分行查勘
加意撫恤務令妥協辦理毋致失所再此外或有
被水州縣亦著查明一體辦理並將實在情形現
在如何辦理之處即具摺奏聞該部遵諭速行

七月初一日奉

上諭據廣東巡撫準泰奏報廣州府屬之南海三水順德肇慶府屬之四會鶴山開平恩平南雄府屬之始興韶州府屬之曲江仁化英德乳源等縣因大雨水發有被衝田畝圍基房舍之處民人間有傾壓淹斃者定例夏災止有借貸口糧籽種未及賑恤之條等語朕心深為軫念著將實在之貧民給與一月口糧所有沙壓田畝倒塌房屋及淹斃人口令該撫查明俱著加恩分別撫恤其被災稍輕應須借給口糧籽種者即行借給秋後免息還倉俾被水民人均霑實惠無致失所該部遵諭速行

初三日奉

上諭據尹繼善奏稱六月初旬大雨時行又兼上游之水同時滙注以至運河宣洩不及邳州宿遷桃源清河安東各州縣水漫邨莊現在委員確勘先行撫恤海州所屬贛沭二縣近河邨莊亦多漫水飛飭確勘動項撫恤等語現在水漫之各州縣俱係上年被災之地今秋禾又復被淹朕心深為軫念著該督撫等加意賑恤遴委妥員善為料理俾災黎早登袵席又奏稱上江鳳臺縣淮河水長濱河最低之田間被水淹雖為數無多受災亦輕著一體撫恤該部即遵諭速行

二十一日奉

上諭江南山安海防兩廳屬所轄黃河南北兩岸隄外灘地如遇水漲之年田禾不免被淹間今年秋汛之水較往年更大灘上居住之民房俱被淹浸幸未淹之前居民見水勢漸長陸續搬移隄上搭蓋席棚以蔽風雨但田禾無收將來難以餬口著該督撫即速委員將被水窮民確查明白加意妥協賑恤毋令失所該部遵諭速行

二十七日奉

上諭今年直隸通省雨暘應時田禾豐稔惟近日宣化縣所屬之邨莊有被雹之處輕重亦不等被雹雖向無賑濟之例朕念彼地上年被旱百姓度日艱難今年夏月幸獲雨澤秋成有望而此被雹之處又復不免向隅朕心軫念著該督委員確查將被災較重之地畝酌量賑恤該部即遵諭行

八月初五日奉

上諭山東省今夏被水各州縣據巡撫喀爾吉善後先題報查勘分別辦理除勘實成災各屬已加恩賑外其勘不成災州縣雖被淹稍輕晚禾收成究屬歉薄朕心軫念著喀爾吉善查明各州縣實在無力貧民按戶酌借口糧按畝酌借麥本俾得及時播種秋麥所有借給麥本銀兩於來歲麥熟後徵還出借口糧於來歲秋收後免息徵還此等被淹地畝本年應徵錢糧著緩至來歲麥熟後啓徵以紓民力該部即遵諭行

初十日奉

上諭今年下江之淮徐上江之鳳穎泗所屬州縣多被水災朕心軫念已命督撫等設法加意賑恤其居民房舍被水衝塌之處向例給資修葺七年被災最重朕於定例之外曾加賞銀兩今補數之餘百姓生計已屬粮窘今又遭值水患民力自多拮据著將上下江被水之地於定例之外照七年之例加賞俾坍塌房屋及時修葺早得寧居該部即遵諭行

十七日奉

上諭山東省東平等州縣衛秋禾偶被偏災現在降旨賑恤照例銀穀兼賑惟是折徵銀兩向例每

穀一石折銀五錢今被災較重穀價必昂恐災民所領折價不敷買食上年濟寧等處被水賑濟曾降旨每石六錢折給此次東平等州縣衛折賑銀兩亦著加恩照前增給俾災民從容購買該部即行文該撫知之

十七日奉

上諭今歲江南之淮徐海三屬河湖水漲所有災民俱今照例賑恤但被災較重之州縣若照常加賑恐冬末春初賑期已滿小民仍不免於困苦著將被災較重之邳州宿遷桃源沭陽沛縣睢寧清河安東阜寧海州十州縣令該督撫查明應賑月分酌量加展妥協辦理具奏以聞俾民食得資接濟該撫即遵諭速行

九月二十九日奉

上諭河南鄢陵等二十六州縣今歲夏末秋初雨水過多窪下之區秋禾被淹致有偏災已據該撫奏明酌借倉民口糧麥種照例先賑一月惟是轉瞬寒冬恐災黎餬口無資朕心軫念著巡撫碩色查明該州縣被災輕重酌定加賑月分奏明辦理其加賑口糧在倉儲充裕之州縣均動支本色倉穀散給此內永城鹿邑夏邑睢州柘城淮寧太康扶溝八州縣據奏倉穀不敷散給著准其銀穀兼賑但以銀兼賑定例每石折給銀五錢被災州縣糧價必昂照定例折給恐不敷購買著加恩於定

例之外每石加給銀一錢俾窮民得以從容買食巡撫碩色暨率屬員悉心經理務使災黎得霑實惠該部即遵諭行

十月二十二日奉

上諭上下江被水地方朕已加恩賑恤切諭該督撫著力撫綏無令失所其營兵惟賴月糧養贍但該處既屢歉收米價自必昂貴窮兵度日不無拮据朕心深為軫念著將鳳穎泗淮揚徐海等處被災地方各營兵丁於十二月內借給一月餉銀明年四季扣還以資接濟

十一月初五日奉

上諭今歲山東被災州縣朕已加恩賑恤又經分

別加賑以濟民食但閒壽光樂安博興金鄉魚臺汶上濟寧東平八州縣被災較重歲內支領賑銀尚可餬口來春去麥秋尚遠食用未免艱難著於例賑之外極貧再加賑兩個月次貧再加賑一個月於來歲二三月間按月給發務使貧民均霑實惠該部遵諭速行

十八日奉

上諭今歲山東被災州縣朕經疊次加恩賑恤復念沂州府屬之郯城縣本年被水成災亦止八九分且該縣地瘠民貧來春未免拮据著照壽光等八州縣之例極貧加賑兩個月次貧再加賑一個月俾得均霑實惠該部即遵諭速行

十二月初六日奉

上諭今歲江南邳州等十屬被災黎民朕已令該督撫查明應賑月分分晰加展賑恤今思山陽高郵寶應甘泉銅山蕭縣睢寧七州縣被災雖為次重而與災重之邳州等屬邑界毗連其困苦情形應亦不甚懸殊著將此七州縣被災十分九分者無分極次貧民概行加賑兩個月被災八分七分者亦無分極次貧民同被災六分之極貧概行加賑一個月俾災黎得資接濟該部即遵諭速行

初七日奉

上諭江南上江之鳳穎泗所屬被災州縣朕已加恩賑恤因念該州縣皆積歉之地來年正月賑畢以後未免度日維艱著將宿州靈壁虹縣亳州泗州五河六州縣被災十分九分之極貧加賑三個月次貧及被災八分七分之極貧加賑兩個月被災八分七分之次貧及被災六分之極貧加賑一個月至鳳陽懷遠臨淮鳳臺穎上蒙城太和阜陽天長九縣被災雖屬次重但民間家鮮蓋藏亦應一體加恩著將被災十分九分之極次貧民均加賑兩個月被災八分以下之極次貧民均加賑一個月各衛隨坐落州縣一並加展俾小民得資接濟該部即遵諭行

十八日奉

上諭據兩江總督尹繼善奏稱上下江被災之地

蒙恩加展賑恤月分所需賑糧為數既多應本折兼放等語查向例本折兼放每米一石折銀一兩朕思災輕州縣儘可按例給發若被災較重之州縣亦照舊例折給民食自覺艱難著將上江災重之宿州靈壁虹縣泗州五河亳州六州縣下江災重之邳州宿遷睢寧桃源清河安東阜寧沛縣海州沭陽十州縣來年加展月分之折價每米一石加增二錢俾災黎均霑實惠該部速行知之

二十六日奉

上諭江南淮徐海等屬災民朕已特沛恩膏令地方官妥協辦理其驛竈向不在加賑之內但思各場多坐落被災州縣雖與民戶所業不同亦當一

體加恩以示優恤著將被災九分之范清陽竈户無分極貧次貧概行加展兩月被災八分之板浦徐清中正臨洪興莊五場竈户無分極貧次貧加展一月俾得接濟有資以紓竈力該部即遵諭行

孚惠全書卷二十九

孚惠全書卷三十

偏隅賑借四

乾隆十二年正月初四日奉

上諭江南淮徐海等處地方朕已疊次加恩至再至三地方有司遵旨辦理小民自當不致失所但向來定例俱按被災分數賑恤今思積歉之餘元氣一時未復其被災九分者應否照十分之例加賑著該督撫酌量該處情形詳議以聞

十二日奉

上諭上年直隸秋成豐稔惟薊州寶坻寧河豐潤玉田五處低田間有被水淹浸者已經加恩撫恤分别給賑惟是去年積水未涸之區不能及時布

種今來作方興正可播種春麥著該督那蘇圖確查無力人户按畝酌借倉穀俾貧民得以易換麥種早事耕作秋成免息還倉該部遵諭速行

十七日奉

上諭山東被災州縣朕已疊次施恩加展賑恤月分即春月青黄不接之時災黎均得餬口惟是被災六分之次貧上年雖薄有收穫而春來勢漸艱窘但格於定例不在加賑之内不無向隅之苦著將壽光樂安博興金鄉魚臺汶上濟寧東平鄒城等九州縣内被災六分之次貧加恩給賑一月以資接濟

十九日奉

上諭上年山東被水地方已於例賑之外分別加
賑今朕思萊州府屬之平度昌邑濰縣高密四州
縣被災雖止六七分不等然當此東作方興一經
停賑恐災黎或致失所著將平度等四州縣無論
極次貧民再加賑一個月於二月內給發以資接
濟該部即遵諭行

二月初二日奉

上諭鹽山慶雲二縣地瘠民貧朕已疊次降旨令
該督加意撫綏且緩帶徵年分地方官遵照辦理
當可望其漸有起色但該處上年秋成雖有六七
分而無地貧民尚或未免拮据今東作方興雨澤
未降或應平糶倉穀以資接濟或應借給籽種以

惠耕甿該督查看情形酌量奏請其現行之種樹
穿井等事實心查辦務期於該地方實有裨益以
副矜念

二十日奉

上諭山東省蘭山縣去秋被災雖止五分而入春
以來尚未得雨小民艱於粒食若僅借給口糧恐
未足以資接濟著該撫阿里袞查明實在乏食貧
民加恩賑濟一月俾耕作有資毋致失所該部遵
諭速行

三月十一日奉

上諭山東臨清衛上年被水成災坐落濟寧魚臺
之十三屯因分數較輕未邀加賑但念該處連被
災傷當此青黃不接之際小民餬口艱難著照濟
寧等處之例極貧加賑兩月次貧加賑一月以資
接濟其鄆城縣從前遺漏戶口著該撫查明補給
一月賑糧以免遺乏至被災各該縣境內有上年
秋成少歉尚未成災者雖非被災民人可比但與
災地俱屬毗連輸將未免拮据所有應徵舊欠錢
糧亦著加恩緩至麥熟後開徵俾民力得以稍紓
該部遵諭速行

十二日奉

上諭上年豫省被水州縣已經按例賑恤俾災民
不致失所惟歸德府之永城鹿邑夏邑商邱柘城
五縣連年歉收當此青黃不接之時農務方殷小

民正資接濟著該撫查明將此五縣被災六分之
極貧及七分以上極次貧民加恩展賑一月使食
用有資安心及時耕作該部遵諭速行

五月初七日奉

上諭上年山東被水各府州縣衛屢降諭旨分別
賑恤朕又念歉收之後宜加意撫綏復經降旨令
該撫將被水州縣於現在賑卹之外酌量加賑以
資接濟今據阿里袞奏稱安邱諸城二縣原報被
災五分之各邨莊例不加賑但今春雨水短少米
價昂貴小民謀食艱難其餘原未報災之各邨莊
雖稍有收穫歷今半載有餘窮之戶口未免拮据
請加賑一個月等語安邱諸城二縣無論已未成

災俱著加賑一個月俾貧民餬口有資勿致失所
該部即遵諭行
六月十八日奉
上諭江南沛縣銅山二邑於本年夏初禾麥被雹
間有損傷之處該督撫借給一月口糧以資補種
朕念銅沛二邑連歲歉收若照例於秋後繳還民
力未免拮据著加恩將現在借給口糧作為撫恤
之資免其秋後還項
八月初六日奉
上諭據安寧奏稱蘇松等屬之崇明寶山上海鎮
洋常熟昭文南滙江陰各縣沿海沿江等處於七
月十四日夜颶風陡作大雨傾注海潮泛溢田禾
被淹人民房屋亦有漂沒衝塌而崇明寶山為最
重上海鎮洋似覺亦重現在分別查辦其沿海未
經報到之處查明續奏等語該處民人猝被風潮
非尋常水災可比朕心深為憫惻著該督撫等加
意撫恤實力查辦至綠旗兵丁因有糧餉例不撫
恤但是日風潮昏夜驟至兵丁廬舍人口同被災
傷殊可矜念著加恩一體查恤俾被災兵民均霑
實惠
十二日奉
上諭據河南巡撫碩色奏報開歸陳汝等屬因今
歲雨水過多以致秋成失望其鄢陵等二十七州
縣勘明已成偏災等語朕心深為軫念其被災州

縣應即行賑恤而歸德陳州連年被水尤宜加意
撫綏著該撫查明或應加賑或應借糶督率屬員
詳悉辦理務使小民均霑實惠毋致失所該部遵
諭速行
十五日奉
上諭前據安寧奏報蘇松等屬海潮泛溢人口田
廬間有漂沒朕已降旨將被災兵民加意賑恤今
又據安寧續奏現在災地情形雖輕重不等而小
民猝被風潮棲身無所餬口無資朕心深為軫念
此次被災既重非尋常水旱可比一應賑恤之事
不可拘泥常例該督撫等惟視災地情形竭力撫
恤督率有司悉心查辦俾災黎不致失所並將上
下兩江明歲應運漕糧截留二十萬石以備將來
賑糶之用該部遵諭速行
十八日奉
上諭據差往查賑蘇尼武等六旗被災窮人尚書
那廷泰奏稱烏珠穆秦親王阿拉坦那穆扎爾貝
勒策卜登阿霸垓郡王索諾穆拉布坦阿霸哈那
爾貝子班末爾等四旗被災較輕而其屬窮蒙古
二萬餘人俱已辦理在本旗內兼養無庸賑濟等
語該扎薩克等如是辦理雖係伊分內之事朕甚
嘉焉此四旗窮人兼養資助人等著特恩將王貝
勒貝子公等賞給半年俸祿其副台吉各賞銀四
十兩小台吉各賞銀二十兩官員白人判嘛賞給

濟工牲畜分例之處俱照去年烏爾卡蔡布楚爾
漢所辦加恩辦理

十八日奉

上諭此次蘇尼塂等六旗蒙古被災較重非尋常
被災可比現在查賑窮人辦給生畜為業所需銀
兩俱著動支庫項賞給該王貝勒等次年俸祿停
上扣除仍賞伊等以為養贍其下之賞餘依議

八月二十四日奉

上諭浙江今年被水州縣朕已降旨令該督撫分
別撫綏其嚴州府屬之壽昌淳安遂安三縣被水
尤重將來嚴冬即屆此等災黎嗷嗷待哺朕深為
軫念著加恩將三縣內田地不能墾復之乏食貧
民於常例撫恤一月外再賑給兩月俾資養贍著
該撫常安督率屬員實力查辦其有無更須籌畫
之處亦著該撫就近相度加意詳籌辦理務使災
黎得霑實惠

二十七日奉

上諭據直隸總督那蘇圖奏稱直屬被水州縣有
成災較重之天津靜海文安大城霸州永清武清
津軍廳等八州縣廳應請照例先行撫恤一月口
糧其成災較輕之河間任邱南皮青縣滄州慶雲
寧城七州縣毋庸普賑但其中極貧下戶口食維
艱應請一例摘賑撫恤一月口糧等語朕思慶雲
一縣此處成災雖輕但該處屢被荒歉地瘠民貧

朕甚軫念著照被災較重之天津等處一例普給
餘著照該督所請分別賑恤俾民食得資接濟至
此十五州縣廳屬既被偏災所有應徵錢糧小民
輸納必多拮据著加恩將該處應徵新舊錢糧暫
行緩徵以紓民力該部遵諭速行

九月二十八日奉

上諭山東被水之齊河等州縣成災加賑有因倉
糧不敷銀穀兼賑者定例每穀一石折銀五錢但
思東省連歲歉收今年被災亦非尋常可比現在
糧價高昂照例折價恐不敷購買所有加賑口糧
著加恩於每石五錢之外增銀一錢折給俾窮黎
得資接濟此出格外特恩不得引為成例該部遵
諭速行

十月初五日奉

上諭江蘇蘇松等屬沿海被災之地現在加恩按
月給賑經大學士高斌會同該督撫等酌議銀米
兼放折賑定例每米一石折給銀一兩但思今歲
潮災較重實不比尋常地方米價昂貴照例折價
尚恐不敷著將崇明等九州縣折賑口糧每石增
折銀二錢俾窮黎得從容購覓均霑實惠

二十三日奉

上諭浙江嚴州府屬之壽昌淳安遂安三縣被水
災黎所有極貧次貧戶口已於常賑之外加賑兩
月俾餬口有資但思其中極貧之民覓食維艱殊

堪於惻者再加恩添賑一月以資接濟

十一月十九日奉

上諭浙江淳安遂安壽昌三縣本年被水成災已
降旨於常例撫恤之外加賑兩月但聞該處極貧
災民所得兩月賑糧僅敷目下餬口當此嚴冬冰
雪未免謀食維艱着加恩將此三縣極貧災民再
行加賑一月以資接濟該部即遵諭行

二十四日奉

上諭今歲七月江南地方猝被潮災朕心深為軫
念屢降諭旨令該督撫加意賑恤惟是賑濟月分
至冬底已滿離來春麥熟尚遠恐窮黎仍不免嗸
待之虞着將蘇松太所屬被災最重之崇明極次

貧民再加賑三月次重之鎮洋寶山太倉上海及
南滙之浙鹽場極次民竈俱加展兩月又次之常
熟昭文極次貧民俱加展一月其淮北所屬被水
成災雖較江以南稍次但係積歉之區其災重之
海州沭陽邳州宿遷睢寧銅山沛縣安東桃源九
州縣內被災九十分者極次貧民俱加展兩月被
災七八分者極次貧民俱加展一月其兩淮鹽場
竈戶亦著一體加恩被災十分之莞瀆九分之板
浦徐瀆中正臨洪興莊七分之伍祐極次貧民俱
加展兩月六分之新興極貧加展一月次貧同五
分之劉莊廟灣極次貧民俱加賑一月至衛軍貧
生以及寄居場地之民戶各隨坐落地方分別照

例辦理俾得有資接濟該部即遵諭行

二十七日奉

上諭山東省被災州縣已加恩多方賑恤第念停
賑之後來春民食未免艱難着將被災最重之東
平等二十三州縣衛無論極次貧民概行加賑兩
個月被災次重之齊河等六十州縣衛所極貧加
賑兩個月次貧加賑一個月其鄒平泰安新泰萊
蕪蒙陰費縣等邑成災原止五分並各災屬內有
被災五分貧民及被災六分次貧止撫恤一月口
糧例不加賑又各災屬內有先被水淹旋經消落
之處雖勘不成災與災地毗連收穫究屬歉薄此
等貧民歲內尚可支持來春青黃不接恐有乏食

之虞或應借給口糧或應加賑一月著該撫臨時
確察情形酌量分別辦理再該省被災之處既多
米價不無昂貴況來春賑借需用浩繁必米糧充
裕方於民食有裨著將河南省漕糧內粟米全數
截留並撥運天津北倉漕米共足二十萬石以資
接濟其如何截留往運之處著總督那蘇圖巡撫
碩色阿里衮商酌妥協一面辦理一面奏聞該部
遵諭速行

十二月初九日奉

上諭今歲直隸偏災順天府屬之霸州文安大城
武清天津府屬之天津靜海為較重被災人民業
已降旨加恩賑恤其兵丁例不領賑朕念伊等身

列戍行有差遣巡查之後此方既遇歉收食用未免拮据着加恩將霸州等處駐劄各營兵丁於司庫建曠銀兩借給一季餉銀自戊辰年夏季起分作四季扣還以資目前用度該部即遵諭行

乾隆十三年正月初三日奉

上諭上年江蘇湖災惟崇明爲最重朕已於例賑之外又加恩展賑至今年三月俾小民餬口有資今思賑畢之後去麥秋猶有月餘或尚需接濟著該督撫臨期查看情形其有應行加賑之處即行具摺奏請該部速行文該督撫知之

初七日奉

上諭上年江南被潮被水州縣崇明等處已分別

加展賑恤至下江之阜寧蕭縣上江之宿州靈壁虹縣雖成災情形稍輕但此當連歲積歉恐正賑之後麥秋以前小民仍不免有失所之虞著將宿州靈壁虹縣蕭縣阜寧五州縣成災七分以上之貧民及衛所軍丁無分極次概行加展賑糧一月以資接濟該部即遵諭速行

二月初十日奉

上諭上年直屬被水成災天津等十五州縣廳業已加恩賑濟小民不致乏食但念天津靜海文安大城霸州永清武清慶雲津軍廳等處被災較重目下停賑將屆麥秋尚遠恐不足以資接濟其河間任邱南皮青縣滄州寶坻六州縣因被災較輕業已停賑貧民未免拮据今朕巡幸所及廣惠宜施著加恩將此十五州縣廳再行加賑一月俾得普霑恩澤所需米石令該督撫於北倉存貯漕糧內動撥該部即遵諭行

十六日奉

上諭上年東省收成歉薄朕加恩撫綏疊頒渥澤蠲除賑恤至再至三今輿蹕親臨恩膏宜沛所有經過山東州縣內去歲被災地方應行賑濟之處著該撫於現經加賑之外再行查明酌量加賑其餘州縣內有應行接濟者亦著該撫查明酌量借糶該部遵諭速行

十九日奉

上諭山東上年被災州縣頻多雖屢次加恩賑濟期災民不致失所今親蹕巡歷深用惻然涓工蓋下廠有明訓以休以助是謂常經其再加恩將經過被災州縣無論極貧次貧于現賑外著行加賑一月其不經過處所被災七分以上者極貧之民亦加賑一月以示優恤該部即遵諭行

御製山東上年被災州縣頻多雖屢加恩期災民不致失所而清蹕所歷深用惻然因再降旨加恩普賑一月以示優恤誌

齊魯民何辜連年未逢稔每念溝壑填深宮那安枕昨始入兗境所見猶未甚才衰稍自慰爲之食甘飴孰知數日來彌景堪愍朕邨落多羸瘠老幼

率皆傈腹饑啖鴻哀衣薄狀鵠崇縱屢加賑施未足蘇凌凍休助古有經損益道須審用是截漕體急命發倉廩嗟哉守土臣旬宣其勤恤

三月初二日奉

上諭上年陝省耀州等處雨澤未數雖成災不及分數收成究屬歉薄照例借糶倉糧恐不足以資接濟著加恩將耀州渭南臨潼涇陽三原高陵富平咸陽醴泉大荔蒲城韓城白水郃陽朝邑澄城十六州縣實在乏食貧民令該撫查明酌給一月口糧銀兩仍令借糶兼行以資食用各該州縣應徵地丁尾欠一半著一併緩至秋熟徵收俾民力不致拮据該部即遵諭行

二十五日奉

上諭山東興修沂河兩岸隄埝工程該部議照以工代賑之例上方工價准給一半乃係向來成例自應照此給發惟是東省被災甚重其民情之艱窘實非他處可比若拘常例給發恐赴工之民仍不足以餬口著加恩將此項土方工價按數全給俾其食用有資該部即遵諭行

七月十三日奉

上諭山西蒲州府屬之永濟臨晉虞鄉猗氏四縣絳州所屬之垣曲縣因上年冬雪稀少今春得雨稍遲麥收未能豐稔現據該撫奏明借糶兼施惟是今年遇閏節候稍遲去秋成尚遠且該縣等去歲收成較薄今復二麥欠收民食未免艱難著將此五縣麥收五分以下鄉莊內乏食窮民成予撫恤一月口糧折給銀兩俾得接濟其本年所借籽種倉糧緩至明歲秋成免息還倉以紓民力該部即遵諭行

十一月初二日奉

上諭山東鄒平等二十州縣本年秋禾被水現在查明賑恤所有銀穀兼賑之處向例每穀一石折銀五錢但思各該州縣頻年歉收糧價昂貴並或輓運維艱折價不敷買食未免拮据著加恩每石增給銀一錢俾災黎得資餬口該部即遵諭速行並傳知該撫留心察看董率屬員務令均霑實惠

初二日奉

上諭山東萊州府屬之高密平度膠州昌邑即墨五州縣當積歉之後本年復被水災民間牛隻不敷犁種若不豫為籌畫更恐坐誤春耕著加恩照乾隆十年直隸慶雲等縣之例於東省庫貯本年賑濟用剩銀兩內酌量動撥購買牛隻賞給俾小民力作有資以示惠濟窮黎之意

乾隆十四年正月初六日奉

上諭山東鄒平等二十州縣衛上年被水偏災而萊州府屬之平度膠州等處為獨重雖經降旨多方賑恤但按月計算此時賑務將次告竣去秋尚遠積歉之區青黃不接朕心深為廑念著將被

災最重之平度膠州高密昌邑四州縣無論極次貧民概行加賑一個月被災稍重之新城金鄉魚臺濟寧博興樂安六州縣極貧之戶加賑一個月仍照前例銀穀兼賑其餘災輕之處及時借糶以濟民食該撫率其督率屬員實心辦理務俾窮黎安居力作以待麥收慰朕軫卹之意

三月初六日奉

上諭上年陝省西同鳳乾耀州等二十五州縣秋禾被旱成災業經多方賑恤小民餬口有資惟是目前已屆停賑而距麥秋之期尚有月餘該處積歉之後又經大兵過往軍需供億民力未免拮据著將西鳳乾等二十五州縣上年成災之區查明

孚惠全書　卷三十　十四

極貧乏食災民再加賑一個月口糧折給銀兩俾得接濟以待麥秋副朕軫恤災黎之意該部即遵

諭行

乾隆十五年六月初十日奉

上諭永定河南岸三工於五月二十九日河水驟長漫開月隄已命尚書汪由敦馳驛前往會同總督方觀承悉心相度有應儧築疏濬之處現令熟籌妥辦惟是附近固安縣一帶窪地猝被漲溜其間禾稼不免損傷民房不免倒塌深軫朕懷亟應加意撫恤俾無失所所有酌借籽種量給房價一切應行賑恤事宜即著公同籌畫一面奏聞一面辦理務令被水居民得霑實惠

二十五日奉

上諭據方觀承奏稱樂亭縣屬楊家莊三十六邨於五月二十九日海潮乘風浸進田禾被淹潮水所過地畝均成鹵鹹或沙壓成灘不但目前不能補種晚禾將來恐即多成廢地等語樂亭濱海邨落既被海潮淹浸即水隨潮退田畝已成斥鹵實屬成災較重朕心深為軫念著該督查明被災戶口先行加賑一月以資安頓仍按成災分數分別給與口糧即於該縣義倉穀內動撥民房被水沖塌者查明瓦房土房按照定例分別給銀以為苫蓋之資仍飭地方官加意撫綏留心體察使災黎得霑實惠其被海民田除從前潮災案內已經豁

孚惠全書　卷三十　十五

免錢糧者無庸查辦外如係現應徵糧地畝潮退之後實在鹹鹵不堪種植者並著該督速行查明

奏聞請旨豁免

二十七日奉

上諭永定河月隄漫刷現在搶築尚未合龍田禾既已被淹即使急為宣洩而秋期已迫莜麥雜糧可蒔者業令賞給籽種其不能補種者當急籌備種秋麥以為明春之計著該督方觀承酌量分別按照麥地給與麥種銀兩俾得於涸出之後乘時播種至固已被水各邨莊秋收失望窮黎待哺朕心深為軫惻著於漫口堵築後查明地畝成災分數並極次貧民戶口於十一月起分別賑給口糧

庶災民日食有資不致失所其永清霸州新城保
定等州縣與固邑毗連之處被災情形有相類者
亦著一體查辦以示撫恤該部遵諭速行

七月初六日奉

上諭據直隸總督方觀承奏六月二十八九等日
易州地方山水陡發兵房民舍間被沖塌人口亦
有損傷等語著該督即速查明加意撫恤毋致失
所一面辦理一面奏聞該部遵諭速行

初七日奉

上諭據河道總督高斌等奏稱六月初旬後東省
山水陡發運河汛水異漲浸溢宿遷縣南北兩岸
桃源清河北岸等處隄工其邳州睢寧安東阜寧

海州沭陽等州縣因伏雨較多低窪田畝多有淹
浸等語隄工關係緊要所有浸溢處所該督等督
率該地方印河各官上緊搶護毋得玩延其宿遷
等州縣被淹地畝著該督撫即查明加意撫綏一
應賑恤事宜照例辦理務令被水窮黎均霑實惠
勿致失所該部遵諭速行

二十五日奉

上諭據船廠副都統松阿里奏稱今年六七兩月
船廠地方陰雨連綿江水漲溢該處城內城外旗
民房舍田畝以及倉糧俱被水淹人亦間有被傷
者朕聞之深為軫念恐被災之後糧價騰貴或致
乏食著照松阿里所請將被災之食戶口於彼處
倉儲內先借給三月口糧民人若動用該同知所
管倉糧按照人口散給一個月有應行借給者亦
准其借給仍交松阿里立佳辦理此外有再應接
續散給之處作何籌辦方令不致失所並將被傷
人數漂沒房間地畝數目一面即行詳查應如何
恩恤等畫妥協辦理之處著速行具奏該部知道

九月十五日奉

上諭據山東巡撫準泰奏稱沂河南北兩岸隄埝
原係民築民修但當成災之後責其趲築不無拮
据援照向例借給食米又各戶牛具冬月草枯無
力飼餵亦請援例借給牧費統俟來歲徵還等語
今歲山東所在豐稔惟蘭山郯城夏秋被水其請

借項著加恩賞給免其徵還以䘏災黎該撫加意
辦理查冒開侵蝕之弊俾小民均霑實惠該部即
遵諭行

十二月初八日奉

上諭今年直隸州縣內間有偶被偏災者業經加
恩賑恤今屆十二月例應止賑但念直屬今年夏
秋雨水過多秋成稍歉時值歲暮小民艱於餬口
著再加恩展賑一個月交督撫方觀承令其酌量
現在情形所有應賑地方一面分別辦理一面即
行奏聞務期督率屬員實心經理俾貧民均霑實
惠該部遵諭速行

孚惠全書卷三十

孚惠全書卷三十一

偏隅賑借五

乾隆十六年正月初四日奉

上諭據黃廷桂揩奏上下兩江去年被水成災最重之宿州靈壁虹縣五河宿遷邳州睢寧海州沭陽等處次重之鳳陽臨淮懷遠鳳臺壽州霍邱清河桃源安東等處三冬已普需存濟而冬末春初賑期已畢青黃不接民力猶恐難支著再加恩將被災最重之州縣極貧加賑三個月次貧加賑兩個月次重之州縣無論極貧次貧俱加賑兩個月其貧生鐵軍等隨所在地方一體賑給該督撫等董率有司實力查辦務使災黎均霑實惠該部遵諭速行

十五日奉

上諭直隸州縣內上年間有被災之處當諭該督方觀承照例加意撫卹復經降旨將十二月內應止賑各户加恩展賑一月貧民雖不致失所但念東作方興被災貧民未免仍屬拮据朕巡幸畿甸軫念維殷著再加恩將七八分災之極貧九十分災之極次貧各加賑兩個月六分災之極貧七八分災之次貧各加賑一個月令該督方觀承轉飭各屬俾得均霑實惠以資力作該部遵諭速行

御製命直隸總督方觀承加賑去歲被水諸郡縣誌以示志

方春氣始和萬物欣榮滋翠蹕經黃圖施惠期推時遂次所歷覽閭閻因依熙嗟予未見者豈無嘆向隅矧去歲況多水懸釜饑難支沮洳未全涸播麥復失期盈災莫諱咎救災要善為亦無別奇方加賑頻畸咨截漕及散金屯青戒有司國以民為本食是其叢誰民以食為天祈年夙夜孜

二月初三日奉

上諭上年東省雖獲有秋而蘭山等七州縣偶被偏災加恩賑卹民食固不致缺乏但農事方興麥秋尚早清蹕所經見蘭山郯城二縣民氣似遜他處深為軫念著將蘭山郯城二縣極次貧民俱加賑一月其未經過之嶧縣平度州膠州高密昌邑

五處被災稍輕者將極貧之民加賑一月令該撫準泰查明辦理務使均霑實惠該部遵諭速行

初十日奉

上諭上下兩江上年有被災稍重之處曾經加恩將極重之宿州靈壁虹縣五河宿遷邳州睢寧海州沭陽等處次重之鳳陽臨淮懷遠鳳臺壽州霍邱清河桃源安東等處分別加賑朕車駕南巡所有經過之宿遷桃源清河三縣見其民氣遠遜他處並將所借籽種銀兩全行豁免今聞該地方官展賑之事尚未聞期朕省方問俗念切民依若地方官借辦差之名致窮黎嗷嗷待哺殊非仰體朕恫瘝在己之意著布政使永寧星速親往督率該

府州縣等即日按户間賑並傳諭黄廷桂飭令該州縣正印官不必拘泥即回本任專心辦理散賑務俾均霑實惠朕回鑾時或尚有不能妥協之處惟永寧是問

五月二十五日奉

上諭上年浙省温台等屬有偶被偏災之處業經照例蠲賑今春巡幸浙省因翠華所至是以未及降旨加賑近聞該地米價昂貴亟令江浙二省督撫於稍近州縣常平倉穀内動撥碾米運往平糶以資接濟並截留漕糧運倉散災貧民諒不致失所但現已停賑而今歲麥收分數亦屬平常去秋收之時為期尚遠濱海窮黎生計仍不無拮据

朕心深為軫念著該撫永貴查明上年實在被災户口無論極貧次貧俱著加賑兩月以示加恩撫卹之意該撫務宜嚴飭屬員實力查辦無濫無遺俾得均霑實惠該部遵諭速行

閏五月二十二日奉

上諭閩浙總督喀爾吉善等摺奏福建汀州府屬之寧化清流二縣地方本年五月十二等日大雨水發沖激入城深至丈餘房舍俱多坍塌人口亦有淹斃等語該處積雨之後山溪盛漲漂及鄉城民間倉卒口糧一時不免蕩析非尋常偶被偏災者可比朕心深為軫念著該督撫等將現在一切應行撫卹事宜即速董率有司不必拘泥賑卹常例一面悉心辦理一面具摺奏聞俾災黎均霑實惠至所奏邵屬之建寧汀屬之歸化尚有應行確勘之處著喀爾吉善等一併速查妥辦毋得稍有稽延該部速行

二十二日奉

上諭據雲貴總督碩色等奏本年五月初一日雲南鶴慶屬之劍川州地震城垣房屋及人口牲畜傾倒損傷者甚多其同時被災者鶴慶浪穹次之鄧川麗江較輕大理賓州微動無礙等語滇南地處極邊此番被災甚重朕心深為憫惻急應實力撫綏著該督撫等將被災各該處所有應行賑濟給償及一切撫卹事宜毋拘常例即行董率有司

一面加意辦理一面奏聞務令災黎得所以副軫念該部速行

六月十八日奉

上諭山西澤州府屬之鳳臺高平二縣五月中山水驟發漂損田莊該撫阿思哈現令照例撫卹水退業多補種但秋成之期尚遠被水窮黎未免拮据著加恩於常例撫卹一月外再加一月口糧以資接濟該撫即督率地方官實力經理務令窮民均霑實惠該部遵諭速行

二十二日奉

上諭福建汀州府屬之清流寧化二縣夏間溪河異漲漂及鄉城前據該督撫奏報曾降旨加意撫

部又令將應徵新舊錢糧暫停徵收其被災各戶
分別極次貧酌量賑濟今思該二邑被災甚重此
時去秋成尚遠若僅照常例賑卹不足以資接濟
著再加恩將寧化清流二縣查明極貧人戶加賑
三個月次貧加賑兩個月該督撫嚴飭屬員實力
查辦務俾窮黎均霑實惠該部遵諭速行

二十六日奉

上諭江西巡撫舒輅奏請分晰江省賑卹事宜一
摺內稱江西省夏月溪澗水發為患例係有貸無
賑乾隆七年以前地方官隨時籌辦或動閒款或
自捐貲通報查核今則無論夏秋一遇水發地方
官即攜銀前往撫卹在小民以為例當如是望恩
幸澤無有饜時所費實多無益亦於風俗有關現
擬分晰辦理等語舒輅此奏非是地方偶遇旱潦
雖屬偏災而所關於民瘼者甚重竭力補救尚恐
小民或有向隅督撫身任封疆正當隨時體察先
事綢繆豈得因愚民望澤無饜豫存裁抑之見況
今當國家全盛之時中外乂安兵革不試經朕輪
免天下田賦一周而大農歲積甚充即間有興作
悉給自內府並不動支正供實可云庫有餘帑倉
有餘粟何必以一方偶需賑卹鰓鰓計較且朕宵
旰勤求恫瘝在己時切於懷亦何忍以嗷嗷待哺
之窮黎轉節錙銖升斗之末即慮時有冒濫亦祇
應嚴飭地方有司辦理妥協俾實惠及民毋令中

飽滋弊而已至奸徒因事造端逞強肆擾自應盡
法懲創以儆刁風督撫之實心盡職正在於此若
但云多費錢穀則所損於國儲者無幾而災黎之
所全實多豈得謂之無益為督撫者苟如此居心
必至貧民失所殊非朕委任司牧之意舒輅著嚴
行申飭並將此通行各督撫知之摺並發

七月十五日奉

上諭據河東河道總督顧琮奏稱豫省河北陽武
縣汛十三堡大堤因今年漫灘滙浸泡日久兼
之六月二十七八等日大雨如注河水增長數尺
堤身蟄裂遂於二十九日漫溢並請飭部嚴加議
處以警玩忽等語河堤捍衛居民最關緊要現在
衝刷處所著即督率屬員上緊堵閉其附近鄉莊
廬舍有被水淹浸者著該撫鄂容安悉心查勘照
例撫卹毋致失所至顧琮綜理河務一應調度防
範是其專責乃不能先事防維以致猝被漫溢踈
忽之處咎實難辭著交部嚴加議處

二十二日奉

上諭據黃廷桂等奏稱朝邑縣於六月十四五等
日因河水驟漲淹及居民輕重不等現在查勘分
別賑卹等語朝邑逼近黃河地本窪下此次河水
漲溢被災貧民雖經該督撫等照例撫卹其中有
房屋家具糧食盡被淹沒者家室漂搖更可憫惻
著該督撫查明此等被災較重之戶於常例之外

加恩賞給一月口糧俾得餬口有資不致失所該部遵諭速行

八月初八日奉

上諭據巡撫準泰奏稱山東濟南等府二十九州縣屬自七月以來淋雨驟仍陝省黄河漫溢之水分流東趨所有禹城等州縣前此未經淹及者多有被淹等語該州縣屬俱被水災大田失望民居淹浸朕心深為軫惻著該撫即速查明被災人户加意撫綏所有賑卹事宜即著一面辦理一面奏聞務須董率屬員實力妥辦毋令災民或致失所該部遵諭速行

十四日奉

上諭浙東被災各屬所有應行借給撫卹之處經該督撫等奏請每米一石折銀一兩二錢每穀一石折銀六錢此雖係按照折價成例辦理但念該省今年亢旱非尋常偏災可比當此米價昂貴之時若仍照常例折給恐災黎不足以資餬口著加恩每米一石折銀二兩每穀一石折銀一兩二錢此次該省凡有應行折銀之處俱照此給發俾閭閻易於糴食副朕軫恤民艱至意該部遵諭速行

九月初一日奉

上諭朕因浙省寧紹等屬被旱歉收米價昂貴綠旗兵丁所得月餉不敷買食曾經降旨將被災各標協營兵丁俱令借給米石以資接濟但念該省今年旱災稍重各屬米糧一例昂貴轉瞬隆冬窮兵衣食未免多屬拮据著再加恩將浙江通省兵丁每名借給一季餉銀該撫於司庫内動項借給俟明年夏季後分作四季扣還歸款以示朕格外體卹之意並傳諭該督提等嚴飭營弁毋致濫冒使副俾得均霑實惠

十四日奉

上諭據巡撫潘思榘摺奏福州等府屬於七月内颶風大雨沿溪發水惟福安壽寧等邑為甚等語該處俱被風災山水驟漲民居田禾多被淹浸朕心深為憫惻現據該撫照例賑恤但念被災貧民蓋藏無存轉瞬徂冬生計尚多拮据所有被災最

重之福安壽寧二縣著加恩將極貧人户加賑兩個月次貧加賑一個月俾得接濟口食以示賑恤該撫董率屬員實力查辦務令無遺使貧民均霑實惠再該二縣本年地丁錢糧並著加恩緩徵以紓民力該部遵諭速行

十八日奉

上諭山東濟南等屬今年夏秋被水成災該撫現在籌辦賑恤但查東省折賑之例每穀一石給銀五錢該省當積歉之後雖連獲豐稔而民間元氣究未大復今又值此偏災米價自屬昂貴若照常例折賑恐其不敷購買著加恩每穀一石折銀六錢俾被災窮黎得資餬口以示矜恤該部遵諭速

行

十月十一日奉

上諭江南安徽屬績溪等二十餘州縣衛江蘇屬江浦等十餘州縣衛偏災應賑口糧該督撫等現在分別查辦但定例每米一石折銀一兩較之時價稍有不敷窮黎艱於購食著將上下江折賑米石加恩每石加給銀二錢以資買糴該部即遵諭行

十一月十一日奉

上諭今歲豫省黄沁等河異漲成災業已緩徵加賑民食有資今據布政使富勒赫奏稱祥符等五縣被淹鄉莊尚積水四五尺及一二尺等語念茲

天寒水凍犂鋤難施迨至開正賑期已滿佈種無資災黎生計未免拮据甚爲憫惻著將祥符陽武封邱延津滑縣等五縣被淹鄉莊無論極次貧戶於加賑之外明春再加賑兩月以資接濟該撫督率屬員妥協查辦俾窮黎得霑實惠該部即遵諭行

十二日奉

上諭直隸長垣東明開州三州縣今歲夏秋之間黄水淹浸地畝業已加恩賑恤但現在積潦未退秋麥已逾播種之期貧民生計維艱朕心深爲軫念著將從前極貧次貧之戶例應加賑兩月一月者俱再加賑一月令該督方觀承分別辦理務使

貧民均霑實惠該部遵諭速行

十二月十七日奉

上諭今歲直隸長垣東明開州三州縣因豫省黄河漫溢被災較重業經降旨加恩賑恤現今水漸消退地多肥澤若將涸出地畝廣種春麥則明年四五月間災地民食可資接濟著總督方觀承轉飭該州縣等查明被災七分以上貧在無力貧戶按其所種麥地酌借麥種銀兩俾得及時購備播種務全以期麥秋有望該部遵諭速行

乾隆十七年正月初二日奉

上諭上年浙省被旱成災所有一應蠲緩賑貸事宜業經屢降諭旨加恩撫恤以期災黎不致失所

但念時當春令東作方興例賑既停青黄不接小民餬口維艱難資耕作深可軫念著該督喀爾吉善該撫雅爾哈善將金衢等府災重之區酌量情形有應行展賑者一面奏聞一面辦理務須詳悉查明妥協籌辦俾窮黎均霑實惠以待麥秋該部即遵諭行

御製命加賑浙省去歲被災州縣詩以示意壬申

兩浙去歲災東較西爲甚嗟嗟我黎民啼饑缺餐餌石粉聊充饑因以致病瘦衢山中有石可爲粉饑民有賴以充食而致病者疾困欲盡知終夜不安枕救災無奇方屢留太倉廪晚秋縱稍穫餔啜僅餘瀋青黄不接時艱食行良諗申命地方吏吾意其念審食爾無安肉

衣爾無安錦為民之父母曰惟爾及朕予饑父則
飽於心其冀忍叫賑濟期雖溢更發我倉廩博施
慎無遺庶蘇彼恫瘝俾概示端倪施行尚勤懋人
力惟小補仰望早稻稔

二十五日奉

上諭上年江南安徽所屬之績溪等州縣衛江蘇
所屬之江浦等州縣衛被水被旱致有偏災一應
賑恤事宜已令該督撫照例辦理並經降旨加給
折賑銀兩第此內或地處深山或民當積歉今賑
期已畢麥秋尚遠閭閻謀食維艱深堪憫惻著加
恩將被災最重之歙縣績溪廣德建平銅山沛縣
六州縣極次貧民各加賑兩個月次重之銅陵壽

州宿州靈璧虹縣邳州蕭縣宿遷睢寧九州縣極
次貧民各加賑一個月貧生鐵軍隨所在地方一
體給賑俾災地窮黎得資接濟該督撫等董率有
司實力查辦毋致遺濫該部遵諭速行

二月初九日奉

上諭朕因上年浙省被災稍重曾經降旨令該督
撫等查明災重州縣有應行展賑之處酌量奏聞
辦理今據該督撫查明分別具奏著照所請將被
災最重之蘭谿等二十二廳縣與次重之金華等
十八縣無分極次貧戶均展賑一月口糧再浙東
之鄞縣等十一縣與浙西之仁和等十三州縣雖
被災分數較輕而當青黃不接之時情形自屬拮
据亦著加恩展賑一月庶窮黎餬口有資得以從
容力作至各該廳州縣境內衛所屯戶鹽場竈丁
並按原報災口一體展賑該督撫董率有司妥協
經理務令均霑實惠以副朕軫念災黎之意該部
遵諭速行

二月二十一日奉

上諭兩浙總督尹繼善奏稱江寧駐防旗兵餉米
每年正四七十等月關支本色其餘八個月概給
折色江省上年秋成雖大概有收而川廣米船多
搬運赴浙蘇之省城戶口殷繁入春以來糧價漸
增兵米不敷買食請於節年支存米石內借一
月本色自本年十月起在於冬季應得本色內分

作八個月扣還等語著照所請即交該督酌量於
五六月間青黃不接之時將江寧駐防兵米借支
一月本色以資接濟

三月二十一日奉

上諭據江西巡撫鄂昌奏稱南康九江廣信饒州
四府屬上年收成既歉經冬及春雨雪嚴寒糧價
益貴無業窮民漏工無地覓食無方等語朕心深
為軫念著交與該撫鄂昌速行妥協籌畫或就近
動撥倉糧大為減價平糶以資接濟或即賜以一
月賑恤總不必拘定勘不成災常例俾窮黎得藉
饔飧不致失所以副朕恫瘝一體之意

四月十四日奉

上諭據浙江巡撫雅爾哈善奏稱金華蘭谿等縣所屬都莊間有一兩處被患查明秋菜有被傷者即借給口糧籽粒俾其補種晚禾等語浙東金華等處上年被災較重全賴春花以資接濟今金華蘭谿等縣又間有被患之處秋菜受傷災餘窮黎生計愈難拮据所有借給口糧籽粒即著加恩賞給免其照例徵還以示軫恤該部即遵諭行

八月十四日奉

上諭據閩浙總督喀爾吉善奏稱泉州府屬之晉江南安安溪同安等縣廈門一廳於七月初一初九等日大雨颶風水勢湧漲官民房屋俱有衝塌之處廈門海口商漁戰哨各船亦多撞擊漂沒等語晉江等處猝被風雨海水汎溢看來災勢頗重朕心深為軫念該督喀爾吉善已經前往查勘著督率屬員實力經理所有應行撫恤事宜一面辦理一面奏聞其被災稍輕之永福羅源永春莆田等州縣並著委員確查分別撫恤務俾災黎均無失所以示朕恫瘝一體之意該部遵諭速行

十八日奉

上諭前聞陝省夏秋以來雨澤愆期頗有旱象朕心深為軫念於該督撫奏到之時屢經降旨切詢是否成災速行具奏並飭河南巡撫蔣炳於秦豫隣近州縣酌撥漕穀以備接濟今據西安巡撫鍾音奏報西同鳳乾等屬缺雨情形是被旱地方甚

孚惠全書　卷三十一　十一

屬廣濶即使續得甘霖可以犁種春麥而本年夏收已屬失望民食必多拮据撫恤之道自不可不亟為籌辦該部即速行文該督黃廷桂令其回至西省親行查勘會同該撫悉心籌畫現在該督撫已飭屬緩徵所有應需賑恤事宜著即一面具奏一面辦理如成災分數甚重本地倉儲不敷動用即行咨會該撫委員接運務使被災窮黎不致一夫失所以副朕勤求民瘼至意

御製陝西秋禾被旱歉收詩以言志壬申

聞災屢顧為愁頻救賤丁寧諄奏人豈是翻欣遭水旱試思誰救轄溝民

地高鑿井苦無由禾歉應知有竄流咨爾長官善撫恤還言二麥尚豐收

轉漕龍門跡久湮沉陽協爾重三秦多方備穀救河內資濟流通賴好隣

九月初七日奉

上諭閩省今秋猝被風潮雖據該督奏報晚禾雨插於收成無碍但風勢猛烈廬舍多有坍塌無力窮黎既擎棲息復計饔飧未免拮据著加恩將晉江南安同安安溪等四縣被災貧戶概行加賑一月俾災民不致失所該部即遵諭行

十月十五日奉

上諭阿思哈奏稱陝西蒲解等屬被旱偏災平陽紳衿耆庶人等捐輸銀兩就近解交河東道庫以

孚惠全書　卷三十一　十二

為加賑銀穀兼散之用此奏殊為卑鄙錯謬之至
朕前駿聞直省偶遇偏災地方殷實之家樂善好
施或自出家廩積貯或出己資糴運米石散給貧
民功令原所不禁惟具數報官量加優敘以為閭
閻任卹者勸耳並非欲借貯庫藉以助賑也國家
賑濟蠲緩動者數百萬兩少亦數十萬兩悉動庫
帑正項從無顧惜此方富戶所捐幾何貯庫助賑
殊非體制此端一開則偏災之地貧民既苦艱食
富戶又令出資國家撫卹災黎何忍出此深負朕
恫瘝一體之意阿思哈著交部嚴加議處所捐銀
兩著發還聽該紳衿等自行辦理摺並發

十一月初一日奉

上諭陝省今年被旱偏災米豆草束價直昂貴駐
防滿兵所領折支銀兩未免不敷購買著將癸酉
年春季分西安駐防應領折支米豆照原定每石
一兩之數加給五錢草料加倍賞給俾兵丁不致
添價採辦以示體卹

十一日奉

上諭今年山西蒲解等屬秋禾被旱其勘明成災
僅止五分者定例不在賑恤之列但距麥收已逾
數月時屆隆冬小民謀食未免拮据著格外加恩
將聞喜榮河解州萬泉芮城等州縣被災五分之
處一體撫卹一月口糧於十二月初旬開賑俾度
歲不致乏食以示軫念窮黎之意該部遵諭速行

孚惠全書卷三十一

徧隅賑借六

乾隆十八年正月初二日奉

上諭陝省西同等屬之耀州等三十七州縣晉省蒲解等屬之永濟等十一州縣上年夏秋被旱業令該督撫等加意撫恤照例蠲賑以期被災窮黎不致失所今時屆春和東作方興距秋之期尚遠小民餬口維艱朕心深為廑念著加恩將陝晉二省被災州縣內勘明成災六分以上者無論極貧次貧概行加賑一個月以資接濟該督撫其董率屬員妥協經理務俾閭閻均霑實惠以副朕愛養黎元之意該部即遵諭速行

七月十九日奉

上諭江南歙縣太湖太平等處地方於五月二十五六等日山水漲發田畝淹浸房屋民人間有損傷前據鄂容安等奏到朕已批示被水村莊雖屬一隅亟宜撫卹毋致失所著傳諭該督撫等督飭所屬實力查辦所有被災處所務宜照例賑卹倘有成災即行加意撫綏一面奏聞一面辦理俾災黎得霑實惠該部遵諭速行

二十四日奉

上諭據河道總督高斌等奏稱本月十二日西風大暴湖水奔注高郵城南車邏壩過水四尺八寸沿河小船多被衝損西岸人家房屋打壞二百餘家等語前因江南被水州縣已降旨令該督撫等加意撫卹今遇湖水盛漲車邏壩過水至四尺有餘下游田禾必多被淹之處現在民房已有損壞一切俱宜亟加撫綏毋俾失所著莊有恭速赴高郵一帶親行查勘督率所屬實心籌畫一面奏聞一面辦理仍將臨湖田畝被淹若干如何辦理情形據實速奏以慰軫念該部即速傳諭知之

九月十八日奉

上諭江南揚徐各屬被水成災屢經降旨加意撫綏截留漕糧撥運川米以備賑卹又恐撥運過多致各省米價益貴令銀米兼賑但照定例又慮災地不敷糴食著加恩每石增給銀二錢俾災民買食

寬裕該部即遵諭行

十月十八日奉

上諭前因江南揚徐被災各屬銀米兼賑恐照例價給銀不敷糴食加恩每石增給銀二錢今上江鳳泗各屬被災亦重其折賑銀兩亦著照下江之例加給俾災民買食寬裕均霑實惠該部遵諭速行

二十九日奉

上諭據舒赫德奏上下江辦理賑務微有互異下江按月照三十日全給上江則遇閏曠扣除等語夫按日給賑例應扣除閏曠是上江合例而下江非但江南此次被災甚重非尋常偏災可比朕心

為之賞吁雇募其上江賑銀著照下江所辦按月全給不必扣除閒曠以示優䘏窮黎如遇有偶災仍照定例辦理該部即遵諭行

十一月二十五日奉

上諭據温州總兵范廷華奏稱所屬早稻收成均有八分惟玉環山裏非係高坡即屬沙地被曬日久收成僅有二分等語玉環乃海疆斥鹵之區災至八分實非他邑偏災可比亟宜確按情形豫籌接濟從前該督撫奏報摺內雖稱旱災稍重但未奏及成災分數且喀爾吉善奏請緩錢糧借給口糧籽本係指通省大局而言而雅爾哈善亦祇稱運米備用均未將玉環災地現應作何辦理之處分晰聲明著該督撫等將該處實在成災分數及應如何籌畫撫䘏一面據實覆奏一面督率所屬妥協辦理毋致失所該部速行傳諭知之

乾隆十九年正月初二日奉

上諭江南淮揚徐海及靈虹睢宿一帶地方上年被災甚重經朕降旨截漕撥帑增給賑銀多方籌辦並敕地方官加意撫綏災戶諒已得所其積水漸消之地亦皆次第補種二麥可望有收惟是今年閏月節候較遲麥收尚早例賑之期已將屆滿窮黎餬口之資更宜豫為區畫著該督撫等就各州縣衛災地重輕查明極次貧戶再行分別加賑一月兩月其毋庸加賑者仍酌量平糶以濟民食一面督率所屬實力查辦一面奏聞該部即遵諭行

御製新正二日降旨加賑去歲淮徐被水州縣詩以紀事 甲戌

本德初年甲民艱切體乾念彼淮徐閒災餘實可憐宣房亟就功黄流始歸川次第事疏築期多涸洳田春耕縱不誤冬寒信其然棣通陽德昭萬物欣陶甄一方鴻雁集寧忍恝視稱撫字歸几張南望心為懸加賑頒新綸惶澤因時宣詎云行故事還殷祈有年

初三日奉

上諭據鄂容安奏江省驛站每馬一疋日給銀六分現在草料昂貴請循照七年成例加給等語上年鳳潁淮徐各屬被水驛站情形不無拮据著照所請准其加給二分俟本年秋收後停止

三月初四日奉

上諭上下兩江上年被水地方經朕多方籌畫加意撫綏但成災甚重積水消涸先後不齊或尚有未盡耕種之處今年遇閏麥收較緩青黃不接為日更長嗷嗷小民良深廑念著傳諭該督撫等將被災州縣再行詳查應如何再加分別賑糶之處一面奏聞一面酌量辦理俾未盡涸之區得資餬口該部遵諭速行

四月二十四日奉

上諭上下兩江被災州縣已疊次加恩前因今年遇閏恐青黄不接之日民食拮据傳諭該督撫查明酌量再加賑卹今據鄂容安等照各屬輕重情形奏請分别加賑平糶著照所請將上江之宿州鳳陽臨淮懷遠虹縣靈璧泗州盱眙五河等九州縣長淮鳳陽泗州等三衛下江之阜寧鹽城興化海州沭陽山陽清河桃源安東高郵泰州甘泉寶應銅山沛縣邳州宿遷睢寧等十八州縣鎮江淮安大河揚州徐州等五衛無論極次貧戶俱再加賑一月其餘災輕州縣仍及時平糶以資接濟該督撫等其督率所屬加意撫卹務使災黎均霑實惠毋致向隅該部遵諭速行

六月初四日奉

上諭據新柱陳宏謀等奏漳州府屬之龍溪漳浦海澄南靖長泰平和詔安等縣泉州府屬之同安縣及雲霄南勝等處於閏四月十七八等日大雨山水驟發一時宣洩不及房屋間有坍塌人口亦有淹斃等語貧民猝被水災田廬漂損深堪憫惻著該督喀爾吉善即速查明加意撫恤給予一月口糧無令失所沖塌房屋損傷人口照例速行辦理其田禾淹浸處所民力艱難所有本年應徵錢糧俱著加恩緩其徵收至城署營房祠宇坍塌之處一並勘明分别修理該督等董率屬員即行實力查辦務俾災黎均霑實惠毋致胥役中飽該部遵諭速行

十七日奉

上諭據莊有恭等奏沛縣之千三千六等里因下游淤墊積水未消窮黎糴食維艱仰懇再借給兩月口糧俟本歲秋收後照例免息徵還等語該處災黎去秋無穫雖屢經賑卹而待哺情殷殊屬可憫著照所請查明該地未涸邨莊將各里貧民再加借兩月口糧以資接濟該部即遵諭行

七月三十日奉

上諭據江南總督鄂容安巡撫莊有恭奏稱淮揚所屬之興化泰州高郵寶應阜寧鹽城清河桃源安東等處因雨水過多積水不能一時消涸其最

窪之地秋成已致失望等語該處上年被災甚重今夏疊被水災閭閻餬口無資朕心深為軫惻著該督撫等加意撫綏查明應賑户口著動倉穀分別賑卹並飭屬員實力辦理務使災民均霑實惠其餘各屬如有積水不能補種之處著一併查明照例妥辦毋致失所該部即遵諭行

御製下河州縣復有被水處亟命撫恤兼示董事者 甲戌

去歲漲徐淮哀鴻被重災金隄雖順軌日日繫吾懷

奏收既報豐夏種亦稱既如何臨西成將食奪之匱

下河誠水鄉疏導宜周詳急須引歸墟立徒固隄
防
分命及專差相視謀諭排浚疏誠得法此災復何
來
聞奏日諭諳守臣何為情哉漕留節全數此替替
紙

九月初一日奉
上諭吉慶奏通分司所屬角斜栟茶豐利等場竈
地方八月初一日偶被風潮草房間有倒塌人口
間有損傷已照例撫卹並給修費棺殮等語煎丁
猝被水災情堪憫惻若僅按例撫卹一月口糧未
免拮据著查明各場被淹處所無力煎丁於九月
內再行加賑一月口糧以示軫卹該部即遵諭行

十一月初三日奉
上諭喀爾吉善等奏臺灣等處颶風驟作沉失商
漁船隻坍塌民房田禾間有損傷諸羅彰化二縣
被災較重等語臺灣地居海外貧民猝被風災殊
堪憫惻著該督撫查明被災戶口加意撫綏所有
本地應徵地丁錢糧照例分別蠲緩之貧民酌
借口糧妥籌接濟其坍塌房間擊沉船隻查明給
與修費及掩埋之資仍督飭屬員實心查辦務使
災黎均霑實惠至應行撥運內地補倉米穀著暫
停運留備賑卹之用該部即遵諭行

十七日奉
上諭今歲夏秋積雨淮揚下河等處復被水災所
有災地戶口現已加恩撫賑而在城無業貧民以
及鰥寡孤獨之人當此歲寒冬臘口糧艱窘堪
憫惻著交與該督尹繼善該撫莊有恭查明被災
較重州縣在於各城設廠煮賑所需米石即照上
年之例於截漕項下不給丁五米內動支該督撫
等其董率屬員加意經理俾窮民均霑實惠該部
遵諭速行

十二月十九日奉
上諭上年揚州府屬與淮徐二處俱經被水成災
所有乾隆十八年分揚屬驛站草料准照淮徐一
體加給

乾隆二十年正月初二日奉
上諭江南淮揚徐各屬近年未獲豐收雖已截漕
發粟多方賑借現穫窮居恐二三月間青黃不接
之時民力不無拮据尚應再為調劑著該督撫等
體察情形有加恩賑給之處即行奏聞辦理以示
優卹

御製正月二日降旨加賑去歲被災下河州縣乙亥
普天樂新歲數縣鳴哀鴻念此嗷嗷民孰非懷保
中來春宜布澤況彼四者惸叶南望沮洳鄉連歲
鮮過豐賑卹雖頻施豈盡蘇疲癃一夫不獲所饑
溺吾應同而咨從方伯（江蘇巡撫莊有恭朝正至京禮畢即命回任查賑）
投賑飭司農通閭水漸潤參樁虞全空速給耕及

時或得鐵腸充剷蒙之良方勸民惟省約

二月二十三日奉

上諭據碩色等奏滇省易門縣石屏州兩處上年十二月十六日地震所有倒塌民房傷壓人口請照例賑給等語該州縣地震成災該督撫等雖經照例分別賑給但念被災甚重窮黎尚多拮据所有賑䘏銀兩著加恩於常例外加一倍賑給以示優䘏其被災各戶酌借常平倉穀以資接濟之處均如該督撫所請該部遵諭速行

五月十九日奉

上諭據尹繼善莊有恭奏淮徐海三府州屬四月初七等日連日大雨上游水發淮屬之清河桃源

孚惠全書 卷三十二 九

安東徐屬之銅山豐沛蕭縣碭山邳州宿遷睢寧海州沭陽贛榆並江寧府屬之江浦一縣附近湖河窪地被淹等語江南淮徐等屬連年被水原係積歉之區今窪地又復被淹民力必致拮据朕心深切軫念著該督等速行查明被水州縣貧民應賑䘏者分別賑䘏所有涸出地畝尚可補種秋禾者即行借給籽種速令補種務俾口食有資災黎不致失所該部遵諭速行

七月十五日奉

上諭據富勒赫奏本年六月運河水長至一丈九尺餘寸較上八年盛漲尚大六寸將車邏南關五里三壩次第開放現在各工竭力搶護平穩等語河湖盛漲自不得不啓放壩牐以保護淮揚但壩牐既開則下游窪地鄉莊難免浸溢被水窮黎殊堪軫惻著該撫等迅速前往詳悉察勘被災處所分委妥員一面動帑照例賑䘏務俾均霑實惠毋致稍有失所至此次在工員弁竭力搶護工程穩固殊屬可嘉著俟秋汛過後該督等查明具奏交該部議敘

十月初八日奉

上諭浙江杭湖紹等府屬今秋雨水過多偶被偏災朕屢降旨令該撫加意撫綏蠲緩並截漕備用現今已屆冬令災民口食維艱朕心深為軫念著將被災較重之山陰會稽餘姚上虞安吉五州縣

孚惠全書 卷三十二 十

極貧加賑三個月次貧加賑兩個月仁和歸安烏程德清長興武康諸暨蕭山八縣曹娥金山鳴鶴下砂四場湖州守禦一所被災稍輕之處極貧加賑兩個月次貧加賑一個月並准其銀穀兼賑該處現在糧價未免稍昂若照例折給猶恐貧民不敷買食再著加恩每穀一石折銀七錢每米一石折銀一兩四錢該督撫等分委妥員實力查辦毋任胥吏乘機侵剋務俾災黎均霑實惠該部遵諭速行

十一日奉

上諭江蘇等各府屬今年被水成災朕心深為軫念已屢經降旨截漕撥粟俾賑糶所需務從寬裕

其應賑戶口俱令銀米兼賑但該處現在糧價不無稍昂著加恩每米一石加給銀二錢以穀買食至本年應運漕糧除已截留外現屆開徵該省既經被水米色顆粒自當稍減所有交倉米石並著不論紅白秈粳地方官酌量可收一體准予收兌此等米石兌運抵通即先行撥放俸餉該部遵諭速行

二十日奉

上諭浙省杭嘉湖等府所屬州縣今年秋雨過多亦間有被災之處已經屢降諭旨令該督撫等善為撫恤並截留漕糧以資賑恤但田禾傷於雨水米色顆粒自必稍減若徵收之際仍照例責以乾圓潔淨小民未免艱於輸納所有該省應行起運漕糧不論紅白秈粳亦俱著准其一體收兌以示體卹該部即遵諭行

十一月初四日奉

上諭據白鍾山奏東省鄒縣等州縣秋禾偶被偏災照例銀穀兼賑所有濟寧等五州縣被災較重等語此次東省偏災較重地方糧價自必漸昂若照定例每穀一石折賑銀五錢貧民買食不敷不無拮据著加恩將濟寧蘭山郯城日照利津五州縣於每穀一石折賑銀五錢之外增給銀一錢俾災民糴食充裕以示優恤該部遵諭速行

初八日奉

上諭江蘇被災各屬現已加恩撫賑而例不給賑之在城無業貧民當此歲寒冬餬口維艱實堪憫惻除淮陽二處業據該鹽政普福奏稱現據商捐煮賑外其餘被災各屬著交與尹繼善莊有恭分別災地重輕在於各城設廠煮賑所需米石照乾隆十八十九兩年之例於截漕項下不給丁五米內動支該督撫等其董率屬員加意經理務俾窮黎均霑實惠該部遵諭速行

初八日奉

上諭前據尹繼善等奏請將上江之鳳潁泗滁和下江之江蘇常鎮淮揚徐等處被災地方驛馬草料每日暫行加給二分業經照請准行其廬州府屬亦有被災之處所有驛站草料亦著一體加給

十二月初二日奉

上諭今年江浙所屬地方偶被偏災之處前經降旨銀米兼賑並加恩每米一石加銀二錢以資買食其安徽一省雖據鄂樂舜奏稱十月十一月內先後本折兼賑民情翕貼現在已經發給本色等語但該地既已被災嗣後如有給發折色之處應照江蘇浙省之例每石加給折價銀二錢俾小民得霑實惠該部遵諭速行

乾隆二十一年正月十五日奉

上諭上年上下兩江被災各屬屢經降旨截漕撥粟撫賑兼施但念麥收之期為時尚遠當此青黃

不接之候小民餬口維艱殊堪憫惻著加恩將被
災最重次重之州縣極貧各加賑三個月次貧加
賑兩個月被災較輕等處極貧各加賑兩個月次
貧加賑一個月各衛軍隨坐落州縣一體加給其
勘不成災例無賑恤之吳江等州縣並酌借口糧
一月以資接濟於秋收後免息催還所需賑糧酌
量倉貯多寡銀米兼放折賑銀兩仍照加增之數
折給該督撫其詳悉查明分别輕重督率屬員妥
為經理務俾災黎均霑實惠該部即遵諭速行

御製勵志詩有序 丙子

命户部會計雍正十三年間蠲賑江南銀百四
十餘萬乾隆元年至十八年蠲賑江南銀二千
四百九十餘萬米稱是有以施博後難為繼為

言者詩以勵志

皇考勤民瘼明諭戒大吏災傷執敢隱蠲賑廣儲
備江南稱水鄉霖潦每易致十三年之間百四十
萬賜試較古救災有過無不至朕予來
家法屯膏懼非義十八年所賑過先二十倍災多
賑以多調劑惟增愧或云民習驕或云官示恩胥
非我所知所知恫瘝意惜上期益下卦文義昭示
所全良必衆永言勵吾志

二月十九日奉

上諭江蘇上年被災地方俱已加恩展賑鹽屬場
竈坐落各州縣情形與地方貧民無異自應一體
加恩著將淮屬被災十分九分之板浦徐瀆中正
莞瀆臨洪興莊六場泰屬被災八分之廟灣一場
被災六分之丁溪小海草堰劉莊伍祐新興六場
並不成災之而五場及通屬十場分别極貧次貧
應展賑者照例按月展賑應借給口糧者俟秋收
徵還所有賑糧銀米兼支及賑銀加增之數俱著
照地方災民之例一體辦理該督撫鹽政督率所
屬實力奉行務令災丁溥霑實惠該部遵諭速行

二十日奉

上諭上年浙省偏災屢經降旨賑恤所在地方均
設廠煮賑無業貧民朝夕就哺稍濟急需但聞城
鄉遠近就食者衆而春收為期尚遠煮賑所需米

石出自捐輸者恐不敷接濟著該督喀爾吉善於
藩庫鹽庫所存閒款酌量動支撥給各廠接濟至
蠶麥將成之時再行停止務飭屬實心經理俾災
黎得霑實惠再者煮賑僅資餬口將來穀雨届候
即係浸種播秧之期地方有司應詳切勸諭令其
各務農畝趨時力作庶秋成可望並諭知之該部
遵諭速行

二十四日奉

上諭上年東省沂州府等屬州縣秋收被災業已
降旨照例賑卹並增給折賑銀兩今該撫加意撫
綏但念麥收之期尚遠當此青黄不接災黎餬口
艱難深為軫念著查明被災州縣內分别加恩最

重者加賑兩個月次重者加賑一個月該撫督率
有司實心經理俾窮民均霑優渥
御製降旨加賑去歲山東被災州縣予兩
去歲閭閻豈被水廿州縣（去歲東省鄒縣等十九州縣衛秋禾偏災濟寧蘭山郯城日照利津五屬較重各按分數酌賑數月者每石增直一錢五是復令加賑以兩月一月爲差）
其中尚偏災況非所經見而我意惻惻加覲溝
壑轉迎鑾來老幼載道衆無萬飽暖予欣欣恩彼
向隅嘆亟重加兩月其餘概賜半復慮倉儲少許
以銀兼穀銀不足穀價則為增其算勸民不厭詳
廿年一識賞有司善施行其令吾恩遍

孚惠全書 卷三十二 十五

三月初八日奉
上諭上年江省被災米價昂貴今距麥秋尚遠一
時恐未即平所有江寧駐防旗兵月支餉銀或不
敷買食生計未免拮据朕心深為軫念著加恩按
名借給一月餉米以資接濟俟秋成後於應支米
內分月扣還該督酌撥米石迅速發給副朕優卹
戎行至意

閏九月初五日奉
上諭山東金鄉等州縣本年窪地秋禾被水其成
災處所已令該撫酌量撫卹銀穀兼賑但金鄉魚
臺濟寧嶧縣滕縣等五州縣地臨湖河被災較重
若照每穀一石折銀五錢之例價直恐有不敷著
加恩於五錢之外增給銀一錢俾窮黎糴食寬裕
以示軫恤該部即遵諭行

十二月十八日奉
上諭山東之濟寧金鄉魚臺滕嶧等五州縣衛今
秋被水較重前已降旨加恩賑卹現在水勢逐漸
消退但尚有未經涸出地畝不能播種春麥深堪
軫念著該撫詳細查明再加賑兩個月以資接濟
該部即遵諭行

孚惠全書卷三十二

孚惠全書 卷三十二 十六

孚惠全書卷三十三

偏隅賑借七

乾隆二十二年正月初三日奉

上諭上年江南淮徐海等屬被水偏災業經加恩賑卹但念該處連年積歉現屆停賑之期而東作方興麥秋尚遠閭閻口食未免拮据著再加恩將下江被災較重之清河桃源銅山蕭縣沛縣邳州宿遷睢寧海州沭陽徐州大河等十二州縣衛極貧加賑三個月次貧加賑兩個月被災較輕之安東豐縣碭山三縣同上江被災之宿州靈璧虹縣長淮等四縣衛極貧加賑兩個月次貧加賑一個月其貧生災軍兵屬各隨坐落州縣一體加賑以資接濟該督撫等其董率屬員妥協經理無遺無濫以副朕軫卹災黎之意該部即遵諭行

二十日奉

上諭山東之濟寧金鄉魚臺滕嶧等五州縣衛上年偶被水災已降旨於加恩賑卹之外加賑兩個月以資接濟今翠華經臨念閭閻春作方殷麥收有待著再加賑一個月該撫其董率屬員實力查辦以副朕軫卹災黎至意

御製降旨加賑去歲被水五州縣（丁丑）

去歲河北溢乃自無隄處填築丈疎畧遂有奪溜處（河至孫家集以北無隄黃河漫流所過汕刷成渠者水落後一一填築以禦來歲汛漲上年河臣經理疎畧致黃河北流幾至奪溜亟命大臣堵塞而當河溢時河上流諸州縣積潦無可宣洩東省魚臺等處遂致成災）災健亟堵塞乃得歸故路積水則已多五郡當其劇尾閭苦泥淤當春尚沮洳涸田正需時耕犂早云誤祈正例施惠加賑曾頒諭今來緣南巡民艱悉經度何妨一再加蘇此俾獨庶嗟爾親民官推行體休助

二月初二日奉

上諭上年江南之淮徐海等屬被水偏災除照例賑卹外復經降旨分別被災輕重加賑一二三月以資接濟今朕翠華南幸體訪民情而災地貧黎尤深軫念著再加恩將下江被災之清河桃源銅山蕭縣沛縣邳州宿遷睢寧海州沭陽徐州大河等十二州縣衛及安東豐縣二縣同上江被災之宿州靈璧虹縣長淮等四縣衛毋論極貧次貧俱各加賑一個月以普惠澤該督撫等其督率屬員妥協經理懸朕懷保至意該部即遵諭行

御製復降旨加賑江南被災州縣詩以示總督尹繼善及地方大小諸吏（丁丑）

新正覽大詔獨久江浙蹕翠華昨發軔加賑已次第茲入江南境宿桃目所擊叶百家鮮積糧麥苗猶在地夏收云尚遠是宜善安置吾民藍縷多嗟此饑寒輩游災乃若斯慮憖誰所致養老及賙貧雖日頒緩騎（命親隨侍衛等齎養老牌以賜高年其貧窘者則給以白金）尚念溝壑俾匍匐或艱至已加罕再加節屢庶均逮以及安慶屬一例俾霑賜既毋事催科其善勤撫字

漏危何處無莫使侵胥吏

初九日奉

上諭豫省之夏邑商邱永城虞城四縣與蕭碭曹單災地犬牙相入並獨無災此中州之民淳樸風厚不敢言災是以賑恤未及茲用嘉憫著該撫即速勘明積水地畝給賑一月其有應行平糶及量借籽種口糧之處一併率屬實心妥協辦理毋令抱屈向隅以副朕惠鮮彰善至意

十七日奉

上諭上江所屬之宿靈虹三州縣及長淮一衛去秋被水災黎其成災在六分以上者業已多方撫邺復兩經降旨加賑自可不致失所惟被災五分

地畝定例既不成災不在給賑之內而其中有積水未消不能種麥之處及已種春麥正月內又為毛城鋪減洩黃水淹浸者雖可播種大田而時距秋成尚遠貧民生計不無拮据清問所及軫念殊深著加恩於例借一月口糧之外再加借一月口糧以資力作該督撫其董率屬員查明速辦

六月初四日奉

上諭據圖爾炳阿奏報開封府屬之鄢陵杞縣陳留通許尉氏陳州府屬之扶溝沈邱歸德府屬之睢州寧陵商邱虞城永城夏邑許州屬之臨潁等州縣山水驟發河流漫溢一時宣洩不及窪地積水二三尺及四五尺不等又汝歸陳等府屬補種

秋禾又有被淹等語前聞歸德各屬新種祇田連值大雨被淹業經傳諭該撫等令將積水設法疏消並令查明撫邺酌借籽種現復加恩將夏邑等四縣二十三年地丁錢糧概行蠲免所有開封府屬之鄢陵等州縣雖被水之輕重不同而秋成未免失望自應一併亟為設法辦理著該護撫劉慥等速即委員前赴被水各該處分路確查將積水上緊疏消俾得早為涸退趕種晚禾此內應撫邺者即行撫邺其無力貧民缺乏籽種者照例酌借令其及時補種菽豆雜糧使窮民無致失所

十二日奉

上諭河南夏邑等縣被災前經疊次加恩賑邺今

歸德府屬之夏邑商邱虞城永城考城並陳許兩屬各縣五六月間大雨連綿以致窪地復有積水秋禾被淹已命侍郎裘曰修前往相度疏浚冀速為消涸但該省濱河州縣與山東之金鄉魚臺江南之宿虹豐沛等處壤地相錯屢次被災在山東江南者均邀賑邺而該省地方官從前並未留心查辦循抱向隅今涸出補種之秋禾復被浸淹平地亦多潦浸朕心深為憫惻雖定例夏災不賑而該處積歉之後民食艱難應加優邺副都統三泰郎中蘇爾德現在奉使在豫著即率同護撫劉慥查明被災戶口無論極次貧民概予撫邺一月口糧此朕格外特恩不在常例之內其董率有司實

心查辦無俾胥役侵蝕中飽俟胡寶瑔到豫日三
泰等再行回京該部即遵諭速行

十三日奉

上諭護理河南巡撫劉慥奏夏永等縣因大雨疊
沛秋禾多被淹涸勢難補種惟俟八九月內務飭
該縣等督率被水民人極力疏涸毋誤種麥之期
等語前聞該處秋禾被淹已有旨令查明戶口格
外賑卹但此四縣積年被水一雨即淹自應速求
疏洩之方然此豈該縣等所能辦若僅委之該縣
仍不過奉行故事如歷年所為其為貽誤尚可言
耶現命侍郎裘曰修前往豫省相度各處疏濬事
宜所有夏永等處積水著裘曰修會同巡撫胡寶

瑔熟察該地情形確勘受患之由徹底籌畫上緊
疏消務俾涸出地畝得趕種秋麥春雨不致復淹
災民得免昏墊之苦即工鉅多費帑金亦所不惜
但現在該處續報被水昨經傳諭副都統三泰等
率同該護撫詳悉查明不分極次貧民通行賑卹
今劉慥以撫卹完竣具奏仍屬草率了事已於另
摺批示著三泰等遵照前旨所有被災州縣逐一
詳查妥辦毋致災黎失所副朕桐瘝在己之意摺
並發

二十三日奉

上諭方觀承奏直隸魏縣漳河暴漲城鄉居民房
屋俱有倒塌田禾亦多淹浸現已查勘賑給口糧
等語魏邑猝遇水災秋成失望若照例俟查明成
災分數始行賑卹未免少需時日嗷嗷災黎深堪
軫念所有被水貧戶著照乾隆八年之例於急賑
一月後按月給予續賑銀米兼發用資生計其倒
塌房屋亦著照撫卹成例速行查辦俾得早獲寧
居至水退後如何播種秋麥勸諭農民及時播種
並著按畝借給麥種銀兩以資力作該督其董率
屬員妥協經理務使均霑實惠副朕懷保至意

二十四日奉

上諭方觀承奏稱元城大名兩縣因衛河陡漲城
鄉田舍多被淹浸現飭司道等查勘撫卹等語昨
據報魏縣被水已降旨令該督將賑卹事宜照乾

隆八年之例速為經理今元城等處復被大澇窮
黎深堪軫念著該督迅速前往一併查勘所有應
行賑卹事宜悉照魏縣一體妥協辦理務俾均霑
實惠不致失所該部即遵諭行

二十六日奉

上諭愛必達奏徐屬之沛縣於五月中旬水勢驟
長城內積水浸淹現在親赴該縣查勘防護等語
該縣積年被水茲復驟遭淹浸自應亟為設法疏
洩其無力貧民亦宜速加撫卹現在愛必達即赴
雲南而陳宏謀尚未到任江蘇巡撫印務自屬尹
繼善兼攝愛必達所有親行查勘應行急賑續賑
之處著交該督速行妥協籌辦務俾災地貧黎不

致失所以副朕軫念該部即遵諭行

二十九日奉

上諭據高晉奏宿州靈璧虹縣懷遠鳳台潁上泗州盱眙五河壽州鳳陽阜陽太和蒙城亳州並鳳陽長淮泗州三衛瀕臨河湖窪地秋禾被淹現在查勘撫卹等語宿州等處夏麥已被水災今秋禾又復淹浸深堪軫念著該撫等督率屬員速赴被災處所上緊設法疏洩俾得補種莜菽雜糧以資民食其應行撫卹事宜著該撫等照例分別妥協辦理務令被災窮黎均霑實惠毋致失所該部即遵諭行

三十日奉

上諭據劉墉奏衛輝府屬之汲縣淇縣六月中大雨連綿山水徒發城垣民房俱有倒塌並淹斃人口現飭彰衛懷道永泰督率查辦撫卹等語豫省今歲被水之處頗多該二縣向非窪下猝被淹浸情形殊為可憫所有一切撫卹事宜著該撫督率該地方官速行照例妥協辦理水退可種之地勸令趕種莜豆雜糧以資民食其應給賑糧修理坍塌房費俱著即行動款發給並續報被災之封邱中牟陽武新鄭武陟原武輝縣滑縣新鄉延津獲嘉許州長葛等州縣亦著即速詳查照例撫卹務俾閭閻均霑實惠毋致稍有失所以副朕軫念災黎至意

三十日奉

上諭據甘肅巡撫吳達善奏甘省之碾伯會寧等三十八州縣廳所屬各村莊今夏或因崖上坍塌或雨中帶雹山水漲發間有損傷田禾及衝壓房屋淹斃人口之處現在飭查撫卹等語甘省地處邊陲雨雹偏災旱潦不齊雖所時有然今歲被災情形視往年較廣朕心深為軫念著該撫董率屬員將災地逐一詳勘其有可以補種雜糧者即速酌量借給籽本趕種晚秋以望西成其衝倒房屋以及淹斃人口牲畜俱著即行確查照例按數賑給務俾邊徼災黎均霑實惠毋致稍有失所大學士黃廷桂回任時並令順道查察該部即遵諭速行

七月初一日奉

上諭據鶴年奏漳河暴漲驟注衛河所有館陶冠縣等縣衛猝被水災諸水滙集無從宣洩以致濟寧魚臺金鄉等處已涸復淹等語濟寧魚臺等縣久被積潦今館陶等縣衛復經河流驟浸當此秋禾茂長之時若不速行設法疏消窮黎其何以濟該撫既經親往查勘著董率屬員加意撫卹照例即予急賑一月不必拘秋災成例務令均霑實惠毋致失所並令一面堵禦一面疏消一有涸出地畝急令補種莜麥以冀秋成凡目前拯濟之事及日後永遠之方該撫其悉心詳求妥辦以副軫念

黎元至意

初五日奉

上諭河南被災州縣已屢降旨該撫等加意撫卹從來賑濟之道銀便於米且該省被災之後將來糶借正繁皆須倉粟接濟現在散賑着概以銀錢折給但向例銀米兼放配搭均匀每粟一石祇折銀六錢今專用銀錢若仍照舊例折給民間買食恐有不敷着加恩於定例六錢之外每石加給一錢俾災地貧黎謀食寬裕該撫其董率屬員核實經理務令小民均霑實惠用副朕格外優卹至意該部即遵諭行

初九日奉

上諭方觀承查奏漳河漫溢情形一摺前聞魏縣元城大名等處猝被水災當經降旨照乾隆八年之例賞給急賑銀兩其倒塌房屋並令按間給銀俾得早獲寧居仍令該督方觀承親往查勘令該督雖稱被災窮黎口食有資婦子相依嬰竈畧具等語但該處今年被水甚重城鄉居民家室蕩析甚屬可憫如有應行加恩之處仍着該督迅速查明具奏不必拘於常例務使被災窮黎不致稍有失所以慰朕已饑已溺之至意至魏縣城外積年受淤已成釜底之形將來應作何籌辦並着該督方觀承確按情形妥議請旨該部遵諭速行

初十日奉

上諭鶴年所奏查勘各州縣被水成災並續報河流漫溢情形一摺前因漳河暴漲驟注衛河館陶等縣衛被水成災而濟寧魚臺金鄉等處已涸之地又復淹浸即經降旨令該撫鶴年加意撫卹令據該撫親往查勘及據各屬續報此次被水成災者有館陶武城臨清州臨清衛冠縣夏津朝城堂邑聊縣單縣恩縣范縣德州衛濮州濮州衛曹縣壽張等十七州縣衛嘉禾偏隴轉瞬秋成猝被水災農民失望室廬蕩析棲息無所朕心深為軫念所有被水各屬俱着該撫遵照前旨一體加意撫卹並各賞給急賑銀兩毋拘秋災成例其房屋坍塌者即速給賞修葺毋令久處露舍致滋疾病以慰朕懷保小民至意至館陶陵縣向例雖係民修但令被災已重生計拮据何忍復責以工役之事着即遴委道府大員星速動帑估修捍禦來路朝令速涸若水退之後有可補種蕎麥者即酌借籽種勸諭乘時補種接濟口食該撫鶴年其善體朕意妥協經理務俾災黎不致稍有失所該部即遵諭行

十六日奉

上諭江南徐州府屬之沛縣連年積歉今夏雨水過多城鄉各處又被浸淹前經有旨令尹繼善親往查勘妥協經理被災窮黎幸免流離失所但現今積水未消麥秋兩收全行失望雖已先行撫卹

一月口糧而循例給賑當以五冬爲期何能吸吸
以待兹據該督奏請分别極貧次貧再行酌借口
糧以資接濟等語著加恩將此所借口糧即作加
賑之項將來不必徵還其坍塌房屋併即查明給
以修費俾災民有所棲止副朕恫瘝一體之至意
該部即遵諭行

十六日奉

上諭直隸之魏縣元城大名等處猝被水災業經
降旨加恩賑卹但念被水各處商販難通糧價漸
昂其折半賑銀若照每穀一石折銀五錢之例支
給未免不敷買食著加恩將魏縣大名元城清河
凡有應賑之區每穀一石加銀一錢折給銀六錢

至動撥倉穀減糶若僅照市直畧爲減價則閭閻
未必受平糶之益著照現在騐長市價每石減銀
三錢俟城鄉道路通行米糧充裕即行停止以節
倉儲該部即遵諭行

十六日奉

上諭鶴年奏報東平等州縣續被水災一摺東省
館陶等州縣衛猝被水成災業經屢降諭旨加恩
撫卹俾無失所其續報泰安府屬之東平州東阿
沂州府屬之蘭山郯城等州縣即著該撫鶴年遵
照前旨一體查辦並各賞給急賑銀兩以資接濟
俱不得拘泥成例俟十月後方行給賑該部遵諭
速行

十七日奉

上諭懷新桂奏福建之龍巖南靖等二州縣於六
月中旬遇水發冲壞房屋並有淹斃人口之處等
語山邑驟遇暴漲致損廬舍並傷人口殊堪矜惻
該著督現已委員查明被災貧户照例賑卹著加
恩先行賞給急賑一月口糧毋致失所其坍塌民
房不必拘泥向例分别有力無力著即行給銀古
蓋以免露處至冲壓田畝並著迅爲挑復補種晚
禾以資民食應借給籽種口糧著即行借給該著
督等務飭屬實心經理以副朕軫念災黎至意

二十八日奉

上諭東省濟寧金鄉魚臺郯嶧滕縣等被水州縣

近因漳水漫淹已涸已種地畝復被淹浸業降旨
先行急賑一月其未經涸出至今尚淹者本不種
植向例非禾苗被淹不得報災但此等災地兩年
顆粒無收待哺嗷嗷情尤可憫著加著照已種復
淹地畝一體賑卹以蘇民困再該處需食饑民甚
衆穀價未免稍昂若照每石折給銀五錢之例恐
不敷買食著再加恩每石增給銀一錢俾市糴寬
裕不至拮据至濟寧衛及滋陽汶上菏澤陽穀等
縣續經被水之處亦著該撫查明照例賑卹務使
災黎得霑實惠用副朕恫瘝一體至意

九月初五日奉

上諭今歲上下兩江淮揚徐海鳳潁泗等各屬秋

禾被水成災現經照例先行撫卹一月口糧銀米兼賑其折賑定例每米一石折銀一兩但念該處稍歉之後糧價未免稍昂若照例折給恐貧民不敷買食著加恩將各屬應給正賑折價每石增給銀二錢俾得謀食寬裕以示格外軫卹至意

十一月初五日奉

上諭甘肅提鎮標營每年應支兵米向例止給四月本色其餘月分俱給折色年來西路用兵兼之口外地方今歲偶被風災商販之出口者多內地米價未免稍昂所支折色不敷買食兵丁生計未免拮据著加恩將甘提涼肅二鎮所屬標營無論馬步兵丁每兵賞借小麥一石六斗於本年十一月起分作四月按月支領以濟口食各照本營額定折色之例自來年春季起分作四季扣還其安提各營兵丁前因災歉業經賞給一月口糧但安西地處口外兵丁之差使較繁亦著一體借支連前所借一月口糧一併分季扣繳以示體卹邊兵之意該部即遵諭行

十二月二十六日奉

上諭甘涼肅安一帶各標營官兵因本年米價稍昂曾經加恩每兵賞借四個月口糧以資接濟其陝省延綏一鎮地處邊徼差務絡繹本年秋收適值歉薄各營口食未免拮据來歲青黃不接為時正長朕心深為軫念著照甘涼肅安之例無論馬

步守兵每名賞借四個月口糧一石六斗自十二月起按月米麥兼支俟來年照各本營折色四季扣還歸款以示體卹邊兵至意該部遵諭速行

乾隆二十三年正月初二日奉

上諭去歲豫省衛輝等府被災地方屢降恩旨將應徵錢糧蠲免並於普賑一月之外疊予加賑四次計費帑金三百餘萬自去歲十月起可至今歲二月矣但自仲春以至麥秋為時尚遠賑畢之後二麥未及登場譬如赤子出慈母之懷未能強飯遽斷其乳其何以堪朕心深用惄然著加恩將被災十分之極次貧民暨被災九分之極貧民再行加賑一月俾得接至麥收用示體卹至意該部即遵諭行

御製新正二日降旨加賑豫省去歲被災各州縣

詩以紀事 戊寅

中州歷歲數向隅屯膏其敢緣諱飾察知譴責司牧者賑賙乃不遺餘力帑金三百萬弗惜庶使閭閻免困逋諄諄吏戒彼大吏毋俾役蠹俾遍得勤加咨詢往來人盡道窮簷稍起色更幸三白霑宿麥聞之畧為紓反側夏熟尚早詎置懷助陽春時宜布德譬之赤子繞離懷未能強飯可奪食已加毋寧再三加於民豈可言從奢免溝壑共力春耕南顧猶然為惕息

初三日奉

上諭上年豫省被水疊經降旨蠲賑昨復於加賑
四次之後更予加賑一月小民得此接濟可至秋
收矣其該省駐防八旗官兵額支兵米向例俱給
折色現在糧價稍昂若照定例粳米每石一兩五
錢粟米每石一兩二錢支給恐不敷買食著加恩
於本年二月起將應支米石給與半年本色以裕
兵食用示體䘏旗兵至意該部即遵諭行

初四日奉

上諭上年兩江災地業經截漕蠲緩賑借兼施恩
膏疊沛矣但賑竣後距麥收之期尚遠貧民難以
支持朕心深為惻然著將下江被災最重之清河
桃源銅山沛縣邳州宿遷睢寧海州沭陽等九州
縣極貧各加賑三個月次貧各加賑兩個月其次

重之豐縣蕭縣贛榆及山陽安東高郵興化寶應
碭山九州縣並上江之宿州靈壁虹縣鳳臺懷遠
鳳陽太和泗州盱眙五河等十州縣極貧各加賑
兩個月次貧各加賑一個月又下江被災較輕之
甘泉阜寧二縣上江之壽州阜陽潁上亳州蒙城
等五州縣無論極次各加賑一個月所需賑糧酌
倉儲多寡銀米兼放折賑銀兩仍照加增之數折
給該督撫務督率屬員實心妥辦俾災民均霑實
惠以副朕軫念黎元至意

初六日奉

上諭上年直隸大名府屬之大名魏縣元城南樂
清豐廣平府屬之清河威縣河間府屬之景州故
城交河吳橋被水各州縣業經降旨撫䘏賑借兼
施災黎自可得所惟是例賑應至正二月為止貧
民仍不免拮据著加恩將大名等各州縣內九十
分之極次貧民再各加賑一個月以示軫恤該部
即遵諭行

二月初七日奉

上諭陝省榆林府屬之葭州榆林懷遠神木府谷
延安府屬之靖邊定邊鄜州屬之宜君等八州縣
上年秋禾被災業經降旨蠲賑但現在例賑已經
告竣而麥秋之期尚遠災民未免謀食維艱尚需
接濟著加恩將該八州縣內被災八分之極貧與
九分之極次貧民再行加賑兩月仍每石折給銀

一兩二錢以資買食用示優䘏至意該部即遵諭
行

三月二十五日奉

上諭上年山西交城等四十八州縣秋收歉薄已
降旨將民欠常平倉穀及借出社倉義倉穀分別
緩徵矣但其中有太原府屬之岢嵐州嵐縣保德
州及所屬之河曲縣四處僻在邊隅商販罕至又
因連歲災歉民間已鮮蓋藏官倉貯積亦屬有限
糶借未免不敷當此青黃不接之際小民生計維
艱殊堪廑念著加恩再酌給兩月口糧按照定價
折給銀兩並將新舊地丁錢糧一概緩徵俾窮黎

度日不至拮据至大同府屬之大同渾源山陰陽高天鎮朔平府屬之左雲右玉朔州平魯九州縣皆係地連邊境承辦軍需連歲秋收亦復歉薄著一體加恩將新舊錢糧寬至今年秋成後徵收以紓民力該地方官實心經理善為撫綏副朕加惠窮黎至意該部即遵諭行

八月二十三日奉

上諭黃廷桂奏甘省河東河西州縣內有雨澤愆期不及補種秋禾之處目前即應照例銀糧兼賑但該處現在糧價頗昂若照部價每石一兩折給不敷買食請於部價之外河東每石加銀二錢河西每石加銀三錢等語該省連歲辦理軍需繼以雨澤愆期不及播種糧價自不免昂貴即照該督所請加增之數折給恐尚不敷著加恩於部價外河東每石加銀三錢河西每石加銀四錢俾民間買食寬裕以示格外軫卹至意

孚惠全書卷三十三

孚惠全書卷三十四

徧陽賑借 八

乾隆二十四年正月初四日奉

上諭甘省河東河西各屬上年偶被偏災業已加恩多方撫卹但念該省地處邊陲民生業稱寒瘠現在時屆春初小民方勤東作至青黃不接之際例賑既停閭閻未免拮据著再加恩將河東之皋蘭金縣靖遠會寧武威古浪平番永昌山丹張掖鹽茶廳花馬池等十二廳州縣被災處所無論極次貧民災分輕重俱一體加賑三個月仍准銀米兼賑其餘應行酌借口糧者並著照例查辦俾窮黎得以接濟用資力作暨蘭省會之地以及平番古浪武威靖遠張掖肅州等屬糧價較貴而關外之安西五衛價直尤昂雖該督等現在減價平糶然照常例酌減恐仍不足以平市價並著加恩將粟米每石減糶銀二兩四錢小麥每石減糶銀二兩二錢庶貧民不至艱於買食該督撫等其董率屬員悉心查辦務使農民普霑實惠該部即遵諭行

二月二十六日奉

上諭甘省地處邊陲風土貧瘠秉之去冬未得透雨麥苗未能徧種民力不無拮据前經降旨將上年被災各屬於青黃不接時一體加賑已至本年五月但其時秋成未屆又值閏月貧民餬口維艱

深堪矜念著加恩再行加賑三個月酌量銀穀兼
賑以資接濟現在東作方興各屬內有不能及時
耕種者俱著量借籽種牛具折價給予務俾農民
早事南畝以冀有秋著該督吳達善詳悉查明奏
聞借給副朕念切恫瘝至意該部遵諭速行
御製降旨加賑甘省被災州縣詩以紀事 有序 乙酉
甘涼為西陲轄隸孔道土瘠而風醇其民更直
執公句惟謹給復蠲通之詔歲幾數下其偏隅
以薄祲告者廩餼優卹訖於夏五顧念時未登
秋節方屆閔心有慼焉申命貸之牛種仍予展
賑三月庶幾綏我蒼赤資彼青黃即事攄懷以
當咨壯

涼肅窮邊未鮮違溫飽家何當運餉苦吏抱被災
嗟討逆非容已思艱詎有涯豁徵明歲豫繼賑到
秋賒不寫華無寫雖加可再加所布歌哉戴萬戶
樂休嘉
二十八日奉
上諭非因甘省被災各屬民食維艱降旨加恩再
行加賑三個月以資接濟展轉思維該省僻在邊
陲生計素瘠上年既不免薄收而自冬涉春雪澤
又未能霑足現在展賑雖可接至初秋而隨時悉
心擘畫俾小民得霑實惠則司牧者之責也著傳
諭該督撫確體情形通融經理如春月雨水調勻
入秋西成可望即將後一兩月應行給賑之項以
次接數先期併給俾支用活為充裕若量其歲事
未能保定饔飧之資必須按月分領以防耗費則
仍循例次第給發蓋窮簷止謀旦夕不知遠計督
撫等其曲體民情毋拘成例務期邊地災黎不致
稍有失所以副朕恫瘝在抱之至意
三月初一日奉
上諭晉省保州大寧等二十七營及大同鎮標左
營等四營兵丁月糧向例俱全支折色但該處米
糧價直較前稍覺增長若照舊例支給兵力不免
拮据著加恩將各營本年應給月糧折價九錢者
每石增銀二錢折價一兩者每石增銀一錢於該
省錢價盈餘項內給發俾兵丁食用充裕以示優

卹該部即遵諭行
四月十一日奉
上諭甘省上年被災各州縣叠經加恩撫卹展賑
已至七月其河州伏羌環縣東樂等四處被災次
重雖已照例頒賑當此青黃不接之際窮黎謀食
維艱朕心深為矜念著加恩一體展賑三個月按
月支給俾小民餬口有資自可力勤耕作以待秋
成該部遵諭速行
十八日奉
上諭據吳達善奏報河東之河州渭源等十州縣
夏田俱已種齊皋蘭金縣等六廳州縣佈種無多
正需雨澤茲於四月初一二等日甘雨連綿皋蘭

縣城鄉各入土三四寸全縣亦同時得雨各屬雖
尚未報齊而雨勢甚廣夏秋均可趕種等語覽奏
深為額慶該處今年春雨稀少時廑朕懷現在幸
沛甘霖正可乘時勸種以冀有秋著該督吳達善
等即速查明如有力不能置牛具者即行借給牛
具缺乏籽種口糧者即行借給籽種口糧俾得及
早耕作盡力南畝並派委賢員多方勸導務使農
民咸知勤奮仰承膏澤以慰朕軫念邊氓至意該
部遵諭速行

五月十八日奉

上諭陝西西安府屬之咸寧長安咸陽臨潼盩厔
鄠縣興平高陵三原涇陽醴泉富平耀州同官同

州府屬之潼關廳暨大荔朝邑華陰郃陽韓城蒲
城白水商州屬之雒南邠州長武三水淳化乾州
永壽武功等三十廳州縣入夏以來雖連得雨澤
未為透足其沿邊一帶之延榆二府鄜綏二州所
屬去歲被災之各州縣雨水亦未能霑潤該州縣
夏麥既已歉收民力不免拮据朕心深為軫念自
應分別重輕酌量接濟著鍾音即於各屬倉儲內
動撥米石或應平糶或應借給籽種其上年被災
而今歲夏收又復歉薄之處則酌量情形即於寧
夏及晉省運到糧石內量加賑卹務使貧民均霑
實惠不致失所以副朕體卹邊氓之至意

六月初九日奉

上諭前因陝省榆林葭州等屬頻年被災加恩賑
濟嗣以麥收尚早而例賑已竣復經降旨加賑現
在邊地雨澤未能霑足麥收歉薄計距秋收之期
尚遠民食未免拮据深堪軫念著再加恩將榆葭
等十一州縣被災七八分之極貧與被災九分之
極次貧民再行加賑兩月酌量地方情形銀糧兼
給以資餬口其榆延等屬去秋未經被災州縣二
麥歉收之處亦准照例酌借籽種口糧俾編氓盡
力南畝以待秋成該部遵諭速行

十三日奉

上諭前因京師亢暘屢申虔禱昨於十二日仰沐
天庥甘霖霑霈至今濃雲四合靉靆繽紛膏雨叠

沛所及者廣直屬地方自必普遍優渥土脈透潤
現在節屆小暑正須急事耕犁播種以承
恩澤著方觀承速飭地方有司廣為勸課並查明
無力窮民分別酌借牛具籽種口糧等項俾得乘
時盡力耕作以冀秋成

閏六月初五日奉

上諭甘省附近之連城紅城兩土司所屬地方上
年被有偏災已加恩借給籽種今歲雨澤未能霑
足夏收歉薄念邊外土民餬口未免拮据著再加
恩借給口糧三個月照例折給該撫吳達善即委
幹員前往會該土司等按戶散給俾霑實惠並著
令於來歲麥熟後同前借籽種分作三年交還以

示體卹該部遵諭速行

十二日奉

上諭據方觀承奏各屬屢次大雨之後唐河沙河白溝拒馬諸水同時並漲下游悉歸淀河以致大清河尾閭不能宣洩轉由鳳河倒漾阻遏渾流而宣化上游雨後漲發盆涌旁溢南岸四工隄頂漫開數丈現在馳往確勘等語入夏以來直屬大雨時行各河漲發而山西上游諸路亦均得透雨山水下注永定河隄總致有漫衝著派安泰赫爾景額即速馳驛前往看視情形並留赫爾景額在彼協同該督將漫口剋日堵築毋致再有浸溢其水過村莊現在有無淹浸及應行加恩撫卹之處著

方觀承一面勘明妥辦一面奏聞該督職司河道不能先事豫防著交部照例察議其疎防之河道各員俟查奏到日一併交部察議

十九日奉

上諭據吳達善奏稱甘省所屬皋蘭等三十六州縣衛五六月間雨澤愆期被旱情形輕重不一等語甘省地處邊陲連歲秋成歉薄去冬雨雪稀少今夏禾麥收穫糧價昂貴閭閻必多拮据朕心深為軫念該督等應悉心體察民情勤加撫綏各屬內有提種秋禾並借籽改種晚秋現在乏食之戶即查明量借口糧銀兩以資接濟其被災較重節候已遲不能改種秋禾及止種一收成災之處不在現頒加賑之內者接濟尤不可緩俱著該督等詳悉確查速行賑濟使窮黎不致失所至皋蘭金縣等處前因被災屢經降旨加恩展賑已至七月今該省現在尚未穫收所有加賑之期未便拘於常格至十月始行散給著即於八月內接續放賑俾得源源接濟朕嘉惠窮黎有加無已該督等其善率屬員實力奉行體朕優卹邊氓至意該部遵諭速行

七月初四日奉

上諭直屬夏秋以來米價稍昂因截留漕糧並酌撥倉穀令各該地方設廠平糶民食不致拮据所有通省各營兵丁並著加恩令該督提等查明確

數每名借給糧一石俟明年夏季起分作一年扣還其附近水次者即於截存漕糧項內動撥餘即就各該處倉糧內借給以示體卹該部遵諭速行

二十三日奉

上諭據方觀承奏永定河四工漫口已經合龍該處現在引水歸槽工程完竣其邨莊涸出之處一經過水土脈更肥民間正當及時補種秋麥以收地利著方觀承將固安永清霸州等所有被水邨莊內查明有地無力之戶按畝酌借倉穀俾得易換籽種乘時力作用示撫卹

二十三日奉

上諭據方觀承奏七月初七等日節次大雨漳衛

河水長發大名順德所屬之邯鄲雞澤等州縣內間有被淹鄉莊又南運河之南皮縣東岸及吳橋縣正對德州衛第六屯二處隄岸均有漫溢現在督率查勘辦理直屬今年夏初亢旱旋得透雨晚田禾稼及時播種正可望有秋今忽有此窪下之區積水自多殊為可惜所有隄念民田尤宜加意防護南皮吳橋運河漫口關係緊要現據該督親赴勘辦著迅速設法堵閉俾近河居民不致漫水傷稼其漳衛諸河附近被水各處據奏委按察使喬光烈等星赴勘辦有應疏濬堵築者務令悉心相度加緊籌辦被水民田內有應分別撫綏借賑者俱著一面辦理一面奏聞以副朕軫念之意

八月十五日奉

上諭甘肅連年歉收倉穀尚未充裕明歲春耕一切籽種口糧皆須酌借向來原有折銀借給之例但念該處現在糧價稍昂若照每石折給銀一兩之數購買尚覺不敷著加恩自今冬明春各屬災地及勘不成災處所應借籽種口糧河西每石折借銀一兩四錢河東每石折借銀一兩三錢俾農民耕作有資不致拮据用示體恤該部即遵諭行

九月初一日奉

上諭晉省各屬今歲夏秋間有偶被偏災之處現據該撫照例查勘題報所需撫賑口糧例應本折兼給該省被災之後時價不無稍昂所給折色著加恩每石折銀一兩六錢俾災黎買食充裕以示體恤該部即遵諭行

十一月十六日奉

上諭霸州固安等十處駐防兵米向係給發折色今歲畿輔一帶雖屬有秋而米價未免稍昂明春青黃不接之際兵丁糴買不無拮据著加恩將霸州固安良鄉東安順義采育營玉田昌平古北口遵化州十處所有本年冬季及二十五年春季駐防兵米折色每石加銀三錢以示體卹該部遵諭速行

十八日奉

上諭甘省折賑向例每石給銀一兩上年因該地

方歲事歉收恐貧黎買食不敷已降旨河東每石加銀三錢河西每石加銀四錢今皋蘭等各屬被災地方糧價尚未平減朕心深為軫念著再加恩將皋蘭靖遠金縣平番固原鹽茶廳環縣古浪安定會寧靜寧隆德靈州花馬池中衛狄道河州碾伯等各州縣賑糧折價俱於前加每石三錢四錢外河東河西每石再各加給銀三錢俾窮黎足敷買食以示惠養邊氓至意該部遵諭速行

二十二日奉

上諭甘省今歲收成稍歉糧草價值較昂滿漢各營應支折色若照向例折給購買未免不敷所有明歲官兵改折糧料草束及採買滿營糧草價值

著加恩照二十三年之例一體加增其河州鎮標臨洮鞏昌二營及陝省定榆地方并固原一帶協路各營隸於甘省者均屬災歉之區著將明歲各營應關折色亦一例增給以示體䘏該部遵諭行

二十九日奉

上諭本年江南蘇松各屬間有偏災秋收稍歉糧價較昂所有沿海沿江各營兵丁口食未免拮据著加恩照乾隆二十年之例酌借月餉銀米接濟其應如何確按歉收分數分別借給之處著該督撫會同提督王進泰速行妥協商酌一面辦理一面奏聞

乾隆二十五年正月初二日奉

上諭甘省蘭涼平慶一帶上年偶被偏災已加恩一體賑䘏但念邊氓生計拮据春耕在即而例賑將停恐不足以資接濟著再加恩無論被災分數極次貧民將皋蘭金縣平番古浪會寧安定固原靖遠環縣鹽茶等十廳州縣於正賑之外再加展賑至麥熟後停止靜寧隆德狄道三州縣再加展賑四個月靈州花馬池中衛河州碾伯五廳州縣再加展賑三個月俾小民得以餬口力耕副朕念切恫瘝至意該部遵諭速行

二月初十日奉

上諭上年晉省所屬州縣內夏秋有偶被偏災之處俱經分別蠲緩賑䘏但念時屆二月例賑將停而麥收尚遠小民際此青黃不接餬口未免拮据著再加恩將成災六分以上之陽曲等三十州縣無論極次貧民再行加賑一個月仍照例折給俾得買食充裕以資接濟該部遵諭速行

三月初十日奉

上諭晉省隰州大寧等二十七營及大同鎮標左營等四營兵丁月糧折色上年曾經降旨增給現今該省糧價尚未平減若遽照舊支領仍恐不敷買食著再加恩將本年應支折色照上年之例折價九錢者每石增銀二錢折價一兩者每石增銀一錢俾兵丁日用充裕以示體䘏該部遵諭速行

十四日奉

上諭上年陝省沿邊一帶偶被偏災業已加恩撫賑現屆青黃不接之際麥秋未至而例賑已停農民口食未免仍有拮据著再加恩將被災五分以上之定邊榆林葭州神木府谷懷遠等六州縣無論極次貧民俱加賑兩月被災五分之安定延川宜川等三縣俱加賑一月照例折給以資接濟該部遵諭速行

乾隆二十六年正月初二日奉

上諭去歲湖南所屬之零陵新田祁陽東安寧遠耒陽常寧等七州縣因夏間缺雨偶被偏災已據該撫照例散賑該省屢歲豐收此數州縣秋成偶歉民氣雖不致大傷第念閭閻業已被災日用究

多待賑計倒賑既畢尚屬青黃不接之時著加恩將此七州縣無論極次貧民再行加賑一個月該撫其善為經理務使得霑實惠用副朕軫卹至意該部即遵諭行

御製降旨再加賑湖南被旱諸州縣詩以誌事辛巳

頻年寬大詔甘省首所被去年幸豐收况豫免今歲恩澤無可加初春宜施惠楚南昨偏災加賑以次第兆吏報民安屢念仍弗置已加寧再加永奉天光義

初四日奉

上諭上年淮揚徐海等處偶被水災業經加恩陸續賑卹諭令地方有司實力查辦務使窮黎得所兹當東作方興例賑將停而麥收尚遠農民生計恐不無拮据著再加恩將被災較重之阜寧安東桃源高郵泰州興化寶應等七州縣無論極次貧民俱加賑兩個月其被災次重之清河鹽城甘泉睢寧海州沭陽等六州縣毋論極次貧民俱加賑一個月以資接濟該部遵諭速行

御製降旨加賑高寶被災諸州縣詩以誌事辛巳

高寶去歲潦優恤籌民安鄰郡頗有收穀價未致艱方春宜佈惠南望此所先賑期盡青黃毋寧再加寬意苟存惜帑吾民何賴焉有年勿問吉好生勵體乾

初五日奉

上諭昨已降旨將湖南省被災之耒陽新田祁陽東安寧遠永明常寧等七州縣於例賑之外各加賑一個月以資接濟但今東作方興秋收尚遠災民生計仍恐不無拮据著再加恩將此七州縣毋論極次貧民各予加賑一個月用示朕惠養黎元至意該部遵諭速行

六月十六日奉

上諭據愛必達等奏滇省新興州江川縣兩處於四月內地震所有倒塌民房傷壓人口請照例賑卹等語該州縣地震成災雖經該督撫等照例分別賑給但念被災過重窮黎尚多拮据所有賑卹銀穀著加恩照乾隆十九年恩旨於常例之外加一倍賑給該督撫務督率屬員實心妥辦俾災民均霑實惠該部遵諭速行

七月初九日奉

上諭李勳奏湖南常德府之新口橋易家隄各岸因雨水稍多間有浸塌之處廬舍田園被淹督臣已經查勘撫卹等語今年雨水在在充足該處得雨過多沿隄居民田舍猝被淹浸殊深軫念著該督撫等星即遴委幹員將沖塌房屋淹斃人口分勘詳查所有應行賑卹之處即速照例賑卹其田禾被水之處成災與否亦即確勘分數據實具奏毋得稍有遺漏至所坍隄岸一面上緊堵築以資捍衛副朕軫卹閭閻至意該部遵諭速行

十五日奉

上諭據張師載奏報六月下旬連次大雨汶水陡長東平寧陽汶上一帶民堰多有漫刷現在晴明水勢消退近河要工俱各保護平穩等語今年直隸山東等省雨澤在在透足惟夏末秋初雨勢稍稠低窪地畝未免有淹浸田禾之處昨已諭令阿爾泰據實查明具奏今日方觀承奏到永定河北岸亦有汕刷淹及附近田禾堤内以非因漫水爲患未便另議賑卹此皆地方官相沿設套之詞殊不思以直省頻年重邀

天眷甘膏霑渥此一隅近河沮洳之鄉浸溢見告原不足爲屢豐之累司民牧者若意存文飾且或

以今歲恭逢

大慶不欲以此瑣瑣入告則大非朕勤民懷保之意方觀承已有旨令其留駐固安查勘經理著再諭該督並巡撫阿爾泰令其各就沿河窪地悉心查勘有應行賑恤者一面即速奏聞一面飭屬妥協辦理不得稍有諱飾副朕軫念閭閻至意

二十七日奉

上諭今年入秋以來直隸各屬雨水稍覺稠密其與永定河附近地方邨莊田畝未免淹損該處雖皆一水一麥之地但既已種有秋禾收成失望農民未免拮据著加恩將固安永清東安武清四縣被淹地畝照永定河撫恤之例查明貧乏之戶計食口多者每戶給米四斗少者給米三斗穀則倍之其早能涸出尚可及時佈種秋麥有地無力之戶按畝借給倉穀五升以資易換麥種之用仍寬期俟明年秋成後免息還官至消涸稍遲之地僅可佈種春麥者屆期一例借給仍同各處被水地畝確勘情形分別籌賑該督務董率屬員實力奉行毋令胥吏侵食中飽俾閭閻不致失所副朕軫念貧民至意

八月初三日奉

上諭河南祥符等縣河水漫溢已特派大臣馳驛前往會同該撫等相度經理所有被水邨莊並令加意撫綏朕思被水情形與被旱不同蓋旱形可

以豫知地方官先事詳查戶口造册彙報上司核定委員監放尚可需時至於水災猝至室廬一空災民嗷嗷豈能遲待著大學士劉統勳等會同該撫常鈞嚴飭地方各官遇應行加賑之地隨查隨賑無俟彙齊册報轉稽延並於被災較重州縣各按四鄉分設粥廠俾得就近餬口不致失所副朕加惠貧民之意但不得因有此旨不行實力察勘致令吏胥從中冒濫滋弊可耳該部遵諭速行

初六日奉

上諭今歲直隸各屬麥收豐稔秋禾暢茂緣七月間雨水過多濱河及低窪地畝遂被淹浸已降旨將固安永清東安武清四縣照例撫卹並酌借麥

穀俾涸出之地得以及時佈種其文安大城霸州
保定等屬因澱口被淹各邨莊並著照前旨一體
查辦至同時被潦之寧河寶坻薊州等屬雖所損
不過什之一二但現在天晴水涸正可乘時補種
晚稼及明年春麥並著該督方觀承查明有地無
力之戶酌量借給倉穀俾貧民力作有資以裨生
計該部遵諭速行

初七日奉

上諭直屬被水各州縣節經降旨加意撫卹今據
該督方觀承查奏永平廣平等府所屬州縣雨水
亦已消退不致為災惟冀州衡水武邑三州縣因
近滹沱被水較重窮民生計未免拮据著加恩照

固永等縣一例撫卹俾災黎無致失所該部遵諭
速行

二十一日奉

上諭直隸毗連豫省之開州長垣東明等州縣及
附近運河之景州清河二屬因秋雨過多田禾間
有淹浸所有被水貧民深堪軫念著該督方觀承
照固永等屬之例一體加意撫卹並各先給口糧
以資安頓毋致失所該部遵諭速行

十二月初一日奉

上諭今年豫省秋霖過多所有被災各屬已疊降
諭旨分別蠲賑但地方穀價較向年增長兵丁買
食未免拮据開春之後更恐不敷接濟著加恩將
乾隆壬午年八旗駐防官兵額支俸餉糧米米石
自二月起至六月給與半年本色其中例應扣閒
者亦著一概給予以示體恤

孚惠全書卷三十四

孚惠全書卷三十五

偏隅賑借九

乾隆二十七年正月初一日奉

上諭上年河南祥符等被水州縣已疊降諭旨令該撫等率屬實力詳查分別應蠲應賑加意撫綏第念該省當大工告成去冬各屬屢經得雪轉瞬東作方興而一屆春和例應停賑小民生計未免猶覺拮据着再加恩將該處被災極重者加賑兩個月次重者加賑一個月該撫等董率屬員悉心妥協經理務令均霑實惠稱朕軫念災黎之意該部遵諭速行

御製降旨加賑豫省去歲被水州縣詩以誌事 壬午

楊橋昨秋河奪溜督築柏冬工幸蕆爾時普賑濟燃眉節冀不惜期速救方伯量移取熟路曰有事馬資善從胡寶瑔前為按撫曾令會辦通省渠堉工去歲有楊橋之役復自江西調任閭潦田麥秧苗便冀有秋時尚久叶方春生養萬物撫豫民獨苦予心疚災有重輕本不同賑加一再分薄厚旋轉化機賴

天庥容冬三白鱗塍宿顯祈赤子復元氣博施寧詎補罅漏

初四日奉

上諭上年北省秋雨過多如直隸之大名天津山東之德州曹州等濟河各屬被災雖不及豫省之重而秋成分數歉薄已疊降諭旨令督撫等加意撫綏賑恤現在東作方興小民正在青黃不接之時生計未免竭蹶着總督方觀承巡撫阿爾泰就上年被水地方體勘輕重情形有應行展賑者一面奏聞一面率屬妥協經理使閭閻均霑實惠該部遵諭速行

御製降旨命直隸總督山東巡撫優恤去歲被水諸州縣詩以誌事 壬午

豫省去歲當河決災重優恩施次第江蘇兩浙與安徽亦遇春巡澤亦逮新正寬大宜頻頒齊暇蓋切憂民意直隸山東昨秋潦較豫雖輕實波及叶發帑發粟毋或靳惠澤均霑勅大吏猶屢春月賑期完寧免不接青黃際用是十行再申命方伯胥

應善撫字災有重輕戶殊貧保甲可按知極次加一加二率咸知即使再加莫拘例君臣皆食

天祿人嗟嗟羣赤無祿位恤民設不盡此心寧弗深慚曠工義

二十日奉

上諭去秋山東被水偏災各屬雖不至如豫省之重但現在時當青黃不接例賑又應停止小民生計未免拮据因傳諭該撫阿爾泰令將各處被災分數查明具奏今據奏到被災較重之曹縣城武德州濟寧魚臺等五州縣着加恩無論極貧次貧俱行加賑一個月其濟河次重之齊河金鄉嘉祥荷澤單縣定陶鉅野濮州范縣臨清邱縣館陶恩

縣及津武城等十五州縣成災在八分以上所有貧民及衛地貧軍亦著加恩展賑一個月以資接濟該撫其董率屬員妥協經理務俾閭閻均霑實惠副朕軫念災黎之至

二月初五日奉

上諭上年江省被災各州縣已疊頒諭旨加恩賑卹但念時值春和東作方興民力不無竭蹶著再加恩將高郵寶應甘泉泰州山陽安東桃源清河銅山沛縣睢寧等十一州縣無論極次貧民俱加賑一月至安徽省之太和亳州阜陽潁上靈璧等五州縣亦著一體加賑一月以示惠養黎元至意該部遵諭速行

御製降旨加賑江南去歲被災州縣詩以誌事壬午

遇災蠲賑循常經賑則有期蠲賦耳積逋原在不蠲例加賑更惟待特旨新正江浙通查覓入疆民瘼尤詳惴雖無展轉溝壑人大半衣裳多藍縷叶賑期視災為短長長者較可短奚待命加一月普予糧無論極次貧同視撙節庶可度青黃尚在有司善經理勝黃謝惠亦何必調幕懷慙正無已

初五日奉

上諭宿遷一帶州縣地方濱臨大河向來歲收率多歉薄現在巡行省視見閭閻氣象雖較前似覺稍舒而生計未能優裕時值春和農工肇舉尚須加恩接濟著該督等從優酌借籽種俾得從容東作以冀有秋該部遵諭速行

御製過宿遷命借給民籽種壬午

宿豫地卑濕十歲九遭災恰然思救濟剔蠹示前廻去歲乃免滌賑恩例弗推一夫苟向隅如傷繫吾懷矧此瘠郡民艱狀憶向來較昔雖小差曰蘇賓未幾當春東作興籽種要安排借給俾勤耕庶幾闢汙萊使幸逢有秋毋遽科呼催

三月二十二日奉

上諭直隸保定等處駐防兵丁本年夏秋冬三季兵米例應給發折色但念各該地方上年俱有被水之處米價未免稍昂兵丁買食維艱去歲直隸截留東省漕糧五萬三千餘石今除賑糶之外尚存米一萬七千餘石著加恩將保定雄縣及東安采育霸州良鄉順義七處駐防兵丁應領乾隆二十七年夏秋冬三季兵米一萬四千二百餘石即於此項餘剩粟米內全數動撥在兵丁可以不與閭閻爭糴市集糧價亦可不致翔踊於民食兵糈均有裨益該部遵諭速行

閏五月十六日奉

上諭方觀承查奏本月十四日辰刻天氣朗晴並雨從查看各處瀝水悉歸淀河不通溝渠者道旁小苗間有淹浸秋禾異常暢茂一摺近京一帶適來時霽時陰雨水不免過多朕心深切軫念是以屢諭該督查奏今據奏秋苗日見長發大田固無

妨礙而夏至前後二麥尚未全收遇此連陰晚稼者分數必減雖經該督訪察未至成災而其中低窪地畝夏熟不無缺望著傳諭方觀承悉行查勘有實係歉收較重之地即照例查辦有需補種晚禾而力量不足者並酌借籽種以資接濟再景州附近窪地北來者多言積水未能即涸其作何設法上緊疏消並附近田畝情形若何應否酌量撫綏之處著一併詳悉奏聞該部遵諭速行

六月二十六日奉

上諭天津地勢低窪近因雨多積水柴米價直稍昂兵丁買食未免拮据著加恩將存津左右城守三營現係馬步守各兵每名借給米一石俾資接濟於明年應得餉米銀內再行分作四季扣還以

示體恤

七月初八日奉

上諭前因天津地勢低窪雨多積水柴米價直未免稍昂兵丁買食維艱曾降旨將存津左右城守三營馬步守各兵每名借給米一石因思該處滿洲駐防兵丁口食自亦拮据並著加恩每名借給餉米一季亦於明年應得餉米內分作四季扣還以示體恤

乾隆二十八年正月初二日奉

上諭去年直隸各屬雨水過多其偏災地方已經加恩賑恤並酌籌以工代賑俾窮黎不至失所但時屆春月例賑將停麥秋尚遠正當青黃不接之際農民口食未免拮据深為軫念著再加恩將被災較重之霸州保定文安大城永清東安武清寶坻寧河薊州安州新安天津青縣靜海滄州寧晉等十七州縣之極貧次貧戶口暨被災稍輕之大興宛平昌平順義固安涿州新城雄縣香河豐潤玉田灤州昌黎樂亭清苑望都高陽河間任邱交河景州東光南皮鹽山慶雲冀州武邑衡水等二十八州縣之極貧戶口均於停賑之後暨予展賑一個月以資接濟並於通倉所存乾隆二十四年以前後米撥運十二萬石以充展賑之需該督方觀承其董率屬員實力奉行務令貧民均霑實惠

副朕愛養黎元至意該部遵諭速行

初二日奉

上諭上年山東濟南武定等屬間被偏災疊經降旨令該督撫等加意撫綏俾小民無致失所第念時屆春初賑期已滿而田間東作未興猶不免艱於覓食朕心深為軫念著加恩將被災之齊河濟陽禹城臨邑長清陵縣德州德平平原德州衛惠民陽信海豐樂陵商河霑化壽張聊城堂邑博平茌平清平冠縣臨清邱縣高唐恩縣夏津武城東昌衛等二十州縣衛內所有極貧之戶再行加賑一月以資接濟該撫其董率屬員實心經理務令均霑實惠稱朕軫恤貧黎至意該部遵諭速行

初四日奉
上諭上年直隸各屬雨水過多所有被災稍重之極次貧民及被災稍輕之極貧各戶業已加恩展賑以示惠養更思被災稍輕之次貧及勘不成災與毗連災地之貧民雖不在定例應賑之內而其中實在不能自存有類極貧者當此青黃不接之時饔飧不繼深堪軫念著再格外加恩將大興等二十八州縣內之六分災次貧及毗連災地之五分災貧民其中酌量極貧戶口一體給賑一個月以溥渥澤其餘貧民均著於現在興修工作之處准令赴工就食俾資餬口該督方觀承逐一查明妥協辦理副朕愛養黎元有加無已至意該部遵

孚惠全書 卷三十五 七

諭速行

初四日奉
上諭上年山東濟南武定等屬被水災黎業經降旨將齊河等三十州縣衛極貧之戶加賑一月以資接濟更思該省與直隸天津河間災地毗連被水稍重當此東作未興之前閭閻生計自多拮据著格外加恩將齊河等三十州縣衛內所有極貧戶口除前加賑一月外再予加賑一月其餘次貧各戶並著通行加賑一月以溥惠澤該撫阿爾泰妥協經理毋使一夫失所副朕軫恤災黎有加無已至意該部遵諭速行

御製降旨加賑直隸山東去歲被水州縣詩以誌事癸未

閭人有恒談新年宜言吉降旨加賑識救民也遑恤念茲燕趙區連歲霪霖溢嗟哉艱食艱閭閻生計失調劑曷無能空言不如實例邮雖百方增賙與再一齊右乃接界顧此彼可弗亦命展月限毋俾向隅屈曹澤體
天心
天心本陰騭祈錫康年勝予小補益是謂大吉祥言情聊點筆

二月十九日奉
上諭直隸辦理賑務節次遞加而勘不成災各屬正賦復格外停緩前次所撥帑項猶恐尚未敷用

孚惠全書 卷三十五 八

著戶部再撥庫銀八十萬兩即交方觀承接濟應用該督其率屬實心經理俾閭閻得霑實惠以副朕懷該部遵諭速行

十九日奉
上諭去歲直屬窪地被潦附近米價不免稍昂營兵口食未能贍給著加恩將通省各營兵丁俱借給兩月口糧分作四季扣還以示體䘏

十九日奉
上諭朕恭謁
東陵途次周諮民隱直屬州縣上年秋霖被災較重深堪軫念前已疊降諭旨概行加賑至本年三月但現在農民東作方興麥秋尚遠口食猶恐拮

據著加恩將被災六分以上各州縣無論極次貧
居再予展賑一個月其被災五分者例不應賑並
將外加恩亦無論極次貧民將予加賑一個月以
資接濟至此被雖經涸出閭閻或無力播種者並
著查明有可趕種春麥或候種大田者均分别借
給籽種一面辦理一面奏聞俾得無誤春畬副朕
體卹愛養至意該部遵諭速行
三月初七日奉
上諭前因直屬去秋被水窪地雖屢經加恩撫卹
但當此青黄不接之際民力猶恐拮据已降旨將
被災六分以上各州縣暨被災五分者槩予加恩
展賑一月以資接濟兹恭謁
孚惠全書　卷三十五　九
東陵
西陵所過通州三河良鄉三州縣其成災分數皆
不及應賑之例念其地近輦道上年歲事歉薄閭
閻生計維艱著格外加恩將通州等三州縣不應
給賑邨莊地方官確查實在貧民均予加賑一個
月該督其率屬悉心體察毋任胥吏侵蝕中飽俾
澤必下究副朕加惠黎元至意
四月十六日奉
上諭直隷被災各屬設厰煑賑現在例應停止第
念時屆清和麥田現在望雨昨京城内外賑厰已
降旨加賑其近畿各屬並著再行加恩接展均勅
支公帑辦理俟甘霖普降後再行停止以示優卹
該部遵諭速行
十八日奉
上諭昨日因直隷被災各屬煑賑將屆期滿降旨
再行接展俟甘霖普降後停止今已得透雨地方
官若遵照此旨即行停賑非所以承
天惠而厚民依也其概行展賑半月庶田功力作
者漸次可以就食而麥秋亦屆矣該部遵諭速行
御製降旨展直隷各州縣粥厰賑期詩以紀事（癸未）
粥厰佐例賑最濟老幼貧五城發官穀州縣捐資
循日久慮難繼敕命官出困自冬逮首夏想活無
數人昨旨命展期止以需澤均沾降隨需停期
恐即遵（非以麥秋未屆驟望甘霖各州縣官設粥厰於戲補貧民可資接濟特命發倉穀展
孚惠全書　卷三十五　十
賑以得雨爲期翼日時雨普降恐有司即行停止中令再展半月則可延至麥秋矣）普令展
半月庶及麥秋新麥以承
天庥下以惠吾民惠民寧從厚嗟哉講堅頻
五月初二日奉
上諭直隷各屬内上年秋霖歉收之地米價未免
較昂兵丁艱於買食著加恩將保定雄縣寶坻固
安霸州東安玉田昌平良鄉順義及大興之采育
各州縣所有駐防兵丁本年夏秋兩季應領米折
銀兩一槩給予本色即於奉天採買米石内支放
以示體卹該部即遵諭行
乾隆二十九年正月初二日奉
上諭上年東省秋收俱屬豐稔惟濟寧等七州縣

衛自六七月間河湖並漲低窪地畝間有被淹雖經加恩撫賑第時當春月例賑將停而東作方興麥秋尚遠農民生計仍恐未免拮据着再加恩將濟寧魚臺金鄉城武鉅野濟寧臨清衛等七州縣衛成災地方無論極次貧民俱各展賑一個月該撫董率有司實心經理用副朕軫恤貧黎有加無已至意該部遵諭速行

初二日奉

上諭甘省皋蘭等屬上年夏秋俱有偏災較重之處雖經該督撫等照例賑撫災黎自可不致失所第念該省土瘠民貧生計維艱時屆春和若使饔飧不繼何以課其盡力田疇着再加恩將兩次被

災之永昌西寧碾伯三縣無論極次貧民俱各展賑兩個月其夏禾被旱之皋蘭縣並所屬之紅水張掖縣並所屬之東樂以及撫彝廳山丹莊浪廳武威鎮番古浪平番中衛狄禾被災之狄道河州靖遠平涼華亭固原隆德鹽茶廳碾羊戎廳等十九廳州縣無論極次貧民俱各展賑一個月以資接濟該撫等董率屬員妥協經理務俾災黎均霑實惠副朕愛養黎元至意該部遵諭速行

御製降旨加賑山東甘肅去歲偏災州縣䌷

十行寬大詎虛談實政應教惠澤覃東屋低田沴齊魯雨憂瘠土旱涼甘貧分極次為賙賑令飭撫藩慎再三恩或使漁須遍逮春來胥俾力農耽

四月初四日奉

上諭甘肅省續據通報翻種秋禾復被偏災之金縣沙泥州判環縣靈州花馬池等處雖經該撫照例賑恤恐民力尚不無拮据並着加恩照皋蘭等十九州縣之例加賑一個月該督撫等其各飭屬實心經理務俾小民均霑實惠該部遵諭速行

十三日奉

上諭前以甘肅皋蘭等屬上年偶被偏災業經降旨展賑並諭令該督楊應琚將有無尚應加恩之處查奏今據奏到該處冬春雨雪霑足俱已借給籽種口糧翻犁播種惟涼州府屬之武威縣上年被災輕重山丹縣稍次等語該二縣前此雖在展

賑之內足資接濟但念其地較寒瘠麥收尚遠民間口食未能充裕着加恩將武威縣再行展賑兩個月山丹縣再行展賑一個月該督董飭所屬實力經理務俾小民均霑實惠該部遵諭速行

六月初三日奉

上諭據李侍堯奏湖南武岡州高沙市地方山水驟發沖壞田廬淹損人口衡州府屬之衡山縣溪水陡漲沿溪民房亦有間被沖淹之處撫臣喬光烈現往查勘等語山水陡發雖止一隅受災但田廬人口既有傷損朕心甚為軫念着該督撫等確勘情形分別輕重加意撫邺俾貧黎均霑實惠勿令吏胥侵蝕中飽以副朕惠愛災氓至意該部遵

諭速行

十七日奉

上諭蘇昌等奏韶州府等屬先後間有被水之處惟英德縣地方兩次被淹情形較重現在照例撫卹等語該處城鄉被水雖屬一隅偏災但兩經山水漫漲田廬多有淹損無力窮民口食維艱著加恩將英德縣酌賑一月口糧俾資餬口其南海三水清遠等縣民修圍基當被水之後復令東糧趲事亦未免拮据著加恩各按在工民夫酌給口糧以資力役該督撫等其董飭所屬實心經理副朕加惠窮黎至意該部遵諭速行

七月十四日奉

上諭常鈞奏黃梅廣濟武昌黃岡蘄水蘄州等處因江水漲溢民田廬舍不無浸淹其黃梅廣濟二縣情形較重等語該處一帶因大雨時行江水暴漲居民田廬猝被水淹朕心深為軫念著該督撫速行勘明被災各屬災重之處所有乏食民人勢難緩待者即隨查隨賑撫恤一月口糧其被災稍輕者酌量借給口糧被得趕種秋禾以資接濟俟勘明被災分數再行分別辦理該督撫等其實心督率經理撫卹毋任胥役從中侵漁滋弊俾貧民均霑實惠該部遵諭速行

十六日奉

上諭喬光烈奏湖南湘陰益陽巴陵華容武陵龍陽沅江澧州安鄉岳州衛等處因湖水漲溢居民廬舍田畝各有被淹等語該處湘陰一帶地處濱湖因湖水盈滿加以長江漲發淹及居民田舍朕心深為軫念著該撫速行查勘如有被水稍重之處實在無力貧民即行加意撫綏俟勘明之後再行分別具奏該撫等其董率屬員實心賑恤毋使胥吏從中滋弊俾貧民均霑實惠該部遵諭速行

二十四日奉

上諭輔德奏江西德化縣與湖北黃梅連界江水奔注淹及該縣封一封二桑落三鄉現在照例撫卹等語該處猝經江漲致損秋禾閭閻歲事未免失望深為廑念所有應行加賑月分以及緩免借糶各事宜該撫速飭所屬迅為查辦務俾被水災黎均霑實惠其彭澤等五縣最低處所及德化之赤松一鄉雖例不應賑者亦著一體分別加恩查其被水稍重極貧戶口量予撫卹以示惠愛黎民至意該部遵諭速行

八月初二日奉

上諭甘肅鞏昌等府屬前此雨水未足時厪朕懷今據楊應琚奏到六月中連次得雨夏禾仍屬有收秋禾亦可及時趕種惟皋蘭等州縣廳屬不及補種秋禾應查勘辦理等語該處緣邊土瘠夏秋兩澤未過歲事歉收朕心深為軫念該督其速飭所屬悉心察勘按例實力撫綏毋使災黎稍有失

所因念西陲辦理軍務時歲歲加恩蠲除正賦今
大功告竣已歷數載甘民未受恩患本年秋成既
未能一律收穫民力未免拮据著特加恩將被旱
較重之皋蘭金縣渭源靖遠紅水縣丞沙泥州判
隴西通渭會寧鹽茶廳山丹東樂縣丞等十二州
縣廳並被旱稍輕之河州狄道漳縣安定平涼固
原靜寧隆德莊浪張掖武威鎮番平番古浪永昌
西寧碾伯花馬池州同等十八州縣廳及靈州中
衛縣屬之被災旱地所有本年應徵地丁錢糧概
予蠲免該督其督率有司妥協辦理毋致胥吏人
等中飽侵漁副朕加惠元元之至意該部遵諭速
行

御製降旨免甘肅鞏昌等府本年正賦詩以誌事

甲申

甘肅乃最邊地瘠民亦貧方當軍行時未免供應
頻歷年寬正賦損上義經云適年大功成役罷興
耕畇秋穫以例輸踐土義所遵今夏忽缺雨數郡
旱象臻西望為民傷艱辛胡易乞方伯及有司善
撫命屢申賑濟無或遺俾無溝壑淪蠲糧有定例
被災按數分念此惸獨衣破例與豁均庶幾追催
科閭閻鮮吏人相將種秋麥以待接明春

九月十四日奉

上諭前江西德化等處因江水驟漲濱窪之地秋
禾不免淹損已降旨將德化封一等三鄉及彭澤
等五縣被水之地分別加恩撫綏今各該處積水
雖次第消退可以補種秋禾而南昌等縣緊踞鄱
湖之上其最低處所尚未能全行涸出秋種難期
收穫民力不無拮据著再加恩將南昌新建進賢
三縣未涸地畝即照封一等三鄉之例一體概予
蠲賑該撫速飭所屬實力妥辦務令均霑實惠副
朕軫念閭閻至意該部遵諭速行

十月二十二日奉

上諭據常鈞等奏監利縣孫家月隄工程例應民
修今因該處濱江被水民力未免拮据籲請自修
三分暫行借帑七分按三年帶徵還項等語此等
隄工雖向係民修之項但今年江湖驟漲該處現

在尚加賑卹閭閻物力維艱深為軫念所有現請
借銀一萬二千兩加恩免其帶徵歸款著在罰修
隄費等項內動支倘罰項不敷即動撥正項亦可

孚惠全書卷三十五

孚惠全書卷三十六

偏隅賑借十

乾隆三十年正月初二日奉

上諭去歲甘省夏秋偶被偏災各州縣業經降旨
令該督等加意撫綏照例給賑並蠲免本年額賦
以示優恤但念該處地土瘠薄當此青黃不接之
時例賑將停麥秋未屆小民口食尚恐不免拮据
著加恩將災重之皋蘭金縣渭源靖遠紅水縣丞
沙泥州判鹽茶廳山丹東樂縣丞平涼隴西通渭
會寧安定等十四廳縣無論極次貧民概行展賑
兩個月稍重之漳縣固原張掖武威鎮番平番古
浪永昌西寧中衛靖寧隆德莊浪靈州花馬池州

同等十五州縣無論極次貧民概行展賑一個月
該督其董率屬員實心查辦毋令胥吏侵蝕中飽
務俾貧民均霑實惠以副朕軫念邊氓之至意該
部遵諭速行
御製降旨加賑甘肅去歲被災州縣詩以誌事乙酉
新正將南巡頒諭豁逋賦江浙人則幸他亦予民
庶弗被災或可被災深屢應甘肅昨夏旱申命已
周助正供早與豁恤民何殿屢加賑宣恩綸極次
計月付推行在有司其善實惠佈

初三日奉

上諭上年湖北黃梅等各州縣偶被水災已經奏
降諭旨加恩賑卹撫綏嗣據該督撫等奏報被水
之區補種收成均有六七八分不等民情已為寧
貼第念豁賑貧民向賴官廩入春東作方興正在
青黃不接若驟行按例停止未免餬口維艱深為
軫念著再加恩將被災較重之文泉監利黃梅三
縣及毗連之廣濟一縣無論極次貧民俱展賑一
個月並酌借籽種以資耕作其沔陽漢川漢陽三
州縣及勘不成災之江夏武昌咸寧嘉魚蒲圻興
國大冶黃陂黃岡蘄水黃安蘄州石首等十三州
縣收成究屬少歉亦著該地方官酌借常社等倉
穀石接濟口糧籽種俾得盡力南畝以待麥秋該
督撫等董率屬員實心經理務使小民均霑渥澤
副朕加惠元元至意該部遵諭速行

御製降旨加賑湖北去歲被水四縣乙酉
萬方豐歉一心存酌濟寧殺靳德言被水雖云僅
四縣望賙亦屢有黎元旬宣咨爾須饒穀老幼俾
其獲飽溫豐省實多報歉少慶斯即是沐
天恩

八月二十二日奉

上諭據楊應琚奏省城皋蘭縣於七月十八日地
覺漸動少頃即止並無傷損其鞏昌府屬之隴西
安定會寧通渭漳縣寧遠伏羌西和岷州直隸秦
州並所屬之清水禮縣等十二州縣亦於是日地
動內有損壞舊城倉署民房並間有壓斃人口牲
畜者而寧遠伏羌通渭等三縣較他處稍重現在

親往查勘分別撫恤等語甘肅遠處西陲地瘠民貧茲以地動壓損房屋人口朕心深爲軫念現在該督親往查勘撫卹着加恩照乾隆三年賑卹寧夏成例查明被災情形分別優卹其災重地方並着將本年應徵錢糧一體蠲免該督其董率所屬實力奉行毋任胥吏侵蝕中飽俾閭閻均霑實惠以副朕軫念災黎之至意該部遵諭速行

九月初九日奉

上諭前據楊應琚奏鞏昌府屬之寧遠等縣地動情形較重朕深爲軫惻已降旨令照乾隆三年賑恤寧夏成例分別優卹今該督奏稱親往查勘地動各屬請將被災較重之寧遠伏羌通渭等三縣

孚惠全書 卷三十六 三

照寧夏之例稍減辦理等語想尚未奉到前旨甘省素本貧瘠此次地動倒塌房屋壓斃人口較多民力未免艱窘自當加意撫綏俾皆得所若僅照寧夏例減半辦理恐尚不足以濟民困著該督仍遵照前旨將賑借各項均照優卹寧夏之例一體籌辦以副朕矜恤災黎至意該部遵諭速行

十二月十五日奉

上諭前因山東濟南武定等屬間有被水地畝經該撫查明題請分別賑濟兼令借給麥本現在時屆隆冬賑期已滿而屆指春秋尚遠民食未免拮据著加恩將被災稍重之濟南府屬齊河濟陽長清臨邑德平武定府屬惠民樂陵青城商河濱州陽信利津霑化蒲臺青州府屬高苑等十五州縣極次貧民概予加賑一月該撫其董率所屬實心經理務俾窮黎均霑實惠副朕加惠元元至意該部遵諭速行

乾隆三十一年正月初三日奉

上諭前因甘肅河東河西各屬有秋禾偏旱及間被雹水風霜之處業經照例賑卹但念偏災處所蓋藏未必充裕特令該督再行悉心查勘具奏今據查明奏到所有偏災較重稍重之各州縣於例賑完畢之後正值青黃不接之時民力不無拮据著加恩將被災較重之靖遠紅水縣丞安定會寧通渭寧遠伏羌鎮原平涼安化等縣靜寧州涇州

孚惠全書 卷三十六 四

寧州等十三處無論極次貧民俱展賑兩個月被災稍重之皋蘭金縣隴西漳縣華亭莊浪固原州鹽茶廳隆德靈臺合水武威鎮番平番中衛等十五處無論極次貧民俱展賑一個月以副朕優卹邊氓至意該部遵諭速行

御製降旨加賑甘省去歲被災州縣並全免積欠詩以紀事丙戌

甘省界西北舟楫素弗通地瘠民多貧所幸歲洊風是吏心以憐恩視遭困窮軍需罷已久新疆屢報豐嗟此甘涼民稔年偏鮮逢缺雨甘州縣昨夏數窘空例賑期有限豈無遺轉運酌加視輕重接濟與春墢積欠逮百萬概免逭呼息非希布寬大

實切恤災恫瘝彼茅簷閭慶春熙綺言

初四日奉

上諭浙江天台新昌寧海等三縣去秋晚禾間有被旱業經該撫酌給籽本其應徵錢糧照例緩至並豫籌撥運倉穀協濟小民自可不致失所但念東作方興春收尚遠青黃不接之時閭閻生計未免稍艱着加恩將天台新昌寧海等縣查明實在貧乏之戶口散給一月口糧以資接濟至仁和錢塘會稽蕭山桐廬分水等縣雖據該撫勘明係一隅偏災亦經分別緩徵而收成究屬歉薄民力不無拮据並着加恩將此數縣歉收地畝於春耕時按畝賞給籽本穀三升免其追繳令各乘時力作該撫其董飭所屬悉力經理務俾小民均霑實惠以副朕愛養黎元至意該部即遵諭速行

六月十一日奉

上諭湖南濱水州縣每遇春夏湖湘水發易致淹浸本年五月中旬該省雨澤稍多湖河漲溢居民雖無傷損而隄垸禾苗間有被淹之處益陽龍陽武陵等縣情形較重民力恐不免拮据着該撫即董率所屬查明被災戶口加意撫卹其淹損地畝有可酌量補種者即妥協經理令其及時趕種秋禾俾資接濟毋使閭閻稍有失所至沅江湘陰湘潭寶慶等處是否成災並着星速確勘照例查辦以副朕軫念該部即遵諭行

二十一日奉

上諭湖南濱水州縣因本年五月雨澤稍多湖河漲溢田廬間有被淹益陽龍陽武陵等縣情形較重曾經降旨着該撫查明撫恤今據李因培奏五月十八九等日長沅山水驟下武陵城外長隄正當其衝以致隄口漬漫該縣城鄉房屋多有坍倒人口亦有淹斃等語武陵此次被水頗重朕心深為軫念着該撫即速查明被災戶口先行撫卹一月口糧俾窮民均資接濟所有坍損房屋人口並着詳查酌賞其水退地畝分別借給籽種令各及時耕作如有一時不能涸出處所難於補種者並着確查成災分數另行照例辦理該撫其董飭所屬實力查辦毋致閭閻稍有失所該部即遵諭行

七月二十六日奉

上諭莊應階奏東省七月初旬雨水稍多運河宣洩不及汶河亦一時漲發致有漫溢濟南東昌泰安武定兗州曹州等府屬州縣內低窪村莊俱有被水之處穀豆間致損傷民房亦不無沖塌等語看來該省被水情形較重朕心深為廑念着該撫即速前往查勘有應得撫卹者即照例撫卹有已經成災處所並着查明分數按其輕重分別悉心妥辦俾閭閻不致失所該部即遵諭行

二十八日奉

上諭據常鈞奏查辦常德府屬被水撫卹情形摺

內稱面詢災民及各地方官有已經遵例散給撫卹口糧者亦有拘泥夏月被水俟秋成確勘分別辦理不敢即行賑卹者等語覽奏殊堪駭異此次常德等屬猝被異漲與尋常被水者不同前經李因培奏報山水漲溢情形即降旨令其作速查明先行撫卹一月口糧俾窮民均資接濟今據常鈞所奏該處地方官竟有拘泥成例俟秋成後始行辦理者試思現在積水未消災民露處之食豈能坐待秋成賑卹之理李因培從前所辦何事至於城工隄垸皆衛民要務李因培亦並未具奏及此實為可恠其意不過以交代在即心存五日京兆之見不復詳悉查辦督撫身任地方以此災賑重

大關係民生呼吸之事輒意存委卸置民瘼於度外則所賴於督撫大吏者何在殊非朕軫恤災民之意李因培著交部議處所有常德等屬被水等處著常鈞速即撫卹俾災黎普霑實惠毋致稍有失所該部遵諭速行

御製命湖南巡撫常鈞撫卹常德被水州縣詩以誌事 戊子

五月常德屬被水時撫楚南因培是時已調李因培撫閩而新調之常鈞在滇尚未至楚撫篆尚係因培代理亦經情形報驛章速即撫卹已降旨常鈞接任自滇來災區一一皆親視乃知恩給有或遺拘泥夏災秋勘俟常鈞奏沿途查勘被水情形而詢災民及地方官有已散給口糧者亦有拘泥夏災常例俟秋成分別勘賑者覽奏深為駭異今歲常德猝被異漲非比尋常災民露處嗷嗷焉能坐待秋深稱賑此皆李因培因將此間交代在邇不復悉心經理豈封疆大吏體國愛民之道因勅漲處並諭常鈞亟加撫恤其民隄衛潰者亦令一律體官修俾寓賑於工窮黎得資接濟是何言哉為駭甚嗷嗷待哺堪嗟矣夏災秋勘謂可待暴潦猝使室廬毀方伯撫民之謂何京兆五日可同彼合付吏議懲其餘府守縣令即職褫辰州守諸重光沅陵令王元位於所屬災區均不親往確查惟率狀同支飾亦經常鈞劾奏並降旨罷斥留楚差遣贖罪仍飭陞明亟安為庶允黔黎溝壑委隄垸民力有不能一體官修代賑耳悠悠南望中心藏忘之詎因暮景矣

乾隆三十二年正月初二日奉

上諭去歲上下江濱河各州縣因徐州黃水漫溢偶被偏災業於例賑撫卹外並酌借籽種以資耕作惟念新春正賑已竣尚屬青黃不接之時貧民口食未免拮据著加恩將下江所屬之銅山蕭縣睢寧宿遷並銅山縣之徐州衛上江所屬之宿州靈璧虹縣泗州共九州縣衛內被災七八九十分者極貧加賑兩個月次貧加賑一個月用資接濟該督撫等其董率各屬實心經理俾得均霑惠澤以副朕軫卹窮黎至意該部遵諭速行

御製降旨加賑江南去歲被水州縣詩以誌事 丁亥

清口雖誠利下河自定規五壩水誌開清口以黃洩洪湖之漲下河連歲豐收隄防保永恃波恬哉秋仲致災覯去歲八月中黃河上游驟漲忽於徐州之韓家堂漫隄而出瀕河間被淹災雖剋期修築隄口民皆安堵而下江之銅山蕭縣上江之宿州靈璧等九州縣被災較重因普令加賑一月幸矣冬初蔵事歌從未

莫延遣者苦即云張殺屋猶户新春施惠宜加賑
恤有憂民志不磨

初二日奉

上諭昨秋東省武定濟南東昌泰安兖州曹州等
府屬瀕臨運河之處偶被水災業經飭令該撫加
意撫卹蠲賑兼施俾無失所但念新春東作方興
距麥秋尚遠無力貧民口食未免拮据著加恩將
被災較重之惠民陽信海豐樂陵商河濱州利津
霑化蒲臺禹城聊城堂邑博平茌平莘縣高唐東
昌等十七屬及被災次重之齊河濟陽臨邑長清
陵縣德州德平平原德州衛東平東阿東平所金
鄉魚臺濟寧嘉祥汶上壽張濟寧衛武城定陶鉅

野鄆城濮州范縣觀城朝城清平臨清衛等二十
九屬無論極次貧民再行加賑一月俾春初力作
之時得資接濟該撫其董率所屬實力奉行務使
窮黎均霑實惠該部遵諭速行

御製加賑山東去歲被水州縣詩以誌事紀丁

十行寬大詔非虛責實濟宣尼亦有言急周不富
繼念彼青齊境田潦遭去歲蠲賑雖已行未可按
常例災重十七屬（中命撫臣於去冬確查惠民陽信等十七州縣被災較重）其
次廿九暨（次重者齊河濟陽二十九州縣衛所）均與一月加補救閭
閭閻仍飭方伯臣以及大小吏董率無推行俾民
受真惠

閏七月初一日奉

上諭據又長奏湖北黃梅廣濟等州縣六月間雨
水過多江湖陡漲隄垸受沖田廬間有淹浸現在
親往查勘等語該處州縣濱臨江湖每遇夏秋盛
漲易致侵溢此次黃梅廣濟等處被災稍重朕心
深為軫念所有黃梅廣濟二縣著該督即速照例
撫恤仍著詳勘被災情形妥協經理毋致稍有失
所其黃岡漢陽漢川沔陽江夏武昌嘉魚等各州
縣衛並著迅速查明成災分數分別賑卹該督其
董率所屬加意籌辦實力撫綏務俾小民均霑實
惠毋致胥吏從中滋弊以副朕軫恤災黎至意該
部遵諭速行

初二日奉

上諭據馮鈐奏安徽宿松等州縣臨江濱湖七月
以來大雨時行江水陡長以致圩洲田地房屋間
有淹浸倒塌現在飭屬查勘照例撫卹等語該處
沿江州縣地勢低窪此次江水盛漲被災稍重朕
心深為軫念所有安慶府屬之懷寧桐城宿松望
江太湖池州府屬之貴池銅陵東流太平府屬之
繁昌蕪湖並和州等處著該撫速行酌撥撫卹妥
協經理仍飭各州縣設法疏消酌量借給籽種俾
得乘時補種晚秋以資接濟並確勘現在被水情
形及將來收成分數詳核是否成災分別辦理該
撫務督率所屬實力籌辦使被水窮黎不致失所
以副朕軫恤至意該部遵諭速行

十八日奉

上諭前因湖北省黃梅廣濟及黃岡漢陽等州縣衛間有被水之處業經降旨即速據實查勘分別加恩賑卹毋致失所今據定長續奏湖南之湘陰益陽等處亦於六七月間雨後水漲以致隄垸田廬間有淹損等語朕心深為軫念所有湘陰益陽沅江龍陽武陵安鄉華容並澧州祁陽等州縣被災情形著該督撫即董率所屬詳核確勘加意撫綏務俾均霑實惠毋使稍有拮据以副朕賑卹窮黎至意該部遵諭速行

二十二日奉

上諭前因安徽懷寧桐城等州縣雨後江漲間被浸淹業經降旨即行撫卹並令設法疏消酌借籽種俾得補種晚秋以資接濟今復據高晉奏安徽之當塗無為含山江蘇之上元江寧江浦江西之德化德安湖口彭澤建昌新建等州縣俱有續經被水之處內有被淹地段稍覺情形較重計時已屆處暑即有涸出地畝難望補種已成偏災等語朕心深為軫念著各該督撫等飭屬上緊疏消酌撥撫卹並確勘現在成災分數分別蠲緩妥協辦理務俾被水窮黎不致稍有失所以副朕軫卹至意該部遵諭速行

二十六日奉

上諭前據高晉奏江西之德化德安湖口彭澤建昌新建等州縣內有被淹稍重之處業經降旨撫卹並令確勘妥辦今據吳紹詩奏南昌進賢鄱陽餘干瑞昌星子等縣其貼近江湖低田亦皆被浸淹現在尚未涸出栽種無及等語南昌等各縣上年已間被水淹茲復被偏災閭閻生計未免拮据朕心深為軫念著該撫妥速加意撫卹嚴飭所屬履畝詳勘分別妥協辦理實力撫綏務俾窮黎均霑實惠不致稍有失所副朕軫卹至意該部遵諭速行

乾隆三十三年正月初二日奉

上諭上年江西省南昌等一十三縣偶被偏災業經降旨該撫等照例賑卹今念賑期已竣正值青黃不接之候貧民口食未免拮据著加恩將南昌新建進賢鄱陽餘干星子建昌德化德安等九縣被災七八九十分之極貧與被災九十分之次貧各加賑兩個月被災七八分之次貧加賑一個月其湖口彭澤瑞昌都昌四縣低田偶遇偏災情形較輕所有被災七八九十之極貧及被災九十分之次貧各加賑一個月該撫等其督率所屬實心經理務俾窮黎均霑實惠毋致稍有失所該部遵諭速行

初二日奉

上諭上年湖北省黃梅等十三州縣並屯坐各州縣之武昌等七衛夏秋間被水災業經該督等照

御製降旨加賑去歲被水偏災各州縣詩以誌事

戊子

始和布惠自金門民瘼昨年遂細論湖北江西水有被去年夏秋滿江偏災地畝湖北則黃梅等十三州縣屬江西則南昌等十三縣屬上元安慶穀難存下江上元等十一縣屬上江懷寧等十三州縣屬亦以毗連間被浸溢均霑方伯施敷平凡加賑處命督撫各飭屬妥辦俾災黎均霑實惠會計司農例莫援加賑乃於常例外視其極次貧或加一月或二月廿六分中纔一分就四省通轄州縣核被水之地各居十分之二若統計直省一千五百五州縣核四省加賑五十屬僅居天下州縣二十六分之一分耳補偏已是沐

天恩

乾隆三十四年正月初二日奉

上諭直隸各屬上年間被水災業經加恩分別賑

卹現在時屆東作尚恐被災貧民際此青黃不接之候生計不無拮据著再加恩將霸州保定安州文安永清東安寧晉等七州縣被災六分之極貧及七八九十分之極次貧均加賑一個月其大城靜海二縣雖有代賑工程尚恐不敷接濟又災分稍次之任邱肅寧慶雲三縣內成災九分郵莊極次貧民均著於停賑後各加賑一個月該督其務董率屬員實力查辦無任胥吏中飽俾小民均霑實惠副朕加意黎元至意該部遵諭速行

初三日奉

上諭江蘇各屬上年得雨稍遲收成不無歉薄業經分別撫賑第念被災稍重之區際此青黃不接例分別撫恤加賑惟念停賑之後即值青黃不接之時貧民口食不無拮据著加恩將被災較重之武黃梅廣濟黃岡漢陽漢川五縣及屯坐各縣之武昌武左黃州蘄州四衛並蘄州衛屯坐江南宿松江西德化瑞昌三縣地方無論極次貧民概行加賑一個月其黃梅等州縣上年應徵錢糧雖已分別蠲緩所有乾隆二十九年被水以後未完帶徵錢糧及借領籽種口糧若仍按限徵追尚恐積歉之區輸將無力並著加恩統緩至本年秋收豐稔後再行帶徵該督撫等其董率所屬實力奉行務使災黎均霑實惠該部即遵諭行

初三日奉

上諭上年上下兩江沿江各州縣因江水稍大間有淹浸業經疊降諭旨撫賑兼施惟念賑竣之後去麥秋尚遠貧民口食不免拮据著加恩將下江所屬之上元江寧江浦六合句容溧水高淳丹徒金壇溧陽儀徵等十一縣並揚州衛上江所屬之懷寧桐城宿松望江貴池東流銅陵當塗蕪湖繁昌無為和州含山十三州縣並安慶建陽廬州三衛被災七八分者無論極次貧民均加賑一個月其被災九分十分者極貧加賑兩個月次貧加賑一個月用資接濟該督撫等其董率各屬實心經理俾得均霑惠澤以副朕軫念窮黎至意該部遵諭速行

民力尚多拮据著再加恩將鹽城泰州東臺興化
四州縣被災九十分之極貧各加賑一個月該督
撫等其董率屬員妥協經理俾窮黎均霑實惠不
致稍有失所該部遵諭速行
初三日奉
上諭安徽各屬上年得雨稍遲間被偏災業經加
恩緩徵並分別賑恤現在時屆東作距麥收爲期
尚遠際此青黄不接之候生計尚多拮据著再加
恩將合肥鳳陽定遠霍邱泗州盱眙天長滁州來
安全椒等十州縣内被災十分之極次貧及九分
之極貧各加賑兩個月其被災九分之次貧及八
分之極貧各加賑一個月廬州鳳陽長淮泗州滁

州等五衛並照屯坐州縣一體查辦該督撫等其
董率屬員實心經理務俾閭閻普霑闓澤以副朕
軫念災黎至意該部遵諭速行
初四日奉
上諭豫省光州等七州縣上年被旱成災業經降
旨分別蠲緩並先行撫䘏一月仍照災分輕重加
賑一二三月第念該地稻田居多收成較晚青黄
不接之時民力未免拮据著再加恩將光州光山
固始息縣商城信陽羅山等七州縣被災九分之
極貧加賑兩個月被災九分之次貧及七八分之
極貧各加賑一個月仍減價平糶倉糧水田借給
稻種俾小民生計裕如米價不至昂貴該撫其董
率所屬實力查辦毋使吏胥稍有侵漁扣剋副朕
加惠災黎至意該部遵諭速行
御製降旨加賑去歲各省所屬偏災各州縣並成
是什誌懷己丑
新正例施惠博施堯舜難緩急權次第被災所應
先枚舉昨歲中九寓民各安直隸麥差收大田頗
可觀而何七月雨京南積漲瀾將得反失之數縣
行潦灘京南霸州保定等十二州縣窪地被水按分數加賑一月上下江湖北
夏旱秧插艱得雨救大半間亦有遂枯乾安徽泗州合肥等十州縣廬州等五衛江蘇泰州鹽城等四州縣得雨較晚按分數加賑兩月一月湖北隨州京山
高阜之區雖亦不成災而收成亦薄已諭錢糧並令緩徵豫屬七州縣災重蓋
可憐河南光州光山等七州縣被旱爲重前已撫卹蠲緩今青黄不接再按分數加賑兩月一

月仍令平糶借種以資生計賑或一再加徵則緩以全餘省中
稔多無災黎庶藉能期斯普惟勤補其偏諱飾
我不爲永言誌大端
十三日奉
上諭滇省地方上年雨澤霑足高下田畝一體豐
收惟大理府屬之鄧川浪穹二州縣鶴慶府並所
屬之劍川州因夏間雨水過多低窪地畝不無漲
浸業經該督撫題明降旨着爲賑卹但將來三四
月間例賑已停而麥秋未屆當此青黄不接之時
窮黎難免拮据著再加恩將鄧川州浪穹縣鶴慶
府劍川州被水極次貧民俱加賑一個月該督撫
等其董率屬員實力奉行毋令胥吏從中侵蝕務

俾貧民均霑實惠副朕廑念邊民至意該部遵諭
速行

六月十一日奉

上諭崔應階奏福建省城一帶因五月二十一日
晝夜大雨致有積水民居田禾間被淹浸現已天
晴水退等語該處雨後積水雖消退甚速但早稻
凋出半已黃萎亟需趕種晚秋恐民力不無拮据
著該督即行妥速查明借給籽種俾得及時耕作
其被水災黎及有坍損房屋之處並著一體確查
加意撫卹毋致稍有失所以副朕軫念閭閻至意
該部遵諭速行

二十四日奉

上諭據揆義奏湖北自五月以後雨水過多江水
陡長江夏武昌等州縣地畝房屋多被淹浸現在
率領道府等查勘等語湖北濱臨大江之區每遇
夏秋盛漲易致泛溢此次江夏武昌興國漢陽漢
川沔陽黃岡等州縣田廬被淹雖成災分數不同
朕心深爲軫念著該督撫即速詳勘被災情形照
例撫卹妥協辦理毋致窮黎稍有失所其勘不成
災之處即可補種晚禾民力未免拮据並著酌量
借給籽種實力撫綏俾小民均霑實惠毋令胥役
從中滋弊以副朕軫恤閭閻至意該部遵諭行

七月初七日奉

上諭據富尼漢奏安省被水各府屬自六月初七
日以後迄今半月晴明節次飭屬查勘被淹居民
量爲撫卹無力貧民酌借籽種一面開倉平糶以
資接濟等語前已降旨該撫確查災地加意撫綏
第念該省係積歉之區民間元氣未復今歲夏秋
又復未能豐稔現在已屆立秋江湖積水或未能
速消晚秋雜糧不及補種閭閻生計難免拮据著
富尼漢督率所屬悉心經理酌量借給籽種平糶
有應加撫卹者即照例妥爲撫卹務使貧民均霑
實惠無致稍有失所該部遵諭速行

孚惠全書卷三十六

偏災賑借十一

乾隆三十五年正月初三日奉

上諭上年浙省杭州湖州二府所屬近水八州縣因夏雨稍多低田間被淹浸業經散給籽種蠲緩錢糧並於正月内給賑一月俾口食咸得寬裕第現在東作方興距麥秋爲期尚遠閭閻生計仍恐不免拮据所有仁和錢塘烏程歸安安吉長興德清武康八州縣並坐落烏程等州縣之嘉湖衛坐落仁和等縣之杭嚴衛各被災極貧戶口著再加恩加賑一月令農人得盡力春耕不致少有失所該撫其督率所屬實心查辦毋使胥吏稍有扣剋浮冒務俾窮民均霑實惠該部即遵諭行

初三日奉

上諭上年江西濱臨江湖各州縣田畝間被水災業經加恩分別賑恤並將應徵額賦酌予緩徵第念被潦稍重各屬值此青黄不接之時貧民未免艱於謀食著再加恩將南昌新建進賢鄱陽餘干星子建昌都昌德化德安瑞昌湖口彭澤十三縣被災九分十分之極貧加賑兩個月次貧加賑一個月其被災較輕州縣例不應賑俱當穀收之餘蓋藏亦未能饒裕並著酌借籽種牛具俾得及時播種毋誤春耕該督撫等其董率所屬實力妥辦勿使官吏侵漁俾惠澤均霑副朕愛養黎元至意該部即遵諭行

初三日奉

上諭去年湖北漢陽黄州府屬因夏雨稍多江水漫溢沿江各縣被有偏災業經加恩分別賑恤並諭借給籽種趕種晚禾俾裕口食現在東作方興麥收未屆閭閻生計猶恐不免拮据所有黄梅廣濟漢陽漢川四縣及坐落四縣之武昌武左黄州蘄州四衛並蘄州衛坐落宿松德化等處之屯田皆屬被災較重之區著再加恩將成災九分之極貧加賑兩月其九分之次貧與七分八分之極貧次貧均加賑一月其中有需再借穀種者仍令酌量借給倉穀以濟春耕該處連年被潦前借籽種尚有未完舊欠並著緩至秋成之後再行徵收俾

民食益得寬裕該督撫等務嚴飭所屬妥協經理實力稽查毋任官吏中飽俾數地黎民均霑闓澤該部遵諭即行

初四日奉

上諭江蘇各府屬州縣内上年因雨水過多間有被災之處節經飭令各督撫加意撫䘏蠲賑兼施俾毋失所現在春初展賑將停距麥秋爲期尚遠當此青黄不接民食猶恐稍艱著再加恩將高淳溧水江浦六合宜興荆溪金壇溧陽海州九州縣被災九十分之極貧加賑兩月九十分之次貧八分之極貧均加賑一月如有尚需官借牛具籽種

並著酌量借給令農民得以乘時播種該督撫等
務體朕加惠災黎之意飭屬實力奉行毋令吏胥
稍有侵冒該部即遵諭行

初四日奉

上諭安徽各屬上年因春夏雨多或江湖泛漲濱
水之地被有偏災疊經降旨加恩賑恤並令該督
撫等善為撫綏令窮黎各得安業第念時屆春初
賑期已畢值此青黃不接閭閻仍不無拮据著再
加恩將懷寧桐城宿松望江貴池銅陵東流當塗
蕪湖繁昌無為巢縣含山和州十四州縣被災九
十分十極貧加賑兩月九十分之次貧八分之極
貧俱加賑一月其安慶建陽廬州各衛均隨屯坐

州縣一體加賑其有尚需官借牛具籽種者並著
查明酌量借給俾農民咸及春耕之時盡力南畝
該督撫等其董率有司實力經理毋任不肖吏胥
從中侵蝕以副朕軫恤災黎至意該部即遵諭行

御製降旨加賑去歲各省被災諸州縣詩以誌事

庚寅

九需正供與普蠲吾民休養俾安然喜無租賦呼
之急念有災傷被者徧元旦下詔普免天下正供一年俾蒸黎藏富惟念上年湖北江西安徽三省瀕臨江湖州縣偶值霖潦被有偏災而江蘇浙江低窪之鄉亦間有因夏雨成災者雖均賑恤如例屆茲東作方興民食不免拮据復降旨各予加展賑期並借給籽種以資接濟可屋向隅仍苦戚因救加賑各勤宣恩殊等次
施輕重分別極貧次貧加賑兩月一月並視被災分數為次要在閭閻獲惠

鮮

六月二十日奉

上諭頃三和自熱河回京據奏古北口地方於本
月十六日午後山水長發兵民房屋被淹人口亦
間有傷損者王進泰現在彼處查勘賑恤具奏齎
摺人在後未到等語古北口此次被水情形較重
朕心深為軫念著即派侍郎烏諾璽帶內庫銀二
萬兩速行馳驛前往會同王進泰實力查勘被水
各戶不拘兵民人等一體撫恤照二十四年之例
加倍給與如所攜之項不敷支用即行據實奏聞
續行撥發再聞街市米鋪現俱被沖閭閻或致艱
食該處義倉向有存貯米石若由地方官按例轉

詳具奏給發未免稽延時日烏諾璽等即開倉酌
量賑恤平糶俾居人口食有資現已傳諭霸昌道
定敏星速馳往烏諾璽等即率同該道詳細確查
實心經理務使災民均霑實惠不致稍有失所其
官廨兵房有應行修葺者並著查明奏聞一面即
行辦理

二十一日奉

上諭昨因古北口被水已有旨撥給內庫銀二萬
兩令烏諾璽帶往會同王進泰詳悉查辦但此次
被災情形較重所撥之數尚恐不敷著內務府再
撥銀二萬兩派委妥員作速解往備用

二十三日奉

上諭據楊廷璋奏北運河張家王甫隄漫工甫經
合龍因十四五六連日大雨河水盛漲以致復有
漫溢汕刷等語近日直隸地方雨水稍覺過調熟
河古北口等處俱有被山水沖刷民居鋪面之事
現已派令英廉烏諾璽馳驛分往查勘動用內庫
銀兩加意撫卹今北運漫口復有汕刷之處所有
過水地方田廬間有損傷自應照例查辦至大城
文安一帶本屬窪下之區旁近地畝恐不無被淹
之處朕心深為軫念着傳諭楊廷璋即速遴委大
員悉心體勘如有被災戶民即行妥協撫綏其涸
出之地可以補種蕎麥者亦應酌借資本諭令及
時趕種以資民食該督不得以身駐永定河堆以
在工言工此外稍有疏漏仍將各屬有無被水情

孚惠全書 卷三十七 五

形據實速奏
七月二十二日奉
上諭順天府屬武清東安寶坻寧河永清香河等
六縣因閏五月內雨水稍多河水泛溢邨莊禾稼
不無傷損若待冬月給賑為期尚遠所有武清等
屬被災旗民自六分以上至十分者不分極貧次
貧著於八月內先行普賑一月俟至冬初再行照
例加賑庶貧民得資口食接濟再直隸加賑向例
銀米各半給發現在所需米石如有不敷前曾降
旨將運通漕糧截留二十萬石存貯天津即著於
此內酌量動撥以濟賑需該督務須董率屬員實

心妥協經理毋使胥役從中滋弊副朕軫恤災黎
至意該部遵諭速行
御製命急賑直隸被水州縣詩以誌事庚寅
夏閏潦行甚畿南有被沴徵為民其魚對時增恩
協麥收已云薄黍種復滂沱念彼謀食艱未可拘
常例今春近畿少雨麥收不及昨年閏五月內大雨過多瀕河之武清等六縣低田被淹窮民不免艱食特命於八月內先賑一月口糧仍俟動帑再加賑卹急賑命速行銀米
仍兼濟賑例應銀米兼給前曾降旨截漕二十萬石貯北倉以備直隸賑貸之用因諭楊廷璋即於此內動撥濟各屬倉儲所不敷仍飭督率有司悉心經理俾待哺之民均霑實惠猶恐
米不足截漕早預制中命方伯臣勤宣期惠被既
妥且欲胥庶減爾我媿
八月初二日奉
上諭昨已降旨將被水之順天府屬武清等六縣
於八月內普賑一月以資接濟其霸州固安薊州
及天津府屬之天津靜海等五州縣今年被水亦
重窮民待哺若待冬月給賑為期尚遠著加恩將
此五州縣被災邨莊不分極貧次貧亦均於八月
內先行普賑一月至九十兩月摘賑極貧及銀糧
兼賑之處並著照武清等六縣一例辦理該督務
須董率屬員實心妥協經理毋使胥役從中滋弊
副朕軫恤災黎至意該部遵諭速行
初九日奉
上諭今歲直隸各屬被水州縣積多糧價未免昂
貴著加恩將東安固安霸州寶坻良鄉永清豐順

孚惠全書 卷三十七 六

義玉田古北口遵化昌平十一處秋冬二季駐防折色兵米每石於定例外加價三錢以裕民食該部即遵諭行

十九日奉

上諭今歲古北口被水較重該處駐防及綠營兵丁等所居房屋雖已賞銀修葺完整而衣食之需尚恐未免拮据著再加恩賞借一季錢糧分作兩年扣還俾生計益資充裕該部即遵諭行

二十二日奉

上諭今歲熱河被水較重各兵丁等前已加恩賞卹仍恐伊等生計尚不免拮据著再加恩將熱河駐防及綠營兵丁照古北口之例賞借一季錢糧

分作兩年扣還俾得益資充裕該部即遵諭行

乾隆三十六年正月初二日奉

上諭上年直隸地方因夏間雨水過多各州縣被災較重屢降旨加恩並先後動撥部庫銀八十萬兩又撥通倉並截留漕米共六十萬石令該督加意撫卹銀米兼賑俾無失所第念新春東作方興距麥秋尚遠無力窮民口食尚不免拮据著再加恩將被災較重之武清東安寶坻寧河永清香河霸州固安薊州天津靜海等十一州縣自六分災極貧至七八九十分極次貧旗民再行加賑一月至大興宛平通州青縣滄州等五處並著一體加賑俾春初力作之時得資接濟該督其董率所屬實心經理務使窮黎得霑實惠該部遵諭速行

初四日奉

上諭上年浙江濱海州縣猝遇風潮間有被災處所業經飭令該撫加意撫卹分別議賑至被災五分六分之處雖例不加賑但當青黃不接之時貧民口食未免拮据著加恩將海寧縣之南沙公地仁和安吉長興三州縣仁和一場查明被災極貧除例給籽本外於本年三月內加賑一月口糧俾資耕作其勘不成災之各縣場歉收田地貧民有願借倉穀籽本者並酌量借給於秋成免息還倉該撫其董率各屬實心經理務使均霑闓澤以副朕軫念窮黎至意該部遵諭速行

御製降旨加賑畿南去歲被水州縣及浙江被潮州縣詩以誌事 辛卯

宸區廣幅員水旱時或有惟當不諱災乃是福黔首既用勵已懷亦勗民父母寧戚慈予心有災無不奏叶昨歲率報收額慶

天恩厚畿南遭夏沴斯則近腋肘直屬去夏被水之區保定等處尚輕武清東安天津靜海等十一州縣所屬較重均有例賑浙東被風潮人吏騰章剖浙省濱海被潮地方見勘不成災之仁和安吉長興三州縣雖係偏隅凡自七分以上者並命分別加賑雖皆屬一隅亦已傷田畝例賑縱早施加賙未可後十行此宜先肯新司農守直隸災地前已撥帑截漕加意撫綏入春青黃不接復行展賑俾裕口食浙江分數有限非直屬比然自當展賑而外即不成災地畝亦今酌借籽種口糧仍教安承宣實惠俾均受弗以

豈忍歉弗以多遺漏幸即在其中也胥非所取

二月十七日奉

上諭朕恭奉

安輿時巡齊晉省方問俗念切民依所有經過地方本年正賦業經降旨酌定分數蠲免至上年間有被水之濟陽等十三州縣街據該撫富明安奏稱現在民食均無缺乏農作有資惟齊河禹城茌平等縣民力稍覺拮据請每畝酌借籽種銀一錢牛具銀一錢等語目下春晴融潤耕種届期該四縣上年被水較重之地尤須及時接濟按畝貸以籽具體卹常例宜然但借項仍應徵完尚非格外施惠之意著加恩將齊河等四縣上年被水地畝應借籽種牛具銀兩即行賞給免其徵還俾農民得資耕作該撫其董率所屬悉心經理務使閭閻均霑實惠該部遵諭速行

御製命賞給昨歲山東被災四縣籽種牛具銀詩以誌事 辛卯

齊東昨歲縱偏災豈乏窮民望幸來春借雖然成例與秋償依舊受追催（齊河禹城茌平縣去年被水較重富明安請每畝借給籽種牛具銀各一錢第借項應償民間猶有追呼之事因降旨如數賞與免其徵還俾耕作有資藉屢霑實惠）得蕃教賜值資耕作俾得及時闢草萊更或未經聞見者疇咨施澤以斯推

七月初六日奉

上諭七月初一二等日雨水較大京城內外旗民房屋牆垣坍塌者頗多恐無力之家未必盡能自行修整朕心深為軫念著交步軍統領衙門詳細查勘奏聞照上年熱河賞修民房之例酌量加恩賞給銀兩以資繕葺

初九日奉

上諭昨據王進泰奏報古北口於七月初四日被水情形已令侍郎桂林攜帶內帑銀一萬兩前往該處會同王進泰查勘酌量撫卹並即開倉平糶俾兵民得資接濟今念該處駐防及綠營兵丁口食不免拮据著加恩仍照上年之例於存倉兵米內賞借一季分作兩年扣還該部遵諭速行

十二日奉

上諭昨雨後白河驟漲密雲縣城外瀕河民房間有被水傾損者布政使楊景素現在該處辦理差務著即就近查明照例賞給銀兩俾資葺蓋安居副朕軫念窮黎至意該部即遵諭行

八月初八日奉

上諭今歲秋雨過多河水漲發近畿一帶窪下地方田禾不免淹浸節經發帑五十萬兩截漕五十萬石並令該督楊廷璋勘明成災州縣情形分別照例辦理其成災較重鄉莊小民口食雖艱若統俟冬月給賑待哺尚覺需時朕心深為軫惻所有宛平良鄉涿州東安永清固安霸州文安大城通州寶坻香河武清新城雄縣天津靜海寧晉等十

八州縣成災八分以上者無論極次貧民俱著於八月内先行急賑一月口糧以資接濟該督務董率屬吏實力妥辦俾閭閻均霑實惠副朕廑念災黎至意該部遵諭速行

御製直隸總督楊廷璋奏報被災州縣情形降旨災重州縣於八月即行急賑詩以誌事 辛卯

今年霖雨盛去年意謂災田過昨歲申命方伯據實陳茲勘大畧馳奏至昨歲被水在夏五秦禾方茁即淹墊今年七月始行潦旱種麥已收次第視重反輕非諱飾誠如所言為差慰然成災究有重者十八州縣深厪意今年七月初雨水過大河漲湧流低田多有致淹者然成災祇去年為甚因令楊廷璋確勘實以聞並發帑五十萬兩截漕五十萬石備賑今據查奏昨歲

被水在閏五月距秋成尚遠早稻亦多淹浸今年之水已在七月不特高粱有收即早禾亦將次成熟不致有乏食之虞其言近理似非諱飾第念災重郡莊民食究不免拮据因降旨將宛平良鄉涿州東安永清固安霸州文安大城通州寶坻香河武清新城雄縣天津靜海寧晉等十八州縣成災八分以上者無論極次貧戶俱於八月內先行急賑一月口糧俾資接濟急賑八月命即行不可待冬沿向例無遺寧濫俾均霑蓋已頻言亦增愧

乾隆三十七年正月初二日奉

上諭直隸省去歲秋間雨水稍大窪地偶被偏災業經降旨發帑出粟賑恤貧黎諒不至有失所第念賑期有定而待哺殊殷當此始和布令畿輔近地允宜再沛恩膏所有上年被災較重之宛平良鄉涿州東安永清固安霸州文安大城通州寶坻香河武清新城雄縣天津靜海寧晉及被災次重之保定三河薊州寧河豐潤玉田等二十四州縣自六分極貧至七八九十分極次貧均著加恩於本年三月再行展賑一月俾青黃不接之時小民口食有資得以安心力作此外如有缺乏籽種之戶及量借補耆之區該督仍隨時體察酌量糶借兼行務使一夫不致失所以副朕軫念民依至意該部遵諭速行

初二日奉

上諭甘肅省當積歉之餘上年春夏短雨河東河西各屬成災輕重不同業經分別加恩撫卹曾降旨撥帑運糧多方賑賙前據該督查奏被災次重

及稍輕之處今春酌借口糧均已足資接濟第念河東屬之安定會寧皋蘭金縣靜寧隆德等六州縣地止一熟值頻年歉收之後去歲未能補種秋禾專待夏田餬口當此青黃不接之際農民未免待哺著加恩將此六州縣再行加賑一月該督等其董率各屬善為經理務俾貧黎均霑實惠該部即遵諭行

初三日奉

上諭江蘇省瀕臨江海河湖各屬上年七八月間偶被偏災業經蠲賑兼施俾閭閻口食無乏第念方春青黃不接適屆正賑將停災重貧黎未免情殷待哺著加恩將清河安東桃源淮安大河二衛

海門廳通州泰興宗明等九廳州縣衛勘實成災
八分九分者無論極次貧民概行加賑一月其餘
被災較輕毋庸加賑各屬際茲東作方興或有需
酌借口糧俾資耕種之處該撫其率屬妥爲經理
務使閭閻共霑康阜該部即遵諭行

初三日奉

上諭安徽省鳳陽等屬上年濕被偏災業經分別
加賑其中成災較重之區及被水村莊甫經疏洩
並高阜缺雨之地未能趕種秋麥者當此青黃不
接時貧民口食仍恐不免拮据著加恩將鳳陽泗
州盱眙五河定遠五州縣軍民於正賑之外所有
八九分災之極次貧並七分災之極貧概行加賑

一月其例不給賑之災輕戶口如需酌量借糶並
著該撫董率所屬隨時經理以資接濟用副朕廑
念貧黎至意該部即遵諭行

御製命加賑去歲偏災各省貧民即事八韻壬辰

始和布令在勤民敢後黔黎視倍親肯以新年但
言吉而忘舊歲或遺貧畿南秋沴被尤劇直隸去秋雨水稍大瀕河之宛平涿州等十八州縣被災較重三河薊州等六州縣次之雖普經發帑出粟多方賑恤不致失所而新年賑期將滿待哺尚殷因普予加賑一月甘左旱荒猶已頻上年甘肅春夏短雨各屬被災輕重不同隨撥運帑糧賑濟民頼全安本年秋收稍豐人無艱食惟河東之安定靜寧六州縣地止一熟專待夏田糊口且當猶歉之後尤覺拮据命再予一月加賑俾資鼓腹皖實五區靈漆遠安徽之鳳陽泗州等五州縣昨歲偏被偏災業予賑恤而受滁缺雨之區未能耕種秋麥今屆青黃不接口食無資並命加一月之賑蘇惟九處大江頻江蘇一省去歲秋成豐稔惟瀕臨江海河湖之清河通州海門淮安等九州縣廳衛各有成災之處均經撫賑業於莊復令加賑一月使春無乏食普被加賑匝一月更與借資粒衆臣各省勸不成災之地貧民有無力耕種者並令督撫等查明酌予借糶以資接濟統計寰中無礙稔益廑隅向有違屯所
布十雨五風協遍及高原下隰均此望奢哉究難
剖耶辭乾惕萃吾身

二十四日奉

上諭山東省上年秋禾間被偏災經該撫題報業
已照例撫賑嗣於冬間復經降旨令該撫將有無
應行加恩之處確核情形具奏嘗經護撫海成奏
覆查明民食無虞止須於春間酌借籽糧毋庸加
賑今據該撫徐績奏稱時值青黃不接糧價漸昂

所有被災之歷城等十九州縣所並王家岡場民
情較他處更爲拮据等語著加恩將歷城齊河齊
東濟陽禹城臨邑陵縣德平平原東平州東平所
海豐利津霑化惠民濟寧高苑博興樂安等州縣
所並王家岡場極次貧民概予加賑一月以資口
食該撫其董率所屬悉心經理務俾閭閻均霑實
惠以副朕軫念災黎至意該部即遵諭行

御製命加賑山東上年偏災州縣詩以誌事壬辰

首歲詢方伯新春備施惠每冬月降旨各省督撫有被災應加賑者豫奏以俟新正施惠推是廑民瘼率以成常例上年秋霖盛山
左偏災暨其時降旨問布政適署事祇稱借籽種
無煩加賑費護撫海成奏稱一隅偏災可以無庸再行議加青黃不接時耕作或須借

種臨期另撫臣蒞親察請加奏章呈閲善不宿停行請旨
恩綸立須畀凡十九州縣一月均優賜前據海成奏此次止加賑之旨未足山東巡撫臣徐績奏請體察歷城等偏災地方借種雖給春耕口食尚形竭蹶因降旨再予賑一月加新澤我常爲妥辦爾加意設使重勘驗
諱災有必致吾民其誰救慎哉牧民吏

孚惠全書卷三十七

孚惠全書卷三十八

偏隅賑借十二

乾隆三十八年正月初三日奉

上諭每歲新正豫查各省有因災予賑地方俱降
旨加恩展賑以示體恤昨歲各直省俱年穀順成
秋田普獲豐稔且報收十分者俱多即甘肅省據
奏偏災數處而通計收成亦在七分以上原毋庸
再沛恩膏第念西陲地瘠民貧非沃壤殷饒者可
比雖成災僅屬一隅恐民力究未免拮据特令該
督確查如有應行加恩之處詳悉覆奏茲據奏到
偏災各廳州縣業經照例賑邺窮黎已成登衽席
若於春初酌借籽種口糧更足資接濟惟河東之
皋蘭暨所屬紅水縣丞靖遠平涼涇州等五處被
災情形較重入春青黄不繼之際不無待澤等語
所有皋蘭等五州縣俱著加恩展賑一個月其有
應酌借籽種口糧者仍著查明妥辦該督其董率
所屬實心經理務使吏胥侵漁中飽俾閭閻均霑
實惠以副春和布令優恤邊氓至意該部即遵諭
行

御製命加賑甘肅省皋蘭等五州縣詩以誌事癸巳

九州昨歲善逢年甘肅民貧處上聲極邊亦有七分
秋穫稱祗餘五郡夏災田上年直省豐收多有數至十分者甘肅通省合計亦在七分以上惟皋蘭等五州縣夏田被有偏災特命於例賑之外再予加賑一月仍酌借籽種以資春作
肯教赤子向隅泣特降黄麻加賑俾弗以歌

豐忘被災黎惠心勿問永奉本
七月初五日奉
上諭據榮保等奏稱歸化城之八十三邨蒙古等
田地被水成災在六分以上請計其人口借給粟
米限二年照數交納等語着照榮保等所奏於歸
化城廳倉内動支粟米計口借給被災之土默特
等以資接濟
八月十八日奉
上諭據畢沅奏七月十八日商南縣地方連日大
雨山水驟發將東關一帶並黃家店沿河傍溝村
莊田廬沖淹人口亦間有漂没現委道府大員前
往查勘撫恤等語商南山僻窪下之地猝遇大雨
水發以致一隅被災小民生計維艱深爲軫念着
加恩照本年朝邑縣被水之例一體撫郵賞給口
糧並房價等銀俾災民不致失所其邨莊戶口極
貧次貧應如何分别查辦及成災地畝應如何酌
量蠲緩之處並着該護撫飭屬實力確查速行妥
核照例題報以副朕嘉惠窮黎之至意該部即遵
諭行
乾隆三十九年正月初二日奉
上諭上年各直省奏報夏秋二熟並皆豐稔惟江
蘇安徽陝西河南四省間有被潦之處均係一隅
偏災俱經降旨令各督撫分别妥爲辦理第恐今
春二三月間民食或有拮据因傳諭各該督撫據

實查奏昨據何煟查奏被水之淅川内鄉二縣逐
一親歷確勘二麥俱已種齊春收有望毋需再爲
酌借籽種牛具被災之戶先經撫恤得所禦冬有
資惟其中九分十分極次貧民當新春青黃不接
之時口食未免拮据等語淅川内鄉二屬被水之
處雖已補種春麥閭閻生計有望但閭境共享豐
登而此等災民相形見絀不無情切向隅自宜特
沛恩施以普春澤着加恩將淅川内鄉二縣九分
十分極貧極次各加賑一個月該撫其董率所屬
悉心妥辦俾窮黎共霑實惠該部即遵諭行
初三日奉
上諭上年江蘇合屬秋收據報豐稔惟安東等處
春夏之間被水致成一隅偏災雖蠲賑兼施誠恐
今春或資接濟因降旨令該督撫查明具奏茲朕
酌量加恩施據高晉等奏安東等八州縣衛先被
夏災秋收又復失望查明成災至八九分者情形
均爲較重目下按月給賑不虞乏食其被水涸復
之區亦已播種豆麥可冀有收但當新春青黃不
接之時口食未免拮据等語安東等處上年春夏
疊被偏災新春正賑已畢貧民待哺方殷殊堪軫
念着加恩將安東清河桃源三縣淮安大河二衛
山陽阜寧海州三州縣勘實成災八九分者無論
極次貧民一體加賑一個月以資接濟其成災七
分以下同沭陽鹽城二縣雖照例蠲緩賑恤均已

口食有資將來東作屆期或須酌借籽種口糧之處並著該督撫臨期察看妥辦據實奏明以副朕嘉惠窮黎至意該部即遵諭行

初三日奉

上諭上年安省之鳳陽泗州所屬十二州縣衛因春夏雨水過多湖河並漲濱被夏災業經該撫奏報當即加恩蠲賑裒恤俾無失所恐今春二三月間民食或致拮据特傳諭該撫確查應否加賑據實具奏嗣據裴宗錫覆奏壽宿二州成災皆止五七分以通邑計之亦熟多災少毋庸加賑其鳳陽懷遠靈璧虹縣鳳臺泗州盱眙五河八州縣及鳳陽長淮泗州三衛夏麥秋禾兩被災傷當青黃不

接時民情不無拮据等語著加恩將鳳陽等十一州縣衛勘明八九十分災之極次貧戶同七分災之極貧各加賑一個月其七分災以下並毋庸加賑之壽宿二州並著該督撫察看情形或需酌借牛具籽種以資接濟之處務董率所屬妥協辦理俾災黎普霑實惠該部即遵諭行

初四日奉

上諭昨秋陝省之朝邑商南二縣先後猝被水災即經降旨撫卹其被災加重邨莊並令加賑以期得所第念今春青黃不接之時災民未免拮据特傳諭該撫查明具奏嗣據該撫畢沅奏朝商二邑所屬成災十分者邨堡無多而災傷獨重其涸出地畝雖已播春麥明歲可望有收而青黃不接時家計不無艱窘等語該省著復豐登獨朝邑商南二處被有偏災自宜再沛恩膏用普春澤著加恩將朝邑被災較重之河東人慶關等處十一邨堡暨商南災重之東關韓家山等處十二邨莊無論極次貧民再行展賑一月俾資接濟其被災較輕各處並著酌借籽種口糧以示體恤該撫其董率所屬悉心經理務使節屢均霑實惠用副朕軫念窮黎至意該部即遵諭行

御製命加賑陝西河南安徽江蘇等四省去歲被災州縣詩以誌事 甲午

幅員九萬廓封提暘雨安能致適齊惟不息去聲閭

水旱歲自然實告本章題昨年四省災猶報新歲十行恩可稽陝右朝邑商南滌夏也 癸巳秋收各省仍獲豐稔惟陝西河南安徽江蘇四省閒有偏災雖不過一隅之微然究係歉收民情不免拮据自應特沛恩施其陝西之朝邑以河溢成災商南以雹滌致河歉然其中較重者每縣亦不過十一二邨堡耳 南淅川內鄉沴秋兮 何爛奏淅川內鄉二縣秋間被水今二麥雖已種齊而歉收之區仍不能不藉接濟 安徽遠十一還勝 安徽上年春夏雨水過多其鳳陽泗州等八州縣及鳳陽等三衛秋禾俱被災較重 江省淮甸衛並漢 江蘇之被災者淮安東海州淮安等八州縣衛不免待哺其米皆傷螟蝝上須酌借籽種亦需普等所查奏也 以水鄉易澇遂普頒恩音免隅嗁或蠲或貸累殊恪視重視輕有異哇 四省成災之地除按分數照例蠲緩今仍視其被災輕重分別極次貧加賑一月或酌借牛具籽種俾資賑給 咨爾長民惟惻隱數予俾澤遍黔黎

九月二十日奉

上諭徐績奏據壽光縣稟稱該縣單家莊等一十七莊於八月二十八九及九月初一等日颶風潮漫各莊地內豆麥被淹房屋間有沖塌等語該縣邨莊地處海濱陡遇風潮田廬俱被淹浸著傳諭該撫速飭該地方官查明被災戶口先給一月口糧其沖塌房屋給發修費以資安頓所有應行加恩賑卹之處即照例奏聞辦理該撫其董飭有司實力妥辦毋使窮黎稍有失所該部即遵諭行

乾隆四十年正月初一日奉

上諭直隸天津河間等屬上年偶被偏災業經賞撥通倉米十萬石以備賑濟之需民食無虞缺乏

惟念被災各戶計至昨冬正賑已畢今春青黃不接二麥尚未登場民間口食未免拮据著加恩將天津青縣靜海滄州南皮鹽山慶雲獻縣交河東光武強武邑霸州文安大城寧河等十六州縣無論極次貧民應於正月起均予加賑兩個月俾資接濟再景州以西地方有與武邑災地毗連邨莊河間肅寧與獻縣災地毗連各邨並阜城毗連交河災地各處經該督覈勘應入六七分災者並著一體查明給賑以示一視同仁至意該部即遵諭行

御製命加賑直隸去歲偏災州縣詩以誌事乙未

去年畿輔幸逢秋偏壤東南致歉收豈以一隅心弗念應教兩月澤加優無論災戶極還次普予賑糧縣與州直隸昨歲均屬有秋惟天津青縣靜海滄州南皮鹽山慶雲獻縣交河東光武邑武強霸州文安大城寧河等十六州縣偏被旱災收成歉薄業已照例賑恤恩青黃不接之時民食未免拮据因降旨無論極次貧民均予加賑兩個月俾資接濟十萬通倉設嫌少兼施銀米倒堪求發通倉米十萬石為各州縣賑濟之用並以豫購豫省麥十二萬石酌給其不敷者仍准照例銀米兼賑

初一日奉

上諭昨歲江蘇淮安一帶八月間因黃水驟長漫決外河老壩口以致山陽清河等縣猝被水災業經降旨賑恤並將乾隆四十年應徵錢糧全行豁免及乙未年漕糧漕項同節年舊欠錢糧漕米悉予緩徵災黎自可不致失所第念該處此次被災

情形較重今春正賑已畢貧民待哺猶殷著加恩將山陽清河鹽城阜寧等四縣坐落山阜等縣之淮安大河二衛勘實成災十分之貧民無分極次再加賑兩個月成災八九分者無分極次再加賑一個月以資接濟其下游之東臺泰州興化等屬先經被旱勘明成災自五分至七八分不等皆係一隅偏災與山陽等處情形不同照例賑濟均已口食有資但轉瞬東作屆期或應酌借籽種口糧之處並著該督撫察看確情妥協酌辦用普春澤再安徽之定遠壽州等處上年亦缺雨偏被旱災除查明零星勘不成災外所有合肥定遠全椒三縣被旱田地較廣鳳陽壽州宿州泗州盱眙五州

縣雖被旱較輕，但均係前歲災歉之區，恐今春青
黄不接之時，民力不無拮据，並著加恩，將八九分
之極次貧民同七分災極貧各加賑一個月，至廬
州鳳陽長淮泗州四衛災軍各隨坐落合肥等州
縣一體加賑，以昭一視同仁之至意。其毋庸加賑
次貧以下，如有應酌借籽種牛具之處，並著該督
撫察看情形，酌辦俾窮黎均霑實惠。該部遵諭速
行

御製命加賑昨歲上下江被災州縣詩以誌愧 乙

黄河漲昨秋，災重淮陰地。堵築幸成功，安居庶卒
歲。獨賑百計救，上年八月間黄水驟長，漫決外河老壩口，山陽清河鹽城阜寧四縣被災頗重，隨降旨賑恤，並將今年上供全行蠲免，其漕糧漕項及節年舊欠概予緩徵，俾災黎不致失所期遍災黎被。絜矩上下江，偏災間有逮。加賑
等不同，山陽等四縣正賑畢後，恐貧民待澤尚殷，因論將成災十分之極次貧加賑兩月，八九分者加賑一月，其下游之東臺泰州興化等屬偏被旱災者，或酌借籽種口糧以資耕作，又安徽屬之合肥定遠全椒三縣被旱較廣，鳳陽壽州宿州泗州盱眙五州縣災雖不重，然係前歲歉區，並予加賑一月，俾得沾濟詳付地方吏。斯恩我弗為，諄諄汝莫逖。
惟是艱致和，則我一人愧。

初三日奉

上諭：昨歲甘肅夏秋二禾據報通省收成統計八
分有餘，尚屬豐稔。惟皋蘭武威等七州縣夏禾被
有偏災，而皋蘭金縣等五處秋禾復被霜雹，均經
先後分別照例賑恤，災黎自可不致失所。第念該
省上年民食其被災之夏秋二禾收成未免歉薄，
閭閻不無拮据，著加恩將皋蘭武威二縣夏禾被
災較重之處，於青黄不接時再展賑一個月；其被
災較輕之靈州寧朔平羅鎮番沙泥州判等五處，
如有缺乏籽種口糧，並著該督隨時體察，照例酌
借以資接濟。又皋蘭金縣等五處秋禾亦被偏災，
除皋蘭一縣已於夏災案內展賑外，所有金縣西
寧平番肅州四州縣屬，並著一體展賑一個月，以
示朕軫恤邊氓至意。該部遵諭速行

御製命加賑甘肅偏災州縣並展限緩徵積欠因
成是什 乙

十行施惠宣，屢云甘省貧民尤所廑。原有偏災七
處被昨歲甘肅通省收成統計八分有餘，惟皋蘭武威靈州寧朔平羅鎮番沙泥州判等七州縣夏禾被偏災偶，可稱秋穫八餘分。以甘省收成八分而計，本不應賑，因念邊陲地瘠民貧，仍照例賑恤，並同秋禾被災之金縣西寧平番肅州四處均展賑一月吏思逋
欠陳，相接次第展寬催漫勸。甘省自乾隆二十三年至三十五年民借籽種口糧等項積欠累累，前經加恩將通糧四百餘萬石全免，其折色銀一百三十二萬餘兩分六年帶徵，今已四年，未完銀仍一百餘萬，茲並徵數非之民未免艱窘，因並降旨酌展四年二年以蘇民困咨爾守疆大小吏，民間勿隱我欣聞。

初五日奉

上諭：上年山東省秋田尚屬有收，惟壽光等縣沿
海鄉莊於八九月間偶被風潮，並豆麥間有淹損，業
經照例撫恤，並將成災六七八分之場地接次分
別加賑，小民俱已得所。但念成災地畝昨秋未收
菽豆等項，及所種麥苗均經被淹受傷，今歲春花

不無失望著加恩將壽光樂安濰縣等三縣並官臺王家岡二場成災各村莊無論極次貧民竈戶於二月間再加賑一個月俾瀕海窮黎均霑渥澤又山西之永寧州臨縣上年亦偶被山水田禾幸未受傷照例撫卹民情已屬安帖第被水之戶今春或有應酌借籽種之處亦著該撫確查妥辦以普同仁該部即遵諭行

初五日奉

上諭昨歲豫楚二省俱獲豐收惟河南之信陽光州等處湖北之安陸等州縣衛均因夏秋之間偶爾缺雨間成一隅偏災秋收未免歉薄業經照例分別撫恤加賑小民已不致失所但今歲青黃不

接之時窮黎口食未免拮据著加恩將河南之信陽羅山光州光山固始五州縣極次貧民緊行加賑一個月湖北之安陸京山隨州孝感應山棗陽六州縣及屯田坐落六州縣之武昌武左德安襄陽四衛將成災七八分極次貧軍民於例賑之外各加賑一個月其餘五六七分災之鍾祥荆門雲夢應城襄陽宜城等民屯地畝並著該督撫酌看情形分別借給籽種以濟春耕該督撫等其董率屬員實心經理務俾蔀屋均霑實惠以副朕軫念民隱至意該部遵諭速行

十月十五日奉

上諭今歲畿南一帶因七月間雨水稍多低窪村莊間被淹浸現據該督查明題報成災之保定文安等四十七州縣廳照例撫卹賑濟並將此內被災較重之霸州永清新城雄縣安州新安等六州縣先於九十兩月摘出賑給窮民已可不致失所第念此等摘賑各戶尤係災黎中窮乏之民惟是大賑定期須在十一月今年孟冬適當置閏此等貧民於摘賑既畢以後距大賑尚需待哺一月未免餬口無資深為軫念著加恩將災重之霸州等六州縣應得大賑即于閏十月開放俾得接濟無缺該督務飭所屬實心妥辦以副朕加惠窮黎至意該部遵諭速行

乾隆四十一年正月初二日奉

上諭昨歲畿南一帶因夏秋間雨水稍多濱臨河淀州縣之低窪村莊地畝被淹均不及一隅業經該督勘明保定文安等五十二州縣廳成災之處照例撫恤賑濟並降旨將較重之霸州等六州縣應行摘賑提前一月俾與大賑接濟無缺貧民已可不致失所第念新春正二月正賑已畢距麥秋尚遠茅簷口食或恐不無拮据茲當履端肇始宜沛恩施著加恩將被災較重之霸州永清新城雄縣安州新安六處及次重之文安保定武清大城清苑天津靜海青縣八處均各展賑一個月俾窮黎益霑渥澤該督其董率所屬實心經理以副朕加惠災民至意該部即遵諭行

御製降旨加賑去歲畿南被水州縣詩以誌事丙申
畿南昨歲殊前歲前歲旱從昨澇浸直隸河間天津前歲被旱成災較重昨歲夏秋雨水稍多濱臨河淀窪之區雖皆被淹然通計不足一隅災分較前歲為輕
高處有收縱關口連年逢歉越屢心因敕加賑周
鄰屋被水雖五十二州縣廳其中較重者惟霸州永清等六州縣次重者止文安武清等八縣各於常賑之外加賑一月以資接濟仍命大吏率屬實力妥辦俾窮黎均霑實惠
旨使持
籌借帑金吏勅安為大小丈俾予愷澤普霑深

初二日奉

上諭昨歲安徽江蘇地方七八月間偶有雨澤愆
期之處以致上江之廬鳳等屬下江之句容等屬
高阜田畝間被偏災業經該督撫題報照例分別
撫恤賑糶施賑貧民已不致失所第念新春正賑
已畢麥收尚早青黃不接之時口食或恐拮据且
同一州縣之民其有收之戶共樂含哺而高阜之
處獨形匱乏尤堪軫惻茲當春和布澤之初著加
恩將安徽被旱成災八九分不等之定遠泗州盱
眙天長五河滁州來安等七州縣均係積歉之區
無論極次貧民各加賑一個月其廬州鳳陽長淮
泗州滁州等五衛被災屯戶各隨坐落之州縣一
體賑給江蘇被災較重之句容江浦六合宜興荊
溪丹陽金壇溧陽甘泉東臺等十縣及次重之上
元江寧溧水高淳武進陽湖無錫金匱江陰丹徒
阜寧鹽城高郵泰州江都儀徵興化寶應十八州
縣並鎮江揚州二衛均勘實成災七八分之極貧

戶口各加賑一個月以資接濟其餘較輕貧戶有
應行酌借籽種口糧之處並著各該督撫體察情
形分別妥辦務俾窮黎普霑渥澤該部遵諭速行

初二日奉

上諭上年甘肅省夏秋二禾統計收成七分有餘
惟皋蘭等三十一廳州縣夏禾間有被旱被雹之
處皆屬一隅偏災業已竭賑兼施俾無失所內惟
皋蘭金縣渭源平番中衛靈州肅州七州縣並皋
蘭分駐之紅水縣丞所屬或情形較重或值積歉
之後民食未免拮据著加恩於青黃不接之時各
展賑一個月又續報秋禾偏被霜雹之隴西等十
一州縣亦經照例賑恤內涇州平涼二處被災稍
重並著一體展賑一個月用敷春澤其餘夏秋被
災較輕之河州隴西等處今春如有缺乏籽種口
糧之戶並著該督隨時體察酌借以資接濟該省
係瘠薄之區災黎尤堪廑念勒爾謹務董率所屬
實心妥為料理俾得均霑實惠以副朕軫恤邊氓
之至意該部遵諭速行

御製命加賑各省昨歲被災州縣詩以誌事丙申
衆寡既已廣荄黎民生計水旱或不齊自是恒有
事歉少豐者多即為蒙吉利豈因觸普豐而任逢
歉諱循幸此意識群工悉我意無不以實告吉必
籌賙濟昨歲豐者多報歉亦或互而則上下江北
則甘肅逮新正布德音應與施實惠加賑視重輕

展限分次第昨歲各省豐收者多惟上下江夏秋雨澤偶愆甘肅夏禾秋禾亦間有被旱被雹之處因降旨將安徽成災較重之定遠四州等七州縣及鳳州等五衛江蘇成災較重之句容江浦等十縣次重之上元江寧等十八州縣及鎮江揚州二衛各加賑一月其甘肅夏災之皋蘭等七州縣被災之隴西等十一州縣亦各展賑一月其餘較輕者並酌借籽種口糧俾無缺乏並勅督撫等飭屬實力經理毋致一夫失所屯膏風所戒斂澤在諸吏勉之各盡心向隅慎莫貽

乾隆四十二年正月初二日奉

上諭昨歲甘肅省夏秋二禾統計收成七分有餘惟皋蘭等二十九廳州縣夏禾被旱又有被霜被雹之處在通省雖止一隅而成災究覺稍重屢經降旨令該督切實查勘妥協賑卹貧民自可不致失所第念今春正賑已畢尚屆青黃不接之時民

食未免拮据著加恩將皋蘭金縣安定會寧鹽茶廳武威平番肅州八處各展賑一個月又續報秋禾被災較重之鎮番中衛二縣並著一體展賑一個月用敷春澤其餘被災較輕之河州等二十一處今春如有缺乏籽種口糧之戶並著該督隨時體察酌借以資接濟該省係積歉之區災黎尤堪廑念勒爾謹務董率所屬實心妥為料理俾得均霑實惠以副朕軫恤邊氓之至意該部遵諭速行

初四日奉

上諭上年安徽泗州等七州縣秋禾間有因潦被災之處江蘇安東等七州縣瀕水窪地亦累有一隅偏災業經降旨各該督撫照例撫恤蠲賑兼施貧民已可不致失所第念東作將興青黃不接著加恩將被災八分之泗州盱眙及泗州衛無論極次貧民均各加賑一個月俾資接濟其餘無庸展賑各州縣及泗盱三州縣衛五六七分災貧民今春如有應行酌借籽種口糧牛具之處並著該督撫察看情形分別妥辦務俾均霑實惠以善閭閻恩澤該部即遵諭行

御製降旨加賑昨歲甘肅安徽偏災州縣詩以誌事丁酉

水旱不齊歲遇之毋令諱飾訓孜孜豐多歉少已稱幸昨歲各省俱獲豐收即甘肅間有被災州縣統計秋收尚七分有餘安徽亦不過一隅偏災其餘收成仍在八九分以上以彼豐忘兹歉豈肯為兩省偏災

賓有被甘肅上年夏秋被災計二十九廳州縣而夏災中惟皋蘭等八處又秋災之鎮番中衛二處災分較重因於常賑外均予加賑一月俾得餬口有旨令安徽江蘇瀕水窪地雖累有偏災據報江蘇止須照例賑恤惟安徽所屬之泗州盱眙泗州衛三處有成災稍重者亦予展賑一月以資接新正加賑俾無遺作君原為去斯民耳此即濟督敍

天一念寅

十月十三日奉

上諭陝西咸寧等二十九廳州縣本年因七月內雨澤缺少秋禾間有受旱之處雖據該撫查明歉收處所本屬無多無須蠲賑第念此等被旱地畝在各州縣中雖屬一隅偏災但究係歉收且距明歲麥秋尚遠民食未免拮据著加恩將咸寧等三

十九廳州縣內所有收成四五分各戶查明實係無力貧民在於常平倉內極貧者借給兩個月口糧次貧者借給一個月口糧以資口食至二十九廳州縣境內毗連地畝應完錢糧及借欠倉糧例應緩徵其並未歉收之處與災地間段毗連若仍照例徵收恐糧價稍昂貧民艱於糴食並著加恩將此二十九廳州縣所有本年應徵未完錢糧及各年借欠倉糧俱緩至來年麥熟後徵收以示軫恤窮黎之至意該部即遵諭行

孚惠全書卷三十八

孚惠全書卷三十九

偏隅賑借十三

乾隆四十三年正月初二日奉

上諭昨歲甘肅省皋蘭等三十二廳州縣因夏間雨澤愆期以致田畝被旱成災節經降旨令該督等切實查勘賑恤兼施俾毋失所第念皋蘭渭源安定會寧平番涇州平涼七州縣被旱情形較重開春正賑既畢民食未免拮据著加恩各展賑一個月用敷春澤其餘被災較輕之金縣等二十五廳州縣雖亦經照例賑恤如今春尚有缺乏籽種口糧之戶並著該督隨時體察酌借以資接濟勒爾謹務董率所屬實心料理俾得均霑實惠以副朕軫恤邊氓之至意該部遵諭速行

初七日奉

上諭上年豫省秋雨未能普霑二麥未能遍種業經降旨將收成歉薄之汲淇臨漳等縣蠲免緩徵地丁銀十分之四俾窮民不致失所第念該省當青黃不接之時市集糧價未免昂貴民食不無拮据著照例將常平倉穀減價平糶並將臨河三十六州縣存倉積穀各按州縣大小體察情形儘數出借以資接濟並著加恩自本年秋收為始分作三年帶徵還倉庶閭閻生計得以寬裕榮柱現今護理撫篆即著董率所屬實心妥辦以副朕軫念民依之至意該部即遵諭行

三月十二日奉

上諭上年河南省雨雪短少開封彰德衛輝懷慶河南五府屬收成較薄業經降旨加恩緩徵入春以來尤殷望澤屢經傳諭詢問據報得雨分寸尚未一律深透春麥既未及期播種現在節過清明麥苗難望秀實農民只可盡力大田但春夏之間尚不能即資接濟未免艱於口食著加恩將實在麥地被旱之貧民酌借一月口糧再每畝借給籽種銀六分以資耕種其開封等五府屬本年應徵錢糧著加恩緩至本年秋收後徵收又該五府屬上年出借倉穀尚有常平民欠七萬二千五百八十二石零社倉民欠七萬二千二百一十一石零均著緩至來年麥收後還倉以紓民力其存倉社穀並著隨時借糶俾市糧充裕該撫務須董率所屬妥協辦理副朕軫念窮黎至意該部遵諭速行

二十八日奉

上諭前因河南省開封彰德衛輝懷慶河南五府春雨愆期麥田被旱節經降旨酌借口糧籽種俾得及時耕作又將本年應徵錢糧緩至秋收後徵收常平社倉民欠穀石緩至麥收後徵收並令將存倉社穀隨時借糶俾市糧充裕民力寬紓第念該五府屬極貧下戶口食更為拮据著再加恩於社穀內酌給月糧以資餬口該撫即飭令地方官確查妥辦務令窮黎均霑實惠毋致吏胥中飽至

本年社穀出借較多如屬不敷著於漕糧項下借動撥給該部即遵諭行

四月十二日奉

上諭河南城守尉官兵月糧向係粟米粳米半本半折兼放現在開封各府尚未得雨米價自必稍昂所有粟米折價恐兵丁不敷買食著加恩將城守尉官兵應得半年折色粟米自本年五月為始按月支給本色粟米即於開封府所屬州縣常漕穀石內勻派碾運支放俾兵食益為充裕以示體恤該部遵諭即行

五月初二日奉

上諭豫省自春夏以來雨澤稀少二麥難望有收業經傳諭該撫將開封等五府加意撫綏並酌借貧民口糧籽種以資接濟但念歸德陳州二府許汝二州待澤情形雖與開封等府相同自宜一體撫卹以紓民力著再加恩將歸德府屬九州縣及陳州府屬之沈邱等三縣並許汝二州照開封五府之例凡無力貧民均酌借一月口糧每畝借給籽種銀兩以資力作並將陳州府屬之扶溝沈邱項城三縣社倉民欠米石均緩至來年麥後徵還俾小民得盡力農田該撫務督率所屬悉心經理以稱朕軫念民生有加無已之至意該部遵諭速行

八月二十日奉

上諭閔鶚元奏查勘得亳州因豫省黃水漫衍直注該州將城門堵築水未入城其城外坊廂民房半多倒塌該州被水地方居十分之九又蒙城居亳州下游因水勢漫漲不能容納以致四鄉田廬淹浸居十分之八至下游之懷遠宿州鳳陽靈璧五河等縣瀕河窪地亦被淹及現在飭委各員查勘等語亳州等州縣接壤豫省因黃水漫溢致田廬淹浸被災較重前據薩載奏到已傳諭該督撫令將川省水次倉穀二三十萬石碾運之米酌撥安省被災地方以備賑糶之用今據該撫勘明亳州蒙城等處被災較重著即動支倉穀設廠平糶並照例先行撫卹給予一月口糧以資接濟至懷

遠宿州鳳陽靈璧五河等處先已被旱今又猝然被水並著即派委員會同該地方官勘明成災輕重照例撫卹該督撫即董率各屬實心經理毋任胥吏中飽俾災黎均霑實惠該部即遵諭行

十二月二十日奉

上諭本年安徽各屬被災較廣太平廬州二府行月米石因災緩缺建陽廬州滁州三衛軍丁口糧米先經據著加恩將前項緩缺米六千五百二十石有零各按水次於太平廬州二府屬熟田漕糧內照數撥抵支給統俟來年開徵後歸還漕糧起運俾幫丁口糧藉資接濟以示體卹該部即遵諭行

乾隆四十四年正月初二日奉

上諭上年豫省儀封考城一帶黃河漫口被災較重朕心深為軫惻業經降旨截留漕糧二十萬石並留豫省新漕十萬石又先後撥運兩淮鹽課一百萬兩戶部庫銀六十萬兩命尚書袁守侗前往查辦董飭有司實心賑卹並節經降旨緩徵兼施災民自可不致失所第念籍賑貧民向資官廩入春東作方興正在青黃不接之際若輒行按例停止未免餬口維艱深為軫念著再加恩將被災較重之儀封考城祥符陳留杞縣商邱寧陵睢州鹿邑柘城十州縣十分災之極貧加賑兩個月十分災之次貧同九分災之極次貧各加賑一個月咸

俾惠洽始和其餘被災較輕各地方有應行酌借口糧籽種之處該撫察看情形妥協辦理務使窮黎均霑渥澤副朕加惠無已至意該部遵諭速行

御製降旨加恩去歲豫省被災州縣詩以誌事己亥

豫民去歲實堪憐二麥無收望黍田河南自前秋及去夏缺雨二麥未收至六月得雨後趕種秋禾冀可稍資接濟而儀封考城一帶又值黃河漫口以致數郡復被水災尤深惆惻其奈大河忽漫溢頓教數郡受迍邅截漕發帑投何靳豫省漫工較大被水之地亦多特命大學士高晉董率南河諸習工將弁等馳往工所督視堵築又命尚書袁守侗前往董辦料查災諸務先後截留南漕並該省新漕三十萬石又撥兩淮鹽課銀一百萬兩近復撥部庫銀六十萬兩俾賑卹有資民皆得所茲復念賑期將滿正值青黃不接災黎餬口維艱因再加恩將儀封等十州縣被災極重者加賑兩月次重者加賑一月俾口食不致缺乏其被災較輕處所酌借口糧籽種以資耕作地丈朝臣

惠俾宣災重賑期慮猶迫加之次第旨重傳

初二日奉

上諭上年安徽亳州蒙城等處因上游黄水漲溢田廬淹浸被災亦重而懷遠宿州等十州縣有先旱而復被水者節經降旨令該撫切實查勘蠲賑兼施災黎自可不致失所第念東作方興當此青黄不接之時例賑將停麥秋未遠小民口食恐尚不免拮据著再加恩將災重之亳州蒙城二州縣九十分災貧民無論極次俱各加賑兩個月其八分災貧民及阜陽懷遠宿州鳳陽靈壁壽州鳳臺泗州盱眙五河天長等十一州縣鳳陽長淮泗州三衛七分災以上貧民無論極次俱各加賑一個月至毋庸加賑各地方有應行酌借口糧籽種之處並著該撫察看情形分別妥辦務俾均霑實惠用溥春祺該部即遵諭行

御製命加賑安徽去歲被災州縣詩以誌事（己亥）

於豫安徽處下游奔隄冒齧漾洪流（上年河南儀封祥符二處黄水漫隄由賈魯河下達淮河安徽之亳州蒙城被水尤重其鳳陽潁州泗州一帶州縣以地處豫省下游亦間被淹浸）旱傷禾黍已嗟苦澇浸田廬更為（去聲）愁（去夏上江各屬缺雨早禾多受損傷至閏六月得雨後補種秋禾正望稍資補救不意上游黄水漲溢田廬又復被淹）又蠲賑兼施亟圖救展加一再概從優無遺寧濫俾均逮（初閔鶚元奏報被災情形節經降旨命該撫率屬切實查勘蠲賑兼施茲屆東作方興災黎口食尚艱因再加恩將災重之亳州蒙城二州縣極次貧民俱加賑兩月其次重之阜陽等各州縣衛貧民無論極次俱加賑一月其餘毋庸加賑地方並令該撫酌借口糧籽

孚惠全書　卷三十九　六

種分別妥辦寧濫毋遺俾均霑實惠）南望那紓午夜憂

初二日奉

上諭上年湖北漢陽安陸荆州各府屬夏禾被旱入秋漢江盛漲又被淹浸災分較重業經降旨該督撫照例給賑以示優卹第念今春止賑已畢尚屆青黄不接之時民食未免拮据著再加恩將江夏漢陽漢川黄陂孝感鍾祥京山潛江天門荆門雲夢應城江陵公安石首監利襄陽宜城十八州縣及屯田坐落各州縣之武昌武左沔陽黄州德安荆州荆左荆右襄陽九衛成災七八九十分極次貧軍民俱各加賑一個月以資東作其毋庸展賑各州縣衛亦著察看情形分別酌借口糧籽種俾得盡力南畝以待麥秋該督撫等董率屬員實心經理務使窮簷均霑渥澤該部遵諭速行

御製命加賑湖北上年被災州縣詩以誌事（己亥）

楚省每多熟（諺曰湖廣熟天下足）上年亦被災旱先繼以潦（上年湖北漢陽各府屬夏禾被旱入秋漢江盛漲又被淹浸災分較重前經降旨給賑茲春賑已屆缺食堪虞因再加恩將成災之江夏等十八州縣及屯田坐落各州縣之武昌等九衛極次貧民各加賑一月其毋庸展賑各州縣衛亦令該督撫等酌借口糧籽種俾得盡力南畝以待麥秋）食缺總堪哀加賑還恤矣對時益歎哉鄰封思遏糴（先是湖北被旱成災米價漸長該督撫等咨商川省川督文綬奏請於水次州縣各倉內撥穀二三十萬石碾米運楚應用意欲以官用倉穀塞責實則禁糶閉之米不令得販鄰封非特楚省不能接濟即江南下游向來仰給川省者當此歲歉收之際更復何所取資所見意存畛域事同遏糴立駁一視同仁之道因傳諭文綬令其將水次倉穀碾米徑運江南而出省商販則出示曉諭在本各屬

孚惠全書　卷三十九　七

聽其照常轉運無得阻滯即遇經過者之米已諭令三寶陳輝祖等任其販運各處俱毋得抑勒總使米穀一律流通江楚各省並得源源接濟無虞乏食申飭穀汙米

初四日奉

上諭上年江蘇上元等州縣衛夏間雨澤愆期高阜地畝被旱成災而高寶一帶因湖河水勢盛長閘壩宣洩下河低田被淹致成偏災業經降旨令該督撫撫卹蠲緩俾災民不致失所第念東作將興青黃不接節届口食未免拮据著加恩將江浦六合清河高郵甘泉東臺泰州海州沭陽上元江寧句容丹陽金壇山陽阜寧桃源安東鹽城江都興化寶應蕭縣宿遷吳縣溧陽等二十六州縣又鎮江淮安大河揚州徐州五衛八九分災之極次貧及七分災之極貧各加賑一個月俾資接濟其餘毋庸展賑各州縣衛今春如有應行酌借籽種口糧牛具之處並著該督撫察看情形分別妥辦務使均霑實惠以普闓詔恩澤該部即遵諭行。

御製降旨加賑江蘇昨歲被災州縣詩以誌事己亥

下江災較上江輕民亦艱哉亦亦縈西以雨遲旱已定東因湖洩潦兼成上年江蘇上元等州縣衛夏間得雨過遲各高阜處所因有被旱者而高寶一帶又因陡者漫水入淮以致洪湖驟漲開壩宣洩下河低田復有被淹者普救一月新期展未至十分舊例行該省前歲收成及上年二麥均屬豐收即一隅被旱尚不致拮据而下河被水之處亦不見河而安徽成災十分向例成災十分始加賑兩月第念青黃不接之際口食堪虞因加恩將江浦等二十六州縣及鎮江等五衛八九分災之極次貧及七分災之極貧各加賑一月俾資接濟其餘各州縣並令該督撫酌借籽種口糧牛具分別辦理時若難逢穀粉惠誌詞准益愧慚生

初四日奉

上諭昨歲甘肅皋蘭等三十六廳州縣因夏間雨澤愆期以致田畝被旱成災節經降旨令該督等加意查勘賑卹兼施俾毋失所第念皋蘭河州靜寧固原平番安定涇州等七州縣被旱情形較重開春正賑既畢民食未免拮据著加恩各展賑一個月用穀春澤其餘被災較輕地方雖已經照例賑卹如今春尚有缺乏籽種口糧之戶並著該督隨時體察酌借以資接濟勒爾謹務董率所屬實心料理俾得均霑實惠以副朕軫恤災黎至意該部即遵諭速行

御製命加賑甘肅昨歲被災七州縣詩以誌事己亥

民貧地瘠是甘涼加賑年年例若常災弗十分斯己辛甘肅地土磽薄生計維艱往歲每被災傷加賑亦如常例昨歲皋蘭等州縣夏間缺雨乾不致如常年之十分成災然地瘠民貧尤宜軫恤昨已命該督等加意查勘賑卹兼施茲復念春正賑畢民食維艱因加恩將災重之皋蘭等七州縣展賑一月其災輕各州縣並令該督等酌借籽種口糧俾得接資耕作春耕借種上督吏教詳

三月初五日奉

上諭江蘇上年被有偏災地方俱已加恩展賑其隨屬場竈坐落各州縣情形與地方貧民無異自應一體加恩著將淮海分司所屬被災九分之板浦中正臨興三場分別極貧次貧應展賑者照例按月展賑應借給口糧者酌量借給俱著照地方

灾民之例一體辦理該盟院督率所屬實力奉行
務使窮戶均霑實惠該部遵諭速行

六月十六日奉

上諭前因豫省儀封等處堵築漫口尚未蕆工傳
諭薩載將安徽之亳州蒙城等處河水下注之區
曾否涸出現在貧民有無拮据情形據實奏聞今
據覆奏查明亳州之東北二鄉因上游流水漫溢
二麥復經被淹請動撥川米八千石借給貧民又
蒙城縣境內雉河集板橋集一帶及東北鄉十里
邨莊濱河田地俱被水淹二麥秋禾均有傷損請
撥川米四千石一體借給等語亳州蒙城上年因
豫省黄水漫注已被災歉今亳州之東北二鄉及
蒙城之東北十餘邨莊復因漫水淹及田疇民力
不無拮据前撥川省米石原以備該省賑恤之用
所有亳州出借之米八千石蒙城縣出借之米四
千石均著加恩賞給該二州縣貧民以資接濟該
督等董率各屬實力妥辦務使窮黎均霑實惠毋
任吏胥侵肥中飽以副朕軫恤災黎至意該部即
遵諭行

七月十九日奉

上諭薩載閔鶚元奏查勘災地情形一摺據稱亳
州渦河以北逼近武家河之宋家集等處三十堡
直接豫省受水既早夏麥悉被淹浸秋禾亦難望
補插其蒙城迤北之淝城兩岸板橋等集二十六

堡亦同時受水夏麥秋禾均無收穫請再行酌借
一月口糧於司庫正項內折銀散給俟明歲麥熟
後分作兩年帶徵等語前因亳州蒙城一帶為豫
省下游黄水漫注被淹較重屢經降旨加恩撫卹
並賞給川米一萬二千石以資口食但儀封漫口
至今尚未堵合秋禾業已無收貧民必倍形拮据
情尤可憫著加恩將亳州被災最重之宋家等集
三十堡蒙城被災最重之板橋等集二十六堡被
水貧民照夏災之例於八月內再賞給一月口糧
以資接濟該督撫即董率各屬實力妥辦務使窮
黎均霑實惠毋任吏胥侵漁中飽副朕軫恤災氓
有加無已之至意該部即遵諭行

乾隆四十五年正月初二日奉

上諭上年豫省儀封考城一帶因漫工堵築未竣
瀕水田禾被災較重節經降旨蠲賦截漕以資接
濟又前後撥運兩淮鹽課及戶部庫銀五百六十
萬兩交該撫飭屬辦理工賑第念今春正賑已畢
青黄不接之時若按例停賑貧民餬口未免拮据
著再加恩將被災較重之儀封杞縣商邱寧陵永
城鹿邑睢州考城柘城汲縣淇縣濬縣延津等十
三州縣十分災之極貧加賑兩個月十分災之次
貧與九分災之極次貧民加賑一個月其被災八
分以下各州縣極次貧民有需借給口糧籽種者
並著該撫查明分別妥協辦理務俾均霑澤用

禱春祺該部即遵諭行

御製加恩上年豫省被災及節被災各州縣詩以誌事 子庚

被災有賑節災無部例施恩本多殊獨是黄河決口處已經兩歲合龍須十三州縣被災者普加賑上年豫省漫工所築木埽儀封杞縣商邱寧陵永城鹿邑睢州考城柘城沔縣淇縣濬縣延津等十三州縣被災較重因於新正降旨將該州縣十分災之極貧加賑兩月次貧與九分災之極次貧加賑一月其八分以下極次貧民有應借給口糧籽種者並飭該撫查明分別妥協辦理俾均霑渥澤闔省黔黎並緩租豫省本被水各屬雖薦有秋而元氣初復户少蓋藏若將丁地及舊欠並徵民力不無拮据因並加恩將該省四十四年應徵丁地錢糧自四十五年爲始分作三年帶徵以紓民力何日洪流歸故道翹心南望日愁吾

初四日奉

上諭上年江蘇阜寧清河等處因夏雨稍多洪湖水漲兼之上游沂蒙諸水下注致成一隅偏災節經降旨令該撫督力查勘撫賑兼施災黎自可不致失所第念東作將興當青黄不接之時正賑將停災民口食維艱着再加恩將災重之阜寧清河桃源安東鹽城宿遷海州沭陽大河等九州縣衛七分災以上極次貧民俱加賑一個月其毋庸加賑之五六分災貧民有應行酌借口糧籽種之處並著該撫察看情形分別妥協辦理俾災黎均霑實惠該部即遵諭行

初四日奉

上諭上年安徽亳州鳳陽等處因上游黄水漲溢尚未斷流以致復有偏災節經降旨令該撫加意撫綏照例給賑以示優恤第念今春正賑已畢青黄不接之時民食不無拮据着再加恩將災重之亳州蒙城鳳陽懷遠靈壁宿州泗州盱眙五河九州縣及鳳陽長淮泗州等三衛成災八九十分之極次貧民概行加賑一個月其成災七分以下及勘不成災各地方並著該撫察看情形如有應借給籽種口糧之處即行分別妥辦務使窮簷均霑渥澤該部遵諭即行

初四日奉

上諭上年甘肅皋蘭等廳州縣因夏禾間被偏災業經降旨分別賑恤小民自可不致失所第念青

黄不接之時正賑已畢窮黎未免尚形竭蹶著加恩將皋蘭狄道平番武威肅州安定會寧固原涇州等九州縣災重貧民加賑一個月其餘被災較輕地方並著查明酌借籽種口糧以資接濟該部遵諭即行

御製降旨加賑上下江及甘肅省偏災各州縣詩以誌事 子庚

上年各省沐

天庥暘雨應時率有收豫省陵顛仍洊沴豫省因黄河漫口堵築未竣已降旨將災重之儀封等十三州縣分別加賑其通省各州縣丁地錢糧俱分作三年帶徵鄰疆波及亦災秋上年安徽亳州蒙城鳳陽懷遠靈壁宿州泗州盱眙五河等州縣及鳳陽長淮泗州等三衛因上游黄水漲溢波及鄰疆被災稍重因加恩將成災八九

十分之極次貧民概行加賑一月七分以下及勘不成災地方並飭該撫酌借口糧籽種俾均霑渥澤江蘇偏災應加賑江蘇阜寧清河桃源安東睢寧宿遷海州沭陽大河等各州縣衛上年因夏雨積多洪湖水漲上游所發諸水下注致成偏災因加恩將十分災之極次貧民俱加賑一月其五六分災民並分該撫酌借口糧籽種俾窮黎均霑實惠甘肅何年常郵明計甘省比屬民貧常年每遇偏災辦理百萬計上年六月又經降旨將乾隆二十七年至三十七年積欠銀糧一百二十餘萬概予豁免其皋蘭狄道平番武威肅州安定會寧固原涇州等州縣上年夏秋間被偏災因將災重貧民加賑一月其餘災輕地方並著查明酌借籽種口糧以資接濟調燮無能惟自愆那更新澤不定流

七月初五日奉

上諭前據陳輝祖奏邳睢廳屬黃河因上年水發於六月十五六等日水勢加長邳睢南岸溜注南趨更兼東北大風河浪撞擊水高隄頂隨搶隨塌人力難施於十七日丑時睢寧縣郭家渡隄工漫

孚惠全書　卷三十九　十四

溢二十餘丈自陳輝祖奏聞後至今十餘日朕日夜望信乃至今始奏殊屬遲延不體朕懸念矣茲薩載等奏稱該處漫口現已塌定約計口門寬大十餘丈並掣動大溜十之七八等語黃河自前年豫省漫淤堵築年餘未能集事今春朕親莅陶莊默禱

河神仰荷

天佑神助遂得合龍以此朕心稍慰而南河諸臣亦未免稍存大意以為數年之內黃河可冀安瀾一切巡防不無稍懈以致此次復有漫溢之事薩載陳輝祖均難辭咎即李奉翰雖經新調河東但伊前在南河究未能先事豫防亦難諉卸薩載陳輝祖李奉翰均著交部議處其該管文武員弁並著查明參奏其漫決口門薩載等即督率道將廳營上緊堵築剋期合龍以慰廑念至被水各屬邨莊雖據稱先期豫備並未受累但田廬猝被淹浸殊可憫惻著該督撫逐細查明照例撫䘏毋致一夫失所副朕軫念災黎至意薩載等摺及朕御批並發

二十二日奉

上諭據袁守侗奏永定河因本月十七八九等日上游各處大雨河水長發幾與隄平隨督同道廳等分頭搶護詎水勢益漲盧溝橋西岸漫溢出槽

孚惠全書　卷三十九　十五

北頭工水過隄頂洶湧異常人力難施沖寬七千餘丈由良鄉縣屬前官營散溢求賢邨減河仍歸黃花店鳳河等語永定河因上游連日大雨河水盛漲人力難施漫溢隄工亦屬無可如何著該督即董率文武員弁上緊堵築以期迅速合龍至漫口下游各處猝被水浸恐民田廬舍不無傷損著即派委妥員分頭確勘如有被淹傷損之處即查明實力撫䘏毋致一夫失所以副朕軫念災黎至意

八月十四日奉

上諭國泰奏東省被水窪地借給麥本一摺據稱曹縣定陶城武三縣被災地畝按每畝五分借給

奏本銀兩於明歲秋收後徵收歸款等語該處因
黃河北岸漫溢民舍田廬間有被淹現雖漫工堵
築完竣而無力貧民情殊可憫若將此項銀兩於
明秋仍行徵收民力究不免拮据著加恩將曹縣
定陶城武三縣現在借出奏本銀六千七百八十
餘兩即行賞給毋庸徵還歸款並著將該三縣本
年應徵錢糧及今春借出倉穀俱緩至明年秋收
後再為啟徵俾民氣益紓以副朕加惠災黎之至
意該部即遵諭行

九月初三日奉

上諭今夏雨水較多京城房屋間有坍損八旗兵
丁生計不無拮据若加恩賞一月錢糧以示優

眷該部知道

孚惠全書卷三十九

孚惠全書卷四十

偏災賑借十四

乾隆四十六年正月初二日奉

上諭上年直隸地方雨水稍多低窪地畝田禾被
淹業經降旨截漕三十萬石並撥通倉米二十萬
石部庫銀三十萬兩以備賑濟之用茲當東作方
興例賑將畢青黃不接之時小民餬口維艱殊堪
軫念著加恩將霸州保定文安大城固安永清東
安宛平良鄉涿州武清寶坻寧河天津靜海新城
雄縣清苑安州新安等二十州縣於今春正賑後
再加賑一個月以資接濟其毋庸加賑各廳州縣
亦著該督察看情形酌量借糶俾民氣益紓該督

其董率屬員妥協辦理以副朕軫恤窮黎至意該
部即遵諭行

御製降旨加賑直隸上年被水州縣詩以誌事辛丑

潦潛北方甚於旱北方陸地而艮潛甚於旱者因地勢平衍無河渠以宣洩也若南省水鄉一遇旱乾枯塅編甚比因閘歷久而知者多年臨莊試知頫昨秋適值過年辟霖潦窪地因之遭沴延例以十行頒歲首普應廿郡惠窮民直隸上年雨水稍多低地被淹青黃不接時民食維艱因加恩將霸州保定文安大城固安永清東安宛平良鄉涿州武清寶坻寧河天津靜海新城雄縣清苑安州新安等二十州縣於今春正賑後再加賑一月其毋庸加賑各州縣令該督察看情形酌量借糶以資接濟莫虞續吏無坎米倉撥漕糧部撥銀先是降旨截漕三十萬石並撥通倉米三十萬石部庫銀三十萬兩以備直省賑濟之用

初二日奉

上諭上年豫省考城商邱等處因芝蔴莊張家油
房漫口黄水漫注秋水被淹節經降旨令該撫加
意撫綏實力賑邮第念今春正賑已畢連年被水
之區民食不無拮据著再加恩將考城商邱寧陵
永城儀封等縣十分災之極次貧與九分災之極
貧於正賑外概行加賑兩個月其九分災之次貧
與八分災之極貧概行加賑一個月餘著再看情
形酌量糶借以資接濟該撫董率所屬實力妥辦
務使災黎共慶盈寧用敷春澤該部遵諭速行

御製降旨加賑去歲河南被水州縣詩以誌事 辛丑
決水春方合漫窪秋復開上年二月儀封甫經合龍秋間考城等處因張家油房漫口復致黄水下注秋禾被淹洊臻誠亟矣昬墊可哀哉救
賑恩遑靳慙惶言詎該優加視極次豫省考城等處連年被水災黎尤堪憫惻因於正賑將畢時加恩將考城商邱寧陵永城儀封等縣十分災之極次貧與九分災之極貧概行加賑兩月其九分災之次貧與八分災之極貧概行加賑一月其餘令該撫察看情形酌量借糶俾窮民無致失所勤邮莫徘徊

孚惠全書 卷四十 二

初四日奉
上諭上年江蘇淮安徐州等處因郭家渡黄水漫
溢且雨水稍多下游處所田禾被淹業經降旨令
該督撫等加意撫綏照例給賑以示優恤第念今
春正賑已畢正屆青黄不接之時民食不無拮据
著再加恩將睢寧邳州宿遷蕭縣桃源清河六州
縣及徐州大河二衛九分十分災之極次貧民概
行加賑一個月以資接濟該督撫等董率各屬實
力妥協務俾窮黎均霑實惠該部即遵諭行

初四日奉
上諭上年安徽亳州等處因夏秋雨水稍多兼之
黄淮交漲下游各州縣未免有被淹處節經降旨
令該撫加意撫綏照例給賑以示體恤第念今春
正賑將畢青黄不接之時民食不無拮据著再加
恩將災重之泗州宿州靈壁亳州並泗州衛成災
七八九分之極次貧軍民於賑後概行加賑一個
月其成災五分之各州縣衛及勘不成災各地方
並著該撫察看情形如有應需借給籽種口糧之
處即分別酌量辦理務使閭閻均霑渥澤該部即
遵諭行

孚惠全書 卷四十 三

御製降旨加賑江蘇安徽被災各州縣詩以誌事 辛丑
畿輔緣地近豫省以災連既已胥加惠向隅應可
憐淮徐有災報亳泗亦勞傳均宜恩賜第早則施
賙䘏茲當春賑畢猶恐多迍邅加賑或一再上年江蘇之淮徐等處因郭家渡黄水漫溢安徽之亳州等處黄淮交漲且雨水稍多以致田禾間被淹浸節經降旨令該督撫等加意撫綏照例給賑今春賑將畢思民力不無拮据因再加恩將江蘇之睢寧邳州宿遷蕭縣桃源清河六州縣及徐州大河二衛九分十分災之極次貧民概行加賑一月安徽省之泗州宿州靈壁亳州並泗州衛成災七八九分之極次貧軍民概加賑一月其成災五分及勘不成災之各州縣衛並飭酌借籽種口糧俾閭閻均霑實惠以敷春澤視其輕重焉所
幸無災處多稱豐收使上下兩江除被災州縣外俱雨暘時若多獲豐收米穀不致昂貴即災區鄰境有無皆可相通藉以少佐有無或可通焉之少慰

撫慰不厭慙多自咎備斯篇

初四日奉

上諭昨歲甘肅皋蘭等一十八廳州縣因夏間雨澤愆期以致田畝被旱成災業經降旨令該督切實查勘加意撫綏俾毋失所第念皋蘭河州金縣靜寧安定武威平番涇州肅州等九州縣夏禾被災較重開春正賑既畢民食未免拮据著加恩各展賑一個月其餘被災較輕地方如今春尚有缺乏籽種口糧之戶並著隨時體察酌量借給以資接濟該督即董率各屬實心經理務使窮黎均霑渥澤該部遵諭速行

七月初二日奉

上諭據閔鶚元奏南河魏家莊漫口距睢寧縣城三十餘里大溜從城北下注致該縣之陶河等二十七社均被淹沒民房多有倒塌現在設法安頓民情寧帖其邳州宿遷境內亦被黃流旁及一體先行撫䘏等語此次黃水漫決睢寧被災較重邳州宿遷亦間有淹浸貧民拮据情形朕深為軫念所有睢寧之二十七社並邳州磐地及宿遷被水較重各處著加恩無分極貧次貧一同先行賑䘏其被災較輕地方及附近之桃源境內並著查明成災分數分別辦理該督撫務須督率屬員實力妥協撫綏以副朕加惠窮黎之至意餘著照閔鶚元所請辦理該部遵諭速行摺並發

初四日奉

上諭前日據閔鶚元奏六月十八十九兩日崇明縣猝被風潮民田廬舍間有漂塌已諭令詳悉查勘加意撫䘏今據薩載奏太倉州寶山鎮洋華亭上海金山昭文丹徒等縣暨海門廳同日俱被風潮塘工多被沖損近海濱江之沙洲灘地及房屋戶口亦有淹斃塌損者現飭逐一確勘照例辦理等語此次崇明等州縣被災情形較重著該督撫等迅速飭屬詳悉覆勘妥協賑䘏至所稱黃淮漲溢窪地被淹之淮安鳳陽等府州縣俱著一體查勘辦理毋俾災黎稍有失所其巡江遇風淹斃之進擊候成及兵丁等並著照例議䘏該部遵諭速行摺並發

三十日奉

上諭據畢沅奏同州府屬朝邑縣北方黃河驟漲沖入縣城瀕河村莊多被淹浸現將各戶災民先行撫䘏一月口糧等語此次朝邑遇河水夜漲被災較重貧民生計未免拮据著加恩於撫䘏一月口糧之外先行再借一月口糧以資接濟仍令該撫照例題明加賑毋致一夫失所該撫務督率所屬實力撫綏以副朕軫恤災黎之至意

八月二十二日奉

上諭據薩載奏微山湖水勢日增沛縣護城隄外各鄉莊有被淹之處豐縣銅山等縣附近微山湖

各部亦因窪地被淹田廬間有坍沒等語豐沛等
三縣俱被水災居民不無失所雖據稱水勢由漸
而來人民先已遷移非猝被水災可比但秋糧全
沒廬舍倒塌勢難緩待賑期著加恩先行賞給一
月口糧該督即飭屬確查識口照例撫綏俾得均
受實惠以副朕軫卹災黎之至意

九月十一日奉

上諭據薩載奏查勘昭陽微山二湖水勢因今年
底水本大豫省漫水來路甚遠並未直灌入湖現
在水色澄清竟無淤墊等語昭陽微山二湖俱在
運河之西該處既未停淤則運河宣洩自為有益
至所稱漫水淹浸之豐沛銅山等三縣現在遵照

前旨賞給一月口糧自屬急須辦理之事至災黎
撫卹之後按例大賑亦不可緩著薩載即董率所
屬詳悉履勘被災地畝分數實力賑卹嚴查胥役
人等毋任絲毫侵冒並不時派委妥幹大員嚴密
查察俾湖濱居民均霑實惠不致稍有失所以副
朕體恤災黎之至意

十九日奉

上諭薩載奏江蘇沛縣地方於九月初四日風暴
大作衝激護城隄漫水進城知縣陳麟入城查取
印信及錢糧卷箱等項被水淹斃等語沛縣陡遇
風暴城隄墊塌該縣陳麟因查取印信案卷入城
以致淹斃殊屬可憫陳麟著加恩照陣亡官員之
例給予卹典所有沛縣猝遇風暴過水漫入被水
居民並著該督飭屬查勘加意撫卹按例復賑毋
致一夫失所該部知道摺併發

二十八日奉

上諭據國泰奏山東金鄉縣地方於九月初五六
等日大風陡激漫水入隄浸至城根居民移入城
內現將各城門圍築小月隄以資防護等語該處
猝遇水淹所有城外關廂居民雖先已移入城中
未致傷損但口食不免拮据著加恩酌給口糧按
例賑卹該撫等務須飭屬妥辦加意撫綏俾災黎
均霑實惠毋致一夫失所該部知道

乾隆四十七年正月初二日奉

上諭上年江蘇邳州睢寧等州縣因魏家莊河水
漫溢田禾被災蘇松太倉屬之崇明等縣及鎮江
通州等屬猝遇風潮禾稼受傷徐州豐沛等縣湖
水漲發風暴沖激城隄亦俱被水屢經降旨令該
督撫等切實查勘照例給賑並因崇明縣被災較
重特降諭旨截留漕糧十萬石復加恩豁免該縣
額徵地丁錢糧又徐州府屬被災較重准令於藩
庫道庫並兩淮鹽課應解部銀內先後動撥銀一
百五十萬兩並加恩於徐淮各屬應行起運漕糧
內截留五萬石以備賑濟平糶之用第念今春正
賑已畢正屆青黃不接之時民食不無拮据若再
加恩將睢寧沛縣崇明三縣十分災之極次貧民

概行加賑兩個月其該三縣九分災貧民同邳州宿遷銅山豐縣桃源清河海門通州海州沭陽各九分十分災貧民俱無分極次加賑一個月各衛屯地坐落該被災州縣者一體分別辦理俾災黎均資接濟其成災八分以下各州縣屬並著該督撫等察看情形再行奏請給予籽種口糧以副朕軫恤窮簷有加無已之至意該部即遵諭行

初二日奉

上諭上年安徽鳳陽泗州等屬因淮濉各河同時泛漲低田被淹屢經降旨令該督撫等勘實成災分別給賑俾免失所第念今春正賑已畢尚屆青黃不接之時民食不無拮据著再加恩將鳳陽五河宿州靈璧泗州等州縣被災七八九分極次貧民概行加賑一個月其鳳陽長淮泗州三衛被災鐵口及各災地貧生並兵屬丁餘家口俱隨坐落州縣郡莊一體加賑至七分災以下及勘不成災之區並著察看情形奏請分別酌借籽種口糧以資接濟該撫務須董率所屬實心妥辦俾災黎均霑實惠以普春祺該部遵諭速行

初二日奉

上諭上年豫省因焦橋曲家樓南北兩岸漫口儀封考城等處及漫水經由之祥符等縣均有被災之處屢經降旨令該撫切實查勘分別照例給賑第念今春正賑已畢尚屆青黃不接之時民食不

無拮据著再加恩將陳留儀封考城三縣十分災之極貧加賑兩個月十分災之次貧並九分災之極次貧民加賑一個月至祥符杞縣滎澤三縣及陳州府屬之淮寧西華等縣並著該撫查看情形酌量借糶俾窮黎毋致失所以副朕加惠無已之至意

初二日奉

上諭上年山東曹縣金鄉等州縣因豫省漫口黃水泛注俱被水災屢經降旨令該撫董率所屬切實查勘照例給賑俾無失所第念今春正賑已畢民食不無拮据著再加恩將荷澤曹縣單縣定陶城武金鄉魚臺等縣暨坐落金鄉魚臺境內之臨清衛成災八分以上貧民概行加賑一個月該撫務率各屬實力妥辦俾窮黎均霑實惠以副朕軫卹無已之至意該部遵諭速行

初四日奉

御製降旨加賑去歲河決被災江南河南山東各州縣詩以誌事 壬寅

昨年河三決（昨歲先據薩載等奏江南之邳睢南岸魏家莊大隄漫溢旋據韓鑅奏河南祥符南岸焦橋漫水過隄嗣韓鑅復奏儀封北岸曲家樓漫溢上游既經奪溜於是全河水勢由山東下注而江南之決旋報合龍矣）決莫不為災江南先合龍竇因河涸培（北岸曲家樓漫口後黃水大溜分為二一南流由南陽昭陽微山等湖入南運河歸海其一北流自趙王河至張秋入北運河歸大清河歸海於是焦橋口門一帶旋亦報堵塞斷）流邳睢已受沴稍禾難重（平）督哉宗明別風潮田宅率汙萊豐沛以湖溢乃致城垣隤（上年上江之鳳陽泗州等屬因

淮睢各河同時泛漲低田被淹因加恩將鳳陽五河宿州靈璧泗州等州縣衛被災七八分極次貧民加賑一月其勘不成災之區並分別酌借籽種口糧其下江之邳睢等州縣因睢家莊河水漫溢被災蒙明等縣仍遇風潮禾稼受傷又徐州豐沛等縣以微山湖漲風暴沖激城垣亦俱被水除節次降旨截漕撥銀外並再加恩將睢寧沛縣豐明三縣十分災之極次貧民加賑兩月其邳州宿遷銅山豐縣桃源清河海門通州海州沭陽並各衛極次貧民均加賑一月豫省賞兩岸南輕北重去豫省因兵橋曲家樓南北兩岸漫督催口犀經降旨賑卹今青黃不接時再行加恩將陳留儀封考城三縣十分災之極貧加賑兩月九分災之極次貧加賑一月其祥符杞縣榮澤淮寧西華等縣並酌量借糶毋致災黎失所浸淫至山左山東曹縣金鄉等州縣因豫省漫口黃水下注被災因於正賑外加恩將荷澤曹縣單縣定陶城武金鄉魚臺等縣衛成災八分以上貧民概行加賑一月三湖連無涯冬月報合龍曹未三日排旋復報潰隄高目心為厌上年十一月內據河桂等奏豫省湧工已於二十六日堵築合龍金門斷流大溜全歸引河等語至十二月初三日復據奏瀰工合

龍後仍復墊陷云云實為意外之變淮瀆諭阿桂等另行設法再籌諸事倍加慎重庶幾仰邀神佑安工得以速蔵災黎早獲安全耳嗟嗟四省民昏墊良可哀均當與加賑輕重則有差叶兹災豈無由咎由我政乖五字當自責南望誠慙哉

初三日奉

上諭上年直隸各屬雨水調勻秋收尚屬中稔惟天津靜海等縣低窪田畝間有積水屢經降旨該督確切查勘分別賑卹第念今春正賑已畢尚屆青黃不接之時民力不無拮据著再加恩將天津靜海二縣被災七八分之極次貧民並六分災之極貧加賑一個月其天津靜海二縣被災六分次貧與五分災之極貧以及東明長垣青縣滄州鹽山慶雲等六州縣五分災之極貧概行給賑一個月仍照例銀米兼放倘運米維艱即用折色在於上年賑剩銀內動支如有不敷再於節年地糧項下滌撥該督務須飭屬分別實力辦理俾窮黎均霑實惠以副朕愛惠元元有加無已之至意該部遵諭速行

御製命加賑直隸去歲被水偏災州縣詩以誌事

壬寅

去年三輔地秋熟報中稔近水八州縣偏災缺米糧賑加分次第上年直隸各屬秋收尚屬中稔惟近水之天津等州縣低地間有積水今歲正賑畢時青黃不接民力不無拮据因降旨將天津靜海二縣被災七八分之極次貧民並六分災之極貧民加賑一個月其天津靜海之被災六分次貧與五分災之極貧以及東明長垣青

縣滄州鹽山慶雲等州縣五分災之極貧概給賑一月俾窮黎均霑實惠惠施去要周詳勗爾官如母慰予民視傷

初六日奉

上諭上年陝西朝邑縣河水夜漲邨庄多被淹浸屢經降旨令該撫切實查勘照例給賑毋使失所但今春正賑已畢尚屆青黃不接之時民食不無拮据著加恩將該縣被災較重之極貧戶口再行展賑一個月以資接濟其次貧及被災較輕民戶於常平倉春借案內按戶一體借給倉糧該撫其董率所屬妥協辦理以副朕軫念窮黎至意該部遵諭速行

初六日奉

上諭上年甘肅寧朔平羅等縣因河水泛溢秋禾被災屢經降旨令該督加意查勘照例給賑第念今春正賑已畢尚屆青黃不接之時民力未免拮据著再加恩將被災較重之寧朔平羅二縣貧民展賑一個月其隴西寧夏二縣被災較輕仍著該督飭令地方官留心體察如有缺籽乏食之户即行酌借籽種口糧以資接濟務使災黎共慶安全用軫春泮該部遵諭速行

御製降旨加賑甘肅四縣被災貧民詩以誌事 壬寅

向來甘省每加賑墨吏侵之弗逮民甘省每年報災加賑自王亶望為藩司藉詞賑濟開銷監糧私收折色串通各州縣侵冒分肥因將王亶望等分別治罪以彰國法復恐此後或有過偏災督撫等誤會此意因噎廢食諱災不辦屢降明旨嚴切曉諭遇有歲歉即當據實奏報並令督率各屬痛除積弊俾窮民均受實惠墨吏抵罪民何罪因噎廢食誨諄諄去歲報災者四縣前弊盡去茲應真輕者借種上聲重加賑甘省上年寧朔平羅等縣因河水泛溢秋禾被災已屢經降旨照例給賑今春青黃不接因再加恩將被災較重之寧朔平羅二縣貧民展賑一月其災輕之隴西寧夏二縣著該督撫等查明缺籽乏食之户酌借籽種口糧以資接濟俾災黎共慶安全用軫春泮惠茲地瘠與民貧中諭大吏體予意切忌諱災須直陳

初六日奉

上諭上年湖北潛江等縣衛因襄水泛漲沿河田垸被水浸漬屢經降旨令該督撫等加意查勘照例賑卹毋使失所第念今春正賑已畢尚屆青黃不接之時民食不無拮据著再加恩將被災八分以上之潛江江陵監利荊門等州縣及屯田坐落該州縣之荊州荊左二衛極次貧軍民加賑一個月以資接濟其續被秋水之鍾祥京山二縣被旱之雲夢應城二縣及屯田坐落之各衛所軍田並成災五分之江夏武昌漢川黃陂孝感等縣及勘不成災之天門沔陽安陸應山廣濟黃岡石首等州縣並京山縣之東西北三鄉民屯田地該督撫等酌看情形再請分別賞借籽種俾窮黎復霑實惠盡力春耕該督撫其董率所屬實力妥辦以副朕軫念災黎之至意該部遵諭速行

五月初三日奉

上諭豫省青龍岡堵築漫口合龍尚須時日其下游一帶居民經黃水漫浸力食維艱現在該省另籌開挑引河及建隄岸江南山東兩省附近災黎踴躍赴公目前計工授食即可以工代賑小民或不致失所但念本年夏秋之交工竣藏事其被水地畝未必即能涸出可以耕種而正賑加賑已畢際此青黃不接之時民力尤為拮据朕心深為厪念著再加恩將山東曹州兗州濟寧等府州及江南徐州豐沛等縣被災各屬無論極次貧民俱著展賑三個月該督撫務各董率所屬實力撫卹俾窮黎均霑實惠以副朕軫念災民格外加恩之至意該部即遵諭速行

御製命加賑山東江南被災州縣詩以誌事 壬寅

春正詔加賑十行率成例加期滿再加則以災重
堅河決青龍岡垂成功虧叶被災諸州縣至今
無涸地不惟麥失望大田粮種蓺哀哉昏墊民日
食何為繼即予加三月速救目前急叶命兩省方
伯詳議救民計山東曹州兗州濟寧等府州屬及江南徐州豐沛等縣因上年青龍岡漫口黄水下注被災較重目下正賑加賑已畢被水災地未能涸出耕種民力尤為拮据因特降恩旨於各該處加賑外無論極次貧民再行展賑三個月並諭該督撫董率所屬實力撫卹俾窮黎得實惠厎績既之術勤民逞借費埴緒弗成章五字
聊鳴愧

十二日奉

上諭豫省河工現在另籌改築南隄開挑引河前
經降旨將下游被水之山東曹州兗州濟寧等府
州縣及江南徐州豐沛等縣無論極次貧民於正
賑加賑之外復展賑三個月該二省災黎自可不
致失所第念豫省黄河北岸一帶各州縣本年堵
築漫口尚未集事附近居民被水淹浸目下正賑
加賑已畢民食尚未免拮据雖現在興舉鉅工其
力能工作者原可以工代賑但究恐未能周徧朕
心深為厪念著富勒渾即將豫省黄河北岸一帶
被水各州縣迅速查明無論極次貧民俱著展賑
三個月該撫一面奏明一面董率所屬實力妥辦
以副朕軫念災區有加無已之至意該部遵諭速
行

二十七日奉

上諭本年熱河雨澤稀少糧價稍昂所有河屯協
屬兵丁一千一百九十九名著加恩每名賞借米
一石於明歲照例分作四季坐扣

六月初六日奉

上諭據常青等奏今年春季以來凡旱青草歉生
察哈爾之八旗官兵牲畜傷損甚多等語察哈爾
八旗官兵俱賴牲畜養贍家口當差今年雨水短
少牲畜多有傷損著加恩將領以下官員兵丁支
借一年俸餉添補牲畜以資生計將此項支借俸
餉作為六年坐扣

十三日奉

上諭陳輝祖等奏福建臺灣地方於四月二十二
日猝被颶風海潮驟漲致衙署倉廒營房民居多
有倒塌田禾人口亦有淹浸各等語濱海居民猝
遇風潮以致官民房屋田禾人口均被傷損成災
該督撫務須督飭所屬詳加查勘實力撫卹毋致
一夫失所以副朕軫卹海疆之至意其衙署倉廒
課鹽戰船等項有倒塌沖失之處並著查明實在
數目照例詳悉妥議具奏摺並發

七月二十三日奉

上諭明興奏兗州曹州二府及濟寧州所屬各州
縣衛於六月中旬以後連值大雨黄流未斷湖河
漲溢已涸地畝復被淹浸秋禾多有損傷現飭藩
司派員前往查勘等語曹兗濟寧所屬各州縣衛

上年被水災黎前已屢經降旨加恩賑恤今涸出之處復又被水且去歲未勘成災之處亦因水勢漫注秋禾難望有收覽奏甚為軫念所有此次續報被水地方著該撫督率所屬實力查勘將加賑展賑酌借諸事宜查照前旨一體妥為籌辦毋使一夫失所並將如何遵照及履勘秋災案内應行加恩賑借之處據實奏聞候朕再降諭旨

御製命新授山東巡撫明興往查去歲被水州縣奏至詩以誌事壬寅

屬臣既作辟民艱自不報國泰前在山東巡撫任内貪妄勒索于易簡身任藩司甘為欺飾昨被御史錢灃參奏今和珅劉墉往審果實因念該省被水災黎必未據實查勘奏報遂令新任巡撫明興與藩司孫士毅前往分途履勘亟命新任者速往查

無告猶恐迫不及加賑繼須詔繼念目下加賑將畢明興等奏報需時即將降旨將曹兗等屬無論極次貧民再行展賑三個月今接遞飛章果有向隅號並據明興奏曹屬城武及濟寧金鄉魚臺等處地當下游災情較重請酌借口糧接濟並將被災已未涸出地畝分晰開單奏報並明興尚未據奏加賑之旨故有此奏今計已奏到因諭令並率所屬實力遵旨妥辦毋使一夫失所黃水所經過數縣深淤渟二麥既失望大田艱耕到哀我昏墊黎胡被異常澇加賑有滿期冬春更宜料東省被水地方已經涸出者應酌借籽種及早趕播其未經涸出不能播種者即一面開賑以資接濟又恩展賑至七八月亦畢今冬明春之間災民口食仍艱應如何酌量加恩令明興臨期再行奏聞請旨帑項所弗惜安民斯最要申命爾其竟南望增惻悼

八月十八日奉

上諭據明興奏山東滕嶧二縣因八月初三初六等日風雨大作沿河濱湖地畝俱被淹又魚臺縣亦於八月初三日夜溢水入城貧民避水不及者致有漂流淹斃現在清查酌量撫卹等語滕嶧魚臺等縣因風雨漫溢淹斃人口被水災黎殊堪憫惻著該撫速委妥員詳查確勘實力撫卹毋使一夫失所以副朕軫念災黎至意

十八日奉

上諭據薩載奏徐州府屬之沛縣豐縣銅山邳州睢寧宿遷並淮安府屬之桃源縣暨海州並所屬之沭陽等州縣因豫省上年漫水下注被淹驟難消涸今歲不免成災其中被淹最重之沛縣豐縣銅山邳州四處遵旨展賑現在察看輕重情形核

實辦理等語淮徐兩府屬既因豫省漫水被淹今歲仍不免成災其沛縣豐縣銅山邳州四處被淹最重著加恩不必論月即著予賑卹俟漫水消退再行停止薩載等務督率屬員實力查明妥辦以副朕軫念災黎有加無已之至意該部遵諭速行

二十九日奉

上諭前據明興奏利津昌邑等縣猝被海潮田禾房屋多有淹損隨降旨令其詳晰查勘一面奏聞一面妥為撫卹今據明興查奏被水較重者係利津壽光樂安三處其次霑化昌邑濰縣三處至海豐被水消洩甚速情形較輕等語利津壽光等縣

猝被風湖以致田畝被淹房屋衝塌濱海窮民殊堪軫念着明興即將勘明被災各縣遵照前旨督率妥員實力賑卹其房屋被水衝塌者即照例散給修費無使一夫失所以副朕軫恤災黎至意該部知道摺並發

二十九日奉

上諭據明興奏查勘兗州曹州二府及濟寧州各所屬州縣衛續報被水地畝先行撫卹一月口糧再行確核輕重情形分別加賑此外水佔地畝俟豫省新河開放一經涸出應行籌借籽種口糧臨期奏明請旨辦理等語已於摺内詳悉批示矣豫省開挑引河須俟明春桃汛開放被淹地畝即使

全行涸出不但不能補種秋麥即春麥亦不能趕種止可接種大田若彼時始行借給籽種口糧恐緩不及急災氓未免拮据朕心深為軫念着該撫督率所屬即速查明如有應行賑卹酌借籽種者一面辦理一面奏聞毋使一夫失所副朕惠愛黎元有加無已之至意該部即遵諭行摺並發

九月十五日奉

上諭前因江南淮徐二府屬經豫省漫水下注降旨將被淹最重之沛縣豐縣銅山邳州四處加恩當予賑卹不論月分俟水涸補種時再行停止今思山東兗曹二府及濟寧州各屬州縣衛俱當豫省下游雖節經降旨令該撫詳悉查明分別撫綏但豫省挑挖引河須俟明春桃汛始行開放為期尚久恐一時未能全行涸出災民仍未免拮据所有山東被水最重之各州縣衛着該撫明興速行據實查明即照江南豐沛等州縣之例不必論月當予賑卹統俟漫水消退再行停止該撫務實力查明一面奏聞一面妥辦以副朕軫念災黎有加無已之至意該部遵諭速行

孚惠全書卷四十

孚惠全書卷四十一

偏隅賑借十五

乾隆四十八年正月初二日奉

上諭上年山東兗州曹州二府屬暨濟寧州所屬因漫水經行連年淹浸不能耕作屢經降旨加恩展賑並令將被災最重之各州縣衛加恩不論月分常予賑恤俟漫水消退再行停止惟是一縣之中地勢高低不等被災分數亦輕重不齊除成災九分十分者應予常賑外其成災七八分不在常賑之內者今春正賑已畢青黃不接民食未免拮据著再加恩將兗州曹州二府暨濟寧州所屬各州縣衛成災七八分者無論極次貧民槩行加賑一個月俾災黎均資接濟其成災五六分並上年新淹之鉅野嘉祥與猝被風潮之利津壽光樂安昌邑濰縣霑化等各縣場並著該撫察看情形於方春播種之時一體酌借籽種口糧以副朕軫恤窮黎有加無已之至意該部即遵諭行

初二日奉

上諭上年江蘇淮安徐州等處因漫水未消田禾淹浸業經降旨令該督撫等加意撫綏照例給賑並令將被水最重之沛縣豐縣銅山邳州四處不論月分常予賑恤外其該四州縣上年未經被水而夏秋猝被淹浸以及下游之宿遷桃源等州縣被水災田均各照災分按月給賑不在常賑之內第念今春正賑已畢青黃不接民力不無拮据著再加恩將邳州銅山豐縣三州縣不入常賑之例本年猝淹地畝以及宿遷海州二州縣凡九十分災不分極次貧民槩行加賑兩個月次重之桃源睢寧沭陽凡十分災貧民不分極次概行加賑一個月其徐州大河二衛屯田有坐落該州縣災重區分者一體分別加賑以資接濟其無需加賑各地方並著該督撫察看情形如有應借給籽種口糧之處即分別酌量辦理務使災黎均霑渥澤用溥春祺該部即遵諭行

御製降旨加賑山東江南等處州縣詩以誌事 癸卯

河決糧河復已歷兩歲餘山東及江南多被有災區哀我民非無冀書視傷如去歲即降旨弗以月計諸恒賑待河復庶免庚癸呼 上年因山東之兗州曹州二府及濟寧州所屬各縣又江蘇淮安徐州之沛豐等屬漫水未消田禾淹浸業經先後降旨不論月分常予賑恤俟河復故道水退再行停止 又思一縣中或有高下殊其弗被災卹例仍納賦租並令緩其徵閭閻通有無 山東江南災重州縣既予常川賑卹不論月分但一州一邑之中其未經被水鄉莊與災地相近該處鄉鄰有無相通亦應加意休養因降旨將山東江南各屬成災五分以上者其成熟各鄉莊概予緩徵以舒民力並令嗣後各直省俱照此例遇有災賑事務一體緩徵俾得通融接濟分有餘以補不足 凡此蒙恩處無待加賑乎其或被災輕及風潮所於兩省督吏有加賑應均霑山東則二府一州八縣俱江南凡州縣望恩民殷洎視其災輕重月限加分疏 兩省除災重常賑各州縣外其成災七八分之各州縣衛正賑已畢民食不無拮据

因再加恩將山東之兗曹二府濟寧一州屬極次貧民概予加賑一個月其成災五六分並上年新淹之鉅野嘉祥與續被風潮之利津壽光樂安昌邑濰縣霑化等八縣場並著一體酌借籽種口糧又江南之邳州銅山豐縣不入常賑之上年停淹地畝及宿遷海州九十分災之極次貧民概行加賑兩個月次重之桃源睢寧沭陽九十分災極次貧民概行加賑一個月其餘徐州大河衛屯田一體分別加賑以資接濟其餘無需加賑之處有應借給籽種口糧者一體酌辦俾災黎均霑渥澤用溥春祺

屯膏我不為，問惠我意祛。易益卦有孚惠心勿問元吉予常解以加惠於民而不問其感德與弗感德非謂加惠於民不問而可知元吉蓋為切於為君之道惟怵

溝壑者，南望以嗟吁。

初二日奉

上諭上年豫省黃河北岸因漫口未經堵合被淹地畝不能耕作屢經降旨加恩展賑俾無失所第念今春正賑已畢距麥收尚遠正屆青黃不接之時民食未免拮据著再加恩將儀封考城陳留三縣北岸無論極次貧民再行加賑兩個月其餘被災較輕地方有應於今春酌量糶借倉穀以資接濟之處並著分別辦理該撫其董率各屬實力妥辦俾窮黎均霑渥澤副朕軫念災黎加惠無已之至意該部即遵諭行

御製降旨豫省加賑詩以誌事 癸卯

河雖決豫省，一過未滂浸。縱異東山東南江南重，亦屢歲月深。賑期加以普，借項俾其斟。上年豫省因黃河北岸漫口未堵其過水地方雖不至如山東江南之不計月分常予賑卹但今春正賑已畢麥收尚遠民食未免拮据因降旨將儀封考城陳留三縣無論極次貧民再行加賑兩個月其餘有應酌借倉穀之處並著該撫酌量情形率屬妥辦俾窮黎均霑渥澤申命地方吏，體予勤恤心。

初四日奉

上諭上年安徽鳳陽潁州二府並泗州等屬州縣因淮水泛漲田畝被淹業經降旨令該撫董率所屬切實查勘照例給賑俾無失所第念今春正賑已畢尚屬青黃不接之時民食不無拮据著再加恩將壽州鳳臺鳳陽懷遠靈璧泗州盱眙五河潁上等九州縣被災八九分貧民無論極次於正賑後概行加賑一個月以資接濟其鳳陽長淮泗州三衛被災饑口各隨坐落州縣都莊一體加賑至被災較輕有需酌借口糧籽種者並著該撫察看情形分別酌量辦理該撫務督率各屬實力妥辦俾災黎均霑實惠以副朕軫卹無已之至意該部即遵諭速行

御製降旨加賑安徽被災貧民詩以誌事 癸卯

鳳穎災因淮水漲，較於河決患為輕。民之困則原無異，賑與加斯賴有生。上年安徽之鳳陽潁州二府並泗州屬州縣因淮水泛漲田畝被淹業經照例給賑第正賑已畢青黃不接民食仍艱因再加恩將壽州鳳臺鳳陽懷遠靈璧泗州盱眙五河潁上等九州縣被災八九分極次貧民概行加賑一個月以資接濟其鳳陽長淮泗州三衛被災饑口一體加賑至被災較輕有需酌借口糧籽種者並著該撫察看情形率屬妥辦俾災黎毋致失所調劑已深懃午夜，借資毋俾誤春耕。十行布惠務實致，寧渠胥去遵其故事行。

三月十七日奉

上諭上年山東兗曹二府暨濟寧州所屬又江蘇淮安徐沛等處俱因浸水經行田禾淹浸屢經降

旨展賑並令將被災最重之各州縣衙常予賑恤俟漫口合龍後再行停止現在豫省河工已經奏報合龍雖下游地畝漸次涸出可以耕種但當此青黃不接之時地畝甫經涸出恐地方官拘泥前旨即行停賑窮民覓食維艱朕心深為廑念著加恩再行展賑至六月停止以副朕軫念窮黎有加無已之至意該部即遵諭行

十月初四日奉

上諭畢沅奏陝省榆林懷遠葭州神木綏德米脂吳堡府谷等八州縣秋禾偏種失時成災五六七八九分不等請照例撫䘏加賑並蠲緩錢糧以資接濟又清澗靖邊二縣秋收俱止五分以上亦屬

歉薄請予緩徵等語榆林綏德等八州縣秋禾成災邊民生計拮据殊堪憫惻著該撫即率所屬實力賑䘏俾貧黎均霑實惠即有應徵錢糧亦著分別蠲緩其賑恤應需銀兩即於地丁項下撥銀四萬兩解往備用如有不敷核明再行續撥應需米糧於附近府州倉貯查明撥運至清澗靖邊二縣雖例不成災秋收究屬歉薄所有本年額徵各項銀糧並上年緩徵未完及新舊借欠常社倉糧俱著緩至來年秋收後徵還並於冬春酌量借糶倉糧用資接濟以副朕軫䘏邊氓有加無已至意該部即遵諭行

初四日奉

上諭薩載等奏徐州府屬之銅山豐縣沛縣邳州四州縣低窪地方未能全行涸出現飭屬履畝確查分別災分輕重請旨辦理再本年六月江水盛漲上元句容丹徒三縣沿江低田被水之處一併委員確勘等語徐屬四州縣地方被水較重前降旨加恩展賑至六月止今該處尚有未經涸出地畝秋成失望若俟查明請旨往返需時貧民無以餬口所有銅山等四州縣被災較重之地即著照山東之例加恩展賑五個月其災分稍輕及上元等縣被江水衝漫田地俱著酌借籽種口糧俾得趕種春麥足資接濟該督等一面查明分別賑䘏一面奏聞以示朕軫䘏災黎有加無已之至意

該部即遵諭行

十二月初二日奉

上諭本年陝西榆林綏德二屬秋禾歉收業經降旨令該撫加意撫䘏茲據奏到各處倉儲不敷散給所有應行撫䘏加賑全予折色聽民間自行買食等語即著照所請行至向來善賑定例大口日給銀六釐小口減半仍恐邊地貧民不敷日用著加恩查照乾隆二十四年該省散給折色之例大口日給銀一分小口減半該撫即督飭所屬妥協辦理以副朕軫念邊氓有加無已之至意該部即遵諭行

乾隆四十九年正月初二日奉

上諭上年湖北黄梅廣濟黄岡江夏四縣因六月間江水盛漲濱江地畝均被淹浸致成偏災業經降旨令該督撫實力撫卹俾無失所第念今春正賑已畢距麥收尚遠正屆青黄不接之時民食未免拮据著再加恩將黄梅廣濟黄岡江夏成災八九分之極次貧軍民展賑一個月俾資餬口其餘被災較重地方有應於今春酌借口糧籽種以資接濟之處並著該督撫察看情形分别辦理該督撫其董率各屬實力妥辦俾窮簷均霑渥澤副朕撫卹災黎用普春祺至意該部即遵諭行

初二日奉

上諭上年陝西榆林綏德二屬秋禾歉收節經降旨令該撫加意撫卹並加恩照乾隆二十四年散給折色之例優予賑銀災黎自可不致失所第念今春正賑已畢沿邊地氣寒冷並無冬麥大田收穫較遲民食仍未免拮据著再加恩將榆林府屬之榆林葭州懷遠府谷神木綏德州並所屬之米脂吳堡所有被災極貧戶口著展賑四個月次貧戶口展賑兩個月以資接濟至被災較輕地方有需酌借口糧籽種者並著該撫察看情形分别酌量辦理該撫務督飭所屬實心經理俾邊地災黎均霑實惠副朕惠普春祺有加無已至意該部即遵諭行

御製降旨加賑湖北陝西二省去歲被災州縣詩以誌事甲辰

初歲恩綸例有施十行應否豫疇咨每年新正加恩展賑諭旨俱於冬月先行降旨詢問被災省分督撫俾查明覆奏酌量加賑於新正頒發用普春祺昨年暘雨幸時若各處逢 水乾旱鮮遇危昨歲癸卯各省雨暘時若降旨詢問應加恩賑者祇湖北陝西兩省數州縣餘均獲有收無災縣四濱江湖北潦上年湖北之黄梅廣濟黄岡江夏四縣因六月間江水盛漲濱江地畝被淹今春正賑已畢青黄不接之時民食拮据因加恩將黄梅等四縣被災八九分之極次貧軍民展賑一月俾資餬口其被災較輕地方酌借口糧籽種接濟府雙近塞陝西識上年陝西榆林綏德二府屬秋禾歉收節經降旨加意撫卹並照乾隆二十四年之例優給賑銀茲正賑已畢民食尚艱因再加恩將榆林葭州懷遠府谷神木並綏德州所屬之米脂吳堡等處被災極貧戶口展賑四個月次貧展賑兩個月以資接濟其災輕地方酌借口糧籽種分别辦理雖云厥省百分一湖北陝西加賑州縣雖不過該省百分中之一然朕心於念不忍使之向隅是以再三申諭該督撫率屬實力妥辦俾災黎均霑實惠毋致一夫失所忍向之隅忽若遺軍與民同加以賑極和次各定其差載申諭令勤董率實惠窮黎俾受斯

初三日奉

上諭前因江蘇之上元句容丹徒三縣因六月中江水盛漲濱江地畝被淹致成偏災降旨令該督撫實力撫卹並令查明於青黄不接時是否應需展賑蠲緩茲據薩載等奏稱該三縣業經分別給賑蠲緩現在水淹地畝業已涸出佈種二麥收成在望毋庸再予展賑等語該督等所奏雖係實在情形但念該處地畝甫經涸出民食究未免拮据况新歲南巡蹕路經臨尤宜倍加渥澤所有江蘇

之上元句容丹徒三縣毋論極次貧民俱著加恩加賑兩個月用昭省方行慶加惠黎元至意該部即遵諭行

御製命加賑江寧去歲被水三縣詩以誌事 甲辰

去歲各省率有秋數少祈春加賑旨湖北陝西昨施恩然惟數縣而已耳上年各省多獲豐收是以降旨詢問各督撫惟湖北之黃梅廣濟黃岡江夏四縣陝西榆林綏德兩屬於新正各加恩展賑江寧歲前亦問及秦稱三縣累被水災輕民不致乏食水退地涸種麥無虞加賑酌借種夫田即可觀苗蘺江寧亦曾於昨冬降旨詢問據薩載等奏惟上元句容丹徒三縣濱江地畝被淹業經分別給賑蠲緩現在地已涸出佈種二麥收成在望毋庸展賑等語但該處地畝甫涸民食尚艱況新歲蹕路經臨恩施宜渥因降旨將上元等三縣無論極次貧民俱加恩展賑兩個月用昭省方行慶加惠黎元至意吾吾吾更有從綸於惠寧過多奢美況值蹕路所經過宜霑渥澤令民喜三縣無論極次貧率加兩月賑期俾其今賓惠遍閭閻吾將歷覩民色起

六月初一日奉

上諭前據何裕城奏豫省彰衛等屬被旱之封邱獲嘉等縣未經得有透雨已傳諭該撫體察情形不必俟其成災即行量加撫卹矣本日據奏彰衛懷三府及開封所屬今年被旱共四十六州縣現在得有透雨晚秋種蒔長發者十一縣惟衛輝府屬之汲縣新鄉封邱獲嘉及開封府屬之陳留共五縣得雨僅止一二寸及不成分寸等語該處既未得續沛甘霖看來旱象已成撫恤難以稍緩著傳諭何裕城即速查明汲縣新鄉封邱獲嘉陳留五縣被旱災區分別賑卹若此時有續得雨澤未種地畝有可以補種晚田應行借給籽種口糧者即當酌量給借務使災黎均霑實惠不致失所仍一面辦理一面奏聞以慰厪念將此由五百里傳諭知之

御製河南巡撫何裕城奏衛輝府四縣開封府一縣尚未霑透詩以誌事 甲辰

衛輝早識未霑膏更報開封一縣遺今歲河南衛輝彰德懷慶及開封府屬各州縣有缺雨之處屢經諭何裕城查明據實奏覆茲據奏稱彰衛懷三府及開封所屬缺雨者共十六縣自四五月連得透雨後晚秋種蒔長發者十一縣惟衛輝府屬之汲縣新鄉封邱獲嘉及開封府屬之陳留共五縣得雨僅止一二寸或不成分寸現在仍率屬祈禱等語雖止旱乾饒五縣可憐黎庶受千勞向隅忍使轉溝壑施澤須教免徙逃汲縣新鄉封邱獲嘉陳留五縣若俟成災從賑卹恐窮黎或致失所因即傳諭何裕城將該五縣被旱災區分別賑恤若續得雨澤其未種地畝酌給籽種口糧以資接濟補種一面辦理一面奏聞一咨爾毋徒事祈禱俾宣實惠敕諸曹

七月二十九日奉

上諭前以甘省逆回滋擾百姓田廬生畜被其搶掠及聞信驚避遷徙流離者均為可憫曾降旨令福康安查明撫卹並將該省錢糧普行蠲免茲據福康安奏鹽茶等處各廳州縣所屬地方俱有賊氛經過其被難各戶人口及聞風驚避事後續歸並靖遠伏羌靜寧等處被賊攻圍北戶驚惶不能

自謀生計均應酌量分別撫卹現在將存貯軍糧按戶散給等語甘省勦捕逆回各路官兵雲集所有需用軍糧自應預為籌備現在賊匪已殲擒淨盡官兵陸續撤回其餘剩軍糧若仍運回本處未免轉滋勞費自應即於各該處就近散給被難戶口以資口食著福康安督飭該管道府覈實稽查務俾災黎均霑實惠該部知道摺並發

十月十二日奉

上諭據富綱等奏雲龍州地方汛江泛漲致將金泉鹽井劇岸沖坍井眼淤塞鹽倉存貯鹽觔俱被淹消竈戶田廬間有漂沒現在查明撫卹等語該州猝被水災竈戶民居均有沖塌情殊可憫所有

無業貧民著加恩給予一月口糧先行撫卹被淹房屋及沖失柴偶鍋口等項均照例加賞該督等即飭委妥員確查分給務使被災民竈各霑實惠至沖消鹽觔並著通融趲補毋致有妨民食以示朕軫恤災黎之至意該部知道摺併發

十二日奉

上諭據書麟奏安省本年各屬秋成豐稔其亳州及泗州等九屬低田被淹未能趕種秋麥等語安省亳州等處經豫省睢州漫水下注田畝未免被淹屢經降旨令該撫確實查明撫卹茲據奏亳州及泗州等九屬被淹低田不能趕種冬麥著該撫即率屬查明成災分數及應賑戶口照例給賑並將應徵新舊錢糧分別蠲緩其例不給賑者酌給籽種口糧以資接濟至泗州鳳陽長淮三衛被災屯田並著照坐落州縣一律妥協辦理務俾災黎均霑實惠毋令一夫失所該部即遵諭行

乾隆五十年正月初二日奉

上諭上年安徽亳州因豫省睢州漫工黃水下注沿河低窪田畝間有被淹業經降旨令該撫董率所屬切實查勘照例給賑俾無失所第念今春正賑已畢尚屬青黃不接之時民食不無拮据著加恩將亳州被災八九分貧民無論極次於正賑後再行加賑一個月以資接濟其衛所被災貧民並著循例一體加賑至亳州七分災極次貧民及泗

州等八州縣成災五分並勘不成災之區有需酌借口糧籽種者並著該撫察看情形分別酌量辦理該撫務督率各屬實力妥辦俾閭閻均霑實惠以副朕軫卹窮黎有加無已之至意該部即遵諭行

御製降旨加賑安徽昨歲被災州縣詩以誌事 乙巳

安省居河之下流自當波及切民艱賑輕重視災極次（上年因豫省睢州漫口黃水下注安省傍近之亳州泗州等州縣間有被淹業經降旨賑卹第念今春正賑已畢青黃不接之時民食拮据因降旨加恩將亳州被災八九分之極次貧民概行加賑一月其衛所被災者亦一體加賑至亳州七分災之極次貧民及泗州屬成災五分並勘不成災之區一併著令該撫酌借口糧籽種以資接濟）分付有司俾惠周

初二日奉

上諭上年豫省衛輝一屬雨澤愆期農民未能一律提種秋麥又睢州南岸漫口下游被水之商邱寧陵睢州等州縣晚秋尚未收穫及合龍後地畝涸出已不及播種二麥雖經節次降旨令該撫查明實力撫卹第念今春正賑已畢該處農民於青黄不接之時口食未免拮据著加恩將汲縣新鄉獲嘉輝縣淇縣商邱寧陵睢州等八州縣內十分災之極貧民再展賑三個月十分災之次貧並九分災之極貧民展賑兩個月九分災之次貧及七八分災之極次貧民均展賑一個月其被災五六分地畝著酌量借給口糧所有乾隆四十九年民欠錢糧並於本年秋熟後徵收以紓民力該撫其

董率所屬實力妥辦務使災黎均霑渥澤用溥春祺該部即遵諭行

御製降旨加賑河南去歲被水旱睢州衛輝各州縣詩以誌事乙巳

昨歲秋收稔者多去歲夏秋以來各直省晴雨應時秋成豐稔獨厓豫省問如何惟豫省衛輝一屬雨澤愆期未能一律趕種秋麥又睢州南岸漫口下游被水之商邱寧陵睢州等州縣晚禾尚未收穫及合龍後已不及播種二麥雖等諭該撫實力撫卹第念今春正賑已畢青黄不接之時農民未免拮据因降旨加恩將衛輝屬之汲縣新鄉獲嘉輝縣淇縣及睢州商邱寧陵等八州縣十分災之極貧民再加賑三月次貧加賑兩月其七八分災之極次貧民均加賑一月至被災五六分地畝著酌借給口糧並將上年民欠錢糧緩至本年秋熟後徵收以紓民力衛連五縣嘆缺雨睢劇一州忽決河水付白波都失穀旱偕赤地那耘禾自慚凋瘵真無術忽

視民淪溝壑麼

二月初六日奉

上諭豫省衛輝府屬上年被旱災民業經於新正加恩展賑但該處雪澤短少恐春麥未能播種小民生計未免拮据自應再沛渥恩俾資接濟所有衛輝府屬之汲縣輝縣新鄉淇縣獲嘉等五縣不拘被災分數著再加恩普賑兩月俟得雨後仍借給籽種以助耕作至衛輝府屬附近災區之延津濬縣滑縣封邱考城並懷慶府屬之武陟修武陽武原武等九縣被旱農民著加恩酌借一月口糧每畝並借給籽種銀六分其無地極貧下戶並著賞給一月口糧至各該縣歷年帶徵耗羨等項及

本年應徵並歷年緩徵錢糧又民欠未完常平義社等倉穀均著緩至本年秋成後分別徵還以紓民力該撫即飭屬妥速辦理務俾窮民均霑實惠以副朕軫念災黎有加無已之至意

御製命加賑河南衛輝府屬各州縣詩以誌事乙巳

新正何裕城報雪章曾至河南率被澤河北優霑未衛輝連歲旱實予深廑意命其親歷閭民艱籌莫急叶昨因豫省衛輝府屬上年被旱又雪澤短少小民生計維艱降旨詢問何裕城令其親往各該處查看情形詳晰籌畫據實覆奏茲據縷晰陳爲之增真思冬雪既欠優春雨復未霑二麥既無望大田待耕地展轉念災黎幾欲寢食廢然實無別法救饑在施惠加賑普兩月其次一月暨何裕城奏到即降旨將衛輝府屬之

汲縣輝縣新鄉淇縣獲嘉等五縣不論被災分數加恩再行展賑兩月至附近衛輝之延津浚縣滑縣封邱考城並懷慶府屬之武陟修武陽武原武等九縣被災農民並加恩酌借一月口糧其極貧下戶亦著給一月口糧幸雨透可耕借種督上莫惜費衛輝等災屬俟得雨後命借給籽種以資耕作帶徵及緩徵展限秋再議各該縣歷年帶徵耗羨緩徵等項及本年應徵錢糧並民欠未完常平義社等倉穀均令緩至本年秋成後分別徵還以紓民力仍諭令該撫飭屬妥速辦理俾窮民均霑實惠嗟哉此方民薦臻遭窘匱遑恤救燃眉致斯深我愧

四月初五日奉

上諭據福康安奏肅州本城於三月初十日酉刻地震情形尚輕玉門縣所屬之惠回堡白楊河等處亦於初十日同時地震均有倒塌房屋損傷人口情形稍重現已飭令藩司浦霖馳赴該處查勘

撫恤等語玉門遠在關外本屬瘠土邊氓今猝被地震以致倒塌房屋損傷人口朕心深為軫念該督即飭令該司作速查明照例妥為撫卹仍先酌借口糧以資接濟務俾災黎早霑愷澤復業安居副朕惠愛黎元無使一夫失所至意該部即遵諭行

五月初二日奉

上諭據浦霖奏前赴肅州惠回堡等處查勘地震被難居民照例撫卹共用銀一千六百三十兩九錢五分等語邊氓猝遇地震倒塌房屋損傷人口情形殊可憫惻著加恩於撫恤銀一千六百三十餘兩外再加一倍賞給福康安現在馳赴該處即

著督率該地方官加意撫綏務使均霑實惠以副朕軫念邊地災民有加無已之至意該部即遵諭行

初八日奉

上諭河南衛輝府屬被旱最重之汲縣輝縣新鄉淇縣獲嘉五縣業經降旨於新正加恩展賑之後再行展賑兩月至五月底止但該處至今未得透雨二麥無收大田未種民生拮据深堪憫念著加恩不拘極次貧民再展賑三月俾資接濟該撫其督率所屬實力妥辦務使災黎均霑實惠以副朕軫恤窮簷有加無已之至意該部即遵諭行

御製降旨復加賑衛輝所屬五縣詩以誌事乙巳

衛輝屬五縣被旱經兩年一再縱加賑五月期屆完麥歉斯已定禾黍期亦難南望厲臻區災民實可憐豫計期滿遠加賑命速傳不拘極次貧胥展三月衛輝屬被旱最重之汲縣輝縣新鄉淇縣獲嘉五縣節經加恩展賑至五月底但該處至今未得透雨二麥無收大田未種深堪憐念因再降旨不論極次貧民再行展賑三個月俾資接濟鄰郡略勝茲處祈孰晚田有無或相通庶幾餬粥饘救災之善政憂慮弗安眠或者貪官酷吏行細察令無徇或予弗愛民則胥不敢然自勉請魯論宣尼不怨天小民設怨咨亦足戾氣宣衛輝等屬被旱軫念無刻釋懷每清晨齋心默籲叩邀天貺而彼處得雨總未深透自昔災沴之事或因有貪官酷吏屯膏惜澤或因在上者弗卹民艱致令失所今則反覆自省實無其事或者該處窮黎因久旱缺雨呼籲之殷激為怨

資以致上干　天和並家示儆因諭小民等畢歸咎於朕躬斷不可怨及於　蒼旻我君臣以
及百姓惟當反躬自責庶冀感格　天恩和氣致祥甘膏立霈轉災為福命該撫將此旨刊刻宣
示務使鄉僻窮民各安靜守分以謂民寧怨予調將　天祐此亦無聊之極思耳
燮實多愆思過上下同庶幾和氣挽悔禍
天降康膏霖霑陌阡煩語不成章慰如愁愧駢

初十日奉

上諭豫省被旱最重之汲縣輝縣新鄉淇縣獲嘉
五縣昨已降旨再行展賑三個月本日據畢沅奏
附近災區之延津等九屬亦係連歲積歉之區本
年二麥無收大田未能下種等語延津等九屬節
經降旨豁免民欠並賞給籽種口糧節念該處現
屆青黃不接為時尚長小民生計拮据深堪憫念

所有延津濬縣滑縣封邱考城武陟修武陽武原
武九縣無論極次貧民著再加恩賑邮兩個月俾
資接濟該撫其督率所屬實力妥辦務使災黎均
霑實惠以副朕軫邮窮簷有加無已至意至該省
現有賑務需費繁多恐庫項不敷應用著于附近
河南省分撥銀一百萬兩迅速解往以資散賑之
用該部遵諭速行

十九日奉

上諭據農起奏查勘太原汾州沁州遼州隰州平
定州所屬各州縣從前雖俱缺雨嗣於四月十六
七八二十八九及五月初一二等日連得透雨數
次入土六七寸不等甚為優渥麥收尚好秋糧播
種俱已出土數寸並未成災惟查各該屬地方前
次借糶倉糧將已辦竣目下雖經得雨秋收尚早
所有太原汾州等屬應請照數平減價二錢之例
再將常平倉穀酌量續糶其平陽蒲州等屬麥收
較歉應請於減糶之外再行酌借口糧並請將本
年錢糧緩至秋後徵收等語平陽蒲州等屬麥收
既歉著即邮賞兩月口糧餘著照所請速行分別
平糶酌借緩徵以資接濟而紓民力至晉省迤南
各屬雨澤短缺農起從前奏報各摺並未剴切陳
明本屬含混是以朕未能深悉該省被旱實情直
至梁肯堂回京奏及節經傳旨飭諭該撫並諭親
往查勘業經降旨將該撫交部嚴加議處並加恩

從寬留任矣今據將查勘實在情形詳悉覆奏並
稱如果成災該道府州縣共有七十餘員何盡隱
匿不報且詢之村莊小民僉稱實未成災倘地方
官隱匿不報何難到上司衙門呈控等語農起既
經親往查勘所奏自屬實在形情地方雨水收成
朕亦不能不以督撫之言為據農起尚不至有心
諱飾但即該撫所奏平糶緩徵酌借口糧之處何
以不早行籌辦朕屢念民依如傷在抱以此拯救
災黎之事一經督撫奏聞即立時降旨俾小民生
計有資早需一日之惠早得一日之益即如直隸
山東安徽淮北等省俱因未得透雨麥收歉薄早
經陸續加恩乃晉省缺雨已久直待朕降旨詢問

該撫始親行查勘方行奏聞辦理以致小民遲霑
渥澤此即農起從前含糊具奏之咎封疆大吏當
時時仰體朕懷留心民瘼豈應延緩含混若此耶
農起已經部議從寬留任此次姑寬之後倘仍有
心迴護虛詞支飾將來一經小民告發及藉隸山
西之科道等官參奏查出實情朕必將農起從重
治罪斷不能為之再寬貸也農起摺並發

二十七日奉

上諭本年山東省曹州東昌等府屬雨澤愆期麥
收歉薄屢經降旨借給口糧籽種緩徵錢糧並截
留南漕二十萬石分貯賑貸以紓民力但現在缺
雨州縣大田尚有未能播種者民間口食未免拮

孚惠全書　卷四十一　廿九

据此時亟需量為接濟所有濟南府屬之陵縣平
原泰安府屬之東平州萊蕪東昌府屬之堂邑茌
平清平莘縣冠縣館陶恩縣兗州府屬之曲阜泗
水陽穀壽張曹州府屬之菏澤濮州范縣觀城朝
城鄆城城武定陶鉅野濟寧州屬之嘉祥魚臺臨
清州及所屬之武城夏津邱縣等三十州縣又播
種未能齊全之德州嶧縣滕縣曹州單縣聊城博
平新泰平陰東阿等十州縣俱即加恩賞給兩個
月口糧俾無力窮民藉資生計該撫其督率所屬
實力妥協辦理以副朕軫念災黎有加無已之至
意該部即遵諭速行

六月二十六日奉

上諭據書麟奏通省被旱各州縣內亳州蒙城太
和宿州靈壁五州縣民力不免拮据泗州五河天
長盱眙四州縣有業之戶僅可支持其鳳陽定遠
懷遠三縣雖已得雨民力仍屬拮据鳳陽泗州長
淮三衛屯軍情形亦屬相同等語亳州等十二州
縣因雨澤愆期農民不能趕種大田情形均為拮
据著該撫即遵前旨體察災輕重分別酌借籽
種口糧以資接濟其鳳陽泗州長淮三衛屯軍亦
著照坐落州縣一體辦理又據稱亳州等八州縣
無業極貧下戶因亢旱日久無處趁工覓食現在
餬口維艱等語亳州蒙城宿州靈壁泗州五河盱
眙天長八州縣無業極貧下戶口食無資情形甚

孚惠全書　卷四十一　卅

為可憫著賞給一月折色口糧俾資生計該撫即
督率所屬實力奉行務使災黎均霑實惠不致稍
有失所該部遵諭速行

御製命加給安徽省亳州等州縣一月口糧詩以
誌事 乙巳

正望安徽被霖信誰知信至反增愁日內盼望安徽報雨之信
茲據書麟奏到通省各屬仍未普得透雨已遵照前奉諭旨將亳州等十二州縣鳳陽等三衛屯軍
分別酌借籽種口糧等語覽奏更屢憂念八州縣缺雨於夏萬老幼殷
曉種秋又據奏被旱較重之亳州蒙城宿州靈壁泗州五河盱眙天長等八州縣因亢旱日
久農民不能趕種大田其無業極貧下戶覓食維艱等語因降旨將亳州等八州縣窮民賞給一月
折色口糧俾資生計亟命口糧加以賑幸因漕米截而留亳州
等處除分別借給籽種口糧又將無業窮民賞給一月口糧外先是因安省鳳陽亳州等處界連豫

省屢經降旨馳詢並即降旨於三進漕船內截留漕糧五萬石以資接濟並加恩賑給本因儲備有資毋庸另議之波及豫疆涯繼澤如何速問鄰省安為籌辦矣徽旱原因豫省被災莊稼省已報得透雨而安省轉缺得泄豫省久旱之後又望種需澤方才禾苗長發有並因再傳諭畢沅令其將近日曾否諸得透雨并田禾情形再行查明迅速馳奏

八月二十三日奉

上諭據何裕城奏同州府屬朝邑縣因河水漲發沖入縣城瀕河鄉莊多被淹沒業經散給乏食貧民一月口糧請照工屋之例再借一月口糧又華陰富平二縣亦因被水田廬間有損傷現在查明散給銀糧並酌借籽種口糧分別撫卹等語朝邑城鄉被水田禾房屋多有淹損貧民口食無資殊屬可憫著加恩於撫卹一月口糧之外再賞給一月口糧仍照例分別加賑以資接濟其華陰富平二縣被水鄉莊現在散給銀糧並借給籽本口糧仍確查成災重輕一體照例辦理該撫務督率所屬實力撫卹俾災黎均霑實惠以副朕軫念民艱有加無已至意該部遵諭速行

十月二十六日奉

上諭本年河南山東江蘇安徽湖北等省春夏之間雨澤缺少被旱處所較多業經節次降旨分別蠲賑各該處災黎餬口有資自不至復虞失所惟是被災地方米糧價值昂貴該處兵丁所得月餉恐不敷買食生計未免拮据著傳諭河南山東江蘇安徽湖北各督撫即查明生落災地各營兵丁其被災較重者賞借兩月餉銀於明年夏秋兩季扣還被災稍輕者賞借一月餉銀於明年夏季扣還俾得養贍身家無虞食貴該督撫其實力體察奉行以副朕體恤兵丁之至意

孚惠全書卷四十一

孚惠全書卷四十二

徧隅賑借十六

乾隆五十一年正月初三日奉

上諭上年湖北江夏等州縣並武昌等衛因旱暵成災夏收無望節經降旨糶賑蠲緩俾災黎口食有資不致一夫失所第念現屆東作方興青黃不接民食恐不無拮据所有成災七八九十分之江夏武昌咸寧蒲圻嘉魚漢陽沔陽黃陂孝感漢川廣濟黃安麻城黃梅鍾祥荊門應城隨州江陵公安監利襄陽棗陽穀城光化宜城等二十六州縣並坐落各該州縣衛所屯田之極次貧軍民著加恩於正賑散畢後再行展賑一個月其成災五六

七八分之興國大冶黃岡蘄水蘄州羅田潛江京山天門當陽安陸雲夢應山石首通山松滋枝江宜都均州鄖縣崇陽等二十一州縣並勘不成災之通城南漳東湖三縣以及坐落該州縣衛所軍民俱著加恩賞借口糧籽種以資耕作該督撫其董飭所屬實力體察奉行務使閭閻均霑實惠以副朕軫念民艱恩加無已之至意該部即遵諭行

御製降旨加賑湖北去歲被災州縣詩以誌事丙午

去歲豫齊旱由北漸向南豫齊後稍穀上年河南山東春間被旱由北及南江南之淮徐海一帶及安徽湖北均殷望澤至六月初旬河南山東節次普獲甘霔民田得以栽種晚秋有獲轉歉為豐荊襄災遂覃本屬魚米地隣省資惠需諺曰湖廣熟天下足而乃艱粒食吾民其何堪賑卹不遺力而蜀馳日駱發倉更通商庶以濟閭閻歲非湖北被旱米價昂貴因馳諭四川督李世傑如湖北商人赴川採買毋得居奇遏糴以川省之有餘濟湖北之不足旋據李世傑奏先將附近水次各州縣常平義倉穀碾動三十萬石收貯俟楚販到境即按照市集時價糶賣俾商人得以迅速運回接濟湖北米糧源源運集民食有資免予南顧之憂為之稍慰新正應布惠斯鄰屢危仍加賑首當及十行頒諭函四十七州縣次第施恩成湖北因旱成災節經降旨糶賑東施第念今春青黃不接民食不無拮据因再加恩將成災七八九十分之江夏武昌等二十六州縣及衛所極次貧軍民於正賑畢後再展賑一月其成災五六七八分之興國大冶等二十一州縣及勘不成災之通城等三縣分別賞給籽種口糧以資耕作昨聞川米至市價略平現先後據吳垣奏到遇四川米船六百餘隻湖南米船八百餘隻計米三十五萬餘石市米充裕價漸平減等語南望興咨嗟慰不抵深懃

初三日奉

上諭上年安徽亳州蒙城等州縣雨澤愆期被旱成災業經降旨賑卹蠲緩俾窮黎口食有資不致失所第念今春正賑已畢青黃不接之時民食恐不無拮据著再加恩將被災較重之亳州蒙城太和泗州盱眙天長五河滁州全椒來安和州含山建平銅陵廬江巢縣宿州定遠靈璧等十九州縣被災九十分貧民無論極次於正賑後再行加賑一個月此內亳州蒙城太和泗州盱眙天長五河宿州定遠靈璧等十州縣均係積歉之區著將被災八分極貧加賑一個月所有衛所饑口及貧生兵屬並著一體加賑其餘被災五六七八分貧民及勘不成災地方有應行酌借口糧籽種並減價

平糶之處者該撫察看情形酌量辦理至該省散賑需用銀兩甚多除鳳陽蕪湖兩關本年應解稅銀准其留用外著戶部再於就近酌撥銀一百萬兩照例解往以備賑卹之用再該省應解運江西截卸漕米價銀二十二萬餘兩該省現在賑項不敷此項銀兩毋庸移解著江西省將墊買米價作正開銷所有安省糶出米價即留貯備用俾經費益資充裕該撫其督飭所屬實力經理以副朕軫念災黎恩加無已之至意該部即遵諭行

御製降旨加賑去歲安徽省被災州縣詩以誌事

丙午

去歲旱行自北南由剝及穀重難堪踵相雖已賙

繼計展賑仍須次第覃去歲安徽因與湖北毗連被旱自五六月間即豫籌截留漕米賞給籽種口糧又屢經加截漕糧儲備賑恤並令上游之四川湖廣江西等省督撫飭屬勸諭商民毋得遏糴居奇俾米穀流通得資口食茲屆新正因思春賑將畢青黃不接恐民食不無拮据因再降旨加恩將被災九分十分之亳州蒙城等十九縣被災極次貧民並稍輕之八分極貧均再加賑一月其衛所錢口及貧生兵屬並一體加賑其餘應行酌借口糧籽種並減價平糶之處著該撫量辦理酌撥帑更籌炊無米該省散賑需銀甚多除鳳陽蕪湖兩關本年應解稅銀准其留用外著戶部再於就近酌撥銀一百萬兩解往以備賑卹之用通商卿濟食洮泔前已屢經諭四川湖廣江西督撫勸諭商民令米穀流通得濟安徽等處民食茲復降旨將安省應行移解江西截漕米價銀二十二萬餘兩令留貯安省備賑毋庸移解俾經費益資充裕倚他桑梓紛任恤議敘應加部例諳據書麟奏安省桐城廬江等處紳士或出餘米減糶或請粟前赴江西販米減糶誼敦桑梓甚屬可嘉並令該撫查明奏聞照例賞給議敘以示優獎

初四日奉

上諭上年陝西朝邑等州縣因河水漲發田畝都被淹業經降旨分別錫賑令該撫實力撫卹毋致失所第念該處被災地方今春正賑已畢正屆青黃不接之時恐民食不無拮据所有被災較重之朝邑高平二縣極次貧民著加恩於正賑後再行展賑一月俾資口食其被災較輕之華陰縣並勘不成災各縣秋收既稍歉薄現屆青黃不接所有拮据貧民著加恩酌借口糧以待春田成熟該撫其督飭所屬實心經理俾被水災黎均霑實惠副朕軫念窮簷恩加無已之至意該部即遵諭行

初六日奉

上諭豫省開封衛輝等屬頻歲不登上年入春後雨澤愆期麥收失望夏秋雖經得雨田禾究未免歉薄業經節次降旨蠲緩頻施閭閻口食有資不致復虞失所惟是積歉災區元氣未能驟復今春青黃不接之時農民生計未免尚形拮据著再加恩將被旱較重之汲縣新鄉獲嘉淇縣輝縣等五屬極貧下戶於今春賞給兩月口糧其被旱稍輕之延津封邱考城濬縣滑縣原武陽武武陟修武等九屬極貧下戶賞給一月口糧至被災較重之歸德府屬永城虞城夏邑柘城四屬無論極次貧民俱著展賑兩個月其被災稍輕之歸德府屬商邱寧陵鹿邑睢州彰德府屬之内黃陳州府屬之

西華太康扶溝八屬無論極次貧民俱著展賑一個月再開封陳州許州光州等府州屬上年雖勘不成災而秋成止有五分現屆青黃不接如有拮据貧民亦著酌借口糧接濟以待麥秋該撫務董飭所屬實力體察奉行俾災黎均霑渥澤以副朕軫念黎元春祺普錫之至意該部即遵諭行

初六日奉

上諭上年山東兗曹濟寧等府州屬雨澤愆期被旱成災業經降旨賑邺緩徵俾窮黎口食有資不至失所第念今春正賑已畢青黃不接之時仍恐民食不免拮据著再加恩將嶧縣定陶濮州范縣觀城朝城菏澤聊城莘縣九州縣並坐落衛地被災七八分之極次貧民於例賑外再展賑一月以濟民食其六分災之貧民及勘不成災之德州長清新泰萊蕪東阿東平平陰泗水滕縣陽穀壽張鉅野鄆城蘭山郯城費縣蒙陰沂水堂邑茌平恩縣益都昌樂壽光昌邑濰縣金鄉魚臺嘉祥等二十九州縣並坐落衛地著該撫查明實在無力農民酌借一月口糧以資接濟至該省散賑需用米石甚多即勘不成災各州縣亦須借糶兼行所有截留南漕二十萬一千餘石尚恐不敷給發又豆石一項亦為民間口食所必需著再加恩將東省本年應行運通米豆儘數截留該撫務飭所屬實力妥辦以副朕軫念窮黎恩加無已之至意該部

即遵諭行

御製降旨加賑河南山東去歲被災州縣詩以誌

事 丙午

齊豫昨春被旱同年當季夏渥恩蒙雖然曉稼略穀急終是大田已失豐展賑按災分次第去歲河南山東被旱六月中雖已得雨田禾收成究屬歉薄節經賑邺緩仍恐民食不無拮据茲再加恩將河南被旱較重之汲縣新縣等五縣極貧當給兩月口糧其被旱稍輕之延津封邱等九縣極貧當給一月口糧其歸德府被災較重之永城虞城等四屬極次貧民俱展賑兩月被災稍輕之商邱寧陵等八縣極次貧民俱展賑一月其收成五分之開封陳州各屬之拮据貧民並令酌借口糧接濟至山東兗州濟寧等屬嶧縣定陶等九州縣並衛地極次貧民於例賑外再展賑一月其六分災及勘不成災之德州長清等二十九州縣並衛地查明無力貧民酌借一月口糧至該省撥賑需用米石甚多除截留南漕二十萬餘石外再將本年東省應行運通米豆儘數截留並飭該撫等率屬實力妥辦以副軫念災黎有加無已之至意借糧一例濟貧窮猶紓心幸達三白去歲東省冬雪普遍河南山東各據報得雪自六七寸至盈尺不等於麥苗大有裨益兩省都叨麥穎芃

初七日奉

上諭上年直隸大名順德等府屬雨澤愆期被旱成災又正定冀州等州縣因滹沱等河上游盛漲田禾間有被淹之處業經降旨令該督分別蠲緩賑借資力撫邺俾無失所第念春耕肇始佈種翻犁民力不無拮据著再加恩將被旱成災之大名元城開州清豐南樂東明長垣平鄉廣宗併被水之冀州棗強衡水新河趙州隆平寧晉等十六州縣內之有地無力貧民著該督按戶計畝借給籽

種並著查明借給一月口糧，俾資耕作。其勘不成災之正定、晉州、清苑、安州、望都、蠡縣、高陽等七州縣，以及成災五分以下各村莊，有需酌借籽種口糧者，一併察看情形，分別辦理。至成災州縣內之無地無力乏食貧民，於停賑後三月間再行摘賑一個月，以資生計。所有本年應徵新舊錢糧倉穀，俱緩至秋後開徵，以紓民力。該督其董率所屬實力妥辦，務使災黎均霑渥澤，用普春祺。該部即遵諭行。

御製降旨優恤直隸南府詩以誌事丙午

京畿昨歲幸逢秋，南府歉因鄰豫州。直隸近南之大名順德等三府與豫省連界，上年被旱成災，收成歉薄。糧食可救忽隅向，春膏合與沛恩流。借種冀謀耕種候，撫賑應資衣食謀。前因大名等三府旱災，又滹沱等河盛漲，正定所屬亦有田禾被淹者，業經降旨分別蠲緩賑借。茲再加恩將大名、廣平、開州、冀州、趙州所屬十六州縣無力貧民借給籽種並一月口糧；其正定、晉州等七州縣酌借籽種口糧，並於停賑後再行摘賑一月；所有本年應徵新舊錢糧俱緩至秋後開徵，以紓民力。施惠先遠從其近，新正加恩例由遠及近，茲初三日以後湖北、浙西、江蘇、河南、山東、直隸以次降旨，俾閭閻均霑實惠，以普春祺。無非民瘼一心求。

二月十七日奉

上諭：據全德奏海州之板浦、中正、臨興三場極次貧竈現在正賑已完等語。海州場地上年被旱較重，曾經降旨給賑，俾災丁口食有資。今屆青黃不接之時，正賑已畢，災丁等生計不無拮据。所有海州之板浦、中正、臨興三場極次貧竈，著再加恩展

賑一月。其餘被災七分以下及勘不成災各場貧乏之食貧竈，亦著照例酌借口糧，以資接濟。該部即遵諭行。

五月二十九日奉

上諭：據保寧奏打箭鑪、化林坪、瀘定橋等處於五月初六七等日同時地震，城垣、衙署、兵民房屋均有倒塌，人口亦有傷斃。現在馳赴各該處親加查勘等語。此次打箭鑪一帶地震情形較重，該處係出藏南路要口，為官員兵民聚集之地。所有城垣、衙署被震倒塌者，應即確估修理。至民間塌損房屋并傷斃人口，情殊可憫，著該督等即行詳悉查明，照例分別撫卹。即土司若同被災，亦當量為周

恤。該部知道。摺並發。

六月十五日奉

上諭：據俞金鰲奏湖南常德府自五月二十六至六月初一二三等日連日大雨，上河水發，匯集朗江，暴漲二丈有餘，近城西北廬舍多有浸灌，民舍間有沖塌。初四日雨落時止，所漫之水漸漸退歸大河。其被水之處有無淹浸田畝、傷斃人口及沖塌房屋，俟水退清查等語。常德府城因連日大雨，江水暴漲，隄工漫溢，田畝廬舍猝被淹浸，情殊堪憫。著交該督撫等督率所屬，上緊查明淹損田畝、沖塌房屋，照例妥為撫卹，毋致失所。至刷損隄堰，即行修築完整，以防秋漲。該部遵諭速行。摺並發。

二十九日奉

上諭前據俞金鰲奏常德府河水暴漲隄工漫溢已明降諭旨令該督撫查明妥為撫䘏並將剐損隄堰即行修整今浦霖奏到勘明被水情形據稱武陵首邑田畝多被水淹浸民房人口各有損傷已查明照例撫䘏其被沖隄障請動支司庫公項給領興修至龍陽縣被災較輕應修各障請於司庫存公銀內借給分作二年徵還等語武陵居民猝遇水災殊堪憫惻除照例撫䘏外所有沖缺隄障自應動支庫項興修其龍陽被淹田畝旋即消退雖與武陵情形有間第念被水之後民力究不無拮据該處應修各障著加恩於司庫存公銀內一體動項修築不必徵還以示軫恤至意該部即遵諭行

七月十一日奉

上諭據李世傑等奏初三初四等日大雨滂沱異常傾注清水黃水並中河之水同時並漲山安黃河北岸李家莊工尾及湯家莊二處先後漫塌隄工五十餘丈及八十餘丈不等清江迤上北岸二井蟃隄淮關迤下南岸之周家莊蟃隄均於初四日巳刻漫溢過水各塌寬十六七丈又將清江南岸千根旗桿迤下之五孔橋隄工漫缺水從玉帶河旁溢以致清江一帶被淹等語此事朕於春間早經慮及蓋盈虛消長理有固然連年黃水盛漲清水弱極即知清水必有旺盛之時曾諭李奉翰等於高家堰一帶隄工加意修防熟籌妥辦毋致臨時周章今果有此數處漫溢朕更事已多於盈虛消長之理隨時體察先事訓諭該督等謹守高堰隄工啟放智信二壩拆展東西壩口門以資宣洩該督等亦能凜遵朕訓逐一妥辦先事豫防現在雖有漫溢處所而高堰隄工得保平穩漫水所過人口不致損傷此實先事豫防之效此次漫溢因清水陡長又值疾風暴雨人力難施以致搶護不及朕實不忍治伊等之罪所有李奉翰奏請交部治罪李世傑書麟奏請交部嚴議之處均著加恩寬免即疎防各員弁亦著一體寬免上年李奉翰於運中河內不早建臨壩以致水無攀蓄又不將清口東西壩口門收小清水宣洩無餘節節貽誤是以降旨將該督等降為三品頂戴以示懲儆今歲該督於防守宣洩各事宜尚能遵朕指示妥協料理雖有現在漫工究非去歲貽誤可比是以免其治罪此時該督等亦不必驚惶無措惟當公同熟籌一面先將漫口兩隄頭盤鑲裹護不令塌寬一面購備料物及早興工堵築以期迅速蕆事至漫水經過地方民田廬舍未免被淹淮安各屬上年被旱本重今歲幸賴麥收接濟秋禾又有被水淹浸者小民生計更加拮据朕心深為憫惻該督等即飭派出各員分投查勘酌給口糧賞力妥

為撫卹務使均霑實惠毋使一夫失所以副朕軫
念災黎至意所有淺阻漕船並令設法籌辦俾剋
期渡竣迅速遄行除已諭知該督等妥速辦理外
所有四月內朕早慮及清水增長豫令留心奇信
諭旨著交留京王大臣大學士九卿閱看並著發
鈔通諭知之

御製下河嘆丙午

自我壬午年清口定水誌視湖之增減所束為壩
制向年河工司事者不肯大拆清口草壩雖稍稱蓄清敵黃實因隨時拆築恐干多費工料之議自壬午南巡親閱主定高堰水誌長一尺清口即啟拆十丈以資宣洩俟秋汛後水勢稍定即如常保錫口門其尾閭之五壩築土嚴行關閉河臣等咸守此法自壬午至戊戌下河不受水患田廬得以保護
其尾閭五壩築土永杜閉以此下河田免災
收歷歲其間祇戊戌河決儀考北泛溢歸洪湖高
堰處漲至無奈開五壩下河受災設戊戌歲河決儀封考城漫決水入黃河由睢河陽河匯歸洪澤湖雖大開清口尚宣洩不及無奈諭令薩載等於五壩留心豫籌辦據奏清水勢大請以次開放五壩仍令先期中諭為之以漸幸其時下河早禾已收惟晚田設成災
偏茲九閱春秋清騰復有事豫籌消息理原非
出不意自戊戌至今丙午又閱九年下河均無水患然自去歲迄今春清弱黃於因即慮及蚤慮清長之理清水必有旺盛之時屢諭督河諸臣於高堰一帶工段先事熟籌嗣據李世傑等奏七月初三四等日大雨清水黃水及運中河水同時並漲致黃河北岸之李家莊馬頭及湯家莊清河南岸之周家莊五孔橋隄工漫缺以致清江一帶被淹然前次早已慮及清水旺盛非出不意也
衛隄阻運道先急燃眉計此次漫口周家莊一處隄工關係運道尤為緊要已屢次批諭令其首先堵閉以救燃眉之急
隄築運益漲東遷胥啟暨李世傑等又奏日來湖河水勢有消無長各漫口東頭積圍均未掣溜大局已定其首先堵築之周

家莊原擬即行堵合因運河上游來水尚旺口門收存二丈五尺之隄淮閘一帶水勢漸盛若一堵合恐有化廣不若留此分洩減水俟尾幫糧紅過竣水勢平定即行堵合又周家莊等處漫水由白馬湖直達高寶諸湖奔騰浩瀚已將南關中運等壩封土啟除律湖水下注其仁義禮智信五壩尤已啟放所有下河一帶民田不免被水淹浸撫臣閔鶚元藩司袁鑒等前往各該處逐一履勘已批諭令其加意撫綏毋致失所推是下河自壬午定誌後數十年來田廬保固無恙今歲因洪湖異漲不得已啟放五壩並南關中運等壩致遭淹浸然念此又無良策實深南望廑念耳
無奈開
五壩高寶滁胥及叶下河不待言非魚嘆民圍然
實乏良策賑卹救諸吏寧濫無或遺更要莫飾嚴
庶冀減予過五字誌慚愧

十五日奉

上諭據書麟奏安徽鳳陽廬州滁州泗州各府州
屬於六月內雨澤過多山水長發低窪地畝及臨
湖灘地俱被水淹房屋間有坍塌人口尚無損傷
現在飭屬查明再為辦理等語上年安徽被旱較
重收成歉薄今又因雨水過多以致安慶鳳廬滁
泗等府州屬民田廬舍俱被淹浸朕心深為軫念
該撫即飭屬查明被水地方上緊設法消疏其被
災窮黎務須加意撫卹不可拘於常例倘有應行
借給籽種口糧者即酌量借給該撫即督飭所屬
實力經理俾災黎均霑實惠以副朕軫念窮簷至
意該部即遵諭行偕併發

閏七月十二日奉

上諭據浦霖奏六月二十三四等日風雨驟至洞
庭湖水倒漾常德府屬之武陵龍陽二縣岳州府

屬之華容縣澧州屬之安鄉縣同時被水旋即消退並無損傷人口廬舍現在修復安居無庸動項撫邺惟田禾被損及積水未消之處亟應設法宣洩乘時補種以冀有秋等語武陵龍陽等縣先因河水陡漲田廬被淹業經降旨加恩撫邺今湖水倒漾田禾又被淹損民力更不無拮据著該撫督率所屬實力確勘查明無力之户酌借工本口糧以資力作俾得趕緊補種晚禾至前此被水武陵龍陽二縣民修隄障業經降旨動項官爲修築以示體邺此次被水隄障有應加高培厚向例民修者均著加恩一體動項官修以紓民力該部即遵諭行摺並發

二十八日奉

上諭據陳步瀛奏查明安省被水各處如定遠等九州縣因夏間雨水過多河湖並漲民間田禾房舍均被淹浸秋收失望其靈壁等四州縣亦因山水漲發田廬多有淹浸請旨分別邺賞等語上年安省旱災較重該州縣俱係積歉之區今夏復因雨水過多河湖並漲兼之山水長發以致民田廬舍均被淹沒民力實屬拮据殊堪憫惻所有定遠鳳陽懷遠鳳臺壽州五河泗州盱眙天長等九州縣被災較重奏請賞給一月口糧者著加恩賞給兩月口糧其靈壁滁州來安全椒四州縣被災稍輕小民亦不無失所若僅借給一月口糧尚恐民力維艱著加恩賞給一月口糧並交該撫督率陳步瀛飭屬妥辦俾災黎均霑實惠毋任書吏從中侵漁滋擾以示體邺餘著照該藩司所奏辦理該部即遵諭速行摺併發

乾隆五十二年正月初二日奉

上諭上年江蘇淮揚等處因河水漫溢下游安東山陽清河桃源等縣田禾被淹業經降旨令該督撫加意撫綏蠲賑兼施災民自可不致失所第念今春正賑已畢青黄不接之時民食恐不無拮据著再加恩將淮安府屬之清河桃源安東三縣揚州府屬之高郵寶應二州縣勘明成災十分之各邺莊無分極次貧民各加賑兩月又淮安府屬之

山陽清河桃源鹽城阜寧五縣揚州府屬之江都甘泉泰州東臺高郵寶應興化七州縣直隸海州勘明成災八分九分之各邺莊無分極次貧民各加賑一個月以資口食其餘淮安府屬之山陽清河安東桃源鹽城阜寧六縣揚州府屬之江都甘泉高郵泰州東臺五州縣直隸海州並所屬之沭陽一縣又江寧府之江寧上元江浦三縣勘明七分五分及勘不成災各邺莊户口俱著酌借籽種口糧以資接濟該督撫務董飭所屬實心經理俾茅簷蔀屋均霑渥澤以副朕軫念窮黎普錫春祺之至意該部即遵諭行

御製命加賑上年被災之淮安揚州二府所屬各

州縣詩以誌事丁未

去歲清黃異漲違上年春間因前歲久旱清水甚微以致黃水倒灌朕以盈虛消長之理水勢必有盛漲之虞屢經申戒加意防範嗣節次據李世傑李奉翰書麟奏報六月下旬以後連日大雨如注清水黃水及運中河之水同時並漲黃河北岸之李家莊湯家莊及清河南岸之周家莊五孔橋各等處隄工均有漫溢淮揚下河一帶民田不免被水淹浸因即降旨撫藩等親行馳勘酌給口糧盡力撫綏不令失所一面趕集稭料分投籌辦堵築並令大學士阿桂馳往會同河臣安辦至十月望後始據奏各處漫缺分別先後辦理一律合龍完竣詳見昨年下河歎及誌事各詩下民昏墊被災完綏蠲銀米弗遲刻堵築堰隄直到冬加賑視災輕重別去歲淮揚各災地雖業經諭令該督撫加意撫綏蠲賑第念今春正賑已畢青黃不接民食未免拮据茲再加恩將淮安府屬之清河桃源安東三縣揚州府屬之高郵寶應二州縣勘明十分災者加賑兩月又淮安府屬之山陽揚州府屬之江都等七州縣並直隸海州成災八九分者加賑一月其餘淮安揚州二府屬之山陽等十一州縣直隸海州屬之沭陽一縣及江寧府屬之江寧等三縣五七分災與勘不成災之各戶口均酌借籽種口糧以資耕作俾窮黎普霑渥澤用昭軫卹春祺之至意無遺俾遠閭閻顯十行澤並新春發赤子安能起瘠容

初二日奉

上諭上年安徽省安慶鳳廬滁泗等府州屬夏間雨澤過多山水長發低窪地畝間被淹浸節經降旨令該督撫詳晰查明分別蠲賑俾災黎口食有資不致失所第念今春正賑已畢青黃不接之時小民生計維艱著再加恩將鳳陽懷遠定遠靈璧鳳臺壽州泗州盱眙天長五河滁州全椒來安合肥廬江等十五州縣被災八九十分貧民無論極次槩行加賑一個月以資接濟其衛所識口及貧生兵屬並著照正賑之例一體辦理至被災七分五分貧民及勘不成災之區仍著該督撫察看情形或借給口糧籽種或減價平糶分別酌辦該督撫務須督飭所屬實心經理俾災黎均霑渥澤以副朕惠愛閭閻用普春祺至意該部即遵諭行

御製命加賑安徽去歲被水十五州縣詩以誌事

丁未

安徽前歲旱災侵叅稔昨年稍慰心安徽前歲被旱田禾歉收自五六月間即據籌截留漕米借賑節次蠲賑計數十百萬民始不至失所上年四月據書麟奏三月下旬後雨暘應時麥苗吐穗含芭可期一律豐稔糧價日減民情欣悅覽奏為之稍慰有詩誌事將謂民艱庶少殺而何夏潦又偏臨縣州十五災雖小去歲上江各屬二麥有收秋禾除被水一隅外通省約有八九分不等惟安慶鳳廬滁泗

等府州屬十五州縣夏間雨過多山水長發低田間有被淹之處節經降旨分別賞給口糧安速查辦以資接濟已乎洊臻苦則深極次弗論普加賑此次安省災地雖一隅中之一隅但該省於乙巳丙午連歲洊饑深堪憫惻屢飭地方大吏實力賑卹第念今春正賑已畢青黃不接之時民食維艱因再加恩將被災八九分之鳳陽懷遠等十五州縣無論極次貧民概行加賑一月其七分以下及勘不成災之區仍令地方官詳查或借給口糧或減價平糶務使僅澤均霑以副朕愛養元元之至意痌瘝南望寄長吟

六月十五日奉

上諭昨據蘭第錫等奏睢州下汛十三堡於初九日隄工漫水各二十丈大溜尚未全掣等語已諭令該督等上緊將口門兩頭裹護堵截並將所請治罪之處寬免矣睢州十三堡隄工漫溢雖據該督等稱口門分溜不過二三分並未掣動大溜但

現在正屆大汛，黃河水勢自必日漸加增，若不及早鑲護，恐口門易致塌寬，難於堵合。著傳諭該督等不可稍存大意，務須督率在工員弁，無分晝夜

上緊搁埽鑲築，俾得剋期挑淤合龍。至漫水經過之處，睢州下游一帶民田廬舍自必被淹，並著畢沅派委妥員詳查，飭屬即行撫卹，毋致一夫失所。仍著蘭第錫等將近日堵築情形速行馳奏，以慰

廑注。將此由六百里傳諭知之。

十八日奉

上諭：昨據蘭第錫等奏睢州下汛十三堡漫口已於十三日興工，趕築圈隄，並籌人夫料物，盤壩進埽一摺，已有旨諭令妥速辦理矣。此次漫溢處所大溜並未全掣，堵合自易為力。著傳諭該督等務須督率在工員弁，無分晝夜，上緊搁埽鑲築，以期迅速集事，並將何時可以挑淤合龍之處具摺覆

奏，以慰

廑注。再，漫水經過，前據該督等奏稱仍由睢州寧陵商邱一帶下達淮河等語，此次漫口不過數十丈，分溜不過二三分，水勢自尚平緩，下游一帶民田廬舍雖不免稍有淹浸，尚可搭棚棲止，非驟被衝沖猝不及防者可比。著傳諭畢沅查明各屬被災情形，若何較之上屆是否稍輕之處，據實覆奏，仍妥為撫卹，毋致失所。至漫水仍由舊河以達淮河，自不至泛溢為害，並著李世傑等派員確勘下游瀕淮各州縣有無被水漫溢之處，據實

具奏。如有被淹處所，即妥為撫恤辦理。再，本日李世傑等奏河湖水勢同時並漲，各工搶護平穩一摺，現在河南睢州下汛十三堡有漫流之事，則下游漲勢自然，各工可以保護平穩。但漫水下達洪澤湖，恐湖水本大，仍不免日漸加長。該督等現已將清口禦黃壩口門全行啟拆，使湖水暢達歸海，自應如此辦理。此時伏汛未過，秋汛正長，著傳諭李世傑等不可稍存大意，務當益加敬慎，勉力修防為要。將此由六百里各諭令知之。仍著蘭第錫等將現在堵築情形並何時可以合龍之處，迅速

具奏。

御製河南巡撫畢沅查明被水州縣撫卹情形詩以誌事丁未

甫幸稍蘇豫省民，而何黃決復災臻。先行撫卹大小口，猶按普賙極次貧。豫省當積歉之餘，元氣甫回，復有睢州十三堡黃流漫溢之事，殊堪憫惻。因馳諭畢沅實力撫卹。茲據奏請將睢州、寧陵、商邱三屬被淹鄉莊，不論極貧次貧，分別大口小口，先行散給一月口糧，仍俟勘定被災分數，查明極次貧民，照例再行給賑。其歸德府屬之鹿邑、永城、柘城三屬低窪地方，間有被淹之處，亦俟查明分別核辦。已批令詳妥為之，俾受實惠。想畢沅自必嚴密稽查，妥為撫卹，以副軫念。六屬須教起凍餒，一隅毋使嘆艱辛。治河無術頻遺沴，惜費那更過重去聲身。

七月二十九日奉

上諭：據鄭源璹奏大同府屬豐鎮等九廳州縣秋禾被旱成災，農民不無拮据，請將應徵錢糧暫緩

徵收並賞給口糧以資接濟等語大同地居關外
土瘠民貧今歲被旱成災自應錫賑兼施以資口
食所有豐鎮大同天鎮陽高山陰懷仁廣靈應州
渾源九廳州縣本年應納錢糧及應完倉穀等項
俱暫緩催徵以紓民力並著將被災貧民賞給一
月折色口糧其如何應錫應緩分別加賑之處著
該撫查明具奏實心妥辦毋使一夫失所以副朕
軫念災黎之至意

七月三十日奉
上諭據書麟奏查明亳州蒙城一帶被水各州縣
秋收失望貧民乏食先行賞給一月口糧以示撫
卹並飭藩司陳步瀛往來督辦加意稽查等語本

年睢州隄工漫水由渦河入淮泛溢下注以致亳
州蒙城一帶田禾廬舍俱被淹浸前已降旨令陳
步瀛實力撫恤以資接濟並諭書麟知之矣今據
書麟奏亳州蒙城懷遠鳳陽靈壁泗州五河盱眙
八州縣業已先經賞給一月口糧其定遠鳳臺等
州縣查明被水尚輕俟委員勘覆分別辦理亳州
蒙城等州縣連年被災地方積歉小民口食無資
殊屬可憫書麟現在睢州工次著飭知該藩司務
須督飭所屬實力賑恤俾災黎均霑實惠其定遠
等州縣一經勘明如有應行撫恤者亦即迅速妥
辦毋使一夫失所將此諭令知之
御製安徽巡撫書麟奏勘亳州等處被水情形詩

以誌事丁未
睢州命往襄河務六月初旬睢州隄工漫溢由渦河入淮下注亳州蒙城一帶被水成災書麟前赴查勘於睢州本屬順道因命查勘畢交地方官妥協辦理即就便往決口工次督辦堵築事宜順道勘災奏疏通數郡最擕未被澇今春
休論麥收豐書麟於五月初奏安徽通省麥收約有八九分方深欣慰茲亳州一帶秋禾被淹雖二麥有收其所藏籽糧僅可暫過目前仍宜按例賑恤也食口糧一月先
勤恤例賑三冬繼濟窮據書麟奏亳州蒙城懷遠鳳陽靈壁泗州五河盱眙八州縣極貧之戶已先行賞給一月口糧其定遠鳳臺等州縣被水尚輕飭知該藩司督飭所屬確勘各處被災輕重依限詳請具題於冬間分別賑卹祇屬無遺慢言溢尚虞
出納有司工

孚惠全書卷四十二

孚惠全書卷四十三

偏隅賑恤十七

乾隆五十三年正月初三日奉

上諭上年安徽省亳州蒙城等各州縣因黄水漫溢田畝被淹節經降旨令該督撫等實力撫卹分別蠲賑毋使一夫失所第念今春正賑已畢青黄不接之時小民生計維艱著再加恩將亳州蒙城懷遠鳳陽靈璧宿州五河泗州盱眙天長等十州縣被災九分十分貧民無論極次概行加賑一月以資接濟其衛所饑口及貧生兵屬並著照正賑之例一體辦理至被災五六七八分貧民及勘不成災之區仍著該督撫察看情形或借給口糧籽

種或減價平糶分別酌辦該督撫務須督飭所屬實心經理俾災黎均霑恩澤以副朕惠愛閭閻用普春祺至意該部即遵諭行

御製降旨加賑安徽省去歲被災之亳州等十州縣詩以誌事 戊申

新正首政要安民災壤心懷惠可屯昨歲夏當河決後十州縣率潦經頻例施雖按大小口加賑休分極次貧上年安徽省亳州蒙城等各州縣因黄水漫溢田畝被淹節經降旨令該督撫等實力撫卹分別加賑第念今春正賑已畢青黄不接之時小民生計維艱再加恩將亳州蒙城懷遠鳳陽靈璧宿州五河泗州盱眙天長等十州縣被災九分十分貧民無論極次概行加賑一月以資接濟給種借糧資舉趾載咨畫吏澤敷均至被災八分以下及勘不成災之區東作方興拮据堪憫仍著該督撫察看情形或借給口糧籽種或減價平糶務

飭所屬分別酌辦實心經理俾小民均霑恩澤

初三日奉

上諭上年河南歸德府屬各州縣因黄水漫溢田畝被淹節經降旨令該撫實力撫卹分別賑濟毋使一夫失所第念今春正賑已畢青黄不接之時民力不無拮据著再加恩將商邱寧陵睢州永城鹿邑柘城等六州縣被災十分極次貧民並九分極貧加賑兩個月其被災九分次貧及七八分極次貧民加賑一個月以資接濟至被災五六分及勘不成災地方仍著該撫察看情形酌量分別辦理該撫務須督飭所屬實心經理俾災黎均霑恩澤以副朕加惠閭閻有加靡已之至意該部即遵

諭行

御製降旨加賑河南昨歲被水諸州縣詩以誌事 戊申

河工甫幸奠三年夏決豫民沴復延辛丑秋河南儀封曲家樓河決自癸卯合龍後至丙午三年中曾為順軌上年六月內因大雨時行黄河異漲睢州十三堡原無埽工處漫開口二百餘丈商邱寧陵等處瀕河居民田畝被淹浸雖即合隄循故道已傷低壤受重連據河臣奏到即令阿桂前往會籌堵築至十月初十日已掛纜合龍水循故道然低窪之地已誤耕種秋收無獲當令該督撫實力撫卹分別賑濟以紓屢注月分一兩為加賑災視重輕以次編今春正賑已畢青黄不接之時民力不無拮据因再加恩將商邱寧陵睢州永城鹿邑柘城等六州縣被災十分九分及七八分極次貧民分別重輕加賑一月兩月至被災五六分以下仍酌量情形辦理務俾均霑實惠不致失所咨爾枝民較實惠漫稱全省獲秋田前據畢沅奏河

南道省收成約九分有餘固屬豐收然一隅災黎沐堪憫惻司牧者不可以全省豐收遂自滿足而不實心經理也

初三日奉

上諭上年甘肅皋蘭金縣等州縣被旱成災節經
降旨令該督實力撫卹分別賑濟毋使一夫失所
第念今春正賑已畢青黃不接之時民食不無拮
据著再加恩將皋蘭金縣安定等三縣被災貧民
概行加賑一月至狄道河州靖遠會寧沙泥州判
等五處酌借口糧籽種以資接濟其各災區未完
新舊正借錢糧著照該督原題概緩徵收仍著察
看被災各屬情形如有缺種乏食之戶分別辦理
該督務須飭屬實心經理俾災民均霑實惠以副

朕軫念窮黎有加靡已至意該部即遵諭行

御製命加賑上年甘肅被旱州縣詩以誌事戊申

甘省昔年例有災乃緣作弊諸蠹吏抵之法不
問民於民奚礙過於恵向年甘省王亶望等捏災冒賑年利歲以為常固大加懲創蓋冒賑閭閻利在官而免徵之利亦在通民貪官宜加罪而民之免徵則不肯追咎也
歲幸值暘雨時閭閻遂鮮賑濟事昨年夏初雨澤
艱督臣奏摺陳以備上年夏初據福康安奏皋蘭金縣等處雨澤缺少翻墒春五月中旬蘭州府報稱得雨寬而皋蘭等處則仍未霑足甚其後雨霑曉田收
數州縣究未優被著督續奏秋登況俾分輕重施
賑濟福康安帶兵往征臺灣逆賊署督臣勒保旋奏六七八月暘雨應時統計通省收成可得八分惟先經被旱之處收成未免歉薄當即茲諭令量其輕重妥加賑濟務俾災民均霑實惠
當新正應布澤命加賑毋分次第今春正賑已畢民食尚恐拮据

因再加恩將皋蘭金縣安定等三縣被災貧民概行加賑一月至狄道河州靖遠會寧沙泥州判等五處酌借口糧籽種並緩徵收仍令察看情形緩實心經理毋使一夫失所以副軫念邊氓至意
徵借種飭屬員蘇窮民使被實惠調募無能那斯
恩長言惟茲增愧

初四日奉

上諭上年陝西省華州華陰潼關三屬秋禾被水
成災節經降旨令該撫實力撫卹分別賑濟毋使
一夫失所第念今春正賑已畢青黃不接之時小
民生計維艱口食不無拮据著再加恩將華州華
陰潼關三屬被災七八分之極次貧民普行加賑
一個月其被災六七分及勘不成災之咸寧長安
咸陽興平大荔等五縣著該撫察看情形酌借籽

種口糧以資接濟該撫務督飭所屬實心經理俾
小民均霑渥澤以副朕軫念窮簷普惠春祺至意
該部即遵諭行

初七日奉

上諭上年直隸宣化府屬各州縣雨澤愆期田禾
被旱成災節經降旨令該督分別賑濟毋使一夫
失所第念今春正賑已畢青黃不接之時民食不
無拮据著再加恩將保安宣化萬全懷安西寧懷
來蔚州等七州縣成災七分以上之極次貧民概
行加賑一個月並將本年應徵地糧暨節年應徵
新舊錢糧倉穀緩至本年秋後徵收以紓民力其
被災六分以下及勘不成災地畝仍著該督察看

情形酌借口糧籽種以資接濟該督務須督飭所
屬實力經理俾災黎均霑愷澤以副朕軫念畿甸
用善春祺至意該部即遵諭行
初七日奉
上諭山西省大同府屬各廳州縣被旱成災節經
降旨令該撫實力撫卹分別賑濟毋使一夫失所
第念今春正賑已畢青黄不接之時民力不無拮
据著再加恩將豐鎮廳渾源州應州大同天鎮懷
仁山陰陽高廣靈等九廳州縣被災七八九分之
極次貧民再行加賑一個月其被災六分及勘不
成災村莊並被霜較早收成稍歉之左雲右玉二
縣貧民酌借一月口糧以資接濟該撫務須督飭

所屬實心經理俾災黎均霑愷澤以副朕惠愛閭
閻用善春祺至意該部即遵諭行
御製命加賑直隸宣化府山西大同府上年被災
州縣詩以誌事 戊申
大同宣化界相連此旱因之彼亦延北歉南收猶
稍濟上年宣化府屬一帶春夏雨澤稀少播種不及農民失望節經降旨申諭督臣實力撫卹幸口以內近畿各府有收秋後運米出口者陸續不絕尚資接濟西於東甚更迍
邅宣化與山西大同毗連去夏同被旱災而大同左近地處關外並非有收無所資借流通救之宣化各屬更為拮据施恩自有經常例加賑應教愷澤宣宣化大同二府屬旱災雖已諭令分別賑濟第念今春正賑已畢青黃不接貧民猶慮艱食因再加恩將宣化府屬被災七分以上之保安宣化等七州縣大同府屬被災七八九分之豐鎮廳渾源州等九廳州縣極次貧民俱加賑一月其兩府屬六分災以下及勘不成災地畝並被霜較早收成歉薄之處均酌借口糧籽種所有折爲應徵地糧倉穀緩至本年秋後徵收以紓民力俾愷澤均霑不致失所
本折施當較先後撫臣顛倒自招愆定例賑濟本色折色兼放然施之自有先後次第如初賑之時市集尚有糧食可糴當先本折兼給至二賑三賑爲日已長時值隆冬市糧益貴民食更艱則當專給本色始於災民有濟乃去冬明興辦理大同賑務先放本色遂將折色實屬顛倒經降旨申飭而明興因穀已支放飾詞巧避欲蓋彌彰因交部議處以爲不實心經理民事戒

七月初四日奉
上諭圖桑阿陳淮奏六月二十日荊江泛漲
隨督同地方文武員弁將護城各隄塍加築搶修
各城門下臨堵閉分段照料詎酉刻隄塍潰決江
水直逼城下沖開西北兩門滿漢兩城文武衙署
兵丁房屋以及倉庫監獄俱被淹沒兵民多赴城

上及屋頂樹上逃生其奔走不及者多被淹斃經
陳淮令隨身家丁紮筏渡赴沙市招募船隻圖桑
阿亦動項雇船分救滿漢兩城人口赴城上搭棚
棲止現酌動府倉南米散給撫卹其駐防綠營兵
丁俱照例借給一月口糧監犯現查獲三十八名
其餘五十名是否淹斃或私逃上緊查究又隨陳
淮辦事之州同婁業耀被沖無踪至二十三日水
勢稍平陳淮現在荊州親身督查俟辦有頭緒方
可回省等語荊州因江水泛漲潰決隄塍致滿漢
兩城均被淹浸兵民四散逃避其奔走不及者即
被淹斃情狀聞之惕然惻然幸而陳淮因往長陽
查災回省適至荊州伊係藩司呼應較靈得以招

募船隻分段兩城人口並酌動府倉散給兵民得
資接濟該司此時自應在彼親身督查此次荊州
被淹情形甚重姜晟一得陳淮稟報自己起身前
往舒常自下亦當回任著馳赴該處會同詳細查
辦加意撫卹一面奏聞一面動給勿使兵民失所
但該處隄塍興修未久荊州前曾被水其淹浸情
形並未聞如此之重此次滿漢兩城均被淹浸雖
係大江夏汛泛漲究由隄塍不固被水沖決所致
除交軍機大臣詳查具奏外著傳諭舒常等即將
所決隄工係何年何人承修因何工程不固以致
潰決之處查明據實參奏至州同婁業耀隨同陳
淮辦事派在西門督夫閘堵致被沖無踪該員係

因公淹斃殊堪憫惻著該督等即咨部照陣亡例
議卹其駐防及地方官各員內如有淹斃者亦屬
可憫並著該督等會同該將軍查明一併咨部量
予優卹至監犯現無下落者因應上緊查明分別
核辦其現已查獲之三十八名如係當時越出另
行監禁者自應仍照本案辦理如係避水得生自
行投到者尚為守法即應照其本罪量予減等仍
著該督等將現在查辦情形各行迅速覆奏以慰
廑念

御製荊州 戊申

荊州六百里清曉馳章至將軍及布政各報被水
事圖桑阿將軍駐防統兵國初制荊州駐防兵蓋百餘年矣布政
陳淮緣查賑迴適臨其地時陳淮自長陽縣查勘忽被水情形迴適至該郡
值江水漲決隄入城逆城中水丈餘兵民屋沉墊
據圖桑阿陳淮奏六月二十日見江水泛漲正在加築搶護城各隄塍旋報水已漫過隄面府城
北勢低窪文武員弁急將各城門下閘堵閉乃至西劉隄塍潰決江水直逼城下遂將西北兩門沖
開城牆多沖缺不及兩時漢城內水高一丈七八尺滿城隔有界牆水勢稍緩兩城文武衙署兵
民房屋以及倉庫監獄俱被淹浸兵民奔走不及者率多淹斃餘俱赴城上搭棚棲止陳淮亦令人
備給竹木板片紮成小筏赴沙市招募船隻分投並將府倉存貯南米雖已浸濕尚堪充饑當即
按大小口散給兩八旗綠營兵丁亦即速運米石照例各借給一月口糧以資接濟較辛丑
更甚棘手悲無計縛筏急救人城上權生寄屋舍
晉湯煞昏墊猶窮匱覽奏心惻然既且為增愧赧
知我無能遠災人受累亟命督撫臣速往率屬吏
賑恤救難民莫言借帑費修城及補隄善後為次

第此次荊州被災較重雖有陳淮在彼督查予心深為廑念因即馳諭督臣舒常撫臣姜晟星夜
前往率屬加意賑恤務使災民不致失所至修城補隄一切善後事宜亦須悉心經理即多費帑金
非予所惜也予因是思之吉順原難備南北本時若率
可卜豐歲切切祝安瀾夏過秋甫既海嶠既永靖
緬疆來貢使盈虛消息理虔翼益增惕言吉弗言
災是謂存飾諱此念曷敢萌永以勵予志

初九日奉

上諭前據圖桑阿陳淮等奏荊江夏汛泛漲潰決
隄塍將府城及滿城淹浸沖沒人口朕覽奏為之
惕然惻然隨降旨令該督撫等即速馳赴該處詳
悉查明加意妥卹嗣據舒常奏得信後即與撫臣
會商豫籌附近各縣動穀碾米聽候撥運接濟復

取庫存錢銀以備應用伊即由水路起程親往查勘本日復據長到日夜加緊趕往會同將軍等迅速妥辦等語前因舒常陛見回任後未經奏有回任日期是以諭令姜晟即速前往視加履勘妥辦今舒常既已前赴該處省城亦不可無大員彈壓且賑卹需用接濟米穀餉麩錢銀等項俱須由省城撥運姜晟自當在省籌備一切豫為佈置即可毋庸前往舒常到彼後務宜逐加履勘詳細查明加意妥為撫卹一面奏聞一面即行散給俾資接濟毋致失所不可稍存諱飾至此次荊州被災情形較重附近郡莊亦無不淹浸處所而長陽一縣前次亦經被水現在蒲圻漢川蘄水羅田黃梅鶴

峯等州縣復據姜晟奏或因山水陡發或因湖水漫溢低窪田地間有被淹等語各處被水雖輕重不等同係災民自宜一體查明設法疏消妥為撫卹其有應行酌予賑緩之處即據實奏明分別辦理不可因荊州府城被災較重皆專注意辦理而於外州縣被水處所未免心存忽視以致災民或有失所向隅之嘆舒常姜晟等務當一體詳加妥辦以仰體朕軫念災黎一視同仁至意舒常姜晟等奏到各摺著一併發抄

十八日奉

上諭據舒常奏馳抵荊州查明被水情形一摺並據繪圖呈覽詳閱圖內沿江隄工漫潰至二十餘處各寬十餘丈至數十丈不等是此次荊州被淹較重竟由隄塍不固所致該處隄工於四十四四十六兩年被水後均曾借項興修如果工程堅固何致屢被漫決外官習氣不堪官工尚且思肥己況此項工程例係民修向無保固承辦之員並不認真妥辦草率從事甚或侵漁入己均或事所必有屢經降旨交阿桂等查明嚴參著阿桂到彼後即會同舒常等詳細查明以十年為限所有現決之隄工如在十年以內興修者承修之員俱當從重治罪仍著落賠補其監修之該管道府及藩司督撫等亦著一併查參分別議罪著賠嗣後並著定限保固十年如在限內沖潰者即照此嚴行參

處以示懲儆此次荊州被淹既因隄工不固之故則該處城垣自以不移為是著德成到彼後詳細察勘堅實重修以垂久遠其衙署倉監等項並著阿桂德成等會同確勘分別動借以次興修至該處隄塍為全郡保障所關甚重從前因係民修以致地方官辦理不善任意剋減屢被沖淹況該處人民現在被災較重朕心方為惻然亦不忍再令其自行修理所有此次應修各隄工竟著動項興修官為辦理並著阿桂德成妥為估計務期加高培厚認真修築俾崇墉屹立永資抵禦其將來每歲修理需費無多再照例辦理以示體卹又據舒常圖桑阿等奏坍塌兵房請借銀修復分年扣還

一摺此次被淹尤重所有該兵丁修復房屋各費
朕亦不忍復令其扣還前已有旨竟全行賞給並
著阿桂等到彼後即遵前旨會同查明妥辦仍酌
量撫卹俾無失所至城廟內外淹斃大小男婦人
口經舒常等查明共有一千三百六十餘名此等
民人因躲避不及倉猝淹斃實堪憐憫皆當賜卹
其餘各災戶現在城上搭棚居住者尚有一萬餘
人雖據舒常奏連日天氣晴明兼之撈獲多倉濕
米散給餬口人心安怗覽奏為之稍慰但各災戶
被淹之後房屋坍塌棲止無所而田禾被水淹浸
亦恐多有損傷著舒常等即先行詳悉查明加意
撫卹似此重災祗當期於無遺不必復言無濫該

督等宜善體朕意妥協辦理也又據姜晟奏摺准
督臣咨會續調銀二萬兩錢四千串解赴荊州應
用已飭照數解往等語荊州現有修建隄塍城垣
各工及撫卹兵民之用需費浩繁應該省藩庫所
存不敷動用早發戶部銀二百萬兩派員迅速解
往並著阿桂到彼通盤約算如尚不敷用即據實
奏聞以便再行撥解應用至楚省今年被淹處所
較多前據姜晟奏長陽蒲圻等處皆被水淹已有
旨諭令一體查明妥辦本日又據該撫奏漢陽武
昌兩城俱因江水過高城中積水無從流瀉低窪
之處間至淹溢省城貢院尤為低下湖水漬入號
舍等語現屆賓興大典所有淹浸號舍著該撫即

上緊設法疏消其被淹各處雖有輕重不等但同
屬災民皆當一例撫卹不可因荊州府城被災較
重皆注意在彼而於被水之外州縣未免心存歧
視致有失所向隅之處姜晟現在省城籌備一切
並著該撫一體詳加妥辦以副朕軫念災黎一視
同仁有加無已之至意

御製湖廣總督舒常奏荊州被水情形詩以誌事

戊申

方伯來覲回命速勘水患前因舒常陛見後未奏回任日期諭令姜晟速往荊州查勘水災嗣據舒常奏得信後已由水路赴程前往因馳諭姜晟在省籌備一切舒常速往荊州詳悉履勘妥為撫卹茲詳具圖陳災重誠堪嘆茲據舒常奏於七月初六日抵荊州城廟內外已經半月餘而低窪處所尚有積水二三尺至四五尺不等居民或渡赴

沙市或仍歸閣出原屋現在城上搭棚棲止者尚萬餘人共淹斃大小男婦一千三百六十餘名口坍塌民草房四萬餘間並將沿江隄滑隄塍及衛堤城牆處所繪圖呈覽雖據稱連日天氣晴朗各卹散給米糧餬口然覽奏被淹情形深堪憫惻究其所以然隄決江水灌
城隍及屋舍圮壞過大半賑救可措費發帑二百
萬祇應勉無遺莫慢言無濫叶尋思隄衛民茲衛
廿餘段斯乃築未堅司事罪須按荊州沿江隄工例係民修此次被淹較重何忍令此災黎自行修理即令撫與修並將未修建城垣衙署及撫卹兵民之用需費浩繁早飭戶部撥解庫銀二百萬兩應用仍令阿桂等約計如尚不敷再為續撥惟是該郡護城隄工前於四十四四十五兩年被水後共借帑十餘萬兩修築如果工程鞏固即或驟遇江水漲發亦不過衝消一二處何至如此次決口二十餘處之多自因此項工費仍須帶徵歸款向無保固而承辦之員未肯實心經理甚或從意浸漁以致無辜小民遭罹災難若不從重治罪何以懲儆貪頑
捍民理命多匪費帑無算吏治廢至此大災寧免

見此兩帥楚飭吾豈勤髦後先嚴吾宿戒丈寬吾過現固不為已甚去甚理應辦吾過先自責濟猛衆休怨荆州隄工潰決二十餘處固由承修之員不力亦由該省吏治廢弛所致無怪近年有考成法理多命及鹽務重派歷書等案因諭令阿桂等詳查現決隄工如在十年以內興修者將承辦之員一嚴參治罪著落賠補並議督道府及督撫藩司等一併分別議罪攤賠解還亦即照此定限參處予於此方偶被災勤卹無微不至在皆撫等既賞予妥任予亦不得不以拯濟其寬以期此和

八月初七日奉

上諭浦霖奏查勘澧州安鄉武陵華容等州縣被水情形摺內稱澧州武陵龍陽三州縣被水尚輕惟華容安鄉二縣情形較重現在查明並無淹斃人口沖塌房屋且民間先將家貲搬移高阜日

孚惠全書　卷四十三　十三

用有資可毋庸動帑撫卹其被水尚未涸出之田現在設法疏消並查明無力貧民酌借籽糧工本等語華容安鄉二縣被水田畝現既未全行涸出著浦霖即飭該地方官相度形勢設法疏消並著查明實在無力貧民借給籽種口糧以資力作前澂浦等縣有被水淹浸田畝之事曾降旨將該縣應徵本年下半錢糧暫行緩徵今華容安鄉事同一例並著加恩將該二縣被水各垸本年應徵下半錢糧一體緩徵至次年秋後徵收以紓民力至澧州地處安鄉上游離湖稍遠武陵龍陽二縣隄身並未沖潰雖俱被災較輕並著該撫詳悉查明如有成災處所亦即妥為賑卹不可稍有諱飾以副朕軫念災黎有加無已至意欽此

九月十一日奉

上諭惠齡奏湖北沔陽黃岡二州縣被水地畝涸出無幾節候已遲不能補種等語荆州上游各屬被水貧民前經降旨分別撫卹其下游漢陽等縣亦經借給口糧小民口食有資自可無虞失所今沔陽黃岡二州縣因積水未消田畝未經涸出難以補種著借給一月口糧以資接濟該督撫務須督飭該地方官查明實在被水戶口按名給發毋任假手胥役稍滋剋扣其餘成災處所應行給賑者並著該督撫照例具題實力撫卹以副朕軫念災黎有加無已至意

孚惠全書　卷四十三　十四

十四日奉

上諭阿桂等奏荆州城守營兵丁因該處被水共查有三百二十六名所居室宇多被沖沒一切家具衣物亦多漂失情形未免拮据懇恩每名借給銀四兩仍於應得餉銀內分三年扣還歸款等語此次荆州府城被水較重所有該處滿州駐防兵丁業經降旨加恩酌賞銀兩以資接濟今阿桂等既查明綠營兵丁房屋多有淹浸自應一體加恩賞卹所有此次被水之綠營兵丁三百二十六名俱著每名賞給銀四兩毋庸扣還歸款俾各安棲寧居用示朕一視同仁至意

十月初四日奉

上諭據慶桂等奏奉天所屬等處自六月至七月霖雨屢降廣寧等七城被水成災五六分不等應行賑濟蠲免之處容另行查明辦理等語本年雨水過多奉天所屬廣寧等七城地方被災殊堪憫恤自應妥為接濟無致失所著交慶桂等查明被災人數應行酌借口糧蠲賑各事宜照例即行辦理但黑龍江偶被水災早經具奏何以慶桂等遲延至今始行查明具奏其應行賑濟之事尚未即辦理仍稱另行請旨更屬拘泥慶桂等著飭行

十一月十二日奉

上諭畢沅奏本年監利縣地方因江湖漲漫將在鄉之孫張王公月隄二處普漫該縣隄工本係民

辦但今年被災較重請借帑興修事竣按糧攤派分三年徵完等語本年荊州被水各隄工應行加高培厚之處俱經動用修築不惜多費帑金以期便民經久至監利縣隄工向係例應民辦之事第念該處甫遭淹浸雖已優加撫卹民力究不免拮据所有該縣孫張王公月隄需用土方現據該督估計需銀三萬兩以上此次著加恩照荊州隄工一體動用官項以示軫念災區格外體卹至意

十九日奉

上諭畢沅奏江陵縣南岸及公安縣各潰口應補完隄塍共需銀一萬九千二百餘兩此項隄工向俱民修但本年被水較重民力不無拮据請借帑興修俟事竣按糧攤徵等語本年荊州應修萬城各隄工因被水較重特降旨官為修築其監利隄工亦加恩動帑興修今江陵公安兩處補完潰口各隄塍雖向例應歸民辦第念該處甫經漫淹之後民力恐不免拮据所有該兩縣此次應修各隄銀一萬九千二百餘兩並著加恩一體動用官項此後再照例辦理以示朕軫卹災區有加無已至意

十二月二十日奉

上諭據畢沅等奏查勘廣濟黃梅二縣隄工向係民修今請暫行借帑興修俟事竣分年攤徵歸款等語本年湖北荊州被水地方所有萬城及監利

等處隄工俱經發帑官為修築今廣濟等縣隄塍雖係例應民修之工但念該處被災之後民力未免拮据此次廣濟黃梅二縣隄工估需銀共二萬八千一百餘兩均著加恩動用官項修築俟將來再行照舊辦理以示朕加惠災黎一視同仁至意

孚惠全書卷四十三

孚惠全書卷四十四

蠲賜賑借十八

乾隆五十四年正月初二日奉

上諭上年湖北江陵等州縣夏秋被水成災節經降旨撫賑分別蠲緩帶徵小民自可不至失所第念今春正賑已畢青黃不接之時民食恐不無拮据而江陵監利兩縣因隄塍漬決被淹尤重更宜格外優卹著再加恩將江陵縣成災八九十分軍民不分極次及監利縣成災八分極貧軍民於正賑之外再加賑兩個月其公安漢川黃梅三縣成災八分極貧軍民並各加賑一個月俾資接濟又公安等四縣內成災七分極次貧八分次貧暨成災六七分之石首漢陽沔陽黃岡廣濟長陽六州縣成災五六分之潛江縣極次貧各軍民並成災五分及勘不成災各屬仍著督撫察看情形或酌借籽種口糧或減價平糶分別酌辦該督撫等務須督飭所屬實心經理俾災黎均霑渥澤以副朕軫念窮簷普惠春祺至意該部即遵諭行

御製命加賑湖北昨年被水州縣詩以誌事己酉

去歲江陵等州縣夏秋被水胥成災荊州決隄毀城郭軍民昏墊誠堪哀重臣特遣亟賑救弗拘例莫惜帑財其餘被潦有等次十分以至五分繞例賑自當別輕重斯正應佈恩膏培亦視其差命加賑或平糶或借種督倍上年湖北江陵等州縣夏秋被水成災節經降旨撫賑分別綏徵帶徵小民自可不致失所第念今春正賑已畢青黃不接之時民食不無拮据因再加恩將江陵縣成災八九十分軍民不分極次及監利縣成災八分極貧軍民於正賑之外再加賑兩個月其公安漢川黃梅三縣成災八分極貧軍民並各加賑一個月至各縣成災七分極次貧八分次貧暨成災六七分之石首漢陽沔陽黃岡廣濟長陽六州縣成災五六分之潛江縣極次貧各軍民並成災五分及勘不成災各屬仍令該督撫察看情形或酌借籽種口糧或減價平糶分別酌辦以副軫念窮黎普惠春祺至意地潤宿麥幸廣種去臘督臣畢沅於上年十一月內奏稱查工之便見荊州一帶所種宿麥極廣可冀春田稔收庶幾元氣漸復青黃接冀元氣迴中命司民大小吏體予殷意其勤哉

初四日奉

上諭上年江西南昌饒州九江等府屬秋禾被淹成災節經降旨令該撫實力撫卹分別賑濟毋使一人失所第念今春正賑已畢青黃不接之時民食恐不無拮据著再加恩將鄱陽餘干德興星子都昌德化德安瑞昌湖口彭澤十縣中之被災九分十分極貧災民加賑兩個月其九分十分災次貧八分災極貧及南昌新建進賢建昌四縣中之八分災極貧均加賑一個月以資接濟至成災五六七分及勘不成災地方並著該撫察看情形酌借口糧籽種該撫務督飭所屬實心經理俾災黎均霑愷澤以副朕惠愛閭閻普錫春祺至意該部即遵諭行

御製降旨加賑江西上年被水州縣詩以誌事己酉

昨年甲子值元旦農諺稔秋果符矣九州之廣艱遍及被災者鮮斯幸耳湖南安徽及淮徐各撫奏

奏大田美偏災已賑無須加上年湖南安徽及江蘇之淮安徐州二府夏秋之間亦有因瀕臨江湖被水淹浸處所經據各該撫奏報通省秋收分數湖南則有九分安徽則七分有餘江蘇則九分有餘截長補短俱屬豐收至其偶被偏災州縣傳旨蠲緩亦據奏業經賑卹不致失所新正均可毋庸加賑湖北已降加賑旨江西則有十四縣仍當加賑蘇妥靡九分十分有等差一月兩月殊彼此江西上年南昌饒州九江等府屬秋禾被淹成災節經降旨令該撫督力賑撫惟是鄱陽餘干德興星子都昌德化德安瑞昌湖口彭澤十縣中被災九分十分之極次貧民及南昌新建進賢建昌四縣中被災八分之極貧令春正賑已畢際此青黃不接生計尚艱深堪軫念因再加恩諭令分別等差加賑兩月或一月以資接濟其被災五六七分及勘不成災地方並飭令察勘情形酌借口糧籽種俾災黎均霑優澤不致向隅僻壤莫遺俾向隅庶幾普濟予赤子

三月十一日奉

上諭上年奉天所屬廣寧等七城被水成災曾經降旨交慶桂等查明被災旗民人數應行酌借口糧穀賑各事宜妥為辦理矣本日雅朗阿復命詢以該處情形據奏米糧價值尚未平減等語廣寧等七城上年被有水災現届青黃不接之時米價較昂民食究恐不能充裕著加恩將廣寧承德遼陽開原海城鳳凰城牛莊等七城再行展賑一月即可接至麥收口食有資以示朕軫念陪都有加無已至意該部即遵諭行

閏五月二十日奉

上諭前據富綱奏雲南通海等五州縣於五月十四日連次地震親往查辦業經降旨確實妥辦照

乾隆二十八年江川等處地震之例賑給並將應納條公等項一體蠲免矣茲據查明通海等五州縣城垣官署俱有坍塌民房並多倒塌間有傷斃人口之處共賑銀九千九十餘兩需穀一萬九千三百五十餘石各於本處倉存內動支如有不敷照例折銀五錢等語此次通海等處同時地震情形較重小民倉猝被災殊堪軫惻若僅每石折銀五錢為數尚少恐不敷買食著再施恩加倍折給銀一兩所有已經散給者仍即按數補發該督撫當不時查察督同所屬如數補給毋任官吏從中稍有剋扣侵漁務使災民均霑實惠其坍塌房屋傷斃人口仍照二十八年之例妥為撫卹該督撫其率屬加意詳查實力辦理以副朕惠卹災黎有加無已至意至各州縣及佐雜等衙署坍塌例給銀兩不敷修葺並著准其加倍借給展限扣還以示體恤該部即遵諭速行謄並發

六月二十九日奉

上諭長麟奏蒙陰縣北方山水驟發沂河宣洩不及浸塌民房四百餘間壓斃男婦十三名口親赴查勘分別照例給銀並將沿河各鄉被災較重貧民酌予口糧借給籽種令其趕種蕎麥五日之內已種七分有餘等語東省本年收成豐稔而蒙陰一縣猝被水患浸及田廬傷斃人口殊堪憫惻前經降旨令該撫確查撫恤酌量接濟今長麟遵旨

將貧民沖塌房屋給銀修葺其被水鄉莊各散給一月口糧並酌借籽種趕栽蕎麥小民棲止口食有資自不致一夫失所但各鄉貧民被災較重尚應多為接濟使養贍益資寬裕該撫所請再酌借一月口糧之處竟當賞給以示格外體恤所有應徵新舊錢糧並著緩至來春麥收後再行輸納以副朕軫念災黎有加無已之至意該部即遵諭行摺並發

七月初五日奉

上諭閔鶚元奏周家樓漫水下注邳州等處田廬致有淹沒坍塌被水災民現在散給口食以濟貧困其桃源清河等處瀕臨洪澤湖鄉莊間有淹浸又阜寧縣淮水上漲亦有被淹之處現在親往查勘等語黃流漫口下注民田廬舍間有淹沒該撫既親往查勘亟應妥為撫恤所有睢寧邳州宿遷桃源被水各鄉莊無分極次貧民著先行賞給一月口糧以資接濟並著查明成災輕重按月給賑其安東清河阜寧等處亦著一併勘明如有成災處所即行分別辦理該撫務須督率所屬實心經理俾小民均霑實惠毋致一夫失所以副朕軫念災黎至意該部即遵諭行摺併發

十三日奉

上諭據劉峩奏原報被水之安州復于六月二十三四等日大雨如注上游諸河並漲以致該州堤埝漫溢被災較重請先行撫恤酌量摘賑又河間保定府屬等八州縣均有被水較重之處請一體先行借給口糧並予以摘賑等語本年夏秋以來近畿一帶雨水較多諸河並漲民田廬舍間被淹浸該督既飭屬查勘亟應妥為撫卹所有安州被水之六十餘鄉莊及河間府屬之河間任邱獻縣阜城景州保定府屬之清苑雄縣新安等八州縣無分極次貧民俱著查明借給口糧酌量摘賑以資接濟並著查明成災輕重按月給賑其大名宣化二府屬亦有被水地方並著一併勘明如有成災處所即行分別辦理該督務須督飭所屬實心經理俾小民均霑實惠毋致一夫失所以副朕軫念災黎至意該部即遵諭行摺併發

八月二十一日奉

上諭馮光熊奏勘得保定府屬之清苑安州新安雄縣河間府屬之河間獻縣肅寧阜城景州天津府屬之天津靜海滄州青縣鹽山順天府屬之大城武清東安永清等處地畝被淹成災自五六七分至八九分不等緣各災戶距麥收未遠農民藉有儲蓄復蒙恩賞口糧先行撫卹不致流離急迫俟清查戶口分別極次貧民覈實給賑所有續報東光新城等十五處統歸秋災案內分晰查辦等語本年直隸各府大田本可望豐收乃因夏秋雨水過多河淀並漲被澇成災地方較廣雖據馮光

能周歷親查並遵旨酌給口糧目下民情均各安貼但現距明歲麥秋尚遠恐窮黎餬口不繼朕心深為厪注著交與劉峩督率藩司確查妥辦加意撫卹向來各省辦賑多有本折兼放者此次均著給與本色庶災黎不致覓食維艱於生計更為有益第恐直省常平社義各倉不敷散給將北倉上年截存米十一萬九千餘石概行賞給尚不敷用劉峩即行奏聞再於通倉酌撥該督宜董飭所屬實心經理仍設法疏消積水俾及時趕種秋麥以為明歲接濟務使閭閻均霑實惠元氣速紓以副朕軫念畿輔黎庶有加無已至意倘該督不能妥協辦理朕明春巡幸山東經過直隸各州縣見該處災民尚有菜色則惟該督是問

二十七日奉

上諭據玉德奏查明宿州靈壁等處緣碭山黄水漫注該處睢河及南北股二河不能容納以致該州縣田廬俱有被淹雖現在水已漸消而節過秋分未能補種均成一隅偏災請先行借給一月口糧以資接濟再泗州為宿靈諸河之水滙歸洪澤湖要道前次周家樓黄水下注田禾被淹業已勘報成災今復被碭山黄水漫溢災民歸業需時請一體借給一月口糧等語安徽宿州靈壁泗州等處俱因河水漲溢以致低窪地畝間被淹浸既經該藩司勘明成災自應急為撫卹俾被水貧民得資接濟所有奏請借給一月口糧之處著竟行賞給並著陳用敷率同該藩司督飭所屬實力確查妥辦如有應行蠲緩之處俱即勘明辦理毋致一夫失所以副朕軫念災黎有加無已至意倘該

乾隆五十五年正月初二日奉

上諭上年湖北荊門潛江江陵監利等州縣因秋汛漢水倒漾低窪各垸先後被淹業經降旨令該督撫實力撫卹分別賑濟小民自可不致失所第念潛江等處本係積歉之區上年又復被淹今春正賑已畢青黄不接之時貧民口食維艱著再加恩將潛江江陵監利三縣成災八分極貧各軍民展賑一個月其成災八分次貧及成災七分極次貧並荊門州成災五分各軍民仍著該督撫察看情形或酌借籽種口糧或減價平糶分別辦理該督等務宜督飭所屬實心經理俾災黎均霑愷澤以副朕軫念窮簷普惠春膏至意該部即遵諭行

初二日奉

上諭上年江蘇徐州淮安等府屬各州縣因黄流漫水下注被淹成災節經降旨令該撫實力撫卹分別賑濟毋使一夫失所但今春正賑已畢青黄不接之時貧民餬口無資著再加恩將睢寧宿遷桃源邳州碭山五州縣成災九分十分鄉莊無分極次貧民均展賑一個月以資接濟其成災八分以下之安東阜寧海州等州縣及勘不成災地方

仍著該撫察看以副朕軫念災黎敷錫春祺至意

該部即遵諭行

御製降旨加賑湖北江蘇昨年被災州縣詩以誌

事庚戌

各省昨年率有收大河漢水漲旁流江蘇荊楚偏

災被各直省上年秋成稱稔者多惟湖北之荊門等四州縣江蘇之徐州淮安二府屬中睢寧宿遷等八州縣或因秋汛漢水漲或因黃流漫水下注致成偏災已即降旨實力撫卹但令春正賑已畢青黃不接災黎口食維艱當茲行慶施惠之時更合加恩用敷渥澤數戶貧民

乏食憂荊則四區恩令沛湖北潛江江陵監利三縣成災八分之極貧軍民令各展賑一個月其成災八分次貧及成災七分極次貧並荊門州成災五分各軍民並令該督撫或酌借籽種口糧或減價平糶以資接濟江淮五處惠宜周江蘇之睢寧宿遷桃源邳州碭山五州縣成災九分十分不等亦令將各鄉莊無分極次貧民均展賑一個月其成

災八分以下之安東阜寧海州等三州縣及勘不成災地方仍令察看情形各酌借口糧籽種以副軫念兩疆中縱百分一湖北通省六十七州縣江蘇通省五十六州縣合計被災之區祇九處而九處中亦祇一隅高處尚有收穫計雖不過百分之一而其一隅之民則受苦矣故令加賑肯置向隅有獨愁

初四日奉

上諭上年直隸保定河間天津順天等府屬各州縣因夏秋雨水較多河流漲發田禾被淹成災節經降旨銀米兼撥令該督實力撫卹分別賑濟小民自可不致失所第念今春正賑已畢青黃不接之時民食恐不無拮据著再加恩將順天府屬之霸州文安大城武清東安永清保定府屬之清苑安州雄縣新安高陽河間府屬之河間獻縣阜城肅寧任邱景州天津府屬之天津青縣靜海滄州鹽山等二十二州縣成災七八分之極貧並九分災之極次貧民俱展賑一個月以資接濟其成災八分以下各州縣及勘不成災地方仍著該督察看情形或酌借口糧籽種或減價平糶分別籌辦該督務督飭所屬實心經理俾災黎均霑愷澤以副朕普錫春祺有加無已至意該部即遵諭行

御製降旨加賑直隸昨歲被水各州縣詩以誌事

庚戌

昨年春夏雨暘時滿擬豐登慶屢綏卻以秋霖過

多矣遂令窪地被淹之上年直隸省春夏雨暘時若惟入秋以後雨水過多以致低窪各州縣被有淹浸節經降旨銀米兼撥令該督實力撫卹不致一夫失所蠲租自

是多州普加賑沓教一月施該省雖已分別賑濟蠲緩第念今春正賑已畢青黃不接之時民食恐尚不無拮据因再加恩將順天府屬之霸州等六州縣保定府屬之清苑等五州縣河間府屬之河間等六州縣天津府屬之天津等五州縣成災七八分之極貧並九分災之極次貧民俱展賑一個月其成災八分以下及勘不成災地方仍飭察看情形或酌借口糧籽種或減價平糶務俾均霑渥澤用普春祺高處薄登有無濟據劉峩奏上年直隸秋收共計八分高處田禾尚屬有收既連災區者可以懋遷有無然予軫念窮簷不肯以此自寬也

幸收忘歎我寧為

初四日奉

上諭上年河南歸德等府屬永城夏邑安陽臨漳等縣秋禾被淹成災節經降旨令該撫實力撫恤分別賑濟毋使一夫失所第念今春正賑已畢青黃不接之時民食恐不無拮据著再加恩將成災

較重之永城一縣九分極次貧與八分極次貧災
民加賑一個月以資接濟其被災稍輕及勘不成
災之夏邑安陽臨漳等縣並著該撫察看情形酌
借口糧籽種該撫務督飭所屬實心經理俾災黎
均霑渥澤以副朕惠愛閭閻普錫春祺至意該部
即遵諭行

二月二十日奉

上諭上年順天及保定河間天津等府屬各州縣
因夏秋雨水較多田禾被淹秋收稍歉節經諭令
該督實力撫卹銀米兼賑春初正賑畢後又加恩
展賑一月今朕巡幸山東經行畿輔見田畝均已
播種徧野青葱但麥收為期尚早恐災歉之餘元

氣未能驟復自當再霈恩施以期益臻康阜著將
現在經過及回鑾經過之雄縣任邱河間獻縣阜
城景州滄州天津青縣靜海武清等十一州縣照
二月展賑之例再加賑一個月該督務督飭所屬
實心經理俾閭閻均霑愷澤以副朕行慶施惠有
加無已之意

御製經雄縣城南因命加賑有作庚戌

雄縣城南廿里餘大隄護淀匯波瀦遠令一線左
右水堰外平湖高下淤淀之北隄所以禦水衛民也茲出雄縣城南經二十餘里因去秋霖雨過多旱路左右潦水尚未全消皆浸淀隄所種不可播種目睹情形實堪心惻
昨潦甚哉傷切己吾民病矣嘆非魚曰籲曰賑勤
優恤一再加寧暫借予新正以上年順天及保定河間天津等府屬被淹州縣雖已實力撫卹銀米兼賑猶恐今春正賑已畢青黃不接民食不無拮据已加恩將成災七八分之極貧並九分災之極次貧民俱展賑一個月今蹕途經覽念距秋為期尚遠災歉之餘元氣未能驟復仍卽降旨將現在及回鑾經過之雄縣任邱河間獻縣阜城景州滄州天津青縣靜海武清等十一州縣照二月展賑之例再加賑一月庶俾足饑民耳

五月初八日奉

上諭據嵩椿等奏錦州等處河水消落各該處旗
民已經賑給口糧所有高阜地畝及去河較遠之
處田禾俱無傷損尚能收穫等語所辦尚屬周到
稍覺紓懷所有應行賑給並淹斃人口倒塌房屋
俱照嵩椿等所奏分別散給銀兩米石但九關臺
邊塞係衝當大路關衝今既被水沖毀復行建築
其應仍舊址或別於高阜建立之處俟酌定後始

可辦理著交嵩椿等俟將應建邊界之處詳驗奏
到時再候朕另派熟悉工程人員前往估計辦理

七月初七日奉

上諭閔正祥奏據山永協副將黃大謀稟報六月
下旬雨水連綿永平府城外河水漲發由南水門
漾入城內低窪地方水深一丈有餘至八九尺不
等駐防官署及守備衙署兵民房屋被水淹浸坍
塌城外各鄉邨水勢浸溢人口亦有被淹之處現
在一面雇覓水手將淹浸地方及壓傷人口分往
救護一面將本身應得養廉備具印領支借倉米
五十石賞給災民等語永平府城河水暴漲兵民
倉猝被災殊堪軫閔著梁肯堂即派委妥幹道員

一人馳往該處確切查勘將被淹戶口給予口糧分別撫賑其壓傷人口亦即查明酌給銀兩以示體卹並著該督嚴飭所屬實心經理妥協賑給毋使一夫失所以副軫念災黎至意至該副將黃大謀於郡城猝被水患之時即帶同兵役協力保救並指廉俸備辦米石散給災民俾資口食尚有見識黃大謀著交部議敘

初七日奉

上諭據台費音奏稱永平府本月二十八日河水漲溢城內水深數尺至丈餘不等官房坍塌一百九十餘間並未傷及人口等語該處自六月二十六日大雨清河灤河漲溢城內水深數尺至一丈

不等官房倒壞官員兵丁暫就民房廟宇棲止殊堪憫惻更念旗人俱賴錢糧度日今所住房屋被水生計未免拮据著加恩兵丁各賞一月錢糧所有被水官房著交台費音詳細查勘即行辦理具奏

十三日奉

上諭據台費音奏查勘永平府被水沖塌旗房應移建高阜之處並請借給官兵俸餉修理軍裝器械等語永平府駐防兵丁被水官房浸濕軍裝器械理宜修補著照台費音所奏賞借官兵半年俸餉銀兩其應修房屋即交地方官迅速妥辦餘照所奏行

十八日奉

上諭據萬福等奏大凌河河水漫溢錦州九關臺旗民房屋被水等語本年六月因雨水較大河水漫溢錦州九關臺旗民房屋被水殊屬可憫窮戶口食不繼未免失所著加恩無論旗民統各賞給兩個月口糧且似此災黎理宜急速救援一面賑濟一面具奏乃萬福等尚以暫行賞給俟後追償為請俟命下日始行賑發等語甚屬拘泥竟不曉事體之緩急萬福等俱著嚴行申飭現在九關臺地方被水甚重萬福著不必來京于何處接奉此旨即速赴九關臺宜興亦著赴錦州九關臺地方一同查勘辦理此事妥協後伊二人再回盛京

二十八日奉

上諭據福崧奏徐州府屬之碭山縣東南一帶緣毛城鋪土壩刷寬過水臨河民堰漫缺下注大隄內外民田廬舍間被淹浸其蕭縣地方因黃水漫灘滙注洪河不能容納附近田畝亦有被淹該撫現在親往履勘督同該府縣等分別撫恤請賞給一月口糧以資接濟等語江南碭蕭二縣均係積歉之區今因毛城鋪裹頭刷寬河水漫溢以致附近田廬間被淹浸雖現據薩載等奏業經補築完竣河勢漸次歸槽但該處民食維艱自應亟為賑恤俾得餬口有資著照福崧所請即于河庫撥銀一萬兩解赴工所以為撫恤之用該撫務須督率

所屬加意妥辦按照被災戶口核實散給使窮簷
均霑實惠不致一夫失所以副朕軫念災黎至意
該部知道諭併發
二十九日奉
上諭據范宜清奏六月二十八日小淩河等河水
泛溢所有驛站房屋皆被沖坍淹斃人口三十一
名等語從前嵩椿等奏到大淩河小淩河河水泛
溢當即降旨令嵩椿宜興前往錦州九關臺等處
妥協辦理昨復將薩克慎遣回此時嵩椿宜興諒
已至各處將被災旗民賑給矣將此亦寄與嵩椿
宜興著查明范宜清所奏驛站人等被災之處一
併妥協賑卹勿使一夫失所仍將如何辦理並此
時水勢曾否消落之處即速奏聞

八月初三日奉
上諭據周樽奏鳳陽府屬之宿州境內邨莊因上
游水注民居漫溢又靈壁縣係宿州下游該縣中
北兩鄉間有被淹等語宿州靈壁因近日雨水較
多該處邨莊陞窪不無淹浸閭閻未免失所所有
被水地方著加恩賞給一月口糧以資接濟該撫
務須督率所屬加意妥辦按照被災戶口核實散
給使窮簷均霑實惠以副朕軫念災黎至意該部
即遵諭行
初六日奉
上諭前據周樽奏宿州靈壁二州縣邨莊間有被
淹業經降旨賞給一月口糧茲孫士毅奏報碭山
一縣漫水淹浸情形較重小民未免拮据亦著加
恩先賞給一月口糧以資接濟其應否再行給賑
並著該督等詳悉查明據實具奏該部遵諭速行
初十日奉
上諭據景安奏永城被水之蕩陞道口等十一邨
莊濱臨洪溝情形稍重內何家水口等五集尤為
地窪濱河之處消退未能迅速該處係上年被水
較重之區茲復被淹閭閻不無艱食等語豫省永
城夏邑二縣因洪溝河減水溝盛漲境內邨莊間
被水淹前經降旨賞給一月口糧以資養贍茲該
二縣高阜地畝及低窪地方俱已涸復惟永城之
蕩陞道口等處邨莊疊經河水漲溢民力未免拮

据著加恩於現賞口糧之外再賞給撫卹一月用
示軫念民食有加無已至意該部即遵諭速行
御製戶部侍郎韓鑅江南河道總督蘭第錫奏報
毛城鋪漫溢並護安徽巡撫布政使周樽請
河南巡撫布政使景安各奏毛城鋪漫口下
注情形詩以誌事 庚戌
毛城鋪本洩黃流漲滙剛寬西裹頭韓鑅蘭第錫奏南河自立秋後陰雨連綿於七月初六七等日徐州北門外長水一丈四尺餘唐家灣引河出槽漫溢直注毛城鋪滾壩之迤上外灘近黃民居漫缺兩處同時匯注毛城鋪之西裹頭壩尾刷寬二十餘丈嗣又據奏裹頭漫寬之處因水大溜急刷至四十餘丈等語漫溢已延及夏邑又據景安奏河南之永城夏邑二縣因江南碭山縣王半莊臨黃民居水勢漫溢由毛城鋪臨口流

撫率屬悉心籌辦務低處未盡涸設法物疏波加
俾災黎均霑實惠
賑並頒諭災民惜費麾幸秋汛將畢安瀾今歲發

十一日奉

上諭前據周樽奏宿州靈璧兩縣因雨水較多邨莊間被淹浸業經降旨給一月口糧以資接濟茲復據奏稱該處田禾被水補種已遲難免一隅偏災著加恩于賞給一月口糧之外再行酌量給賑該督撫務須督率所屬確查被災戶口普行散給俾閭閻均霑實惠以副朕軫念民食有加無已至意該部即遵諭行

十八日奉

上諭孫士毅奏毛城鋪減水由碭蕭宿靈等處下

注又因七月下旬陰雨較多湖水加長睢寧十三社邨莊間被淹浸等語碭蕭宿靈地方前因被水成災節次降旨賞給一月口糧並發銀一百萬兩著該督撫等實力撫恤矣今睢寧十三社邨莊亦有被淹之處小民口食維艱朕心深為厪注所有被水較重之六社著加恩賞給一月口糧以資接濟該督撫等務須督率所屬按名賙給毋許胥吏等稍有剋扣侵漁俾災黎均霑實惠至被水較輕之七社田畝雖經涸出尚可趕種春麥但念該邑上年曾經被災民力不無拮据其應行酌借口糧籽種之處著該督撫查明具奏副朕軫念災民有加無已至意該部即遵諭行

入境該二縣東北由洪波東復至濉州周橋又奏
鄉有被水淹浸之處宿州濉河
南岸因七月初六七等日雨大風狂上流漫溢之
水會流下注趙家雨莊民舍浸缺西北兩鄉邨
集田畝間
被水淹浸
有幸非正溜衝隄堰且報補工築圍周
毛城鋪滾壩原以疏洩黃流其下之民舍漫溢非
正溜衝決之比是為幸矣又河臣等奏已於外灘
圍築橋壩長一百五十丈現於二十二日補足完
固漫水俱循洪濉河下注照常分洩等語是上流
既已堵合其下游漫水當
日漸消涸農民均可復業
申諭大員督努力一勤
防禦一資賙
此次漫口之處雖已堵築完固然尚
須加意妥為防禦至被淹各處所命
地方官妥為賑卹其永城夏邑被水較重已降旨
賞給一月口糧予於河工及閭閻生計從不肯稍
為吝惜嚴飭諸臣實心辦理
不致災民失所庶堪稍慰耳

御製韓鐄蘭第錫景安各奏毛城鋪下流漫溢被災州縣及涸出地畝等事詩以誌事 庚戌

初稱黃水溢意謂非大河
先據景安奏河南永城
夏邑因碭山王平莊臨
黃民舍由毛城鋪口漫溢被災即謂必非大河
正溜所衝特以韓鐄蘭第錫等奏未至且永城夏
邑地在西南勢居毛城鋪上游漫溢之外不應以
漾至該處因令韓鐄蘭第錫等詳查繪圖覆奏以

河臣未奏疑毛城下坡馳問知信然減水壩所過
據韓鐄蘭第錫等奏毛城鋪減水壩刷寬壩河尾
過水經各縣地界犬牙相錯其宿州一帶係洪河
下游東有天然臨分洩之水一經匯注濉股等河
而河南永城縣在宿州之西夏邑又在永城之上
游坡水歸入洪河下注今碭山縣三岔河紀家莊
民堰缺口之水倒漾而注西減水溝不能容納暢洩
是以淹及夏邑之東北鄉等語並繪圖貼說呈覽
乃悉夏邑永城宿州同時被水之由均因毛城鋪
減水溝所過原非
大河正溜之水也
漫溢理固應命撫毋延緩茲稱
西壩築秋涼涸者多
景安又奏自毛城鋪西裹頭
補築以後水勢日漸消減夏
邑高阜地畝現已涸出其低窪積水處間挖引渠
全行涸復永城縣之永宿邨等處漫水亦漸消涸
尚可乘時播種春麥至該處之食農民先已賞給
一月口糧足資接濟惟永城被水較重及瀕河窪
地消退較遲之處除查明被水地畝一體緩徵外
並請加給撫卹一月等語已即降旨允行並賜詩

御製福崧韓鑅蘭第錫同日奏到毛城鋪滚壩減水情形及筹辦靈壁宿州一帶疏消撫恤各事宜詩以誌事庚戌

減壩南河一帶綿據福崧奏靈璧縣地勢低窪每年毛城鋪滚壩及天然峯山等隄減洩之水由睢河匯注該縣之五山楊暟陵子土山崔家等五湖入洪澤湖出清口歸海本年七月內雨水既多兼之上游民堰漫缺下注睢河夾於五湖之中不能容納以致週圍民田及宿州西北各鄉低田俱被淹浸現在深處尚有六七尺淺處亦有二三尺不等已即飛咨韓鑅蘭第錫等督飭工員速將漫缺民堰趕緊補築既經減必漫低並天然峯山等牐相機酌辦等語田甫因行慶忘民務祗有急賙謝已愆前據韓鑅蘭第錫等奏宿州靈壁陽蕭等處被水各鄉莊民田廬舍間有淹浸節經降旨令該督撫等親往查勘賞給口糧並於孫士毅未經奏請之先早撥兩淮淮關等處鹽稅課銀一百萬兩解交孫士毅督飭所屬會力賑恤倘有不敷不妨再為奏請請撥予於災黎從不稍存惜費之見也曰堵曰疏籌次第福崧又奏睢河民堰漫缺分溜下注地方官未能及早堵築斷流現在勒限玩悮之知州賠修用示懲儆又韓鑅蘭第錫奏王平莊黃民堤漫缺之處雖係民修之工但現在被災民力不繼自應由官帑先為補築事竣或分年帑徵或加恩寬免臨時再為酌量降旨王所稱高堰誌樁連舊存長水已至一丈三尺未清黃兩壩早經拆除到底而洪湖水勢未消不得不將五壩內智字一壩開放以資減洩所辦甚是惟是高郵寶應等湖是否足資容納揚州以北鳳凰壁虎等條湖水歸江之路是否通暢南關車邏等壩防護稍疎關係下河民田匪輕是否不致妨礙仍令迅即查明詳細覆奏以慰懸注惟督惟墊念顛連自慚致宴無佳術敢復施恩靳久延

九月十七日奉

上諭據長麟奏查明被水各州縣成災分數摺內稱濟南東昌曹州武定等所屬二十七州縣被淹較重分別給與兩月一月口糧又武定府屬之惠民縣亦經被水懇請將本年錢糧一體蠲免等語東省本年被水各州縣情形較重閭閻生計未免拮据所有濟南府之平原禹城齊河德州長清德平濟陽臨邑陵縣東昌府之聊城莊平高唐堂邑館陶清平莘縣冠縣恩縣博平曹州府屬范縣臨清州及所屬之邱縣夏津武城武定府屬之商河濱州樂陵等二十七州縣除業經分別給予口糧外著加恩于十月內各按成災分數照例給與賑濟其惠民一縣秋收歉薄且與災地毗連亦著加恩將該縣本年錢糧于恩詔普免案內與各災地一體先行蠲免至被災地方所有應徵漕糧其成災自五分以上者著加恩緩至乾隆五十六年起

分作二年帶徵以紓民力該撫等務須督飭所屬悉心妥辦俾得均霑實惠以副朕軫念災黎有加無已之至意該部遵諭速行

十月初七日奉

上諭據烏雅勒達奏稱查明黑龍江各屬地方收成分數打牲烏拉之鑲白等四旗齊齊哈爾地方田禾歉收等語本年打牲烏拉之鑲白等四旗齊齊哈爾地方田禾被旱收成歉薄未免之食著交都爾嘉確實查勘其應行接濟口糧借給籽種之處即行撥給具奏勿使生計有失

孚惠全書卷四十四

孚惠全書卷四十五

偏隅賑借十九

乾隆五十六年正月初二日奉

上諭上年江蘇徐州府屬蕭縣碭山等縣因毛城鋪土壩刷寬漫水下注民田廬舍間被淹浸致成偏災業經降旨令該督撫實力撫恤分別蠲緩並動撥銀兩給予賑濟小民自可不致失所第念該處被災地方今春正賑已畢青黄不接之時民力恐不無拮据著再加恩將蕭縣碭山睢寧三縣八九分災無分極次貧民概行展賑一個月其衛所饑口及貧生兵屬亦著照正賑之例一體辦理至該三縣被災五分並勘不成災地方及銅山沛縣

宿遷山陽清河阜寧鹽城安東桃源泰州東臺興化海州沭陽等十五州縣並淮安大河二衛勘不成災之區仍著該督撫察看情形酌借口糧以資接濟該督撫務須董飭所屬悉心經理俾茅簷蔀屋渥澤均霑以副朕哺時施惠恩加無已至意該部即遵諭行

初二日奉

上諭上年安徽省宿州靈璧等各州縣因毛家鋪土壩刷寬漫水下注民田廬舍間被淹浸業經降旨令該撫實力撫卹分別賑濟小民自可不致失所第念今春正賑已畢青黄不接之時貧民餬口無資著再加恩將宿州靈璧泗州三州縣被災八九分貧民無分極次概行加賑一個月其衛所饑口及貧生兵屬亦著照正賑之例一體辦理至宿州靈璧泗州盱眙五河被災五六七分貧民及勘不成災之鳳陽懷遠鳳臺壽州定遠霍邱天長滁州全椒來安舒城等十一州縣仍著該撫察看情形酌借口糧籽種以資接濟該撫務須董率所屬實心經理俾災黎均霑渥澤以副朕軫念窮簷普惠春膏至意該部即遵諭行

御製降旨加賑江蘇安徽昨歲被災州縣詩以誌事辛亥

江南上下境相連壩漲毛城昔浸去聲焉八九分災三各被(上年江蘇毛城鋪上壩刷寬漫水下注湖河之州縣民田廬舍間被淹浸惟江蘇省

之蕭縣碭山睢寧三縣安徽省之宿州靈璧泗州三州縣俱各被災八九分尤為可憫)宿邳等處十餘延(其江蘇省之宿遷邳州等十五州縣安徽省之鳳陽懷遠等十一州縣雖俱勘不成災而水勢及收成亦未免歉薄)重去聲頒加賑恩均遠(去歲雖即降旨令該督撫等實力撫卹分別賑濟第念今春正賑已畢青黄不接之時貧民餬口無資因加恩將上下江被災八九分之蕭縣碭山睢寧宿州靈璧泗州六州縣貧民無分極次概行加賑一月以副軫念)輕亦借糧賦緩蠲(至被災五六分及勘不成災等州縣雖經分別賑卹蠲緩仍令該督撫察看情形酌借口糧以資接濟並飭該督撫董率所屬實心經理務俾災黎均霑渥澤)一洗向來規避語大隄內外辨犂然

黄河南北兩岸築隄捍禦原慮偶遭泛溢專藉大隄為之保障以河內正身而論則瀕河兩岸灘地在大隄以內者均當謂之隄內在大隄以外者止當謂之隄外此一定不易之理也上年

韓鑅等據向例奏黃水盛漲將大隄外王平莊民堰漫塌由毛城鋪滾水壩下注洪河以致宿州靈璧等處田廬間被淹浸乎以為王平莊既在大隄之外不過因毛城鋪洩下之水間有泛溢其後周樽摺內指為黃水乎方以為借詞不明降旨申飭而韓鑅等亦遂違就其詞含混聲叙及今繪圖呈覽始知王平莊原在大隄之內沖塌民堰並非毛城鋪減下之水而其誤總由於以隄內之王平莊為隄外向本親臨其地又何由洞悉其情形乎夫大隄以內灘地逼近黃河原留為盛漲時河流蕩漾之所自應禁民居住庶不致與水爭地以免漫溢之患向屢降旨

飭禁而地方官奉行不力以致戶口日增今安居日久者自不便令其遷移而以後則應禁增添然思河臣等以附近河身灘地為隄外轉以大隄以外之田廬為隄內其意謂倘遇黃水沖決口岸即可指稱在隄外漫溢以為朦朧規避被災之計而隄內之民居有係河流之蕩漾轉可置之不問此其為弊已久所關非細當即降旨更正茲因新正加恩展賑並詳識於此

初四日奉

上諭上年直隸永平天津河間等府屬各州縣夏秋雨水較多河流漲發田禾被淹致成偏災節經降旨令該督實力撫卹並於天津北倉截留漕米及通倉撥給米石分別賑濟毋使一夫失所第念今春正賑已畢青黃不接之時小民生計維艱口食恐不無拮据著再加恩將順天府屬之文安寶坻大城武清寧河永清東安霸州薊州保定永平府屬之樂亭灤州盧龍昌黎保定府屬之清苑新城雄縣高陽河間府屬之河間獻縣阜城交河東光景州天津府屬之天津青縣靜海滄州遵化州屬之玉田豐潤等三十州縣所有八分災極貧九分極次貧民俱著加賑一個月俾民食得資接濟至被災較輕之六七分及八分災之次貧並勘不成災地方仍著該督察看情形或酌借口糧籽種或減價平糶分別酌辦該督務須督飭所屬實心

經理俾災黎均霑惠澤以副朕善錫春祺恩加無已至意該部即遵諭行

初四日奉

上諭上年山東省平原禹城齊河德州等州縣因夏秋雨水較多河流漲發田禾被淹致成偏災節經降旨令該撫實力撫卹分別蠲緩並撥帑截漕一體賑濟毋使一夫失所第念今春正賑已畢青黃不接之時小民生計維艱口食恐不無拮据著再加恩將平原禹城齊河德州長清德平濟陽臨邑陵縣鄒城茌平高唐堂邑館陶清平莘縣冠縣恩縣博平范縣臨清邱縣夏津武城商河濱州樂陵等二十七州縣並坐落衛地被災九分極次貧

民於正賑之外加賑兩個月其七分八分極次貧民俱展賑一月以資接濟至被災五分六分及勘不成災之區仍著該撫察看情形或酌借口糧籽種或減價平糶分別酌辦該撫務須督飭所屬實心經理俾災黎均霑渥澤以副朕惠愛閭閻敷錫春祺至意該部即遵諭行

御製降旨加賑直隸山東昨歲被災州縣詩以誌事 辛亥

新正恩旨許頒稀（每歲新正於上年被災之區加恩展賑令歲則辛上年各省普獲豐收惟直隸山東江南數省中間有被水之處是以新正恩旨較稀）災少頒稀幸庶幾畿輔山東為北近秋霖潦積念民依（上年直隸山東以夏秋雨水較多河流漲發低窪處所田禾被淹致成偏災）兩疆州縣分輕重一例賑蠲詳指揮（兩省災區上年已即經降旨令該督撫加意撫卹分別蠲緩並撥帑截漕即行賑濟毋令一夫失所惟是今春正賑已畢青黃不接之時小民生計維艱口食尚恐拮据因再加恩將直隸之文安霸州等三十州縣所有八分災極貧九分災極次貧民俱加賑一個月山東省之平原禹城等二十七州縣及坐落衛地被災九分極次貧民加賑兩個月其七八分災極次貧民俱展賑一個月至直隸被災較輕之六七分及八分災之次貧山東省之被災五六分及兩省勘不成災之區仍令各該督撫查看情形或酌借口糧籽種或減價平糶酌量籌辦務飭屬實心經理俾災黎均霑渥澤以副普錫春祺至意）大吏叮嚀善承佈春祺敷錫莫遺遠

三月初七日奉

上諭上年直隸所屬州縣內有間被水災之處節經降旨撫卹並於本年新正特頒諭旨加賑一月此次巡幸盤山偶見薊州境內柳樹尚有水痕雖所被偏災業經屢加恩卹但驛路經臨目覩情形朕軫念民依有加無已著將薊州所屬各鄉莊再加恩賑半個月以副朕時迴沛澤補助閭閻至意

六月十一日奉

上諭普福等奏伊等親至蘇呢特兩旗游牧處所查勘被災情形辦理賑濟等語蘇呢特兩旗游牧兩年連被旱災貧窮蒙古就食四方殊堪憐憫朕聞之心甚惻然今施賑濟必須多備銀兩始於被災人等有益著加恩將車凌琨布巴勒珠爾雅喇木丕爾請借二年郡王俸銀不必借與著即行照數賞給令其散放該二旗貧窮蒙古人等著交普福將此項銀兩即就近由口北道庫內速行支給併著伊二人仍往蘇呢特旗所會同該盟長扎薩克等將所有遠近貧窮人等著一體賑恤不得遺漏一人妥為辦理車凌琨布巴勒珠爾雅喇木丕爾各前借郡王俸一年今伊等整理産業牲畜分作四年坐扣完結除照所奏行普福等必須體朕惠愛蒙古世僕一體軫卹至意務期周徧安協將此旨限六百里發寄

御製沙蓬米 有序 辛亥

蒙古東西蘇呢特連年被旱已即優加賑恤並據察哈爾都統烏爾圖那遜奏前歲蘇呢特野外所生楚拉兹勒居人藉此糊口並裝貯呈覽是米內地所無詢之亦無知者茶閒

皇祖御製幾暇格物編有曰沙蓬米者枝葉叢生
如蓬米似胡麻而小可為餅餌茶湯之需凡沙
地皆有之鄂爾多斯所産尤多云云今詢之蒙
古人與
幾暇格物所言形狀悉合且西蘇呢特地連鄂爾
多斯則楚拉該勒即為沙蓬米無疑是米嘗之
鮮有滋味而荒年賴以全活者甚衆覽奏為之
心惻且慰因成是什
東西蘇呢特蘇呢特部東西兩旗在張家口外察哈爾之西北前歲遭旱
饑由冬至夏秋雨雪總未滋所賴沙蓬米沙地自
生斯然亦竟因旱資食遊往時聞之心惻然遺賑
銀米施蘇呢特兩旗連歲旱荒蒙古遊牧牲畜被災前據理藩院奏該處盟長郡王策楞家

布已勅休爾雅林丕勒等懇請各盟借給二年賑恤所部人等朕心為之惻然因即如數賞給仍借給
二盟長郡王休各一年即于口北道庫就近支付又派副都統善福馳往會同察哈爾都統查明賞
戶人口銀米兼施妥為撫恤並發去唐古特蒙古字大臣輪往令喇嘛等持誦度待畢即奏請甘雨
兹又據奏該處自蒙恩賑濟以來並獲雨澤如期牲畜肥腯各處就食之人回家樂業年穀順成即
野外楚拉勒勒亦滋生甚多頗佐口食等語
天恩幸轉徙膏澍霈如期嗟嗟蒙古衆乃得免流
離蓬米亦稔熟戶戶饘粥炊星米一試嘗類草根
樹皮北望心雖慰調燮愧自知

十一月二十九日奉
上諭畢沅等奏湖北漢陽江岸停泊船隻被火災
燬一摺內稱該處泊有回空漕船及鉛觔鹽船民
船約千餘隻沿岸排列十一月十一日有民船一
隻失火延及各船一時風狂火烈被燒回空漕船
十六隻鉛船九隻鹽船一隻沉溺鉛六十四萬餘
觔淹傷貴州委員吏目吳倫元一員淹斃家丁舵
工四名水手九名下落等語此係無妄之災
覽奏深為憫惻本年雨暘時若年穀豐成河工海
塘安瀾順軌朕猶慮直隸河南山東江蘇等省所
屬郡莊內間有一隅欠收之處特降諭旨令該督
撫查明具奏候朕新正加恩撫卹嗣據各該督撫
查明具奏所屬均不致成災祇須於明春酌借口
糧無庸加卹是朕欲惠黎元而恩無可施正思廣
求民瘼用普春祺俾蔀屋茅簷咸霑愷澤朕臨御
以來惟日孜孜常懷寅畏從不敢稍存滿足之念

仰賴
昊蒼鴻貺諸事順寧正益深兢惕之時乃秋間有
廓爾喀與唐古忒索欠滋擾後藏邊界一事致勞
宵旰今漢陽江岸延燒官民船隻淹斃人口併被
災傷此正
上天垂戒滿盈之意是宜引以自儆而益深乾惕
也所有漢陽江岸被燒漕船及沉失鉛觔事起倉
卒人力難施何忍按例令被災之運丁及委員等
賠補此項漕船十六隻俱著官為造辦免其著賠
明歲應運新漕即著該督等雇募民船無誤開兌
其沉失鉛觔並令該督董率所屬上緊打撈務獲
如撈不足數者亦加恩豁免至淹傷委員及淹斃

人口俱著妥爲優䘏恐此外尚有並非在官人役
及商民同時淹斃者亦著查明確數一體辦理該
督等務須實力查辦以副朕䘏災愛民至意摺並
發

乾隆五十七年正月初二日奉
上諭上年直隸順德廣平等府屬州縣因夏秋雨
澤未能深透收成稍歉山東萊州府臨清等屬州
縣間有被水之處河南彰德衛輝懷慶等府屬州
縣得雨少遲收成僅止五六分江南蘇州常州等
府屬及海州之沭陽春夏雨水較多沭河漫溢低
窪地畝間被淹浸安徽鳳陽潁州泗州等府屬州
縣低窪之區因雨水較多亦間有被淹處所收成

均未免歉薄業經降旨將上年應徵銀米並節年
帶徵等項分別緩徵停展令各該督撫實力查辦
以示優䘏今據該督撫等奏到查勘各該處地方
俱尚不致成災且業將新舊欠等項分別緩徵
帶徵小民自可不致失所但念各該處上年秋收
既未豐稔今春青黃不接之時民力究恐不無拮
据所有直隸山東河南三省奏請酌借一月口糧
江蘇省奏請酌借兩月口糧俱著加恩竟行賞給
其安徽省雖據朱珪奏稱鳳潁各屬被水較輕毋
庸賑濟俟交春後察看情形如應酌借籽種口糧
再當酌辦等語著該撫查明被水處所加恩賞給
籽種口糧以資接濟該督撫等務督飭所屬實心

經理俾閭閻均霑愷澤以副朕惠愛黎元善錫春
祺至意該部即遵諭行
御製降旨直隸山東河南江蘇安徽五省昨歲不
成災等處各該督撫請借給籽糧者即予賞
給詩以誌事 壬子
災歉昨年本無同稱加賑可毋須惟餘五省當
春月請借籽糧利賴區上年雨暘時若各直省年歉順成惟直隸之順德廣平等府屬山東之萊州臨清等府州屬河南之彰德衛輝懷慶等府屬江南之蘇州常州海州等府州屬安徽之鳳陽潁州泗州等府州屬各州縣中或低窪被水或得雨少遲收成未免歉薄業經諭令將新舊欠分別緩徵帶徵以示體恤前又飭令各該督撫確加查勘據奏俱尚不致成災祇請於青黃不接之時酌借一月或兩月口糧或交春後酌借籽糧等語第念各該處秋收既歉此時所借籽糧將來若仍須完納民力不無拮据因即降旨加恩竟行賞給俾免追呼並飭各該督撫率屬實心經理務令閭閻均霑愷澤用迓春祺設曰予貸仍令償豈如全

界免追呼惠民寧合從其厚即此憫烝猶切吾

二月初四日奉
上諭據書麟等奏興武九幫內領兑上元江寧江
浦三縣漕糧於上年十二月二十五日午刻行至
上元縣黃天蕩陡遇狂風巨浪四起洶湧異常搶
護不及將第八號楊九章十二號張尊璽二船打
散原裝米共一千一百四十餘石漂沒無存淹斃
大小人口五名又有十六號薛文魁一船被風打
破除撈獲乾濕米石外虧折米二百八十七石等
語此次漕船渡江陡遇風暴人力難施無從搶救
以致米船沖失淹斃人口殊堪憐憫所有旗丁楊

九章張尊璽二船漂沒米一千一百四十五石七
斗有零俱着加恩免其賠補其應行修造船隻並
着官為造解至淹斃人口着該督等照例賞恤以
副朕恤災恵丁至意該部知道摺併發
御製兩江總督書麟奏報江寧漕船有遭風沉沒
者詩以誌事壬子
通歲漕船斛實住冬回冬發各無乖近年經理漕務不遺餘力一切疏濬催趲事宜略覺井井有條是以糧艘揚帆北上得以遄行無滯不特無往年截留守凍之苦而遂年比較抵通之期日見其早其全數回空之船亦皆早抵水次竟遄冬兑冬開舊制事有成效方深慶慰方緣時紓心為慶何意風狂事不諧沉沒米糧補葺責茲據書麟奏興武九幫內領充江寧江浦等縣漕糧於上年十二月二十五日午刻行至上元縣黃天蕩陡遇狂風巨浪將第八號第十二號原裝米共一千一百四十餘石漂沒無存淹斃大小人口五名又有十六號一船被風打破除搶獲乾濕米石外虧損米二百八十餘石請著落各船丁賠補等語閱之深為憫惻此數船渡江陡遭暴風人力難施無從搶救所有漂沒米石即降旨俱著加恩免其賠補其應行修造船隻並令官為修理以副恤災惠丁至意淹亡户口恤救皆所有淹斃人口並著照例賞恤因思順合逢徵沓
誨我侍盈益慎懷

閏四月十一日奉
上諭據恒秀等奏吉林地方失火延燒旗民住房
請辦理接濟伊等等語吉林地方遭遇火災燒燬
旗民居房及鋪面房共三千餘間甚屬可憫若不
動用錢糧接濟辦理旗民實屬拮据著照恒秀等
所請將燒燬官房著動用官項修理其罪犯人等
暫行收入同知衙門監內俟監房修成時再行挪
入所有燒燬房屋之五品以下官員及兵丁水手
等各量其職分賞借一年俸餉修造限五年坐扣
旗民鋪面房如有無力願借官銀修造者每間借
給官銀三十兩作為三年交還餘俱照所請行
五月初一日奉
上諭本年春夏以來京師及直隸近畿一帶雨澤
缺少糧價不無昂貴節經降旨令順天府尹設廠
平糶五城煮賑並令梁肯堂將被旱各屬倉穀酌
量動用及應徵錢糧緩至秋後開徵矣茲京師已
於閏四月二十九日大沛甘霖西北一帶更為優
渥雲勢寬廣現仍濃陰未止想京師近畿一帶自
必一律均霑現在節近夏至農民正可趁此普植
秋禾但恐無力貧民一時趕種未免竭蹶所有順
天府所屬各州縣就近傳知該府尹等查明即行
借給籽種外其直隸被旱地方現在已經得雨趕
種秋禾之處並著梁肯堂查明一律借給籽種以
資播植副朕優渥施恩有加無已至意
御製直隸總督梁肯堂奏酌借口糧籽種事宜詩
以誌事壬子
近南一帶沐
恩滋直隸保定正定一帶已於前月二十五日得雨霑渥茲梁肯堂續奏順天府屬之霸州等四州縣保定府屬之滿城等十一州縣河間府屬之河間等七縣天津府屬之青縣等三州縣正定府屬之正定等十四州縣冀州並所屬之南宮等四縣深州並所屬之武強等三縣定州並所屬之曲陽深澤二縣於二十五六等日各得雨二三寸至七八寸不等仰望雨最殷之順德廣平大名三

府通州各屬亦同日得雨二三寸至六七寸不
等以此窪潦各處仰沐 天恩寬深感幸
早後事應次第為接戶口糧貸多少
梁肯堂節次奏
順德廣平大名
三府屬並毗連之趙州及所屬各州縣今春
雨澤愆期請將本年及節年應徵新舊災糧倉穀
概予停徵以紓民力已邀降旨允行並復奏稱近
日始得優霑春田有滿渠圍井可以灌溉者僅有
濟北其無力貧民未免謀食維艱請將順德廣平
二府上年被旱鄉莊通照往例自五月起借給兩
月口糧其上年未被旱鄉莊同大名趙州所屬今
春缺雨鄉莊酌借一月口糧大口日給米五合小
口減半其無業窮民不能謀生者並請一體酌借
至鰥寡孤獨老幼殘疾者大口日給米二合五勺
小口一合五勺隨時安頓均於
恩賞截留漕米內動用支銷
視田籽種給參差
又稱現在既得透雨之處即當翻犁大田內有缺
乏籽種之戶飛飭該地方官按地畝之多寡均勻
借給亦請於漕米內借支聽其易換播種統於秋
成後照例分別免息徵還等語此二事均係旱後
所應次第施為者亦即飭部照所請速行並飭該
管道府往來稽查毋使胥役人等從中滋弊
務令小民均霑實惠以副 朕
軫念災黎有加無已至意
截漕幸早資目下困
畿南三府及隸省河北三府未霑雨澤於迴鑾途
次即命梁肯堂會同劉秉恬馳赴天津截漕六十
萬石分運各該屬為未雨綢繆之計令梁肯堂奏
請借給口糧籽種即於所截漕米內支給小民不
日可霑實惠蓋朕於閭閻生計無日不為先事綢
籌若待各督臣奏請始行安能剋期挽運至彼應
用如此
迅速耶
課禱須殷待佑期偶筆成詩仍太息興雲
遲霈定何時

六月初六日奉

上諭熱河連次得雨後山水陡發沙隄一帶官兵
居民房屋間被沖塌甚堪軫念因特派和珅福長
安前往查勘據和珅等將被水情形分析具奏著
加恩將被水較重之東西旗蒙古協領佐領等官
每員各賞三個月俸銀兩月俸米兵一百六十七
名每名各賞三月錢糧兩月甲米被水較輕之白

旗滿州佐領一員著賞兩月俸銀兵三十三名每
名賞兩月錢糧被水居民大口各賞兩月口糧小
口各賞一月口糧以資口食其官兵被沖房屋交
工程處動項修葺粘補至居民鋪戶沖塌房屋和
珅等奏請瓦房賞銀二兩土草房賞銀一兩固屬
照例辦理現在朕於熱河駐蹕自宜格外施恩所
有被沖瓦房著賞銀四兩土草房著賞給二兩交
該道府查明發給令其自行修葺俾得各安棲止
不致稍有拮据以示朕軫念旗民有加無已至意

御製出麗正門觀稼並閱隄工有作 癸丑

昨日發山水恤恩次第行
去歲六月初旬因連日
驟雨武列河上游山水
陡發瀕隄低窪之處兵民房舍多被沖塌隨從員
役亦有沖失什物者茲命和珅等察其輕重分別
次第賞給銀米
卑俱不致失所
葺居兼禦漲役舉視工成
越數日
朕因觀
稼親臨閱視所有被淹兵房即令官為修葺民居
舖戶照例加倍賞銀令其自行修理俾安棲止並
察看沿河舊有石隄卑薄因命酌量增高其原未
有石隄處並令補建約用銀十餘萬兩今日仍策
馬觀稼見民居安堵如故而新建隄工屹然如出
式廓之通來暘雨時若河流亦順帖安瀾矣
閱無非事國安百懈誠通來幸時若益慎敢怡情

初十日奉

上諭據姚棻奏江西南豐廣昌二縣地居上游因
閏四月下旬雨水過多溪河泛漲五月初三四日
復大雨如注山水驟發以致被淹業經分別撫卹
等語南豐廣昌二縣因雨水稍多致被淹浸雖經
該撫查明業已照例撫卹並聲明水勢已退尚可
補種晚禾不致成災但該處民居沖塌較多且有

淹斃人口之事朕心殊為惻然此當速奏何遲至
月餘昨熱河地方亦因山水陡發沙堤一帶沖塌
房屋業降旨於和珅等奏請例賞之外加倍賞給
所有南豐廣昌二縣應行賞給建蓋民房暨掩埋
銀兩俱著照該撫所奏加倍賞給以示朕體卹災
黎有加無已至意摺併發
御製江西巡撫姚棻奏廣昌南豐二縣被水命加
恩賑恤詩以誌事壬子

暴漲浸城舍夏時那保無催穀莫諱彼即可施去聲
恩岳二縣遭昏墊姚棻奏江西廣昌南豐二縣地居上游因閏四月下旬雨水過多漢河泛漲五月初三四兩日復大雨如注山水驟發以致城鄉房舍間有浸坍並有淹斃人口及田禾被淹之處隨令藩司託倫帶公項銀兩馳往確勘分別撫卹不致失所並聲明水勢已退尚可補種晚禾不致成災等語該二縣地被水淹雖係一隅中之一隅然朕心廑念災黎閭閻之休戚為惻然
一心廑向隅倒增視武列又據稱該省被水撫卹成例無力貧民沖倒瓦房一間給銀八錢草房一間給銀五錢淹斃人口每大口給銀一兩五錢小口給銀八錢沖刷禾田每畝給籽種銀一錢沙淤田每畝給籽種並批復工本銀二錢核計廣昌縣應共撫卹銀二千二百四十兩零南豐縣應共撫卹銀四千六百七十兩零業已照數給發並無遺濫該撫所辦固係遵照定例但日前因熱河連朝驟雨武列河山水陡發沙堤一帶沖塌無力之居民鋪戶房屋經朕降旨於和珅等奏請例賞之外加倍賞給俾資修補所有南豐廣昌二縣應行賞給建蓋民房暨掩理銀兩宜以遠近致有殊施因即馳諭該撫亦照所奏該省成例加倍賞給以示朕一視同仁格外加恩至意
遠近豈相殊

二十五日奉
上諭據梁肯堂奏河間保定天津等屬受旱較重
請分別賞借口糧等語本年河間等屬雨澤短缺

近難待雨穀次為時已遲所有被旱較重之處無
力貧民口食未免拮据著加恩將河間府屬之景
州河間獻縣阜城任邱吳橋保定府屬之雄縣東
鹿八州縣貧民於七八兩月內先行賞借兩月口
糧其河間府屬之肅寧交河東光保定府屬之清
苑滿城安肅唐縣博野望都完縣蠡縣容城新安
天津府屬之青縣南皮滄州鹽山慶雲等十八州
縣著借八月一月口糧以資接濟該督務須董飭
所屬實力稽查妥為經理毋任胥役人等侵冒滋
弊俾小民均霑實惠以副朕軫恤窮黎有加無已
至意該部即遵諭行摺併發
御製降旨給借河間等府屬兩州縣口糧詩以誌
事壬子

將謂前霖普遍滋誰知數郡尚艱之昨立秋後二日此間復得優膏意河間閩雨等處或可普霑因諭梁肯堂詳悉覆奏茲據該督奏河間等府屬尚未得透雨二十六處受旱甚難期有收
督臣因有借糧請閱諭敕頒不待
時梁肯堂奏請將河間等府屬之景州河間獻縣阜城任邱吳橋保定府屬之雄縣東鹿八州縣有田無力貧民於七八兩月先行賞借兩月口糧河間府屬之肅寧交河東光保定府屬之清苑滿城安肅唐縣博野望都完縣蠡縣容城新安天津府屬之青縣南皮滄州鹽山慶雲等十八州縣酌借八月一月口糧每大口日給穀一升小口減半先於義社二倉動用如有不敷照例每穀一斗折給銀六分均於來歲麥收後免息還倉並鰥寡孤獨老弱殘疾者大口給穀五合小口三合亦於義倉內支銷等語因即允其所請並令該督飭所屬實力稽查毋任胥役侵冒庶俾小民均霑實惠
載命諸官及諸吏與其無濫要無遺成災處所例
秋賑按定例夏災閏賑俟地方大吏依限查勘分數分晰按次貧民具題朕思依限題請辦在

兩月之外災民嗷嗷急何能待前因直隸南三府春間闕雨於四月初兩次回鑾途次即飭截漕三十萬石備用亦又因河間一帶總未霑足令再截留二十萬石以備賑濟之需茲據梁肯堂奏請先行分別前借口糧立即降旨先行往返不過數日小民已得霑恩矣普設侵蝕在填

鑒

七月十七日奉

上諭據梁肯堂奏查勘河間府屬災旱輕重情形內景州任邱二州縣成災約五六七八分不等等語本年河間等屬雨澤缺少雖得雨數次爲時已遲內景州任邱二州縣地勢又多高阜早晚田禾未能一律秀實受旱較重民食未免拮据著加恩將該州縣應賑戶口即照河間等縣急賑一月口糧之例一體散賑其獻縣等縣著於酌借口糧之外凡缺乏麥種之戶再行添借籽種俾資接濟該督務須董飭所屬實力稽查妥爲經理毋任胥役人等捏冒滋弊俾小民均霑實惠以副朕軫卹窮黎有加無已至意該部即遵諭行

八月二十三日奉

上諭據哈當阿等奏六月二十二日臺灣府城及鳳山嘉義彰化等處同時地震所有民間倒塌房屋壓斃人口現在分別給銀按數撫卹等語臺灣地方遠隔重洋居民猝遭地震倒壞房屋壓斃人口殊堪憫惻所有該提督等具奏按數給銀撫卹之處俱著加恩加倍給予以示體恤該提督等務宜督飭所屬實力妥辦俾被災戶口均霑實惠以

副朕軫念災區至意該部知道摺併發

二十四日奉

上諭據都爾嘉等奏打牲烏拉齊齊哈爾地方本年較旱請自九月起接濟口糧等語本年打牲烏拉齊齊哈爾地方較旱所種田禾收成歉薄著照都爾嘉等所奏自本年九月起至明年七月止按計戶口接濟其屯丁所欠穀石著照例豁免補納餘照所請行

十一月十一日奉

上諭本年山東省被旱地方節經降旨加恩緩徵並賞給貧民一月口糧以資接濟但念直隸河間天津一帶均經截留漕糧動撥銀米分別賑卹而山東德州一帶與河間景州等處境壤毗連其被旱情形大略相仿冬春之交民力不無拮据若不一律給賑災黎未免向隅著加恩將德州平原禹城高唐恩縣濮州臨清邱縣夏津武城及歷城齊河臨邑博平茌平清平館陶海豐樂陵霑化共二十州縣於本年十二月放賑一月俾得均霑愷澤至來春尙需展賑俟朕新正酌量再降恩旨該撫務督飭所屬實心經理使窮黎溥霑實惠以副朕軫念民艱至意該部即遵諭行

十二月十四日奉

上諭惠齡奏署打箭鑪同知徐麟趾稟稱據惠遠廟判麻報稱十月十七日該處地震將牆垣坍塌

並震倒凋房數百間並未傷損人口當即派員查明撫卹等語前據孫士毅奏七月二十一日打箭爐明正土司及附近各土司地方地震間有坍塌墻垣壓斃番民之事惠遠廟墻垣亦有倒塌業經委員確查核辦照例先行撫卹令泰寧惠遠廟又復地震墻垣房間多有坍塌此時惠齡尚在藏地着交奎林就近飭委妥員前往照例撫卹其前次被震各地方撫卹事宜是否查辦俱已周妥並着一體察看妥辦

孚惠全書卷四十五

孚惠全書卷四十六

偏隅賑借二十

乾隆五十八年正月初二日奉

上諭上年山東德州濟南一帶間有被旱成災地方收成未免歉薄節經降旨將應徵銀米及帶徵等項分別蠲緩停展並特降旨於十二月內給賑一月以資口食小民自可不致失所第念散賑已畢青黃不接之時貧民餬口無資着再加恩將被旱較重之德州平原禹城高唐恩縣濮州臨清邱縣夏津武城十州縣無分極次貧民概予賞給兩個月口糧其被旱較輕之歷城齊河臨邑博平茌平清平館陶海豐樂陵霑化等十州縣及各該處坐落衛地着賞給一月口糧以資接濟至勘不成災及附近災區各州縣仍着該撫察看情形或酌借籽種或減價平糶分別籌辦該撫務董率所屬實心經理俾災黎均霑愷澤以副朕軫念窮簷普惠春膏至意該部即遵諭行

初二日奉

上諭上年河南彰德衛輝懷慶等府屬各州縣因夏間得雨稍遲秋禾被旱成災業經降旨截留漕糧分別賑濟今該撫實力查辦妥爲撫卹毋使一夫失所第念今春正賑已畢青黃不接之時小民生計維艱口食恐不無拮据着再加恩將成災八分之林縣武安涉縣獲嘉修武等五縣無分極次

貧民概予展賑一個月其被災七分之安陽湯陰
汲縣新鄉輝縣淇縣延津滑縣原武陽武濬縣等
十一縣著借給一月口糧以資接濟其被災六分
及勘不成災之區仍著該撫察看情形酌借口糧
籽種分別籌辦該撫務董飭所屬實心經理俾災
黎均霑渥澤以副朕惠愛閭閻敦錫春祺至意該
部即遵諭行

御製命加賑山東河南去歲被災州縣詩以誌事
癸丑

昨年直隸近南旱齊豫鄰疆並及焉齊重賑加州
縣別上年齊豫兩省界接畿南地方均有被旱之處而東省德州濟南一帶成災較豫省稍重
當即命將應徵銀米及帶徵等項分別緩賑停展並特降旨於十二月內給賑一月貧民自可不致

失所第念今春青黃不接之時閭閻餬口無資因再加恩令將德州平原禹城高唐恩縣濮州臨清
邱縣夏津武城十州縣無分極次貧民概賞給兩月口糧其歷城齊河臨邑博平茌平館陶海豐樂
陵霑化清平十州縣及各該處坐落衛地貧給一月口糧俾資接濟豫輕借展口糧
徐河南被旱成災之彰德衛輝懷慶三府屬早經降旨截漕分別賑濟第念情形雖較東省少
輕而今春正賑已畢小民生計尚艱亦再加恩今將成災八分之林縣武安涉縣獲嘉修武等五縣
無分極次貧民概予展賑一月其被災七分之安陽湯陰汲縣新鄉輝縣淇縣延津滑縣原武陽武
濬縣十一縣借給一月口糧以資口食至兩省勘不成災之區仍令各該撫察看情形或減價平糶
或酌借口糧籽種分別籌辦並董率所屬實心經理俾得均霑渥澤副朕軫念窮黎普惠春膏至意
期於閭晏堪攜彼較以慕調誠愧予吏勅司民大
小吏俾當實惠受均諸

初二日奉

上諭上年陝西咸寧長安等州縣夏禾被旱成災
收成歉薄業經降旨令該撫實力撫卹分別賑濟
俾無一夫失所第念今春正賑已畢青黃不接之
時小民生計維艱口食恐不無拮据著再加恩將
成災八分之醴泉極次貧民展賑兩個月其成災
六分之咸寧長安乾州三州縣極貧並成災七分
之興平涇陽三原高陵韓城蒲城武功七縣極次
貧民俱展賑一個月至被災較輕及勘不成災地
方仍著該撫察看情形酌借口糧籽種以資接濟
該撫務嚴飭所屬實心經理毋任吏胥侵冒滋弊
俾蔀屋茅簷均霑惠澤以副朕軫念災區有加無
已至意該部即遵諭行

御製降旨加賑昨歲西安被災各府州縣詩以誌

事
癸丑

昨歲夏秋旱被秦恩應冀日早頒綸西安去京師較遠是以新
正加賑恩旨於初二日即行頒發加分輕重一兩月災視饑寒極
次貧上年陝西咸寧長安等州縣夏秋被旱成災業經降旨令該撫實力撫卹分別賑濟第念
今春正賑已畢青黃不接之時小民生計尚艱因再加恩將成災八分之醴泉縣極次貧民展賑兩
個月其成災六分之咸寧長安乾州三州縣極貧並成災七分之興平涇陽三原高陵韓城蒲城武
功七縣極次貧民俱展賑一個月至被災較輕勘不成災地方仍令該撫察看情形酌借口糧籽種
以資接濟並飭督屬實心經理務俾閭閻均霑實惠用副朕軫念災區普錫春祺至意經理
更頻飭畺吏均霑要以逮窮民首春三接宴中外
西望安能念刻中

初五日奉

上諭上年直隸順德廣平大名三府並保定河間

天津等府屬因秋雨缺少被旱成災節經降旨令該督實力撫卹並截留漕糧動撥銀米分別賑濟俾災黎餬口有資毋使一夫失所第念今春正賑已畢青黃不接之時小民生計維艱口食恐不無拮据著再加恩將順天府屬之保定文安大城武清寶坻三河河間府屬之河間任邱景州獻縣交河阜城天津府屬之青縣慶雲鹽山保定府屬之清苑束鹿滿城望都容城趙州屬之寧晉共二十一州縣成災七八分之極貧概行加賑兩個月以資接濟至被災較輕各州縣仍著該督察看情形分別借糶妥為籌辦該撫務須董飭所屬實心經理俾災黎均霑渥澤以副朕軫念窮簷普錫春祺

有加無已至意該部即遵諭行

御製降旨加賑去年直隸被災諸州縣詩以誌事 癸丑

昨歲畿南延六府既艱冬雪缺春霖麥收無望大田歉漕運多留發帑尋上年河間天津等六府夏秋被旱成災已前後截留漕米五十萬石尋又勅部撥帑八十萬兩令該督飭屬優加賑卹災黎庶無失所之虞賑借頻施期救急青黃不接重詢音惟是今春正賑已畢青黃不接之時小民生計仍恐不無拮据因復降旨詢問令其據實陳奏請加一月救兩月單厚於民吾夙心據該督奏請將順天府屬之保定文安大城武清寶坻寧河河間府屬之河間任邱景州獻縣交河阜城天津府屬之青縣慶雲鹽山保定府屬之清苑束鹿滿城望都容城趙州屬之寧晉共二十一州縣成災七八分之極貧加賑一月等語朕念被災較重州縣僅加賑一月尚恐口食維艱因降旨加恩令加賑兩月以資接濟其被災較輕各州縣仍令察看情形分別借糶妥為籌辦朕於加惠黎元之事每不惜過於優厚數十年來朝夕在念大約所謂有孚惠心乃夙心也

御製直隸總督梁肯堂奏報麥收九分餘山東巡撫吉慶奏報麥收八分詩以誌慰 癸丑

霽地較遲直隸迺發章前後到來同吉慶摺於昨十三日拜發梁肯堂摺於昨十五日拜發以直隸較遲數日是以同日奏到幸登九數畿推北今歲雨水調勻麥苗均極暢茂現屆將次成熟例應先報約收分數茲據梁肯堂奏直隸者二麥約收九分有餘者永平保定河間天津正定廣平大名七府及遵化深州定州所屬九分者順德宣化二府及易州冀州趙州所屬八分有餘者順天府所屬七分有餘者承德府所屬通計十一府六州麥收約九分有餘亦逮八分山以東吉慶奏山東省二麥約收九分者兖州沂州二府及濟寧州所屬八分者泰安曹州東昌青州萊州登州六府所屬七分者濟南武定二府及臨清州所屬通計十府二州所屬麥收約有八分二省昨年間去聲遺歉去聲

直隸河間天津等六府山東德州濟南一帶均有遺歉之區雖當即優加賑恤並分別蠲緩停徵而新正猶廑念青黃不接仍令展賑或兩月或一月以資接濟茲幸該二省麥收一律普豐覽奏深為慶農一時蒙澤普資窮手加額覽同民慶慶感益增怵惕衷

六月十八日奉

上諭惠齡奏泰寧一帶於四月初六日地震廟宇民房多有倒塌共壓斃漢番僧俗男婦二百餘名口受傷三十餘名口震塌碉房七十餘處現委妥員前往查勘分別撫恤等語上年打箭鑪口外地震曾降旨加倍賞恤今泰寧一帶又因地震坍塌房屋壓斃人口殊堪憫惻著照上年打箭鑪地震撫恤之例亦即加倍賞給該督務宜董飭所屬詳

悉查明妥為經理俾資安輯以副朕軫念邊隅偏
恤窮民至意該部即遵諭行

七月二十五日奉

上諭據穆和藺覆奏查明河內武陟二縣被水情
形酌籌撫恤一摺內稱該二縣被水之處地止一
隅高處田畝全無妨礙即低窪之處高粱尚可有
收惟秋禾雜糧等項間有傷損請量為撫卹等語
河內武陟係連年積歉之區今秋禾猝被水淹小
民生計不免拮据所有各該鄉莊坍塌草房每間
著賞給修費銀五錢無力貧民賞給一月口糧其
涸出地畝實在無力之戶每畝借給籽種銀兩以
資接濟其各該鄉莊應完新舊錢糧並節年借欠

銀穀應於五十八年秋後徵收者著緩至五十九
年麥熟後開徵應於五十九年麥後開徵者著緩
至五十九年秋熟後開徵其五十七年緩徵之漕
糧著展至五十九年帶徵本年新漕緩至六十年
帶徵所有豆麥俱照例在於通縣及隣縣應徵粟
米內撥徵起運以紓民力又該撫奏稱該二縣堰
工例應民築民修遇有修築准其動項共用工料
銀九千八百九十兩請分作五年攤徵還款等語
該工雖例應民修但二縣係積歉之區且猝被水
災民力更形竭蹶所有此次漫溢堰工應行修築
銀兩著加恩准其官為堅實補築開銷以示體恤
該撫務須遍貼謄黃咸使閭知並督率所屬實力

妥辦俾小民均霑實惠不致一夫失所毋任胥吏
從中侵冒以副朕軫念災黎有加無已之至意該
部即遵諭行偕並發

八月二十一日奉

上諭陳淮奏勘明南昌等七州縣濱江沿湖被淹
窪地水勢消退遲緩晚禾雜糧俱不及補種等語
此七州縣上年窪地被淹曾經降旨賞借緩徵本
年又復被淹秋禾雜糧補種不及民力未免拮据
其豐城等五縣被水農民亦未免稍形支絀著將
南昌新建進賢鄱陽餘干德化湖口等七縣賞借
兩月口糧其豐城德安彭澤建昌瑞昌五縣著借
給籽種至南昌等七縣所有本年應完上年借領

籽種口糧著緩至來年秋熟後徵收本年借領口
糧籽種著遞緩至乙卯丙辰兩年免息徵還又本
年所有各該縣被淹民屯窪地應徵地丁屯糧蘆
課等項計銀數目三千餘兩及三四百兩不等著
一併緩至來年麥收後起徵該撫務須督率州縣
實力經理俾小民均霑實惠毋任吏胥稍有侵冒
滋弊以副朕軫念黎元有加無已至意

九月十六日奉

上諭朱珪奏安慶池州等府屬濱江臨湖地方因
夏間雨水稍多江淮盛漲間有漫溢沙壅之處收
成歉薄等語本年安徽省各屬秋成約計八分尚
屬豐稔惟夏間雨水稍多山水驟發江淮盛漲其

涸臨江湖低窪處所積水未能全消以致收成歉
薄民力未免拮据所有被水積重之無為州著賞
給兩月口糧銅陵繁昌二縣著賞給一月口糧以
資接濟該督撫務須督飭該州縣核實按戶給散
俾閭閻均霑實惠毋任吏胥侵漁滋弊至懷寧桐
城等二十八州縣衛被水後雖已涸復補種秋收
究屬歉薄除貴池銅陵東流無為廬江等五州縣
本年丁地新糧現值輪蠲外尚有應徵漕糧漕項
南屯米麥豆折蘆課津貼加津等項並節年舊欠
錢糧及因災借給各項又懷寧桐城潛山望江無
湖繁昌壽州宿州鳳陽懷遠定遠靈璧鳳臺泗州
盱眙天長五河和州等十八州縣並安慶建陽鳳
陽長淮泗州等五衛邨莊低窪田畝應徵本年新
賦及節年因災緩帶舊欠錢糧並借欠各項均著
緩至來年秋成後分別遞展起徵以紓民力其應
徵新舊漕糧漕項銀米亦著緩至來年秋成後徵
收俾民力益資寬裕以副朕軫念民依有加無已
至意該部即遵諭行揭併發

御製安徽巡撫朱珪彙報秋收八分詩以誌慰癸丑
孰高較下府稱異補短截長省計通撫朱珪奏安徽省今秋晴雨調勻所種早中晚稻及秫豆雜糧俱各有收雖安慶池州等府州屬間有窪地積水之處現在委員查勘兩通省尚屬豐登計各屬收成九分有餘者休寧等七州縣九分者太湖等十四州縣八分有餘者石埭等六縣八分者望江等八縣七分有餘者宿松等六州縣七分者桐城等六州縣六分有餘者懷寧等三縣六分者無湖等六州縣五分有餘者繁昌一縣五分者銅陵無為二州縣通省歲長補短統計秋收約有八分等語予歲較來雖略欠去歲該撫奏安徽省秋收八分有餘今歲以間有被水之處收成不無異矣然統計得至八分自來亦稱中豐八分得
至亦中豐幸逮收者食衣足厪被災之老幼窮設
有應當接濟處速須實惠散哀鴻該省歉收地方雖不過十分之一二然既屬災區小民生計艱難朕心深為廑念當即降旨令其確查如有應當接濟之處速即據實奏聞妥協辦理俾霑實惠以仰副加惠災民至意

乾隆五十九年正月初二日奉
上諭上年安徽之無為州及銅陵繁昌二縣因夏
秋雨水稍多低窪田畝間被漫溢業經降旨分別
賞給一月兩月口糧令該撫實力查辦妥為撫卹
第念該州縣被水邨莊有涸出較遲未經補種二
麥者今春青黃不接之時民力恐不無拮据著再
加恩將被水稍重之無為銅陵繁昌三州縣分別
賞給兩月口糧併酌借籽種以資接濟該撫務嚴
飭所屬實心經理毋任胥吏侵蝕滋弊俾閭閻均
霑渥澤以副朕普錫春祺至意該部即遵諭行

御製降旨加賑昨歲安徽被水三州縣詩以誌事甲寅
新年合有加恩旨每至冬時豫問之每歲新正例有恩旨用善春祺年於先冬降旨偶被偏災省分令各督撫或有應須加賑地方豫行詳查奏聞昨歲
天庥多賜執封疆吏報鮮求施昨歲各直省雨暘時若普獲豐收即間有一二州縣收成略歉而通省事算俱在八九分以上是以上冬據各省督撫具奏可毋庸邀恩賑恤歉徽水被稱三處惟安徽省之無為州及銅陵繁昌二縣因昨歲夏秋雨水稍多低窪處間被漫溢業經降旨分別賞給一月兩月口糧第念該州縣被水邨莊有涸出較遲未

經播種二麥者今春青黃不接之時民力不無拮据因再加恩傳諭該撫將此三州縣中被水稍重者酌於一兩月口糧並酌借籽種以資接濟仍令該撫嚴飭所屬悉心經理無任書吏從中侵漁俾閭閻均霑渥澤用普春施惠至意春夏民艱歷一時兩月俾宣速加賑恤豐忘歉室宜為

五月二十日奉

上諭前因直隸缺雨各州縣二麥收成歉薄降旨令該督查明入於夏災案內速行辦理茲據梁肯堂奏保定府屬上年秋成豐稔雖現在被旱歉收糧價尚不昂貴惟麥收僅止四分以下各州縣之食貧民不免餬口稍艱等語保定等府屬本年雨澤愆期節經降旨緩徵借糶用資調劑現在查明夏收僅止四分竟不及半不可不亟籌接濟著加

恩將麥收四分以下之保定等八十三州縣內鰥寡孤獨老幼殘疾貧民賞給六月分一月口糧其餘乏食貧民並著先行酌借一月口糧俟秋成後免息還倉該部務須董飭所屬實心經理毋任吏胥人等侵冒滋弊俾小民均霑實惠以副朕軫念災黎優加撫卹至意摺單並發該部即遵諭行

御製直隸總督梁肯堂奏南三府得透雨及夏田普種情形詩以誌慰 甲寅

京畿膏雨夏田芃三府惟南縷念中忽報親臨順廣大普霑甘澤渥優同梁肯堂前奏畿南順德廣平大名三府雨水優霑親往查看籌辦賑務茲據奏到此三府均於初十十一兩日各得雨四五寸至七八寸不等入土極為深透已種田禾長發暢茂未種之地亦俱播種齊全又正定府屬之正定新樂行唐阜平冀州屬之束鹿定州並冀州屬之曲陽趙州屬之寧晉等縣具報同時各得雨四五寸至深透不等及詢問農民咸稱今歲麥收雖歉先已蒙恩緩徵糶借倉穀近又加恩分別賞借口糧民食有資莫不感深肌髓今又得此透雨夏田可以普種實有轉歉為豐之象等語幸看高種兼耕下不害逢荒可冀豐稽首半年慈本負益深兢業戒驕衷

六月初一日奉

上諭前因直隸保定等府屬麥收僅止四分以下降旨賞借貧民口糧因思山東東昌武定等各府屬未得透雨麥收歉薄恐亦有急需接濟之處諭令福寧詳悉查明一面妥辦一面奏聞茲據福寧奏稱濟南東昌武定臨清等府州縣毗連各屬麥收僅二分有餘現在大田均未播種即間有偏

得雨澤已經播種亦尚待雨滋長民力不無拮据等語著加恩將歷城章邱長山鄒平新城長清齊河齊東濟陽禹城臨邑陵縣德平德州平原淄川惠民青城陽信海豐樂陵商河霑化蒲臺濱州利津聊城堂邑博平茌平清平莘縣冠縣館陶恩縣高唐臨清夏津武城邱縣壽張陽穀范縣觀城朝城博興樂安高苑臨淄東阿平陰等五十一州縣暨坐落衛所之鰥寡孤獨老幼殘疾貧民賞給六月分一月口糧其餘乏食貧民酌借一月口糧該撫務須督飭所屬悉心妥辦使貧民均霑實惠以副軫恤窮黎有加無已至意該部即遵諭行摺併發

七月初二日奉
上諭據畢沅姜晟等奏湖南永州府屬之零陵祁陽二縣猝被山水城中低處水長丈餘官民房屋多有淹浸經姜晟馳往查勘水勢已經全消可以補種其兩縣城鄉坍塌房屋當經查明按照瓦房一間給銀五錢草房一間給銀三錢等語零陵祁陽二縣猝被水淹以致坍塌房屋貧民無所棲止殊為可憫雖據姜晟奏稱水勢全消可以趕種有收但房屋坍損為數不少現已據該撫查明照例賞成例給五錢三錢之數究恐民力未免拮据著加恩分別加兩倍賞給俾得各安棲止毋致一夫失所以示軫念災黎優加體卹至意

初六日奉
上諭松筠奏查辦衛輝被水情形一摺據稱連日乘船在府城及附近鄉莊週遭察看自晴霽後水已漸消即督率各員查勘分別賞給米穀散給饘餅錢文並令該縣開倉出穀將存公銀兩先行動用俟恩旨到後歸入善賑項下作正開銷民情甚為寧貼同日又據吳璥奏查看河北被淹處所坍築堤堰備船紮桄載渡居民散給乾糧席片並酌撥存公銀兩貯倉穀石查明戶口概給一月口糧坍塌房間給以修費其武陟河內等七縣未淹地畝尚多秋禾仍可有收不容稍滋捏冒各等語此次豫省衛輝彰德懷慶等屬因丹沁衛河水勢盛漲田廬多被淹浸松筠適因奉差湖北經過該處即督同地方官親自往來查看分別散給米穀錢文並即一面奏聞一面令該縣開倉動項速為撫卹並不置身事外實心查辦實屬可嘉藩司吳璥在河北查看秋禾一經聞信即馳往該處堵築塌堰設法撫卹亦屬盡心辦理除穆和藺甫經趕到於賑卹事宜未能悉心詳細籌畫毋庸議敘外松筠吳璥俱著交部從優議敘其協同查辦之同知李舟知縣郎正達董肇彤等均屬出力亦俱著查明咨部分別從優議敘除此數人其餘地方官辦災出力者著穆和藺查明俱著交部議敘至此次撥動銀米俱准作正開銷又武陟縣漫水民堰據

穆和藺奏現在動項趕築事竣分年徵完等語此項隄堰雖係民修工程但小民既被水災田廬多有淹浸現在不惜帑金撫卹賑濟貧民口食尚艱若再分年徵完恐民力不無拮据所有此次堵築民堰工料銀兩即著加恩准其作正開銷所有坍塌瓦土房間俱著按例加兩倍給予修費至武陟河內等縣未淹地畝雖秋禾尚可有收不容稍滋捏冒但該處鄉鄰多有被淹貧民中或有口食無資濫邀賑恤者不妨稍從寬辦若里正鄉約及吏胥等從中舞弊有藉端侵扣浮冒等事自當嚴切查究該撫等惟當悉心查勘妥為撫恤設法疏消趕緊堵築完竣俾被水災黎均各安居糊口共霑

賚恩不致一夫失所。其河北三府所屬被水各縣本年應徵秋糧，俱著加恩概行豁免。該撫等即先行曉諭，遍貼謄黃，俾被水災黎早霑恩澤，更為安堵，以副朕軫念災區施恩無已至意。倡行發

御製奉差問事侍郎松筠奏至衛輝辦被處被水

情形詩以誌事 甲寅

奉差凡頒往所問原他事，遇沴勤民是足嘉。松筠奉差往湖北查辦事件，經過地方民事原不應干預。然或倉猝遇有災沴，而該省大吏又相隔遼遠，若奉差之人亦諉為事非己任，不即督辦，是與膠柱何異。茲據松筠奏行抵衛輝，目擊該處被水，即督飭地方官極力撫恤情形，甚得奉使之義。可惜逢年多被旱，忽聞浸水實堪嗟。據看近年大河以南屢報豐收，惟河北衛輝、彰德三府多有被旱之年。今歲五月間方據該撫穆和蘭奏河北三府之安陽等二十二縣春雨不霑，麥收歉薄，乞請緩徵新舊錢糧。本年六月聞雨澤普霑，秋禾今已播種，不意此時又以雨水過多，轉被淹沒，深堪憫惻。覔船編筏勤救渡，查戶賑民慎漏差。據松筠奏六月廿一日行抵安陽，夜間大雨連注，廿二三兩日連綿不至。沿途察看，所有安陽、湯陰、淇縣、汲縣等處路旁低田已有被淹處所。廿六日至衛輝府城，見各城門皆因水大堵閉。維時該府未及先因查雨水公出，適有經過之南陽府同知李舟並因公在府之滑縣知縣郎正達稟稱，連日以雨大，衛河水漲數丈，致將西關居舍及附郭鄉莊多被水淹，居民有漂溺者，隨即覔船編筏撈救五六千人，設法安頓，捐資周給。次日退，汲縣知縣英肇形設法出城，亦即令偕同該同知等將被水三十餘鄉莊查明戶口，一律照例散給口食。其城內居民房屋坍塌者，均令照例撫綏，俾無遺漏。又據稱現在水勢雖已消落，而民田廬舍尚未涸出，窮民口食亟須籌辦。撫臣遠在省城，未能即至，聞藩司吳璥因查辦河北秋禾情形，不日可到，現擬暫住數日督率查辦，俟吳璥到後再行設理等語。松筠所辦俱屬周妥可嘉。傳諭撫臣急賙恤，穆和蘭聞信自必星夜前至衛輝，因即馳諭令其迅速詳細查勘，並督飭所屬加意撫恤，勿令一人失所，以副軫念。則然南望又愁加。

初七日奉

上諭：尚安奏經過固關地方，目擊被水情形，酌量撫卹一摺。內稱自六月十九日至二十二三等日連值大雨，山水陡發，固關城內外水深數丈，淹斃兵民男婦二十五名口，沖去內關門一座、城樓三間、城墻三十餘丈，兵民房屋一百九十餘間俱被沖塌。又固關以外平定州及井陘縣所屬兵民房舍亦有被水沖塌之處。當委參將馬國毓確查戶口，分別散給銀兩，並諭井陘縣知縣毛督提運糧石至關，以資接濟等語。固關內外地方猝被水沖，人口間有損傷，城垣廬舍多被沖塌，已降旨令梁肯堂、蔣兆奎親赴查辦。兵尚安於經過固關時並不視同膜外，即督令參將知縣等給銀撫卹，運糧接濟，所辦甚屬可嘉，著交部從優議敘，並賞給大荷包一對、小荷包四個，以示獎勵。至該處因山水陡發，淹斃人口，兵民房屋多有沖損，情殊可憫。所有坍塌房間應行給予修費，及被淹人口賞卹銀兩，並著加恩按例加兩倍賞給。該督撫務須詳悉查明，妥為賑卹，俾小民各安居復業，不致一夫失所，以副朕格外賑恤至意。

御製即事 甲寅

剛幸立秋後，欣逢四日晴。而其初之雨，山田無礙耕。是宜心界舒，何乃愁時縈。嗟彼畿與齊，窪處潦復成。彊吏次第報，民屋多顛傾。可惜新種田，溝澮

嘆皆盈，其涸艱立待，潮旺拒以停閘。先據尚安奏，因地方六月廿二三大雨，山水陡發，即馳諭梁肯堂帶同萬寧、鄭製錦分投查勘撫卹，照例加兩倍賞給，俾無失所。旋據該督奏畿南被水一共五十二州縣，飭令大名道王汝璧等分往詳勘，一面動穀碾米撫卹倒塌房屋，遵旨優賞，現在水已清退，俟查明奏請撥帑賑恤等語。又念天津較遠，該督未能兼顧，復諭徵鹽政徵瑞，或有被水之處，一面奏聞。茲亦據奏天津自七月初二初七等日大雨，該處當衆水匯流之地，秋潮正旺，逆拒內河，不能直瀉，以致窪地被淹，督同運使捻承志等分路查明，散給銀米等語。仍傳諭徵瑞，有應需接濟之處，即奏明加賑，不必俟該督等親往查辦，並令其毋庸前來山莊叩祝嘏，備賑務。又據福寧奏衛河水勢驟長，臨清、夏津、冠縣地方有被淹處所，亦即馳諭實心撫卹，或需截留漕米，據實奏聞。旋據奏該處村莊積水有至五六尺者，已委員用船濟渡，給發銀兩，搭蓋席棚，先行撫恤，聞有沖塌房舍，亦即遵旨加兩倍給予，民情現俱寧貼等語。至於借給庫項堵築漫口，雖應攤徵歸款，但該處先已被旱，甫種晚禾，被水不能有收，何忍復令攤徵，亦著作正開銷，以示恤。矜先事屢降諭，自責勗衆卿。君臣過已然，惟盡賑濟誠。南望夙夜焦，調燮愧無能。急救窮黎災，首言惜費贏。庶幾微減過，悔過戒虛名。京中實報佳十一日自子至卯熱河雨勢甚大，次日立秋宜晴，而雲勢自西南來，知京師仍若，因諭留京王大臣等，據稱京城晴已及旬，是日丑刻降雨，旋即間霽，田禾得此霑潤，穎粒更可飽綻，並不至有過多之處。即此間自六月以來屢次雨勢滂沱，幸即放晴，山田既易消退，禾稼益加暢茂，惟畿南壽北被水之區，雖令竭誠賑恤，究難釋于懷耳。塞稼可望登，慰此是忘彼，吾罪當益增。山莊時若景，對之郁怡情。

十八日奉

上諭：據蔣兆奎奏山西代州及所屬之五臺、繁峙等縣自六月二十三四至七月初七八等日大雨連綿，山水陡發，多有沖塌房屋，淹刷地畝，損傷人口，現在馳赴該處督率履勘等語。夏間雨水稍多，各處山水多有漲發，今山西代州及所屬二縣居民田廬亦因被水淹浸，人口並有損傷，情殊可憫。著現據該撫奏稱攜帶銀兩親身前往督率撫卹，著即詳細查明該處所有沖塌房屋淹斃人口，均按例加兩倍給與賞卹銀兩，俾資口食栖止。該撫務當督飭妥辦，勿任胥吏侵漁，為要，以期災黎共霑實惠，副朕軫念民依至意。

二十六日奉

上諭：蔣兆奎奏勘明代州並所屬地方被水情形分別辦理一摺，據稱代州、五臺、繁峙三處因大雨連綿，山水陡發，多有沖塌房屋，損傷人口，已按例損廩給予賞卹。其被淹地畝秋禾失望，請先行撫卹一月口糧，再行勘明災分輕重，分別加賑，題銷等語。代州、五臺、繁峙三處被有水災，田廬多被淹浸，人口並有損傷，前據該撫奏到，業經降旨加恩，令將賞恤銀兩均按例加兩倍賞給。蔣兆奎尚未接奉前旨，是以未經遵辦，著該督撫即行詳悉查明，均加兩倍補給賞卹，俾小民益為充裕，不至失所。至該州縣地畝被水淹刷，難望有收，殊為可憫，其乏食貧民，著即先行賞給一月折色口糧，聽其自行買食，以資接濟。所有被淹地畝應輸糧賦，若俟該撫照例題達，未免有稽時日，著即加恩將代州及所屬之繁峙、五臺三州縣被水處所本年應納秋糧概行豁免，以紓民力。仍著蔣兆奎即先行出示曉諭俾各安居復業仍速勘明災分戶口分別加賑及酌借籽種口糧等事實力撫卹其陽曲以外平定州所屬地方已早經有旨令蔣兆奎確查妥辦一體按例加兩倍給予賞卹該撫惟當遵照前旨實心經理俾小民均霑實惠以副朕軫念災區渥加恩恤至意

御製山西巡撫蔣兆奎奏勘省北代州屬縣被水情形詩以誌事 甲寅

晉北奏陳水漲秋 蔣兆奎奏省北代州及所屬之五臺繁峙等縣自六月二十三四至七月初二三初七八等日大雨連綿該處山水陡發房屋地畝致被沖塌淹浸並有損傷人口現在馳赴該處督率嚴勘等語隨即傳旨該撫確實查明妥為賑恤所有損傷人口沖塌房屋俱按例加兩倍賞給務令均霑實惠毋致一夫失所用副軫念 宸批三慰一批愁 今日據江西湖北福建三省奏報早稻收成俱獲稔收批覽方為欣慰又接晉省奏被水情形閭閻災黎復增一愁所慰雖懷覽不穀一愁耳 多慰三那抵一愁切洪範原符慎守憂 向著諸洪範謂以六極自省幸無其五而不能去其一者曰憂如近日畿南及齊豫連界地方雨水過多致被淹浸今日聞晉省又有被水之區雖飭加意賑恤保無或有失所此憂不能去甯亦不患去歸政近餘一年能不慎守此志以冀仰邀昊貺耶

八月初七日奉

上諭據福寧奏館陶等縣被水地方現在查明十畝以下無力之戶每畝豫借麥本銀五分以便乘時買種耩播俟明歲麥收後徵還歸款等語又據吳璥奏查勘衛輝府屬之延津縣地方察看無力貧民借給一月口糧其安陽臨漳內黃湯陰四縣現經撫臣派員查勘被淹較重之無力貧民亦借給口糧仍俟查明災分彙核給賑各等語山東館陶河南延津等縣本年被水成災業經蠲賑兼施加倍賞卹現在各該處水勢雖已漸就消涸正可趕種而無力貧民或買種無資或口食維艱朕心深為軫念所有山東館陶等縣借給麥本銀兩及河南延津等縣借給口糧俱著加恩一體賞給無庸徵還歸款俾災黎得以乘時播種生計有資不致一夫失所以副朕施惠災區有加無已至意

御製閱借 甲寅

幸無用兵事所重惟民務民務戒紛擾祈年為要慮南省樂報佳廣西奏今輸漢土通省較稍收八分度 廣西巡撫姚棻奏該省早稻收成分數漢屬內九分者平樂等十五州縣八分者靈川等三十八州縣七分者臨桂等五縣共五十八州縣合計八分有餘土屬內九分者萬承土州等十七土州縣司八分者忠州土州等十三土州縣司共三十土州縣司合計亦八分有餘統計通省漢土各屬早稻收成共八分有餘等語 實山東被水外穫猶九分過 前因山東省臨清等八州縣有被水之處屢念積水如何疏導是否全已涸出無誤播種秋麥其高阜處所是否仍可望收及民堰漫口何日堵築完竣並不隨時奏報馳旨傳詢據福寧於未奉此旨之先已奏該省秋收除被水郵莊外通省合計約有九分已有詩誌事 今朝更補陳漫口竣功固積水已疏消冬麥種不悞 今日又據福寧奏自陽山會辦工事竣旋省途次接運河道羅煐東稱夏津漫口於八月十八日堵合隨即馳赴該處親行驗明實係鑲築如式工程穩固且蒙聖慈免其攤徵於事小民無不歡忻感頌至漫口既已斷流下游積水更易疏消所有內邱延縣地方先已涸復館陶縣之衛河西岸及東岸平衍處所已全消涸其臨清武城德州夏津恩縣等處日來天色晴霽亦消退十分之八現已翻犁播種秋麥情形甚為安貼惟極窪之處尚未消盡現同羅煐督率鄉民多開溝渠設法疏導旬日之間可期全涸秋分節

內俱可乘時播種斷不致於遲誤覽奏少為慰念籽本普賞給先是於念黔黎降旨
今將借予春田籽種加恩普行賞給俾小民益臻寬裕莊稼奏業已勝黃宣示無不同聲歡戴推戴
拔一縣濟之時是否均沾實惠下豈一夫失所尚不免於懸壓耳群黎樂寬裕稍可
解予懸曰慰仍增懼

初八日奉

上諭梁肯堂奏查辦大名元城撫卹事宜一摺內稱該處漫口隄埝均係民修現經司道等籌給口糧雇集人夫堵築斷流並查明涸出地畝酌借籽種提種秋麥等語大名元城二縣因隄岸漫口被水較重該處民修隄埝雖據司道等籌給口糧雇夫堵築第念各部莊被水之後小民生計維艱若令出資修築隄埝未免益形拮据所有該二縣修築民埝工料銀兩俱加恩作正開銷以紓民力至該處涸出地畝現在水已消落正當乘時趕種秋麥所有酌借籽種亦著加恩賞給俾小民及時播種不致稍有失所以副朕軫念黔黎有加無已至意

十四日奉

上諭據梁肯堂奏正定保定廣平順德大名等處積水漸消且有全已涸出者均分飭借助籽種又河間任邱景州故城一帶水已漸就消退一俟涸出令農民向官倉借種來歲麥熟免息繳還等語正定河間等屬積水漸次消落現在已節屆白露自可全行涸出正當乘時趕種秋麥所有大名元城二縣業經降旨賞給籽種並該督所奏借領籽種各該處俱著一體加恩賞給俾小民及時播種得資生計以副朕軫念黔黎有加無已至意

御製即事 甲寅

夏秋霖賓甚晴霽月將餘潦水涸已盡冬麥種亦齊前歲昨秋遇今歲泠復如賑恤不遺力流離幸少蘇前歲壬子畿南三府因旱歉收即降旨賑濟撫卹其出外謀食之人從於京城設飯廠十餘處熱河設廠二處俾資餬口去歲幸得速年直隸總督報十分收成且籌買穀補倉而今年春復旱夏秋更霖雨過甚雖有淹浸之區然因力加賑恤民間即無流離赴京及出口就食者比之前歲被旱情形尚為輕減雖云穀荒艱實心感衆俱下吏懷錢鎛親身赴民閒以此鮮饑殍惟恩已獎渠今年直隸被水各州縣一經奏聞即命於例外加兩倍賞給並展切申諭地方大吏實心督辦而州縣等官亦

共知勤勉賞力撫綏多有即時乘小舟親攜錢文饘粥赴水圍部莊散給之處是以民間不致乏食人情安靖昨經降旨將辦賑出力之員交部議敘以示獎勵頻繁飭修塗已可行重車河間景州及天津一帶地勢窪下積潦尤多未免有碍行旅即次諭令梁肯堂督飭道府大員趕緊消涸其天津道路則責成鹽政徵瑞近修治並據奏稱道已通達重車可以往來無阻從前遣舒常親往二處查驗情形屬實稍為慰念近聞秋成報南省多稔區河南及山東涸早民氣舒太行西更佳秋成普豐腴今年江以南各督撫奏報收成分數俱屬豐稔多在九分以上即河南之衛輝府屬山東之臨清館陶一帶山西之省北代州各有一隅被水而通省收成牽算仍屬中豐山西則九分有餘軫為過之四川陝甘皆報豐收以各省合計仍屬中豐也畿南潦實重近亦麥種鋤總計七分收畿南潦水近已涸出所種冬麥出土俱有數寸現在土脈滋潤三冬可不望雪雖直隸通省秋收僅止七分而明春麥收可望離念為之畧釋如渴望略紓多晴切多慰望雪念可除即事成五言復慮心

放予

九月初五日奉

上諭據惠齡奏查勘沔陽等處被水情形委員分路查撫一摺內稱各州縣被水之處必須分投查勘該撫前赴漢川沔陽天門三州縣督同查辦並委藩司汪新等分往京山江陵等處辦理撫卹其被淹居民俱即搭蓋席棚散給餅饝並放給一月口糧以資餬口等語沔陽等處猝被水淹該撫因災民亟須待哺即親往查辦並委員分投撫卹所辦尚妥至所稱倒塌房屋分別草瓦房間照例給與修費等語該處居民房屋多有被水浸損人口亦有淹斃情殊可憫著加恩按例加兩倍賞恤並著該撫查明被水各屬如有沖損民堤應行修築者均著官為經理准其作正開銷俾被災之處民力得免拮据該撫務須督率所屬妥協辦理使小民均霑實惠毋使一夫失所以副朕廑念災區恩施逾格至意

十六日奉

上諭江蘭奏山東漕糧內應徵麥石請暫改徵米石等語東省本年濟南武定等府州屬因春雨愆期麥收歉薄今當秋雨優霑之後廣種二麥民間需用麥種較多自應量為調劑著照所請將本年應徵麥石改徵米石俾小民便於輸納以示朕體卹閭閻至意該部知道摺並發

孚惠全書 卷四十六 圭

十九日奉

上諭據長麟等奏高要等縣被水查勘撫卹一摺內稱高要縣端江水勢漫溢該管道府等於甫經長水之時即飭居民移避高阜並未損傷人口並親加履勘先行撫卹等語高要縣因海潮頂阻被水淹浸其堤壞之區亦間被漫溢長麟親赴該處目擊情形先行酌為撫卹朱珪亦已親往查辦甚為妥協又據稱沖塌房間照例查明給與修費並將被水貧民先賞給一月口糧等語該處民房猝被沖塌著加恩按例加兩倍給予修費以示軫恤所有被水貧民無論極次俱著先行賞借一月口糧用資接濟並將被水各鄉莊本年應納錢糧及未完舊欠加恩緩至來年秋後帶徵俾民力得就寬舒該督等惟當董率所屬悉心經理現在親往高要督放借糧務使小民均霑實惠毋使致一夫失所以副朕廑念民依至意

二十九日奉

上諭據全德奏泰州海州各鹽場本年六七八等月連遇風雨湖河並漲低窪處外多有被淹等語泰州海州各鹽場因湖河匯注多有被淹雖雜糧蕩草現據勘明在五分以上尚不成災但煎曬已停數月竈力不無拮据所有本年應徵折價錢糧著加恩緩至來年麥熟後開徵分作兩年帶完其板浦中正臨興廟灣四場五十八年因災借

孚惠全書 卷四十六 圭

給口糧亦著加倍遞緩又丁谿草堰圻興廟灣四
場並著照例借給草本銀兩於來年五月後分限
一年內扣清至東臺河垛二場雖被水較輕但所
產蕩草穀收亦著一併借給草本銀兩以資煎熬
而紓丁力該部知道

十月十一日奉
上諭浦霖奏勘明漳郡並所屬一廳三州縣被水
情形分別賑卹一摺覽奏深為惻憫此次漳州府
屬因遇大雨湖水漲發漫溢城鄉衙署倉庫監獄
及兵民房屋多被沖塌前據奏到即令浦霖逐加
查勘將倒塌民房及淹斃人口俱加恩按例加兩
倍賞卹茲據該撫親身迴查並攜帶錢文隨時散

給分厰放賑災民口食有資不致失所辦理俱屬
周妥浦霖著交部議敘該處衙署倉庫監獄兵房
等項著即速勘項興修俾得以工代賑其民間倒
塌房屋淹斃人口業經浦霖照例賞卹仍著遵照
前旨俱加兩倍補行給賞漳州倉廒穀石准其豁
免所有被水地方並著該撫查明將本年應納秋
糧加恩豁免以示矜恤至龍溪縣猝被水災監房
倒塌該管典史程安冒險進監搶出禁犯致被墻
壓受傷前任龍溪縣降調知縣王履吉奔赴幫護
協同看守又隨同浦霖辦理賑務俱為奮勉出力
王履吉程安辦理災務完竣給咨送部引見以示
鼓勵其監犯猝經被水經該典史等押至縣署高
處羈緤並無一名走脫漳州民風向鮮淳樸今能
如此安靜守法實屬可嘉並著該督撫查明將問
擬斬絞之犯俱加恩減一等按例報部秋審時更
酌減其問擬軍流枷徒各犯俱行釋放俾各省監
犯聞知設監獄遇有猝被不虞咸知安分守法必
得仰邀格外恩宥倘有乘間脫逃者即當擒獲正
法以昭勸懲而明法紀所有一切賑卹事宜浦霖
惟當親督所屬妥為經理俾小民均霑實惠用副
朕軫念災黎恩施逾格至意

御製西安迴幰奏承恩四川總督福康安各報秋
收九分有餘詩以誌慰甲寅

夏秋霖雨異常盛却利於西弗利東陝蜀以居太

行右秦承郡獲九餘豐今歲秋雨過多南北各省中多有偏隅被水之處惟陝西四川特稱優霑秋成告稔茲據秦承恩奏報陝省秋禾約收分數除沿邊之延安榆林綏德三府州屬節候較遲俟歸實在收成分數另報外其餘西安等九府州屬內約收十分者孝義等十九廳州縣九分有餘者咸寧等十七廳州縣九分者臨潼等十七州縣八分有餘者富平等九廳州縣八分者涇陽等七州縣統計通省牽共九分有餘又據福康安奏川省秋禾約收分數九分有餘者成都重慶敘州夔州雅州嘉定六府眉州邛州瀘州資州綿州達州忠州七直隸州敘永石柱二廳九分者保寧順慶潼川龍安四府酉陽一直隸州八分有餘者寧遠一府茂州一直隸州松潘一廳八分者理番懋功二廳通省合計亦共九分有餘丑寅俱幸年連稔去歲陝省秋收八分有餘四川秋收九分今歲則更踰上稔該二省連歲告豐小民蓋藏益加饒裕覽奏深為慶幸蒼亦同欣歲計充即日又聞漳泉潦今日又據總督伍拉納迴撫浦霖奏閩省八月中旬泉州府城因連日大雨而城河窄小不及宣洩西南隅低下民房間有沖塌田禾並有淹浸之處又漳州府亦同時因雨大溪河漲漫漾入郡城水深一丈以致官署及

兵民房屋多有衝塌現在涌漾暨遊飛伊徹布前往查辦等語慰急翻蓋遽憂沖陝西二省各報豐收方為慰念乃聞有該處有此奏南望暨陳殊覺甚不祗悠雖此事該督伍拉納聞祗卽恩視起該處督撫乃僅與之巡撫非屬不知輕重已卽律旨嚴行申飭但此時該撫業已前往推有諭令加意賑此所有倒塌民房及淹斃人口亦卽加恩按例加兩倍賞恤並此外有無同時被水之處確切查明嚴飭所屬實力妥辦務俾小民均霑實惠以副遹恪恩施至意

乾隆六十年正月初二日奉

上諭上年直隸春間被旱夏秋之間近畿通州涿州一帶及保定正定河間天津廣平大名遵化等府州屬因雨水較多河流漲發地畝被淹業經節次降旨各加兩倍賞卹並豁免秋糧及該年漕糧蠲賑兼施俾無失所第念該州縣自撫卹以來户口雖俱完聚而現屆始和方布宿麥初萌正在青

黄不接之時恐民力未能接濟所有被災最重之天津景州河間獻縣任邱武清寶坻薊州正定藁城清苑清河十二州縣八分災極貧展賑兩個月八分災次貧及七分災極貧展賑一個月被災次重之通州涿州良鄉寧河豐潤玉田大名元城八州縣八分災極貧並霸州文安武邑衡水之八分災極貧亦俱展賑一個月以資補助該督其失誠飭屬宣惠有孚毋任官吏侵蝕俾窮簷胥霑實惠以示三輔班春數錫新祺至意該部卽遵諭行

初二日奉

上諭上年山東之東昌臨清等屬俱因衛河水發秋禾多有被淹業經節降諭旨各加兩倍賞卹並豁免秋糧及該年漕糧今該撫實力查辦以示體卹第念該州縣正賑已竣大田宿麥甫出新苗距春收尚遠正在青黄不接之時民力不無拮据所有臨清德州館陶冠縣邱縣夏津武城等八州縣及臨清德州二衛著再加恩將上年被災九分十分之極次貧民俱展賑兩個月被災七八分之極次貧民俱展賑一個月以資接濟該撫務須嚴飭所屬實心經理毋任官吏侵蝕俾閭閻均霑愷澤以副朕普錫春祺至意該部卽遵諭行

初二日奉

上諭上年河南衛輝彰德懷慶三府屬因衛河水發秋禾多有被淹節經降旨加倍賞卹並豁免秋糧分別蠲緩以示體恤第念該府縣正賑已畢此時甫屆春和麥收尚遠青黄不接之時恐民力不無拮据所有汲縣新鄉獲嘉輝縣淇縣濬縣河內武陟修武等九縣內成災十分九分者無論極次貧民俱展賑一個月其該九縣內成災八分及成災僅八分七分之延津安陽湯陰臨漳內黄等五縣酌為借糶俾資接濟該撫務須嚴飭所屬實心經理毋任官吏侵蝕滋弊使閭閻均霑實澤以副朕數錫春祺至意該部卽遵諭行

御製降旨加賑直隸山東河南上年被水各州縣詩以誌事乙卯

新正應佈十行恩各省勤詢奏記翻每歲冬底先行批詢賑收

省分之該督撫等令其查明該省地方情形有無應須加賑之處由伊等覆奏朕視被災分別於所正月上旬降旨加賑以濟民食亦成例也春直隸薊郊及豫省三旬兩月俾加數上年直隸一春間被旱夏秋之間近畿通州涿州一帶及保定正定河間天津廣平大名遵化等府州屬因雨水較多河流漲發地畝多被淹浸山東之東昌臨清等屬河南之衛輝彰德懷慶等屬俱因衛河水發秋禾有被淹當經節降諭旨各屬加兩倍賞卹並令給予秋糧資力賑恤俾無失所第念該州縣正賑已畢此時而屆春和麥秋尚遠有青黃不接之時民力不無拮据所有直隸被災最重之天津景州河間獻縣任邱武清寶坻薊州正定新城清苑清河十二州縣八分災極貧展賑兩個月八分災次貧及七分災極貧展賑一個月被災次重之通州涿州良鄉寧河豐潤玉田大名元城八州縣八分災極貧並霸州文安武邑衡水之八分災極貧亦俱展賑一個月又山東之臨清德州館陶冠縣恩縣邱縣夏津武城等八州縣及臨清德州二衛被災九分十分之極次貧民俱展賑兩個月被災七八分之極次貧民俱展賑一個月又河南之汲縣新鄉獲嘉輝縣淇縣濬縣河內武陟修武等九縣內成災十分九分者無論極次貧民展賑一個月以資接濟並諭該督撫嚴飭所屬實心經理毋任官吏侵蝕滋弊俾閭閻均霑實惠視災輕重為甲乙就三省中被災之區而論直隸重於山東山東重於河南是以展賑亦有差等要皆據各疆臣體察實在情形用加其別閭閻亦體存主河恩澤朕固不少有遺借也南省之加賑凡縣內其有成災八分七分之延津安陽湯陰臨漳內黃等五縣雖被災不重亦令該撫酌量寬為借糶以資補助歉少餘多賑諭簡人君惠養億兆賑恤所加本不以多少計然後災天恩啟需君澤視年歲為權衡上年應加賑之區十七省中祇此三省三省中各祇十餘州縣以幅幀數萬里計之尚不及十之一餘俱屢豐民飽朕由昊穹篤祐春祺下逮澤天黎庶歡慶覃摩承度額手感謝天貺敬無斁

三月十四日奉

上諭前已降旨將貴州四川湖南三省凡被逆苗滋擾各廳縣春季應納銀糧概行緩徵並令該督撫查明經賊蹂躪收成歉薄之處即行奏聞再予豁免茲又念各該處邊界鄰堡小民被賊焚掠四出逃避一時不能各歸本業尤為可憫著再加恩無論川黔楚省所有逃難民人均著該督撫查明分別大小口普行給予一月口糧用資養贍其川黔二省剿清賊匪處所業已搬回原處者仍著地方官借給籽本俾得及時耕作共資生計以示朕體恤被難窮黎恩施逾格至意

六月十九日奉

上諭長麟等奏廣東南海三水四會高要等縣沿江溝圍因四月中旬陰雨連綿以致間段漫溢禾苗俱被淹損等語南海等江外圍基本以護衛民田今因海潮盛漲間有被沖漫溢田禾致有淹損雖各該縣基圍被淹不及十之有二但現在早收將屆正值青黃不接之時猝被水淹民力未免拮据所有南海三水四會高要等縣被水地方著加恩借給兩月口糧俾資餬口其本年應納錢糧著一併緩至本年秋成後完繳以紓民力該督撫務須督率所屬實心經理以副朕軫念偏隅不使一夫失所至意

九月初三日奉

上諭蘇淩阿奏約收分數一摺內稱海州沭陽贛榆山陽清河桃源安東七州縣窪地積水未消秋禾間有受傷已飭藩司確勘等語所奏已逾實屬

夫誤朕屢念黎元無時稍釋各省地方偶遇水旱偏災即屬一隅中之一隅該督撫等亦應及早據實奏報朕早一日降旨加恩小民即可早沾一日之實惠今海州等七州縣窪地積水未消秋禾間有受傷蘇淩阿並不查明早奏謹於奏報約收分數附摺聲叙於民瘼漫不經心是即啟諱災之漸蘇淩阿着交部議處所有海州等七州縣被淹地方即着該署督詳加查勘如有秋收歉薄致成偏災之處即一面據實奏聞一面督飭實力撫卹毋使一夫失所以副朕軫念窮黎痌瘝在抱至意毋得再有諱飾致干咎戾

孚惠全書卷四十六

孚惠全書卷四十七

截撥裕食一

乾隆二年正月十六日奉

上諭廣東高雷廉三府產米之鄉即海南瓊州一府每年仰食斯地官民隔海買運爲常聞今歲雨澤愆期又秉颶風一次秋成歉薄且海南買運洁於往時雖經督撫撥運廣州府屬倉糧前往瓊州接濟而公私採買尚多以致米價漸昂向來每一倉石價銀七錢上下者今則增至一兩一錢以外若至青黄不接之時勢必更加昂貴小民謀食艱難朕心深爲軫念着該部即速行文與總督鄂彌達令其悉心籌畫應如何通融接濟以贍足民食之處一面辦理一面奏聞

二十八日奉

上諭上年畿輔之地收成歉薄目下雨澤又未均霑以致米價日漸昂貴朕心憂慮籌畫多端已屢降諭旨矣今聞近省商賈米船亦陸續漸至若販運日多則民可無乏食之虞而商民亦收貿易之利所當格外加恩俾其踴躍從事者着將臨清天津二關米豆之船免其納税至通州張灣馬頭等處登陸處外舊有米豆雜糧落地税銀亦着免徵俟二麥收成之後米價平減再照舊例徵收該督撫及司権官員可即出示通行曉諭俾遠近商賈咸知朕免税之恩旨並嚴禁不肖官吏暗中需索等

糶以副朕通商惠民之至意

乾隆三年五月二十一日奉

上諭據福建總督郝玉麟奏稱閩省環山瀕海田少人多所產米糧不敷民食上年郡縣內有水旱風災等患秋收歉薄仰沐皇仁賑借兼行復開倉平糶又截留浙省漕米十萬石以資接濟萬姓歡呼惟是春夏以來民食兵餉用米甚多邊海倉儲亦須議補以為未雨綢繆之計雍正四年閩省米貴曾蒙

世宗憲皇帝諭令江西將存倉之穀碾米十五萬石運閩濟用仰懇照依此例勅令江西撫臣將倉穀動撥二十萬石運交閩省再令湖南撫臣撥穀

十萬石由長江而下至江南由海道至閩更為有益等語閩省上年收成歉薄朕心深為廑念江西湖南素稱產米之鄉年來頗稱豐稔今歲雨澤又復調勻所有舊存倉儲可以通融於鄰省著照郝玉麟所請動撥江西倉穀二十萬石湖南倉穀十萬石運往閩省以備用其如何運送之處著岳濬張渠會同郝玉麟盧焯一面妥議辦理一面奏聞

六月初九日奉

上諭前據南漕御史黃祐奏稱湖南漕船最後尾幫計自淮抵通於十二月內始能回空江湖風信不定恐來年新運或有遲悞再湖南連年停運旗丁倍覺艱難請將湖南三幫漕米十三萬石一槩截留北倉等語今據倉場總督塞爾赫等奏覆北倉原議截留漕米三十萬石除已經截留外湖南尾幫後米應截五萬四千三百七十餘石以足原數現准督臣李衛咨稱秋田旺發民食有資毋庸多截等語朕念湖南程途最遠其漕船又係尾幫復因挑河遲滯若令抵通不能及早回空恐悞來年正運且旗丁連年停運之後北河剝費未免拮据雖北倉應截漕米原有定數然多截數萬石於北方不無裨益尚屬可行之事著照黃祐所奏將湖南三幫漕米十三萬石全行截留北倉俾遠省旗丁早得交卸回空不致有悞新運

七月十九日奉

上諭周廷燮奏請蠲除米稅以裕民食朕御極以來加惠民生免賦蠲租不下千萬計算米糧之稅於國課所增幾何何難槩為蠲除以廣恩澤但為民生計有必須詳加籌畫者蓋各省豐歉不一偶遇歉收之省除賑恤平糶撫綏安頓外又特免關榷米稅俾客商圖利爭趨雲集轉運流通此昔日

皇考屢行之善政迨歲朕踵而行之具有成效是蠲免米稅實以救荒之一策也若平時槩令蠲除則各省地方豐歉盈虛均屬一例富商大賈趨利若鶩歉收之處與豐收之處竟無分別國家又何以操鼓舞之權而使商賈踴躍從事於無米之地哉惟是各省情形或朕一時未及周知該督撫等

當仰體朕軫念民瘼之意遇地方歉收有借外省接濟者即行奏聞免收米稅如情形孔亟奏請需時者即一面奏聞一面停其輸稅將此永著為例

八月十一日奉

上諭八旗喂養馬駝黑豆在所必需今戶部因倉貯豆少請每月減半支放朕念兵丁等若自行添買不無多費且在京收買恐市價益復高昂今年山東河南兩省收成尚好應於山東採買五萬石河南採買三萬石共八萬石足支支放之用著該部行文東豫二省巡撫酌量地方情形動支正項錢糧分令各州縣採買嚴禁短價病民及胥役侵蝕等弊務須於河凍之前委員運送抵通勿致有

誤臘月以後支放之用其豆價並腳價等項仍造冊報部核銷至東省本年應徵黑豆十一萬石又帶徵乾隆二年緩徵黑豆五萬三千餘石今又採買五萬石雖該省原係產豆之地但恐官收既多則民間交納或不能如期全完可將帶徵之五萬三千餘石於本年徵收一半於乾隆己未年徵收一半以紓民力該部即遵諭行

二十五日奉

上諭今年直隸各州縣收成豐歉不一米價未免稍昂而奉天山東二處年歲俱獲豐收從來鄰近省分必須商賈相通以豐濟歉則需穀者既得以餬口而糶販者又藉以營生誠屬兩便之道但奉天山東俱屬海濱地方官吏因向有禁米出洋之例未肯任從民便用是特頒諭旨奉天山東沿海地方商賈有願從內洋販米至直隸糶賣者文武大員毋得禁止但商賈米船發行之時該地方官給與印票仍行文知照直隸總督其沿途巡海官弁亦時加查驗毋令私出外洋米船既抵天津卸米之後直隸地方官給與回照仍行文知照奉天山東兩省俾米穀流通以副朕軫恤民瘼一視同仁之意該部即行文奉天將軍府尹山東巡撫知之

九月初八日奉

上諭今年春月因直隸米價昂貴朕特頒諭旨將

臨清天津二關及通州張灣馬頭等處米稅寬免徵收商賈聞風踴躍往來販運民食無缺已有成效嗣因二麥有收經管理天津關準泰報部請示行查隨經督臣李衛覆奏照例開徵在案近因沿河地方被水較重附京一帶米價加昂現在又聞海運商販必多仍應免輸稅銀以示鼓舞著將內河前項米糧各稅一併暫停徵收俾商賈爭趨雲集於畿輔民食自有裨益著該部即行文督臣等知之

十月十三日奉

上諭前據安徽布政使晏斯盛奏請截漕一事經大學士等議令安徽巡撫查明所屬糧米於歸兌

改折之外應徵數目具題截留以備北方賑卹平糶豫籌儲蓄之用今據孫國璽奏稱本年漕糧除蠲免改折外應起運者約有六萬九千餘石等語著將此項米石截留本省照前議辦理該部可即速行文該撫知之

十四日奉

上諭畿輔地方今歲收成米糧昂貴朕深為厪念向來口外米穀不令進口留為彼地民食之需今年口外收成頗豐而內地不足所當酌量變通以資接濟如有出口糴糧及販運進口者聽其往來不能禁止菅口官弁但行稽查違禁貨物毋得苛索則內地民人多得米穀可無艱食之虞而口外餘糧亦獲貿易之利該部可遵諭速行

十一月二十八日奉

上諭近年以來直隸地方收成歉薄民食艱難從前議開海運以資接濟續經奉天將軍額洛圖奏稱錦州等處米穀加貴請永禁海運部議准行比時朕降諭旨令歲直隸收穫平常仍照朕旨行明歲再照伊等所請行朕聞秋冬收穫之後各商民攜帶貲本前赴海城蓋平等處採辦雜糧祇因時屆隆冬海風勁烈舟楫難行已將所買糧石收貯各店春融裝運該商民惟恐北方有司遵照明年停運之議閉遏留難甚為惶懼朕思商民此糧購買在先暫時存貯各店不應在明年禁止之內且奉天素稱產米之鄉雖因販運過多濟直視昔加貴然較之直隸歉收之地待哺而炊其情形緩急實相逕庭著俟明年麥熟之後再將海運禁止此亦酌盈劑虛有無相通之道該部可即行文津諭直隸總督奉天將軍等並出示令商民知之

十二月初三日奉

上諭今年上下兩江秋收歉薄米價昂貴朕屢降諭旨多方籌畫並免米船之賦稅使商販流通多得米穀以濟民食今聞浙省亦有歉收之處米價較昔加增且杭嘉湖等府戶口繁多需米孔亟實望外省客米以資接濟若有商販由蕪湖滸墅北新三關前往浙省者即照江南之例免其輸稅以明年四月麥熟為止並傳諭江西湖廣督撫若商

民有情願赴浙貿易者不得因採買官米阻其販運該部可即行文前去

乾隆四年正月初五日奉

上諭朕軫念江蘇貧民已命加賑一月但思該地方戶口殷繁需用糧食恐有不足著將江蘇漕糧再留二十萬石以備接濟平糶之用朕思人慶困屬緊要而偶遇豐歉不齊又當變通辦理著該部即速傳諭該督撫知之

四月二十三日奉

上諭上年直隸米糧騰貴曾降諭旨准商賈等將奉天米石由海洋販運以濟畿輔民食以一年為

期令弛禁之期已滿而京師雨澤未降恐將來民間不無需米之處聞奉天今歲收成頗稔著再寬一年之禁商賈等有願從海運者聽其自便可行文直隸總督奉天將軍等知之

二十七日奉

上諭上年江安兩省歲旱歉收朕蠲賑兼施多方籌畫並令豁免米糧賦稅俾商販流通源源接濟於地方甚有裨益續經該督奏請將淮安揚州滸墅鳳陽等關免徵米稅俟乾隆四年麥熟時停止朕降旨允其所請今屆麥熟之期聞各屬雨澤尚有未曾霑足之處且上歲歉收之後米價一時未能平減若商販稀至仍恐民食艱難著將上下江各關口米稅照舊免徵俾商賈踊躍從事則米船衆多價直自平而民食有賴俟本年九月米穀盛行之時再照定例徵收該部可即行文江南督撫等知之

二十八日奉

上諭今年三四月間畿輔一帶雨澤不足二麥歉收不知後此雨暘何若朕軫念民艱為先事豫籌之計此時漕船陸續北上正可商酌截留以為備用著將南漕尾幫內截米十萬石在天津北倉存貯將來倘有不時之需即可酌撥頒運於畿輔民食大有裨益該部可即遵諭行

十月十五日奉

上諭乾隆三年直隸地方歉收米價昂貴朕降旨准商賈等將奉天米石由海洋販運畿輔米價得以漸減今年四月間以弛禁一年之期將滿而直隸尚在需米之際天津等處價直未平又降旨寬限一年民頗稱便朕思奉天乃根本之地積貯蓋藏固屬緊要若彼地米穀有餘聽商賈海運以接濟京畿亦衰多益寡之道於民食甚有裨益嗣後奉天海洋運米赴天津等處之商船聽其流通不必禁止若遇奉天收成平常米糧不足之年該將軍奏聞請旨再申禁約

二十四日奉

上諭據直隸提督永常奏稱今歲口外收成較之往歲倍為豐稔八溝等處民間糶糧甚多艱於出糶一切納糧辦公及禦冬卒歲之資苦於無措似應乘此糧多價賤之時令地方官在於八溝等處按市價給發官銀採買雜糧數萬石分貯口外各倉以備豐歉不時且以接濟民用實於公私兩有裨益等語今歲直隸州縣年穀順成而口外尤稱豐稔實可慶幸永常既稱民間糧多價賤艱於出糶則講求積貯正在此時上年曾有遣官於口外買運糧石之事頗於民食有濟應著戶部酌量給發帑銀數萬兩交與永常令其會同地方官採買口外雜糧分貯附近各倉以為地方儲蓄並使民間得價以資歲底用度其如何妥協辦理之處著

户部速行定議具奏
乾隆六年九月初四日奉
上諭朱倫瀚因各省積貯缺額之米爭購於産米
省分以致米價昂貴奏請截留漕糧鄂彌達議將
江廣等六省截留一百萬石以濟積貯九卿議稱
天庾關係重大不便輕議截留九卿所議甚是但
江蘇安徽浙江三省今歲曾有偏災賑濟需用米
穀倉廪自必空虚一時難買補而京師倉貯足
敷二三年之用尚可畧爲變通著將江蘇安徽浙
江乾隆壬戌年應解京漕糧共截留八十萬石每
省應留若干該部速行定議至三省既有截留自
可不往鄰境採買而産米之湖廣江西等省不致
昂價亦有裨益矣此朕軫恤民生因時制宜之道
各省不得援以爲例
十二月初七日奉
上諭浙江今歲截留漕糧十八萬石又該督撫等
以杭湖二府被水災田題請蠲免漕糧現交部議
將來糧艘停運者必多向來定例每遇減運之年
運丁月糧支給一半停給一半今浙省停運既多
恐一半月糧運丁不足養贍家口着於停給項内
再減半給與此係格外加恩後不爲例該部可即
明晰行文諭令該督撫知之
十四日奉
上諭今歲夏間臺灣地方因米價昂貴曾借撥湖

州倉穀六萬石運臺接濟平糶嗣閩省收成豐稔
買穀運粤朕聞閩省目今穀價仍昂尚須購買於
隣省若再買運還粤恐一時難於採買着將借撥
潮州倉穀六萬石免其買運還粤其平糶穀價即
留閩買穀以備倉儲至潮屬因借撥閩省所缺穀
數着將該處收捐之項照數補足
乾隆七年三月十一日奉
上諭江南淮徐等處年來疊被水災黎民乏食朕
屢降諭旨令該督撫加意撫綏昨又特差侍郎周
學健前往會同辦理務使貧民不致失所但平糶
加賑俱需米糧若本地倉儲不足何以濟用目今
江廣漕船尾幫正在過淮之際著截留七萬石分
貯被災各州縣地方其如何減價平糶及動用散
賑之處令該督撫欽差侍郎悉心商酌妥協辦理
倘從前所報饑民册籍之外再有困苦不能餬口
者一體查明賑恤該部即速行文該總漕督撫及
欽差侍郎等知之
十三日奉
上諭去年上下兩江及浙江之州縣被水偏災秋
成有歉收之處朕恐民間米糧不足降旨截留三
省漕糧八十萬石以爲備用向來定例漕糧停運
之年運丁月糧止給一半停給一半朕念運丁等
當歉收之歲食用艱難已降旨將浙省停給項内
再減半給與資其養贍江南運丁亦應一體加恩

若將停給項內照浙江例減半賞給以昭格恩從不為例該部即遵諭行

四月二十四日奉

上諭山東上年有歉收之州縣直隸今春二麥亦未見歉總恐二省將來有須用米糧接濟之事此時糧船經過山東著即速行文與漕運總督將尾幫漕糧截留十萬石酌量於臨清德州二處分貯備用該部即遵諭行

八月十二日奉

上諭今年上下兩江被水州縣賑濟之處甚多俱需米穀應用明歲春夏之交米價諒必騰貴雖然商賈流通恐地方米糧究不能充裕朕意若將乾

隆癸亥年運京漕糧內酌留本省自有裨益上江應截留若干下江應截留若干著高斌周學健會同該督撫察看本地情形酌定數目具奏請旨

九月初一日奉

上諭江南淮徐鳳穎等處今年被水甚重民人困苦朕宵旰憂勞百端籌畫為養民裕食之計查山東德州臨清兩處有截留漕米共十萬石原以備山東直隸緩急之用者今兩省秋成豐稔無需米糧接濟若以之撥發下江淮徐等處則順流而下一水可通於地方甚有裨益著江南督撫知會山東巡撫將如何運送公同妥議速行辦理毋得遲延至於江南賑濟需米甚多據德沛陳大受摺奏已將江南各州縣倉穀撥運三十萬石並淮揚等處現存穀二十四萬石為平糶賑恤之用又借浙江倉糧十萬石又從前上下江巡撫奏稱發銀十萬兩前赴河南採買麥石運江應用等語朕又降旨令江南明年漕糧應截留若干之處著該督撫定議具奏並降旨將山東登州貯穀六萬石由海運送江南今又添運山東截留漕米十萬石不知江南被水地方已足敷用否著德沛陳大受張楷等通盤計算現在有米若干陸續運到若干如或接濟至明年春夏之交共須米糧若干始可敷用一一具摺速奏該部即遵諭行

十四日奉

上諭今年直隸古北口地方收成甚屬豐稔朕已降旨令河南山東所有供應

陵寢官兵米石運往江南接濟今古北口提督塞楞額熱河兵備道八十於本地購買以補原額此外著廣為收買以備將來撥用如無撥用之處即令貯常平倉以備緩急之需再黑豆一項今年亦屬豐收亦著塞楞額等妥員採買以為明歲謁

陵餵養馬匹之用此項黑豆可存貯八溝適中之地應運何處臨時再行酌議其採買之道視收成豐稔之處照依時價採買不可勒派亦不可急於多糴使民間反致價昂此不過恐穀賤傷農之意耳

十六日奉

上諭今歲江南被水需費浩繁從前部臣查奏下江所有藩糧鹽三庫現存銀九十四萬兩米穀一百一十餘萬石上江藩庫存銀八十餘萬兩米穀一百二十萬石又將本年應徵鹽課存留以為賑恤之用今查實徵存庫銀一百三十萬兩又將本年運京漕糧令督撫酌量截留為數若干雖未奏到即就兩省現在所存銀米計之已不下五百餘萬矣但賑恤之務必須接濟至明年春收以前需用既多而經收錢糧陸續徵解尚需時日尤當早為豫備期於充裕著於隣省撥銀一百萬兩於歲內解往江南聽該撫等量地方情形需用緩急酌

定數目分貯江蘇安徽藩庫以備按期散給不致臨時缺乏其應撥何省帑銀該部速議具奏

十月初十日奉

上諭今年江南淮徐鳳潁等府被水之後籌畫民食需米甚多因山東與江南接壤較運較易彼地今歲收成尚好是以降旨將登州穀石及臨清德州兩處所截漕米運往江南以資接濟續據該撫晏斯盛奏稱登萊等處現需米穀難以撥運江省朕降旨停止今查東省沿河之濟寧臨清二處貯有倉穀一十八萬餘石若以八萬留存本地以十萬石碾米載運江南一水可通甚為有益所有運費悉照前運截漕之例一體報銷著該部即傳諭山東巡撫江南總督速行妥辦毋得稽遲

孚惠全書卷四十七

截撥裕食二

乾隆八年正月十三日奉

上諭前據閩浙總督那蘇圖等奏稱閩省需用米穀懇請截留浙江漕米二十萬石運閩備用部議未曾准行在部臣持籌全局立議固屬允當但閩省產米無多轉輸不易那蘇圖爲豫籌積貯起見恐一時豐歉不齊臨期難於部署復申前請著照所奏將浙江尾幫漕米截留十萬石運赴閩省以裨益緩急計漕臣奉到此旨之日正浙省尾幫到蘇之時查乾隆三年撥江廣之米運往閩省總兵陳倫炯曾將米石由長江放海舶出口海運直抵

閩省此番亦應就近由海運閩更爲便捷該部即速行文漕運總督及江南督撫並崇明總兵張天駿知之

六月二十日奉

上諭河間天津北方今年雨澤愆期米價昂貴不得不速籌接濟之道查上年通倉存貯有口外採買備用之粟米著先撥十萬石運送天津其何以分貯平糶賑恤聽總督高斌酌量辦理可即傳諭倉場侍郎雇船運送並著坐糧廳恩特督運速赴天津至一應搬運之費照例開銷該部遵諭速行

七月初八日奉

上諭前因直隸天津河間等屬夏間被旱米價昂貴朕特降諭旨令倉場總督撥通倉米十萬石分貯被旱各州縣以備平糶撫恤之用今據高斌奏稱被旱之地已經成災除先行酌量撫䘏外現在查明分別賑卹照例於冬月開賑等語朕思開賑之後需米必多著倉場總督於通倉粟米各色米內再撥四十萬石於現撥十萬石運完之後即行接運務於八月內全數運津令總督高斌分發各處水次就近輓運接濟冬間賑恤該部遵諭速行

十九日奉

上諭漕運關係京師積貯原未便輕議截留但目前京倉尚屬充裕而各省倉儲正在需米孔亟倘爾變通尚屬可行著將乾隆甲子年江蘇安徽浙

江江西湖北湖南六省應運京漕糧各留十萬石於本省再著江蘇浙江各將十萬石運往福建著江西將十萬石運往廣東以備緩急之用此朕格外之恩不得援以爲例

九月初五日奉

上諭朕軫念民艱以米糧爲民食根本是以各關米稅槩行蠲免其餘貨物照例徵收至於外洋商人有航海運米至內地者尤當格外加恩方副朕懷遠之意上年九月間暹羅商人運米至閩朕曾降旨免徵船貨稅銀聞今歲仍復帶米來閩貿易似此源源而來其加恩之處自當著爲定例著自乾隆八年爲始嗣後凡遇外洋貨船來閩粵等省

貿易帶米一萬石以上者著免其船貨稅銀十分
之五帶米五萬石以上者免其船貨稅銀十分之
三其米聽照市價公平發糶若民間米多不須糶
買即著官爲收買以補官社等倉或散給沿海各
標營兵糧之用俾外洋商人得霑實惠不致有糶
賣之艱該部即行文該督撫將軍並宣諭該國王
知之

十月十六日奉

上諭據直隸總督高斌奏稱天津河間等屬今年
夏間被旱業已蒙恩賑恤第歉收之後米價尚屬
昂貴聞奉天米穀豐收請弛海禁俾商人販運米
穀流通接濟天津等屬民食等語着照高斌所請
該部即行文該總督將軍府尹等知之

十七日奉

上諭奉天將軍額洛圖因朕恭謁
祖陵經行口外恐扈從人衆沿途米糧不敷供給
奏請巡幸之先禁止米糧入關今已回鑾自應開
禁通商第恐各處關口胥役人等仍或借端阻遏
希冀勒索以致米糧一時不能流通著該將軍府
尹等作速行文關口各員弁稽查胥役毋許借端
阻遏並出示曉諭關外商民聽其運往關内各處
販賣俾米糧流通民食充裕以副朕痌瘝民瘼之
至意

二十六日奉

上諭上年將山東截漕貯穀撥濟江南原屬従緩
就急之計今歲夏秋之間山東濟南武定東昌三
府屬偶被偏災曾撥運登萊穀八萬石以資賑濟
嗣據奏各災屬補種之處及續報之臨邑縣復被
霜侵收成歉薄又增賑糧目下賑給尚可敷用而
來春借糶不可不豫爲之計著將山東本年漕糧
截留八萬石以豫備倉儲爲災屬來春借糶之需
該部即遵諭行

十一月初七日奉

上諭朕前降旨令江蘇安徽浙江江西湖北湖南
等省各截漕糧十萬石存貯本省以備一時缺乏
之用今聞湖南地方本年雨水調勻中晚二稻收
成豐稔民食有賴廣西今秋收成稍薄恐將來不

無需米之處湖南與廣西接壤一水可通若將截
留之漕米酌撥四萬石運往廣西以備明春糶濟
似爲有益著該部即行文湖南廣西巡撫遵旨會
商速辦

十二月二十一日奉

上諭直隸天津河間等處今年被災業已加恩賑
恤第歉收之後米價頗昂來歲青黄不接之時民
食未免艱難所當豫爲籌畫者除督臣高斌已遵
旨遣官在奉天買米八萬石外朕思明春山東河
南漕船經由直隸地方著截留漕米十萬石令高
斌視州縣大小酌量分派存貯以敷糶借之用於

民食自有裨益其如何截留東豫各船及分貯沿河州縣之處該督即會同倉場侍郎逐一詳悉妥議辦理

乾隆九年正月二十四日奉

上諭積貯民食所關從前各省倉儲務令足額原為地方偶有水旱得資接濟是以常平之外復許捐貯多方備蓄無非為百姓計但因糴買太多市價日昂誠恐有妨民食因降旨暫停採買俾民間米穀自相流通價值平減亦無非為百姓計也乃近聞各省大吏竟以停止採買為省事州縣等官又多素畏積穀之累因而倉儲缺少不思常平之設不特以備荒歉即豐稔之年當青黄不接之時

亦得藉以平糶於民食甚有關係從前所降諭旨總在督撫大吏奉行之時將實在情形籌酌妥辦其間因時制宜原不可執一定之見今因有停止採買之令遂任倉穀缺少置而不理一處如此各處效尤將來必致糶借無資又似昔年倉穀有名無實如此因循因非設立常平本旨又非朕停止採買之本意乎用是特頒諭旨曉諭各省督撫務須斟酌地方情形留心辦理應買則買應停則停總在相機籌畫不可膠執定見希圖省事以副朕軫念民食之至意

二月二十四日奉

上諭山東上年濟南東昌武定等屬之州縣被災較收朕已加恩賑濟毋使小民失所聞該省今春雖已得雨尚未霑足將來豐歉難以豫定應及時籌畫以備臨時之用目今東省境內現有運京漕糧四萬餘石著就近截留以資借糶不敷之州縣再將北上糧船內截留漕米二十萬石分貯沿河臨清德州二倉倘遇需用之時即動撥接濟戶部即速行文倉場侍郎及山東巡撫遵諭速行妥辦

三月二十三日奉

上諭人君以養民為急務養民之道在使之上順天時下因地利俾其經營力作以贍其室家非沾沾於在上之補苴救恤遂長恃為資生之策也在昔善圖國是者謂以君養民則不足使民自養則

有餘誠不易之論國家歲轉漕粟以實京師乃備天庾之出納關係最重或因偶遇災歉萬不得已而為截留之計從可間一行之豈遂視為常法今內外臣工動以截漕為請朕念切民依亦屢次允從出於一時之急濟其實京倉所貯雖云可備十年要僅為官俸兵糧所必需若撥為京師民人計即一二年恐亦不足供支况欲更分此以賑貸直省何未之思也漢文景間太倉之粟陳陳相因至紅朽不可食彼時豈無一方之凶歉而未聞輕議分減者誠以經國之大計務籌久遠在官在民於內於外莫不各有本圖舍本圖而謀兼濟事多未便勢且不能一有虧則兩俱損依古以來無取焉

上年各省倉儲需米孔亟朕因竭力變通將江蘇
安徽浙江江西湖北湖南六省漕糧各留十萬石
於本省並著江蘇浙江各將米十萬石運往福建
江西將米十萬石運往廣東又因直隸天津河間
被災前後撥通倉米八十萬石備賑今年又令山
東截留二十萬石分貯接濟凡此皆因民命所關
不得不變通辦理小民不知各務生計而惟官糧
是賴無論官兵之外斷不能偏給窮黎即近漕之
處可以議截留其邊遠省分更無漕可截留又將
何以取給乎朕思一方之地利原可養一方之人
一家之人力原可養一家之人古者九職任萬民
一日三農生九穀二日園圃毓草木三曰虞衡作

山澤之材四曰藪牧養蕃鳥獸何一非資生養贍
之術為民父母民事即家事宜實心勸課隨時區
畫使地無遺利民無遺力則家有蓋藏自可引養
引恬俯仰不匱倘督撫不能督率有司有司復不
以田里樹畜為事及歉收之年但請給發倉糧截
留漕米為督撫有司備賑之良策將使民間謂水
旱可以不備不圖自食其力甚至游惰成風舉身
家衣食之切務皆委之在官是非愛之實以害之
矣天下之大億兆人民之衆惟正之供祗有此數
焉得人人而濟之用是特降諭旨通諭直省督撫
並飭守牧等官各思所督何事所撫何事所稱知
府事知州知縣事實應知何事凡以為民計即所

以為身計既為民計而不使民知各為其身計其
能為民計者幾何耶自今督撫尚各體朕心毋忽
民事懇切開導並勸良有司務使百姓各知自謀
以裕生養之源不徒望恩澤而恩澤之加斯實
足以利濟則豐年樂其降康歉歲亦可恃無恐朕
願與諸臣共勉之

九月二十六日奉

上諭上年直隸天津河間等屬被旱歉收朕臨幸
奉天目睹收成豐稔米價平賤即降旨高斌令其
前往販運至次年秋收為止本年三月内又經御
史李清芳奏請寬限朕降旨寬限至今冬在案今
據高斌奏稱直屬米價雖現在平減而津屬慶雲

等縣現被偏災慶邑本屬少米之鄉天津又為商
賈叢集之地可否仰懇聖恩准再將奉天海禁寬
展一年俾民食得有接濟等語著照所請奉天海
禁准再展一年該部即遵諭行

十二月初二日奉

上諭上年據鄂彌達晏斯盛奏稱湖北有待撥直
隸米二十萬石現在存貯今年直隸已獲豐收無
須接濟楚北年穀全登亦無需用之處惟浙江先
後被水恐來歲青黄不接之際米價易騰應請將
湖北現貯之米酌撥十萬石運赴浙省以備賑糶
之需所糶之銀歸還楚省買補倉儲此外存貯米
石如不需用即於來春糶抵倉儲等語鄂彌達等

所奏是著照所請辦理該部即遵諭行

乾隆十年六月十六日奉

上諭今年外省糧船北上者較往年為多目下直隸地方有雨少之處恐將來需用米糧接濟者總督高斌將尾幫漕糧酌留二三十萬石於天津倉存貯備用或於沿河州縣倉廒可以分貯以備撥用亦聽其酌量辦理可即速傳諭高斌等知之

七月二十五日奉

上諭前歲朕臨幸奉天目覩收成豐稔米價平減而直隸適當需米之際是以降旨該督令其前往販運原以一年為限後限期將屆又准臣工條奏展限一年目下直隸慶雲等州縣收成歉薄雨澤

孚惠全書 卷四十八 九

尚有未能霑足之處若果海禁稍弛商販流通米糧充裕於民食自有裨益著將奉天海禁再展限一年該部即遵諭行

二十五日奉

上諭口外二溝地方現存米一萬餘石今年熱河一帶缺雨恐米價一時昂貴著保祝率同恒文等將二溝存貯米石內酌撥數千石即速運赴熱河交地方官酌看情形以備平糶之需使米價不致高昂於隨從人等亦屬有益該部即遵諭速行

十月初五日奉

上諭今年上江之鳳潁泗下江之淮徐海等屬秋被水災朕心軫念切諭該督撫董率有司加意撫恤務賑兼施毋使窮民失所現在該督撫遵旨悉心辦理陸續具奏但恐該省所貯米糧未必充餘明春青黃不接之時尚須官米平糶此時應豫為籌畫況今年南漕輸京者甚多著將明年上江漕糧截留五萬石下江漕糧截留十萬石以備將來賑糶之用該部即行文該督撫遵諭行

十二日奉

上諭今年直隸宣化所屬等處被旱歉收朕諭該督多方籌畫加意撫綏目今賑務已有頭緒諒貧民不致失所但恐宣化附近州縣所貯米穀未必處處充裕可以派撥濟用來歲青黃不接之時或致米糧不敷此時應當計及著將通倉米撥五萬

孚惠全書 卷四十八 十

石聽該督那蘇圖酌量分派於缺米州縣存貯以為備用該部即遵諭行

二十五日奉

上諭今歲江南淮徐海三屬被災朕心軫念多方撫卹除動支該處常平倉儲外又將江以南州縣倉儲協撥十萬石湊用又特旨將下江漕米十萬石留於本省以備將來糶賑之需今思被災之海州等七州縣漕米除按分蠲免及蠲剩之米緩至明冬帶徵外其各州縣熟田應行徵解之米約計五六萬石明春青黃不接之時與其再議協撥往滋搬運之煩不如將此漕米截留本處以資接濟其各州縣正額漕糧之外尚有帶徵節年緩漕一

項應徵搭運者計二萬餘石彼地既已被災民間未免拮据亦著緩至明冬帶辦以紓民力又徐州八屬止豐縣勘不成災但閤屬悉係災地米穀艱運必多所有應徵漕米四千餘石及帶徵之米一千八百餘石亦著畫一辦理該部即遵諭行

乾隆十一年二月初九日奉

上諭停運漕船例給一半月糧以資口食上年兩江被水朕降旨蠲緩並截留漕糧以備賑郵之用其減歇船隻自應照例支給但念該地方被災之後丁力未免艱難一半月糧恐不敷用著加恩於常例五分之外增給二分俾窮民不致拮据該部遵諭速行

閏三月十九日奉

上諭昌平州為去年被旱之區前據總督那蘇圖奏稱於八溝採買米石內撥運昌平五千餘石以備春夏借糶之需今聞該處雨澤稀少米價漸次增長所撥米石恐不敷用著將京通倉每年例撥五城平糶色米內酌量分撥該處以資平糶其應需若干石及如何運往分廠出糶之處交與該督那蘇圖一面奏聞辦理一面咨會倉場侍郎等速行撥給

二十四日奉

上諭上年宣府所屬地方被旱歉收今春雨澤又復稀少朕去歲巡狩經過知彼處為邊區保障不可不豫籌接濟雖現存米豆尚足敷用恐將來或有急需一時難以待辦著將通倉粟米撥運十萬石分發所屬州縣以備撥給倘今歲秋成豐稔即將此項為補實倉儲之計其如何陸續輓運之法著倉場侍郎會同該督妥議辦理

五月初三日奉

上諭山東濟南東昌二府所屬州縣內從前因雨澤未能霑透二麥歉收今秋禾又復望雨豐歉難以豫定將來平糶借給等項恐各州縣倉糧不敷著於本運天津漕糧內截留十萬石於德州水次有倉之州縣分貯六萬石於天津水次有倉之州縣分貯四萬石以備就近接濟該部遵諭速行

十一日奉

上諭從前降旨令豫東二省各備麥十萬石運送直省分發借糶今畿輔地方仰蒙

上天疊沛甘霖秋禾遍插糧價漸平復經降旨截留漕糧四萬石存貯天津足資接濟而河南山東據報有春末雨水不足之州縣收成不無少減朕屢念民瘼三省均屬一體其豫東二省豫備麥石均不必起運如有購買者即留於本處備用該部遵諭速行

七月二十九日奉

上諭據蘇州巡撫陳大受奏稱淮徐海三屬先於六月初旬東省沂蒙等處之水並發以致江南沂

沭六塘運河一時俱漲又因本地雨水過大邳宿
清桃安海贛沭八州縣田地被淹銅沛豐蕭碭睢
六縣具報被水又因河湖異漲水趨下游寶應阜
寧滷水田地復被淹浸山鹽等處低田亦有所不
免等語江南本屬水鄉而北十數州縣逼近湖河
常有水患今年水勢較前更大是連年歉收之地
又被災荒朕心深用惆惻著該督撫加意撫恤不
必拘於成例務使災民不致失所從前降旨令該
地方官於豐收之處採買穀麥以備賑濟之用著
再將本年漕糧截留二萬石令該督撫酌量分給
被災州縣以資接濟該部即遵諭速行

御製復閱淮海所屬州縣被水亟命地方大吏加
意撫恤而顧惻然因成長句丙寅

淮海伊古稱澤國邇來災祲何其多壬戌大浸民
其魚屋指五載曾未過今秋淮黃乃並漲魚行於
地烏處河白日鎮見蛟龍鬭當秋安得倉箱羅草
根薦為盤上菹宰臣所奏非傳訛嗟嗟災餘吾赤
子元氣未復將如何倉粟庫帑爾莫惜溝壑待救
難蹉跎睠焉顧之潸焉涕我政有失乖天和

九月初四日奉

上諭朕前降旨截留下江漕糧二十萬石以備賑
糶之用今思上江鳳潁泗各屬地方亦多被水雖
視淮徐海較輕而該處積歉之餘復遭水患亦應
豫籌接濟著將安省起運漕糧截留十萬石令該
撫酌量分運被災州縣以儲民食該部即遵諭速
行

初六日奉

上諭今年山東被水雖不過一鄉之內間有數區
而州縣頗多恐倉儲所貯不敷賑糶之用著將該
省本年漕糧內截留十萬石令該撫分派各州縣
衛以為備用

二十五日奉

上諭據福州將軍兼管閩海關事務新柱奏報本
年七月內有暹羅國商人方永利一船載米四千
三百石零又蔡文浩一船載米三千八百石零併
各帶有蘇木鉛錫等貨先後進口查該番船所載

米石皆不足五千之數所有船貨稅銀未便援例
寬免等語該番等航海運米遠來慕義可嘉雖運
米不足五千之數著加恩免其船貨十分之二以
示優恤該部即行文該將軍知之

十一月初八日奉

上諭今歲江南上下江被水等處現在加賑需米
之處甚多恐倉儲不敷所用浙江連年豐稔今秋
又獲有收著將永濟倉舊存穀石動撥十萬石協
濟江南其如何運往之處該督撫會商妥協速行
辦理

十二月初八日奉

上諭今歲上下兩江因水災備賑截留漕糧三十

萬石所有減歇漕船旗丁例支月糧一半以資營
葺但念此等減歇軍船多在被水縣衛之內米價
昂貴旗丁生計未免拮据著加恩於常例五分之
外增給二分以示軫恤旗丁之意

孚惠全書卷四十八

孚惠全書卷四十九

截漕裕食三

乾隆十二年二月初七日奉

上諭山東去歲被災朕屢降諭旨賑恤今歲又加展月分今聞彼地窮民北來覓食者甚衆朕心深為軫念著截留漕米十萬石分貯歉收州縣令巡撫阿里衮加意體察或應酌量加賑或應發粟平糶以裕民食俾災黎接濟有資毋致輕去其鄉妥協辦理具奏以聞該部即遵諭速行

五月十八日奉

上諭山東地方上年歉收已先後截漕二十六萬石存貯該省以資接濟今年春夏以來該省雖得雨澤尚有未經霑足之州縣將來秋收或可歉薄之處應行豫為籌畫即或有收便可於該處存貯現據漕運總督顧琮奏報尾幫漕船于五月十四日全數過臨清臨此時糧艘諒在德州左右可速行傳諭顧琮再行截留十萬石以備動用如此時尚在山東境內可就近留貯德倉若已過德州即于水次州縣酌量收貯該部遵諭速行

六月初七日奉

上諭現在運到漕糧著於尾幫內截留二十萬石存貯天津北倉倘將來直隸等地方有需用米石之處即由天津運往較之撥通倉運更為便宜該部即遵諭速行

九月十二日奉
上諭據巡撫阿里袞奏稱山東被水州縣衛所已照例先行撫邮東省動用穀石多未買補明春青黄不接之時需用米穀實屬浩繁除撥運薊糧四萬七千餘石關係
陵糧仍照例起運外下餘漕糧請全數截留以資賑濟之用等語該省被水災黎朕心深為軫念將來賑邮需米自多著將本年應徵漕運及應運薊糧一併截留以備賑糶之需其
陵糧應用米石仍交與直隸總督那蘇圖於八溝採買米石内照數運往

十月初五日奉

上諭江蘇所屬沿海州縣猝被風潮前已降旨截留該省漕米二十萬石備賑糶之用但思此番被災地方廣濶户口實繁至淮徐海各屬積歉之區亦應豫籌接濟將來加賑平糶需用必多著再於下江漕糧内截留二十萬石以資接濟其如何分別存留派撥之處該督撫悉心妥辦奏聞該部遵
諭速行

十一月初四日奉
上諭據山東巡撫阿里袞奏稱該省被災州縣應行賑恤之處俱係銀米兼賑需費浩繁業蒙恩將乾隆十一年地丁銀兩扣留備用其來歲青黄不接之時尚應豫備接濟請於乾隆十年地丁留協鄰省銀兩項内酌量存留備賑等語著照所請再留銀五十萬兩以備撥賑之需該部即遵諭行

十二日奉
上諭直隸總督那蘇圖奏稱天津靜海二縣今歲偏災較重現在加恩普賑但二縣地處窪下産米無多又濱在海隅商販稀少米無來路不得不為明春豫籌調劑請暫開奉天海運等語著照所請准其暫開一年俟明歲秋收後停止其如何給照採買查驗撥糶以杜偷漏之弊該督督率有司妥協辦理並諭盛京將軍知之

乾隆十三年正月初七日奉
上諭朕因上年江南被災降旨將下江漕糧截留

八十萬石以資賑糶之用其減存旗丁例止給一半月糧但朕念截漕甚多在旗丁舵水所領月糧恐致不敷養贍難免向隅著將例給一半月糧之外再加給三分俾得游仰有資該部即遵諭速行

二月十四日奉
上諭上年山東被水成災已屢次加恩賑邮小民不致乏食但念東省被災州縣既多將來尚需接濟一切動用食糧俱應豫為籌補今朕巡幸所經恫瘝在念著再加恩截留南漕六十萬石以補各屬倉儲及將來借糶之用其應於何處截留作何分貯運送令阿里袞會同那蘇圖酌議具奏該部即遵諭行

十五日奉

上諭朕因山東上年歉收降旨截留該省漕糧以備賑糶向例減運旗丁支給月糧一半以爲苫蓋養贍之用若俟部覆後始行給發未免遲緩今朕巡幸東省軫念旗丁資用拮据着加恩於例外再賞給一成即於月糧銀米内就近給發俾得俯仰有資該部即遵諭行

三月二十三日奉

上諭朕因山東被災甚重日夜焦勞溝壑流離之條曹經目覩饑溺之懷切切於心現今雨澤未降二麥又已過期即使得雨收成亦必歉薄極救之方不可不急爲豫備朕已傳諭該撫阿里袞令其

熟籌長策以資民食因思就近接濟惟鄰封是賴與東省連界之直隸河南安徽江蘇等省今歲雨澤調勻春花暢茂麥收均有可望着各該督撫酌看本省情形目下二麥雖未登場而儲蓄亦已有備即將存倉積貯穀麥作速動撥妥員運赴東省以備賑䘏之用俟秋成後照數買補其運腳准其照例核銷該督撫等即將撥運實數具摺奏聞運到之日巡撫阿里袞一面奏聞一面照例散給其民間餘粟無論米豆雜糧廣爲招集以便購買協濟古稱救荒如救焚拯溺早一日得一日之濟各該督撫等其曲體朕懷共以賑恤災黎爲急不可稍存此疆彼界之分以副朕恫瘝一體至念

六月初九日奉

上諭江蘇地方人烟稠密食指浩繁目下二麥雖已登場而收成止在六分上下米糧價值未能平減尚須接濟以裕民食今歲江西省麥收豐稔倉儲現在充裕所當酌盈劑虛通融撥協着將江西存倉穀内碾米十萬石撥運江蘇以備平糶之需該部即行文該督撫等令其遵照妥辦

十三日奉

上諭江蘇淮徐海三府州屬頻年災歉朕多方賑卹災黎雖獲安全而元氣終難驟復且賑糶浩繁災屬倉儲一時未能採買足額所當因時籌辦俾民力稍紓積貯有備所有歷年因災緩徵漕糧均

應令冬徵兌搭運解通但念此項緩漕皆係節年災田出辦今歲秋收小民既完本年之新糧復帶辦數年之緩漕民力未免拮据着將淮徐海三屬災緩漕糧八萬七千餘石免其搭運即截留各本處以爲補倉備賑之用不拘秫豆粟麥各項雜糧聽民就便陸續完納至來年麥熟後徵足貯倉以實儲備該部即遵諭行

八月二十五日奉

上諭陝省西安同州鳳翔乾州上年秋收歉薄今年又復被旱災民食維艱朕甚憫焉若該撫陳宏謀查明加恩賑卹其需用米糧雖於該省動撥倉儲猶恐不足豫省與之鄰近泛舟甚便其令河南

巡撫碩色將就近倉穀碾米五萬石撥運陝省以
備接濟該部遵諭速行
九月二十三日奉
上諭喀爾吉善潘思榘奏稱漳泉二府晚收已成
旱象應豫籌接濟朕思漳泉爲閩海巖疆户口繁
衆本省官倉恐不敷用今歲各省秋成俱稱豐稔
漕糧可盡數起運著於江南漕糧內截留九萬石
浙江截留六萬石共十五萬石由海道運至閩省
以裕儲備較之該督撫於本省中籌接濟者爲益
廣而便其酌量情形遴委妥員乘時發棹著該督
撫會商妥協辦理
十月十六日奉

上諭各省漕船幫丁行月漕截等項銀米如遇截
漕留減其給過各項錢糧分年扣追此定例也浙
江乾隆八年截留運閩案內之紹興後幫乾隆九
年截留臨清案內之台州前幫海寧所幫乾隆十
年截留本省備用案內之杭前後杭右後二幫皆
有未清之項若按限扣追丁力未免拮据著將紹
後幫應完一限銀兩俱分作三年扣還台前幫應
完兩限銀兩分作四年扣還俾丁力寬舒以示朕
體卹旗丁之意該部即遵諭行
二十三日奉
上諭乾隆八年江浙二省截漕二十萬石運閩備
用經崇明總兵胡貴親詣上海陸續雇備海船分
作六幫押運前往今所有江蘇浙江截漕十五萬
石由海道運閩之處著派崇明鎮總兵王澄押運
令其與該省督撫會商雇覓船隻銜尾揚帆分幫
前進該鎮沿途留心稽查照看約束兵丁催趲督
率毋令米色變霉船户偷漏遲延時日致滋弊端
務期辦理妥協直達閩疆以裕積貯
乾隆十五年五月初七日奉
上諭朕明春巡幸江浙經王大臣等議准每省截
漕十萬石以資平糶朕已允行今據總督黄廷桂
奏稱巡幸江南經臨之所站多地廣原議之數恐
有不敷再請截留五萬石等語著照所請再截留
漕糧五萬石俾糶用充裕其作何截留及應在何
處平糶該督黄廷桂等即行會商妥協辦理

七月十三日奉
上諭上年各省豐收所有漕糧現已全數過津著
於最後幫次內截留十萬石即由原船運回天津
存貯北倉以備將來直隸地方或有賑卹之處動
用或留補常平未足額數該部即速行文倉場侍
郎等妥協辦理
二十九日奉
上諭前經降旨於南漕尾幫米交倉糧數內截留
十萬石貯天津北倉備用今據該督方觀承摺奏
尚有應行平糶及酌借籽種口糧之處著再截留
漕糧十萬石一併存貯務使撥用寬裕緩急有資

副朕軫念民依至意該部遵諭速行

十月初一日奉

上諭向來截留漕糧改幫船戛例折一半本折月
糧俾旗丁資以養贍朕前因南省明春需米將江
浙二省乾隆十五年漕米共截留二十五萬石應
減幫船頗多若照例給予折半月糧恐其苦蓋食
用尚有不敷著加恩於應給折半之例再賞給二
分以䘏丁力該部即遵諭行

十四日奉

上諭朕明春巡幸江浙曾經降旨每省各截留漕
糧十萬石以資平糶之用今據永貴摺奏温台各
屬今歲秋收稍薄米價未免增長等語著將浙江

省庚午年漕糧再截留五萬石俾糶用充裕民食
有資所有截留撥用事宜仍著該撫詳悉酌籌妥
協辦理該部即遵諭行

十七日奉

上諭據方觀承奏稱今歲天津靜海等縣被有偏
災窮民已蒙賑䘏惟是天津素不產米糧價漸昂
恐來春青黃不接之時民食無資請開海運一年
惟令商民前往採買運直接濟等語著照該督所
請准其暫為開禁俾商民前往買運以備賑糶之
用並令該督酌定數目咨會奉天將軍府尹並山
東巡撫給票稽查嚴禁奸商等借端偷買透漏該
部即遵諭行

十一月初六日奉

上諭今歲直隸固安等處偶被偏災收成稍薄著
將乾隆年來年豫東二省粟米截留十萬石以備
來春賑糶之用其保定雄縣所有明年應辦兵米
即於此内支撥俾其採買至固安霸州寶坻玉田
順義東安良鄉大興等八州縣歉收之地米價稍
昂其應需本年冬季及來歲春季兵米著加恩准
照舊例每石增價三錢以示軫䘏兵民至意該部
即遵諭行

乾隆十六年正月十五日奉

上諭直屬上年偏災州縣現在降旨加賑有需用
米石之處著將河南本年運通粟米截留十萬石

交總督方觀承酌量辦理該部遵諭速行

二十九日奉

上諭上年江安二省内有偏災之宿州鳳陽泗州
長淮宿遷邳州大河海州等處各該撫業將本年
應徵新舊漕糧題請分别蠲緩所有此項減船運
丁苦蓋日用之需未免拮据著加恩於例給折半
月糧之外再賞給二分以䘏丁力該部即遵諭行

五月十九日奉

上諭浙省温台等屬米價昂貴本地存倉米穀不
敷平糶之用民食未免拮据朕心深為軫念著交
與江浙二省督撫於浙省及江省稍近州縣常平
倉穀内酌量應需數目作速動撥碾米運往温台

等屬接濟平糶其常平所缺之額即於浙省冬閒
先運漕糧內照數截留撥補還倉該部遵諭速行

六月十六日奉

上諭據浙江巡撫永貴奏稱浙省現資糶賑請於
湖廣兩省中撥穀碾米協濟若係額外溢穀即補
浙省未足之額若係額穀則將浙省糶價解還楚
省歸款等語着照永貴所請令楚省督撫等酌量
撥穀碾米二十萬石即着浙省委員前至漢口接
運赴浙以備糶賑之用該部遵諭速行

二十七日奉

上諭據永貴摺奏杭嘉湖三府屬縣均得大雨霑
濡可冀有秋惟浙東八府自前月下旬至今尚未

得透雨浙東各屬商販罕通民間日食急需接濟
江南福建二省與溫台寧處四府接壤聯令彼此
通商暫弛海禁等語前因該省溫台等屬需米平
糶即令撥運閩穀數萬石並於江省稍近州縣常
平倉穀碾米運往接濟續又以浙省現資平糶諭
令楚省酌撥穀石碾米協濟以備賑糶之用今浙
東府屬雨澤愆時該撫豫籌民食請弛海禁着照
所請江閩二省運米商販赴浙屬之溫台寧處四
府者准其暫開海禁仍令該撫飭屬給予印票沿
途實力稽查嚴禁奸商等借端偷買透漏其浙省
各關口並着加恩免徵米稅以示招徠務俾商販
流通米糧充裕該部遵諭速行

八月初三日奉

上諭據阿里袞等奏請將湖南緩運浙省米十萬
石懇於長衡岳澧四府州歲運漕糧內截留補額
等語湖南上年秋收本不甚豐此項撥運米石若
俟浙省解還價值之後買補未免遲緩着即於長
衡岳澧四府州歲運漕糧內截留十萬石以補倉
儲該部即遵諭行

初五日奉

上諭今歲浙省被旱成災米糧昂貴朕念該省綠
旗兵丁差操巡防別無生業所得月餉不敷買食
之用生計未免拮据着加恩將浙省被災各標協
營兵丁每名借給米二石俟各省協濟米石運到

及截有漕米之日令該督撫分次借給於壬申癸
酉兩年內扣餉歸款俾窮民得以接濟以示軫恤
該部即遵諭行

初五日奉

上諭浙東數府今年被災較重朕夙夜籌畫一切
協濟採買免稅弛禁已飭該督撫悉心經理但念
該省現在賑濟平糶需米孔殷非尋常偏災可比
着將浙江應運漕糧內特行截留五十萬石以資
賑糶之用漕糧乃天庾正供向來各省截留至多
不過以數萬計該督撫當念此次格外優恤董率
屬員實力妥辦並曉諭百姓循分待賑以承朕軫
災正俗之恩

初五日奉

上諭據高斌等奏稱安省各屬倉儲現有賑缺米穀尚未議補並民借籽種未還雖今歲秋成一時不能買足且豫備米歲平糶需用甚多等語著於安徽歲運漕糧內截留六萬石存貯該省俾倉儲充裕緩急有資該部遵諭速行

初八日奉

上諭據高斌王師暨奏江蘇省原貯倉穀頻歲動撥暨本年協濟浙省缺額甚多且現在江常鎮徐等屬間有水旱偏災亦需賑借米歲青黃不接亦宜預備平糶等語著於該省額徵漕糧內截留三十五萬石分貯各屬以實倉儲一應截留撥補事

宜該督撫酌量妥協辦理該部即遵諭行

初九日奉

上諭上年天津府屬偶被水災所有存倉穀石動撥甚多今歲直隷各屬收成豐稔天津一府雖獲有秋較之他處尚為稍薄若因倉儲亟須買補即於該處購覓轉恐市價漸昂殊於民食無益現在奉天所屬豐收又與天津一水可通著該督方觀承酌動帑項委員前往買米十萬石由海運津查明缺額各州縣分撥存貯以實倉儲該部即行文盛京將軍府尹等知之

十五日奉

上諭今歲浙東被旱成災經朕多方籌畫降旨截留該省漕糧五十萬石以備賑糶之用更念此次被災較重所有本省漕糧內即有應行緩徵帶徵之項尚應多為籌備以資接濟著加恩將江蘇省應運漕糧再行截留三十萬石運往浙省交該督撫以為酌量動撥賑糶之用其各州縣屬倉儲有應酌補者於本省截留五十萬石內從容通融撥補朕軫念民艱不惜屢施格外之恩該督撫等務期董率屬員實力妥辦副朕加惠災黎之意該部遵諭速行

九月十四日奉

上諭江西協濟浙省米三十萬石調任巡撫舒輅已委員督運前往浙東諸郡所需賑糶及撥補倉儲為數浩繁部省運到米石多多益善但江西秋

收雖屬豐稔而一時買補恐市價因之轉昂著於本年應徵漕糧內截留十五萬石以為撥補之用令該撫通融籌酌妥協辦理該部即遵諭行

十八日奉

上諭山東濟南等府屬今歲夏秋被水成災業經加恩賑恤更念該處被災之後糧價漸昂所有各州縣存倉穀石未必盡皆充裕其沿海之登青萊等府地屬隅僻轉粟為難尤當亟籌接濟以裕民食奉天與該處一水可通著照乾隆十三年之例暫弛海禁令招商前往購糴運東糶賣俾濱海窮黎無虞艱食其商船出入口岸仍令該地方官照

例給予印票資力務查毋致遺漏濫弊該部遵諭
速行
二十七日奉
上諭乾隆十三年截留江省起運漕糧六十萬石分貯山東備賑所有給過各幫旗丁行月耗贈銀兩例應按其程途照數追繳經部行文於應領新項內全行扣還但各旗丁現年所領錢糧僅供一運之用若一時全扣所剩無幾窮丁辦運必多竭蹶著加恩將淮蘇等十四幫應追銀三萬一千餘兩寬至壬申年為始分作三年扣完其江興等十三幫並無屯田贍運及什軍幫貼情形更屬拮据應追銀七萬四千餘兩亦自壬申年為始分作八年扣完俾軍力舒展該部即遵諭行

十一月十三日奉
上諭今歲江浙湖南等省前後降旨截留漕糧共一百四十六萬石又因江浙河南山東等省均被偏災復將被災州縣新舊漕糧分別蠲緩其應減幫船甚多念該旗丁等所有耗盈日用之費若照例給與一半月糧恐有不敷其災減軍丁情形自更拮据著將該省截留蠲緩減船各丁於例給折半之外再加恩賞給二分以恤丁力該部即遵諭行

乾隆十七年四月十三日奉
上諭上年浙東被災特重賑卹多方本省倉儲俱經動撥江西湖廣上年亦有偏災東之接濟鄰省撥用倉穀為數亦多俱應於今秋收後買補朕思各該省今春米價俱昂即今西成豐稔而一經採買市價仍恐不能平減京通各倉請儲陳陳相因現在盤驗本歲少進南漕使新舊不致交錯以滋轉窘應將浙江江西湖廣三省今歲漕糧分別酌留本省各該省萬一水旱不齊待以無虞即遇豐稔則以本地所出留為撥補倉儲之用無藉採買新糧於民食自為有益著軍機大臣會同該部速議具奏

御製截漕詩有序

國家歲轉漕東南天庾賴焉遇偏祲或特恩即

其地截漕積賑之非需賑未有以截漕為言者比民間米價日貴雖稔秋因採買輒益昂爰敕截留楚浙西江漕米各若干以補常平蓋令太倉充羨閭行之亦酌盈濟虛之道耳恐司計者未喻作詩示之

截船濟災區初謂今成例匪災仍截漕自我排衆議將籌慎所思綸亦經遠計獨是秋稔處官糴輒翔貴陳陳致紅朽孰與資博濟以此足常平市價自平易德流則何有穀順達郵置湖南報有秋江右稱乃積二省廳流通天下可無事補糶彈我心豐亨稍
天賜京庾實本根儲蓄貴有備申命方伯臣惠一不

可常試

九月二十三日奉

上諭浙江江西湖廣等省上年動缺倉儲恐一時採買市價騰踊因酌量截留各該省本年應運漕糧以資撥補所有浙江截留四十萬石江西截留二十萬石湖廣截留十萬石其減駁船丁雖非因災可比但照例給與折半月糧各丁苦蓋日用之費未免拮据著與例給折半之外再加恩賞給一分以𠇮丁力該部即遵諭行

孚惠全書卷四十九

孚惠全書卷五十

截撥裕食四

乾隆十八年六月初九日奉

上諭現在天津亢旱天津一帶河流未免淺澀重運維艱着將南漕尾幫於抵津時截留二十萬石存貯天津水次各倉備用該督等即遵諭妥協辦理

十一日奉

上諭直隸各屬入夏以來雖連次得雨終未霑足目下天氣亢燥望澤正殷朕心日切焦勞若再遲旬日不能普被甘霖恐秋成分數不無有減小民饔飧即宜預為籌畫前已降旨於天津截漕二十萬石以資接濟其各屬中或有應行籌辦事宜該督方觀承亦即宜悉心妥協料理務期有備無患以副朕軫念民瘼至意該部遵諭速行

七月初九日奉

上諭前經降旨截留南漕二十萬石分貯天津水次各倉備用但恐該旗丁等以非抵通交納可比於米色斛面或至任意攙和短少希圖朦混兑收而州縣印官不能親身經理胥役人等又往往借端勒索於中漁利此等弊端均所不免著該督方觀承即飭天津道董承勲親往監看嚴加稽察嗣後如有截漕省分俱着該督撫等專派就近駐劄之道員監看稽察不得但委之州縣佐貳以致弊

端著為令

八月初七日奉

上諭淮揚高寶等處現被水災朕心深為軫念已降旨令該撫莊有恭前往查勘賑卹朕思該處猝被災傷小民蕩析離居艱於餬口一應撫卹事宜不可不多為籌備者將江蘇本年應徵漕糧截留四十萬石該督撫等酌看災地情形分別運貯戶部秋撥銀兩亦著於該省多為酌留臨期奏聞請旨以備賑糶之需該督撫等督率所屬實力妥辦務令災黎均霑實惠該部即遵諭行

御製下河歎 癸酉

下河十歲九被潦今年洪水乃異常五壩平分勢未殺高堰一綫危騎墻寶應高郵受水地通運一望成汪洋東邏疏洩漲莫禦河臣東手無良方秋風西北勢復暴逆致衝清田禾傷哀哉吾民罹昏墊奏牘何殷西成荒撫臣奏云今歲秋收較捻歲收過災而市糶未減於云截漕出帑敕大吏無遺寧濫丁寧詳百千無過救十一何如多稼歌豐穰舊聞河徙奪淮地自茲水患恒南方復古去患言豈易愁焉南望心彷徨

十二日奉

上諭今歲淮揚下游被水亟需賑卹前已降旨截留該省本年漕米四十萬石備賑濟之用但該處戶口極繁必尚多需米石向來籌辦賑務每動帑委員告糴鄰境市儈聞風涌價射利往往因一省被災而鄰封稔歲亦受貴價之苦非救荒善策也朕思定例米銀兼賑而江淮舟楫相通商販四集貧民得銀即可易米正當聽其自為流通不必官為採買如所截漕糧及該省倉儲尚不敷賑給該督撫即隨時奏聞請旨現在太倉允裕朕不惜多分天庾之儲惠此嗷嗷北姓該督撫等惟當督率屬員實力撫綏毋令一夫失所並出示曉諭災民各安分待賑以副朕軫念至意該部遵諭速行

御製聞江南米價平詩以誌事 甲戌

淮揚秋災重澤鴻時廑慮亟力事撓草乃得涸沮洳興化及鹽城頗有春耕處加賑不靳再猶恐或遺誤邇來大轉旋滿野青秧佈恃此民心安鄉里不輕去又聞市頭米其價乃如故此事豈無繇凡百謀畫預去歲災方形倡言採買數聞之亟止之民趨利如鶩踴貴有必致況復吏役蠹大率官收五民將倍十借不如聽其便濟之截漕廩伊余籌之深可以淺言諭今有人於此覺其幼子孺其子日三食無害亦無慮與二藏其一曰防汝饞哺其子必欲食反以調饞訴耕餘有成言古執與今庶寄語牧民人禮經未易註

二十三日奉

上諭江南淮揚一帶被水成災前已降旨截留該省漕糧四十萬石以備賑糶之用但該處被災甚廣亟當多方籌畫以資接濟昨據署四川總督黃

廷桂奏稱川省今年收成豐稔米價處處減賤等
語蜀江直達鄖陽轴轤易致漢時下巴蜀之粟以
賑江南若借川省倉儲頒穀助江南賑恤俟秋成
後該督再行酌量買補還倉則採買亦不致騰價
實爲兩得着黃廷桂於該省倉穀内酌撥二三十
萬石遴委賢員作速運往俾災黎餬口得有倚賴
江南無事採買庶鄰省不致湧貴該部遵諭速行
御製四川總督黃廷桂奏蜀省歲豐穀賤因命轉
粟二十萬石賑淮揚被水州縣詩以紀之癸酉
全蜀幸逢年穀閒移粟船不因請漢詔援溺自應
然水潦移於江南朕憫其饑寒不活方下巴蜀之粟致之江陵見漢武帝元鼎二年詔

十月初二日奉

上諭今年七月間河湖盛漲高寶一帶下游居民
被水該撫莊有恭即行咨商豫東兩楚及江西浙
江等省撥協米石以備賑邮及朕降旨截漕撥運
川米業已足用不致以一省被災而致各省皆食
貴米故曾降旨謂莊有恭所辦稍涉張皇而莊有
恭旋復奏稱賑濟已足敷用所有各省俱可無庸
撥協等語蓋其始則未經審酌實在情形其繼則
又矯枉過正所辦皆爲未協殊於其奏到即仍令
江西湖北各撥米十萬石運往應用但銅山隄工
復又漫決數邑被淹災黎無所得食朕心軫念日
夜焦勞其令河南山東湖南仍照前議各撥米十
萬石浙江量撥米五萬石速即委員運交該撫以

備賑濟之用該部遵諭速行

初三日奉

上諭今年黃河盛漲徐淮被災雖於截漕之外復
降旨撥運各省米穀以備賑恤但災地既寬且撥
運之米亦恐緩不濟急著將江省本年漕糧再截
留二十萬石俾災黎可以即資餬口不致失所該
部遵諭速行

初九日奉

上諭浙江杭州乍浦滿漢兵米及織造匠役月糧
向於地丁米折銀内動支赴江南蘇常等處採買
今年淮揚被水成災賑邮需米甚多若仍照例購
辦恐於本地民食益致匱乏所有此項應需米石
著於浙江今歲漕糧内截留五萬石抵充兵匠口
糧該部即遵諭行

十一日奉

上諭安徽巡撫衛哲治奏本年九月徐州隄工漫
決上江所屬宿州靈壁虹縣泗州盱眙一帶地方
俱經被淹現在積水不能宣洩二麥難以播種等
語前此上江各處僅報偏災今宿靈虹泗等七州
縣衛被災正重不得仍照偏災之例辦理著該督
撫等將被災户口詳悉查明照淮徐例銀米兼賑
所需銀兩户部前奏秋撥案内雖撥四百餘萬未
經議及安徽著另行速議酌撥以備該處賑恤之
用其前撥安省協濟淮徐備賑米石本省既被重

災毋庸復撥該督撫體朕如傷之意無使一夫失所該部遵諭速行

十七日奉

上諭前因銅山隄工漫決上江之宿靈虹泗盱眙等屬被水成災已降旨令該督撫查明賑濟淮徐之例銀米兼賑但恐賑䘏所需米石尚有不敷應廣爲籌備着將徐州受兑之長淮大河二衛漕糧五萬石截留安省備賑再前令江西撥往江蘇米十萬石現在淮徐一帶截留運濟爲數已多着將此項一併就近運往安徽以備賑濟之用該部遵諭速行

十一月二十三日奉

上諭前因上江宿靈虹泗盱眙等屬被水成災降旨將徐屬之長淮大河二衛漕糧五萬石截留安省備賑今據衛哲治奏長淮大河等幫本年均被水災現議緩徵請即於鳳潁泗三屬未被災四應徵米石及安廬等屬漕糧內截留五萬石以抵蘇省應派之數至上江已截留五萬石則下江只應截留五十五萬石等語長淮大河二衛漕糧既被水緩徵着照所請即於安廬鳳潁泗等屬應行起運漕糧內截留五萬石以備安省賑䘏之用至下江省仍遵前旨截留六十萬石不必因上江另經撥截遽議扣除北運今歲淮揚徐海各屬被災甚重災黎嗷嗷待哺朕心深切軫念雖已多方籌濟但使百姓民食朕無所愛該部遵諭速行

乾隆十九年正月初二日奉

上諭上年江南浙江前後降旨截留漕糧共七十萬石其被災州縣復經分別蠲緩漕糧所有減存幫船甚多該旗丁等所需苫蓋日用之資若照例給與一半月糧未免拮据着將各該省截留蠲緩減船各丁於例給折半之外再加恩賞給二分以䘏丁力該部即遵諭行

八月初一日奉

上諭淮揚所屬高寶等處因雨水過多窪地居民又復被淹已飭該督撫查明成災處所加意撫綏所有應行賑䘏户口需用米糧着於乾隆十九年江蘇省應運浙漕內截留十萬石就近存貯以備賑䘏之用該部遵諭速行

十二月十二日奉

上諭本年淮揚所屬高寶等處因雨水過多被淹成災加恩降旨截留漕糧十萬石以備賑䘏所有減歇幫船例給一半月糧但該丁等未免辦御拮据着於一半月糧之外再賞給一分以資養贍

乾隆二十年七月二十七日奉

上諭今年江淮徐揚等屬間有被水之處已先後降旨令該督撫查明賑䘏今續據莊有恭奏大江以南之陽湖江陰靖江金匱溧陽等縣大江以北之江浦六合二縣及淮徐海三府州縣均續有經

被水之處雖據該撫循現在辦理撫卹各屬未漕亦尚平成但歉收處所米穀宜早為籌備著將該省本年漕糧截留十五萬石以資備用該部遵諭速行

八月初十日奉

上諭今年淮揚等屬下游居民被水亟需賑卹已降旨截留漕糧十五萬石今據莊有恭奏稱今歲該處被水之時較十八年更早且經疊次被淹民情拮据朕心深為軫念著將本年應運漕糧再行截留十五萬石以備賑濟之用該督撫等董飭屬員實力查辦務俾災黎均霑實惠該部遵諭速行

九月初五日奉

上諭淮揚各屬被水成災朕屢降旨加恩撫卹並截留備賑尹繼善等現今查辦但念該處疊被災浸民情艱苦著將江蘇省本年應運漕糧再行截留二十萬石為賑糶之需並著河南巡撫圖爾炳阿撥豫省東麥二十萬石遴委妥員速行運至徐邳等處就近交收以備賑卹尹繼善等務董率屬員實心辦理以副朕軫卹災黎之意

十三日奉

上諭喀爾吉善等奏稱明歲南巡請照例截留漕糧備用等語著照所請准將浙省本年應運漕糧截留十萬石以備來春之用該部即遵諭行

二十八日奉

上諭淮揚及江蘇等府屬本年偶被偏災已屢飭該督撫加意撫綏賑卹截漕撥粟疊次加恩並降旨於例應蠲緩外將勘不成災應徵漕糧酌量改徵折色以紓民力但恐來歲青黃不接之時糧價漸致昂貴不可不寬裕儲備著將湖廣省本年應運漕糧截留二十萬石江西省本年應運漕糧截留十萬石俱即委員運赴江蘇分撥收貯以備將來接濟之用其應於何處附近水次州縣交收著該督撫妥協辦理該部遵諭速行

十月初六日奉

上諭浙江嘉湖等屬與江蘇毗連該處今年麥收歉薄又於七八月內間被雨水寧紹等屬均有風

潮秋禾不無淹損前於該督撫等奏報諭令加意撫卹著再傳諭該督撫查明災地錢糧有應行蠲免及緩徵者體察情形分別辦理一應撫綏之事務宜董飭所屬實力為之毋俾災民稍有失所其該省本年應運漕糧前已有旨截留十萬石著再加恩截留五萬石分撥存貯備用該部遵諭速行

二十三日奉

上諭江省淮揚各屬秋潦成災前已降旨截留湖廣漕糧二十萬石運往備用今接陳宏謀奏動湖南溢額倉穀二十萬石碾米十萬石運至江南接濟平糶等語災地米糧多多益善碾運倉穀以資平糶既不至市價居奇於民食更為有益陳宏謀

所辦甚屬妥協著照所請速行該部知道欽此並發
十一月初三日奉
上諭今年安徽省鳳泗等屬秋禾被水間有成災
處所雖已令該督撫等加意撫綏賑卹毋使少有
失所但至來春青黃不接恐糧價稍昂民食未免
拮据尤當預為籌辦前據陳宏謀奏動湖南溢額
倉穀碾米十萬石運至江南接濟平糶此項米石
著即運交安省附近水次各州縣收貯以備糶借
之需該部遵諭速行
二十二日奉
上諭本年江浙地方間有歉收處所截船備賑並
蠲緩豁折所有應行減歇丁船例支一半月糧但
念該處現被水災米價稍昂幫丁餬口不無拮据
著加恩於應支一半月糧之外再行賞給二分以
示體卹該部即遵諭行
十二月初五日奉
上諭各省年歲豐歉不齊全賴商販流通有無懋
遷以資接濟向來地方官懷私邀譽罔顧大體雖
有遏糴之禁而陽奉陰違者仍復不免今年江浙
所屬偶被偏災本地米糧既少勢必藉資鄰省誠
恐不肖有司昧救災卹鄰之義阻遏糴販市賈益
藉以居奇地棍因而滋事則災地民食倍覺拮据
著傳諭四川湖廣江西河南山東各督撫等嚴飭
屬吏通行曉諭凡有商販米船不拘大小多寡聽

其裝載流通不得遏糴如有地方無賴棍徒借端
撓阻者即行嚴拏治罪該督撫等務宜實力奉行
以副朕一視同仁之意
乾隆二十一年正月初二日奉
上諭上年江浙兩省歉收屢經降旨截漕賑卹令
該督撫等多方撫綏惟是該省收成既歉米糧市
價自必昂貴全賴商販流通源源糶運以資接濟
所有江浙二省各關口應徵米豆額稅俱著加恩
暫行免徵以廣招徠至秋收後照例輸納務期貿
販輻輳市值平減俾小民無食貴之慮該部遵諭
速行
御製新正降旨加賑江浙去歲被水饑民並免米
豆稅詩以紀事子丙
診行三吳區哀鴻數連歲昨秋更甚前嘉杭亦奄
逮下濕已無收幸餘高原地而何蟲生之嚴霜復
早至嗟哉惸獨民胡堪諸患萃比戶鮮蓋藏無怪
穀踊貴救災艱良方遑存屯膏意截漕及留帑多
籌入粟制復思近利輩米豆免關稅庶幾殺澌多
差免流離蔬轉瞀念時繁調幕顏常愧賁之大高
能匪市馮讙惠
初二日奉
上諭江浙兩省上年俱有被災州縣屢經降旨該
督撫等加意撫綏並截留漕糧多方賑卹但念將
來青黃不接之時尚須平糶接濟以資口食湖廣

素爲產米之區江西倉糧亦尚充裕著令江西湖南二省各撥米十萬石運交江蘇湖北省撥米十萬石運交浙江以備平糶之用各該督撫務董率屬員善爲經理毋令市價增昂俾窮黎均霑實惠該部即遵諭行

初二日奉

上諭上年江浙兩省截留漕糧共一百一十餘萬石原爲地方賑恤之需而其中亦有因朕南巡先期奏明備用者今思該二省現在歉收民食必須充裕方可有備無患雖屢經降旨多方撫卹而將來青黃不接之候小民餬口維艱實堪軫念該督撫等拘泥前奏或留其有餘以致澤不下究非朕

意也所有江省截漕一百萬石浙省截漕十五萬石著交該處儘數賑糶撥用各督撫等其董率屬員善爲經理務俾窮黎均霑實惠副朕子惠元元至意該部遵諭速行

二十五日奉

上諭上年江南歉收屢經降旨截漕賑恤並令酌撥江楚等省東米運往平糶近聞該省米價尚未平減且南方全恃秋田收穫麥收亦屬有限其秋成以前尚須籌畫接濟去年豫東二省收成頗好麥價平賤著河南山東巡撫酌量採買小麥數萬石運江平糶並各飭屬曉諭商民流通販運俾災地民食充裕以副軫念

閏九月二十六日奉

上諭朕明春巡幸江浙所有洪宿頓次皆出自節項綠營不以累民第扈從官兵以及外省接駕人等輻輳雲集經過地方錢米價值恐一時或致騰涌著將運京銅鉛兩省各截留十萬觔添鑪鼓鑄減價發賣並將該二省應運本年漕糧各截留五萬石減價平糶以裕民間食用該督撫其各飭屬員實心經理毋使胥吏滋弊務俾均霑實惠該部即遵諭行

十一月十六日奉

上諭今年江蘇銅沛等州縣有被水成災地畝已令該督撫加意賑卹恐將來仍有應行接濟之處

自宜先期籌畫著於附近江省之安徽浙江山東河南酌撥銀一百六十萬兩於歲內委員運交江蘇藩庫收貯備用該部即遵諭行

三十日奉

上諭前已降旨江浙兩省各截漕五萬石以備平糶之用但明春巡幸所經江省地方較多五萬之數恐尚不敷著截留五萬石分貯平糶俾市價不致昂貴於民食尤有所濟該部即遵諭行

乾隆二十二年正月初二日奉

上諭朕巡幸江浙前經降旨截留江蘇漕糧十萬石浙江漕糧五萬石豫備臨期平糶之用所有此項減歇漕船向例止給一半月糧於該丁等生計

未免拮据著加恩於應給月糧之外再賞給十分之二該部即遵諭行

二月二十三日奉

上諭江蘇徐州府屬之銅沛邳豐蕭碭睢等七州縣上秋偶被偏災業經蠲賑兼施並將新舊漕糧概行停緩第朕念該處俱係積歉之區民鮮蓋藏將來青黄不接之時正需設法調劑所有七州縣熟田應徵漕米二萬四百餘石著即截留本地照例糶借庶於民食更為充裕該部即遵諭行

四月初六日奉

上諭徐州等府屬州縣疊被水災業經蠲賑兼施並截留徐州本處漕糧以供借糶昨車駕臨幸又

復將所有借欠籽種口糧不分新舊概予豁免凡以曲體頻施冀於災黎少濟今思該處倉儲未裕不可不預籌著再將本年現運漕糧截留五萬石存貯徐州等府以備不時之需其上江之鳳陽等屬頻年被祲小民艱於謀食並著截留漕糧五萬石撥運鳳陽等處備用其的截何幫漕船並如何分別收貯之處著該督撫等悉心區畫一面辦理一面奏聞該部即遵諭行

御製降旨截漕十萬石為徐州鳳陽各郡縣倉儲之備詩以言志丁丑

加賑至夏五民猶未免饑平糶及借種諸政命齊施常平雖積貯展轉將無遺我身縱北來我心每南馳彭城實親歷虛疲方秉時不得監門圖目覩嗟流離鳳陽所屬縣聞亦同沛徐叶患但施經見向隅豈其宜夏非截漕時災重不可泥叶分貯補倉缺緩急可賴之與我共治者莘非良有司體此在抱心推行真善為

六月二十日奉

上諭河南歸德陳許等屬各縣夏雨連綿秋禾淹浸前經降旨加恩撫恤一月口糧但念該處積水驟難消涸窪地西成失望民食艱難不可不多為儲備以資接濟著將該省二十三年應解漕糧截留十萬石分貯州縣用實倉庾而裕民食其應於何州縣截留分貯之處著該撫胡寶瑔酌量情形妥協籌辦仍將派撥各數具摺奏聞

七月初一日奉

上諭前因河南歸德等屬秋禾被淹積水驟難消涸亟宜豫為籌備已降旨將該省本年應解漕糧截留十萬石分貯州縣以裕民食今裘曰修奏稱被水之地出產有限恐應徵漕項輸將未免竭蹶等語豫省今歲被災較重朕心時為軫念著加恩將被水最重之州縣本年應輸漕項折徵一年其勘不成災及被水尚輕者所徵本色米豆即截留本省為冬春平糶之用並將該省今歲漕船著暫行停運一年多為儲備以資接濟該撫等務期董率屬員分別妥協辦理該部即遵諭行

初六日奉
上諭據劉墉奏稱豫省被水州縣所需賑糶請將
山東江南二省應運漕糧截留五十萬石運赴開
歸陳許等屬以濟賑糶之需並請於該二省近河
州縣倉貯内接一米二穀先行撥運等語豫省今
歲被災州縣頗廣將來一切賑借平糶需米正多
自當豫爲籌畫以資接濟但山東江南二省近河
州縣現在均有被水之處倉儲亦應留備未便撥
運江西湖北與豫省舟楫可通乾隆四年豫省被
災曾轉楚米協濟甚爲妥便此次應撥糧石著交
江西湖北廵撫在於該省相近河南各州縣倉貯
内酌定數目咨會動撥運交豫省分派收貯其江

西湖北動撥穀數即將該省本年應運漕糧照數
截留歸款以符原額仍將撥運截留各務一面辦
理一面速行具摺奏聞
初七日奉
上諭今歲河南各屬被水成災已屢降恩旨籌辦
撫綏但米糧充裕尤須商販流通著將江南江西
山東湖北等省商販米麥雜糧船隻查除運往豫
省災地糶賣者照乾隆四年之例經由赴豫各關
加恩免徵糧稅俾得踴躍運糶災地足資接濟俟
明年麥熟後仍報明停止該部即遵諭行
八月十四日奉
上諭據碩色奏稱湖北碾運豫米動撥穀五十萬
二千餘石該省本年額徵運京漕米止一十萬一
千餘石尚缺額常平穀約二十萬石請將湖南本
年運京漕糧十五萬餘石截留十萬石存貯北省
補還常平倉穀等語今年運河水大南來糧艘頗
多阻滯楚省過淮最後恐通流遲回空更致延誤
湖南應運漕糧竟可停其運京漕糧十五萬餘石
全數截留湖北除所請十萬石存貯該省照數補
還倉額其五萬餘石一併委員運赴豫省充收吏
於賑糶有益該部即遵諭行
九月二十日奉
上諭江蘇淮徐海等屬連歲被災賑糶需米浩繁
附近災地倉儲頗多缺額現在開修河道即日興

工夫匠雲集糧價或致昂貴不可不豫籌調劑漕
糧上關京儲原不應多截但該處現有工作若專
恃鄰境採買恐緩不濟急著將戊寅年應徵漕糧
截留二十萬石分撥各屬以資冬春賑糶之用該
部即遵諭行
二十六日奉
上諭昨據開泰奏稱川省收成豐稔已碾米十五
萬石運交楚省以備災地撥用今歲豫省現有江
西湖北之米協濟災地已爲有備著將川省運楚
米石即由楚運交山東令該撫酌量分貯以資接
濟自楚至東舟楫可通亦屬妥便該部即遵諭行
二十七日奉

上諭湖北從前碾運倉穀接濟河南經碩色奏明截留湖北漕米抵補外併湖南漕米經過武昌再截留十萬石以補常平倉穀今該撫奏稱湖南現有溢穀四十七萬餘石可令湖北來南領運歸倉而湖南漕米仍可全數起運北上或於明春過淮時酌留徐屬等語徐屬災民屢加賑恤連歲俱經截留漕糧米石自應充裕而豫省頻年被災今歲方加賑恤現在該省自尚有需米之處著將湖北應截留湖南之漕米十萬石撥給豫省以備接濟其應如何轉運分貯之處著富勒渾莊有恭胡寶瑔會商妥辦該部即遵諭行

十月二十日奉

上諭上江之鳳潁等屬大工同時並舉應募夫役買食者衆恐一時米價昂貴著將截留江蘇漕米二十萬石內酌撥五萬石分運上江各要工處所接濟平糶該部即遵諭行

十二月初四日奉

上諭湖北撥運豫省米石抵豫交卸後原船回過各關例應輸納船料但各船戶回棹時如已攬載客貨其船料自應徵收若僅係原船回空船戶未免拮据著加恩免其徵收船料以示優恤該部即遵諭行

二十六日奉

上諭安徽省現有需用工賑銀兩著戶部於附近省分酌撥銀六十萬兩解交安省藩庫備用

孚惠全書卷五十

截撥裕食五

乾隆二十三年正月二十九日奉

上諭據吉慶奏近年截漕過多一摺稱康熙年間共截過漕米二百四十萬石雍正年間亦不過二百九十餘萬石今已截至一千三百二十餘萬石等語所奏固亦慎重京庾之意但朕偶遇偏災己饑己溺之懷自不容已初亦不計截漕之數遂至如此之多若恐京倉易缺而於待哺災民稍有靳惜朕從來無此意見設多方顧慮其遂將重視倉庾之儲蓄而偶有災歉不為通融接濟耶至各省地方官因朕屢屢截漕遂於常平倉穀不實力籌

辦此種情節實亦不免要在督撫司道等嚴飭屬員先事豫圖行之以實耳常平所貯原以備水旱不虞若需用過多自不能不再取給於漕糧而究不可專恃漕糧為散賑平糶之用况江浙等省有漕可截尚可藉以接濟若雲貴等無漕省分惟資倉穀賑借設不實籌備倘一遇災歉將何以應之嗣後各省大員務當留心查察勿得奉行故事以致有名無實至朕軫念災黎有加無已之意固有出於不自覺者無論所截漕糧已十倍於康熙雍正年間而截漕之外一切賑借所用倉穀又不知凡幾此亦天下所共知者易曰有孚惠心勿問元吉朕非問也然試平心而論朕之於民為痌瘝一體耶抑猶有膈膜之見耶近年如江浙河南山東等省被災雖已多方賑卹不下數千百萬朕心猶不免慊然而蚩蚩無知之流或邪教之屢興或怨謗之自若則有司奉行之不善教化之未孚不能不情慊於懷而愧吾誠之未至也然朕必不因吉慶此奏鰓鰓過計致於撫恤災黎轉有所節嗇也摺並發

二月初九日奉

上諭湖北撥運陝米船料業經降旨免其徵收其運東川米原船回空時如查無攬載客貨著一體加恩免其徵收船料以示優卹該部即遵諭行

十月十三日奉

上諭陝西延安榆林沿邊一帶米價稍昂現撥寧夏倉糧以資協濟而應車領運若照定例給以官價窮民往返未免拮据著加恩將靖邊定邊榆林懷遠四縣領運車馬除官價之外每石每百里加銀五分回空仍給半價其將來寧夏軍需各項運竣仍令運糧前往協濟所有車輛腳價亦照此例一體賞給腳價以示優卹邊氓之意該部即遵諭行

乾隆二十四年四月十一日奉

上諭各省糧艘陸續抵津現在北河水勢微弱而南漕數目較往歲為多撥運需船自必更多但多用船隻則於商貨往來或不能通行無滯天津北

倉原係存貯米石之所着將先到漕船照工歲之例即於天津截留四十萬石存貯北倉或留爲賑糶之需或俟夏秋再緩運北上無不可也將米水勢長發續到糧艘足資濟送自可直抵通倉着方觀承會同漕運總督楊錫紱酌量情形妥協辦理該部即遵諭行

五月初四日奉

上諭前經降旨令方觀承將本年先到漕糧截留四十萬石存貯天津以備賑糶之需現今雨澤未敷近京州縣糧價稍昂民食恐未能充裕着再截留漕糧二十萬石於景州以北至天津一帶水次州縣酌量分貯以資接濟該部即遵諭行

初九日奉

上諭昨因近京州縣糧價稍昂已降旨將先到漕糧截留四十萬石存貯北倉又於景州以北一帶水次州縣截貯二十萬石以備撥用但北時雨澤尚未霑沛且距秋成尚遠不可不先事豫籌着再截留二十萬石分貯景州以北水次州縣以資接濟交與總督方觀承會同漕督楊錫紱於現到漕船內遵照前旨辦理

十一月十八日奉

上諭前因直隸夏間得雨稍遲恐向後糧價易昂是以豫令楚省於存倉穀內碾米十五萬石分撥漕船運通以爲有備無患之計旋因畿輔甘霖普降秋田並獲有收現在撥運之項並無需用而浙省有間被偏災之處該撫正在委員赴江廣採買接濟莫若即將楚省此項米石免交浙省委員運回備用既不須往來購運之煩而彼此衆多益寡調劑尤爲適宜其江西現有撥運通倉米十萬石即着就近留於江蘇水次州縣以備撥用該部速遵諭行

乾隆二十五年正月初三日奉

上諭甘省被災各屬倉儲未能充裕業令該督撫撥運本省及陝省糧四十餘萬石分貯災屬備用但各間賑糶兼行恐有不敷着於鞏昌寧夏西寧秦州四府州倉儲有餘之處除留本地備用外再

酌撥十餘萬石就近運赴被災各屬俾賑恤借糶寬裕儲備以資應用該部即遵諭行

乾隆二十六年十月初三日奉

上諭朕明春恭奉

皇太后聖駕南巡着照丁丑年例於江浙兩省冬兌漕糧內各截留十萬石在水陸駐蹕地方分廠平糶着漕運總督及各該督撫會同妥協辦理該部遵諭速行

初九日奉

上諭比因直隸應需賑糶米石已降旨令後至漕艘尾幫及通倉酌撥糧共二十萬石運赴備用現在各省漕儲全數抵通綜計太倉歲入至爲充裕

而直屬附近被水偏災之地當青黄不接時宜從
優豫籌貯備俾北方穀多價減於民計尤爲有裨
著於通倉内再行撥米二十萬石交與直隸總督
方觀承會同倉場侍郎等照前次成例酌令需米
州縣赴通領運以資接濟

初九日奉

上諭今歲各省全漕抵通綜計太倉儲積甚爲充
裕直屬已疊降諭旨加恩截糧四十萬石以備賑
糶平價之需因念山東所屬今秋被水偏災之處
雖非豫省可比但循例撫卹之外亦應多爲儲備
俾青黄不接時小民得資接濟著於本年應運漕
糧内截留十萬石存貯該省備用其豫省本年漕

糧現經驟行停止除應行蠲免外所有現在緩徵
應行補徵起運者並著一併留貯該省隨時酌量
應用以示軫卹

二十日奉

上諭豫省本年漕糧前已降旨加恩分别蠲緩該
省尚有應解交内務府麥一萬石該撫胡寳瑔請
奏請於未被水州縣應完粟米内改徵運解但念
通省漕運俱停何必爲此一項仍復行糶輸者一
體並停運解所有内務府明年應需米石暫令自
行採買應用該部遵諭速行

乾隆二十七年正月十三日奉

上諭朕因巡幸江浙前經降旨著照丁丑年之例
於江浙兩省應充漕糧内各截留十萬石豫備臨
時平糶之用所有此項減歇漕船内例止給一半
月糧於該丁等生計未免拮据著加恩於應給月
糧之外再賞給十分之二該部遵諭速行

三月十四日奉

上諭本年巡幸江浙降旨截留漕糧以備平糶所
有此項減歇漕船業已加恩於一半月糧之外賞
給十分之二而各省因災減歇漕船向例俱止給
一半月糧於該丁等生計未免拮据亦著加恩各
於應給月糧之外賞給十分之一該部遵諭速行

六月十五日奉

上諭直隸自五月以來雨水稍多看來近京一帶

低窪地畝不免有積水被災之處應需米石撥用
自應豫爲籌備現在漕船未經抵通收兑者尚多
著總督方觀承於尾幫所過之天津北倉以南附
近水次各州縣分别酌量情形約共截留漕糧二
十萬石以備將來撥用並諭漕運總督倉場侍郎
知之該部遵諭速行

二十四日奉

上諭前因直隸雨水稍多低窪地畝不免有積水
被災之處曾經降旨於天津以南附近水次州縣
截留漕糧二十萬石以備撥用但念現在被水各
屬收成不無歉薄將來需米之處尚多前此所截
糧石恐不敷用著再加恩於抵津各幫内截留十

萬石一併存貯北倉備用該部遵諭速行

七月初五日奉

上諭前因直隸夏間雨水稍多低窪地畝不無積
水被災之處已疊經降旨截留漕糧三十萬石以
資撥用第念豫籌來春不妨寬裕存貯庶為有備
無患著加恩於北倉再行截漕二十萬石倘各幫
現在俱過天津者該督方觀承即就天津以北附
近水次地方酌量截留該部遵諭速行並傳諭漕
運總督楊錫紱知之

初七日奉

上諭奉天直隸海船往來運販米豆雜糧向有例
禁今夏近京一帶雨水過多市價未免稍昂而奉

屬連年豐稔若令商販流通於小民生計甚有裨
益著暫開海禁一年俟明歲秋收後再行停止至
商販船隻出入應行驗票稽查其由京往奉省者
令於步軍統領衙門給票由奉省來京者於奉天
將軍衙門給票庶彼此察核有憑可杜冒濫諸弊
著直隸總督奉天將軍府尹會同酌定章程妥協
經理

乾隆二十八年二月二十二日奉

上諭直隸去秋被水低窪地方近因巡省之次復
疊降恩旨多借籽種以資東作其定例應賑不應
賑極次貧民均予加展一月並加撥部庫銀八十
萬兩濟用更念現在青黃未接之際米價未能驟
平災黎即格外得銀猶或艱於糴食著再加恩截
留河南山東新運漕糧十五萬石分撥水次附近
被災州縣俾得銀米兼賑閭閻既餬口有資即市
集米價益就平減該部遵諭速行

御製降旨截漕米十五萬石以濟直省賑需詩

年前截漕五十萬用佐冬春賑貸資適來青黃速
不接民艱還擇周詢知部節再撥八十萬仍慮難
為無米炊復留新漕五十萬以濟災後頒糈冒從
來救荒無善策在盡心以補苴為示人端推擴充
要共者嗟嗟良有司

乾隆二十九年九月二十五日奉

上諭朕明春恭奉

皇太后聖駕南巡著照從前之例於江浙二省冬
兑漕糧各截留十萬石在水陸駐蹕地方分廠平
糶即令漕運總督及各該督撫妥協辦理該部遵
諭速行

乾隆三十年正月二十日奉

上諭朕因巡幸江浙前經降旨於江浙二省冬兑
漕糧內各截留十萬石豫備臨時平糶之用此項
減歇漕船向例止給一半月糧於該丁等生計未
免拮据著加恩於應給月糧之外再賞給十分之
二

乾隆三十三年十月二十九日奉

上諭直隸霸州等處本年偶被偏災所有將來應

行加賑各項着撥户部銀四十萬兩解交直隸藩
庫備用
乾隆三十四年正月初八日奉
上諭上年直隸迤北州縣窪地間被偏災業經加
恩分别賑卹折正又經降旨將霸州等十二州縣
極次貧民均予展賑自可不致失所但各該處需
用米石頗多而借種平糶亦需米接濟着再加恩
撥運通倉米二十萬石以為各該處加賑糶借之
用該督其董率屬員實力辦理務使小民均霑實
惠該部遵諭速行
乾隆三十五年閏五月初六日奉
上諭據楊廷璋奏本年北運河一帶春末夏初雨

少水淺糧艘遄行稽阻請將現未過津之運通船
糧酌量截留於天津之北倉存貯等語糧石貯通
貯津同一倉儲今既據該督奏請截留着照所請
於現未過津之船糧不拘何幫截留二十萬石存
貯天津北倉備用該部遵諭速行
八月十一日奉
上諭前經降旨截留漕糧二十萬石存貯天津北
倉備用近因武清固安等州縣被水較重已諭令
就近撥給今聞直隸被水各屬賑務需米者頗多
所撥截留漕糧尚恐不敷接濟着再加恩於通倉
撥米二十萬石交總督楊廷璋飭屬妥協辦理俾
待食貧民均霑實惠副朕軫念黎元至意該部遵
諭速行
十一日奉
上諭直隸被水各屬收成歉薄現有應行賑卹之
處着撥部庫銀五十萬兩以資分給但聞庫銀舊
制前經雍正年間果親王奏定凡遇應發銀兩除
俸餉外俱有應扣平餘此在工程等項需用銀兩
不必悉照部法支放若地方遇有災歉特發帑銀
賑卹惟期閭閻實被恩膏毋許不肖官吏絲毫扣
剋其事較俸餉為尤重豈可於部庫撥給時分兩
稍有輕減此次所發五十萬兩着該部即於庫貯
元寶内如數發往嗣後如遇賑卹之項俱照此行
着為令

十六日奉
上諭前因直隸被水各屬賑務需米頗多業經降
旨將截留漕糧並撥通倉米共四十萬石交楊廷
璋飭屬妥辦兹面詢該督據奏各屬常平穀石尚
未買足今年臨幸天津復經蠲免舊欠米石現在
各州縣倉廒所存尚恐不敷應用着再加恩撥通
倉米二十萬石俾得寬裕賑給貧民口食益資接
濟該部遵諭速行
十月二十七日奉
上諭今歲直隸保定天津等府屬州縣被水偏災
業經陸續撥發帑金五十萬兩並撥通倉米六十
萬石諭令該督於各州縣應行普賑撫賑及冬春

大賑時銀米兼放俾窮民口食有資但念各屬應賑戶口及將來尚有閒賑放歸續添之戶前次所撥賑銀尚恐不敷支用著加恩於部庫內撥銀三十萬兩以資給放該部遵諭速行

乾隆三十六年正月十一日奉

上諭上年直隸武清等十六州縣被災稍重曾加恩先後動撥部庫銀八十萬兩又撥通倉及截留漕米六十四萬石令該督率屬加意賑恤並於新正降旨再行加賑一月俾方春東作之際貧民口食有資今據楊廷璋奏稱從前奏撥部庫銀兩除給各屬急賑攤賑大賑之外所餘無多其所撥通漕薊糧等米亦經領運散賑無存懇恩再賞撥銀

米以濟賑需等語著照所請再於部庫內撥銀二十萬兩通倉內撥米十七萬石交與該督楊廷璋董率所屬查明應賑數目據實速為支發妥協經理務令窮民悉被恩膏副朕有加無已至意該部即遵諭行

五月二十七日奉

上諭前因甘省採買賑恤等項需用較繁曾於乾隆三十一年降旨撥借部庫銀三百萬兩赴甘備用業已支用全完邇年采買穀備賑諸事又於隣省節次協撥銀三百餘萬兩亦經動用今年甘省得雨較遲現需借糶接濟而已經支給之穀均應於秋成買補還倉所需銀項自宜早為籌備著於戶部庫內撥銀二百萬兩派委妥員解赴該省存貯備用該部遵諭即行

六月十二日奉

上諭甘肅上年收成歉薄今春雨澤又復稀少恐不能及時播種民食未免拮据節經傳諭該督籌辦借糶以資接濟並令將該省現在情形據實奏聞俟朕酌量加恩今據署總督文綬奏稱甘省州縣有於四月中得雨已足業經補種秋禾者尚可望有收成其得雨較遲之處晚禾不能復種現需籌辦等語甘省土瘠而寒早歲止一收其曾經及時趕種者尚可冀秋成有穫若夏秋俱未及種小民終年待哺口食維艱朕心深為軫念著加恩將

甘肅現被夏災不能趕種秋田之各州縣廳屬即照秋災之例查明加意賑卹分別蠲緩俾貧民不致稍有失所昨已降旨於陝省藩庫撥解銀二百萬兩赴甘所有應需辦災銀兩自屬寬裕而撥運米糧雖有三十萬石尚恐不敷賑糶之用文綬於陝省倉儲多寡乃所深悉現在署理督篆經由甘省其有可就近續行酌撥應用者著即悉心籌畫速行奏聞撥運以濟要需吳達善到任後並宜董率所屬實力經理務俾閭閻均霑實惠生計有資副朕厪念邊氓至意該部即遵諭行

七月十四日奉

上諭今年七月初雨水較大直隸湖河州縣間有

被水之處已屢諭該督像實查明照例分別妥辦
毋使一夫失所著戶部動撥庫銀五十萬兩發交
該督備用該部即遵諭行

十八日奉

上諭今年七月初近京一帶雨水較多瀕河州縣
低田間有被淹之處節經諭令楊廷璋悉心查勘
分別賑借並撥部庫銀五十萬兩交該督貯庫備
用而撫卹諸事米石在所必需現在漕艘尚有未
抵通者著再加恩截留漕米五十萬石即於天津
之北倉起卸存貯聽需米州縣就近領運俾災黎
餬口有資均霑實惠其卸米之船即於彼處飭令
回空亦爲迅便著交倉場侍郎妥協經理該部即

遵諭行

九月十四日奉

上諭今年近畿秋雨過多瀕河州縣低田多有被
淹之處節經截漕五十萬石並發部帑五十萬兩
諭令該督楊廷璋查勘被災情形分別妥協辦理
其較重之宛平等十八州縣並令將成災在八分
以上者於八月內先行急賑一月以資接濟現屆
冬月人賑需用銀米較多恐所截漕米尚不敷支
撥著再加恩撥通倉米三十萬石交與楊廷璋酌
核應撥州縣及早領運備用仍董率屬員實心經
理務俾閭閻均霑實惠副朕軫念災黎至意該部
即遵諭行

乾隆三十七年正月十三日奉

上諭上年直隸地方因秋雨稍多瀕河窪地間被
水淹已降旨撥給銀五十萬兩米八十萬石以資
撫恤復於新春降旨將被災較重之宛平等二十
四州縣再行展賑一月並有缺乏籽種及糧儲稍
歉之處隨時糶借兼行俾貧民得資口食今據周
元理奏稱從前奉撥銀米尚在不敷動用懇恩再
行酌量撥以濟加賑借糶之需等語著照所請
再於通倉內撥米十八萬石部庫撥銀二十五萬
兩交與該督周元理董率所屬實心經理務使窮
黎均霑樂澤不致稍有遺濫副朕加惠閭閻至意
該部即遵諭行

乾隆三十九年九月十三日奉

上諭據周元理奏天津府屬七縣偶被偏災該處
倉貯米穀因從前屢經賑借且疊蒙恩旨蠲緩現
在常平社義等穀僅存五萬餘石不敷今冬賑借
及明春借糶之用等語天津府屬七縣因夏秋雨
澤未普收成稍歉雖係一隅偏災恐冬春之際民
力未免拮据朕心深爲軫念著加恩於通倉內撥
米十萬石交周元理即行領運酌備被災各屬冬
春賑借平糶之用該督務董飭所屬妥協經理副
朕優恤畿民之至意該部即遵諭速行

十月二十五日奉

上諭前因淮安一帶今秋被水節降諭旨加意撫

部俾災民不致失所據高晉等奏稱災地需用米糧一項必須豫爲籌備本省各屬常平倉穀恐尚不敷撥用等語著該督等即於江蘇各屬漕糧內截留米二十萬石酌量災地遠近或全數撥留或按屬派撥並令該督等迅即妥協經理以備明春賑糶之用

乾隆四十年三月初四日奉

上諭上年直隸天津河間等府各屬倉穀因賑動用者例應補買但恐一時官買過多致市間糧價稍昂於民食未免有礙著加恩截留豫東二省漕米十萬石暫貯北倉交該督周元理酌量領運撥補俾民間多留蓋藏以示優恤該部即遵諭行

閏十月二十五日奉

上諭據文綬奏川省所產雜糧現飭要隘一概截留禁止販往楚省一摺所辦非是川省產米素稱饒裕向由湖廣一帶販運而下東南各省均賴其利近年因辦理軍務購糧較多經該督等奏准暫停要隘出米以供軍儲而資民食尚屬可行至各項雜糧仍當聽商販流通俾從民便不應在禁止之例今大功指日告成軍糧儲備充盈採買較前漸少何以轉加飭禁況本年江蘇安徽俱被偏災米價不免昂貴若得上游糧食源源販運兩省之民更可藉以接濟所有文綬截禁雜糧摺著一事斷不可行即著停止現在官兵乘勝深入使可掃穴擒渠一經紅旗馳報並應將川省米石聽其運出要隘販賣無許再行禁遏俾各省商民均霑利益副朕惠愛普周至意該部遵諭即行並將此通諭知之

御製四川總督文綬奏開要隘米禁詩以誌事丙申

金川逆王命問罪有師指惟是地險要征以五年矣儲糈出民間遏糴不得已昨歲文綬奏特籌熟絜矩叶並欲禁雜糧要隘販胥止通年征勦金川軍儲需米因從該督等之請暫禁川米出關去冬文綬奏川省所產雜糧亦請飭要隘截留禁止商販以雜糧非軍務所用應仍聽從流通俾從民便且昨歲江蘇安徽兩省俱被偏災市直不免騰踊若得上游糧食販運可資接濟因不允所請並諭令大功告成後要隘川米亦當弛禁因計江浙民接濟猶餘此如何概絕之覽摺批弗許叶且令

一闢捷即先截穀米通來屢報勝賊巢圍咫尺恐茲接驛章呈弛禁一遵旨茲據文綬奏大功即日告蕆軍糧儲備充盈無庸復行採買已遵旨將要隘開禁仍聽運米通商流通利閭閻是固吾所喜

乾隆四十一年六月十六日奉

上諭前據畢沅王亶望節次奏報今年甘省暴閼等二十九廳州縣得雨較遲已成旱象節經傳諭該督等急籌撫卹實力經理前日適畢沅奏到盤查甘肅藩庫實存銀數共有四百一十四萬五千餘兩朕因該省成災處所甚多賑卹所費不少而司庫所存銀兩尚有應用歲需各款所餘恐不敷撫恤之用隨令戶部約略查核今據覆稱該省前項銀數雖係實存司庫但除每年額支養廉俸餉

等項僅餘四十五萬餘兩，可供動支。而四十年兵餉項下應支若干，應存若干，奏銷尚未題到，無憑查核，細覈等語。著傳諭勒爾謹即查明甘省司庫實存項下除歲需應支若干，實在尚餘若干，是否足數。今年賑恤各屬災黎之用，倘或不敷，前有部撥解川銀三百萬兩，因金川大功告成，截留存貯西安藩庫。著該督即行奏聞，於此內酌撥銀若干萬兩，就近運解甘省藩庫，以備賑恤。該督仍董率各屬妥協經畫，務使均霑實惠，毋任蠧吏奸胥侵冐中飽。將此由六百里傳諭知之。

御製署陝甘總督畢沅奏甘省各屬被旱情形詩以誌事 丙申

從來地瘠民貧處，忽報霜濃雨缺聞。先是畢沅奏甘省自三月以後雨澤稀少，狂風時作，雲起輒為吹散，兼有被霜之處，麥苗受傷，秋禾大半未能出土，即已出者亦不能長發，現令虔誠祈禱，若早得甘霖，尚可補種晚禾、莜麥，深為廑念，諭令速奏得雨情形。並確據奏五月十二、十四等日得雨二寸、三寸，未能深透，是甘省旱象已成，且節屆小暑，邊地氣候早寒，即種得遲青亦難翻墾補藝，急飭該督等率屬悉心履勘，善為撫恤，毋致貧民稍有失所。參因麥收絕，夏望禾仍得澤冀秋殷，覽卿已切尸祝代，而我曾無遠近分。乏善策惟力補救，豫救發帑備賑勤。甘省藩庫雖存貯四百餘萬兩，但恐需用較多，不足供災賑之需，因敕部核計所存之數，除備支俸餉外，或不敷賑恤所需，即於留貯西安藩庫軍需項下就近酌撥銀一二百萬，寬為備用。

孚惠全書卷五十一

孚惠全書卷五十二

截撥裕食 六

乾隆四十三年閏六月二十六日奉

上諭：豫省昨歲秋成歉薄，今年夏麥亦復缺收，閭閻未免拮据，業經疊降恩旨，加意撫恤，蠲緩俾令得所。幸各屬於六月中普得透雨，大田俱已趕種，可望秋成。第今距秋收之期尚早，現在糧食恐未必即能充裕，著將江西省尾後數幫之米截留十萬石，於臨清水次令鄭大進委員接運回豫，以資儲備接濟。該總督即速酌定幫數船隻，飭知押運各員妥協辦理。該撫亦即派委幹員照料妥辦。該部即遵諭行。

七月初二日奉

上諭：前因豫省今年麥收歉薄，降旨將江西尾後數幫之米截留十萬石，於臨清水次令豫省接運，以裕民食。因念山東濟南、東昌各屬及直隸大名、廣平、順德等各府均有缺雨之處，二麥大半歉收，市糧未能充裕，雖不至如豫省之甚，民食究不免拮据。著再將江西尾後數幫之米於山東、直隸各截留五萬石，以資接濟。其應截何幫船隻，即著鄂寶酌量分撥，檄知押運各員迅速妥辦。至兩省應於何處水次截留運貯之處，著周元理、國泰酌量妥協籌辦，仍即一面辦理，一面具摺覆奏。該部即遵諭行。

初六日奉

上諭豫省儀封考城二汛內河隄現在漫口急需堵築而被水災民並需撫䘏應用之項較多豫省藩庫所存銀兩恐不敷用著於兩淮鹽課項下撥銀五十萬兩伊齡阿即日派委妥員迅速解豫以資接濟該部即遵諭行

初六日奉

上諭前因豫省去歲秋收歉薄本年夏麥又復歉收閭閻未免拮据業將江西省後幫之米截留十萬石於臨清水次令鄭大進委員接運回豫以資儲備今據姚立德等奏稱儀封考城汛內河隄漫口其被水災民現需撫䘏應用米糧必多著再將

江西尾幫漕米截留十萬石與豫省備用著鄂寶即速查酌應截何幫之米飛檄押運照妥辦並著鄭大進即行酌量於就近災所之運河水次委妥員接運一面飛咨鄂寶查照一面具奏該部即遵諭行

十二日奉

上諭據鄭大進奏豫省儀封考城二汛漫口急須購料堵築被水窮民均宜賑䘏總發銀一百萬兩解豫備用等語前因儀考兩汛漫口工程較大災黎並需撫䘏恐豫省庫貯銀兩不敷未待該撫奏請已降旨撥發兩淮鹽課銀五十萬兩速解豫省以資接濟著再於兩淮鹽課項內撥銀五十萬兩

令伊齡阿即速派委妥員解赴豫省備用該部即遵諭行

十五日奉

上諭前因豫省上年秋成歉薄今夏二麥缺收民食不無拮据即降旨截留江西尾幫漕糧十萬石令豫省於就近水次運回備用嗣於儀封考城二汛漫口復截留漕糧十萬石於豫以資賑䘏並先後撥給兩淮鹽課銀一百萬兩俾銀穀兼賑災民不致稍有失所今復思該省秋禾雖可望有收而儀考兩汛現有要工料物並需各屬辦運恐於冬間免漕諸務不免兼顧為勞著再加恩將豫省本年應行起運漕糧內酌量粟米十萬石留貯該省

以省挽運之費並可備賑糶之用該撫務董率所屬實心經理俾閭閻均霑實惠以副朕軫念災黎之至意該部即遵諭行

八月初九日奉

上諭前據三寶陳輝祖奏湖北今夏得雨稍遲米價漸長遇有川米過境催截運售等語此非遏糴而何朕以該督等為楚省民食計則得矣不知江南向每仰給川楚之米今歲亦間有偏災更不能不待上游之接濟且楚米既不能販運出境若復將川米截住不令估船運載順流而下則江南何所取資該督撫止就本省籌核所見殊小並朕一視同仁之意隨即傳諭訓飭如川省米船到楚聽

其或在該省發賣或運赴江南通行販售總聽商
便勿稍抑遏嗣又據文綬因楚省有買川米之咨
奏稱川西川南雖獲豐收恐商賈紛集爭糴或致
米價騰踊擬將水次州縣各倉內撥二三十萬石
碾米運楚應用等語名為設法調劑實啟藉此遏
糴禁止商糴也所見與三寶等相同隨即飭令不
必將倉穀碾米運楚聽商販源源糴用毋關驗攔
不得稍有留難在該督撫僅就一省起見或分疆
界朕視天下百姓皆吾赤子豈亦如伊等之分疆
界乎且伊等皆國家大臣自當以朕之心為心豈
宜意存畛域若徒知各子其民囿於私見不亦可
鄙乎如川省米船運載流通固屬甚善但恐川船
到楚僅敷該省之用不能分運則江南糧價或致
增長深為廑念著傳諭文綬將擬撥楚省之倉穀
二三十萬石即速就各水次碾米運赴江南備用
並諭薩載等酌於何處接運分撥需米之各地方
隨時出糶以平市價而裕民食一面咨照文綬辦
理一面奏聞至川省動撥倉穀俟明歲穀賤時再
行買補該督撫速為遵照妥辦該部即遵諭行

十一月十三日奉

上諭本年豫省黃河漫口儀封考城一帶被災較
重業經降旨於兩淮運庫撥銀一百萬兩以為上
賑之需復令截留江西漕米及本省新漕三十萬
石以備賑卹第念該省災重之區明春尚需加恩

展賑恐有不敷著再撥戶部庫銀六十萬兩迅派
妥員解赴豫省俾資接濟該部即遵諭行

乾隆四十四年正月初三日奉

上諭前據陳輝祖奏請撥解賑銀七十萬兩業已
降旨撥給其另片聲請另撥銀六十萬兩以備加
賑之需經軍機大臣具奏以該撫所稱尚屬約畧
之詞未便遽撥令該督撫將實在應需加賑折色
銀數若干詳悉查核覆奏到日再定意在核實辦
理並非為節省帑項起見也今據三寶等奏江夏
等十八州縣及九衛所加賑一月口糧需費折銀
五十九萬八千七百六十餘兩擬借用司庫封貯
銀兩及寄貯荊州滿營馬價並鑄錢餘息等銀俟
將來陸續歸款此時毋庸請撥等語所奏非是朕
惠愛黎元恫瘝在抱凡遇水旱偏災無不即發帑
金多方賑恤期無一夫失所即數逾百萬從不稍
有吝惜此天下臣民所共見共知者況今庫藏充
盈其所請之六十萬兩尚不及庫貯百分之一且
用以賙卹災黎更何所靳乎三寶等既經查明實
需加賑銀約六十萬兩即應奏請撥給乃紛紛籌
借動用而以暫時毋庸撥發為詞所借各款將來
仍須分別歸還何必徒費一番周折三寶等非特
不能善體朕意亦併不善於辦事矣如照伊等所
奏恐外間無識之徒妄生議論且恐他省督撫聞
之漫為臆度遇有應辦災賑輒致諱匿所係甚大

封疆大臣豈可不以保赤爲懷存此惜費小見乎
著於戶部庫帑內即撥銀六十萬兩解往該省爲
加賑之需該督撫務董飭所屬實力妥辦使窮民
均霑實惠該部遵諭速行並將此通諭中外知之

二月初六日奉

上諭上年湖北被災處所較多藩庫存銀一百一
十四萬餘兩俱因賑卹動用並借動封貯銀三十
五萬兩業經降旨於浙省撥銀七萬兩部庫撥銀
六十萬兩解往該省止敷正加賑之需即歸還封
貯原款爲數亦未爲充裕著再於部庫撥銀一百
萬兩解交該省司庫存貯以資備用

十月初一日奉

上諭朕明春巡幸江浙所有供宿頓次皆出自帑
項絲毫不以累民第扈從官兵以及外省接駕人
等輻輳雲集經過地方米糧價值恐一時或致騰
踊著照從前之例於江浙二省冬兌漕糧內各截
留十萬石在水陸駐蹕地方分廠平糶即令漕運
總督及各該督撫妥協辦理該部即遵諭行

十一月十九日奉

上諭安徽省所屬之亳州蒙城暨下游鳳陽泗州
各處低窪地畝本年秋間被水前經諭令該撫等
按照災分輕重分別給賑各處貧民自可口食有
資但念本年被水處所即係上年被災之地昨歲
曾撥運川米十萬石分給平糶是以米價不致過
昂今該處仍復被水恐明歲青黄不接之時災地
窮黎究不無拮据該省潁州鳳陽泗州三屬及六
安霍山二州縣今歲俱多豐熟與各災地相距最
近著該撫即於各處應徵漕米內加恩截留三萬
五千石豫備明春減價平糶以濟民食該部即遵
諭行

十二月初四日奉

上諭前因豫省黄河漫口節次撥給部帑及兩淮
鹽課銀三百六十萬兩以備工賑之用現在堵築
事宜業届蕆功恐需用不敷著戶部再撥銀二百
萬兩照例迅速解往以資接濟該部即遵諭行

乾隆四十五年正月十六日奉

上諭朕巡幸江浙上年業經降旨照從前之例於
江浙兩省冬兌漕糧內各截留十萬石豫備臨時
平糶之用所有此次減歇漕船向例止給一半月
糧於該丁等生計未免拮据著加恩於應給月糧
外再賞給十分之一以示體恤該部即遵諭行

八月十三日奉

上諭本年直隸雨水頗多各州縣間有淹浸之處
現經漸次涸出而被水地畝收成不無歉薄朕心
深爲軫念著加恩於天津水次截留漕糧十萬石
存貯北倉以備直屬分運賑恤之用俾貧民口食
不致拮据以副朕軫恤窮黎至意該部即遵諭行

二十日奉

上諭前因直隸雨水過多被淹地畝收成不無歉
薄曾降旨截留漕糧十萬石以備賑卹之用今據
鄂寶等奏漕運遲到著再截留二十萬石存貯北
倉既可令其早回受運即以備接濟直隸各屬賑
卹或補州縣倉貯亦屬兩便該部即遵諭行

十一月二十日奉

上諭本年直隸夏秋雨水稍多武清房山等四十
一州縣田禾被淹業經降旨截留三十萬石以備
賑濟之用但念其中有被災情形較重者明春尚
應加恩展賑恐該省現貯銀兩不敷動撥著再加
恩賞撥通倉米三十萬石部庫銀三十萬兩以資
應用該部即遵諭行

乾隆四十六年七月二十四日奉

上諭本年六月江蘇崇明縣猝遇風潮被災較重
貧民口食未免拮据著加恩於蘇屬本年應行起
運漕糧內截留十萬石以備賑濟平糶副朕軫恤
災黎之至意該部遵諭速行

九月十九日奉

上諭據袁守侗奏天津靜海二縣窪下地畝勘明
偏災所需賑米請將本天海運漏穎餘米賞撥等
語著照所請即將本年奉天海運漏穎餘米十二萬
二千餘石賞撥天津靜海二縣為賑恤之用該部
即遵諭行措備發

十一月初七日奉

上諭本年江蘇徐州府屬沛縣睢寧豐縣銅山邳
州宿遷等州縣被災較重已屢經降旨准撥藩庫
糧道庫銀五十五萬兩現又據薩載奏准其於兩
淮鹽課應解部銀內再行動撥銀五十萬兩以資
賑卹第念該處米穀恐尚不敷賑糶著再加恩於
淮徐各屬本年應行起運漕糧內截留五萬石以
備賑濟平糶之用該督等務須督飭所屬查明災
地情形分別賑糶實力妥辦俾小民口食有資毋
使一夫失所副朕軫念災黎至意該部遵諭速行

三十日奉

上諭本年豫省青龍岡漫口黃水灌入東省湖河
江南之沛縣正當下游受患較甚該處城垣經漫

水淹浸不無坍損居民避水移徙者田廬亦間有
漂沒從前已屢經降旨加恩撫卹現在豫省漫口
業經合龍所有該縣被淹地方全可涸出城垣廬
舍必須亟為補葺著於兩淮鹽課銀內撥給銀五
十萬兩交與薩載將該處城垣修理完整並查明
移徙户口設法招徠安撫酌給葺家緝葺資費該
督務董飭所屬悉心勘估實力上緊辦理以副朕
厪念災區惠愛黎元之至意

乾隆四十七年八月十八日奉

上諭據明興奏兗曹等府州屬被水地畝現在籌
辦賑濟請將江西重運幫船截留米二十萬石以
備賑卹等語今歲江西重運抵津較遲東省既須

截留自應如該撫所請辦理至該省現辦賑濟如
需用米石較多不妨多爲籌備即於江西幫船內
截留米三十萬石更可以資接濟着明興酌量辦
理

十月初七日奉

上諭據薩載等奏徐州海州淮安所屬本年被災
較重請於江屬成熟州縣截留漕糧八萬石等語
江省所屬因下游漫水連被災侵疊經降旨加恩
賑恤需用米石較多着照該督等所請於江屬成
熟州縣內就近截留漕糧八萬石以資接濟

十一月初四日奉

上諭據英廉奏直省各倉因賑卹之後儲穀未能

足數請將天津北倉截留漕米九萬二百三十二
石零酌撥直省以補缺額等語着照所請北倉截
存之漕米全數撥給直省缺額州縣各倉存貯該
部知道摺並發

乾隆四十八年十一月十三日奉

上諭朕明春南巡着照從前之例於江浙二省冬
兌漕糧內各截留十萬石在水陸駐蹕地方分厰
平糶即令漕運總督及各該督撫妥協辦理該部
遵諭速行

乾隆四十九年正月二十五日奉

上諭朕巡幸江浙上年業經降旨照從前之例於
江浙兩省冬兌漕糧內各截留十萬石豫備賑[illegible]

平糶之用所有此次減歇漕船內例止給一半月
糧於該丁等生計未免拮据着加恩於應給月糧
外再賞給十分之二以示體卹該部即遵諭行

乾隆五十年二月十一日奉

上諭何裕城奏上年工賑並舉現在庫貯不敷展
賑支放之用請撥動鄰省庫銀五十萬兩解豫備
用等語豫省距京不遠所需備用銀兩即着於部
庫內撥給銀五十萬兩委員分起解往以備展賑
之用該部即遵諭行

三月十二日奉

上諭畢沅奏豫省河北一帶各屬倉儲因連年積
欠蠲免散給存貯無多請於豫省應行起運米豆

內截留十二萬餘石並於山東起運漕糧內就近
截留八萬石方足二十萬石之數以備接濟等語
河南衛輝一帶近歲被有旱災疊經降旨蠲免展
賑俾窮民得資餬口現在尚未得有雨澤朕軫念
災黎無時稍釋自應寬爲儲備俾倉糧充裕以供
賑借之需竟着於豫東兩省內截留糧三十萬石
若東省漕糧不敷着即於南省就近各幫漕糧內
撥給俾資接濟該部即遵諭行摺併發

御製河南巡撫畢沅奏請截漕以備賑饑即允所
請並誌以詩（乙巳）

衛輝連歲旱石田千里赤即今仍望雨雲漢獨關
澤遮賦及蠲逋加賑救饑悲愁資良吏推行善

學書裕城恭謹人守餘難勝劇是用與畢沅奏豫
吏相易前以衛輝各屬連年被旱該撫何裕城謹守有餘學書不足因將畢沅調任河南巡撫何裕城調補陝西巡撫並令畢沅即注衛輝等處勘籌撫卹一切災賑事宜入覲體民
艱截漕請以迫斷誠符我意肯令部議格畢沅到衛輝後
即奏請將豫省漕糧截留十二萬餘石山東漕糧截留八萬石共二十萬石賑恤若交部議必格向
未成例以天庾為重議駁因即於摺內批允並特降諭旨加以三十萬石以資接濟畢沅雖注伊始
即能如此籌辦實為盡心民瘼自可感格天和或致甘霖速霈也披摺即批行
天庾豈吝惜廿萬增卅萬俾穀溝中瘠因思齊豫
連或亦資籌策毋使數向隅大吏詢詳悉上年山東曹州
各屬秋雨稍少歲收亦未為豐足今截留山東之米以濟河南恐山東之民不無向隅因俾諭總漕
毓奇山東巡撫明興如近日東省尚未得有透雨有應需接濟之處即會商毓奇將南省附近漕糧
截留十萬石以備東省之用天子民之父愛民匪他肯調慕愧
無能徧吟愈難釋

五月十三日奉
上諭明興奏曹州東昌濟寧臨清各府州屬雨澤
稀少麥收歉薄現在未得透雨地方未經播種者
尚有三十州縣將來恐有應需接濟之處東省倉
儲歷年疊經出借尚未買補運食積貯無多請截
留南漕二十萬石存貯備用等語東省曹州東昌
等處雨澤愆期曾經借給口糧籽種並加恩將應
徵帶徵錢糧倉穀緩徵以紓民力各該處未得透
雨明興早當奏請截留漕米寬餘儲備俾資接濟
著於南糧頭進在後各幫內截留二十萬石存貯
濟寧聊城水次以備應用該部即遵諭行

御製命截留漕二十萬石於山東備賑詩以詩事
乙巳
從來天庾司農惜向來各省督撫奏請截留漕米若經部議多以天庾正供為重議駁是以歷年截漕皆特旨允行每用截漕請賑作特旨行百姓足
君孰不足豫方荒兗技同荒昨因河南衛輝等屬久旱應災匪民食拮据已特降旨截留漕糧三十萬石備賑之用因東省曹州各屬缺雨情形累同自應一體接濟藉
正供廿萬留資賑舊欠多年早緩徵明興奏曹州東昌濟寧臨清各府州屬未得透雨者尚有三十州縣請截南漕二十萬石存貯備用前經降旨借給口糧籽種並將兗州曹州濟寧三府州屬應徵帶徵錢糧倉穀俱緩至秋成後徵收以紓民力茲再降旨於南漕內截留二十萬石存貯濟寧聊城水次以資賑恤肯使窮黎向隅泣無
能調慕愧爲悼

二十五日奉

上諭江蘇淮徐海三屬本年雨澤愆期二麥收成
歉薄現距秋成尚遠農民未免拮据所有被旱最
重之銅山豐縣沛縣蕭縣碭山邳州睢寧宿遷安
東阜寧桃源十一州縣著在貧民著借給三月口
糧被旱次重之清河鹽城海州沭陽贛榆五州縣
貧民著借給兩月口糧以資接濟再該處州縣倉
儲頻年賑貸所存糧食無多其淮安一屬著該督
撫就近酌撥調劑所有徐海二屬隣近豫東二省
地方糧價不無昂貴著於邳宿一帶水次截留漕
米十萬石以八萬石分撥徐州各屬二萬石分撥
海州各屬以備賑貸之用該督撫其實力奉行以
副朕軫念災黎毋使一隅失所之至意該部即遵

諭速行
御製命於淮北截留漕米十萬石以備賑貸詩以
誌事 己巳
淮徐近豫省雨澤亦愆期念彼沱魚殃馳諭屢問
之前因淮徐海各屬與豫省相近雨澤亦未霑足誠恐有礙大田因降旨馳諭該督撫令具酌量
調劑據實速奏茲接大吏奏民艱屢審容難拘例報災茲據
薩載閔鶚元奏夏月被災例於秋後時確勘分數辦理惟淮徐海三屬被旱較重秋收尚遠請將被
旱最重之銅山等十一州縣貧在貧戶酌借兩月口糧次重之清河等五州縣貧戶酌借一月口糧
朕以該處旱災較重應速行賑濟並得均沾報災成例遲至秋收因即降旨將災重之銅山豐縣沛
縣蕭縣碭山邳州睢寧宿遷安東阜寧桃源十一州縣貧民均加恩借給三月口糧次重之清河鹽
城海州沭陽贛榆五州縣貧民均借給兩月口糧均於原奏外加恩一月以資接濟救濟不
容遲借口糧多寡視災輕重為更請截漕米以備

賑貸資該督撫又奏稱徐海二屬州縣倉儲頻年賑貸所存無多糧價不無昂貴並請截留
漕米等語因即降旨於邳宿一帶水次截留漕米十萬石以八萬石分撥徐州各屬二萬石分撥海州
各屬以備賑貸之用批行不待議恤災急燃眉南望益增愁
切顒甘霈施

二十九日奏
上諭據書麟奏安省被災地方較廣旬日內即得
透雨雖仍可有收而鳳潁泗三屬乃積歉之區必
需豫籌接濟請於三進幫船內截留漕糧五萬石
以備賑糶之用等語安省亳州鳳陽等各屬上年
被水歉收本年又復雨澤愆期業經加恩分別借
給籽種口糧諭令該撫實力妥辦速籌接濟以紓
民力今各該處尚未得有透雨農民望澤孔殷未

免情形拮据自應寬為儲備俾資賑卹著照所請
於三進幫船內截留漕糧五萬石存貯備用該部
遵諭速行
御製命截留漕米五萬石於安徽省備賑貸之用
詩以誌事 己巳
江北河以南今歲率艱雨淮徐既截漕鳳亳可忘
補況復接豫疆沱魚殃更苦馳諭屢詢漕米乞
截取安徽鳳潁泗各屬壤接豫省與淮徐均屬被旱前屢經降旨馳詢該處情形茲據該撫書
麟奏請豫籌截留以備接濟之用因即降旨於三進幫船內截留漕糧五萬石寬為儲備俾資賑卹
批諾不停時俾救饑民普司農爾莫惜民庚即天
庚

六月二十八日奏
上諭前因安省亳州等屬雨澤愆期農民不能趕
種大田情形拮据屢經降旨加恩撫卹並令截留
漕米五萬石以備賑糶之用本日據薩載奏當塗
蕪縣靈璧亳州蒙城盱眙五河滁州來安和州等
州縣均於六月初一初四等日得雨五分至一二
寸不等其餘寧國旌德廬江霍邱太和天長廣德
等州縣據報均未得雨等語看來安省亳州蒙城
等處業已被旱成災將來尚須賑恤口糧以資接
濟又據管幹珍奏江西十三幫漕船現俱抵清河
縣境銜尾待渡約計六月底七月初可以全數渡
黄等語江西各幫船身較重現在甫經渡黄恐不
能迅速抵通著於尾後各幫內再截留漕米十萬

石交與該督撫以備安省賑恤之用該部即遵諭
行
七月十八日奉
上諭前據畢沅奏豫省藩庫除兩淮解到銀一百
萬兩備賑不入盤查款内現實存銀二十一萬五
千餘兩等語豫省賑卹等項需用繁多且藩庫祇
存銀二十餘萬兩亦覺太少著於部庫内撥銀一
百萬兩照例解往
二十四日奉
上諭據劉峩奏本年直隸大名等十州縣雨澤愆
期冬春賑借需用較多請截撥漕米十萬石以資
賑借等語著照所請即截留漕米十萬石交與該
督分撥大名各州縣以備賑借之用該部即遵諭
行
八月初一日奉
上諭據薩載等奏淮安江寧常州鎮江揚州五府
屬本年被旱收成不無歉薄糧價漸昂請於現在
截留黄河以南江西漕米二十八萬餘石酌撥十
萬石分給淮安等五府屬平糶接濟民食所有糶
價提貯司庫俟來歲秋收豐稔照數買補帶運抵
通交納等語著照所請即於截留米石内酌撥十
萬石交與該督撫等分給淮安等五府屬以備平
糶之用俾民食得資接濟該部即遵諭行
十八日奉

上諭書麟奏安省安慶廬州等三十三州縣秋禾
被旱成災池州寧國等四府州縣亦多有災傷之
處請將鳳陽關蕪湖關應解正額盈餘銀兩暫緩
起解以備賑濟之用等語安慶池州等府州縣被
旱成災賑卹事宜自應豫為籌辦所有鳳陽關應
解正額盈餘銀十一萬六千一百十二兩零蕪湖
關應解正額盈餘銀二十三萬八千六百三十八
兩零著照該撫所請暫緩起解如賑濟需用即就
近動撥俾小民得資接濟以副朕軫念災區有加
無已至意該部知道摺並發
九月十二日奉
上諭據李世傑奏現在欽遵諭旨將附近水次各
州縣常平等倉穀先碾動三十萬石令各州縣收
貯俟楚販到境設市集之米不敷應糶即將倉米
按照每月報部時價發糶等語所辦甚好前因江
浙等省皆仰給川米惟恐湖北商民赴川販運該
省產米或有不敷特諭李世傑即將常平義倉等
穀先行開糶以資接濟今據該督奏到已遵旨將
倉穀碾動三十萬石俟楚販到境按照時價發糶
又同日據舒常奏楚省商船過境已有一千三百
餘隻從江西販去米穀約有數十萬石等語是楚
省米糧已經匯集四川江西二省自必將餘米運
往江浙販賣安徽江蘇浙江各災區既有兩省之
米源源接濟小民口食有資免朕南顧之憂覽奏

為之稍慰將此通諭知之李世傑舒常楷並發

十八日奉

上諭據特成額奏酌撥湖南倉穀碾運湖北俾下
游民食得資接濟又督催川南米船由湖北運下
江浙兼恐商賈趨利見湖北米糧價昂就近糴賣
不即東下江浙即將官穀撥往糴濟以平市價庶
商賈見楚省糧價減落多趨浙江更可獲利自然
之效現在飛飭隣近水次州縣各倉內動穀備於
兩省各派道府大員迅速妥辦等語所辦甚好該
督能如此存心不分畛域仰體朕節次降旨一視
同仁至意方得大臣之體甚屬可嘉特成額著交
部議敘以示獎勵湖北米石既有湖南接濟而江

西四川各商販又可源源而下是湖北江浙災歉
之區均可無虞缺乏商販流通自可以平市價而
裕民食晷紓朕南顧之憂矣將此通諭知之楷併
發

十一月初四日奉

上諭向來京師需用麥石俱藉豫東二省接濟本
年春夏之間該二省雨澤短少收成歉薄本必更
有蓋餘以資商販糴運恐京中麥石入市稀少價
直或致昂貴不可不豫為調劑今歲奉天各屬雨
澤調勻麥收豐稔永璋鄂寶等查照向例採買麥
二萬石委員運京以備支放糶糴之用

二十八日奉

上諭據吳垣奏湖北省現有展賑事宜連前加賑
不敷銀兩除動支正雜各款分給各屬外尚不敷
銀一百六十三萬請於隣省撥解以備支放等語
湖北今歲被災較重賑恤銀兩不敷自應早為籌
備著於浙江地丁撥銀三十萬兩兩浙鹽課撥銀
二十萬兩湖南地丁撥銀三十萬兩長蘆鹽課撥
銀三十萬兩滸墅關稅撥銀十萬兩九江關稅撥
銀四十三萬兩共撥銀一百六十三萬兩該撫等
各派委妥員解交湖北以備賑卹之用該部即遵
諭行

二十九日奉

上諭據畢沅奏豫省賑恤事宜及河工修防等項

均需動用銀兩現在庫貯不敷請於附近隣省協
撥銀一百五十萬兩以備工賑等語豫省收成歉
薄屢被偏災河工修防亦關緊要所有賑恤工需
自應早為籌備著於山西藩庫地丁項下撥銀一
百萬兩長蘆鹽課撥銀五十萬兩著該撫鹽政各
派委妥員解赴河南以備工賑之用該部即遵諭
行

十二月二十三日奉

上諭據畢沅奏歸德陳州彰德三府屬因秋禾被
旱成災現在賑卹倉糧不敷動撥請將明春應行
運通漕糧三萬一千九百餘石停其起運等語豫
省災區需米孔賑且地方米石充餘則市價不致

昂青着照所請將明春應行運通漕糧三萬一千九百餘石停其起運留為歸德陳州等各災屬賑邺之用該部仍查照辦理

孚惠全書卷五十二

孚惠全書卷五十三

截撥裕食七

乾隆五十二年三月二十四日奉

上諭據書麟奏安省連年災歉蒙恩蠲緩司庫耗羡不敷支用請於隣近省分協撥銀十五萬兩以資接濟等語著照所請於江寧藩庫協撥耗羨銀十萬兩蘇州藩庫協撥耗羨銀五萬兩照例解往備用

五月初一日奉

上諭前因豫省上年麥收豐稔今春復雨水調匀麥價平減曾經諭令畢沅採買運京以資民食業據該撫奏明買運京麥五萬石並將前歲該省截留漕米買麥抵補亦即運送京倉昨金簡由通州回京覆奏詢據各鋪戶等聞得德州一帶現有河南山東各省商販運京麥二十餘萬石因東省糧船正在起撥若將麥船一併封雇恐抵通稍遲當即令劉秉恬梁肯堂前赴德州一帶催查俾前項麥石得以通行無阻茲據長麟奏稱該省東昌等處亦有麥船三百餘隻等語此項麥船着蘭第錫飭令沿臨各官不必俟南漕到臨即令各商麥船一齊過臨並派委員弁上緊催趲前進行抵德州時仍着劉秉恬梁肯堂一體催令迅速抵通俾麥石源源接濟以期民食益臻充裕市價大加平減仰副朕恤民便商之至意

御製河南巡撫畢沅奏籌買運京麥石事宜詩以誌事丁未

春雨未優霑麥收將豐歉凡事應豫籌宵旰急河南方慶時若嘉音每披覽北省乃不齊澤涯豫晉陝今春北省雨澤山東近南尚可近北望雨直隷近東亦可近西亦望雨惟河南陝西山西俱奏報雨水優霑二麥可期豐稔奏秋可卜稔市價胥人減晉陝遠豫近酌劑調豐儉況可一舟通而無山路險降

旨詢撫臣奏至黃封檢昨因近京一帶春夏以來缺雨麥價較昂不可不豫籌民食援省大河以南上年麥收豐稔今春復雨水調匀麥價平減因馳諭詢問畢沅令其酌量採買運京以備平糶茲據奏至民間雖有餘糧補時居青黃不接糧價有減無增反覺穀賤傷農可以和糴等語豫正慮傷農價買民欣感五萬石易得即可運以艦並籌應徵穀亦可易麥斂益善不妨多經

理已示範茲據奏稱豫省春雨優霑來年又復告稔民間除留備家食之外均思糶買所餘以供應用因而糧價賤令來此二麥瀕次登場倉箱寬裕之際小民正以得售為樂現在買麥四五萬石運京不但民食無礙且於閭閻生計有裨並請將前歲歸德一帶截留漕米三萬一千餘石尚未買補運京一項亦可一體買麥抵米運至水次交倉存貯俟今冬糧船起運時附搭運通實屬一舉兩得畢沅所辦甚為經理得宜覽奏為之欣慰即批令速行妥辦蓋豫省民食多多益善耳豫增閭閻計燕資餉餫歟披章為之慰經濟誠無忝獨思予與言謂對梁惠王移東之言未免意為歎

十二月初三日奉

上諭據蘭第錫等奏回空漕船俱於十一月中旬陸續催過濟寧南下其在後之台州等九幫在陽穀東阿等處地方因連日北風時作冰堅凍阻不能前進請俟明年正月開壩時儘數催行一面飛

咨浙江撫臣各備撥船趕兌漕糧沿途迎受仍可無誤新漕等語浙省台州九幫回空漕船既經凍阻不能如期趕赴水次受兌新漕若令將明歲應兌漕糧由浙省用撥船趕兌迎赴沿途裝載挽運仍不免往返之勞前此因臺灣逆匪滋事閩省米糧短缺曾諭令江浙湖廣江西四川等省撥運米石百餘萬現今源源運到該省糧食已為充裕此時人功將次告竣因無需再行接濟軍糈但交春後即屆青黃不接之時自不妨寬為籌備所有浙省台州九幫明年應兌漕糧竟無庸撥船運送來京著琅玕將此項新漕於徵收齊全後即由海道運往閩省交李侍堯徐嗣曾收貯遇應行平糶時即可動用即日臺灣逆匪蕩平該處屋米自可照舊運入內地復得此項漕糧接濟閩省儲積充盈軍民口食所需諸當寬裕更為一舉兩得該部遵諭速行

乾隆五十三年七月十一日奉

上諭前據圖桑阿陳淮奏荊州江水泛漲隄塍潰決以致府城及滿城均被淹浸覽之惕然惻然已屢有旨諭令舒常等迅速前往詳悉查明妥加撫恤矣看來荊州被淹情形甚重本日又據圖桑阿奏該處城垣四十四六兩年曾兩次被淹城垣亦不堅固此次被淹更重等語荊州城垣既兩被水淹此次因沖開西北兩門直入城內水深一丈餘

尺雖漸次消落而城垣經此一番淹浸基址必致鬆動閃裂勢須另行修建朕意該處城垣既屢被水淹自因江水頂衝之故而城內水至丈餘其地勢亦必低下可知但該處為古來重鎮近乃屢被淹浸殊非捍衛久安之道或江路有所遷移乎茲既另需修建何必與水爭地莫若擇一地勢較高及非頂衝之處酌量移建庶可以一勞永逸若該府民人安土重遷或難改建不妨將城垣衙署酌移高阜處所於小改建亦無不可至該處城工既需另建而衙署倉厫監獄以及駐防官兵房屋一切亦被水淹均須查明分別修建其被災人口尤應急行撫恤需項浩繁該省藩庫所存銀兩必不

敷用著於戶部庫內動撥銀二百萬兩並派戶部司員二人每人管解銀一百萬兩徑送荊州應用並著沿途各該督撫迅速備人夫車馱直隸著派梁肯堂河南著派景安湖北著派李天培並各派出道府營員一體護送以期迅速解到至此次荊州城垣可否改建及尚可因舊朕不能懸度及一切撫恤事宜所關甚鉅恐舒常姜晟等見識未能周到阿桂歷經委任自能善體朕意德成於工程亦為諳習著派令由驛前往勘辦所有城工應否改建及如何籌辦毋致再被水淹之處著交阿桂會同舒常定議具奏改與不改阿桂定之其料估城垣倉厫及駐防官兵房間等項工程著交德成核

寄信計具奏阿桂德成接奉諭旨即迅速起程前往不必前赴行在請訓其詳悉佈朕細思續有指示辦理之處即行由驛陸續寄知阿桂等到彼當詳細籌勘妥協辦理不必泥於違旨以副朕軫念兵民保障久遠至意其留京事務著綽克托代辦

乾隆五十四年六月十九日奉

上諭現在江南河工有堵築疏濬各事宜該處庫項恐不敷用著戶部查明於就近地方撥銀一百萬兩迅速解往交與書麟等以濟工用

御製書蘭第錫奏睢寧南岸隄工漫溢情形詩以誌事 乙酉

年年入伏續河工酉歲水行更切中忽報漲河並

長督上沁況兼驟雨及終風前據書麟蘭第錫等奏本年黃河大汛水勢盈張蘇又據奏到節次將上游毛城鋪下游陶莊新河北岸之王皇閣引河及王家營減壩李家莊等陸續開放宣洩乃連接稟看會筆見於閏五月下旬長水七尺餘後省萬師灘於六月初旬長水九尺沁河亦同日陡長水四尺七寸洪澤湖內因淮水驟次長發高堰誌椿於六月初十日連底水長至一丈二尺五寸徐州府城北門外誌椿同時連舊汎之水長至一丈五尺三寸為十數年來未有之盛漲而睢寧縣南岸之周家樓無工處所大溜直趨正在竭力搶護於初九夜間從值狂風驟雨陣水擁溜高起數尺漫過隄頂竟將隄身刷開一百餘丈該處土性浮鬆是以漬塌測量口門水深四丈以外大河溜勢已有一半分趨入口現在一面先行趕護東西兩頭並即集料籌堵設法疏落等語漫隄已是淹廬舍又據奏刷開口門在睢寧縣之東而漫溢下注之水由舊河形入沈家湖從歸仁隄出安河之陡門歸洪澤湖泛水經過之村莊內入口尚無傷損惟廬舍間有倒塌發帑速救救困窮書麟雖已飭府縣前往查勘撫恤然該處被水淹深堪憫惻當即飭部於就近處撥銀一百萬兩交該督等速為撫救無致一夫失所疏路運

應慎洪澤又據奏今年湖水本大未消栗黃兩壩早經全行拆除使由清口暢出歸海但
因家捷浸下之水既入洪湖自必日有增長此時五壩不使全行開放已飭將智字一壩先行折放
分洩等語向來五壩不使輕議開放以下河民田所係匪輕今洪湖水勢既大暫開一壩令其宣洩
此亦無可如何之計惟諭令竭力籌慎為之冀得剋期堵築以慰遠念耳南睠愧以益
憂忡

九月十七日奉
上諭劉峩奏本年直隸被水州縣較多應給駐防兵米採運維艱請即於嘗給通倉漕米四十萬石內撥出一萬六千五百三十石零以為駐防兵米等語著照所請准其撥給該部知道

乾隆五十五年八月初一日奉
上諭昨據長麟奏濟南東昌等府屬因雨水過多田禾被淹者共計四十一州縣已傳諭該撫督飭所屬妥為撫卹第念東省此次被災之處較多小民生計拮据殊堪軫念該省現在修理城工需用繁多藩庫款項恐不敷賑恤之用著於部庫撥銀一百萬兩照例解往以備賑恤如尚有不敷賑恤之用再行奏請動撥該撫務須督率各屬悉心經理俾得均霑實惠毋令一夫失所以副朕軫恤閭閻至意該部遵諭速行

御製山東巡撫長麟奏山東省被水州縣籌辦賑恤情形詩以誌事 庚戌

東省春過為去聲盼雨復經得雨幸非遲夏初東巡旋蹕見東省二麥已經結穗而屢次覓雨俱未霑透頗為懸厪頃節據東撫奏東省於四月十三十八等日全省連得透雨無復仍行望雨之處秋尚可冀有收麥重吐穗夏原複子又奏屬高阜處所得雨之後已萎麥苗根旁另生新穗出者亦尚圪茂又報麥收分數仍有七分餘而大田既茂意謂秋禾總亦可殷期禾懋發苗秋可期孰謂伏霖為異漲竟成巨沴害生資茲據長麟奏平原禹城等縣自六月廿四日起至七月初七八南水連綿馬頰等河水勢盛漲浸溢田禾房舍間被淹浸其積水處所設法疏消總計被水者共有四十一州縣其高阜之區仍屬豐稔惟低窪地畝不無傷損現委各府分投確勘並籌辦挑挖淤淺又應修城工以工代賑外再行分別給予賑濟事宜細閱所奏被水情形深為惆惻即諭令詳妥籌辦俾受實惠不可措費以副軫念災黎至意可憐赤子嗟失望賑恤叮嚀莫或遺

九月初九日奉
上諭前經降旨將漕糧三十萬石截貯北倉派撥直隸各州縣賑濟之用茲據梁肯堂奏被水各州縣實需賑恤者計有四十餘處各處存倉米穀自應儘數動支除冬間散賑外尚應豫備來年出借籽種口糧減價平糶現當之大賑加賑米糧恐不敷用懇於通倉內賞撥米三十五萬石等語直隸被水地方業加賑恤需用米石較多自當寬為豫備俾小民均霑渥澤著加恩竟於通倉存米內撥給四十萬石該督即分飭應撥州縣赴通領運務期實用實銷不得任聽吏胥虛靡盜賣滋弊並著督率所屬確核戶口按數散給毋致一夫失所副朕軫念災黎有加無已至意該部即遵諭行

御製命截留漕糧三十萬石於北倉以備直隸賑恤之用詩以誌事 庚戌

畿南泠勢見經行日日憑輿切切情幸得山東資
接濟直隸去秋被水淹各處所正賑已畢普加展賑尤幸山東去歲上稔豐南接壤商販得通
閭閻元氣無虧已然予軫念民生時切於懷例建升全漕抵通天庾充盈現在糧艘已入直隸境內因
復降旨令倉場侍郎蘇凌阿馮光熊會同前往截漕三十萬石留貯北倉以示多方籌備之意
更宜天庾撥餘贏應知此後時猶遠可謂目前儲
尚平東作方始距秋之期尚遠雖目前糧價尚平而早為籌畫以待賑糶之用庶有備可以
無患備以不虞早為計疆臣善體恤民生

二十六日奉

上諭梁肯堂奏山海關等處駐防兵丁每年支放
兵米向在奉天永平等屬動支採買今應備五十
六年兵米因奉天省連年撥賑存倉米石不敷而
永平府各屬又偶因被水歉收未能採買即屯糧
亦應籌緩難以通撥請即在通北兩倉當撥米石

內支領等語著照所請所有山海關截需兵米一
萬七千七百餘石永軍廳永協需米三千七百石
冷口需米二千二百六十石即在貴撥通北兩倉
米石照數支領以濟兵食該部知道摺并發

乾隆五十七年四月初九日奉

上諭直隸順德廣平大名三府自三月以來並未
得有雨澤而豫省河北彰德衛輝懷慶三府屬雖
間有微雨亦不成分寸朕心深為廑念昨已有旨
馳詢梁肯堂現已將屆立夏即甘霖立霈秋收已
不無歉薄自應早為設法接濟俾小民不致失所
若俟地方官具報到日再降諭旨恐閭閻口食未
克拮据現已面諭梁肯堂令其馳赴天津辦理截
漕事務並著倉場侍郎劉秉恬會同妥為經理於
續到津關南糧漕船內截留漕米六十萬石以三
十萬石留於直隸地方以備順德廣平大名三府
接濟之需以三十萬石運送豫省以備河北三府
接濟之需雖每府以十萬石為率其間視災之輕重
戶之多寡令該督撫酌劑撥用向來山東糧米有
係河南漕船運載赴通者此時該省漕糧雖已起
卸回空想船隻未必即過天津即可將截留接濟
豫省漕米三十萬石順便截回該省交穆和藺酌
量存貯河北備用其直隸截留漕米三十萬石應
運貯何地就近備用之處著梁肯堂自行酌辦至

漕米現在天津地方截留所有旗丁等食米更有
多餘即准其就近糶賣該處糧石既得藉以流通
於民食更有裨益劉秉恬接奉此旨即行帶員前
赴天津其時梁肯堂亦可到彼會同商酌妥協辦
理於南糧幫船內酌量何幫截留為便即將該幫
米石截留該督等務須籌酌盡善毋許地方胥吏
從中滋弊以期小民得受實惠副朕廑念民依先
期籌畫至意計截留撥運不無略須時日並著梁
肯堂穆和藺先將此旨於缺雨地方遍貼謄黃使
百姓先知口食有資而市儈亦不能壟斷居奇方
為兩有裨益該部知道

御製命截留漕糧以濟缺雨直隸南三府河南北

三府詩以誌事壬子

所經畿輔地率皆盼雨遠然而麥苗芃一雲伎可
觀十日五日期虔請心如焚至於南三府順德廣平大名
三府在直隸省南麥禾種去臘未遇即雨亦後時急宜籌補
救豫省之河北三府彰德衛輝懷慶三府在河南省北接鄰轄風
每愁旱乾是六府每歲常遭旱冀思每氣候因命督臣往來
雨為綢繆叶每府各十萬漕糧分運授此次巡幸五臺沿途
經過直隸州縣地方雨澤俱未透足然所見麥苗尚皆芃暢早晚若得透雨猶望有收惟念省南順
德廣平大名三府自三月以來並未得有雨澤而豫省河北彰德衛輝懷慶三府雖間得微雨亦不
成分寸昨已有旨馳詢現已將屆立夏即使日內得霈甘霖麥收亦不無歉薄自應早為設法接濟
因諭令梁肯堂馳赴天津會同倉場侍郎劉秉恬於途次到津關之南糧截留六十萬石兩省各予三
十萬石臨時酌量情形撥用並飭該督等悉心經理毋許胥吏從中滋弊庶使小民均霑實惠用副
朕厪念民依先事綢繆至意勤民憂慮先施惠恩肯留庶以備
不虞仍為祈霖祐

五月二十九日奉

上諭前因直隸順德廣平大名三府屬入春雨澤
短少麥收歉薄曾經降旨截漕三十萬石以備應
用其應徵新舊錢糧一併緩徵並令該督酌籌借
糶俾資接濟本日據梁肯堂奏現報被旱州縣俟
勘明如果成災即須賑項通盤核計尚須豫為籌
備請將恩賞豫省漕米三十萬石內多餘之米十
萬石賞給備用等語看來直省本年缺雨地方較
廣河間景州一帶至今未獲甘霖即順德廣平大
名雨水亦未能霑足現在時適小暑大田恐不及
趕種必須寬為籌備以裕民食著加恩於該督所
請十萬石之外再增賞十萬石即著劉秉恬與梁
肯堂相商就近酌撥應用該督務宜體察情形實
心經理俾小民均霑實惠以副朕軫念災黎有加
無已至意

御製降旨加增直隸截留漕米三十萬石以備缺

雨州縣賑濟之用詩以誌事壬子

文未報京南迤南並茲詢前因京師於初十日雨澤未獲普沛甘膏並慮
畿南一帶情形相似因即降旨詢問梁督臣令驛肯堂仍令該督酌籌綢繆俾資接濟
奏特澤果其真因請米十萬以備賑濟實茲據梁肯堂覆
奏現在河間景州一帶至今未獲透雨所有現報被旱州縣俟勘明如果成災即須豫為籌備賑項
請將恩賞豫省漕米三十萬石內多餘之米十萬石賞給備用等語朕念直隸本年順德廣平大名
三府缺雨麥收歉薄已令截漕三十萬石其餘缺雨地方尚廣現在時適小暑大田趕種不足必須
寬為籌備因再加恩令於所請十萬石之外再增給十萬石以裕民食於恩向不宿
即刻降綸更增十萬石寧多遍及民人力遜
天力默禱
施惠均

八月初六日奉

上諭前因直隸順德廣平大名三府屬雨澤短缺
麥收歉薄早經降旨截漕三十萬石以備接濟又
因保定天津一帶得雨稍遲被旱較重而河間景
州為尤甚雖已截漕米三十萬石但恐被旱處所
較廣尚有不敷特令梁肯堂通盤籌算如於賑米
不能足用即行據實陳奏再行撥給令據該督奏

恙心核計成災分數及應賑戶口尚不敷米二十萬石銀八十萬兩等語著照所請即於通倉內再行賞撥漕米二十萬石戶部庫帑內撥給銀八十萬兩交該督收貯以備賑濟之用梁肯堂務須督飭所屬嚴加查察毋使胥吏等稍有剋扣浮冒俾小民均霑實惠不致一夫失所以副朕軫念災黎有加無已至意

二十四日奉

上諭梁肯堂奏山海關駐防兵丁五十八年應需兵米一萬七千七百餘石請勅下奉天府尹仍照舊在寧遠州錦縣協撥一萬石交山海關通判領回供支其餘米石於徵收屯米餘發外仍令永平府屬州縣領價採買支放等語直隸地方被旱較廣此項兵米若令全數就近採買未免辦理稍艱著照該督等所請即著奉天府尹於寧遠州錦縣協撥一萬石其餘米石仍著梁肯堂照舊辦理據實報銷該部即遵諭行

十一月十九日奉

上諭倉場衙門奏本年直隸河南二省共截漕七十萬石抵壩米數較少請將應扣銀兩暫緩一年等語本年直隸截南一帶暨豫省河北三府因旱歉收經朕先事綢繆降旨多截漕糧特頒部帑使貧黎果腹民力寬餘稍釋朕軫念災區之意今該倉場此奏自以本年抵壩米較少腳價不敷支用不樂多截漕米以重天庾然朕自臨御以來每遇地方水旱偏災無不先期諮詢蠲緩並截留漕米接濟災區不下數十次從不稍存靳惜此天下臣民所共見者地方大吏各當激發天良實力稽察俾貧黎均受實惠仰副朕懷方為不負委任所有倉場原摺著該部議奏

乾隆五十八年三月初十日奉

上諭本年直隸大名等八府州縣輪免錢糧又保定文安等七十八州縣因上年被旱歉收節經降旨將應徵地丁錢糧分別緩徵該省應需經費應有不敷著加恩於部庫內賞撥銀五十萬兩以資經費之用該部即遵諭行

乾隆五十九年五月二十五日奉

上諭本年直隸地方雨澤稍少麥收歉薄節經降旨緩徵借糶以紓民力現雖續經得雨然非普遍大田雖有播種者亦尚有未種者著加恩於從前之江廣幫內截漕六十萬石並著於部庫內賞撥銀八十萬兩以備賑濟之用梁肯堂著即馳赴天津會同倉場侍郎辦理朕屢念民依無時或釋一遇地方稍有災歉即先事豫籌不惜鉅萬帑銀漕米用資賑卹前於乾隆二十四年直省亦曾經缺雨澤朕親詣

天壇步禱至六月十一日獲沛甘霖是歲大田仍獲豐收本年直省各屬雖經缺雨但現在甫屆夏

至節候比較二十四年得雨日期尚有半月若仰

邀

昊貺優霖迅沛則大田正可冀播種有收今已截
留漕糧撥給庫帑所以軫恤民隱者至周且備朕
如此調劑施恩有加無已該省大小官員亦應各
矢天良實心妥辦使粒米分銀均歸實惠不得稍
有浮冒侵蝕此等弊端在封疆大員自不應有但
稽查督察畧有懈弛不肖官吏即難保無借端脧
削之事若以朕加恩之舉轉藉為肥橐營私是竟
毫無人心用安有封疆大吏督率查辦為那尚梁
肯堂及司道等辦理此事不能實心經理致官吏
等稍有前項弊端或於內外大臣往來經過時經

朕詢出或經科道糸奏及百姓告發試令該督等
自思能當此重戾否耶梁肯堂辦理截漕事竣著
即前赴河間及順德廣平大名各府查看缺雨處
所有無成災之處一併奏明核實妥辦毋得稍存
諱飾並著此旨速行徧貼謄黃俾遠近僻壤皆知
口食有資不至遷移失所以期副朕軫念災區優
加撫卹務裨實惠至意

御製降旨命撥銀八十萬兩截漕六十萬石以備
直隷缺雨州縣賑濟之用詩以誌事 甲寅

郊行農況看來真雨有偏霑亢未均四五寸仍苗
望優日內據梁肯堂奏東安文安武清通州天津廣昌等六州縣於十七十九二十等日得雨四五寸不等似此自可及時播種秋禾但乾暵已久目前雖得透霑此後仍望優霑庶可長發芃芃
二三指史並報新其餘各州縣大概得雨不過一二三寸其補種者或尚可耕至一二寸者並不能佈種俗澤更為急切夏災可曰秋應待民瘼誠當
官發頻仐按說文三十曰卅讀作颯四十曰卌讀作息其意止在紀數並無字義則六十亦可作卆仍讀作六八十亦可作仐仍讀作八矣萬銀兼卆萬米寧須巧
婦嘆疆臣茲梁肯堂奏直隸被旱各屬應行賑恤之處所有藩庫銀兩及上年買補倉穀
五十萬石尚不敷支放因即降旨發部庫帑銀八
十萬兩截留江廣幫漕六十萬石俾資支放諭令
梁肯堂即日馳赴天津會同倉場侍郎等詳妥迅
速籌辦朕於賑恤災民從不少為吝惜此番撥發
銀米已從優厚在梁肯堂不當復以無米之炊自
諉但慮官吏等從中舞弊肥橐染指或致小民不
得均霑實惠仍諭該督率同司道等實心經理嚴
加查察俾災民不致一人失所以副朕惠養黎元
至意

御製時霖即事 甲寅

月之朔冀逢時霖此實屢書憶闕內何期次第報

佳音至大臣先報興來山莊春夏之間雨澤調勻初二日駐蹕後甘霖又優
大常澍屬透霑惟京城與畿南齊北一帶尚艱
念何幸次第報章佳音頻進最先者留京王大臣
等次日即奏到京城於初二日自子至寅雷雨
傾入土五寸計其時刻早於此間半日知雨勢自
西南來則畿南齊北諒可均霑渥澤河臣繼奏霑臨清齊之北亦武
城暨同日據李奉翰奏臨清一帶於五月二十五日自申至亥得有雷雨三寸其附近之夏津
武城聊城等縣同時亦得雨三四五寸不等汶水
增長三尺衛河仍前充裕不特糧艘遄行而糧販
商船現過臨清者亦多民情甚為安帖倉場津鎮正督運霑遄水長
上發漕稱瑞前據倉場侍郎景安奏督催糧船於十九日行抵河間府屬之東光縣子牙河
時雷電交作甘霖大沛得雨三寸日內又會同天
津總兵蘇寧阿奏稱二十八日戌刻復得雷雨滂
沱竟夜達旦至巳刻方止所有河間府屬之景州
吳橋東光等處均得雨四五寸不等其二進南糧
一千五百餘隻自河水增長後連檣北上較前更為迅速齊之撫臣先霪奏無
須截漕倉儲備各屬頗有霑膏者待查明以陳詳

細山東缺雨地方雖已降旨將緩徵錢糧並令緩一半仿照直隸將歷城等五十一州縣暨坐落衛所之鰥寡孤獨老幼殘疾貧民賞給一月口糧其餘乏食貧民酌借一月口糧仍慮不能接濟復降旨詢問如須截漕可即酌量截留一面奏聞旋據覆奏現在武德通兩市糧不乏如小暑以前均得無需即可提撥現雜糧仍冀秋成設有應須調劑之處倉貯之外並可請撥折色將來或應截漕自當留心妥辦現在尚可無需又稱二十五六等日省城暨武城臨清邱縣高唐恩縣館陶冠縣聊城清平夏津平原高城堂邑博平茌平等州縣先後得雨三四五寸不等均可翻犁播種其稍遠者俟查明再行詳奏等語直督則稱大旋轉河間天津遠處最至於直隸地方連日據梁肯堂奏自五月二十五六至六月初二旬日之內疊雨各府所屬得雨自二寸至五六寸足深透不等內天津河間二府全屬均已霑澤且極優渥其餘順天保定正定易州趙州深州定州所屬雖非處處透足而得雨在四五寸者居多景象已大覺旋轉惟順德廣平二府二十五六之兩僅止一二寸大名一府亦祇有三寸完未優足刻下尤注大名一帶詳加查察約計將來即有偏災應加賑濟似亦不致多需帑粟現與景安會商先於臨清截留南漕十萬石分撥順德廣

平大名三府以為有備無患之計餘五十萬石暫截留北倉俟秋成分數定後再行酌議奏請動撥等語據此情形似較五十七年之災可減十之三四然賑免養黎元不惜多予帑銀漕米俾該督的量賑施並俾使之寬綽有餘庶疆吏無巧婦之嘆災民無失所之虞方覺慰此惠心耳祗而

三府尚欠優取道親勘周恤事大抵災暵較前年十之中幸減三四帑銀漕糧撥以多用之有餘無不逮幸哉稍以慰旰宵敢論帑之出入悖

八月二十日奉

上諭本年直隸地方被水之處較多節經降旨施恩優加撫卹並令梁肯堂截漕十四萬石並撥給帑銀四十萬兩俾資賑卹之用復諭令該督將此次辦理災賑實在需用若干之處核明速奏今據梁肯堂奏請再賞給部帑二十五萬兩通倉漕米二十萬石以備賑恤等語著照該督所請准其賞撥所有部帑二十五萬兩即著派員赴部支領其所需漕米二十萬石亦著派員前赴通倉照數關給該督務須飭屬妥辦俾小民均霑實惠毋令不肖官員及胥吏人等稍有侵冒情弊以副朕軫恤災黎有加無已至意

孚惠全書卷五十三

孚惠全書卷五十四

平糶減價一

乾隆元年正月二十四日奉

上諭聞山西地方糧價昂貴如平陽汾州蒲州等府屬米麥價直每石貴至二兩之外太原潞安澤州等府屬亦一兩五錢至一兩几錢不等小民無力者糴食維艱朕心深爲軫念茲當青黃不接之時宜籌惠濟之道查該省常平積穀無多而社倉之穀尚有二十餘萬石除照例出借外其餘應酌減價直及時發糶以裕民食俟秋成豐稔買補還倉該撫可嚴飭各屬悉心辦理毋許鋪户囤積吏胥中飽俾貧民實霑利益可諭該部即速行文晉省

七月初七日奉

上諭積貯平糶之法原以便民乃聞各省州縣於倉穀出入竟有派累百姓者當出糶之時則派單令其納銀領穀若平處買補之時則派單令其納穀領銀若干納銀則收書重取其贏餘納穀則倉胥大肆其勒抑甚至以霉爛之穀充爲乾潔小民畏勢不敢不領惟有隱忍賠累而已更有山多田少之地産穀無多而該地方官不能向他處採買但按田畝册籍核算發價派令百姓將田畝歲收之穀交倉絶不爲民間計及蓋藏至有十餘畝之田而亦責其承買穀石者再附郭居民去倉廒不遠尚可其在遠鄉僻壤離城或百里或七八十里之遥亦一概令其領銀納穀小民肩挑背負跋涉登山窮日之力始至交納之所而奸胥蠹吏又復任意留難及平糶之日而窵遠鄉邨吏不能均霑實惠是徒有轉運之苦而不獲蒙積貯之益夫良法美意行之不善流弊種種其作變通之法使閭閻實受糶糴之益而無擾累各該督撫大吏當悉心籌畫令有司實力奉行以副朕愛養斯民之意

乾隆二年四月初三日奉

上諭邇來雨澤愆期民間米價較前稍長且因從前倉場條奏官倉發米甚多春季官兵祿康全以稜米支給是以老米價直更昂現在五城存廒米石甚少而赴買者甚衆當此青黃不接之時若不豫爲籌畫恐奸商居奇市價難於平減著户部作速行文倉場將存倉老米每城撥二三千石照減定價直發糶如有不敷再行撥給嗣後支放祿廩之時各色米石照舊例搭放不必一季全放稜米如倉場各倉老米數少不足支放而稜米過多應慮致紅朽應令解漕省分如何通融辦理之處該部詳議具奏

十九日奉

上諭朕因直隸山東雨澤稀少特降旨平糶以濟民食又遣侍衛等前往察看地方情形據奏稱山

東州縣雖有發賣官穀之舉不過設廠數處糶買人衆在本處居民尚有不能按日得買者至路遠之民往返維艱守候終日曾不得升斗而歸祇得仍向市集糴米餬口以此濟直不得平減直隸辦理較山東稍爲妥協等語夫平糶乃利濟貧民第一要務應俾均霑實惠如離府縣城郭遼遠之鄉亦當設法運至如腳價無出或動存公銀兩或開銷正項錢糧皆朕所不惜何至遠鄉之人艱於奔赴至於近地居民不能按日得買則明係胥吏爲奸棍徒作弊之所致該有司如何漫不經心草率從事而封疆大吏有牧民之責者置民瘼於不問也此旨到日該撫悉心查察選妥幹員實心奉行毋蹈前轍直隸所辦雖較勝山東總督李衛亦當加意料理毋使一夫失所朕仍不時遣人查察倘有疏忽之處惟該督撫是問著該督撫將朕此旨曉諭百姓務使遠村僻壤均霑實惠

五月初四日奉

上諭昨據戶部奏京城四鄉設立米廠以資平糶原議芒種以前得雨即可毋庸設立等語今雖屢得雨澤尚欠霑足況二麥已無望矣大田雖可佈種而尚待有秋設立米廠以資平糶乃亟應行者著該部即遵前議速行辦理

七月十八日奉

上諭直隸平糶事宜前據李衛奏明平糶各廠恐

路遠窮民赴糴艱難酌量分廠就近零糶令阿琳又奏稱聞得糴米地方每處僅設立一所以致人民壅塞而又有過午不糶等語其應如何分設米廠糶賣俾小民無耽延守候之艱而又不致有壅塞之處著總督李衛速行妥酌辦理

八月初六日奉

上諭直屬地方夏秋之間雨水過多高阜平原秋成可望低窪之處祇可補種秋麥收穫之期須待來春現今糧價日漸昂貴民食未免艱難朕心深爲軫念前於天津北倉截留漕米五十萬石原爲備賑之用著於此時即將截留之米酌撥被水州縣減價糶賣以平時價待各處秋成之後糧食流通再酌量停止實於民生有益著派侍衛部員等前往會同該督李衛悉心商酌應撥米石若干其如何減價分糶之處著派出之侍衛部員會同該地方官妥協辦理

閏九月十五日奉

上諭今年春夏之間直隸地方二麥歉收朕命方設八廠派員平糶米價不致踴貴於民食大屬有益今思被水之處現在差員查賑散給銀米目前尚可支持將來秋成收穫多寡不一且有不能補種晚禾之處民食未免艱難朕心深爲軫念著於十月起至明年三月止分設四廠將通倉米石運往被水州縣仍行平糶以濟民食即今從前八廠

監糶各員分作兩班輪流前往辦理爾等於九月
間可將此事題奏

十一月初三日奉

上諭今年近京地方有被水之處收成歉薄以致
京師米價日漸昂貴朕心軫念多方籌畫内而八
旗外而五城皆設廠平糶官米以濟民食乃近來
市價仍未平減朕再四思維向來定例每逢歲閏
但增給兵丁一月餉銀不給米石是以逢閏之年
往往米價稍昂而今歲尤甚者則以畿輔歉收之
故夫漕糧關係天庾出入皆有常制固難格外施
恩輕爲賞賚然於歲歉米貴之時又當酌量變通
俾兵丁等不致有貴價糴米之累用是特頒諭旨

將八旗兵丁借給一月米石其應於何時支領將
來作何坐扣還項之處該部速行詳悉定議具奏

乾隆三年三月十七日奉

上諭現在八旗復設米局原議於應行買米之時
動支庫銀收買目今米價昂貴旗民糴買不免拮
据必須及早平糶方有裨益朕意欲於每廠給發
銀米各半令其即行開糶酌量辦理其應如何給
發銀米之處著大學士議奏

九月十七日奉

上諭今年畿輔地方收成有歉薄之處而口外半
穀順成頗稱豐稔昨已降旨准商人出口往來販
運以資接濟今思京城米價現在不能平減米穀
青黄不接之時恐益加騰貴著派出戶部司官赫
赫那爾善内務府官員王常保王植德於張家口
古北口二處每處各二員攜帶内庫帑銀前往會
同地方官將米豆雜糧等項照時價採買運送來
京交八旗米局平糶使都門兵民得沾外來之米
以供饔飧而口外有餘之糧亦不致耗費於燒鍋
等項無用之地實屬兩有裨益其應需銀兩若干
並作何挽運之法著該部速行詳悉妥議具奏

乾隆六年十二月十三日奉

上諭國家設立平糶乃惠濟貧民第一要務但恐
發賣官穀之處與鄉村相隔遼遠則小民搬運爲
難是以乾隆二年因直隸山東平糶濟民曾降諭

旨如離府縣城郭路遠鄉邨有司當設法運至僻
鄉價無出或動存公銀兩或開銷正項錢糧皆所
不惜今年江浙地方有被災之州縣明年春秋以
前非平糶不能接濟民食該督撫務飭有司查明
道路之遠近將倉米四路分糶以就民便著各該
督撫妥協辦理至於胥役有剋減升斗之弊家丁
有得錢私糶之弊奸民有冒濫販賣之弊均當嚴
行查察有一於此法在必懲毋得姑縱

乾隆七年三月二十二日奉

上諭各省常平倉穀每年存七糶三原爲出陳易
新亦使青黄不接之時民間得以接濟當尋常無
事之際自然循例辦理若遭值荒歉穀價昂貴小

民難於謀食而仍存七糶三則閭閻得穀幾何夫
非國家發粟平糶之本意矣嗣後凡遇歲歉米貴
之年著該督撫即飭地方官多出倉儲減價平糶
務期有濟民食毋得拘泥成例著該部即行文各
省督撫知之

六月二十一日奉

上諭各省地方每遇歉收米價昂貴國家動發倉
儲減價平糶乃養民之切務然有司經理不善即
滋弊端是以乾隆四年張渠奏請減價糶穀於成
熟之年每石照市價減五分於米貴之年每石照
市價減一錢蓋欲杜奸民賤糴貴糶囤積網利之
弊也朕思尋常出陳易新之際自應照此例行若

遇荒歉之歲穀價高昂非減價一錢可以濟窮民
之困者是以本年二月間特降諭旨令該督撫等
於地方歉收平糶之時酌量情形應減若干之處
豫行奏聞請旨今朕再四思維地方當饑饉之時
黎民乏食朝廷百計區畫方且開倉發粟急圖救
濟一賑再賑以安全之豈有於平糶一節豫防奸
民之賤糴貴糶不為多減價直而使嗷嗷待哺之
窮民仍復艱於餬口乎況赴倉糴買官米與赴店
糴買市米其難易判然又可歷數銀色有高低之
不等戥頭有輕重之不同道里有遠近之各殊守
候有久暫之莫定此在平時且然何況年荒乏米
之日若官價較市價畧為減少則所差幾何是國
家徒有平糶之恩而閭閻未受平糶之益也朕恫
瘝在抱言念及此再行明白宣諭凡各省大小官
員皆朕設立以牧養斯民者倘於此等要緊政事
視為具文苟且塞責則罪不可逭嗣後務將該地
方實在情形必須減價若干方於百姓有益之處
確切奏聞請旨至於奸民當歉收之年圖利囤積
將官穀賤糴貴糶則惟在州縣官嚴行查拏倘或
疎漏隱匿該督撫即刻嚴參從重治罪是亦並行
而不悖也

乾隆八年六月初八日奉

上諭今年既多閏月又值炎暑商販米糧到來較
遲雖經得雨尚未霑足米價比往常增長應將京

倉官米速行發糶以平市價俾八旗五城兵民俱
得霑惠如何辦理之處著戶部速議具奏再黑豆
價直近亦漸貴官私馬匹俱須喂養亦應酌量平
糶該部一併議奏

十月十七日奉

上諭近聞京師黑豆價直昂貴今回鑾在即扈從
官兵馬匹進京用豆甚多戶部現在官豆應行平
糶著在京戶部堂官即行查明定議速奏請旨

十二月初三日奉

上諭今年直隸所屬河間等處偶被偏災彼地貧
民赴京覓食俱已加恩賑濟不令失所但其間尚
有不在賑濟之數者或手藝學生或傭工度日適

值米價漸昂當此歲暮天寒情殊可憫著戶部將
京倉米石酌量給發各旗局及五城米廠照依時
價核減平糶責與零星肩販之人俾得沿途糶買
使窮巷窮簷皆霑實惠再京城錢價尚未平減著
仍照夏間平糶之例將貴米錢文赴市易銀解部
以平錢價該部即速妥議辦理

初十日奉

上諭京師米價昂貴現在平糶尚恐未能驟減明
年八旗春季甲米向於二月給放者著改於正月
初十日放起

乾隆十三年六月二十八日奉

上諭目今京師米價漸昂且多閏月兵丁支放甲
米雖據部議展早於七月下旬但為期尚早著照
乾隆八年之例將京倉官米給發各旗並五城米
局減價出糶以平市價至開倉之日為止該部遵
諭速行

乾隆十五年十一月二十八日奉

上諭現在京師米價雖不甚貴然較之常價未免
加增八旗設立米局收買米石原視市價之低昂
以供平糶之用今米價既不無稍昂若再行收買
恐目下未受平糶之益轉滋食貴之虞若暫行停
止如明春應需平糶之時令管理米局大臣酌量
需用米數定議奏聞由倉支領

三十日奉

上諭近來京師米價較上年冬月稍昂已降旨八
旗米局停其收買但市價一時尚未平減時屆隆
冬小民艱於餬口著將八旗米局現在收買存貯
米石照時價酌減發糶如有不敷著於京倉支領
五城由京倉各領米一千石照八旗定價一體設
廠平糶交該御史等嚴行稽查毋令囤戶乘機射
利察出從重治罪該部即遵諭行

乾隆十六年二月十五日奉

上諭京師米價較上年漸覺昂貴向來八旗米廠
原為平減市價而設但僅照舊發糶恐尚不足以
資調劑從前曾因米價昂貴添設廠局派乾清門
侍衛等分局監糶今雖不至如甚貴之年但米價
既昂應酌量添設米局自於民食有益著在京總
理事務王大臣速行定議一面辦理一面奏聞

三月十四日奉

上諭王大臣等奏請於京外四廠再撥米三千石
接續出糶雖據奏米價漸次平減但較往年尚覺
昂貴著加恩每廠各撥米四千石以資接濟

五月初四日奉

上諭前因京師米價騰貴朕經降旨於京師及四
鄉分設廠座減價平糶今回鑾至京聞市價仍復
稍昂目前麥收雖近尚未登場正資米石接濟著
再撥米十萬石照前所辦平糶章程辦理以裕民
食該部遵諭速行

初五日奉
上諭今歲入春以來京師米價稍昂經朕叠頒諭
旨量發倉米分局平糶以資民食但當青黃不接
之時又值閏月八旗兵丁未免艱於餬口著加恩
賞給一季三個月甲米即於閏五月給發俾窮兵
饔飧優裕不藉糴食貴米市價自必平減於閭閻
生計甚有裨益該部遵諭速行

初八日奉
上諭前因京師米價稍昂經朕屢降諭旨特撥倉
米於城鄉分局平糶以濟民食但念京城內外既
有八旗及五城平糶米局又經賞給兵丁甲米米
糧充裕易於購覓惟四鄉地方所設米局僅各一

處其村僻窵遠者未免往返艱難當此青黃不接
之候需米孔殷應照乾隆二年之例俾四鄉添設
廠座得以就近糴買更為有益並派御前侍衛前
往督察如有奸徒市儈乘機射利私販囤積者著
順天府步軍統領衙門多派巡役嚴行查拏從重
治罪其如何分撥米石添設米廠之處著軍機大
臣速議具奏

初八日奉
上諭八旗兵丁餵養駝馬需用黑豆甚關緊要現
今市價昂貴著將倉貯黑豆撥發八萬石交與八
旗減價平糶以平市價該部遵諭速行

閏五月初二日奉
上諭朕前因近京米價稍昂恐小民未免食貴之
處降旨添撥米十萬石減價平糶以資接濟今據
蔣炳查勘各局米廠回京面奏現在米價日漸平
減且秋收豐稔發糶米石似無需十萬石之多等
語朕軫念民艱有加無已頻年蠲賑常不惜數十
萬帑金目下近畿秋苗登場雖民間易於糴食而
原發米石遽議酌減非朕加惠閭閻之本意但所
設各廠現在派員經理如不俟秋田米豆成熟時
始行停止未免為時尚早著將此項原發米石未
經出糶者即交與地方官循照各廠現定平糶章
程實力辦理所有原派侍衛科道司員即著回京
交辦之後朕仍不時分遣原辦之侍衛等前往查

核該督該府尹等加意董率毋使胥吏囤戶作奸
射利務令市價益平僻遠窮民均霑實惠以副朕
意

十月二十四日奉
上諭今歲恭遇
聖母皇太后六旬萬壽海宇臣民顒瞻祝釐者甚
衆現在輻輳京師各城米價或致少昂著於京倉
撥米二萬石分給五城減價平糶令尚書蔣溥五
齡安李元亮劉統勳孫嘉淦督率該巡城御史等
實力稽查妥協辦理該部即遵諭行

乾隆十七年正月初二日奉
上諭上年因京師米價未平多方籌畫屢發倉貯

米石減價平糶並肯給八旗兵丁甲米莊嵩春令
首和藏功伊始閭閻日給為時正長應據等接濟
使近利者不致居奇著於京倉撥米四萬石分給
左右翼米局交該管王大臣等仿照時價酌減平
糶務須妥協經理以副朕惠養兵民之意

乾隆二十三年七月初二日奉
上諭京師米價較上年稍為昂貴已特派大臣於
五月設廠平糶但現在距秋收之期尚早商販未
至閭閻米少鋪戶或乘此居奇日漸增長向來京
官俸米例於八月支放著提早一月即於七月開
倉支放俾京城内外米糧充裕價直自可平減該
部遵諭速行

孚惠全書卷五十四

孚惠全書卷五十五

平糶減價二

乾隆二十四年三月二十二日奉
上諭京師現在米價稍昂著照上年之例於京倉
内撥米五萬石在五城適中地方設廠平糶派侍
郎吉慶劉綸如松鄂弼錢維城會同該城御史等
親往督率妥協辦理該部即遵諭行

四月初三日奉
上諭前因京師麥價稍昂令胡寶瑔於河南麥收
豐稔之處購運來京平糶令據該撫奏到頭運船
隻已於三月二十八日開行其餘陸續銜尾前進
不致稽遲等語胡寶瑔辦理此事甚為迅速已傳
諭方觀承令其嚴飭北方官沿途照料催趲來京
此項麥石到京之日即分派五城平糶米廠内源
源出糶以平市價以裕民食

初九日奉
上諭前因京師米價稍昂令於京倉撥五萬石設
廠平糶並派侍郎吉慶等會同五城御史分往經
理閭閻民間米價邇來已漸就平減但此時距秋成
尚遠且歲值閏月若限以五萬之數閭閻口食仍
恐未能充裕著傳諭該侍郎及御史等每日不妨
多為出糶若所撥米石將次糶完即奏明添撥其
價值照時價隨時酌減庶小民不致艱於買食可
以接至秋成所有糶獲錢文亦宜使之流布勿令

堆積日久以致錢價踊貴並著該侍郎等酌量動
率易銀交部存貯至於所糶倉米額數不必急著
買補俟今歲新穀既登後視何省收成豐稔即以
此項存貯平糶銀兩發往採買陸續搭運總期隨
宜調劑務俾食貨流通以利生民可也

初十日奉

上諭京師五城現已撥米平糶其安河橋之豐益
倉清河之本裕倉所有現存米石並酌量平糶各
派御前侍衛一員帶領駐劄圓明園參將等會同
該監督妥協辦理庶郊外居民可以就近買食不
必遠赴京倉

十八日奉

上諭據吉慶等奏五城各廠原撥米石將次糶完
請再撥五萬石分發各廠減價出糶等語著照所
請行京城自平糶以來市價雖漸次平減但現在
雨澤未沛閭閻正須接濟不必拘定五萬石之數
此次所撥米石糶竣即行陸續酌撥無拘石數務
使民食充裕普霑實惠再各廠平糶為期尚遠原
派之監糶大臣等亦應輪替督率查辦著再派錢
汝誠伊祿順王際華恩丕熊學鵬協同辦理以裨
公務

二十四日奉

上諭京師現在設廠平糶並將安河橋清河等處
存貯倉米酌撥減糶俾郊外居民可以就近買食
通州為水路總會通衢商民輻輳亦宜動撥通倉
米石交與地方官照五城之例設廠減糶以平市
價並著倉場侍郎巡漕御史等一體留心稽察勿
使胥役市儈從中滋弊

二十七日奉

上諭今歲入春以來雨澤未霑米價稍昂經朕查
明諭旨量發倉米分遣大員在五城圓明園各處
及通州地方設廠平糶以濟民食但當青黃不接
之時又值閏月八旗兵丁向無閏月支給甲米之
例未免買食維艱著加恩於閏六月賞給一月甲
米俾兵丁饔飧優裕不藉糴食市價自必愈加平
減於閭閻生計均有裨益該部即遵諭行

五月二十九日奉

上諭京通各倉成色米石向例陸續發與五城糶
賣今京城內外發倉平糶米石充裕著倉場侍郎
查明各倉所有成色米石交與方觀承運至良鄉
等處平糶以贍民食再直隸各屬現在雨澤未能
霑霈近京州縣平糶常平倉穀石儘照定例每石
減銀五分窮民仍恐買食維艱並著方觀承酌量
地方市價每石減糶銀二三錢俾閭閻均霑實惠
該部即遵諭行

六月初四日奉

上諭前經降旨令將京通各倉成色米石撥交方
觀承運至良鄉等處平糶以贍民食但此項成色

米石每核計不過四五成而乾運脚價反致虛費
朕念切民依不若竟給通倉好米一萬石速行出
糶貧民尤需實惠而地方官亦便於接辦其成色
米石仍就近交與京城米廠照例減糶

二十六日奉

上諭京師今需甘霖秋成可望惟是春夏之交天
時亢旱米價稍昂數月以來雖經發倉設廠源源
平糶八旗兵丁亦已加恩賞給閏月甲米但時距
西成尚遠著將通倉八月應放官員秋季俸米即
於七月內先期一併關支庶京畿糧食愈充市價
亦就平減該部遵諭速行

九月二十八日奉

上諭今歲近京地方夏前得雨稍遲旋即甘霖普
需大田仍獲有秋農民得資日用近聞京城內外
米糧價值照常惟麥麵豆草各項未能平減尚須
隨時調劑從前五城平糶麥石現在餘剩存倉者
尚多而接運進京之麥又有山東五萬石江蘇十
萬石將次陸續抵通足供平糶接濟其黑豆一項
各倉存貯除酌量寬裕留備支放需用外所有餘
豆或准官員承買或發廠一併平糶俱有益於民
用至南苑羊草監廡向來係刈儲備足數供用即
量為發出變價如今該總管等督率海戶多為收
割俾出售數饒市直自當日減著各該衙門詳悉
查明數目其麥豆仍交五城及原派之侍郎等督
率平糶草束交總管內務府奉宸院辦理

乾隆二十七年正月初五日奉

上諭去年近畿秋雨過多收成分數稍減現在京
城米價雖未致甚昂但恐青黃不接之時市價易
致增長應豫為籌畫以裕民間口食著留京辦事
王大臣於啟鑾後酌量市肆情形於應行平糶時
一面具奏一面循照前例於京倉內量撥米石給
五城地方設廠分糶令派出之德保五吉觀保書
山阿永阿錢維城納世通范時紀廣成赫爾景額
等會同該城御史督率妥協經理毋使牙儈從中
囤積居奇滋弊俾閭閻均霑實惠

五月十八日奉

上諭八旗兵丁甲米閏月例不支放但京師自夏
季以來雨水稍多道路泥濘糧食車輛或有阻滯
買食未免拮据著加恩賞給一個月甲米即行支
放俾兵丁囊餘優裕市價益平於閭閻生計亦有
稗益該部遵諭速行

閏五月十八日奉

上諭今歲直隸各屬麥秋原可望豐稔近因雨水
稍多致減分數且道途泥濘各鄉糧食車輛或有
阻滯現在京師設有米廠平糶並降旨賞給八旗
閏月甲米即令開倉支放米石既多價直自可無
慮騰踊惟麥麵一項將來恐不無昂貴豫東二省
氣候較早二麥俱報豐收著該撫等各於麥熟最

多之州縣酌量採買五六萬石由水路陸續運京
以備接濟現今重運糧艘漸次抵通所有豫東二
省販來船隻並諭令轉運流通毋得稍有禁遏該
部即遵諭行

六月初三日奉

上諭京師閏五月以來雨水稍多近雖晴霽而道
途泥濘商販馱運未免紆遲豆價現在增長官員
兵丁等日所必需自宜酌量調劑著戶部於豫備
支放豆石內通融籌撥陸續交與五城米廠以資
平糶現已降旨令奉天山東二省一面速運豆石
接濟京倉支放之用該部遵諭速行

二十一日奉

上諭今夏因雨水過多恐畿輔一帶麥收分數不
無少減是以前經降旨令河南山東二省各採買
麥石運京平糶昨據阿爾泰奏報東省麥石已於
六月十三起運在途今胡寶瑔奏報豫省麥石現
亦分起催趲前進合計均可剋日抵通著傳諭倉
場侍郎等於二省麥石將到水次即豫備接遞運
京以便交發五城米廠陸續平糶仍即一面妥酌
規條隨到隨糶俾市價日減而民食益充副朕軫
念閭閻至意該部遵諭速行

九月十九日奉

上諭舊例王公等甲米原在京倉支放後因通倉
糧石陳積部議改赴通倉關支第念往返運費必
多虛糜其中或將糧石就通糶賣於八旗口食轉
無裨益所有今年五旗王公等甲米及八旗佐領
世甲米石俱著在京倉支放嗣後每年通倉貯米
酌量敷用倉場侍郎等即奏明多運京倉俾王公
等甲米支領既不需跋涉而於日用益為饒裕該
部即遵諭行

十一月十六日奉

上諭今歲京師夏間雨水稍多收成分數因
降旨分廠平糶自春徂冬未嘗少間以裕民食復
令豫東二省採買麥石十餘萬運京接濟並賞給
八旗閏月甲米糧食既多價直自可無虞昂貴但
現在時近年節糧價未能即平減著將在京三品

以下滿漢文武各官豫支半年俸米於明年春
秋四季應領俸米內分扣所有豫支俸米若令赴
通關支未免更需運費而米石亦易遺漏並著加
恩即准於京倉內按數支放則京城米石充裕市
價必平於民食亦為有益仍著步軍統領衙門派
員稽察

乾隆二十八年三月二十三日奉

上諭上年冬間因京師米價未能平減曾經降旨
令在京三品以下文武各官豫支半年俸米分作
四季坐扣現在麥苗初夏尚屬青黃未接之時所
有今春扣過米石著加恩仍行按數給放展至秋
季再行按季分扣其王公等及三品以上大員亦

著加恩准其豫支一季兵米照例按季分扣庶京
城米石倍為充裕市價益平於民食尤有裨益該
部遵諭速行

四月初十日奉

上諭現在存倉黑豆計各項備用外為數甚屬充
裕著該部即於存貯黑豆内每城分撥八千石以
資各廠平糶接濟之用

乾隆三十五年五月二十二日奉

上諭前因山東今年雨澤霑足二麥可望豐收曾
降旨富明安令酌量情形採買新麥二三十萬石
解京備用今據奏東省沿河市集因麥收在邇舊
麥價直亦平現已採買四五萬石即飭首運京餘
候新麥登場更可買運等語京城今歲麥收歉薄
時直較昂得此東省麥石源源接濟於市糶甚為
有益著該部即查照向例交五城平糶以裨民食

乾隆三十六年四月二十七日奉

上諭京城及近畿地方自春入夏雨澤較稀麥收
不免歉薄幸有官麥平糶市直未致加昂但現屆
青黄不接之時米價或恐因而增長此尤小民口
食所資自應豫為籌畫以期充裕著照乾隆二十
七年之例於京倉内量撥米石給五城平糶仍令
原派監糶麥廠之大臣並該城御史就近經理其
應撥米石若干及作何酌定章程之處即著該監
糶大臣等會同該部詳悉妥議速奏並著步軍統

領衙門派委員役嚴查奸商販買囤積俾閭閻均
霑實惠

七月二十二日奉

上諭古北口地方因潮河盛漲連年被水情形較
重疊經頒發帑金善為撫恤並賞銀葺屋俾有安
居開倉平糶賞給月糧使軍民足資口食惟是該
處兵糧祗提標歲支一季本色餘俱用折色闔支
既無氣蓋流通而米糧入市又屬稀少偶遇雨水
稍多之年價直易致昂貴日用糴買未免拮据茲
經臨詢覽雖景象尚覺安恬而善後經營宜令益
臻饒裕昨歲曾於口内添建倉廒貯穀八萬石備
用因思積貯既屬充盈而新陳亦當量為出易若
兵食使之寬裕則餘糧兼可贍及閭閻自為一舉
兩得著加恩將古北口駐防八旗兵丁及城守營
提標各營綠旗兵丁應支月糧自本年為始每年
支給兩季本色以示體恤其如何酌量章程按數
準支及將來作何源源運貯接濟之處並著該督
楊廷璋詳悉妥議具奏

乾隆四十年五月十一日奉

上諭近日京師糧價較上年四五月間稍增自因
昨秋天津河間一帶地方歉收所致現屆青黄不
接之時宜使市糶備平俾閭閻不虞穀貴著照向
例於京倉内量撥米石給五城設廠平糶以裨民
食所有辦理章程著該部詳悉妥議速奏

閏十月初三日奉
上諭八旗兵丁甲米閏月例不支放向雖曾特恩
賞給並非常例第念京師五方聚集食指浩繁兵
丁所得甲米饔飧自給之餘或將剩米出糶尚可
潤及閭閻數十萬戶仰資其利現在正逢閏月例
無應放之米兵米口食未免拮据著加恩賞給閏
月甲米即於本月十五日開放其十一十二兩月
放米之期並著移於每月十五日明歲新正以後
仍循其舊則潔冬度歲更得饒裕市價亦可藉以
益平於兵民生計均有裨益嗣後凡遇閏月俱照
此一體賞給甲米俾各承霑實惠著為令該部遵
諭速行

乾隆四十三年四月初二日奉
上諭現在將屆夏令京師尚未得有透雨市間糧
價恐未免稍昂自應預為籌畫俾民食益加充裕
著照向例五城設廠酌撥米麥平糶所有應辦事
宜著該部即速妥議具奏
乾隆四十七年五月二十一日奉
上諭本年直隸承德府各屬雨澤未溥糧價稍昂
現在平糶存倉餘米二千石以資接濟數日以來
雖已甘霖疊霈而青黃不接之時尚恐民食未免
拮据著再加恩將存倉餘米平糶三千石以副朕
軫念民艱有加無已之至意
七月初九日奉
上諭承德府屬平糶餘米業經展糶三千石以資
接濟茲恐民食尚有不敷著再加恩平糶一千石
以副朕軫恤窮黎至意
乾隆四十九年六月二十六日奉
上諭前因甘省逆回不法擾害地方曾降旨令福
康安查明被難良民酌量撫恤並將該省本年應
徵錢糧概行豁免本日據福康安奏現在該省市
集糧價較昂其伏羌一縣已據該縣開倉減價出
糶其餘靜寧隆德等州縣曾經賊人經過處所亦
應一體核實酌減出糶等語向來出糶倉糧每以
年成豐歉照市價量為酌減今該省因賊人滋擾
小民糶食維艱安可復拘常例辦理著福康安即

將應行出糶各地方一體核查照例價大加酌減
出糶期於民食有濟並著嚴飭該管道府加意稽
查如有糶多報少侵冒情弊即將經手之員嚴參
治罪所有朕批閱福康安原摺一併發抄該部知
道
乾隆五十年四月十五日奉
上諭直隸河間府屬之景州交河等八州縣秋冬
以來雨澤稍疏麥收恐不免歉薄前經降旨加恩
減價平糶並將新舊錢糧一體概予緩徵茲據劉
峩奏稱東光吳橋任邱三縣民力雖較景州等處
稍為寬裕但現在市集糧價亦未平減等語所有
東光吳橋任邱三縣著加恩照景州等八州縣之

例一體減價出糶以平市價該部即遵諭行
七月初四日奉
上諭據特成額等奏湖北省江夏等四十七州縣因入夏以來未得透雨旱中二禾鮮有收穫糧價未免稍昂等語江夏等州縣因缺雨歉收糧價加昂民食自不免拮据著即照歉收地方之例將倉穀減價多糶該督撫其督飭各州縣實心經理務期小民均霑實惠毋許胥役稍滋弊竇以副朕惠愛閭閻至意該部即遵諭行特成額等摺並發
乾隆五十二年六月初十日奉
上諭據留京辦事王大臣等會同議駁副都御史劉權之條奏仍復八旗米局一摺官局之設原為

孚惠全書 卷五十五 十二

有益於旗民但當米價方昂之時設立官局即須抑令旗人賤賣於官轉近於勒糶而經理不能妥協弊竇叢生仍屬有名無實自應停止已依議行矣至綿恩阿桂會同戶部順天府另摺議奏籌辦麥石以備明歲平糶一摺內稱豫省每年應徵粟米二十萬八百餘石以十之三改折麥石核算可得麥三萬六千餘石恐尚不敷用因思山東地方向來種麥者亦多該省每歲應徵粟米二十四萬七千餘石若酌改麥石以十之一核算亦可得二萬餘石共有麥六萬石以之豫備平糶可資充裕等語東省本年春夏以來雨澤愆期麥收歉薄節經降旨緩徵並令該撫酌借口糧開倉平糶以資

接濟是東省今年斷不能改徵麥石運京朕所深知應俟明歲雨澤調勻麥收豐稔再行酌量辦理至豫省地土平衍民間種麥較廣本年均屬豐收現據畢沅奏請以麥抵米是依該省情形酌量分數改徵麥石於民情甚便著依議行即令豫省改徵運京以資明年平糶之用設或明年麥價平減無須出糶而麥石久貯陳朽為虞即照綿恩等所議於俸米甲米內均勻搭放更可行之經久又綿恩等摺內夾片奏稱現在麥麪價值既已平減惟米價一時未能即減懇請於京倉內撥米三萬石交與五城設廠平糶等語米糧價直民食攸關現在市價稍昂自應平糶以資調劑所請撥米三萬

孚惠全書 卷五十五 十三

石為數尚少竟著於京倉內撥米五萬石每城交與一萬石若仍照舊例每城設立官廠既不免經費之繁而經管之大臣官員耳目難周勢不能不委之司坊官家人吏胥等承辦難保無暗中串通滋弊情事仍屬有名無實朕意不若於五城各派大臣一員在城內城外公同揀擇殷實大鋪戶各一處將官米交給該鋪戶自行糶賣仍官為酌定價直令其稍霑餘潤俾資贍給所有出價直即隨時繳納著派尚書胡季堂侍郎惠齡汪承霈海寧德成各分管一城率同該城御史專辦其事並會同步軍統領順天府嚴密查察如該鋪戶不遵官定價直仍私行增高牟利者一經查出不但將

官米繳回另選殷實大鋪承糶並將其鋪內米石一並入官為半糶之用仍將該商治罪其有不願領米者即是把持柴今奸商治罪如前另選一人充之如此懲一儆百則糶賣官米之商人知所畏懼自不敢復蹈故轍而各城既有官米鋪戶平價出售小民自必皆赴該鋪糶買其餘民間米鋪若擡價居奇亦無人向彼糶買則該商等自不能不仿照官定價直出售米價不期賤而自賤所謂無官局之名而得便民之實似為妥善至倉內官米若概行發給恐該鋪無地容貯著酌定數目陸續發交該鋪戶收領零星糶賣並著留京王大臣總司其事現定於六月二十日即行開糶其應如何

酌定章程辦理之處即行詳悉妥議迅速奏聞以便屆期舉行

九月二十八日奉

上諭前因京城米糧市價昂貴特經降旨於京倉內撥米五萬石分給五城地方發交殷實鋪商減價平糶並派監糶大臣率同五城御史專辦其事並令會同步軍統領順天府各衙門嚴密查察以平市價自平糶以來雖覺糧價漸減但恐糶竣之後又復漸次加長非朕軫念民依隨時調劑之意著再撥發京倉米五萬石交與五城地方減價平糶俱著照前次章程妥協辦理俾軍民均霑實惠以副朕加惠無已至意

乾隆五十三年三月二十三日奉

上諭本日據劉峩奏保定會城及安肅涿州等處各得雨一二寸不等俱未能霑透等語現在京城雖得霡雨而近畿一帶雨澤較稀今保定所屬及涿州等處得雨亦不過一二寸未為深透因念京城米麥全賴各處商販源源運赴接濟糶售今京城雖獲甘膏而畿南各屬雨澤稍缺恐商販米石運京較少市價不免日漸昂貴自仍應平糶俾小民口食益資充裕所有上年平糶餘存米三萬四千石即著原派監糶大臣照舊章程平糶並著戶部查明各倉現存麥石除酌留數用外其餘儘數發出交監督大臣一併出糶仍隨時實力稽查不

使奸商壟斷務期市價平減民食有資以副朕惠鮮為懷至意

乾隆五十七年閏四月初五日奉

上諭京城尚未得有透雨現屆青黃不接之時恐糧價不無昂貴自應減價平糶以裕民食其如何分城設廠並撥用何項米麥及派員經理之處著該部查照向例悉心酌議具奏

孚惠全書卷五十五

孚惠全書卷五十六

京廠常賑

雍正十三年十二月二十五日奉

上諭京城有普濟堂二處育嬰堂一處收養無依之窮民及拋棄之嬰孩由來已久其經管之人實心行善有存孤恤老之風從前

皇考曾兩賜帑金並

錫溫綸以獎義舉今朕即位廣沛恩膏而輦轂之下樂善良民猶行不怠朕心嘉悅三處各賜銀五百兩以助其養贍之費著內務府即行給發並將朕旨宣諭知之

乾隆二年九月二十二日奉

上諭京師輦轂之下民人衆多更有外省失業之民來京覓食者定例於十月初一日五城設立飯廠十處以濟貧乏朕思今年適值歲閏天寒較早閏九月十五日便是立冬節令恐待哺貧民不無凍餒之患著加添半月之期於閏九月十五日即行開廠不必拘十月初一之例都察院堂官可督率五城御史稽查經理實心任事務令小民均霑實惠

乾隆三年三月初八日奉

上諭五城煮賑向例於十月初一日起至次年三月二十日止朕因上年閏月早寒曾降旨加賑半月以廣恩施今賑期將滿天氣漸熱貧民衆多不便聚集一處自應散歸種地滷工各務本業但停賑之日恐不免乏食之虞朕心深為軫念著每名再行賞給口米一斗以資前路食用交五城御史司坊官按照食粥人數散給毋致遺漏並嚴防胥吏冒領等弊務令貧民均霑實惠

十月十四日奉

上諭每年十月京師五城設廠煮粥以濟貧民今歲米價昂貴恐小民乏食者多著照常年設廠早半月之期於九月半後舉行該衙門即速辦理

乾隆四年三月初十日奉

上諭五城散賑例於三月二十日停止貧民自應散歸本籍各務農業上年曾降諭旨每名賞給口

米以資歸途食用今年停賑之日著照上年之例仍按食粥人數每名賞給口米一斗勸諭速歸本土毋誤春耕可傳諭都察院知之

乾隆十六年三月初九日奉

上諭今歲京師米價昂貴又係閏年春寒未解若照常年之例停止煮賑誠恐窮民難於餬口著加恩於限外再賑一月

乾隆二十四年十月十九日奉

上諭今歲近京地方夏間得雨稍遲收成未能一律豐稔時值初冬節氣屆寒視往年較早現在五城設廠煮賑貧民就食者必多朕心深為軫念著加恩每廠每日加給米一石俾得寬裕煮賑以資

優恤但向來賑廠專在外城北面一時赴食之民道路遠近不均今米石既經加給應並於城內酌量分廠一體通融散給俾得均霑實惠着都察院揀派御史十員內務府及各部亦各派賢能司官十員會同妥協經理步軍統領衙門不時派員照料稽察其內城分設各廠並着公同相度奏聞辦理

乾隆二十五年正月初七日奉

上諭前已降旨加增米石於五城分廠煮賑現在時屆春融而貧民就食者尚多着再加恩於內城新設各廠內每廠每日加給米一石俾得寬裕煮賑仍着原派在廠各員妥協經理務使窮黎均霑實惠

三月十八日奉

上諭前經降旨於五城內外增設煮賑各廠並添給米石俾就食貧民得資餬口今該御史等摺奏三月二十日例應停賑朕念現在春田雖得透雨而麥秋未屆正值青黃不接之時着再加恩內城展賑十日南城展賑十五日城外展賑二十日以示矜恤

乾隆二十七年九月十九日奉

上諭京師時屆冬月五城設廠煮粥俾無業貧民得資餬口今歲近京收成稍歉四鄉貧民赴廠就食路遠既不無向隅人衆亦易致擁擠着加恩於五城例設各廠外每城各再添設一廠於東壩盧溝橋黃村清河樹村五處照舊章程一體妥辦再增派滿漢科道各五員會同五城御史督率司坊官悉心經理毋許胥吏侵扣滋弊俾赴食者均霑實惠其都察院堂官仍不時自往稽察副朕軫念窮黎至意該部即遵諭行

御製降旨添設五城粥廠詩以誌事壬午

連歲洊臻澇災較昨年甚截漕五十萬滌區供炊飪五城有常例冬令賑粥審念茲饑饉多如傷實切朕宣命倍數施遠郊計口廩例設舊廠並傳各城遠邇赴食因令四鄉各倍其數以便就給寔臣時體察侍史其懃恁革辭瀋與饑庶救轉壑凜調纂之良方極撫吾心審

十月十八日奉

上諭京師五城冬月煮賑雖已降旨加恩於附近四鄉增廠散給比聞鄉落就食之人比城內較多所有每日額支米石恐尚不敷用着再加恩每日各廠各加米一石其中各廠人數不齊或將在城之羸餘協濟在鄉之不足着都察院堂官等通融酌劑善為經理務俾貧民並霑實惠副朕軫念至意該部遵行

乾隆二十八年二月十四日奉

上諭前經降旨於五城內外增設煮賑各廠並添給米石俾就食貧民得資餬口但向年俱於三月二十日停止朕念現在雖屆春和而時值青黃不

接貧民生計猶未免拮据所有今歲五城内外各
廠著再加恩展賑一月以示矜恤
御製降旨加展粥廠賑期癸未
州縣極次貧賑期具常例五城設粥廠以補賑不
逮州縣賑既加粥期可獨置申令概加展四月下
旬暨言念連歲潦吾民實彫弊穀不遺餘力猶恐
鮮實際愧無調燮方遑有損益計
三月初五日奉
上諭此項存貯餘米不必歸入倒賑數内散給所
有四月二十日以前應用米石仍准按例赴支俟
賑期已竣將此餘米通融籌酌接濟俾貧民復多
得數日之賑不亦可乎

四月初十日奉
上諭前經降旨於五城内外增設煑賑各廠並於
倒賑之外加展已至四月第念此時雖屆清和而
麥秋尚在有待著加恩再行展賑一月俾貧民得
資餬口以示矜恤
御製復命五城粥廠加展賑期癸未
畿輔連歲潦渴望兹麥秋即令又慮旱展轉增予
憂貧汲予墜井其疚可弗求歲凶民道殣所致必
有由普賑已加月五分煑並瞬近城分設廠煑粥
資窮流麥登未可知養給其安役復命展賑期五
月末始能無德致休徵那更靳待籌嗟哉之食民
徒號慙垂哉人事推補苴奚若
天恩周顧所有麥田庶當少濟下
乾隆三十三年二月二十三日奉
上諭方觀承奏乾隆二十七年賑恤案内所有應
扣建曠日期及粥廠内有接賑二十日經戶部駁
令删除懇請一體准銷一摺在該部議駁原係遵
照成例辦理但據方觀承所奏地方急賑本有扣
足一月之例而粥廠亦以京師五城煑賑未停是
以隨同接辦亦屬地方實情國家嘉惠閭閻遇有
偏災無不格外從優體卹此案該督既經通融籌
辦自毋庸按例行駁所有應扣建曠日期及應删
減二十日米薪等項均著加恩准其開銷
乾隆三十五年十二月初十日奉

上諭聞今歲五城内外粥廠貧民就食者較多所
有例給米石恐不敷用著加恩每廠每日再增米
一石以資煑賑
乾隆三十六年十月初九日奉
上諭京師五城每歲設立粥廠每廠日給米一石
贍給貧民現在已經開廠窮黎自可就食第念今
年秋間雨水稍多近京間有被潦之處收成不無
歉薄其距京稍遠鄉民艱於赴廠未免向隅著加
恩於近京四鄉地面約計三四十里許再行添設
四廠交都察院於各廠奏派滿漢科道二員輪流
駐彼稽查妥協經理毋任吏胥侵漁滋弊俾各鄉
民均霑實惠

乾隆三十七年二月初八日奉

上諭五城內外煮賑各廠向年俱於三月二十日停止第念去歲近畿被水之處收成稍歉今雖時屆春和尚在青黃不接之際入市米糧未能充裕貧民口食恐猶未免拮据所有現在五城內外各廠著再加恩展限半月俾就食貧民益霑惠澤副朕軫恤至意

乾隆四十年九月二十五日奉

上諭京師每屆冬令五城設廠煮賑三個月今歲因係閏十月經都察院奏准於閏月朔開賑第念十月望日已交立冬節天氣漸覺冱寒貧民口食未免稍覺拮据所有五城煮賑著加恩於十月十五日為始俾得早資果腹不致凍餒副朕惠愛窮氓至意各該衙門遵諭即行

乾隆四十四年十月二十四日奉

上諭京城廣寧門外普濟堂冬間貧民較多所有經費米石恐不敷用著加恩將京倉氣頭廒底內較好之小米撥給三百石以資接濟

乾隆四十五年十月初五日奉

上諭京城廣寧門外普濟堂冬間貧民較多所有經費米石恐不敷用著加恩將京倉內之小米賞給三百石以資接濟

十一月二十五日奉

上諭今歲五城內外粥廠貧民就食者較多所有例給米石恐不敷用著加恩每廠每日再增給米一石以資煮賑副朕軫念窮黎至意該部即遵諭行

乾隆四十六年正月二十日奉

上諭五城內外粥廠前於例給米石外業經加恩每廠每日增給米一石以資煮賑但向年各廠俱於三月二十日停止恐其時貧民就食者尚多著再加恩展賑半月以示優恤該部即遵諭行

十月十六日奉

上諭京城廣寧門外普濟堂冬間貧民較多所有經費米石恐不敷用著加恩將京倉內之小米賞給三百石以資接濟

乾隆四十七年十月十四日奉

上諭京城廣寧門外普濟堂冬間貧民較多所有經費米石恐不敷用著加恩將京倉小米賞給三百石以資接濟

十一月二十日奉

上諭京城德勝門外功德林冬間貧民就食較普濟堂人數雖減但常例賞銀一千兩經費難恐不敷著加恩將京倉內小米賞給一百五十石以資接濟

乾隆四十八年十一月十二日奉

上諭京城廣寧門外普濟堂冬間貧民較多所有經費米石恐不敷用著加恩將京倉內之小米賞

給三百石以資接濟

乾隆四十九年十月十六日奉

上諭京城廣寧門外普濟堂冬間施捨貧民所有

經費米石恐不敷用著加恩將京倉內之小米賞

給三百石以資接濟

乾隆五十年十月十五日奉

上諭京城廣寧門外普濟堂冬間施捨貧民所有

經費米石恐不敷用著加恩將京倉內之小米賞

給三百石以資接濟

乾隆五十一年九月二十日奉

上諭京城廣寧門外普濟堂冬間施捨貧民所有

經費米石恐不敷用著加恩將京倉內之小米賞

給三百石以資接濟

乾隆五十二年九月二十九日奉

上諭京城廣寧門外普濟堂冬間施捨貧民所有

經費米石恐不敷用著加恩將京倉內小米賞給

三百石以資接濟

乾隆五十三年十月初九日奉

上諭京城廣寧門外普濟堂冬間施捨貧民經費

米石恐不敷用著加恩將京倉內之小米賞給三

百石以資接濟

乾隆五十四年九月二十二日奉

上諭京城廣寧門外普濟堂冬間施捨貧民經費

米石恐不敷用著加恩將京倉內之小米賞給三

百石以資接濟

乾隆五十五年九月初六日奉

上諭京城廣寧門外普濟堂冬間施捨貧民經費

米石恐不敷用著加恩將京倉內之小米賞給三

百石以資接濟

乾隆五十六年九月二十四日奉

上諭京城廣寧門外普濟堂冬間施捨貧民經費

米石恐不敷用著加恩將京倉內小米賞給三百

石以資接濟

乾隆五十七年閏四月十一日奉

上諭向來京師冬春之際五城及普濟堂俱設廠

煮粥以濟貧民一屆融暖例即停止第念現在近

畿一帶尚未得有透雨雖業經降旨加恩平糶尚

恐京城及附近覓食貧民餬口維艱著五城順天

府再行煮賑一月並著都察院堂官及該府尹等

不時前往查察勿使胥吏從中滋弊以副朕恤貧

祈澤至意

六月十一日奉

上諭大學士九卿議覆紀昀奏請撥直隸截漕米

石在京分廠煮賑一摺所議尚未周到朕軫念災

區豫籌民食本年因直隸被旱各屬二麥歉收節

經降旨緩徵借糶並截漕五十萬石俾資接濟現

因應賑百姓赴京就食者較多酌籌分廠煮賑所

需僅止數千石不過截留漕糧百分之一大學士

九卿議如所奏在直隸原截漕糧內扣出撥給殊屬見小所有京城需用賑米竟毋庸在直隸截留漕糧扣撥即著動用通倉米石速行撥廠分賑以資災民口食該督務須督飭所屬核實稽查俾得均霑實惠不致一夫失所毋任地方州縣吏胥剋扣侵肥以副惠愛黎元有加無已至意

二十九日奉

上諭前京南諸府雨水短少二麥歉收貧民赴京覓食者多令於五城展煮粥賑俾資餬口但念本年直隸被旱地方稍廣各處貧民聞設粥廠自必紛紛就食人衆既恐致擁擠而相距路遠者或不免向隅著加恩照乾隆二十七年之例於五城例設各廠外在離城三四十里鎮集處所添設五廠照舊定章程一併妥辦並增派滿漢科道各五員著留京辦事王大臣揀選派出不必送來引見會同現任五城御史督率司坊官悉心經理至就食人數既多所有每日額支米石恐不敷用並著加恩每廠每日加米一石其中人數不齊或將在城之贏餘協濟在鄉之不足著都察院堂官等善為酌劑仍不時稽察毋令胥吏從中扣減俾赴食者均霑實惠以副朕軫念窮黎有加無已至意

二十九日奉

上諭現因京南被旱地方無業貧民就京覓食者較多特令五城添設粥廠煮賑現在駐蹕熱河恐口內貧民出口至此者必多自應特沛恩施俾得均霑渥澤著承德道府等酌量設廠撥米煮賑使乏食民人得資口食並著實力稽查妥協經理務俾均霑實惠以副朕軫念民依有加無已至意

九月初八日奉

上諭京城廣寧門外普濟堂冬間施捨貧民經費米石恐不敷用著加恩將倉內小米賞給三百石以資接濟

乾隆五十八年三月初七日奉

上諭上年因直隸順德廣平大名三府並深定河間天津等府屬被旱成災無業貧民至京就食者多曾降旨於京師五城內外設廠賑濟現屆三月賑期將竣雖各該處屢次得雨麥苗亦經播種齊全但距麥收尚遠青黃不接之時貧民生計猶艱餬口無資著再加恩展賑一月以資接濟仍著都察院堂官董飭五城並監放賑務之各該御史妥協經理以副朕行慶施惠有加無已至意該部遵諭即行

九月二十九日奉

上諭京城廣寧門外普濟堂冬間施捨貧民經費米石恐不敷用著加恩將京倉內小米賞給三百石以資接濟

乾隆五十九年九月三十日奉

上諭京城廣寧門外普濟堂冬間施捨貧民經費

米石恐不敷用著加恩將京倉内小米賞給三百石以資接濟

乾隆六十年二月二十九日奉

上諭京師五城飯廠定例應於五個月零二十日本年係閏二月應於閏二月二十日停止但現在天氣尚寒距麥收之期較遠若遽行停止於賑恐無業貧民難以餬口所有本年五城飯廠著加恩展至三月二十日停止以示朕軫恤貧民有加無已之意

孚惠全書卷五十六

孚惠全書卷五十七

蠲除積逋一

雍正十三年九月二十三日奉

上諭各省民欠錢糧十年以上者均於恩詔内概予蠲免其餘未完民欠尚係應徵者朕繼緒方初惟當纘述我

皇考惠養黎元之至意俾服疇力穡之人均沐恩膏積逋全釋若未蠲免之項尚事徵收民間不無煩擾茲特再行降旨於恩詔外將雍正十二年以前各省錢糧實欠在民者一併寬免從前江南積欠錢糧内曾有官侵吏蝕二項乃從民欠中分出者比時差往大臣官員辦理原不妥協亦著照民欠例寬免此朕仰體

皇考誠求保赤之仁深願吾民厚生正德之意各省軍民人等身受國恩至渥自應感動天良屏除陋習明守法奉公之大義謹則壤成賦之常經共為良民免追呼之擾累倘狃玩性成不知悛改則吾民中最為愚頑之人既無畏威之念亦鮮懷德之心國法具在朕亦不能為之寬貸也

十月初七日奉

上諭據果親王等奏江南等省漕項蘆課及學租雜稅等銀亦係雍正十二年以前之民欠似可照例豁免特行請旨等語朕思此等欠項實係應免者果親王分晰詳明據實陳奏甚屬可嘉著全行

豁免並令嗣後遇有恩詔俱將各項入於豁免之
内永着為令
二十六日奉
上諭朕前降旨將雍正十二年以前各省民欠錢
糧恩行豁免查直隸州縣有旗退地畝及入官地
畝俱由地方官徵收租項歷年既久拖欠頗多向
雖不在恩詔豁免之内然旗銀與地丁各色不同
其為民欠則一著將雍正十二年以前旗退地畝
租銀及入官地畝租銀租糧一併加恩豁免
十一月十八日奉
上諭朕即位之初加恩海内民人已降旨將雍正
十二年以前各省民欠錢糧恩行豁免俾閭閻無

催科之擾因查兩淮鹽場竈戶應徵折價錢糧亦
有未完之項當與民人一體加恩者著該部即速
傳諭總督趙宏恩鹽政高斌將雍正十二年以前
舊欠若干一一查明照地丁錢糧例奏聞豁免俾
竈戶均霑實惠毋使胥吏滋弊中飽
十二月初八日奉
上諭向來漕項銀兩不在豁免之例朕前已降旨
特行豁免以紓民力今查各省尚有帶徵漕米原
應如期輸納但民間已完現年漕米又完先年緩
徵之米民力未免艱難著該部傳諭解漕各省該
督撫等將雍正十二年以前未完帶徵緩徵本色
改折米銀逐一查明奏聞豁免

初八日奉
上諭朕前降旨該部令傳諭江南督臣將雍正十
二年以前兩淮場課舊欠查明奏聞豁免今朕聞
兩浙山東福建廣東諸處各有舊欠場課鹽折銀
兩事同一體宜並施恩著該部傳諭各該督撫查
明奏聞一體豁免
十七日奉
上諭朕臨御以來加惠元元將雍正十二年以前
各省民欠錢糧恩行寬免誠以民為邦本治天下
之道莫先於愛民愛民之道以減賦蠲租為首務
也惟是輸納錢糧多由業戶則蠲免之典大概業
戶邀恩者居多彼無業貧民終歲勤動按產輸糧

未被國家之恩澤尚無公溥之義若欲照所蠲之
數履畝除租繩以官法則勢有不能徒滋紛擾然
業戶受朕惠者十苟捐其五以分佃戶亦未為不
可近聞江南已有向義樂輸之業戶情願捐免佃
戶之租者閭閻興仁讓之風朕實嘉悅其令所在
有司善為勸諭各業戶酌量寬減彼佃戶之租不
必限定分數使耕作貧民有餘糧以贍妻子若有
素封業戶能善體此意加惠佃戶者則酌量獎賞
之其不願者聽之亦不得勉強從事此非捐修公
項之比有司當善體朕意虛心開導以興仁讓而
均惠澤若彼刁頑佃戶藉此觀望違延則仍治以
抗租之罪朕視天下業戶佃戶皆吾赤子恩欲其

均也業戶蒙朕之恩使佃戶又得分業戶之惠則
君民之心彼此體卹以人和感召
天和行見風雨以時屢豐可慶矣
乾隆元年正月十八日奉
上諭甘肅百姓連年承辦軍需急公踴躍甚屬可
嘉
皇考屢沛恩膏朕亦深加體卹上年間有缺雨歉
收之州縣已諭該撫加意撫綏務令貧民得所除
散賑米穀外所有借給口糧籽種之類例應秋收
徵還者著悉行賞給免其還項該督撫通行曉諭
並飭有司實力奉行毋使胥吏土棍侵蝕中飽
十八日奉
上諭朕聞甘肅自康熙三十四年起至五十七年
止因供應州縣賑濟貧民以及軍需腳價買備駝
馬等項借動銀糧議定扣捐官役俸工還項迄今
未經完補銀糧尚有八萬七千餘兩朕思俸工銀
兩所以資給官役為養贍之資者在文職各官有
養廉一項雖俸銀捐解尚不至於拮据至營伍將
備以及吏役人等或全行扣抵或捐七留三必至
於艱窘此項未完銀糧若照舊扣解尚須數年方
得清釐現今官吏未免匱乏深可憫卹著該部即
行文該省督撫將未經扣完銀糧八萬七千有零
自乾隆元年為始停其扣捐以示朕加惠甘肅官
吏之至意

三月十五日奉
上諭肅州威虜堡回民自遷移內地以來我
皇考世宗憲皇帝格外加恩撫綏安插查雍正七
八年間伊等曾借倉糧一千二百餘石以作籽種
年來收穫之糧止敷日食未能還補公項朕思內
地民間舊欠既已豁免回民亦應一體加恩著將
七八兩年所借小麥一千二百九十九石二斗悉
行寬免該督撫可轉飭有司實力奉行毋使胥吏
中飽俾回民均霑實惠
乾隆二年正月初五日奉
上諭雍正十二年以前各省未完錢糧已於恩詔
內悉行豁免查各省截留漕船有應追之銀米不
在恩詔豁免之內但念旗丁近年以來尚屬急公
効力其從前掛欠之項事隔數年此時責令全完
未免力量艱難著漕運總督補熙詳悉查明將雍
正十二年以前各省截留漕船應追行糧漕贈盤
耗等項除已完外其未完者准照丁地錢糧之例
一概寬免以示朕格外加恩之至意
七月二十一日奉
上諭查康熙四十五年等京通各倉浥爛米石甚
多以及修理牆垣核減銀兩大通橋掣欠並坐糧
廳虧空案內各役透支腳價共銀二百餘萬兩題
明於官役名下分賠又續據倉場侍郎題明運役
應賠銀兩於運進京通各倉拉運腳價內每年扣

除二成帶銷還項其倉役應賠銀兩於祿米十一
倉倉夫抗運腳價內每年扣除六成還項於萬泰
二倉倉夫腳價內每年扣除八成帶銷還項雍正
九年內經戶部查奏本
皇考恩旨將倉場官員虧空豁免而各役應賠銀
兩因運價寬餘未准豁除朕思此項虧欠歷年已
久各役已經更替前人作弊而於後人名下扣還
未免滋累且雍正十二年經鄂善奏明將運價核
減而帶銷銀兩仍令賠還情稍可憫著將各役未
完銀兩悉行豁免使伊等均霑恩澤此項既經寬
免嗣後運役腳價即照雍正十二年鄂善奏明核
減之例支給其倉役抗夫腳價照倉場原議以五

成給發令倉場侍郎等嚴飭所屬員役務須恪遵
功令毋蹈前轍著戶部即遵諭行
九月二十八日奉
上諭滇省安寧等地方上年收成歉薄朕屢降諭
旨令該督撫悉心籌畫多方經理以濟民食除蠲
除錢糧外並將分作三年帶徵之秋糧全行豁免
俾閭閻無追呼之憂但聞滇省有夏稅一項久經
以麥改米同秋糧並徵今秋糧既免而夏稅猶分
年完納恐小民難以分別輸將而官役又易於從
中滋弊非朕加恩邊民之至意著將上年歉收各
屬夏稅共麥蕎豆折徵米一萬八千二百六十四
石七斗零共米蕎折徵銀四千八百五十四兩五

錢八分永北府未完帶徵麥一百四十一石悉予
豁免該撫張允隨可即宣朕此旨遍行傳諭並飭
有司確實遵行毋使不肖官吏及地棍人等侵蝕
中飽
十月十三日奉
上諭雲南省之昭通東川元江普洱四府內新闢
夷疆人稀土曠從前曾經募民開墾借給銀兩令
其分年完納至今尚有未完銀一萬八百六十餘
兩朕思滇省去年收成歉薄閭閻生計艱難已經
將乾隆元年應徵地丁錢糧俱行寬免以紓民力
夫正供尚且蠲除而開墾夙逋猶令追繳窮黎拮
据朕心深為軫念著將滇省未完開墾借給銀兩

悉行豁免以示朕加惠邊氓之至意
十八日奉
上諭太原滿州官兵前於雍正九年移駐寧夏其
家口有多支口糧銀米現於各名下分年坐扣朕
思該官兵等皆藉月餉養贍現今太原米價昂貴
若將從前多支之項坐扣伊等未免艱難著將太
原滿州官兵未扣銀米悉行豁免俾得從容度日
以示朕加惠戎行之至意
乾隆三年三月十四日奉
上諭據元展成奏稱寧夏府屬之寶豐新渠二縣
前奉恩旨將雍正十二年以前民欠豁免緣兩縣
民戶已將應完十三年之正糧借納十二年之舊

欠是以積欠十三年之額徵銀三萬兩有奇現在
設法徵催而民力維艱等語朕思兩邑招墾新户
安業未久所欠十三年額賦既因墾納舊欠致虧
正額今又新舊並徵未免拮据朕心深為憫念特
格外加恩將雍正十三年以前舊欠悉行豁免其
乾隆元二兩年有未完正額錢糧著分作十年帶
徵以紓民力可傳諭户部知之

二十五日奉

上諭湖北沔陽州地勢低窪為諸水匯歸之地以
致田畝坍塌淤漲靡常小民苦樂不均積有逋賦
迨雍正十二年該督題請丈明按畝在地畝輸納
民累頓除但未經清丈以前有雍正十三年未完

銀四千六十餘兩乾隆元年未完銀八千一百餘
兩皆係被水淹浸之地無力完糧者官吏仍事催
科窮民不免敲扑深可憫念著將此兩年未完之
項悉行豁免以息閭閻追呼之擾

十月初三日奉

上諭直隸地方上年歉收今秋又有被水之州縣
朕心軫念已多方籌畫加意撫綏查雍正十三年
乾隆元年二年分地方尚有未完之錢糧又有緩
徵停徵之項此皆將來分年帶徵者朕思連年歉
内薄收應格外加恩以資休養著將各屬未完及
緩徵停徵之項悉行豁免以示優恤

初三日奉

上諭今年上下兩江雨澤愆期收成歉薄朕夙夜
焦勞多方籌畫蠲賑兼施務俾閭閻不至失所而
上江地方被災比下江又為較重查雍正十三年
乾隆元年二年分安徽所屬有未完地丁蘆課及
米穀麥豆等項例應將來分年帶徵者著該督撫
出示一併豁免以除日後輸將之累乾隆二年江
蘇所屬江常鎮淮揚徐海七府州縣屬有被水題
明緩徵停徵銀米等項亦著該督撫出示豁免以
紓將來之民力昭朕軫念民艱逾格加恩之至意
該部遵諭速行

十一月二十九日奉

上諭朕因畿輔一帶收成歉薄已加恩格外將雍

正十三年乾隆元年二年分地方未完之錢糧及
緩徵停徵之項將來分年帶徵者悉行蠲免以資
休養查宣化永平等各府州屬徵收錢糧有銀兩
米豆兼徵者有專徵米豆本色及草束者其米豆
等項若有未完亦係地糧民欠所當一體加恩概
予豁除以省閭閻將來追呼之擾再旗退地畝及
入官地畝所有租銀租糧甯欠在民者著總督孫
嘉淦確查明白一併蠲免該部可即行文傳諭知
之

十二月十一日奉

上諭乾隆元年曾借給瓜州回民籽種糧八千石
口糧四千石並腳價銀二千二百七十餘兩原定

議於豐收之時分年交還乾隆二年大學士查郎
阿奏稱回民所收穀石僅敷本年食用所有應交
公項力量艱難懇請寬期一年再行交納朕已降
旨俞允今聞本年口外收成仍非大稔回民遠移
未久家鮮蓋藏若責令完公下無拮据之苦朕撫
恤回民原欲令其安居樂業永享昇平此所欠籽
種口糧脚價若仍留為分年帶完之項伊等心中
籌及每歲輸將不免多所顧慮非朕恩養邊民之
本意著將此項糧銀全行豁免大學士查郎阿等
可即遵旨出示曉諭俾回民等永霑實惠

乾隆四年正月十七日奉

上諭雲南勳莊變價一案尚欠銀一千八百二十

九兩零聞此項田地屢被水衝沙壓難以耕種承
變各戶早經逃散無可著追頗為地方之累著將
應追未完銀兩准予豁免該部可即行文該督撫
知之

二十七日奉

上諭據侍郎班第等奏稱寧夏所有滋生本銀二
萬兩又利銀八千餘兩俱已借給官兵請分為五
十個月扣完但現有應扣駝價及借支藩庫收給
軍器銀兩應請將此二項應扣之銀暫行停止等
語此次寧夏地震甚重與尋常被災者不同朕心
深為憫念前已降旨將寧夏寶豐新渠等處新徵
舊欠俱行豁免其滿州官兵所有應扣駝價及借
支藩庫收給軍器二項銀共一萬九千八百餘兩
悉著豁免至所借生息銀兩可分為五十個月扣
清但生息銀兩係永遠裨益之項不可空缺今因
一時急需借給官兵著班第等將動用何項銀兩
即行照數補足以資生息之處妥議辦理奏聞餘
俱照班第等所請行

三月初六日奉

上諭前岳鍾琪派撥寧夏官兵一千名移駐涼州
旋因駐涼兵丁已足敷用將此兵撤回所有頒過
賞銀一萬七千兩致奉
皇考諭旨暫免追繳俟大軍凱旋之後再行奏聞
請旨今大學士查郎阿具奏請旨前來朕思兵丁

等所領賞銀歷年已久此時料難繳還况寧夏地
方去冬被災尤當加恩撫恤此所欠應繳銀一萬
七千兩悉著豁免該督等可即出示曉諭衆兵知
之

初八日奉

上諭據大學士查郎阿等奏稱寧夏鎮標分發各
當鋪生息銀兩自上年地震後查被災甚重之各
當鋪所領生息本銀共計八千五十七兩零其雖
經被災貨物未致全失之各當鋪所領生息本銀
共計四千五百四十兩零可否分別加息寬恤特
此請旨等語朕念寧夏此次地震商民同時受災
深為憫惻著將被災甚重各商所領八千五十七

兩之本銀並利銀俱著豁免其被災稍輕之各商止令交還所領本銀四千五百四十兩所有應交利銀悉著豁免至此項豁免銀兩有關兵丁緩急之需不便缺少著在蘭州藩庫內照數撥補足額以資生息俾兵民一體均霑恩澤

十二日奉

上諭據安徽巡撫孫國璽奏稱宿州鳳臺靈璧石埭等四州縣上年雖未被旱但查有未完雍正十三年乾隆元年二年錢糧均係從前災緩之項例應現在分年帶徵又舊欠錢糧之隨徵耗羨及被災所屬內尚有未完乾隆元二兩年災緩漕糧亦係帶徵之項其成災之太平銅陵壽州青池桐城

涇縣棠縣臨淮懷遠定遠虹縣霍山和州無為望江青陽當塗繁昌合肥廬江鳳陽霍邱泗州全椒含山並長淮衛等二十六州縣衛內勘不成災之田地並上年被旱勘不成災中之潛山宿松東流等三縣及未經被旱中之歙縣休寧祁門黟縣績溪建德阜陽宿州衛等各縣衛均有未完各年錢糧俱應現年催徵非係分年帶徵之項再蘆課向於每歲冬涸之候始行砍伐是以課賦遞年壓徵亦非分年帶徵之項合行分晰奏聞等語朕因上年安徽旱災甚重時深廑念曾降諭旨將所有雍正十三年乾隆元年二年分未完地糧蘆課及米穀麥豆等項例應將來分年帶徵者悉行豁免今

宿州鳳臺靈璧石埭四州縣雖未被旱所有未完雍正十三年乾隆元年二年錢糧亦係從前被災緩徵之項現在分年帶徵與江蘇各屬被水緩徵等項相同著一體加恩豁免其舊欠之隨徵耗羨並被災各屬帶徵乾隆元二兩年之災緩漕糧著遵照前旨俱隨正項豁免至成災之太平銅陵等二十六州縣衛內雖尚有勘不成災之地畝而收成亦屬歉薄且農民工本較之常年自必多費所有舊欠錢糧現在催徵小民未免苦累著該撫查明一併豁免其未經被旱及勘不成災之各州縣雖稍有收成而介於成災之區仍不免於物力艱難所有催徵舊欠錢糧亦著加恩分年帶徵以紓

民力再蘆課除係遞年壓徵之項照例徵收外如有舊欠力不能完應行豁免者仍著照前旨行戶部可即行文該督撫一一遵照辦理出示曉諭務期實惠均霑以副朕加惠元元之至意

十二月初八日奉

上諭陝西榆林一帶地土寒瘠居民貧乏向來百姓所借倉糧因歲歉力不能完者俱蒙

皇考施恩寬免自雍正十二年至乾隆二年榆林神木葭州懷遠府谷綏德清澗米脂吳堡定邊靖邊十一州縣民借未完常平倉穀四萬四千三百七石零米五千六百一十二石零應於今年徵收還項朕思今年西安等處雖屬有秋而榆林等十

一州縣未見豐稔該處地既瘠薄又有本年應徵之正賦遝民難以一併輸將深可軫念著將此十一州縣民借未完之常平米穀悉行寬免以昭格外之恩著該督撫即速出示曉諭俾小民均霑實惠毋使奸胥土棍侵蝕中飽

乾隆五年十二月十六日奉

上諭山東蒲臺縣地畝向因科則互異於雍正十三年題明丈量復經丈出瘠薄地並缺額荒地共四百四十二頃有零其應減應除之賦一千九百餘兩已經降旨豁免惟是瘠薄段則地內有乾隆元年未完銀一千一百四十七兩零因係舊欠不應在豁除之數至今尚在催追朕念瘠土窮黎艱

於輸納可為軫念著格外加恩一體豁免以紓民力該部可即遵旨行文山東巡撫等知之

乾隆六年正月初十日奉

上諭乾隆二年八月間福建閩縣侯官等處遭值風災居民困苦朕已加恩賑䘏務令得所更借給倉穀二萬六千餘石銀五千四百餘兩令其分年陸續交官以清公帑數年以來除有力之民已經清完外尚有閩縣侯官長樂連江建安五縣未完穀五千七百七十四石零未完銀一千二百八十六兩零實因五縣被災較他邑獨重而乾隆三年五年該地方又值歉收疫氣民力輸納維艱是以懸欠至今未楚朕心軫念著將此項銀穀全行豁免俾閭閻無追呼之擾得以肆力於春耕該部可即傳諭該督撫知之

五月十五日奉

上諭福建臺灣地方上年秋間缺雨收成較常歉薄閭今春以來米價日漸昂貴小民謀食艱難而納課尤為竭蹶查臺灣縣自雍正十三年起至乾隆三年未完人丁正雜錢糧餉税銀共二千二百一十六兩零未完供粟共四萬三千七百一十石零鳳山縣乾隆三年未完人丁正雜錢糧餉税銀共三百五十六兩零又未完四五六等年帶徵三年分被災官莊銀四百三十六兩零未完供粟五千一百四十七石零諸羅縣乾隆元年起至三年

未完官莊銀共四百三十九兩零未完供粟共二千六百三十二石零此皆多年舊欠今若責償於儉歲之後民力未免拮据朕心軫念特沛恩膏概行豁免至乾隆四年以後未完銀粟統俟本年十月成熟之後再行徵收庶追呼無擾力量寬紓海疆百姓共受蠲賦緩徵之益該部即遵諭行

孚惠全書卷五十七

蠲除積逋二

乾隆七年二月十六日奉

上諭朕愛養黎元旰食宵衣惟恐薄海內外有一夫不獲其所邊徼疲乏之地尤所廑念不惜沛恩施於常格之外固已屢降諭旨矣頃思甘肅一省地處西陲民貧土瘠前此頻歲軍興嗣後連遭亢旱雖去年各屬內有收成稍稔之州縣而民間元氣未能遽復加意培養正在此時查自雍正六年起至上年春夏止各屬民欠借糧積至一百一十四萬餘石例應按數徵收以清公項但思小民當積困之後若將新舊糧石一時並徵恐因竭蹶輸

將以致生計窘迫非朕撫綏培養之本懷著將雍正六年至十三年借欠之項一概蠲免其乾隆元年以後借欠之項從壬戌年為始分作六年帶徵至涼州西寧二府所屬之武威平番永昌古浪西寧碾伯等六縣乃甘省最苦寒之處上年又被旱災深可憫惻昨已降旨將此六縣民欠額糧草束等項分作三年帶徵今既加恩通省將雍正十三年以前舊欠悉行蠲免此六縣民欠雖在雍正十三年以後而彼地民力艱難甚於他邑著將此帶徵之項一併蠲免以昭朕加惠邊氓之至意

五月二十七日奉

上諭甘省涼州府屬之柳林湖肅州所屬之三清灣柔遠堡毛目城雙樹墩九墻等處各屯民戶舊借牛具口糧共銀八萬一千八百七十餘兩原請自乾隆二年起分作五年帶徵迄今年限已滿除已完外柳林湖未完銀二萬七千七百八十餘兩三清灣柔遠堡未完銀八千六百一十餘兩毛目城未完銀五千八百二十餘兩雙樹墩九墻未完銀二百七十餘兩粟米一十五石二斗麥白麪五千四百九十九觔例應如數催徵完納者又查口外之西安柳溝布隆吉沙州衛等處屯民原借牛具口糧共銀五萬七百八十餘兩糧二萬一千四百四十餘石除已完外安西衛未完銀一千二百六十餘兩柳溝布隆吉未完銀八十餘兩糧二百

七十餘石沙州衛未完銀三萬五千五百四十餘兩糧八千三百一十餘石亦應如數催完者朕思此等屯戶原係招徠窮民素無蓄積自開墾以來若遇年穀豐收尚可完繳舊項倘值收成歉薄則力量維艱應加體恤況此借欠之項乃屯民領借製備牛具口糧以為公田之用非小民自種地畝者可比今歷年已久帶徵為難著加恩全行豁免以息追呼之擾該部即傳諭該督撫知之

七月二十六日奉

上諭今年糧船北上時適值河水淺涸各船盤剥加縴需多繁費運丁力量艱難只得借支庫銀以為歸途之用將來照例扣除完項查江西南昌等

賸借銀四千四百兩江南興武等幫借銀一千七百零四兩揚州等幫借銀一千七百九十二兩朕念今歲運丁艱苦甚於往年著將所借銀兩悉行賞給免其扣還此係格外之恩從不為例該部即傳諭倉場侍郎漕運總督知之

八月十二日奉

上諭朕御極以來愛養黎元於蠲免正賦之外復將雍正十三年以前各省積欠陸續豁除以息民間追呼之擾今查雍正十三年正月起至十二月江蘇安徽福建三省未完民欠正項錢糧銀共一十七萬七千六百七十四兩六錢零甘肅福建江蘇等三省共未完民欠正項米豆糧共九萬五千二百六十九石零甘肅省民欠未完正項草一百七萬四千二十一束零又直隸江蘇安徽甘肅廣東福建等六省民欠未完雜項錢糧銀二千九百二十四兩零福建省民欠未完雜項租穀四百四十八石零此等拖欠各項歷年已久多係貧乏之戶無力輸將況江蘇所欠獨多目今彼地現被水災待恩撫恤豈可復徵逋負著將以上各項悉行豁免若諭旨未到之先或有續完之項即咨部扣除再查江浙兩省尚有雍正十三年未完漕項銀七萬一千二百七十兩零米二萬九百四十四石零麥四千三十七石零豆一百八十五石零向來漕項不在豁免之例今既蠲除各項著將漕項一

體免徵此旨到日各該督撫可即出示通行曉諭並令各州縣官實力奉行務令閭閻均霑實惠倘有不肖有司朦混私收或蠹役土棍欺隱中飽等弊該督撫即行嚴參密拏從重治罪著交該部速行

乾隆八年六月初十日奉

上諭直隸各屬雍正十二年以前民欠錢糧已於恩詔內寬免惟有慶都靜海冀州武邑四州縣民欠米穀共一萬一千九百餘石向經部議以係出借之項不在寬免之例朕思此項歷年已久尚事追呼小民未免苦累著一體開恩悉予豁免俾窮黎均霑惠澤該部即遵旨行

九月初五日奉

上諭上年八月內降旨將江蘇安徽福建甘肅直隸廣東浙江等省雍正十三年分未完民欠地丁漕項一切銀米加恩豁免今聞福建閩縣等處向有寺租歸公一項原係廢寺田畝入官收租完糧雍正十三年分尚有民欠未完租穀四百餘石因係另案造報未獲一體邀恩朕思寺租雖屬另案題報之項但窮佃無力輸將事同一轍所有閩縣古田霞浦寧德四縣十三年民欠寺租著加恩一併寬免該部即遵諭行

十二月初九日奉

上諭前因川省松潘引多茶壅故將天全州之積

引玖驗成都彭灌等縣行銷每年空繳引張賠納税課官商交累乾隆六年朕降旨開除成都彭灌三縣積引四千四十九張並課税銀二千四百一十七兩二錢從乾隆七年爲始官商均受其益惟是乾隆七年以前之羨餘截角尚屬拖欠成都有未完銀五百六十五兩二錢彭縣有未完銀四百三十兩九錢六分零灌縣有未完銀一千二百九十七兩九錢二分零川省茶商皆本微薄無力復完舊項朕心軫念著將所有三縣舊欠悉行豁免以示朕優恤商民之意該部即遵諭行

乾隆九年二月十三日奉

上諭安西提屬卜隆吉雙塔柳溝等處營兵於乾

隆元二兩年屯種恒田案內喂養牛騾馬匹採買豆草用銀一千八十七兩當時無項可動是以於屯糧內借給後經該督撫以戊午寒苦請於九年秋糧內作正開銷部議不准朕思此項銀兩已歷多年當日屯種各兵事故開除正復不少難以責令現在之兵丁還項著將此項銀一千七十七兩准於元年秋收糧內扣抵開銷以示朕優卹邊兵之意該部即遵諭行

三月二十六日奉

上諭乾隆三年寧夏地震被災鎮標及外路協防兵丁在於寧夏府庫共借支銀一萬三千五百五十九兩除扣完司庫銀二千六百四十八兩外未扣完銀尚有一萬九百一十一兩現在著追朕思寧夏自昔年地震之後屢值歉收兵丁倍覺艱苦可爲憫惜且此借支之項已歷數年人多更換難以責令還項著將未完銀一萬九百一十一兩悉行豁免以示優恤該部即遵諭行

七月二十九日奉

上諭甘省涼州府屬之柳林湖肅州所屬之三清灣柔遠堡等處及口外之安西沙州柳溝布隆吉等處屯田民人從前開墾之始借有牛具口食銀兩日久未得全還朕已於乾隆七年五月內降旨全行豁免惟肅州所屬之九家窑一處當時未經議及是以尚在帶徵朕思此等原係窮苦之民責

令完納不免拮据著將九家窑未完牛具銀一千六十餘兩一體加恩豁免以息追呼之擾該部即遵諭行

八月二十二日奉

上諭上年天津河間等處被旱成災朕於常格之外加恩賑恤不使窮民失所今春雨澤又復愆期麥收歉薄朕心更爲憂慮幸於五月中後

天賜甘霖通省霑渥禾稼豐稔倍常朕爲萬民額手稱慶念從前天津河間被災最重之二十六州縣並時報偏災之霸州等五州縣目下秋田雖獲有收恐元氣一時未復著將所借麥種牛力牲畜制錢等項悉行豁免俾積歉之區民力寬裕示朕

加恩休養之至意該部遵諭速行

九月二十日奉

上諭涼州西寧等處遠在邊陲民貧土瘠朕所軫
念彼地舊欠錢糧在乾隆二年以前民力不能輸
納者朕已降旨豁免查西寧縣尚有未完元
年二年馬糧五百四十二石七斗七升實欠在民
均係散戶零星力量微薄若照例催徵仍不免於
追呼之擾著即行豁免以示優卹該部即遵諭行

乾隆十年七月初一日奉

上諭甘肅寧夏寧朔平羅三縣於乾隆三年地震
之後借給牛價銀兩以資耕種分作四年帶徵又
經展限其力能完納者已如數還項尚有未完萬
餘皆係無力貧民若與本年額賦及帶徵之項一
併輸納未免拮据著該部查明加恩豁免以紓民
力該部即遵諭行

十月初三日奉

上諭雍正十一年成州安插回民開墾地畝募雇
渠夫借給牛價口糧例應分年交納因邊民寒苦
尚有未經還項銀一千二百餘兩歷年已久貧民
應當體卹著照安西等處屯戶未完牛價口糧之
例開恩豁免可即傳諭該督撫遵行

乾隆十一年八月二十五日奉

上諭江南海州及沭陽贛榆二縣頻年被水小民
生計艱難其應徵地漕銀米已降旨停緩俟歲豐

之後再行分年帶徵惟是積歉之區朕心廑念今
歲復遭水患將來即遇豐收新舊賦並徵民力
仍不免於拮据著將海州及沭陽贛榆二縣乾隆
十年以前積欠地漕銀米緊行豁免其淮安分司
所屬坐落海贛二州縣之板浦徐瀆中正莞瀆臨
洪興莊等六鹽場乾隆十年以前未完折價帶徵
銀兩亦一體豁免俾瀕海災黎得霑實惠以紓積
困該部即遵諭行

十一月二十二日奉

上諭山西大同朔平二府上年被災州縣前經降
旨令該撫加意撫綏隨經調任巡撫阿里袞奏請
動撥司庫銀二萬六千七百餘兩借給貧民撫恤
老弱此內借給之項例應於秋收後照數催還朕
思大朔二府今年雖屬有秋但災歉之後民力未
紓又現有應還借過米穀十萬餘石若再追前項
窮黎未免拮据著將借給銀兩通行豁免該部即
遵諭行

十二月初二日奉

上諭山東濟南府屬之陵縣所有帶徵乾隆八年
正耗漕米五千七百九十餘石應於本年完交但
思該縣當積歉之後元氣未復本年既有應納錢
糧漕米等項若再催納帶徵之漕米民力未免拮
据著將陵縣應行帶徵八年正耗漕米加恩豁免
此內有已徵在官者准於次年抵納新漕俾小民

均得一體邀恩該部即遵諭行

乾隆十二年正月初八日奉

上諭江南海州沭陽贛榆等處積欠帶徵銀兩已經特恩豁免其隨正耗羨例應仍舊徵輸但念該地方積歉之餘元氣未復若仍追節年零星耗羨民力未免拮据著將海州及沭陽贛榆二縣並坐落海贛二州縣之板浦徐瀆中正莞瀆臨洪興莊等六鹽場乾隆十年以前民竈舊欠所有應徵耗羨通行豁免以惠災黎

乾隆十三年八月二十四日奉

上諭直隸慶雲鹽山二縣地瘠民貧從前屢遇荒

歉經朕特沛恩膏疊加賑恤並減其糶糧凡屬窮民一體給以牛種使之漸復元氣今屆開徵之時其無地貧戶若令輸納舊欠情屬可憫所有乾隆九年兩縣被災案內無地窮民借領未還高粱九千餘石俱著加恩豁免以紓民力該部即遵諭行

乾隆十五年正月初二日奉

上諭各省耗羨銀兩以備地方一切工用向因漫無稽考是以條列章程該部歲抄察核朕思有正供而後有耗羨耗羨非正供可比其未完之項雖應一體催徵但輸將不無拮据朕巡幸所至地方應酌量加恩以紓民力直隸屢經巡歷今春暨秋清蹕五臺命駕河汴明春即當南幸江浙山東亦所必經所有耗羨內直隸山西河南浙江四省未完銀兩全行豁免江蘇安徽山東三省未完銀兩蠲免十分之六著該督撫確查實數無令吏胥借端那抵正耗混淆暗行侵蝕倘有朦混滋弊即行參奏從重治罪上司稍有徇隱一併嚴加議處務使閭閻均霑實惠以善恩膏

乾隆十六年正月初二日奉

上諭朕巡幸江浙問俗省方廣沛恩膏聿昭慶典更念東南貢賦甲於他省其歷年積欠錢糧雖屢准地方大吏所請分別緩帶以紓民力而每年新舊並徵小民終未免拮据朕宵旰勤勞如傷在抱當茲翠華親蒞倍深軫切用普均霑之澤以慰望幸之忱著將乾隆元年至乾隆十三年江蘇積欠

地丁二百二十八萬餘兩安徽積欠地丁三十萬五千餘兩悉行蠲免俾官無詿誤民鮮追呼共享昇平之福夫任土作貢歲有常經自有年清年款江蘇積欠乃至二百二十餘萬兩之多催科不力有司實不能辭其咎而疲玩成習豈民間風俗之澆漓尚有未盡革歟朕以初次南巡特加恩格外嗣後該地方官務宜詳切勸諭加意整頓其在小民亦當滌除舊習勉効輸將勿謂蠲典可冀屢邀而維正之供任其逋負也其浙江一省雖額賦畧少於江蘇而節年以來並無積欠豈犬牙相錯之地不齊乃至是歟此具見浙省官民敬事急公之義而江蘇官民所宜懷慚而效法者也朕甚嘉

馬著將本年應徵地丁錢糧蠲免三十萬兩以示鼓勵各該督撫其仰體朕惠愛黎元之意嚴飭所屬實力奉行使閭閻咸霑實惠倘有不肖官吏以完作欠希圖侵蝕察出即行糾參從重治罪並將此通行曉諭知之

御製免江南積欠二百七十萬及浙江本年正供三十萬兩省在京臣工具摺謝恩詩以示之

辛未

御宇十六年敬勤盟有容日久虞或懈觸事勵無逸祗此保赤懷自信始終一際和賴
天庥宜與民休息正供三百萬縣免施恩恤念茲江浙地財賦之所出豈能無水旱曾未靳賑卹閭閻家如何觀民將啟蹕正逢大慶歲
慈寧閒六衆兩江積逋多蠲除推一律浙省歲額完足占民俗皆示嘉量寬徵庶免追呼疾百工佐予者寰海壽寧謐爾雖懷桑梓予惟責名實但期一德同言謝均異必在易有至訓惠勿問元吉

初二日奉

上諭朕上年巡幸嵩洛問俗省方清蹕所經已疊沛恩膏彰行慶施惠之典但念該撫鄂容安不能體朕保赤殷懷有捐輸辦差之舉而該省紳民踴躍急公就瞻恐後其歡欣鼓舞之誠不惟無怨而益肫至今猶爲繫念所宜再沛恩施者也其河南省乾隆十四年以前積欠帶徵緩徵錢糧三十五

萬餘兩著再加恩槩行蠲免俾該省小民催科不擾益安樂利之休該撫鄂容安務董率有司實力查辦使閭閻均霑實惠該部即遵諭速行

初八日奉

上諭甘省節年民欠未完銀二十三萬七千餘兩未完糧一百萬四千餘石往往舊欠未及清償正額又成積欠每年徒有催徵之名而無輸將之實經朕傳諭該督撫令其詳悉查辦令尹繼善鄂昌摺奏此內所有查出胥役侵蝕之項現在照例治罪勒追至民間積欠爲數實屬繁多與其新舊並徵有名無實不若量請停緩設法清釐等語朕念甘肅邊土苦寒民力拮据自非腹地可比但逋欠日積陳陳相因伊於何底著加恩將該省積欠自乾隆十一年至十四年未完銀糧分作五年帶徵如有現准部文帶徵者仍照原限辦理其乾隆元年至十年舊欠銀糧槩與豁除該省士民倍應感朕格外之恩急公輸納該地方官亦須實力整頓使年清年款不得任其仍蹈故習希冀殊恩可以屢邀也

二十六日奉

上諭朕清蹕南巡道由山左所有經過州縣既已特沛恩膏茲攬轡觀風知連歲有秋視戊辰東巡之時閭閻大有起色爲之慶慰尚念該省有積年緩徵帶徵未完穀石皆因災出借之項雖遇有收

而按年催比民力不無拮据著將被災借穀應於
庚午年起分作五年帶徵及鄒平等屬帶徵未完
穀共九十七萬五千餘石槩行蠲免以示格外優
恤之至意

二月初五日奉

上諭朕車駕南巡乘時布澤蠲除積欠疊沛恩施
更念江蘇之宿遷等州縣上年被水稍重雖經格
外加賑可以接至麥秋該督撫等自督率地方官
按期散給災黎均霑實惠而清驛所經倍深軫恤
著再加恩將經過之宿遷清河桃源三縣被災貧
民上年借出籽種銀兩悉行免其徵還以紓民力
該部遵諭速行

初五日奉

上諭朕愛養黎元惟恐一夫不獲時巡所至疊沛
恩膏前已降旨將江省民賦積欠悉行豁免更念
江淮竈户僻處海隅專以煎灑鹽斤為業其生計
更窘於農民殊深軫切所有乾隆二年至十四年
因災停緩帶徵各未完折價共銀四萬二千餘兩
著加恩照民户例一體豁免俾斥鹵編氓咸霑惠
澤該部遵諭速行

二十四日奉

上諭江南揚州府屬之興化縣積淹荒廢田畝錢
糧久經停緩後歸冬勘辦理於乾隆九年起按年
勘報豁糧其元年至八年原緩未完銀米麥石仍
應分别催輸荒户殊屬拮据朕翠華南巡廣敷惠
澤著將此項原緩未完銀米麥石一併查明加恩
豁免以蘇民困該部遵諭速行

四月初六日奉

上諭徐州府屬沛縣濱河地畝近年以來屢被水
災所有應徵租銀自乾隆十年起按年勘報蠲豁
而九年以前積欠未完租銀以不在勘豁之例仍
須照數輸納貧民未免拮据著將乾隆九年以前
應徵未完租銀三千一百餘兩一併加恩豁免以
示軫恤災黎之意該部即遵諭行

七月十九日奉

上諭川省郭羅克窮番三百餘户從前所借牛羊

籽種原議收穫孳生照數繳還但念該番等僻處
徼外生計艱難若勒限催追愈致拮据著加恩將
乾隆九年借給窮番牛羊籽種銀二千九百餘兩
暨行蠲免以示體卹著該督黄廷桂即行曉諭知
之

十月初四日奉

上諭宛平昌平二州縣及熱河一廳乾隆十六年
分被雹地畝所有應徵未完銀七百餘兩著加恩
蠲免該部即遵諭行

孚惠全書卷五十八

孚惠全書卷五十九

蠲除積逋三

乾隆二十年六月十二日奉

上諭喀爾吉善等奏諸羅縣民陳天松等應追罰粟及折價等項事宜自康熙五十一年起閱今數十年除已經完過外其未完粟米銀兩戶名半已無人責屬力難完繳等語陳天松等係海外窮黎墾荒追罰與抗欠錢賦不同且歷年久遠上年臺屬又被災傷情殊可憫所有未完罰粟及折價銀兩著加恩悉予豁免該部即遵諭行

乾隆二十一年正月初三日奉

上諭據署黑龍江將軍綽爾多奏齊齊哈爾黑龍江墨爾根湖蘭等處八旗水師營驛站官莊人等各年未完糧石並本年借給口糧共十五萬五千餘石請分年完交等語齊齊哈爾等處連年被災歉收兵力自多拮据兼之調派隨征甚為出力朕心深切軫念著將齊齊哈爾黑龍江墨爾根湖蘭等處節年未完借欠糧石並本年借給口糧十五萬五千餘石俱加恩免其完納以示優恤該部即遵諭行

乾隆二十二年正月初二日奉

上諭今春朕奉

皇太后鑾輿戩臨江浙問俗省方行慶施惠而東南黎庶望幸情殷茲當翠華啓轫之初宜沛渥恩用昭盛典乾隆十六年肇舉南巡曾頒恩諭將江蘇安徽十三年以前積欠地丁悉行蠲豁浙省因無積欠特免應徵地丁三十萬兩以示鼓勵亦欲使僅澤普敷官無異撲民免追呼共享昇平之福乃適年來江浙間被偏災其積欠未完之數又復不少雖維正之供歲有常經不宜任其逋欠然天時之不齊亦非盡小民之過也該二省去歲秋成豐稔糧價平賤據地方大吏陳奏並清問所及民物康阜井里恬熙朕心實為欣慰但閭閻蓋藏時屋寓盱若今新舊並輸於民力未免拮据著將江蘇安徽浙江乾隆二十一年以前積欠未完地丁銀兩槩予蠲免該督撫等其嚴飭所屬實力奉行毋令胥吏侵蝕中飽務俾恩膏普逮實惠均霑稱朕懷保黎元至意該部即遵諭行

御製正月二日降旨免江浙積欠詩以諭志丁丑

始和布寬大頻年率例行茲當巡東南翹彼望幸情早本擬蠲豁寒暑六歲更況復屢遭歉潦發哀鴻鳴賑賙救一時賦稅有常程災重乃蠲之輕則緩徵積少固成多數累巨萬盈傕適民冀堪是宜一免清長吏詎敢扺閭閻寧留贏指日澤國臨吾將省春耕

十四日奉

上諭直隸天津府屬各州縣應徵錢糧遞年帶緩積欠積欠近因連歲豐稔百姓爭先完納現在尚

有滄州未完地糧八千餘兩靜海滄州南皮未完未設至三千餘石奏折銀三十餘兩又靜海滄州未完入官地租銀一千五百餘兩皆係貧之小戶零星積欠若仍新舊並輸於閭閻生計未免拮据著加恩概予豁免該督方觀承其轉飭各該州縣務宜實力奉行毋令胥吏侵蝕中飽

御製命免天津府所屬積欠詩以示直隸總督方觀承丁丑

去歲秋告登編氓鮮逋賦今春駕南巡免三遠經路南巡經過直隸州縣今歲祇正供免十之三津門近海灣下溼戶沮洳積欠非一朝致然豈無故與民樂休息深求吾衷懷新恩所不及曲體惟要務帑則免其徵糧亦豁其輸閭閻留有餘是豈非藏富叶長官善推行莫容胥吏蠹

二月初三日奉

上諭朕清蹕時巡勤求民隱而兩淮窮戶瀕海濱生計勞苦尤堪軫卹所有乾隆十七十八十九等年停緩帶徵竈欠未完折價銀三萬八千餘兩著加恩一體豁免以普惠澤

初五日奉

上諭從前恩詔內令將各省年久民欠錢糧查明豁免而積欠漕項該部未經查奏今朕巡幸所至清問閭閻其在江北一帶則俱由積歉停緩江南各屬又悉皆積年尾欠計合時零若仍按年帶徵於貧黎生計愈滋拮据其將江北省乾隆十年以前積欠漕項銀米以及地漕耗羨俱著加恩一體豁免以慰軫卹民瘼至意

三月初一日奉

上諭江浙二省積欠地丁銀兩前已有旨豁免而浙省所免獨少足見黎庶素屬急公今巡省莅止因命悉查各項則尚有十八十九二十等年各屬未完緩徵及蠲剩漕項銀十八萬九千餘兩二十年分杭嘉湖紹四府屬縣場未完借欠籽本銀三萬七千八百餘兩十八二十年分各衛所未完屯餉六千四百餘兩並海寧縣未完沙地公租銀三千餘兩著加恩概行豁免該督撫等其董率屬員實力奉行毋令胥役里長侵蝕中飽副朕曲體惠鮮之意

四月初四日奉

上諭江南淮徐海等屬受水患有年矣朕翠華南莅周覽土風所過桃源宿遷邳州睢寧諸州縣鵠衣鵠面相望于道而徐屬較甚朕心為之怒然增戚國家所恃以拯恤災黎者惟賑濟一事況在徐屬七州縣已降旨加賑展期可至五月並截留本處漕糧以資借糶所以為斯民計者不遺餘力而目擊情形於心實有所不忍所見者如此未見者亦復可知著再加恩將淮徐海三屬各州縣所有積年借欠籽種口糧不分新舊概予豁免以紓痌

康一體之念惟是恩澤所施非得賢守令實力奉
行無由下究況在積歉之區尤資良牧必得慈祥
公正實心任事之人以父母斯民為己責竭力區
畫經營撫循培養庶幾日有起色若任其因循闒
冗漠不關情假手胥吏視為故事年復一年積疲
重困即使屢費帑金蒼生何能免溝壑流離之苦
是以此方州縣視他處更重該督撫當慎加遴選
務得有猷有為惻怛愛民者以膺斯任仍時時留
心體察有暇即親往諮詢使窮鄉僻壤民隱畢達
守令賢否自不能掩惟期於地方有益該督撫其
善體朕懷毋僅以簿書期會為課吏先務也其數
府現任守令各官著該督撫各出考語具摺奏聞

或有如所諭賢明之吏宜留者或有不能勝此而
可以調他處事簡者其悉心詳酌一二年後朕將
親臨考察若仍入其疆而田野不治則非守令之
罪將督撫是問矣著將此通行曉諭知之

十七日奉

上諭山東濟寧等州縣上年被水邨莊已屢次加
恩賑恤並特命大臣開濬荊山橋河道以資宣洩
今省方所至清問彌切各該州縣春季涸出地畝
僅及其半尚可乘時補種而現未消涸者尚多即
前經涸出之地尚泥濘難以犂種朕心深為軫念
著將濟寧魚臺金鄉滕嶧五州縣積年民欠地丁
錢糧七萬五千餘兩常平倉穀三萬九千餘石借
欠籽種麥本四千九百餘兩加恩概予豁免該撫
等其董率屬員妥協經理務令實惠均霑毋飽胥
吏侵蝕以副朕加恤窮黎之至意

御製降旨免濟寧魚臺等五州縣積欠詩以紀事

丁丑

濟南五州縣去歲秋霖傷荊山不能洩率因河為
殃春巡始知然督課疏濬忙莅來問涸土一半饒
播秧其餘尚沮洳安可冀秋糧無收則賦艱災黎
焉能償並應蠲無郵詎可言出疆（是日過德州）已加賑至
夏五更無施惠方康知負通賦其數十萬強概與
豁徵輸閭閻偉樂康羣赤庶少蘇努力西成望

十九日奉

上諭河南夏邑商邱虞城永城等四縣被災情形
經朕遣人密查得實深為惆惻業命山東巡撫鶴
年由荊山橋就近往豫經理至本年應徵新舊錢
糧現據該撫題請分別緩至麥收秋收後徵納但
念該四邑連年積歉困敝已久若勉効輸將仍恐
生計拮据所有夏邑商邱虞城永城等四縣歷年
舊欠錢糧銀穀著一併加恩槩予豁免該護撫於
查賑時一面通行曉諭一面查明實數繕摺奏聞
用副朕軫念災黎勤求民瘼之至意該部即遵諭
行

御製免河南夏邑等四縣積欠檃括其事成詩 丁丑

巡省匪遊觀民瘼咨處處春月往南時舊臣舉覲

御家屏彭青猿人問以筱攜貽奏稱數載澇歉賑
皆未遇是時彼方伯圖爾炳阿迎鑾且隨路同宣近前
屏詳告聽其誤州縣或欺爾爾莫欺黎庶黎庶且
勿欺當前可過護聖彼往細勘貽過要應速叶罪
汝亦豈難而予更有慮鄉紳汝治下聽彼罪汝遠
此風頗有關所以姑寬恕隔月撫臣報屍骸親相
度叶本青則誠然蓋緣賑糶去只可言借貸未可
言賑務閻之為悚然誠未解吾懷特命賑一月補
穀溝壑赴回鑾至彭城乃有道旁訴謂鮮受賞惠
至今困沮洳困思可使由聖語有精趣加賑反告
災毋乃布恩屢復忖頗有人一往其過詰叶是亦
不難辦彭城多瘠苦叶隨來諸部員其狀盡覩覩

叶適往四縣蔡與徐同異著旬日觀保迴即遣往之部員
也備言民痛劇與徐頗無二而苦無恩佈吁嗟有
是哉是不宜再顧方伯及方面爾皆為民牧叶我
無靳惠心而胡諱災圖罷斥示重懲更簡賢才付
年來愛民意寧有未盡喻猶然殃我民忠哉蓋知
懼

八月十四日奉

上諭善福奏兩淮鹽場於七月初三等日偶被風
雨停場渰清等語淮海二屬各場連年被水今秋
又復渰清雖現經照例借資撫卹不致失所但被
浸停場車府需時有妨煎曬竈丁未免拮据著加
恩將兩淮竈戶積年因災借欠口糧籽種等項未
完銀兩概行豁免以示賑卹窮丁至意

乾隆二十三年六月十七日奉

上諭陝西延榆所屬八州縣地處沿邊土瘠民貧
而積年被災糧價昂貴所有歷年借欠牛具倉穀
等項若仍照例新舊並徵邊民生計愈形拮据朕
心深為軫念所有榆林府屬之榆林葭州懷遠神
木府谷延安府屬之靖邊定邊安定宜君等八州縣
乾隆十八年至二十一年積欠常平倉及二十一
年借支牛具折還穀石共一十八萬二千二百餘
石俱著加恩豁免其乾隆二十二三兩年借欠及
自十三年以後積欠社穀並二十一年緩徵兵米
二十三年春借牛具折還穀石共二十七萬三千

餘石俱緩至明歲秋成起分作五年帶徵還倉以
紓民力至榆林延安綏德三府州屬雨澤愆期麥
收歉薄閭閻口食恐不足以資接濟所有一切撫
卹事宜該督撫等務即速為妥協經理毋致失所
以副朕念切痌瘝之意該部遵諭速行

七月初四日奉

上諭甘省歷年正供及雜項錢糧並乾隆二十四
年地丁額賦屢經降旨加恩豁免其正賦之外隨
徵耗羨係留支地方公費之需例不免徵但念甘
省地處邊陲土瘠民貧正供既已蠲除而歷年積
欠耗羨尚須照數完納小民輸將仍不免拮据著
再加恩將甘省自乾隆元年至二十二年民欠耗

銀三萬三千四百餘兩耗糧一十五萬八千六百四十餘石槩予豁除其二十三四兩年應徵耗羨銀糧亦並暫緩催徵俟正賦開徵之年再行輸納用昭體卹邉氓至意該部即遵諭行

乾隆二十四年九月二十八日奉

上諭甘省山丹縣渠壩工程向係民修前據該撫吳達善奏請借帑修築照例按年催徵還項但念該處秋成稍薄民力未免拮据所有官借修築渠壩工程銀兩著加恩一併豁免以示體恤邉氓至意該部遵諭速行

二十八日奉

上諭前因莊浪土司所屬地方偶被旱災曾降旨

折借籽種口糧銀兩以示撫綏現在該處穀價未能平減所領折銀尚恐不敷買食著再加恩將應借一月折色改給本色即於西寧縣倉糧內動撥令該土民自往領運至此項借給口糧例應徵還歸欵第念該處連歲收土民生計拮据着格外加恩將所借口糧本折銀米一併賞給免其交還用昭一視同仁至意該部遵諭速行

乾隆二十六年二月十七日奉

上諭畿輔各屬上年秋收豐稔應徵額賦踴躍輸將惟宣化一郡節年借欠銀糧為數較多但念該處山多土瘠且二十三四兩年連值偏災元氣未能驟復若令新舊並徵小民生計深恐未免拮据著加恩將宣化萬全懷安懷來西寧蔚州延慶保安等州縣自乾隆八年以後十八年以前民欠未完改折銀六千三百餘兩地糧銀九千五百餘兩屯糧三萬三千九百餘石槩予蠲免以紓民力該督方觀承查明出示通行曉諭並嚴飭各屬毋協經理如有不肖官吏以完作欠侵蝕中飽即行嚴參治罪用稱加惠黎元至意該部即遵諭速行

御製降旨免宣化府屬民欠詩以誌事 辛巳

經過數州縣去歲均有秋賦已免十三無可恩施優或遇被災者蠲賑所弗由未免懷向隅亦無所歷憂因命彼方伯詳查有此不乃知上谷郡山田近邉鄙氣寒霜降早以此常歉收借穀及正賦頗

致負欠留降旨酌豁除元氣與養休官吏免參罰黎庶追督求努力勤耕耘足爾衣食謀

二十五日奉

上諭朕恭奉

皇太后巡幸五臺一切供頓俱頒自内府絲毫不以累及閭閻而除道清塵未免有需民力所有山西省經過及駐蹕地方本年應徵額賦前已降旨蠲免十分之三更念五臺一縣治當臺地恩施宜渥將乾隆二十四年該縣未完民借緩徵常社義三倉穀一千四百餘石二十五年民借常社義三倉穀四千三百餘石通行豁免其各屬二十四年夏秋偏災之石樓陽曲等州縣緩徵各年舊欠銀

三千一百餘兩糧五萬一千八百餘石穀八百餘石亦悉予加恩豁免至夏秋偏災案內緩剩應分年帶徵二十四年分銀一十九萬四千四百餘兩並著加恩蠲免十分之三該撫鄂弼查明出示曉諭嚴飭屬員妥協經理務俾小民均霑實惠用示朕愛養黎元有加無已之至意該部遵諭速行

御製降旨免山西前歲民欠詩以誌事 辛巳

省方所最重覲民及施惠莅來視
慈壽實切歡恩意正賦免十三是蓋常行例吏屋未經底卻幸豐昨歲溯上稽前年頗有被災地舊欠皆足棄盡予豁除暨其緩徵正項十免三並逮中命守土臣旬宣俾普被

孚惠全書 卷五十九 十一

乾隆二十七年正月初一日奉

上諭今春朕恭奉
皇太后鑾輿巡幸江浙取道閱視河工海塘輿封疆大臣講求吏治民生諸要務念昨冬恭過
慈恩車駕之餘正東南士民望幸情殷之候早華所過宜沛隆施益光
慶典著將江蘇安徽浙江三省自乾隆二十二年起至二十六年止所有節年災田緩徵及未完地丁各欠項照二十二年例概予蠲免該督撫等其嚴飭所屬悉心核實奉行俾閭閻普澤均霑毋致吏胥中飽副朕錫類推恩至意該部遵諭速行

御製降旨免江浙積欠詩以誌事 有序 壬午

春頒青陸將迎
鳳輦於維南日下黃封早佇雞竿於自北爰仿再巡之典制俾寬三省之供輸念頑徵既羨乎郡縣知尾欠從贏夫比歲雖遇緩徵而必緩長官自識勤撫字以殿催科即命明詔而少延下戶不無覬蠲恩以紓舊課嘉彼視
鑾之共切廣茲
錫類之成周匪矜減澤十行惟均白屋推屋始和二日令協紫泥云爾

行時深篤指東南嘉輿吾民共樂湛財賦重區歲有欠淮揚概豁澤均東攜通室計萬巳累三省共八十五萬兩百奇帶見俾寬省以三安徽本所到亦免之不較彼隸人誠厚幸一為歡喜一為慚

孚惠全書 卷五十九 十二

二十日奉

上諭豫省去秋被水成災之地已疊降諭旨加恩撫卹所有災地借給牛種銀兩例應于今年麥熟後徵收其乾隆二十二年舊欠未完牛種銀兩亦應按年帶徵還項但念災後貧黎新舊皆項同時輸納未免拮据著加恩將乾隆二十二年分祥符等州縣舊欠未完牛種銀五萬六千餘兩概予蠲免其二十六年分民借牛種銀兩並著分作三年帶徵以紓民力該部遵諭速行

御製降旨免河南災地民借欠項因示胡寶瑔 壬午

過災蠲常賦賑期分次第輕重以為差是皆有恒

例汁某關蓋要民力度艱覈牛具及籽種借與俾
勤藝且緩期以償無非為民計不期滯過潦復更
較前劇叶斯宜曲加恩概與豁免暨毋令侵蠹役
尤須督屬吏蘇被災全民體予如傷意

二十四日奉

上諭東省去秋被水濟災各屬已疊降恩旨多方
撫恤茲朕鑾輿臨幸體察民依雖閭閻氣象和樂
而災黎元氣始復深為廑懷該省尚有歷年未完
民欠常平商輸等穀及籽種麥本牛具等銀例應
照數徵收還項著再加恩將惠民商河霑化金鄉
魚臺濟寧州濟寧衛菏澤單縣武城曹縣定陶范
縣館陶臨清衛等十五州縣衛自乾隆十年至二

十四年民欠常平商輸等穀五萬七千餘石又金
鄉魚臺濟寧等三州縣二十二三四等年民欠籽
種麥本牛具等銀一萬四千九百餘兩概予豁免
俾民力益加寬裕足資耕作副朕加惠災黎至意
該部遵諭速行

御製降旨免山東被水州縣積欠詩以誌事壬午
夏諺曰遊豫其義重休助此地昨秋潦宵旰廑是
應春來寬大詔率已屢頒布經過切體察老幼迎
驛路雖云無菜色猶懼有薪措康知餘積欠期緩
終應賦不如一與豁俾免催呼遽安心勤耕農有
秋冀可遇

二月十四日奉

上諭朕此次南巡省方問俗翠華所過慶典時行
念兩淮竈戶僻處海濱生計殊為艱苦所有從前
帶徵未完折價銀九千餘兩著加恩一體豁免以
示優恤

三月初七日奉

上諭前經降旨將江蘇安徽浙江積欠地丁概予
豁免而浙江一省積欠較少今翠華蒞止體察民
情著再加恩以示鼓勵著將浙省所有乾隆二十
三四五六等年災緩帶徵未完地丁屯餉等銀五
萬三千餘兩災緩未完及二十五年以前民欠未
完漕項銀十一萬餘兩並水鄉竈課未完銀十萬
一千餘兩通行蠲免俾閭閻得以均霑渥澤該部

遵諭速行

四月二十八日奉

上諭朕巡幸江浙鑾輅所過地方應徵賦額前已
特頒恩旨分別蠲免但念各屬尚有節年民欠未
完之項因災分年緩帶錢糧尚應按數徵收茲回
鑾沿途體察民情宜敷惠澤著再加恩將乾隆十
二年至二十五年大興靜海龍門宣化懷安萬全
西寧懷來蔚州四旗等十州縣廳未完地糧銀七
千一百餘兩改折銀六千六百餘兩屯糧一萬六
千餘石概予豁免其自十九年至二十五年各屬
因災緩帶地糧銀八萬六千七百餘兩改折銀九
千一百餘兩屯糧六萬三千餘石並著加恩於本

年起限再分作三年帶徵俾民力益紓得資耕傳
用溥愛養黎民至意該部遵諭速行

孚惠全書卷五十九

孚惠全書卷六十

蠲除積逋四

乾隆三十年正月初二日奉
上諭今春朕恭奉
皇太后安輿四巡江浙東南黎庶望幸甚殷宜布
渥恩用光盛典前此三經臨幸恩旨疊頒所有江
南省積欠地丁等項蠲免至二百餘萬兩維時地
方大吏率與遵循舊例例所應蠲者不論災熟積
欠並予豁除而於因災緩帶之項其中有例不
准蠲者轉未獲一體邀恩於情理未爲允協因思
成熟地畝當年出產本豐自不難踴躍輸將年清
年款其陳積未完者率不免較覬恩膏有心觀望
若因災停緩之糧勢由歲歉不齊致滋逋負初非
玩戶抗延之比今翠華所過慶典聿修而此等積
逋窮黎未蒙滌釋朕心深爲軫念着加恩將江蘇
安徽乾隆二十五年以前節年因災未完蠲剩河
驛俸工等款並二十六七八三年因災未完地丁
河驛等款以及二十八年以前節年因災未完漕
項暨因災出借籽種口糧民借備築隄堰等銀一
百四十三萬餘兩又籽種口糧内米麥豆穀十一
萬三千餘石槩予蠲免至浙江一省額賦本較江
南爲少其積欠亦屬無多著將乾隆二十六七八
三年因災未完地丁銀兩並二十七年屯餉沙地
公租二十六七兩年未完漕項等銀十三萬二千

五百餘兩又二十八年借給籽本穀一萬三千七百餘石加恩悉行蠲免以均惠憶該督撫等其董率所屬實力詳查妥協辦理副朕嘉予元元至意倘有不肖胥吏從中舞弊影射侵漁察出即與嚴參從重治罪該部遵諭速行

御製降旨免江浙積欠詩以誌事 有序 乙酉

供輸維正租庸恒甲於南邦澤沛非常蠲復早申於北闕循三載一巡之盛事計籍加詳佈元辰二日之恩言郵傳語逮咨彼顧微未足覲延不乏齊民黔蔽尾欠猶懸被歉箪無下戶縱比年頻登十千之取而為數尚踰百萬而贏詢疆吏以陳書清問每勤夫側席教度支而奏課宣

條毋靳平持籌庶幾澤鄙飛鴻白屋三時歌鼓腹抑且村閭吠犬青旗一路樂遨頭云爾

曰休曰助重時巡咨爾司農聽梓倫百姓巳皆注耳目三年又復有適陳持籌湧計贏巨萬役匱都教豁寬貧仍應十行式遺略屆期應吏細咨詢

十八日奉

上諭直隸連歲收成豐稔民間蓋藏自應充裕但從前因災未完積欠新舊並徵尚恐艱於完納茲當鑾輅南巡道經畿輔體察民隱用沛恩膏以廣慶澤著加恩將直隸各屬自乾隆十九年至二十五年舊欠並二十六年未完緩徵銀共三萬二千四百餘兩米穀豆共三百五十餘石一體豁免該督其實力稽察妥協辦理俾閭閻均霑實惠稱朕疊沛渥恩至意該部即遵諭行

御製降旨命免直隸歷年逋賦詩以誌事 乙酉

江南百萬豁逋租絜矩京畿此豈無多歷年因少息爾（頃詢方觀承知直隸自乾隆十九年至二十六年未完緩徵各項計三萬有餘雖為數不及江南四十分之一而拮据輸納情自相同因降特旨蠲除俾閭閻益資饒裕）遠憐翻可近忘乎況當禾稼連逢熟益使謳謌不藉呼庶俾閭閻歌樂歲春風載道共民娛

二十四日奉

上諭朕清蹕時巡道經山左昨已特沛恩膏降旨將所過地方本年額賦蠲免十分之三東省連歲豐稔民氣恬熙朕攬轡所覩深為欣慰但念該省

尚有積年欠項皆係從前無力輸將所致若按限催科仍恐積有拮据著加恩將濟南武定兗州曹州東昌等府屬乾隆二十六七兩年未完災緩地丁暨民欠麥本牛具等銀六萬二千九百五十餘兩又濟南武定兗州東昌曹州沂州等府屬乾隆十二年至二十七年未完因災緩徵暨民借年久常平倉穀七萬五千四百四十餘石概行豁免俾閭閻益資饒裕該撫其善體朕意率屬實力奉行務期膏澤下施均霑實惠該部即遵諭行

御製降旨免山東積欠詩以誌事 乙酉

輸多欠少詎能無積少為多遂屢逋江浙已胥霑我澤青齊忍聽向其隅率因災歉成陳負概與優

蠲俾衆娛昨崔應階來迎驛詢知濟南各屬乾隆二十七年以前因災緩徵各項積欠十三萬有奇因降旨槩予蠲免俾民力益資充贍絜矩要從民所好為民父
母意殷吾

二月十六日奉

上諭朕此次南巡起鑾前已降旨將江蘇省歷年災緩積欠一百四十餘萬兩槩行豁免並於入疆之初諭將經過地方本年額賦蠲十分之三宿遷等縣地土素稱瘠薄特免十分之五以示體恤今自渡淮而南見皋黎歡迎道左愛戴尤殷因念江蘇為財賦重地頻歲屢獲豐稔雖正之供量無拮据但所免災欠一項蘇松各屬不及淮徐之多施恩未能遍逮即駐蹕處所將來更沛恩膏亦止省

會數縣其餘各屬尚未一體均霑著再加恩將江蘇布政使所屬各州縣乾隆二十八年以前熟田地丁雜款未完銀四萬一千六百餘兩一體緩行豁免並將江蘇經過地方本年錢糧均免十分之五俾閭閻益資殷阜共樂昇平副朕加惠無已至意該部遵諭速行

御製降旨免江南熟田未完欠項並將江蘇經過州縣均免十分之五詩以誌事 乙酉

啓蹕前免百卅萬賷偕災田所欠屢入疆詢知江北多江南纔三萬而已是則江北被恩重江南無災恩薄矣因問熟田或有逋亦不過四萬斯止概與蠲之仍覺輕十分免五惠同視宣尼曾云不繼富益於他人非赤子藏富閭閻信益佳詎曰騶虞博民喜

閏二月初三日奉

上諭朕巡幸江浙啓鑾之初降旨將江浙二省累年積欠銀糧全數豁除而浙省所免之數較之江省尚少茲當入疆伊始時咨民瘼該省尚有未完款項著再加恩將浙省乾隆二十六七八等年積欠未完漕項及仁和袁浦等場未完竈課銀一萬八千六百餘兩二十四六七八等年因災緩帶積欠未完南米及借給各場竈户倉米一萬八千九百餘石二十六八兩年錢塘諸暨玉環等廳縣借給農民緩徵穀及因災緩徵租穀一萬六千九百

餘石槩行蠲免該督撫等其率屬實力奉行務俾恩膏下逮稱朕惠愛黎元至意該部遵諭速行

御製降旨免浙省所有積欠並經過地方正賦十分之五詩以誌事 乙酉

新正降恩諭江浙免積逋江省數實多前降旨免江浙逋賦江南至一百四十餘萬浙江止十三萬餘已不及十分之一且又據有續完則較江省更少南北已大殊因加惠江南非經臨江省詢知所免災緩積欠淮北獨多江以南纔三萬餘因將江蘇各屬熟田未完欠項槩行蠲免並免水陸所經州縣本年額賦十分之五浙省亦吾赤子懷保同般且積欠又少用是並例不忍蠲之未完銀數悉予豁除從將經過地方新賦蠲十以均惠澤浙省可忘乎入疆再咨詢逋祗江南如更有續完者急公益嘉予漕欠及借項寬免例所無此豈非在民憂概與豁除其經過正賦十五蠲原

祖休助庶以副軫卹窮黎所圖

十二月初九日奉

上諭直隸二十六年以前被災積欠銀兩疊經降旨加恩豁免而霸州固安永清三州縣屯戶領種及隨帶地畝應交未完租穀未經與民地一併予豁伊等所種地畝即與民地相連通年雖屬豐收而新舊並徵屯民生計未免拮据所有霸州固安永清三州縣屯戶及爲民屯戶未完二十四二十六兩年租穀八百餘石著一體加恩豁免該部遵諭速行

乾隆三十一年正月初四日奉

上諭昨歲河東河西間有偏災業經降旨於例賑

之外加恩分别展賑撫卹期窮黎不致失所復念甘省上春民貧而被災各屬尚有歷年緩帶借欠未完等項例須新舊並徵同時輸納民力未免拮据是用特沛恩膏將甘肅省之靖遠紅水縣丞會寧固原鹽茶廳環縣山丹東樂縣丞武威鎮番永昌古浪平番花馬池州同一十四廳州縣自乾隆二十三年至二十九年民欠地丁銀及折借籽種口糧牛本等項銀共三十七萬四千餘兩民欠地丁糧及籽種口糧牛本等項糧共一百二十四萬五千餘石陜西延安榆林綏德三府州屬自乾隆二十一年至二十五年民欠籽種口糧共四萬六千餘石民欠籽種口糧牛具銀一萬一千餘兩著

行豁免俾閭閻益臻康阜該督撫其董率所屬盡心經理務使小民均霑實惠毋任不肖官吏侵漁中飽以副朕愛養編氓至意該部遵諭速行

乾隆三十二年三月初四日奉

上諭朕迴鑾幸天津閱視海河隄淀以期利濟民生啓鑾之前已降旨將天津府屬本年應徵錢糧蠲免十分之三茲翠華臨莅小民扶老攜幼歡迎道左愛戴之忱倍切朕心深爲嘉悅著再加恩將天津府屬節年尾欠及上年勘不成災緩徵銀七萬三千二百餘兩屯穀三千四百餘石又節年因災出借並舊欠及上年被水出借穀十三萬一千一百餘石普行蠲免俾海濱蔀屋益慶盈寧共安

樂利以示省方施惠之意該部即遵諭行

初五日奉

上諭朕此次臨幸天津業將該府屬節年尾欠並被水緩徵出借未完銀米概行蠲免復念畿輔地方共切近光之慕茲者翠華所至惟津郡較若不獲均霑實惠小民未免向隅者將直隸通省各屬節年尾欠未完地糧銀四萬九千五百餘兩屯糧六萬六千四百餘石一體加恩蠲免俾郊圻黎庶益遂盈寧之慶該部即遵諭行

御製命免天津府屬積欠銀穀並及直隸通省積欠銀穀詩以誌事 丁亥

天津瀕海濱沮洳霑澤國以此多積欠可任催科

力遊豫青休助逭逋資藏殖天津關屬積年尾欠及逭洪銀七萬三千餘又積欠屯穀及出借未完穀十三萬四千五百餘概行豁免緊矩念通省耶無
向隅泣一律命免之直隸通省積欠銀四萬九千五百餘穀六萬六千四百餘
降旨一體豁免俾民足衣食民足孰與不司農莫格惜

乾隆三十三年十二月十二日奉

上諭據阿桂等奏伊犁屯田回人應還三十年未
及入倉被雪潮濕霉變糧並三十一年被災未能
交納糧共七萬餘石曾經展限四年帶還其去年
應帶交糧一萬九千餘石已蒙恩寬免外尚有三
年應行帶交糧五萬九千餘石等語回人等所欠
糧石前經朕加恩展限四年完交且將上年應帶交
糧一萬餘石又經朕加恩寬免其餘未完糧石自
應令其照數帶交但回人等俱係甫經移駐伊犁
生業尚未充裕若每年交納正糧外又令帶還糧
石於伊等生計未免拮据所有回人等應分限三
年帶交糧五萬餘石俱著加恩免其交納

乾隆三十五年三月十二日奉

上諭前次巡幸津淀閱視隄防為畿輔民生勤求
利賴曾加恩將天津所屬歷年積欠悉予蠲除俾
羣黎各得其所乃者恭奉
皇太后安輿展謁
兩陵復俞直隸臣民籲請親扶
鳳筆臨幸天津以慰萬姓臚歡祝
蓮之悃業已降旨蠲免所過錢糧十分之三茲蹕

途所至小民扶老攜幼夾道歡迎愛戴之忱倍切
朕心深為嘉悅著加恩將經過州縣及天津府屬
所有乾隆三十一年至三十三年未完尾欠地糧
共五萬一千八百餘兩地糧項下本色穀豆共五
千九百餘石又節年常借及因災出借穀共十二
萬六千一百餘石普行蠲免俾郊圻蔀屋益慶盈
寧以示錫慶兼施之意該部即遵諭行

十二日奉

上諭朕此次恭奉
皇太后安輿巡幸天津恩施疊沛業經降旨將天
津府屬及經過州縣節年災欠概予蠲除復念畿
內地方共切近光之慕懽澤亦應量予均霑著加
恩將直隸通省自乾隆三十一年至三十三年未
完尾欠地糧銀一千二百餘兩及應徵本色尾欠
穀豆二千八百餘石改折銀二千六百餘兩概行
蠲免俾近畿氓庶共樂恬熙益洽阜寧之慶該部
即遵諭行

十三日奉

上諭朕恭奉
皇太后巡幸天津業經降旨將天津府屬及經過
州縣節年尾欠災緩各項概行豁免並將直隸通
省未完尾欠銀穀等項普予蠲除用敷慶澤連日
蹕路所經老幼扶攜趨迎載道其懽欣抃戴謂出
至誠且布衣絜襖悉見整齊即此恬熙景象亦非

爲飭北省數年來頻獲豐收，是以閭閻康阜，朕心實爲嘉悅。著再加恩，將直隸通省自乾隆三十一年至三十三年因災緩帶徵銀十二萬四千九百餘兩、穀至八千二百餘石、改折銀一千二百餘兩，普行蠲免，俾畿輔羣黎益臻饒裕，稱朕加惠無已之至意。該部遵諭速行。

御製命免天津府屬積欠及直隸通省積欠詩以誌事 庚寅

蠲賦王畿首被澤（新正下詔普免天下正供，直隸本年錢糧輪蠲首及）析津無更可加恩。前巡因憶積漸遠，近歲應餘欠者存。概與除徵曰眼殺（前次巡幸天津，曾將府屬及通省積欠分別蠲免在案）望（每臨小民情覲戴尤殷，因降旨將天津所屬及經過州縣自乾隆三十一年至今節年未完銀五萬

六千餘兩、借穀十二萬六千餘石，概行豁免，並將通省三十年以來積欠銀穀六千六百有奇及因災緩徵銀穀十三萬四千有奇合予蠲除）俾均霑惠，益教通省逮黎元。部邮

春種期秋熟，惟呼去聲何愁吏叩門。

乾隆三十六年二月初十日奉

上諭：朕恭奉

安輿巡幸山東，連日經行畿輔，童叟歡迎，足徵愛戴。因念去歲夏間天津等處雨水過多，被災較重，雖經疊降諭旨，蠲賑頻加，所見茅簷景象，頗爲拮据。適第災歉之餘，元氣未能驟復，自宜再沛渥恩，期臻康阜。所有天津府屬乾隆三十三年以前地糧、倉穀各民欠，已於上年豁免，著再將滄州、青縣、靜海、鹽山、慶雲五州縣三十四年因災借欠穀三萬八千六百餘石，及天津縣三十四年常借未完穀三千六百九十餘石，概行蠲免。至經由之東安、交河、景州、東光四州縣所有未完二十二年至三十四年因災借欠穀三萬八千三百餘石，及災重加賑之寶坻、寧河、永清、霸州、薊州五州縣未完二十五年至三十四年因災借欠穀一萬八千七百餘石，亦著全行蠲免。其順天府屬之武清一縣被災尤重，該縣向無積欠，未能一體霑恩，前已降旨將經過各州縣蠲免本年地丁十分之三，著加恩將武清一縣蠲免十分之五，用均恬澤，俾閭閻共資樂利，以副朕行慶施恩之至意。該部即遵諭行。

御製命免天津府及順天府所屬積欠詩以誌事

辛卯

休助古有云，據保今所勉。非歲比地災，賑賙期均溥。叶巡方茲目覩，幸適清蹕轄。然未經見多加惠，距直綫兩府界。壤連受沴苦弗淺，三州薊霸及八縣（寶坻、寧河、永清、天津、青、靜海、鹽山、慶雲）舊欠概與免（以上各州縣因災借欠穀五萬七千餘石，又天津一縣常借未完穀三十六百餘石，概與蠲免，並於巡幸之便所經由之東安、交河、景州、東光節年因災借欠穀石，亦並蠲之，用均恬澤）武清獨無欠，豈不向隅數叶。蠲供十之五（武清去歲被災最重，而向無積欠，未得一體霑恩，因特免本年地丁十分之五，視經過免賦十三之常例加厚焉）用以往良善參攷。倘得豐庶少濟屯蹇，是惟賴天恩，非吾力能辦叶。

十九日奉

上諭朕張本
惠肇巡幸山東驛路所經頻施恩澤惟期閭閻共
臻樂利以副朕保赤殷懷所有濟南各屬自乾隆
二十八年至三十四年未完因災借欠常平倉穀
四萬九千二百八十餘石又東平州東平所三十
四年未完災緩地丁銀四千八百七十八兩均著
加恩概行豁免俾通省農甿益資饒裕用昭省方
觀民行慶孚惠之至意該部遵諭速行
御製降旨免山東各屬節年因災借欠常平穀及
東平災緩丁賦詩以紀事 辛卯
入疆施惠重巡方借欠因災懸益倉穀既陳應
與逭各屬自乾隆二十八年至三十四年未完因災出借常平穀四萬九千二百餘石概予豁

免丁銀雖少免穀償乾隆三十四年東平州及所未完災緩地丁銀四千八百餘兩亦並蠲之即看受歲覃情切寧忍饑寒一介忘咨爾
牧民大小吏施行詳妥尚其襄
二十日奉
上諭朕以東省臣民望幸承
歡行慶用舉時巡入疆以來蠲賦寬逋賚給籽具
之恩旨業經疊沛第念該省尚有節年借欠參本
例應徵還閭閻仍不免有追呼之擾著再加恩將
乾隆三十年三十一年濟南武定兩府屬因災出
借參本銀五千八百五十三兩零並三十五年濟
南武定兗州曹州東昌青州六府屬災借參本銀
九萬八千餘兩全予蠲免俾莘莘部屋益慶盈寧
副朕惠養羣黎有加無已之至意該部遵諭速行
御製再降旨免濟南等六府屬新舊借欠參本銀
並成是什 辛卯
施恩一再不妨周尚或遺乎仔細求六府咨詢欠
均有歷年欠近路從優昨已降旨將河南城莊中牟縣上年被水較重之區借缺當借籽種牛具銀各一錢尤其徵運以裕民力茲查濟南武定二府屬乾隆三十三十一兩年未完參本銀五千八百餘兩又濟南武定兗州曹州東昌青州六府屬去歲因災借欠參本銀九萬八千餘兩全予豁免俾惠澤普周閭閻生計益資饒裕寬其逋項何憂債勉
爾春耕以待秋夫路青青苗出好願希麥浪拍歸
舟
御製至德州行館駐蹕用近作於德州降旨免各
府舊欠參本銀詩韻 辛卯

齊甸魯疆歷以周惠民頻與裕追求已啟各藏明
種與更值均霑霈澤優白絮亂餘鄉迎夏綠苗吐
穗秀含秋去時願幸來時副前詩有夫路青青苗出好願希麥浪拍歸舟之句今山左境內年皆優渥春膏沾足所見麥畦芃長足副所期惟近畿尚未能霑足不識麥苗能如東省否耶農事王畿驗返舟
三月十九日奉
上諭據明山奏甘省歷年民借籽種口糧牛本等
項銀糧積欠甚多請分別六年四年帶徵等語該
省邊陲地瘠民之蓋藏從前因辦理軍需歲予蠲
貸閭閻幾不知有輸將自大功告成以後無從格
外施恩而常時所借籽種等項例應按年償納乃
比歲疊被偏災收成歉薄致舊欠日積日多在小

民因屬分所應完即帶徵已爲體恤第念各該州
縣民間借欠完屬因災若令其新舊並完貧民未
免拮据著加恩將甘省各廳州縣所有節年未完
民借籽種口糧等項倉糧四百四萬餘石概行豁
免俾邊氓得免追呼其未完銀一百三十二萬餘
兩無論被災輕重統予分作六年帶徵完納以紓
民力該督其董率所屬實力妥辦使窮簷日臻康
阜生計有資副朕加惠遠黎至意該部遵諭速行

御製陝甘總督明山奏請帶徵甘省積欠銀糧降
旨加恩普免欠糧其欠銀准奏分年緩輸詩
以誌事 辛卯

地瘠邊陲乏蓋藏，欠糧普豁免輸將。甘肅地瘠民貧前此承辦事歲有蠲賚愚民戢習以爲常自大功告成惠無可施而節年所借籽糧例應如期償納乃頻歲因災歉收舊逋日積明山遂請以銀糧分年緩帶雖云稍寬歲月仍不免有追呼因降旨將甘省歷年借欠倉糧四百四萬餘石加恩概行豁免俾邊氓宿負一清其未完銀則如該督所請分作六年帶徵以紓民力正供詎可逋常賦，六歲爲期俾緩償。何處吾民非赤子，寧厪近地忘遐方。向以厪字有平仄兩讀於厪念之厪往往通用而字體則不拘今檢字書從厂者正讀平聲又與勤同義厪念字當從之亦有從广者正讀略等訓兼有仄音是通用亦惟厪字其從广者惟小屋見少兩訓且止有仄音不可相通第已往難以悉爲更正後當視此爲準且以識學無止境是惟補苴非長策，樂土思移闢展疆。蠲通嘉惠育黎第一時補救因思新疆闢展等處沃壤數千里若內地之民願往墾藝非惟可資糊口並得豐贍身家洵爲貧民上計即如熱河張家口各處存[illegible]之民遠居謀生者歲增月益不可言爲招致也誠使甘省貧民知新疆有樂土可耕人自願往實利民長策而又非可啟之以官法者也因詳諭明山志心講求以期實效

卷六十

孚惠全書卷六十一

蠲除積逋五

乾隆三十七年二月二十日奉
上諭江南積欠錢糧一案前歲經該督撫清查奏
到業經加恩展限分徵俾小民得以從容輸納並
令每年將新舊應徵之數於年終彙奏以重責成
茲據吳壇奏報蘇州等屬乾隆三十六年地丁應
徵雜辦等項新賦已於歲內全完自十一年至三
十三年積欠並三十二三十四年災緩帶徵銀兩
統計五十四萬四千七百餘兩截至三十六年年
底已完銀四十九萬一千五百一十餘兩惟尾欠
漕項銀五萬三千一百九十餘兩等語上年江蘇
係輪屆普蠲正賦之年又值秋成豐稔小民因力
量寬裕即將歷年舊欠緩帶等項不待分限屆滿
俱各乘時輸納尾欠尚不及十分之一頗知踴躍
急公情甚可嘉自應特沛殊恩以示獎勸所有蘇
松等屬未完尾欠漕項銀五萬三千一百九十餘
兩均著加恩寬免該地方有司務宜宣示恩綸詳
悉曉諭令此後毋再積有拖欠致煩催科之擾以
期長享安怙副朕體卹施惠至意該部即遵諭行

乾隆三十八年三月初九日奉
上諭前因永定北運二河工程關係民生特命重
臣會勘大發帑金剋期修築經周元理奏請省視
其成以慰臣民望幸因諏吉恭奉

皇太后安輿迴幸天津順途周覽仍復指示機宜
使共資利賴茲於啟鑾日降旨將經過地方及天
津闔府屬本年應徵錢糧蠲免十分之三用敷闓
澤昨歲畿輔普慶豐登閭閻藉以康阜今蹕路所
經見小民扶老攜幼夾道歡迎足徵飽暖恬熙景
象惟元氣初復之時更宜培養而各州縣尚有節
年緩帶未完欠項例應次第催徵民力仍恐不能
充裕著再加恩將沿途經由之宛平大興良鄉房
山涿州淶水易州定興容城新城雄縣任邱霸州
保定文安大城武清東安永清固安等二十州縣
未完乾隆三十三四五六等年緩帶民欠銀三萬
五千五百二十七兩零穀豆三十四石四升天津

府屬州縣共未完乾隆三十四五六等年緩帶地
糧六萬八百九十二兩零本色屯糧穀豆米豆各
穀一萬六千一百七十五石七斗五升零著行路
免俾邠甸海濱黎庶永免追呼益臻樂利稱朕行
慶觀民加惠無已之至意該部即遵諭行

御製命免天津府屬積欠及直隸前歲被災別州
縣積欠詩以誌事癸巳

每年免積欠隔歲復茲有所以切所年緩豐屢難
偶見者恩固加未見惠應受顧此而遺他寧稱眾
距道叶次第與蠲天津府所屬州縣未完乾隆二十三四五六等年緩帶徵銀米共七萬七千有奇驛行路免又經過之宛平等二十州縣前歲被災較重者予將有三十六年以前緩帶積欠銀穀三萬五千有奇並予蠲除俾永免追呼之擾即未經行之閭省州縣三十五年以前尾欠銀糧一萬八千有奇亦降旨普蠲俾民益臻饒裕推科俾遍胥調燮
無良方用是增怩忸

初十日奉
上諭朕此次展謁
泰陵順道畿南恭奉
慈輦臨莅天津閱視永定北運二河隄工業
經降旨將沿途經過地方及天津闔府屬蠲免本
年正賦十分之三並將各該州縣所有節年緩帶
尾欠併予豁除以敷闓澤至直省各屬昨歲頗獲
豐收比户共安樂利原無庸再沛恩膏第際此省
方行慶鑾輅未經之處小民跂望同殷自宜普廣
恩施期閭閻倍臻饒裕著加恩將直隸通省各州

縣未完乾隆三十三四五等年緩帶並民欠地糧
銀一萬六千二百七十九兩零本色穀豆糧五千
九百三石九斗零又改折銀二千五百一十五兩
零槩予豁免俾億兆共沐豐施益阜盈寧之慶該
部即遵諭行

二十五日奉
上諭朕此次巡幸津淀閱視永定北運河工蹕路
所經見村民溫飽恬熙足爲欣慰而慶值豐餘更
宜爲之培養元氣業將沿途經過之宛平等二十
州縣及天津闔屬未完節年緩帶民欠銀米豆穀
概予蠲免以昭愷澤但念乾隆三十六年被災最
重者二十四州縣其宛平等十五州縣積欠已在

經過普免之例惟通州寶坻三河香河薊州寧河豐潤玉田寧晉等九州縣非鑾輅經行所及溢免三十五年以前而其地多有與經過各州縣界址毗連者此微彼免小民尚未免向隅着再加恩將此九州縣三十六年分未完緩帶地糧銀一萬五千六百六十兩三錢本色豆四百八十一石九斗九合亦一併蠲免俾前此積欠編戶均沐恩膏以昭省方行慶渥澤普覃至意該部即遵諭行

九月二十七日奉

上諭前以江寧藩司所屬積欠銀米為數甚多其中有本年偶被水災之州縣衛恐難以一例徵輸因諭令薩載確查具奏候朕另降恩旨今據奏稱

安東等七州縣衛節年災田積欠通共未完銀三萬九千七十七兩零米麥豆穀六萬七千二十七石零各該處本年夏秋偶值霖潦二麥失收輸將未能踴躍等語安東等七州縣雖屬一隅偏災但既被水歉收若復將通賦催科民力未免拮据著加恩將安東縣未完銀一萬六千八十三兩零米麥四百五十石零山陽縣未完銀二千九百五十一兩零米麥八千六百八十九石零阜寧縣未完銀八千三百一兩零米麥穀五千九百九十九石零清河縣未完銀六千八百一兩零米八千八百九十二石零大河衛未完銀三百三十兩零米麥豆一千二百六十七石零海州未完銀四千二百七十九兩零米麥六千七百六石零沭陽縣未完銀三百三十一兩零米麥三萬五千一十六石零概予豁免俾災區黎庶均免追呼該督撫其督率所屬實力經理務令恬澤普霑毋任吏胥侵蝕舞混以副朕體卹窮黎之至意該部即遵諭行

乾隆四十一年二月二十七日奉

上諭朕因武功告定展謁

兩陵禮成復恭奉

聖母慈駕巡幸山東廷

禱岱嶽並親詣

闕里告功蹕路所經宜施渥澤業於起鑾日降旨蠲免本年正賦十分之三著再加恩將通州三河

薊州大興天津津軍廳青縣滄州靜海南皮交河東光景州等十三州縣廳未完乾隆三十八九兩年緩帶各項地糧共銀六萬六千四十四兩零屯糧米穀豆五千四百二石零及大興宛平三河涿州良鄉武清東安天津青縣靜海滄州南皮交河東光景州等十五州縣未完乾隆三十五七八九等年因災出借常平穀三萬一千六百一十七石零米四萬七千七百八十四石零麥五十九石五十石零又交河滄州未完乾隆三十五七九等年災借屯穀二千二百四十一石零米一百一十石零普行蠲免該督其董率所屬實心妥辦以副朕嘉惠畿民至意該部遵諭速行

二十七日奉
上諭前歲凋派八旗勁旅及吉林黑龍江索倫等
精銳進剿金川直隸為首先經行之地曾予緩徵
茲大功告成凱旋在邇允宜特沛恩施用敷慶澤
除大興宛平良鄉等縣業於蹕路經由諭旨內加
恩所有清苑永平磁州趙州柏鄉定州等六州縣
未完乾隆三十八九兩年軍行緩徵並因災緩帶
地糧銀三萬九千五百六十四兩零又清苑滿城
定興望都欒城趙州定州等七州縣未完乾隆三
十五六七九等年因災出借常平穀三千七百九
十石零米三千二百九十石零一併加恩豁免以
示優卹該部即遵諭行

孚惠全書　卷六十一　六

二十八日奉
上諭本年新正曾將畿南一帶昨歲被澇州縣分
別予以展限用普春祺茲當金川全境蕩平巡幸
山左凡鑾輅所經之地現已普被恩膏其災區之
不值蹕途者亦堪軫念著加恩將霸州保定文安
大城永清河間獻縣武邑衡水寧晉武強安平等
十二州縣未完乾隆三十九年因災緩帶地糧銀
八萬六千七百四十五兩零屯米二百四十八石
零又霸州保定文安大城永清新安安州固安嘉
縣河間獻縣任邱晉州玉田武邑衡水隆平寧晉
深州安平等二十州縣未完乾隆三十三四五六
七八九等年因災出借常平穀二萬八十九石零
米二萬八千七百七十二石零麥五千八百七十
四石零又霸州固安河間三州縣未完乾隆三十
九年因災出借井田屯穀二百九十一石零米一
千四百五十七石零概行豁免以示慶成施惠至
意該部即遵諭行

御製降旨加恩直隸各州縣詩以誌事（丙申）

省耕祝
蹕告成功慶惇應敷恩晝同賜復無論經及否茲因（平定兩金川集勳奏凱恭奉聖母安輿巡幸山東詣岱岳並詣闕里告功凡蹕路所經直隸各州縣及別曾承辦兵差之處所有緩徵借欠共銀十萬五千六百兩有奇米穀麥共九萬九千一百八十石有奇槩予蠲免俾普霑渥澤）蠲租畧別歡和豐（其災區而非巡蹕經行及非軍行過往州縣所有因災緩帶銀八萬六千七百四十兩有奇災借欠項米穀麥五萬六千七百三十石有奇亦予蠲免）民間總令留餘力司庫何須計
鮮充申令地方大小吏推行毋俾向隅矜

孚惠全書　卷六十一　七

三月初七日奉
上諭朕因兩金川平定奏凱集勳恭奉
皇太后安輿巡幸山左詣
岱祝
釐告成
闕里鑾輅經臨先期恭惠業於直隸省首途降旨
將山東省經過地方蠲免本年正賦十分之三茲
臨蒞省方用慰輿情望幸臚歡既洽渥澤宜覃著
加恩將此次水陸經行之德州禹城齊河泰安濟
寧衛壽張東阿陽穀聊城博平堂邑清平臨清夏

津東昌衛等州縣衛所有乾隆三十六九等年未
完地丁銀三萬一千一十七兩零及三十六七兩
年民欠麥本籽種銀六千六百三十兩零並民借
耕牛銀二千五百兩及歷年民欠常平穀二萬一
千一百六十三石零又三十七九兩年民借未完
常平穀九千八十九石零俱著普行蠲免以示朕
入疆行慶至意該部即遵諭行

初七日奉

上諭上年山東省歲事順成二麥秋禾並慶豐稔
萬姓怙熙樂業見歷啟懷茲因獻捷金川告功
孔廟所有鑾輅經行之各州縣現沛恩綸將積欠
普行蠲免第念蹕路未經之地小民愛戴同深所

有各該處從前被災借欠銀穀等項並宜普施渥
澤俾免向隅著再加恩將鄒平新城齊東陵縣德
平惠民濱州青城樂陵利津霑化蒲臺范縣朝城
茌平及齊河平原泰安汶上博平東昌衛等二十
一州縣衛乾隆三十六年因災民借麥本籽種未
完銀四萬四千九百餘兩民借常平未完穀一萬
六千二百十九石零又樂安壽光濰縣乾隆三十
九年潮災案內民欠未完地丁銀三千十二兩零
民欠常平穀三千八百十九石零又壽光縣沙壓
地畝乾隆十一十二十九等三年舊欠地丁銀一
千四百一十二兩零一併蠲免俾茅簷得免追呼
共享昇平之福該部即遵諭行

御製降旨免山東州縣積欠詩以誌事中西

告凱況
簷減本圖來巡民隱益屋吾非年不麥旅稱有積
歲糧銀欠並無雖是經行已蠲豁更教借項逭追
呼（此次巡幸山東經行各州縣已蠲本年額賦十分之三茲復降旨將通省積欠銀八萬九千四百九十餘兩又因災借欠穀麥五萬二千九十餘石無論蹕路所經及未經之地槩行蠲豁俾貧民得免追呼）羣咨群吏承宣勉要俾窮簷免向隅

十一日奉

上諭漕糧漕項向不在蠲免之例茲因平定兩金
川詣
闕里告功巡蹕所經業已優敕蠲澤今自入山東
境以來小民夾道歡迎倍覘親愛宜邀逾格恩施

著將德州壽張陽穀聊城堂邑清平館陶臨清恩
縣夏津武城等州縣緩徵乾隆三十九年未完漕
米四萬七千五百三十一石零豆二萬二千八百
四十一石零並臨清等州縣緩徵漕項銀一千六
百十三兩零一併普行蠲免以示朕加惠無已至
意該部即遵諭行

乾隆四十二年正月初二日奉

上諭甘肅地處邊陲民貧土瘠一遇水旱偏災即
降旨蠲賑緩帶殆無虛歲民間節年所借籽種口
糧等項積欠甚多曾於乾隆三十六年降旨加恩
將舊欠倉糧四百餘萬石槩行豁免其舊欠各項
銀兩一百三十餘萬分作六年帶徵以紓民力嗣

因該省歷年均有偏災，復經節次加恩分別展限徵收，俾得從容輸納。近年以來，僅完銀四十八萬餘兩，仍未完銀八十四萬兩。地方官以欠項定有年限，自應按數催徵，第念該省係積歉之區，上年夏禾又被旱災，民力實多疲乏。況每年均有應徵地丁、籽種等項，若同時新舊並徵，輸將不無拮据。朕心深為軫念，乘春布澤，用沛恩膏，著加恩將該省自乾隆三十二年至三十五年民欠折色未完銀八十四萬餘兩，槩予豁免，俾荒瘠邊黎得免追呼，共享昇平之福。該部即遵諭行。

御製命普免甘肅積欠詩以誌事 丁酉

積欠非加賦，乃緣民所借。久假而弗歸，那免追呼怕。土瘠民實貧，況屢災禾稼。昨歲復遭旱，大田艱種夏。雖止廿餘縣，昨歲甘省被災雖僅皋蘭等廿九州縣，然地連災區之比，生計究不免窘。鄰郡實比亞。是宜大沛恩，以蘇窮簷舍。糧則早豁除，甘肅土瘠民貧，節年均藉官為借助，例應如限清還，乃積欠甚多，艱於完納，因於乾隆三十六年已降旨將三十五年以前舊欠倉糧四百餘萬石全行豁免，其舊欠各項銀兩一百三十餘萬，分作六年帶徵，以紓民力。銀合今茲豁。八十四萬餘，概令催徵罷。自降旨帶徵以來，年限將滿，僅完銀四十八萬有奇，因係應徵之項，第念甘省積欠之區，民力實多疲乏，因特沛恩施，將積欠八十萬餘兩槩行豁免，俾得永免追呼，以冀漸臻饒裕。藏富非所云，軫惇廑晝夜。庶幾民氣和，共與天庥迓。

乾隆四十四年六月十五日奉

上諭：甘肅地處邊陲，民貧土瘠，歷年均有偏災，即

降旨蠲賑緩帶，民間所借籽種口糧及緩徵等項積欠甚多，曾於乾隆三十六年降旨加恩豁免該省舊欠倉糧四百餘萬石，又於四十二年降旨將該省自乾隆二十三年至三十五年民借折色未完銀八十四萬餘兩，槩予豁免，俾邊氓共慶盈寧。茲據該署督畢沅將各年正雜錢糧已未完數目開單具奏，朕詳閱單內所開每年未完銀糧數目尚多，雖係按年帶徵之項，且該省上年額徵地丁正賦業已加恩輸免，本年各屬節次得有雨澤，二麥豐收，民力尚為充裕，徵納自可如期，但念該省究屬積歉之區，若將遠年積欠一體並徵，為數過多，完項仍不無拮据。著再加恩將該省自乾隆二十七年起至三十七年止因災帶徵未完銀二十三萬五千餘兩、糧一百零五萬四千餘石，槩予豁免。其自三十八年以後緩帶各項及此豐年帶徵，小民天良感發，當必踴躍輸將，且積逋既蓋免追呼，其近欠自易於完納。如此體邮優施，閭閻更得永資樂利。該部即遵諭行。

御製降旨免甘肅省二十七年至三十七年帶徵民欠銀米詩以誌事 己亥

因災向有緩徵條，年已前經普豁銷。甘肅地瘠民貧，歷年均有偏災，節經蠲賑緩帶，民間所借籽種口糧及緩徵等項積欠甚多，曾於乾隆三十六年降旨將二十六年以前舊欠倉糧四百餘萬加恩豁免，又於四十二年將民借折色未完銀八十四萬餘兩亦予豁免。壬午至茲又多載，銀糧復積合催徭。幸逢今歲

二麥稔率計十年一例蠲今歲甘省二麥豐收民力尚屬充裕徵納自可如期但該省究係積歉之區若將遠年積欠一體並徵仍恐不無拮据因降旨將該省乾隆二十七年起至三十七年止帶徵未完銀二十三萬五千餘兩糧一百五萬四千餘石槩予寬免俾積逋善免追呼逭泯得永資樂利更百姓足誰與不足由來藏富訓猶

昭

九月初七日奉

上諭前經降旨將甘肅省乾隆二十七年起至三十七年止因災帶徵未完銀二十三萬五千餘兩糧一百零五萬四千餘石加恩槩予豁免俾邊疆共慶盈寧因念陝西之延安榆林綏德等三府州屬與甘肅接壤雖其地分隸陝省而土瘠民貧實與甘省無異遠年積欠爲數尚多若一體並徵民力不無拮据着加恩將延安榆林綏德等三府州屬自乾隆二十六年起至三十七年止民欠常平倉穀若干着該撫查明實數奏聞豁免俾積逋得普免追呼延久自易於完納如此體卹優施閭閻更可永資樂利該部即遵諭行

十月十二日奉

上諭前經降旨將陝西省延安榆林綏德等三府州屬自乾隆二十六年起至三十七年止民欠常平倉穀若干令該撫查明實數奏聞豁免茲據畢沅奏稱延榆綏三府州所屬屢經災荒等十四州縣自乾隆二十六年起至三十七年止民欠常平倉共京斛糧一十一萬三千七百六十八石零係實欠在民確數等語着加恩槩予豁免又延榆綏三府州各屬尚有乾隆二十年起至三十七年止民欠社倉京斛糧一萬三千一百二十五石零亦着加恩一併豁免俾邊地閭閻永享盈寧之慶該部即遵諭行

乾隆四十五年正月十三日奉

上諭朕清蹕時巡道經畿輔非已特沛恩膏將所過地方本年額賦蠲免十分之三直省昨歲豐稔民氣恬熙朕心深爲欣慰第念該省尚有積年欠項皆因從前被災較重時出借今若按例催科民力恐不無拮据着再加恩將順德廣平大名天津四府屬所有積年因災出借常平倉穀八萬四千八百餘石折色銀九萬八千七百餘兩屯糧豆穀一千二百四十三石零槩予豁免該督其實力稽察妥協辦理俾閭閻均霑實惠該部即遵諭行

御製降旨命免直隸歷年逋賦詩以誌事庚子

經過例免十分三每遇巡幸經過地方免額賦十分之三昨已降旨予蠲惟直省尚有積年偏災借出未完之項並令查明一體蠲免所常經應澤並覃稔幸昨年逢以善災屢前歲被于南順德廣平大名天津迤南四府屬前歲被災較重所有因災出借常平倉穀八萬四千餘石折色銀九萬八千餘兩屯糧豆穀一千二百餘石概予豁免俾無催科之擾豈無積欠勢追呼去率與蠲除免貧四府因災出借積欠銀穀全予豁除仍犒諭該督等實力妥辦俾閭閻均霑實惠咨爾長官勤撫字催科還詡政能堪

二十日奉

上諭朕清蹕時巡道經山左昨已特沛恩綸降旨
將所過地方本年額賦蠲免十分之三茲當入疆
伊始時咨民瘼該省尚有未完款項着再加恩將
山東省乾隆二十二三四等年歷城等二十一州
縣因災緩徵未完地丁銀十三萬四千四百餘兩
臨清等七州縣因災緩徵未完常平穀二萬六千
三百餘石社穀二千四百餘石麥種合穀三千二
百餘石槩予豁免該撫其善體朕意率屬奮力奉
行俾閭閻均霑實惠副朕惠愛黎元用普春祺至
意該部即遵諭行

御製降旨免東省逋賦詩以誌事 庚子

明知昨歲善豐收豈乏前茲逋賦留雖已經遵例

蠲免更塵欠款細諮諏（時巡經過東省已蠲本年額賦十分之三茲復加恩將四十二三四等年歷城等二十一州縣災緩未完地丁銀十三萬四千餘兩臨清等七州縣災緩未完常平穀二萬六千餘石社穀二千四百餘石麥種三千二百餘石槩予豁免俾民力益得寬裕）
概寬借廩穀和麥並豁窮丁縣與州庶使閭閻元
氣復力田耕作冀登秋

二月初五日奉

上諭朕翠華南幸慶典時行蹕路所經已降旨將
直隸山東二省累年積欠銀糧概予蠲除江省為
財賦重地茲入疆伊始渥澤宜覃着加恩將江寧
藩司所屬自乾隆十一年至四十四年積欠及災
緩共未完銀四十五萬二千餘兩未完米十七萬
二千餘石蘇州藩司所屬自乾隆三十九年至四
十三年災緩未完地丁屯折漕項學租銀二萬三
千九十六兩未完災緩漕糧漕項兵糈米十二萬
九千八百九十餘石又安徽藩司所屬自乾隆四
十三年以前積欠災緩地丁漕項等款共未完銀
四十萬七百餘兩未完米麥穀凡萬七千六百餘
石俱全行豁免用敷愷澤副朕行慶施惠之至意
該部即遵諭行

御製降旨免江蘇安徽兩省積欠詩以誌事 庚子

積欠寧為民願焉率緣災歉實堪憐行時問俗異
踰是施惠因心非用權（入江南境咨詢民隱將江寧藩司所屬災緩未完銀四十五萬餘兩米十七萬二千餘石蘇州藩司所屬災緩未完銀二萬三千餘兩米十二萬九千餘石安徽藩司所屬災緩銀四十萬餘兩米麥穀凡萬餘石全行豁免俾兩省積欠悉除以紓民力）

漕項地丁逋並蠲給求養欲道無偏儀封企望合
龍逮庶得災區耕涸田

初八日奉

上諭朕此次南巡勤求民隱翠華所過慶典時行
兩淮竈戶僻處海濱生計殊屬艱苦所有乾隆
三十九四十四十一四十二四十三等年各場因災帶徵
遞緩各未完銀三萬五千六百四十二兩零着加
恩普行豁免以示惠澤

初九日奉

上諭朕巡幸江浙取道維揚因念兩淮竈戶生計
勞苦業經降旨將積年未完應徵積欠銀三萬五
千餘兩全行豁免以示惠卹其兩淮商衆踴躍將

怵並應一體加恩俾霑慶澤所有應還川餉項內尚有未徵銀一百二十萬兩著加恩全行豁免又兩淮商人歷綱提引餘利項內庚子年限應完銀二十七萬六千餘兩並著展限遞緩一年俾淮揚商衆益資饒裕該部即遵諭行

三十日奉

上諭朕展義言巡順時行慶浙省鑾路所經本年應徵地丁錢糧已先降旨蠲免十分之三茲入疆伊始用宜更沛析恩俾資樂利所有該省歸安等縣緩徵未完地丁漕白各款銀五萬三千九百餘兩零並歸安等三縣緩徵未完南米四千七百餘石仁和等三縣未完民借穀一萬八千二百餘石均著加恩一併豁免以紓民力該督撫等其董率各屬實力奉行稱朕愛惠黎元至意該部遵諭速行

御製降旨免浙省地丁漕米積欠詩以誌事庚子

施惠應於始入疆未還積欠合寬償較之江南數為少浙省歸安等縣未完地丁漕白各款銀五萬三千九百餘兩南米四千七百餘石仁和等縣民借穀一萬八千餘石均加恩一併豁免以紓民力然較之江省銀米共蠲免百二十餘萬多寡懸殊浙省民俗較良矣自是浙民俗尚良概與追除資利樂俾其耕鑿冀豐穰即看時雨時暘景合共黔黎沐吉祥

孚惠全書卷六十一

孚惠全書卷六十二

蠲除積逋六

乾隆四十六年二月二十三日奉

上諭朕此次巡幸五臺經過直隸地方已加恩蠲免本年錢糧十分之三惟念順天保定等府州屬尚有四十五年以前因災出借穀米麥石及節年因災緩徵帶徵地糧銀內各該處上年夏秋雨水稍多收成不無歉薄雖屢經展邮民氣已紓但若將舊欠銀米一例徵納未免尚形拮据著再加恩將順天保定河間天津廣平大名宣化冀州等府州縣屬未完四十五年以前節年因災出借穀四萬七千九十石零米三萬四千七石零麥三千四百四石零又順天保定天津廣平宣化遵化等府州縣屬四十二年以前節年未完因災緩徵地糧起存銀五萬一千八百二兩零概行蠲免用示朕軫邺羣黎渥沛春祺之至意該部遵諭速行

御製降旨免直隸被災各府州縣積欠詩以誌事辛丑

去歲秋霖實異常猶看積潦道之傍上年秋霖實異常年以昨冬今春雨雪頻仍雖野含餘潤而道左低田沮洳亦所不免雖撥加賑出倉粟更與寬逋逮地糧新正已降旨將直隸上年被水各州縣分別加賑並先後截漕三十萬石撥通倉米三十萬石部庫銀三十萬兩以資賑邮七府二州免追呼去年順天保定河間天津廣平大名宣化等七府冀州遵化等二州屬均有節年因災出借米穀及緩徵帶徵銀兩窮簷貧戶俾安康曰休曰助豫遊要目

黎更是發七府二州節年因災出借未穀麥共八萬餘石又因災緩徵帶徵地糧銀三萬餘兩降旨恩予蠲免以普各巡恩澤俾災黎毋致失所

三月初七日奉

上諭朕此次巡幸五臺所有經過山西地方已降旨蠲免本年錢糧十分之三惟查五臺縣尚有乾隆四十五年出借未完常平倉穀三千六百八十一石零茲當清蹕時巡宜敷渥澤著加恩將此項未完倉穀全行蠲免該部即遵諭行

閏五月初七日奉

上諭據薩載等奏江蘇省有河灘地租一項向係另款徵收解交司庫不入地丁項下查阜寧縣自乾隆三十四年以後安東山陽清河桃源沭陽大

河等六縣衛自乾隆十一年至四十四年共有未完積欠災緩租銀一萬一千二百五十兩零上年南巡蠲免積欠災緩項下未經一例開報等語阜寧等縣衛瀕臨河湖地土瘠薄向為積欠之區其舊欠河灘租銀遞年積壓殊堪軫念所有阜寧等七縣衛未完河灘租銀一萬一千二百五十兩零著加恩准其一體豁免副朕軫卹窮黎之至意該部知道摺并發

乾隆四十八年正月十八日奉

上諭據英廉奏查辦直隸節年未完耗羨項內尚有實欠在民銀三萬二千七百七十一兩零皆因正銀蠲免耗羨帶徵閭有零星小戶拖欠尾零所

致等語此項未完耗羨既經查明實欠在民著加恩即行蠲免仍飭該督嚴飭該管道府留心查察毋致官吏等私徵侵漁滋弊俾閭閻均霑惠澤以普春祺該部即遵諭行

三月二十六日奉

上諭甘省積年帶徵錢糧自乾隆三十八年起至四十六年止尚有未完銀二十四萬六千四百五十六兩零糧一百三十八萬九千二百九十一石零因思甘省自查辦捏災冒賑一案所有民欠籽糧已屢經降旨全行豁免此項未完帶徵銀糧如果係地方實在災歉分年遞緩之項朕必縣予恩免此項乃從前該省地方官通同捏報被災其捏

稱災重者已冒賑分肥即必有捏報災輕者因予以緩徵此乃蠹吏為掩飾地步今據李侍堯奏明此等未完之項係從前冒混並非實因災歉所致本應按年帶徵但念積壓年久為數較多若令一時徵完民力不無拮据官吏亦多被處分是康者代貪者受罰也著再加恩展限八年帶徵以示軫卹窮簷有加無已之至意

五月初八日奉

上諭甘省積年帶徵銀糧前據李侍堯查明係地方官從前冒混並非實因災歉所致但遞年積壓為數較多若按限徵輸民力不無拮据特加恩展限八年帶徵以示軫卹昨河南帶徵之項千萬尚

且全蠲茲甘省地瘠民貧此項銀穀有幾而分年
帶徵仍不免追呼之擾著亦全行寬免俾邊氓均
霑渥澤所有自乾隆三十六年起至四十六年止
未完銀二十四萬六千四百五十六兩零糧一百
三十八萬九千二百九十一石零均加恩全行豁
免以紓民力該督其遍行曉諭閭閻咸使聞知普
霑實惠毋使不肖官吏仍前弊混該部即遵諭速
行

御製降旨全免甘肅歷年緩徵積欠詩以誌事癸卯

甘省歷年弊辛丑乃畢露向以甘省頻年報旱地方官請收捐本色監糧備賑乃王亶望私收折色銀以致各府州縣等從災冒賑上下分肥辛丑年因蘇四十三之事先遣大學士阿桂尚書和珅往甘肅剿賊節次奏報四五月間攻賊之際每以雨阻因命詳查甘省節年報旱緣由始得盡悉積弊墨吏奇冒災報災必緩賦甘省官吏既每歲捏災冒賑其應輸地丁錢糧亦必緩徵以致冒者吏歷年民欠銀糧積至一百六十餘萬之多侵肥緩者民徵固積少遂成多匪實災之故大吏請帶徵八年展期諭前據李侍堯奏明甘省自乾隆三十六年起至四十六年止民欠未完銀糧實係地方官從前冒賑若按限徵輸民力不無拮据因降旨加恩展限八年帶徵以示矜卹既而徐思之豫蔡千萬付既思昨河南山東帶徵之項一千六十餘萬兩尚且全蠲甘省地瘠民貧此項銀糧有幾分年帶徵仍不免追呼之苦因降旨全行寬免俾邊氓均霑渥澤以紓民力斯乃百之一全蠲何斯慮於民何礙寬況非民為虞中命封疆臣影射仍防誤甘省緩徵銀糧既加恩全免仍令該督遍曉閭閻咸使聞知毋任不肖官吏仍前影射滋弊飭部遵諭速行

乾隆四十九年正月二十二日奉

上諭朕清蹕時巡道經畿輔非已特沛恩膏將所
過地方本年額賦蠲免十分之三第念該省尚有
積年欠項皆因從前偶被偏災較重地方隨時出
借今若按限催科民力恐不無拮据著再加恩將
順天保定河間天津正定順德廣平大名宣化遵
化薊州深州等十二府州屬未完積欠因災出借
倉穀一十五萬五千二百四十石零槩予豁免該督
其實力稽查妥協辦理俾閭閻均霑實惠該部即
遵諭行

御製降旨寬免直隸各府民欠倉穀詩以誌事甲辰

三輔比年幸有收直隸連歲俱獲有收昨歲秋復連得雪澤於春更尤為有益偏災春借合償秋未完之項自餘積槩予其蠲莫更留直省從前偶被偏災地方尚有積年借欠未完倉穀但按限催科民力不無拮据茲清蹕所經令該督劉峩飭查順天保定河間天津正定順德廣平大名宣化遵化薊州深州等十二府州屬所有未完積欠倉穀十五萬五千二百餘石槩予豁免用普春祺老幼計資衣與食豫遊義在助和休雖云臘雪深培麥青雨其時望庶酬

三十日奉

上諭朕清蹕時巡道經山左昨已特沛恩膏將經
過地方本年額賦蠲免十分之三茲當入疆伊始
疇咨民瘼該省尚有未完款項著再加恩將山東
省利津霑化等二十一州縣衛因災出借籽種牛
具銀十一萬八千六百一十九兩零並因災出借
倉穀十萬一千一百餘石槩予豁免該撫務須率
屬實力奉行俾閭閻均霑實惠副朕行慶施惠有

加無已之至意該部即遵諭行

御製降旨免山東利津霑化等二十一州縣衛借欠銀穀詩以誌事（甲辰）

前歲金鄉魚臺河決災恒年軫䘏枚汙萊（前歲青龍岡決口自上年二月合龍後因山東之金鄉魚臺等縣黃水經行被災較重特降恩旨不論月分賞予賑卹至本年閏三月爲止）利津等處雖非甚借欠向隅亦可哀（金鄉魚臺等縣已加恩常賑並入緩帶始蠲咨民應知金鄉魚臺又偏災之利津霑化等二十一州縣衛均尚有未完積年出借籽種牛具等銀十一萬八千六百餘兩倉穀十萬一千一百餘石乃復降旨槩予豁免仍飭該撫率屬實力概予蠲除蘇今行俾霑實惠以副行慶施惠之意）民困不孤老幼望吾來即今堀埋春風起爲盼時膏又切哉

二月十六日奉

上諭朕翠華南幸慶典時行蹕路所經已降旨將直隸山東二省因災積欠銀糧槩予豁除江省爲財賦重地蒞入疆伊始涯澤宜覃著加恩將江寧藩司所屬積欠地丁漕項等款未完銀三十六萬七千五百十兩零民借籽種口糧未完銀一十五萬一千九百五十九兩零漕糧漕項等款未完米麥豆一十八萬九千七百二十六石零蘇州藩司所屬地丁漕項等款未完銀四萬五百五十四兩零民借籽種口糧未完銀一千二百四十八兩零漕糧漕項等款未完米麥豆三萬八千九百六十四石零安徽藩司所屬地丁等項未完銀三十七萬三千二百六十一兩零民借籽種口糧未完銀六

孚惠全書　卷六十二　六

萬一千九百兩零漕倉等項未完銀八萬三千一百六十三兩零漕糧漕項等款未完米麥豆六萬五千七百四十餘石零俱著全行豁免用敷愷澤副朕行慶施惠之至意該部即遵諭行

御製降旨免江省積欠詩以誌事（甲辰）

三年積欠逾百萬（自庚子南巡蠲免江省積欠後甫越三年茲入境伊始周咨民隱江寧藩司所屬又有未完地丁漕項等銀三十六萬七千五百兩零民借籽種等銀十五萬一千九百兩零米麥豆十八萬九千七百石零蘇州藩司所屬未完地丁漕項銀四萬五百兩零民借籽種銀一千二百兩零米麥豆三萬八千九百石零安徽藩司所屬未完地丁等銀三十七萬二千二百兩零民借籽種銀六萬一千九百兩零漕項銀八萬三千一百六十兩零米麥豆六萬五千七百石零合計銀米共一百三十餘萬並降旨蠲免）重矣民艱講不違豈是正供適有意都緣借項迫無償（江省未完積欠各屬如江寧之淮徐等處安徽之廬鳳潁泗等處均因災歉之餘其未完地丁漕項民借籽種口糧等項爲數較多蘇州藩司所屬多獲有秋是以積欠較少）追呼忍更施窮巷蠲逋因救副省方雨雪早聞春澤好（據薩載閔鶚元奏江寧蘇州徐州等處於正月初九初十十一等日得雪自七八寸至盈尺不等又據毓奇李奉翰等奏清河桃源等處于正月廿六七日得雨五六寸春膏優渥春收可慶豐稔）同民樂膏沐

二十六日奉

上諭朕翠華南巡取道維揚兩淮商衆踴躍抒忱自應特沛恩膏俾霑慶澤所有該商等未完提引餘利銀一百六十三萬二千七百七十四兩零著加恩全行豁免俾淮揚商衆益資饒裕該部即遵諭行

孚惠全書　卷六十二　七

二十八日奉
上諭朕此次南巡勑求民隱翠華所莅慶典時行
因念兩淮竈户僻處海濱亦應一體加恩俾得均
霑渥澤所有乾隆四十五四十六等年各場因災
帶徵遞緩未完銀七千九百餘兩着加恩全行豁
免以廣惠澤
四月二十日奉
上諭昨因河南衛輝一帶缺少雨澤業經降旨將
被旱較重之汲縣新鄉等十六縣民欠未完銀兩
緩至秋熟後徵收以紓民力今思此項銀兩係四
十八年民欠未完各該處被旱較重即使此時得
有透雨提種大田秋成後亦祇能完納本年錢糧
若新舊並徵民力仍未免拮据著竟加恩將衛輝
府屬之汲縣新鄉輝縣獲嘉淇縣延津滑縣濬縣
封邱懷慶府屬之修武原武陽武彰德府屬之內
黃及開封府屬之祥符陳留滎澤十六縣所有乾
隆四十八年民欠未完銀兩全行豁免該撫其督
率屬員實力妥辦務俾閭閻均霑實惠以副朕軫
念災黎有加無已之至意該部即遵諭行
二十一日奉
上諭昨因河南衛輝一帶缺少雨澤特降諭旨將
汲縣新鄉等十六縣乾隆四十八年分民欠未完
銀兩全行豁免因思直隸大名一帶與衛輝大約
相似自應一例加恩以紓民力所有大名府屬之

孚惠全書　卷六十二　八

大名南樂清豐東明開州長垣元城七州縣乾隆
四十八年分民欠未完銀兩亦著加恩全行豁免
該督務率屬妥辦俾閭閻均霑實惠以副朕軫念
黎元之至意該部遵諭速行
五月初七日奉
上諭山東兖州曹州濟寧三府州屬前因被水節
經降旨加恩軫邺並令該撫查明被災地畝內緩
徵帶徵錢糧及四十八年新糧一併緩至今年麥
收後開徵第念該處從前被災較重元氣未復且
本年春夏雨水未能深透麥收稍歉若新舊併徵
民力未免拮据著再加恩將兖曹濟三屬去歲被
災地畝內緩徵帶徵錢糧漕米竟著行蠲免至今
年新糧漕米倉穀皆緩至明年麥收後帶徵以示
朕軫念窮黎有加無已之至意該部即遵諭行
初九日奉
上諭前因陝省延安榆林綏德三府州屬上年秋
收歉薄邊氓生計維艱若新舊錢糧並徵民力不
無拮据曾降旨畢沅令其將該府州屬因災緩徵
民欠銀兩查明共有若干據實具奏候朕另降恩
旨茲據畢沅查奏延安榆林綏德三府州屬乾隆
四十七八兩年共緩徵民屯起運等項銀一萬一
千八百六兩零糧三萬六千六百五十一石零草
二萬五千一百六十一束共未完耗羨銀一千七
百七十兩零又未完榆林府廣有倉米七十二石

孚惠全書　卷六十二　九

俱著加恩槩行豁免以示朕軫卹窮黎有加無已之至意該部即遵諭行

八月初十日奉

上諭甘肅歷欠起運銀糧自乾隆三十八年至四十六年共計一百六十餘萬兩前經督臣奏請分作八年帶徵經朕特沛恩綸將此項銀糧普行豁免第念該省尚有存留項下民欠銀糧及起運項下民欠草束未經一體邀免著再加恩將三十八年至四十六年民欠存留項下銀五萬一千四十五兩零民番糧二萬五千六百九十五石零又起運項下民番未完草束核計價銀二十萬四千一百八十餘兩及二十三年至四十六年民欠未完耗羨銀一十萬二千一百六十九兩零耗糧四十五萬二千四百四十五兩零概行豁免以示朕軫念貧黎有加無已之至意該部即遵諭行

乾隆五十年二月初八日奉

上諭京畿一帶三冬以來雪澤短少朕盼望甚切今自初七初八兩日得雪盈尺渥澤優霑河南山東較京畿尤更望澤通日雲氣寬廣或亦普霑膏澤與否著該撫各即速奏因思農民得此透雪不但已種麥苗長發暢茂並可趕種春麥藉卜豐收朕感荷

天恩實深額慶

天既優加渥澤並當推恩斂福敷錫庶民所有衛

輝府屬被災之汲縣等五縣並附近災區之延津等九縣昨經降旨展賑並將歷年帶徵耗羨等項及本年應徵又歷年緩徵錢糧民欠未完常平義社等倉穀均緩至本年秋成後分別徵還第念各該處被災地畝即使及時耕種秋成豐稔亦止能輸納本年錢糧若將緩徵各項同時並徵民力未免拮据竟著加恩將衛輝府屬之汲縣輝縣新鄉淇縣獲嘉等五縣並附近災區之延津濬縣滑縣封邱考城武陟陽武修武原武等九縣帶徵緩徵民欠各等項全行豁免俾農民安心耕作盡力南畝共享盈寧該撫即出示曉諭咸使聞知副朕惠愛黎元有加無已之至意該部即遵諭行

御製降旨豁免河南衛輝等屬歷年帶徵緩徵民欠錢糧詩以誌事 乙巳

昨經加賑衛輝屬，一切緩徵俟秋議。昨經降旨將衛輝府屬之汲縣等五縣並附近災區之延津等九縣分別加恩展賑並將歷年帶徵緩徵及民欠未完倉穀均緩至本年秋成後徵運 既而思之便秋熟，新舊並徵亦苦事。一之為甚其可再，況復秋熟豈可必。叶 不如概予寬其徵，但緩本年之賦稅。近畿甘雪實優霑，衛輝旱處知霑未。京畿於二月初七初八兩日得雪盈尺河南山東望澤尤甚通日雲氣寬廣或亦普被春膏隨降旨詢該撫令其迅速查奏因思感荷 天恩優加渥澤並當推恩斂福敷錫庶民遂即降旨將衛輝等屬之汲縣輝縣新鄉淇縣獲嘉等五縣並附近災區之延津濬縣滑縣封邱考城武陟陽武修武原武等九縣歷年帶徵緩徵錢糧及民欠倉穀等項全行豁免俾農民得盡心耕作若該處已普霑膏澤幸獲有秋亦止令完納本年正課留其有餘以資衣食庶閭閻元

良由復仍諭該撫出示曉諭或使聞知若得優霑如此間正宜借種
上督農功俾幸而秋收慶有豐完本年賦則無出留
其餘以資衣食庶幾閭閻復元氣試看浩蕩春澤
優敍時
天恩合頒賜

八月初五日奉
上諭戶部核議各省耗羨務令隨同正項錢糧一
同報解一摺已依議行矣此事曾經陸燿條奏戶
部議覆准行朕惟各省耗羨雖與正項錢糧不同
然斷無正項錢糧全完而獨欠耗羨之理總因不
隨正項錢糧一體申解司庫州縣遂以已徵作為
民欠希圖從中挪移可以取攜自便及至上司催

解或挪新補舊或藉端重徵種種情弊俱所不免
自應着落藩司催令各州縣隨同報解如有官吏
侵挪唯該藩司是問再閱各省州縣官於耗羨內
有自行動支抵算養廉者耗羨歸公原為各官養
廉之費但官員自此自支其中恐滋影射冒混情
弊此後應一併禁止令儘數解司後再行由司庫
動支給發以杜弊混並令該督撫於年終分晰報
部查核耗羨一事經
皇考整頓清釐之後官員各給養廉既不至辦公
竭蹶而徵收皆有定額閭閻又不至分外苛求最
為法良意美乃各省辦理不善拖欠竟有數十年
之久者此時自不得不澈底查辦但究念為時已
久官非一任恐輾轉查追仍不免累及小民著以
乾隆四十年為始其乾隆四十年以前各省所欠
耗羨俱着加恩竟予豁免至四十一年以後拖欠
耗羨令該督撫藩司於經徵各官名下嚴切查催
逐一追繳全完總不得向小民重徵滋擾以示朕
惠愛黎元之至意

孚惠全書卷六十二

孚惠全書卷六十三

蠲除借逋七

乾隆五十一年二月二十三日奉

上諭此次恭謁

西陵迴鑾五臺經過直隸地方已加恩蠲免本色地丁錢糧十分之三惟念直隸順德廣平大名三府與豫省衛輝彰德等府屬境壤毗連上年俱被有旱災衛輝等府屬業經節次降旨蠲賑頒給今直省順德廣平大名雖屢經賑恤民力稍紓但尚有上年被旱因災出借銀米若仍令一併帶徵小民輸將未免尚形拮据著再加恩將順德廣平大名三府屬乾隆五十年分因災出借米七萬六千八百八十餘石折色銀二十二萬一百餘兩緩行豁免用示朕一視同仁有加無已至意該部即遵

諭行

御製降旨蠲免直隸南三府借欠銀米詩以誌事丙午

河北恒屢遭游饑賑蠲百計救無遺城門殃及葦當忘直省順德廣平大名三府與豫省之衛輝彰德懷慶毗連上年俱被旱災衛輝等屬業經節次降旨蠲緩並因詢劉峩將順德等處有無因災出借銀米之處查明具奏溝壑頻填為功思果有借資銀及米茲據劉峩查明順德廣平大名三府屬果有上年因災出借米七萬六千八百餘石折色銀二十二萬餘兩此項若令一併帶徵小民輸將未免拮据因降諭旨概行豁免以示一視同仁有加無已之意肯教追呼去聲窘和蓍今寬免蘇閭里勿問有孚尚愧之

二十九日奉

上諭朕此次迴鑾五臺所有經過山西地方已降旨蠲免本年地丁錢糧十分之三惟念該省忻代等六州縣上年被有偏災雖經給賑並酌借口糧籽種民力稍紓但該州縣尚有應行緩徵銀米茲當清蹕時巡宜敷渥澤所有忻州代州定襄五臺峰縣繁峙乾隆五十年分應緩徵銀三萬三千九百七十餘兩米三千八百六十餘石俱著加恩豁免以副朕惠愛黎元省方行慶至意該部即遵

諭行

御製降旨寬免山西忻代等州縣緩徵銀米詩以誌事丙午

入疆施惠例雖常大吏民艱咨以詳通省昨年秋幸有六州山水潦徵傷山西上年秋成豐稔惟忻代等六州縣山水暴漲偶被偏災曾經給賑並酌借口糧籽種但尚有應行緩徵銀米茲請擇將迺宜敷渥澤因降旨將忻州代州定襄五臺峰縣繁峙等六州縣緩徵銀三萬三千九百餘兩米至三千八百餘石全行豁免以副省方行慶至意向隅肯使獨歎苦饒瀆案救盡免償即此春膏普潤候俾民紓力事農桑

十一月初八日奉

上諭據鄂輝等奏新疆屯練民戶應還牛價口糧請寬限徵收以邮屯民一摺四川新疆屯練承墾地畝業經照例升科其所借牛價口糧原分作三年徵還除上年已按款徵收外其餘借項若與升科額糧三項並徵屯衆不無拮据著加恩將該屯

練等未完五十一二年分應徵牛借口糧概予豁免其民戶所借牛借口糧亦着一併寬免以示體卹該部知道摺並發

乾隆五十三年二月二十三日奉

上諭朕此次巡幸天津行慶施惠普錫春祺因念上年宣化府屬雨澤愆期偶被偏災其民欠未完及緩徵帶徵銀糧若令新舊同徵民力未免拮据所有該府屬五十年五十一年分民欠未完及緩徵銀二千二百二十八兩零糧八千二百五十二石零並着加恩一體蠲免以廣朕勤恤民隱有加無已至意該部即遵諭行

御製降旨免直隸宣化府民欠銀糧詩以誌事（戊申）

昨年雨暘時幾輔幸中稔宣府獨被旱民糧屢坎壈菑畬歷郡所蓋藏閭閻蓄以此（謂內）幾急予彼（謂宣化府）是謂忘民甚哭之及緩徵善蠲蘇慘懷（此次巡幸津迎覩見迎駕老幼鮮衣豐色為之欣慰然念上年宣化府屬雨澤愆期偶被偏災其民欠未完及緩徵帶徵銀糧若令新舊同徵民力未免拮据因特諭該府屬五十年五十一年民欠未完及緩徵銀二千餘兩糧八千二百餘石並加恩一體蠲免以示軫念災黎行慶施惠至意）省方要施惠向隅念黔黎吏善推行俾民安食欽

御製紫泉行宮用壁間所書戊申降旨免宣化府民欠銀糧誌事詩韻（甲寅）

昨歲蒙

天貺畿輔普上稔（昨歲直隸收成竟獲十分亦近年所罕覯）春雨邊郡旬猶愆還坎壈祈減駐行館壁題偶顧審思蠲宣化苑戊申被災甚（戊申獨宣化一府被旱據督臣奏聞當即將民欠銀糧降旨寬免壁間所書即被時誌事詩也）今歲彼春往（今歲直隸各府屬得雨之處多不過二三寸非因見北口道台災據奏宣化府屬二月十八日我雪兩雪有四寸餘）此卻廣霑懷瞬目彼此同民艱念恒惓總我失調燮惟揭惟慙歉（歉恨之歟也）

二十八日奉

上諭朕此次巡幸天津閱視河工業於啟鑾日降旨將經過地方及天津闔府屬本年應徵錢糧蠲免十分之三茲翠華臨蒞小民扶老攜幼夾道歡迎愛戴之忱倍切朕心深為嘉悅著再加恩將天津府屬節年尾欠未完之緩徵帶徵銀五萬七百三十兩零屯穀六千一百七十餘石又四百三十

石零普行蠲免俾海濱蔀屋益慶盈寧共安樂利以示省方施惠之意該部即遵諭行

御製降旨免天津民欠銀穀詩以誌事（戊申）

巡鑾依例有恩施所過十分三免之（此次巡幸天津閱視河工業於啟鑾日降旨將經過地方及天津闔府屬本年應徵錢糧依例蠲免十分之三）茲攬民風益親切應寬歲欠莫吁追（蹕路經臨見小民扶老攜幼夾道歡迎益見愛戴之忱因再加恩將天津府屬節年尾欠並緩徵帶徵銀穀普行蠲免以示省方施惠之意）數去督雖弗彩完害惠（計蠲緩帶徵銀五萬七百餘兩屯穀六千一百餘石又四百餘石雖蠲免之數弗多而於閭閻生計寬為寬裕）蠲則無徵俾普熙其戴天庥昨秋稔前旬雨又麥田滋

乾隆五十四年二月初七日奉

上諭甘肅省地瘠民貧並陝西延安榆林綏德三

府州屬附近甘省地方亦屬磽薄向來該處民欠未完地丁耗羨及籽種口糧等項屢經降旨分別豁免兹勒保來京陛見詢以該省近日情形據稱甘省自四十七年至五十三年民欠地丁正耗並未完籽種口糧折色等銀二十七萬九千餘兩糧二百一萬七千餘石草一千一百十一萬餘束陝西延榆綏三屬自三十八年至五十三年民欠未完倉穀三十六萬九千餘石等語甘省等處地方自從前加恩豁免以後又有年所朕軫念黎元事從無遲待即多費帑金亦所不靳所有甘肅省自四十七年至五十三年民欠未完地丁正耗銀二十三萬九千三百餘兩糧八十萬四千六百餘

石草一千一百十一萬餘束四十九年至五十三年未完籽種口糧折色銀四萬五百三十餘兩糧一百二十一萬三千餘石俱著加恩豁免並陝西延榆綏三屬民欠未完常平倉穀三十六萬九千餘石著該督撫飭屬查明亦一併加恩豁免以示朕惠愛邊氓有加無已至意該部即遵諭行

御製降旨蠲免甘省民欠糧銀詩以誌事 己酉

捐監甘涼弊去尤甘肅王亶望等上下通同作弊冒賑侵蝕為從來所未有不得不嚴辦以懲貪墨而肅吏治數年幸未重災祲自大加懲治之後數年以來尚稱有收雖間有一隅偏災之處不似從前每歲報災矣畫早完因地瘠民貧處常切思艱圖易求吏蝕官侵誠已鮮緩徵借欠積猶稠問知方伯不宿諾甘省地瘠民貧向多積欠從前藩勒保又有年所茲勒保來覲詢知近日情形即降旨將甘肅民欠地丁正耗銀二十三萬餘兩糧八十萬四千餘石草一千一百餘萬束又籽種折色銀四萬餘兩糧一百二十餘萬石並陝西延榆綏三屬未完穀三十六萬餘石加恩普免以示恩郵善與蠲除霈澤流

五月十三日奉

上諭據巴延三奏陝西應徵錢糧通完一摺朕披閱清單該省五十三年額徵銀糧草束均已全完帶徵緩徵銀糧亦皆按期完納惟潼關華州華陰等處現有未完緩徵銀兩糧石尚須照例帶徵陝省近年以來收成豐稔小民踴躍輸將不但額徵正賦全數通完即分年帶徵銀糧亦係陸續交納殊屬急公可嘉所有五十二年潼關華州華陰等處未完緩徵銀三千一百六十三兩零又未完緩

徵耗羨銀四百七十四兩零並潼關緩徵糧一百二十一石零俱著加恩全行豁免俾後年清年款通欠全完小民得免追呼益可鼓腹含餔共享盈寧之福以副朕嘉惠閭閻有加無已至意該部即遵諭行

乾隆五十五年二月二十日奉

上諭朕仰蒙

昊眷年屆八旬巳降旨將各省錢糧普行蠲免並恭謁

兩陵巡幸山左鑾輅經臨之處童叟懽迎情殷愛戴允宜廣敷愷澤普惠黎民因念直隷各屬節年因災緩徵帶徵銀糧貧民無力完納積欠甚多若

再加恩將乾隆四十五年至五十三年未完地糧
銀一百四十二萬八百六十八兩零改折銀二萬
一千九百三十兩零屯糧四萬二千九百八十一
石零屯穀七百九十八石零屯米三百十四石零
全行豁免俾窮簷得免追呼共安耕鑿用副朕省
方觀民行慶施惠有加無已至意該部即遵諭行

御製降旨免直隸緩徵積欠並賜大小官員等食

戊庚

東西陵謁

兩陵週歷畿輔觀民事豫遊雖值慶年陳衆樂卻思
渙比切先蠲緩徵百萬全教逭新正以朕八旬大慶已降旨將各省錢糧普行蠲免茲恭謁兩陵禮成將幸山左驛路經臨童叟歡迎情殷愛戴允宜廣敷愷澤加惠畿民所有直隸各屬節年因災緩徵帶徵未完地糧銀一百四十二萬餘兩改折銀二萬一千餘兩屯糧四萬二千九百餘石屯穀七百九十餘石屯米三百餘石降旨全行豁免俾窮簷得免追呼共安耕鑿用副省方觀民行慶施惠至意久賦山東詩更詠山左節年因災未完銀糧亦有之茲長麟迎鑾到日詢得實數自應一例豁免俾令同被渥恩賜食門前勞士卒執役眼識餘者飽餐不

二十七日奉

上諭朕年屆八旬敬天錫慶業經降旨將各省錢
糧通行蠲免茲巡幸山左鑾輿經莅之處閭閻童
叟夫道擁迎具徵愛戴誠悃允宜重加惠澤俾黎
庶益沐恩膏因思東省各屬節年因災緩徵帶徵
銀兩首民積欠尚多若一律徵輸恐民力不無拮
据著再加恩將乾隆四十九年未完銀三十八萬

千三百餘兩五十年未完銀六十九萬七百餘兩
五十一年未完銀七十三萬九千一百餘兩全行
豁免以期比户得免催科益臻樂利副朕入疆行
慶恩施無已之至意該部即遵諭行

御製降旨豁免山東緩徵積欠詩以誌事 戊庚

山左幸逢稔屢年因災之欠在其前山東自丁未戊申己酉連年以來春夏雨暘時若冬雪優霑各屬二麥秋禾皆成豐稔均獲九分有餘其前此數年間偶有水旱不齊因災緩徵之處現在所有民欠均非近年之項也入疆惠政應施去聲三載緩徵豁以全此次巡幸山左鑾輿所莅童叟歡迎情形愛戴茲入疆伊始允宜普沛恩膏因思各屬從前積欠尚多若一律徵輸恐民力不無拮据即降旨將四十九五十五十一年未完銀一百七十餘萬兩全行豁免俾閭閻益臻樂利以副行慶展義之意足食更加免追呼去聲安居可以恣興眠即看麥隴芃苗綠設兩應收餅餌驕連日經過地方麥苗芃蔚盈望菁蔥地方官稱上脈含潤不至望雨然春澤催期優渥又爲之生望雨之念矣

乾隆五十六年七月初七日奉

上諭長麟奏江淮五府州縣屬除當年成熟次年
因災拖欠銀米麥豆等項仍於本年秋收全數開
徵外其實在因災積欠請均勻配撥分年催納等
語江蘇省淮揚徐海等處屢因被災歉收經朕節
次加恩於賑卹蠲免之外又將節年積欠錢糧概
予緩帶原欲使蔀屋窮簷無不均霑惠澤其中如
條一年偶被偏災次年成熟後自應按數帶徵若
連年災歉即應據實聲請分年催納以紓民力今
江淮等處自乾隆四十八年起至五十四年止因

災積欠銀八十一萬餘兩米麥豆一十七萬餘石俱係閭閻元在內之事乃閭閻元身任巡撫並不核計積欠之多寡以定分年之遠近均係籠統聲叙概於次年秋後開徵是小民遇有一歲豐收即須併納七年積欠力不從心以致吏役等催呼滋擾轉不若未逢樂歲尚可暫緩追呼此即閭閻元辦理不善不能仰體朕惠愛黎庶之一端所有江蘇淮安揚州徐州海州等五府州屬自四十八年起至五十四年止因災積欠銀八十一萬三千五百餘兩米麥豆一十七萬三千三百餘石均照長麟所請按照所欠多寡分作四年帶徵並著加恩將此項帶徵銀米麥豆每年寬免一半其當年成

熟次年因災花欠銀二十二萬餘兩米麥豆一萬七千餘石於本年秋後開徵時亦著寬免一半俾小民等戶有蓋藏生計益臻饒裕得以永享豐年之樂即將此旨刊刻謄黃遍行曉諭令僻壤窮鄉咸喻朕意毋任不肖吏胥因有恩旨寬免從中影射侵漁以完作欠務須密飭嚴查肅清弊竇使閭閻得以均霑實惠方為妥善該部即遵諭行得併發

乾隆五十七年正月初二日奉

上諭上年雨暘時若年穀順成朕慮直隸山東河南江蘇安徽等省所屬州縣鄉莊內有得雨稍遲及得雨稍多一隅歉收之處特降旨令各該督撫查明具奏候朕加恩嗣據各督撫奏稱查明所屬均不成災祇須於春間酌借籽種口糧毋庸加賑等語現已另頒諭旨將籽種口糧竟行賞給矣因思各直省節年民欠尚多未完之項特交該部詳查茲據查明直隸山東江蘇等省前經特頒恩旨及巡幸所經節次分別蠲免外將奉天等省未完民欠數目開單具奏此次未完銀兩雖係應徵正項錢糧但小民無力輸將以致積年遞欠若仍令分別緩徵恐茅簷蓽屋仍屬不免追呼所有奉天省未完民欠銀一千七百八十餘兩安徽省未完民欠銀一萬五千餘兩湖南省未完民欠銀一萬二千七百六十餘兩廣東省未完民欠銀一萬九

千九百餘兩俱著加恩全行豁免該督撫務須督飭所屬遍行曉諭務使周知毋使蠹吏奸胥侵欺影射俾小民咸霑實惠共迓春祺以副朕惠愛黎元有加無已至意該部即遵諭行

御製降旨寬免各省積欠錢糧詩以誌事壬子

冬月豫詢春澤需奏章率報待加無（往歲直省中偶有災歉之區每先冬詢據該督撫查奏例於新正降旨加賑用養春祺上年南北各直省率皆報豐惟數省內間或一隅歉收並據該督撫查明覆奏均不成災無須加賑此皆仰荷上蒼鴻貺自當益深感惕）去年幸值鮮災歉各省因思有欠逋已免者應姑且署未霑則合遑其輸（因念各直省節年民欠尚多未完特交該部查奏直隸山東江蘇等省前經特頒恩旨及巡幸所經亦已節次分別蠲免此外未完民欠奉天省一千七百八十餘兩安徽省一萬五千餘兩湖南省一萬二千七百六十餘兩廣東省二萬九千九百

餘兩此等未完銀兩雖係應徵正項但小民無力之
輸將以致積年遞欠若仍分別從前帶徵追呼之
擾究堪憫惻所有未完等者民欠即加恩全予
豁免並飭該督撫督率所屬嚴禁胥役從挺影射
務俾閭閻感霑實惠作君要務安民爾歷久此心
以副惠愛黎元至意
益切吾

三月十四日奉

上諭朕此次恭謁
西陵巡幸五臺經過直隸地方已加恩蠲免本年
地丁錢糧十分之三惟念經過各州縣尚有節年
因災出借米穀各項若仍令一併帶徵小民輸將
未免拮据著再加恩將大興安肅新樂正定定州
望都清苑新城等八州縣未完節年因災出借米
麥穀三萬四千五百五十四石零概行豁免用示
朕惠愛黎元有加無已至意

御製命寬免經過州縣所欠米穀麥價詩以示志
壬子
經筵例免十之三每次巡幸經過沿途州縣俱免應徵本年地丁錢糧十分之三
迭為定例猶恐或為閭向談歷覽連膝雖麥苗正餒過
野望霖甘哉咨民借濟多欠因命旨蠲恩普覃此次
巡幸五臺經過直隸之大興安肅新樂正定定州
望都清苑新城等八州縣雖已依例蠲免惟念該
州縣尚有節年因災出借米穀麥三萬四千五百
五十餘石小民輸將未免拮据因再加恩概行豁
免用示惠愛無已至意 昨夕雨霖不成寸 日來望雨正殷昨日雲氣稍濃至曉
得雨一犁尚未夂寸霄為可惜曉看乾隴惜何堪

十八日奉

上諭軍機大臣同河南巡撫穆和藺議奏河南攤
徵河工幫價積欠銀兩請將民欠已攤未完銀一
百八十八萬餘兩仍於通省均攤分作十年帶徵
其未攤豫發銀九十六萬餘兩請著落乾隆三十
年以後初議幫價及經行之巡撫總河並司道府
廳州縣河工道廳各按在任久暫年月分別著賠
一摺準情酌理所議亦是前因豫省河工幫價已
攤未完銀兩積欠甚多特降旨分作十年帶徵以
紓民力並將此項通省攤徵銀兩或仍改歸沿河
三十二州縣按數完納俟穆和藺前來迎駕時著
軍機大臣會酌妥議具奏茲據奏稱已攤未完民
欠尚有一百八十八萬餘兩之多而沿河州縣祇
有三十二處歸併均攤似覺與重仍請通省均攤

分作十年帶徵固為衆擎易舉起見但此項幫價
皆由從前承辦大小各員任意浮冒以致累及閭
閻積年遞壓爲欠甚多今定以十年帶徵為期已
屬寬裕在小民急公知感自必踊躍輸將但十年
之期甚遠依限徵催逐年皆有帶徵之項民力未
免拮据朕甚憫之是以前降諭旨內欲俟朕歸跸
之期再行酌量加恩推是朕軫念民依無時或釋
凡屬加恩黎元之事不惜逾格施恩亦不肯靳澤
逾時俾小民早霑實惠著將此項十年帶徵銀兩
按照每年應完銀十八萬八千餘兩之數祇徵四
年並著將此四年之限寬作八年則民力益紓其
餘六年應帶徵銀一百一十二萬餘兩著竟加恩

豁免此等賦予惠元元有加無已之意小民具有
天良平日偶遇水旱不齊朕不惜千百萬帑金蠲
賑頻施帑使一夫失所今距歸跸之期已近復大
沛此恩俾豫省億萬生民益臻樂利其未完豫派
銀九十六萬餘兩一款因定議之員剏為幫價踵
行之員擅行給發或竟侵漁肥己其咎均無可寬
且此項豫發銀兩係乾隆五十四五六七等年由
司庫豫發非遠年攤項可比乃該省總河巡撫並
未先行奏明輒踵仍積弊以豫辦物料為詞擅行
動支給發本應照議著落自乾隆三十年以後剏
議幫價及踵行之歷任總河巡撫司道府廳州縣
並河工道廳分別在任久暫年月按數分賠以示

懲儆但銀數未免稍多且自乾隆三十年以後歷
任大小各員人數亦眾朕於無可加恩之中再為
破格曲予恩施著將此項應賠銀九十六萬餘兩
內免賠四十六萬餘兩僅令分賠五十萬兩所議
繳限三年依數歸款之處亦予限四年再每年幫
價銀兩前經降旨概行停止此項河工歲需料物
固由各州縣採購交工而辦理工程閒銷料物皆
係河員經手尤應責成總河隨時稽察務令實用
實銷毋任承辦之員仍前冒濫而採買之各地方
官亦當按照例價購辦不得絲毫派累民間如河
工地方各員再有前項弊端則惟該總河巡撫是
問決不稍為寬貸著將此旨謄黃遍行曉諭俾豫
省小民咸喻朕格外施仁體恤周至之意

御製軍機大臣會同河南巡撫穆和藺議奏豫省

河工官賠民欠幫價銀兩加恩分別減免詩

以誌事壬子

豫撫畜來議河賦弊斯久矣始知詳河工每年歲修搶修所需物料俱有例價自乾隆三十年河南撫臣阿思哈以工多道遠剏為幫價之議於沿河三十二州縣按糧攤徵並於前一年在司庫豫支購辦備行攤徵歸款又經畢沅奏於通省均攤於是踵行日久因循滋積民欠至有一百八十餘萬其中弊竇叢生殊難究詰又有五十五六七等年尚未攤派銀九十六萬餘兩昨經穆和藺奏請分年帶徵因令軍機大臣俟其迎駕時會商妥議具奏朕始悉其原委不可不亟思籌辦清釐以杜弊源在民過半寬其欠現在已攤未完銀一百八十餘萬兩前已加恩令分作十年帶徵為期已屬寬緩但念銀數過多逐年帶徵民力未免拮据甚堪憫惻前降諭旨設俟朕歸跸之期再行酌量加恩惟朕是於加惠黎元之事從不肯靳澤逾

時因令將交四年兩四年之數仍分八年帶徵於其一百一十餘萬概行豁免俾小民早霑實惠吏平分責以償至豫撫未派銀九十六萬餘兩在剏為幫價之員及踵行給發者均難辭咎自應照議著歷任總河巡撫以下地方河工各官分別賠繳第念歷時既久經手多員因並施恩免其四十六萬餘兩其應交五十萬兩原議三年交納者並展作四年比前於無可加恩之中曲示寬仁諸臣應當各發天良自知感勵也市惠利私懲合示河工歲需料物由各州縣採購至工程閒銷則係河員經手撫臣河臣等幫價一事剏議踵行不免有心市惠而屬員中籍以侵漁肥己亦難保其必無此次分令賠繳實彼等咎由自取在朕固已恩施格外矣近隣遠隔異誠當沿河三十二州縣民生自衛田廬原於近河各屬無涉今因遵行已久派令均攤亦屬眾擎易舉只可如此議行若當日經理妥善不致遲壓積欠即有幫價亦祗須沿河之民各出己力何至累及通省且於事理亦為平允也吟餘獨愧平成我誠能河永安瀾則冒功累民諸弊皆無矣南望惟殷視若傷

孚惠全書卷六十三

孚惠全書卷六十四

蠲除積逋八

乾隆五十九年正月初二日奉

上諭上年雨暘時若各省年穀順成所正應行加
恩地方甚少因念直省各該督撫將因災帶緩未
完之項據實查奏嗣據各督撫等奏到俱係節年
因災緩帶停緩徵未及限均屬實欠在民等語此
內直隸山東河南三省因屢經被旱歉收節次降
旨加恩分年帶緩在小民疊荷渥恩一遇豐稔之
年自必輸將恐後但節年逋欠爲數較多恐民力
不無拮据所有直隸山東河南省因災帶緩原限
應扣至甲寅乙卯丙辰年徵收之銀俱著加恩寬
免十分之三該督撫務須通行曉諭咸使周知毋
任蠹吏奸胥從欺隱射俾小民共霑實惠閭閻生
計益資饒裕以副朕行慶施惠敷錫畬祺至意該
部即遵諭行

御製降旨蠲免直隸山東河南原限甲寅乙卯丙
辰三年帶徵民欠十分之三詩以誌事甲寅

加賑三州縣施恩本是邊地官查積欠比省數多
調劑吏戒其弊庶民情厭愁上年各省年穀順成斯正應行加恩者僅
上安徽省三州縣當給口糧因先期諭戶部通查各省積欠實數令各該督撫查奏節年因災帶緩
未完之項嗣據各省奏到除本無民欠及數少可以依限徵收者分外惟直隸積欠一百四十六萬
餘兩山東積欠一百八十八萬餘兩河南積欠四十五萬餘兩俱係從前因災停緩帶徵實欠在民
之項得遇豐稔之年自必輸將踴躍但爲數較多實恐民力不無拮据因即降旨將此三省民欠原
限扣至甲寅乙卯丙辰三年應徵之銀均著加恩寬免十分之三統計一百餘萬兩並申諭各督撫通行曉諭咸使周知毋任官吏滋弊侵漁俾小民共霑實惠用遂春祺舉十中三分去聲
免餘更緩期收

三月十一日奉

上諭前因直隸積年逋欠爲數較多業經降旨將
因災帶緩未完銀兩寬免十分之三此次巡幸天
津已降旨將經過地方及天津閩府屬本年應徵
錢糧蠲免十分之三茲朕巡方觀省小民望幸情
殷自應渥沛恩施所有經過之大興宛平東安保
定涿州新城容城雄縣任邱霸州文安大城武清
等州縣節年未完緩帶銀八萬三百六十九兩零
著再加恩蠲免十分之四並將天津府屬節年積

欠未完之緩帶徵地糧銀十三萬三千一百四十
兩零普行蠲免俾蹕路所經及海濱蔀屋益慶盈
寧共安樂利以示省方施惠之意該部即遵諭行

御製分別蠲免直隸歷年緩徵錢糧詩以誌事甲寅

巡方本以爲去聲民生水旱寧無致緩徵地方偶有偏災無不
即加賑卹所有應徵錢糧一經疆吏奏請停緩亦即予推行惟是節年逋欠爲數較多之處接次
帶徵小民未免拮据實堪軫念憐彼黔黎艱切意茲施歷概調劑
情或經或否分遠近曰四曰三別重輕新正恩旨已將直隸
省積欠一百四十六萬原限扣至甲寅乙卯丙辰三年應徵之項寬免十分之三此次巡幸天津又
降旨將經過地方及天津閩府屬本年應徵錢糧蠲免十分之三茲恕小民大道歡迎愛戴親切自
應渥沛恩施所有經過之大興宛平東安保定涿州新城容城雄縣任邱霸州文安大城武清等州
縣節年未完緩帶銀八萬三百六十九兩零再加恩蠲免十分之四並將天津府屬節年積欠未完

之緩帶徵地糧銀十三萬三千一百四十餘兩普行獨免津蹕路所經及海濱窮屋並蠲饒裕用示省耕施惠之意
曉布春雲旋復散，憫哉焦土麥抽萌。

八月初三日奉
上諭前經降旨梁肯堂穆和藺福寧各查明本年
被水各該省州縣節年因災緩帶未完銀糧開具
清單候朕降旨豁免今豐伸濟倫奉差前往德州
回至行在復命據奏新城至河間一帶所過道路
邨莊俱被漲水淹浸一望汪洋小民艱苦情形槩
可想見朕心深為軫惻因念天津與河間境壤毗
連並屬積水下游被災較重大畧相等除該二屬
本年秋糧業經降旨豁免及撫卹賑濟事宜責成
該督等實力辦理並趕緊設法疏消積水外其積

年緩帶銀糧若候該督查明奏到未免尚稽時日
著將河間天津二府屬所有節年因災緩帶銀糧
普予先行豁免該督速即謄黃曉示俾被水窮黎
早得安心復業以稱朕痌瘝惠鮮至意該部即遵
諭速行

八月二十三日奉
上諭直隸地方因河流漲發各州縣被水較多前
已疊沛恩施優加撫卹蠲免秋糧其河間天津二
府屬節年未完帶徵緩徵銀糧已降旨先行豁免
並令梁肯堂將此外被水較重地方節年帶緩銀
糧各數查明覆奏茲據户部議奏該省通州等三
十三州縣本年雖被水較重業蒙加倍賑卹此項
帶徵緩徵銀兩均係應完正賦節年遞緩已屬恩
施所有未完銀八十一萬五千五百餘兩穀六十
三石零豆六百五十九石零酌請豁免一半等語
固屬核實辦理第念通州等三十三州縣被水較
重秋成失望現在積水難消可期無誤種植秋麥
而小民生計究覺拮据若將節年帶緩銀糧僅予
豁免一半恐仍不免以官欠未清心存顧慮未得
遂其含哺之樂所有通州等三十三州縣未完銀
八十一萬五千五百餘兩穀六十三石八斗零豆
六百五十九石五斗零俱著加恩全行豁免該督
務當督飭所屬實心辦理毋任吏胥藉端侵扣務
使利澤及民以副朕軫卹災區加恩稠渥至意餘
依議

御製直隸總督梁肯堂山東巡撫福寧山西巡撫
蔣兆奎各報秋禾約收分數詩以誌事甲寅

南方今歲佳，今歲大江以南各省晴雨應時所有秋成分數雖未據奏報已據浙江江西福建湖北湖南廣東等省奏報俱在八九分以上惟直隸山東山西河南等省之中以秋雨過多低田間被淹浸秋田有受偏災者北省間去聲受澇。少收以總計，補短截長較。每歲各省奏報收成皆就通省截長補短牽算亦成例也豫疆仍八分，中稔幸已告。豫省河北三府所屬雖被水之處收成歉薄然大河迤南所屬收成皆在八九分以上昨據穆和藺奏通省合計尚有八分已有詩誌事山左及山右，今朝奏齊到。左則慶九分，今日據福寧奏秋禾約收分數濟南東昌二府屬除被水地畝外其餘尚約收八分臨清一州暨所屬三縣除被水地畝外其餘尚約收七分至武定府約收八分兗州曹州沂州登州萊州青州泰安等府並濟寧州暨所屬均收九分有餘合計通省秋禾約收九分等語右更有餘造又據府北全春山西有九府十直隸州足歸容道所屬均收分數內十分有餘者太原等二十廳州縣十分者太分有十九廳州縣九分有餘者陽曲等三十二廳州縣九分者交城等十七廳州縣八分有餘者苛寧等二十州縣八分者永濟等二縣除代州並沂屬之五臺繁峙三州縣閒被水淹然為數無幾合計通省統收分數實屬九分有餘等語是山東山西二省雖有被水之處而統計所屬多足以總計通省收成仍幾上稔較之被省更為過之覽奏為之欣慰推直隸可轉祗七分餘報推直隸被水州縣較多低窪地啟俱屬無望其高阜處所及得兩調勻州縣約收分數據梁肯堂奏八分者永德宣化二府屬七分有餘者永平保定天津順德大名遵化易州趙州暨口北道屬張家口獨石口二廳屬七分者屬半一府屬六分有餘者順天正定冀州深州定州五府州屬五分有餘者河間一府屬以上各府州屬除被水鄉莊不計外合計通省秋禾約收祗七分有餘等語晉以稔抵歉究屬不同調宜可置向隅優卹頻申語以上各省秋收鄰豫以稔抵歉尚有至八九分以工者然被淹之處未免向隅朕心深為憫惻已先事即次降旨令各該督撫極力

賑卹並加兩倍給予賞恤銀兩至直隸初令截漕十四萬石發帑四十萬兩續又奏請撥帑二十五萬通倉米二十萬石亦即允其所請其河間天津二府屬被災較重所有節年未完帶徵緩徵銀兩已降旨先行豁免又據奏通州等三十三州縣亦屬災重之處節年帶緩銀八十一萬五千五百餘兩穀六十三石零五六百五十九石零經部議請免一半亦即降旨全予豁免以示軫念地方偏災雖或不免惟有飭各該督撫盡心查勘撫恤不備皆不優加補濟庶堪補過然調劑無能撫卹內省惟深自於懷耳責慰稔欣或忘情懷心常悼斯總吾之過責己愧增懊賑恤不遺力疏濬仍督詔涸地畝俟耕命梁肯堂駐天津督催疏濬涸田存麥秋臘為水不誤冬麥之種亦再無別策矣

要

十月初二日奉

上諭本年豫省因河流漲發衛輝等三府屬多有被淹已疊沛恩施優加撫卹蠲免秋糧其未經被水之武陟等應徵緩徵新漕及舊欠未完等項亦應降

旨分別緩徵帶徵以紓民力並令確切查明將被水較重地方節年緩帶銀糧數目查明具奏候朕加

恩豁免茲據戶部議覆該省被水較重之汲縣等九縣節年緩徵帶徵未完銀糧酌量請免一半等語因屬核實辦理第念本年河北三府先經被旱其汲縣等九縣又復被水較重小民生計倍形拮据若僅將節年緩帶銀糧豁免一半究未能全免追呼遂其含哺之樂著將汲縣新鄉獲嘉濬縣輝縣淇縣河內修武武陟九縣未完地丁銀四十一萬六千六百四十六兩零籽種口糧銀十六萬三千四百六十八兩零漕糧米麥豆三萬六千五百

三十二石零常義漕蓟等倉穀二十三萬九千八百一十二石零俱著加恩全行豁免該撫惟當嚴飭所屬悉心妥辦毋任胥吏等從中侵扣並將應行豁免之節年銀糧細數徧貼謄黃出示曉諭俾窮鄉僻壤無不周知普霑實惠以副朕軫念災區

恩施逾格至意餘依議

初二日奉

上諭本年山東省因漫水下注臨清東昌德州等處地畝民居多有淹損已疊沛恩施優加撫卹蠲免秋糧並令該撫將被水較重地方節年緩帶銀糧數目查明具奏候朕加恩豁免茲據戶部議覆該省被水較重之臨清武城館陶夏津冠縣邱縣

徳州恩縣八州縣並臨清徳州二衛節年緩徵帶徵未完銀糧酌請豁免一半等語因屢據奏新理第念該處被水較重小民生計拮据若仍將節年緩帶銀糧豁免一半完未能全免追呼遂其含哺之樂著將臨清武城館陶夏津冠縣徳州恩縣八州縣並臨清徳州二衛節年未完地丁銀三十一萬四千六十六兩零米麥本折種口糧銀三萬五千九百五十五兩零漕米一萬四千四百五十三石零民借常社倉穀及南米豫麥合穀共三萬六千七百七十五石零俱著加恩全行豁免該撫推當嚴飭所屬悉心妥辦毋任吏胥等從中侵扣並將應行豁免之節年銀糧細數徧貼謄黄出示曉諭俾窮鄉僻壤無不周知普霑實惠以副朕軫念災區恩施逾格至意餘依議

十二月初三日奉

上諭前因六十年乙卯元旦日食上元月食雖薄蝕躔度可以豫行推測所謂千歲日至可坐而致但稽古史傳所載遇有日食月食等事往往下詔求言以示修省朕思

上天垂象固宜戒慎而應天以實不以文與其托諸空言孰若施諸實政前已降旨普免天下應徵漕糧俾海宇子民共臻樂利今思各省尚有節年民欠及因災帶緩未完銀穀俱應按限徵輸者小民完國官欠未清未得遂其含哺之樂朕御邀

昊蒼在位六十年蒙宇寧謐景運增隆丙辰年即屆歸政今若於朕臨御之年覃敷恩眷俾小民節年欠項廓然一清得以户慶盈寧共遊化宇所謂修德愛民孰大於是而修刑亦概於是矣以此上

應

垂象感召休和實屬吉祥盛事所有各省節年正耗民欠及因災緩徵帶徵銀穀著各督撫詳悉查明按照該省所屬之某州某縣實欠在民銀穀若干速行開單具奏到日降旨豁免並著先將此旨謄黄宣示俾鄉邨鎮市咸使周知得以共霑實惠官吏胥役等無從隱射侵冒以副朕子惠黎元敷錫庭禧俾普天率土無一負欠者孰大於是該部即遵諭行

乾隆六十年正月初七日奉

上諭前降諭旨普免天下積欠令各該督撫查明具奏昨據梁肯堂奏到直隸省尚有未完節年正耗地糧並折色口糧等銀二百十七萬八千七百三十九兩零又未完節年出借倉糧並應徵本色糧穀米豆等項一百一萬七千三十九石零俱著加恩寬免再直隸省上年被災較廣疊降恩旨緩借兼施所有此項銀米是否即在所查數内該督撫内未經聲明亦著一體查明速行咨部題豁以示朕加惠窮簷普錫春祺恩施逾格至意

初九日奉

上諭前經降旨將各省節年正耗民欠及因災緩
帶銀穀普行豁免並令各督撫詳晰查明具奏茲
據福寧等奏到湖北省節年民欠計節年未完民
欠正耗錢糧及借修隄工並因災出借常社義倉
穀七萬九千二百十六石零均著加恩豁免至該
督撫等奏稱乾隆五十九年江陵等八州縣因災
蠲緩錢糧係六十年啓徵之項未能列入等語所
奏殊未喻朕意朕臨御六十年普免天下錢糧四
次漕糧三次其餘水旱偏災蠲賑兼施所費帑金
不下億萬萬今已將節年積欠全行豁免豈有上
年因災蠲緩之項斤斤較此錙銖轉令向隅之理
所有此項銀糧著該督撫查明數目速行咨部一

體題豁用敷愷澤而普春祺

十二日奉

上諭前降諭旨普免天下積欠令各督撫查明具
奏茲據阿精阿奏到河南省節年因災帶緩民欠
正耗及籽種口糧牛具等項共銀一百七十二萬
二千一百一兩零米麥豆共五萬七千七百十八
石零穀五十二萬二千一百四十三石零俱著加
恩寬免至該撫奏五十九年分河北水災案內毗
連災地題准緩徵銀米等項又各屬分年帶徵河
工幫價未完銀兩均係分年徵輸似與節欠錢漕
等項有間等語此項緩徵銀糧及帶徵河工幫價
雖非節年積欠可比第念丙辰年即屆歸政之期

茲當春韶令節允宜特沛恩膏優施闓澤所有該
省五十九年緩徵銀六十九萬五千四百四十八
兩米麥豆八萬八千七百七十四石零又各屬分
年帶徵河工物料幫價未完銀五十九萬二千三
十八兩零均著普行豁免俾小民永免追呼以示
朕樂與民同施恩益下至意

十五日奉

上諭前降諭旨普免天下積欠令各督撫查明具
奏茲據伍拉納等奏福建省節年未完正耗二項
又漳泉二屬上年被水之晉江等五縣未完節年
積欠奏請緩徵謹一併列入共銀八十一萬九千
一百餘兩等語漳泉二屬上年偶被水災疊經降

旨加兩倍賞卹並免秋糧其歷年積欠雖屬緩徵
之款自應一體豁免俾窮簷永免追呼所有該省
節年未完及晉江等縣因災緩徵通共銀八十一
萬九千一百餘兩俱著加恩全行寬免以示朕錫
福延禧覃敷闓澤恩加無已至意

十八日奉

上諭前經降旨普免天下節年民欠銀糧令各督
撫查明細數具奏茲據畢沅查明山東省節年民
欠正耗銀穀並民欠河道夫食正耗借領土方等
銀及民欠出借籽種常社米穀等項數目開單具
奏東省地連畿輔節經加恩蠲貸兼施茲以歸政
在即允宜普予豁除俾得戶慶盈寧之福所有山

東省節年未完地丁正銀十六萬二千九百九十
九兩零耗銀二萬二千八百十九兩零五十八年
分民欠正銀三十五萬九千八百四十二兩零耗
銀十五萬一千三百二十六兩零節年因災緩帶
正耗銀三百四十七萬六千六百七兩零民欠河
道夫食正耗及借領上方銀二十三萬七千五十
八兩零節年民欠出借籽種口糧麥本銀三十萬
七千七百五十六兩零共銀四百八十七萬四千
二百十一兩節年民欠出借常社米穀南米漕麥
合穀共五十萬四千二百石零均著加恩豁免以
副朕錫福延禧行慶施惠恩加無已至意

二十七日奉
上諭前經降旨普免天下積欠錢糧令各督撫查
明具奏茲據該督撫等將江蘇積年民欠及因災
帶緩地丁漕糧等銀糧米豆開單呈覽所有江蘇
省節年民欠及因災緩帶等銀一百二十二萬五
千一百九十九兩零米石麥豆等項四十五萬九
千二百七十五石零俱著加恩全行豁免用示普
錫春祺惠民益下至意

二十七日奉
上諭前經降旨普免天下積欠錢糧令各督撫查
明具奏茲據陳淮覆奏江西省並無積欠惟乾隆
五十七八兩年南昌等縣被水緩徵民欠銀糧均
在緩徵期內未屆奏銷之項等語江西南昌等縣

因五十七八等年被水緩徵民欠銀糧雖係未屆
奏銷亦應普予豁除俾小民共臻樂利所有乾隆
五十八年分南昌等十二縣民欠地丁正耗及折
給穀價銀共九萬八千九百四十八兩零又進賢
等四縣並五十七年分餘干湖口二縣民欠出借
倉穀籽種共穀一萬三千二百三十二石零均著
加恩豁免以副朕行慶惠民恩施無已至意

二月初一日奉
上諭前經降旨普免天下積欠錢糧令各督撫查
明具奏茲據長麟等覆奏廣東省乾隆五十五年
以前民欠正耗銀米俱已帶徵全完將五十六七
八等年各州縣民欠及因災緩徵銀米並賞借口
糧折給銀兩查明開單呈覽所有廣東省保昌等
州縣民欠銀米及高要高明四會南海三水等縣
被水淹浸田畝緩徵地丁正耗銀米並賞借口糧
折銀等項共未完銀七萬二千二百一十八兩零
米一萬九千八十二石零均著加恩全行豁免以
示錫福推恩孚惠無疆至意

初四日奉
上諭前經降旨普免天下積欠錢糧令各督撫查
明具奏茲據秦承恩覆奏陝西省地丁錢糧俱係
年清年款向無民欠惟查有乾隆五十七年因災
分年帶徵正耗銀兩五十八年輪免錢糧案內帶
徵耗羨銀兩五十九年臨潼等縣二麥間被蟲災

緩徵正耗銀兩又糧道倉並常社各倉因災緩徵
出借及積年民欠各糧石尚有未完銀糧等語所
有陝西省五十七九兩年因災帶徵正耗銀兩及
輸免錢糧案內之帶徵耗羨銀兩等項共未完銀
五十萬五千三百七十九兩零又糧道倉並常社
各倉緩徵出借積年民欠未完糧共四十七萬一
千二百五石零均著加恩全行豁免以示錫福推
恩孚惠無疆至意

初十日奉

上諭前經降旨普免天下積欠令各督撫查明具
奏茲據勒保奏稱甘肅各屬除秦州等二十八廳
州縣並無民欠外其餘皋蘭等四十五廳州縣截

至五十九年十二月止實在民欠未完銀糧草束
等項開單呈覽等語甘肅地瘠民貧往年偶值偏
災節經特沛恩施有加無已今屆普蠲錫福之時
所有皋蘭等四十五廳州縣節年民欠未完正耗
及因災緩徵帶徵並口糧折色殿租借償等項共
銀二十八萬二千八百五十四兩零又正耗及因
歉緩徵帶徵並借出籽種口糧等項共糧一百二
十萬三千一百八十石零正項草一百七十五萬
三千七百四十六束俱著全行豁免俾邊氓得免
追呼共慶含哺之樂以示加惠邊黎敷錫延禧至
意

初十日奉

上諭前經降旨普免天下積欠錢糧令各督撫查
明具奏茲據琳寧等將奉天省廣寧錦州二城旗
地積欠米石及餘地租銀查明開單具奏奉天旗
地積欠雖與各省民欠不同而按名納糧徵租則
一自應一體豁除俾均樂利所有廣寧所屬積欠
正項及帶徵未完地米六千九百七石零餘地租
銀三百六十二兩著加恩全數豁免以示朕體恤
旗人孚惠有加至意

十五日奉

上諭前經降旨普免天下積欠錢糧令各督撫查
明具奏茲據吉慶將浙江省節年民欠及因災緩
帶地丁漕糧正耗並蠲免補徵耗羨及漕截動墊

補徵未完各數開單呈覽所有浙江省節年民欠
因災緩帶並蠲免補徵耗羨等銀二十五萬二千
一百九十五兩零南糧米二千二百十四石零因
災緩徵漕糧正耗米四千一百二十七石零又乾
隆五十八年分應補徵寧波台州衢州嚴州處州
五府屬輸免地丁耗羨未完銀四萬三千二百餘
兩五十六七兩年分應徵還嘉興湖州二府屬道
庫動墊漕截未完銀八萬四百餘兩五十八年應
徵還杭州嘉興湖州三府屬道庫動墊漕截未完
銀十八萬三千四百餘兩通共浙省未完銀五十
五萬九千一百九十五兩零未完米六千三百四
十一石零俱著加恩豁免以示朕普錫春祺恩施

無巳至意

十五日奉

上諭據全德奏兩浙各縣場積欠竈課及因災緩徵等銀共六萬九千二百九十二兩均係實欠在竈等語前經降旨普免天下積欠錢糧場竈積欠與民戶本無區别所有兩浙積欠竈課及因災緩徵共銀六萬九千二百九十二兩並著一體加恩豁免以示朕一視同仁至意

二十四日奉

上諭前經降旨普免天下積欠錢糧令各督撫查明具奏茲據蘇凌阿等奏安省積年民欠及因災緩帶地丁漕糧正耗並借帑及出借社倉穀米秫

豆未完各數開單呈覽所有安徽省各州縣衛節年民欠因災緩帶未完地丁漕項正耗並借帑等銀一百三十五萬五千四百七十六兩零漕南正耗等米麥一十二萬六千二十石零未完災緩歸補常平米三千四十二石零未完出借社倉穀米秫豆二萬三千八百六十石零俱著加恩豁免以示朕普惠閭閻恩施無巳至意

閏二月初一日奉

上諭徵瑞奏長蘆所屬並無積欠惟竈戶因災帶緩未完課銀共五千二百一兩零等語前經降旨將各省錢糧積欠並兩浙積欠竈課及因災緩徵等項俱經普行豁免今長蘆竈戶未完五十七五十九等年因災緩帶銀五千二百一兩九分二釐並著加恩一體豁免以示朕恩加無巳至意

初五日奉

上諭前經降旨將各省積年民欠普行豁免令各督撫查明具奏茲據福康安等奏滇省錢糧並無民欠惟銅廠積年各戶共欠銀四十九萬七千七百餘兩等語此項銅廠欠款固不在錢糧民欠之例但該鑪戶人等食力營生與齊民無異此次特沛殊恩將小民積欠廓然一清共遂含哺之樂所有雲南銅廠各鑪戶人等節年長支欠銀四十九萬五千七百四兩零亦著加恩一體豁免以示逾格推恩至意

二十五日奉

上諭據蘇楞額奏兩淮各場緩徵折價銀並借給口糧應徵穀價銀共七萬九千一百五十兩零均係因災帶緩之項等語前經降旨普免天下積欠錢糧場竈積欠與民戶無别所有兩淮應徵緩徵折價及借給口糧穀價銀七萬九千一百五十兩零並著加恩一體豁免以示朕施惠推恩有加無巳至意

三月十七日奉

上諭蘇凌阿等奏徐州淮安海州等處所有民堰隄工前經動借司庫銀兩給辦現在查明尚有未經徵完之項均係實欠在民等語徐州淮安海州

等屬所有民堰及水利河道等工借動司庫銀兩本應按年攤徵第念碭山等州縣係屬積歉之區節年因災停緩尚有未經徵完之項其實欠在民銀十萬一千四百五十五兩零淇著加恩寬免以示厪念災區優加軫恤至意

五月初十日奉

上諭琳寧等奏前次請豁各城積欠時僅照五十九年冬季造送冊内開報尚有錦州鳳凰二屬因災緩徵之項未經列入理合據實陳明等語所有錦州鳳凰二屬五十九年以後因災緩徵米共二千二百九十六石五斗零地租銀共四千一百二十九兩七錢零著加恩一體豁免琳寧伯麟暨承辦司員著交部分別議處

孚惠全書　卷六十四　十七

六月初十日奉

上諭蘭第錫奏查明蕭縣河工水利築埝挑河借帑攤徵一款實欠在五十八年以前本年春間遵旨查奏時未經列入實屬疏漏等語江省河工民堰及水利河道借帑攤徵未完銀一萬一千餘兩前據該督等奏到業經加恩寬免所有蕭縣河工未完攤徵銀兩事同一例並著該督撫再行確查咨部一體概予寬免仍嚴密查察毋許不肖官吏再有影射重徵等弊以副朕廑念閭閻有加無已至意

七月初十日奉

上諭馮光熊奏查明黔省錢糧内有銅仁府屬於五十九年未完米三千三百七石零請分作兩年帶徵等語嗣因銅仁地方猝被苗匪滋擾業經降旨將本年應徵錢糧全行豁免以紓民力今據該撫查明尚有五十九年分尾欠米三千三百七石七斗零著加恩一併豁免以示軫念黎元恩施無已至意

九月二十三日奉

上諭前經降旨普免天下積欠令各該督撫查明具奏節據各該督撫等查奏各省未完節年地耗正糧等項共銀一千七百十餘萬兩糧穀米豆等項三百七十五萬餘石零俱已加恩全行豁免内

孚惠全書　卷六十四　十八

本天山西四川湖南貴州廣西等省向俱年清年款並無積欠朕臨御六十年普免錢糧四次漕糧三次其餘水旱偏災蠲賑兼施所費帑金不下萬億所有藏富閭閻為小民謀生計者無微不至此等年清年款省分小民踴躍急公輸將恐後今轉以並無積欠未得一體邀恩不足以昭平允所有本天山西四川湖南貴州廣西向無積欠六省俱著加恩於下年正賦寬免十分之二該督撫等務宜董率所屬均匀減免酌定章程報部查核以副朕閭澤平施有加無已至意

孚惠全書卷六十四

滿日文化協會會長羅振玉捐資恭校印

出版後記

早在二〇一四年十月，我們第一次與南京農業大學農遺室的王思明先生取得聯繫，商量出版一套中國古代農書，一晃居然十年過去了。

十年間，世間事紛紛擾擾，今天終於可以將這套書奉獻給讀者，不勝感慨。

當初確定選題時，經過調查，我們發現，作爲一個有著上萬年農耕文化歷史的農業大國，我們整理的農業古籍叢書只有兩套，且規模較小，一是農業出版社自一九五九年開始陸續出版的《中國古農書叢刊》，收書四十多種；一是農業出版社一九八二年出版的《中國農學珍本叢刊》，收書三種。其他點校整理的單品種農書倒是不少。基於這一點，王思明先生認爲，我們的項目還是很有價值的。

經與王思明先生協商，最後確定，以張芳、王思明主編的《中國農業古籍目錄》爲藍本，精選一百五十二種中國古代最具代表性的農業典籍，影印出版，書名初訂爲『中國古農書集成』。接下來就是正常的流程，先確定編委會，確定選目，再確定底本。看起來很平常，實際工作起來，卻遇到了不少困難。

古籍影印最大的困難就是找底本。本書所選一百五十二種古籍，有不少存藏於南農大等高校圖書館。但由於種種原因，不少原來准備提供給我們使用的南農大農遺室的底本，當時未能順利複製。最後所有底本均由出版社出面徵集，從其他藏書單位獲取。

本書所選古農書的提要撰寫工作，倒是相對順利。書目確定後，由主編王思明先生親自撰寫樣稿，副主編惠富平教授（現就職於南京信息工程大學）、熊帝兵教授（現就職於淮北師範大學）及編委何彦超博士（現就職於江蘇開放大學）及時拿出了初稿，爲本書的順利出版打下了基礎。

本書於二〇二三年獲得國家古籍整理出版資助，二〇二四年五月以『中國古農書集粹』爲書名正式出版。

二〇二二年一月，王思明先生不幸逝世。没能在先生生前出版此書，是我們的遺憾。本書的出版，或可告慰先生在天之靈吧。

是爲出版後記。

鳳凰出版社

二〇二四年三月

《中國古農書集粹》總目

一

呂氏春秋（上農、任地、辯土、審時）（戰國）呂不韋 撰
氾勝之書 （漢）氾勝之 撰
四民月令 （漢）崔寔 撰
齊民要術 （北魏）賈思勰 撰
四時纂要 （唐）韓鄂 撰
陳旉農書 （宋）陳旉 撰
農書 （元）王禎 撰

二

農桑輯要 （元）司農司 編撰
農桑衣食撮要 （元）魯明善 撰
種樹書 （元）俞宗本 撰

三

居家必用事類全集（農事類） （元）佚名 撰
便民圖纂 （明）鄺璠 撰
天工開物 （明）宋應星 撰
遵生八箋（農事類） （明）高濂 撰
宋氏樹畜部 （明）宋詡 撰
陶朱公致富全書 （明）佚名 撰 （清）石巖逸叟 增定

四

農政全書 （明）徐光啓 撰

五

沈氏農書 （明）沈氏 撰 （清）張履祥 補

寶坻勸農書　（明）袁黄　撰

知本提綱（修業章）　（清）楊屾　撰　（清）鄭世鐸　注釋

農圃便覽　（清）丁宜曾　撰

三農紀　（清）張宗法　撰

增訂教稼書　（清）孫宅揆　撰　（清）盛百二　增訂

寶訓　（清）郝懿行　撰

六

授時通考（全二册）　（清）鄂爾泰　等　撰

七

齊民四術　（清）包世臣　撰

浦泖農咨　（清）姜皋　撰

農言著實　（清）楊秀沅　撰

農蠶經　（清）蒲松齡　撰

馬首農言　（清）祁寯藻　撰　（清）王筠　校勘並跋

撫郡農産考略　何德剛　撰

夏小正　（漢）戴德　傳　（宋）金履祥　注　（清）張爾岐　輯定
（清）黄叔琳　增訂

田家五行　（明）婁元禮　撰

卜歲恒言　（清）吴鵠　撰

農候雜占　（清）梁章鉅　撰　（清）梁恭辰　校

八

五省溝洫圖説　（清）沈夢蘭　撰

吴中水利書　（宋）單鍔　撰

築圍説　（清）陳瑚　撰

築圩圖説　（清）孫峻　撰

耒耜經　（唐）陸龜蒙　撰

農具記　（清）陳玉璂　撰

管子地員篇注　題（周）管仲　撰　（清）王紹蘭　注

於潛令樓公進耕織二圖詩　（宋）樓璹　撰

御製耕織圖詩 （清）愛新覺羅・玄燁 撰 （清）焦秉貞 繪
農説 （明）馬一龍 撰 （明）陳繼儒 訂正
梭山農譜 （清）劉應棠 撰
澤農要錄 （清）吴邦慶 撰
區田法 （清）王心敬 撰
區種五種 （清）趙夢齡 輯
耕心農話 （清）奚誠 撰
理生玉鏡稻品 （明）黄省曾 撰
江南催耕課稻編 （清）李彦章 撰
金薯傳習錄 （清）陳世元 彙刊
御題棉花圖 （清）方觀承 編繪
木棉譜 （清）褚華 撰
授衣廣訓 （清）愛新覺羅・顒琰 定 （清）董誥 等 撰
栽苧麻法略 （清）黄厚裕 撰

九

二如亭群芳譜 （明）王象晉 撰

十

佩文齋廣群芳譜（全三册） （清）汪灝 等 編修

十一

洛陽花木記 （宋）周師厚 撰
桂海花木志 （宋）范成大 撰
花史左編 （明）王路 撰
花鏡 （清）陳淏 撰

十二

洛陽牡丹記 （宋）歐陽修 撰
洛陽牡丹記 （宋）周師厚 撰
亳州牡丹記 （明）薛鳳翔 撰
曹州牡丹譜 （清）余鵬年 撰
菊譜 （宋）劉蒙 撰
菊譜 （宋）史正志 撰

菊譜 （宋）范成大 撰
百菊集譜 （宋）史鑄 撰
菊譜 （明）周履靖、黄省曾 撰
菊譜 （清）葉天培 撰
菊説 （清）計楠 撰
東籬纂要 （清）邵承照 撰

十三

揚州芍藥譜 （宋）王觀 撰
金漳蘭譜 （宋）趙時庚 撰
王氏蘭譜 （宋）王貴學 撰
海棠譜 （宋）陳思 撰
缸荷譜 （清）楊鍾寶 撰
汝南圃史 （明）周文華 撰
北墅抱甕録 （清）高士奇 撰
種芋法 （明）黄省曾 撰
筍譜 （宋）釋贊寧 撰
菌譜 （宋）陳仁玉 撰

十四

荔枝譜 （宋）蔡襄 撰
記荔枝 （明）吴載鰲 撰
閩中荔支通譜 （明）鄧慶寀 輯
荔譜 （清）陳定國 撰
荔枝譜 （清）陳鼎 撰
荔枝話 （清）林嗣環 撰
嶺南荔支譜 （清）吴應逵 撰
龍眼譜 （清）趙古農 撰
水蜜桃譜 （清）褚華 撰
橘録 （宋）韓彦直 撰
打棗譜 （元）柳貫 撰
檇李譜 （清）王逢辰 撰

十五

竹譜 （南朝宋）戴凱之 撰
竹譜詳録 （元）李衎 撰

竹譜　（清）陳鼎　撰
桐譜　（宋）陳翥　撰
茶經　（唐）陸羽　撰
茶録　（宋）蔡襄　撰
東溪試茶録　（宋）宋子安　撰
大觀茶論　（宋）趙佶　撰
品茶要録　（宋）黄儒　撰
宣和北苑貢茶録　（宋）熊蕃　撰
北苑别録　（宋）趙汝礪　撰
茶箋　（明）聞龍　撰
羅岕茶記　（明）熊明遇　撰
茶譜　（明）顧元慶　撰
茶疏　（明）許次紓　撰

十六

治蝗全法　（清）顧彦　撰
捕蝗考　（清）陳芳生　撰
捕蝗彙編　（清）陳僅　撰
捕蝗要訣　（清）錢炘和　撰

十七

安驥集　（唐）李石　撰
元亨療馬集　（明）喻仁、喻傑　撰　于船、張克家　點校
牛經切要　（清）佚名　撰
抱犢集　（清）佚名　撰
哺記　（清）黄百家　撰
鴿經　（明）張萬鍾　撰

蜂衙小記　（清）郝懿行　撰
蠶書　（宋）秦觀　撰
蠶經　（明）黄省曾　撰
西吴蠶略　（清）程岱葊　撰
湖蠶述　（清）汪曰楨　撰
野蠶録　（清）王元綎　撰
柞蠶雜誌　增韞　撰
樗繭譜　（清）鄭珍　撰　（清）莫友芝　注
廣蠶桑説輯補　（清）沈練　撰　（清）仲學輅　輯補
蠶桑輯要　（清）沈秉成　編
豳風廣義　（清）楊屾　撰

養魚經　（明）黄省曾　撰
異魚圖贊　（明）楊慎　撰
閩中海錯疏　（明）屠本畯　撰　（明）徐𤊹　補疏
蟹譜　（宋）傅肱　撰
糖霜譜　（宋）王灼　撰
酒經　（宋）朱肱　撰
飲膳正要　（元）忽思慧、常普蘭奚　撰

十八

救荒活民補遺書　（宋）董煟　撰　（元）張光大　增　（明）朱熊　補遺
荒政叢書　（清）俞森　撰
荒政輯要　（清）汪志伊　纂
救荒簡易書　（清）郭雲陞　撰

十九

孚惠全書　（清）彭元瑞　撰

二十

欽定康濟錄　（清）陸曾禹　原著　（清）倪國璉　編錄
救荒本草　（明）朱橚　撰
野菜譜　（明）王磐　撰
野菜博錄　（明）鮑山　撰

二十一

全芳備祖　（宋）陳詠　撰
南方草木狀　（晉）嵇含　撰

二十二

植物名實圖考（全二册）　（清）吴其濬　撰